국역 의례

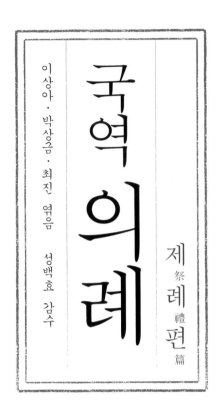

이상아 · 박상금 · 최진 엮음   성백효 감수

국역 의례

제祭례禮편篇

한국인문고전연구소

차례

발간사(성백효) • 12

일러두기 • 14

《의례》에 대하여(楊天宇) • 16

第十五 특생궤식례 特牲饋食禮

一. 正祭前

1. 祭日을 점침(筮日) • 50

2. 시동을 점침(筮尸. 3일전) • 55

3. 시동에게 재차 알림(宿尸. 2일전) • 56

4. 賓에게 재차 알림(宿賓. 2일전) • 59

5. 제기를 살피고(視濯), 희생을 살피고(視牲), 제사 시간을 정함(爲期) (1일전) • 60

二. 正祭

6. 祭日의 진설과 陰厭 전의 자리에 나아감 • 68

7. 室의 서남쪽 모퉁이에 신이 흠향하도록 음식을 진설하고 祝이 술을 올림(陰厭) • 76

8. 시동을 맞이하고, 시동이 室에 들어가 9飯함(尸九飯) • 82

9. 주인이 시동·축·좌식에게 헌주, 시동이 주인에게 酢酒, 嘏辭함(主人初獻) • 92

10. 주부가 시동·축·좌식에게 헌주, 시동이 주부에게 酢酒함(主婦亞獻) • 100

11. 賓長이 시동·축·좌식에게 헌주하고 주인·주부에게 致酒, 주인과 주부가 서로에게 致酒, 시동·주인·주부가 빈장에게 酢酒함(賓三獻) • 105

12. 주인이 賓長·衆賓·長兄弟·衆兄弟·內兄弟에게 헌주, 賓長에게 酬酒함(賓三獻) • 113

13. 長兄弟가 시동에게 加爵하고 주인과 주부에게 致酒함 • 122

14. 衆賓長이 시동에게 加爵함 • 123

15. 陰厭 때 祝이 올렸던 술을 嗣子가 마시고 시동에게 헌주함 • 124

16. 兄弟弟子가 長兄弟에게 擧觶(여수례의 발단), 빈장이 장형제에게 酬酒(1차 여수례), 장형 제가 장빈에게 酬酒(2차 여수례) • 127

17. 賓弟子와 兄弟弟子가 長賓과 長兄弟에게 擧觶(무산작례의 발단), 賓들과 형제들이 서로 酬酒함(무산작례) • 134

18. 利가 시동에게 헌주함 • 137

19. 利成을 고하고(告利成), 시동이 廟門을 나가고, 시동의 집으로 尸俎를 보내고, 庶羞를 거 둠 • 139

三. 正祭後

20. 嗣子와 長兄弟가 대궁을 먹고(餕禮), 주인이 사자와 장형제에게 헌주, 사자가 주인에게 酢酒함 • 142

21. 음식을 室 안 서북쪽 모퉁이에 옮겨 진설하고(陽厭), 利成을 고하고(告利成), 제사가 끝났 음을 고함(告事畢) • 148

四. 記

22. 제사에 착용하는 衣冠 • 152

23. 祭物과 祭器의 진설법 • 153

24. 시동이 손씻는 예 • 159

25. 佐食과 宗人의 일과 위치 • 160

26. 內尊의 진설 및 內兄弟의 방향과 위치 • 162

27. 아궁이에 제사하는 예(祭爨) • 164

28. 賓이 시동을 전송하고 廟門 안으로 돌아가는 禮 • 164

29. 正祭 때 각 俎에 담는 牲體 • 165

30. 公有司와 私臣의 廟門 안 위치 및 주인에게서 獻酒를 받을 때의 차례 • 170

第十六 소뢰궤식례 少牢饋食禮

一. 正祭前

1. 祭日을 점침(筮日. 10일 전) • 174

2. 여러 祭官에게 재차 알리고(宿諸官), 시동을 점치고(筮尸), 시동에게 재차 알림(宿尸)
   (1일전) • 183

3. 제사 시간을 정함(爲期. 1일전) • 186

4. 희생을 잡고 제기를 씻음 (祭日) • 188

5. 祭物을 鑊에서 꺼내 鼎에 담고 祭具를 진열함(祭日의 진설) • 192

6. 几筵과 술 단지를 진설하고, 鼎을 묘문 안에 진열하고, 祭物을 俎에 담음 • 198

二. 正祭

7. 室의 서남쪽 모퉁이에 신이 흠향하도록 음식을 진설하고 祝이 술을 올림(陰厭) • 208

8. 시동을 맞이함 • 214

9. 시동이 室에 들어가 11飯함(尸十一飯) • 216

10. 주인이 시동에게 헌주함(主人初獻) • 224

11. 시동이 주인에게 酢酒, 祝이 嘏辭함(主人初獻) • 226

12. 주인이 祝에게 헌주함(主人初獻) • 231

13. 주인이 두 좌식에게 헌주함(主人初獻) • 233

14. 주부가 시동에게 헌주함(主婦亞獻) • 235

15. 시동이 주부에게 酢酒함(主婦亞獻) • 237

16. 주부가 祝에게 헌주함(主婦亞獻) • 239

17. 주부가 두 佐食에게 헌주함(主婦亞獻) • 240

18. 賓長이 시동에게 헌주함(賓三獻) • 241

19. 시동이 賓長에게 酢酒함(賓三獻) • 241

20. 賓長이 祝에게 헌주함(賓三獻) • 242

21. 시동이 廟門을 나감 • 242

22. 두 佐食과 두 賓長이 대궁을 먹음(餕禮) • 243

第十七 유사철 有司徹

一. 儐尸禮(시동을 賓으로 대접하는 상대부의 禮)

1. 儐尸禮에서 음식을 거두고 俎의 음식을 데우고 侑를 뽑음(儐尸 준비) • 254
2. 儐尸禮에서 주인이 시동과 侑를 맞이함 • 257
3. 儐尸禮에서 鼎과 俎를 뜰에 진열함 • 259
4. 儐尸禮에서 주인이 시동에게 헌주함(主人初獻) • 263
5. 儐尸禮에서 주인이 侑에게 헌주함(主人初獻) • 280
6. 儐尸禮에서 시동이 주인에게 酢酒함(主人初獻) • 282
7. 儐尸禮에서 주부가 시동에게 헌주함(主婦亞獻) • 287
8. 儐尸禮에서 주부가 侑에게 헌주함(主婦亞獻) • 291
9. 儐尸禮에서 주부가 주인에게 致酒함(主婦亞獻) • 292
10. 儐尸禮에서 시동이 주부에게 酢酒함(主婦亞獻) • 295
11. 儐尸禮에서 上賓이 시동에게 헌주함(賓三獻. 爵止) • 298
12. 儐尸禮에서 주인이 시동에게 酬酒함(賓三獻) • 299
13. 儐尸禮에서 東房의 음식과 庶羞를 시동·侑·주인·주부에게 올림(賓三獻) • 302
14. 儐尸禮에서 주인이 長賓(上賓)에게 헌주함(賓三獻) • 304
15. 儐尸禮에서 주인이 衆賓에게 두루 헌주함(賓三獻) • 307
16. 儐尸禮에서 주인이 長賓을 대신하여 自酢함(賓三獻) • 309
17. 儐尸禮에서 주인이 長賓에게 당 아래에서 酬酒함(賓三獻) • 310
18. 儐尸禮에서 주인이 長兄弟, 衆兄弟에게 헌주함(賓三獻) • 312
19. 儐尸禮에서 주인이 內賓에게 헌주함(賓三獻) • 314
20. 儐尸禮에서 주인이 私人에게 헌주함(賓三獻) • 315
21. 儐尸禮에서 시동이 三獻(上賓)이 올렸던 술을 마시고 삼헌에게 酢酒함(賓三獻) • 316
22. 儐尸禮에서 두 사람이 시동과 侑에게 擧觶(여수례의 발단), 시동이 주인에게 酬酒함(1차 여수례) • 320

23. 儐尸禮에서 兄弟의 後生者가 長兄弟에게 擧觶(무산작례의 발단) · 325
24. 儐尸禮에서 衆賓長이 시동에게 加爵함 · 327
25. 儐尸禮에서 賓 1인이 시동에게 酬酒함(2차 여수례) · 329
26. 儐尸禮에서 賓들과 兄弟들이 서로 酬酒함(무산작례) · 330
27. 儐尸禮에서 시동과 侑가 廟門을 나가고, 시동과 侑의 집으로 俎를 보내고, 薦俎를 거둠
    · 331

二. 不儐尸禮(시동을 賓으로 대접하지 않는 하대부의 禮)

28. 不儐尸禮에서 시동이 室에서 11飯을 들 때 8飯 이후 下大夫의 禮 · 334
29. 不儐尸禮에서 주인이 시동·축·좌식에게 헌주함(主人初獻) · 339
30. 不儐尸禮에서 주부가 시동·축·좌식에게 헌주함(主婦亞獻) · 340
31. 不儐尸禮에서 賓長이 시동·축·좌식에게 헌주, 주인과 주부가 서로 致酒, 빈장이 주인·주
    부에게 致酒, 시동이 빈장에게 酢酒, 주인과 주부가 빈장에게 酢酒함(賓三獻) · 344
32. 不儐尸禮에서 주인이 衆賓·형제·私人과 東房 안의 內賓에게 두루 헌주함(賓三獻) · 352
33. 不儐尸禮에서 衆賓長이 시동에게 加爵함 · 353
34. 不儐尸禮에서 賓들과 형제들이 서로 酬酒함(무산작례) · 354
35. 不儐尸禮에서 上佐食이 시동에게 加爵하고 祝에게 헌주함 · 355
36. 不儐尸禮에서 利成을 고하고(告利成), 시동이 廟門을 나가고, 시동의 집으로 尸俎를 보
    내고, 薦俎를 거둠 · 356
37. 不儐尸禮에서 2명의 佐食과 2명의 賓長이 대궁을 먹음(餕禮) · 357
38. 不儐尸禮에서 음식을 室의 서북쪽 모퉁이에 옮겨 진설하고(陽厭), 利成을 고하고(告利
    成), 衆賓이 廟門을 나가고, 祭物을 거둠 · 357

● 그림 차례

冠 ● 52

畢 ● 79

豕牲右胖圖 ● 89

爵觚觶角斝 ● 138

篚 ● 155

陳饌梡 ● 157

梡 ● 157

尸盥(특생궤식례) ● 160

尸盥(사우례) ● 160

甗(西周) ● 191

鬲(西周) ● 191

牲體의 이름 ● 195

不價尸亞獻羞籩 ● 342

楅(欽定儀禮義疏) ● 397

物 ● 397

鹿中 ● 398

• 참고문헌 • 362

• 부록

　1. 제례 내용 분석표 • 365

　2. 주요범례 • 377

　3. 凌廷堪의《禮經釋例》• 385

　4. 張惠言의《儀禮圖》卷1〈宮室〉• 412

　5-1. 張惠言의《儀禮圖》卷6〈特牲饋食禮〉• 418

　5-2. 張惠言의《儀禮圖》卷6〈少牢饋食禮〉• 452

　5-3. 張惠言의《儀禮圖》卷6〈有司徹〉• 468

　6-1. 黃以周의《儀禮圖》卷48〈禮節圖三 祭 特牲〉• 504

　6-2. 黃以周의《儀禮圖》卷48〈禮節圖三 祭 少牢〉• 518

　6-3. 黃以周의《儀禮圖》卷48〈禮節圖三 祭 徹〉• 523

　7. 漢簡本對校表 • 535

　8. 용어색인 • 561

후기(이상아) -《국역의례》祭禮篇 출간을 앞두고 • 570

이 책을 번역하고 엮은 이 • 573

《國譯儀禮》 제2집 祭禮篇을 내면서

《국역의례》 제2집인 제례편이 6년 만에 드디어 출간을 앞두게 되었다.

처음 상례편을 간행하기로 결정했을 때만 해도 본인은 하나의 번역본이 나오는 것으로 쉽게 생각했었다. 그러다가 처음으로 원고를 접해보니 이것은 단순 번역서가 아니었다. 완전 재구성하여 누구나 이해할 수 있게 하였다. 본인은 이 작업이 과연 순탄하게 이루어질 수 있을지, 내심 걱정이 없지 않았다. 그 어려운 책을, 그 누구도 관심을 갖지 않는 책을, 中年이 넘은 세 분의 女學士가 과연 제대로 마무리할 수 있을 지 염려되었다. 그런데 막상 원고가 완성된 뒤에 읽어보고는 그야말로 입이 딱 벌어져 탄성이 절로 나왔다. 이러한 감동은 관심을 갖고 이 책을 열심히 읽어본 분이면 거의 모두 똑같은 생각이 드시리라고 여겨진다.

《국역의례》 제2집 제례편은 오직 好學不倦하는 세 분의 열정에 기인하였다. 경제적 어려움을 불고하고 강독과 검토를 계속한 끝에 이루어진 결실이다. 본인이 예전에 했던 걱정은 그야말로 杞憂에 불과하였음이 입증된 셈이다. 본인은 일찍이 세 분들을 '여학사 3인방'이라고 호칭한 적이 있다. 그런데 이제는 '의례 삼총사'로 개칭하려 한다.

《의례》에는 여러 편이 있지만 상례가 제일 많고 내용 또한 어려우며, 두 번째가 제례이다. 그런데 우선 이 두 가지가 해결된 것이다. 우리나라에도 《의례》를 제대로 연구하는 분(팀)이 있다는 것이 여간 믿음직스럽지 않다. 그리고 자랑스럽다. 일반적인 경서는 본문대로 해석해도 어느 정도 이해가 가능하지만 《의례》는 행례의 순서를 열거하면서도 생략한 부분이 많아 문장이 서로 이어지지 아니하여 본문만을 해석할 경우 앞뒤의 문장이 서로 이어지지 않는다. 그런데 이 번역서는 내용을 완전히 파악한 상태에서 부연 설명하였으므로 맥락과 조리가 명료하다. 또한 주석을 잘 처리하여 뜻을 더욱 정확히 알 수 있게 하였다. 그리고 내용 또한 진일보하였다.

본인도 《의례》에 자신이 없어 각종 문헌에 인용된 《의례》의 내용을 접하게 되면 이를 정확히 몰라 쩔쩔매기 일쑤였다. 그리하여 어느 누구보다도 이 책의 발간에 쌍수를 들어 환영한다. 《의례》의 이해에는 禮書에 대한 기본적인 지식과 漢文의 소양, 번역본의 잘못된 부분과 역주 등을 식별해내는 안목이 있어야 한다. 史書에도 '三長의 재주'가 있듯이 말이다. 그런데 李常娥, 朴相今, 崔振 이 세 분은 이 세 가지를 거의 모두 구비하였고, 또 대단한 열정을 소유하였다.

　　《의례》에 대한 중요성과 번역서의 필요성, 그리고 이 책을 내게 된 동기 등은 《국역의례》 상례편 발간사에서 이미 언급하였으므로 여기서는 세 분의 노고와 열정을 다시 한 번 제기하면서 간단한 소감을 피력하는 바이다.

2021년 4월

해동경사연구소 成百曉

일러두기

1. 대본

1) 본서는 楊天宇(1943~2011)의 《儀禮譯注》(上海: 上海古籍出版社, 1994)(이하 역주본)를 주요 번역 대본으로 삼아 이 가운데 주석과 각 편의 해제 부분을 대부분 채택하여 번역하였다. 다만 경문의 번역은 역주본을 따르지 않고 새롭게 번역하였다.

2) 역주본의 《儀禮》簡述 부분은 楊天宇의 《鄭玄三禮注研究》(天津: 天津人民出版社, 2007)의 《儀禮》概述 부분을 번역하였다. 《儀禮》概述은 《儀禮》簡述과 대동소이하나 인용문의 출처 표기가 더욱 상세하며 일부 내용이 수정되어 있다.

2. 교감과 표점

1) 《儀禮注疏》(李學勤主編, 北京大學出版社, 2000)(이하 통행본)를 주요 대교본으로 삼고 기타 《의례》 표점서들을 참교본으로 삼아 역주본과 비교하여 더욱 타당성이 있다고 판단된 것을 수록하였다.

2) 표점본 간 표점의 異同이 유의미한 경우 그 내용을 【按】부분에 제시하였다.

3) 교감 결과 원문의 글자가 誤字·脫文·衍文으로 의심되는 경우 원문은 그대로 두고 그 교감 내용을 주석에 제시하였다.

4) 경문의 한자는 발음이 어렵거나 두 개 이상의 발음이 날 경우 각종 禮書와 언해 등을 참고하여 한글 발음을 부기하고, 논란이 있는 글자의 경우에는 그 근거를 주석에 제시하였다.

3. 章節의 구분

1) 장절의 구분은 역주본을 따랐다.

2) 장절의 소제목은 역주본과 주희의 《의례경전통해》, 기타 번역서들을 참고하여 별도로 경문 앞에 제시하였다.

4. 번역

번역은 경문과 주석을 반영하여 이해하기 쉽게 번역하였다. 다만 禮書에서 통상적으로 사용되는 명물이나 전문 용어는 그대로 원문 용어를 사용하고 독자의 이해를 돕기 위해 바로 뒤에 간주 형식으로 괄호 안에 간략한 해석을 덧붙였다.

5. 주석

주석은 세 부분으로 이루어졌다.

첫 번째 부분은 역주본의 주석이다. 별도의 표기 없이 역주본의 내용을 대부분 채택하여 번역하였다. 다만 중복되거나 문화적인 차이로 인해 불필요하다고 판단된 경우에는 별도의 설명 없이 삭제하고, 제시한 인용문이나 글자의 오류가 명백한 경우에도 별도의 설명 없이 수정하여 번역하였다.

두 번째 부분은 按說이다. '【按】'으로 표기하고 역주본의 주석 내용을 번역에서 취하지는 않더라도 일설로 남겨둘 가치가 있다고 판단되거나 역주본에는 없으나 보충 설명이 필요한 경우 그 내용을 제시하였다.

세 번째 부분은 각주이다. 역주본의 주석과 按說의 출처, 기타 부가적으로 필요하다고 판단된 원문 등을 제시하였다.

6. 범례

祭禮만이 아닌 禮 전반에 적용할 수 있는 2종의 범례를 실었다. 범례이기 때문에 대부분의 예서 주석서에 오히려 설명이 없는 경우가 많을 뿐 아니라 각각의 의절이 범례인지 특례인지의 여부 역시 그 의절의 의미를 판단하는 중요한 기준이 될 수 있기 때문이다.

하나는 본서에서 언급하고 있는 범례이다. 각 편별로 범례로 볼 수 있는 예들을 모아 수록하고 이에 해당하는 근거를 각주로 제시하였다. 수록 범위는 경문과 주석을 모두 포괄하였다.

다른 하나는 淩廷堪(1755~1808)의 《禮經釋例》 중 '凡'으로 시작된 범례 목록이다. 《禮經釋例》는 通例, 飮食之例, 賓客之例, 射例, 變例, 祭例, 器服之例, 雜例 등 총 8類로 구성되어 있다. 張惠言의 《儀禮圖》, 胡培翬의 《儀禮正義》와 함께 3대 禮書 중의 하나로 일컬어지며 청대 예학 성과의 이정표라고도 불리운다.

7. 圖
크게 2종의 그림을 수록하였다.

하나는 본문 안에 수록한 그림이다. 역주본과 기타 각종 禮書의 그림들을 비교하여 더욱 적절하다고 판단된 것을 수록하였으며, 필요한 경우 서로 상이한 그림을 동시에 수록하고 이에 대한 설명을 덧붙였다. 다만 명물 그림은 기존의 禮書 그림이 최근의 출토문물과 비교했을 때 다른 것이 많아 오해를 줄이기 위해 가급적 생략하였다.

다른 하나는 부록에 실은 그림이다. 張惠言(1761~1802)의 《儀禮圖》 권6에 실린 行禮圖와 黃以周(1828~1899)의 《禮書通故》 권48 〈禮節圖〉에 실린 行禮圖 중 祭禮에 관련된 圖를 모두 수록하였다. 아울러 장혜언의 《의례도》 권1에 실린 宮室圖를 함께 실어 궁실의 각 명칭을 알 수 있도록 하였다. 장혜언의 《의례도》는 지금까지 나온 儀禮圖 중 경문의 차례에 따라 각각의 의절을 그린 것으로는 가장 자세하다. 황이주의 《예서통고》는 장혜언의 《의례도》에 비해 소략하기는 하나 禮學의 집대성이라고 일컬어지며 장혜언의 圖 중 오류 부분을 바로잡은 것이 많다. 두 禮圖를 비교하여 異同이 있을 경우 이에 대한 설명을 덧붙이고 필요한 경우 본문 주석에 관련 圖를 수록하였다.

8. 表
크게 2종의 표를 수록하였다.

하나는 본문의 내용을 분석한 표이다. 上大夫, 下大夫, 士의 신분에 따른 제례의 행례 순서에 따라 시간, 장소, 인물, 복장, 음식 등을 위주로 하여 정리하였다.

다른 하나는 교감표이다. 1959년 7월에 중국 甘肅省 武威縣 漢墓에서 출토된 西漢 말기의 《의례》 竹簡木札의 글자와 대교한 것이다. 이 漢簡本은 현재까지 남아있는 가장 오래된 《의례》 기록으로, 통행본과의 글자 비교를 통해 경문의 원래 의미와 글자의 변천 등 다양한 방면의 연구를 기대할 수 있다. 왼쪽에는 본서에서 확정한 원문을 싣고 오른쪽에는 무위 漢簡의 원문을 실었는데, 글자가 서로 다른 것을 표시하고, 본서의 장절과 한간의 죽간 번호를 모두 표기하였다.

9. 용어 색인
1) 범위
경문과 주석을 포함하여 이 책에 보이는 전문 어휘와 명물 용어, 유의미한 행례 절차 등을 수록하였다. 인명과 지명은 싣지 않았다.

2) 순서
한자 대표음을 기준으로 가나다 순으로 싣고 오른쪽에 실제 禮書에서 나는 발음을 병기하였다. 발음이 같을 경우에는 부수 순으로, 부수가 같을 경우에는 획수 순으로 실었다.

3) 약호
편명은 약호를 사용하였다. 〈特牲饋食禮〉는 '特', 〈少牢饋食禮〉는 '少', 〈有司徹〉은 '有'로 표시하였다. 그 뒤에는 이 책에서 구분한 章節의 번호를 쓰고, 그 뒤에는 經文이면 '經', 주석이면 바로 주석번호를 제시하였다. 예컨대 '特1①'은 〈특생궤식례〉 제1절 주①이라는 의미이다.

《의례》에 대하여

楊天宇

1. 《의례》의 서명

《의례》라는 이 서명은 뒤에 붙인 이름으로, 先秦 시기에는 《의례》를 《禮》라고만 불렀다. 예를 들면 《예기》〈經解〉에는 "공손함·검소함·장중함·공경함은 《예》의 가르침이다.〔恭儉莊敬, 《禮》教也.〕"라고 하고 있고, 《莊子》〈天運〉에는 공자가 "나는 《시》·《서》·《예》·《악》·《역》·《춘추》 6경을 공부하였다.〔丘治 《詩》,《書》,《禮》,《樂》,《易》,《春秋》 六經.〕"라고 말했다고 기록하고 있다. 이상의 인용문에서 말하는 《예》가 가리키는 것은 모두 《의례》이다.

漢代에 《의례》는 또 《예》라고만 칭해지기도 하였으며, 《士禮》나 《禮經》으로도 칭해졌다. 예를 들면 《史記》〈儒林列傳〉에 다음과 같은 내용이 보인다.

《예》를 말한 것은 노나라의 고당생에서부터이다.〔言《禮》自魯高堂生.〕
여러 학자들이 《예》를 말한 자가 많았으나 노나라 고당생이 가장 시초이다. 《예》는 진실로 공자 때부터 그 경문이 구비되어 있지 않았는데, 秦나라 때 焚書를 겪게 되자 글이 흩어져서 없어진 것이 더욱 많게 되었다. 지금은 《사례》만 남아있는데, 고당생이 이를 말할 줄 알았다.〔諸學者多言《禮》, 而魯高堂生最本. 《禮》固自孔子時而其經不具, 及至秦焚書, 書散亡益多, 于今獨有《士禮》, 高堂生能言之.〕
노나라의 徐生이 儀容에 뛰어났다.……아들에게 전하여 손자 徐延과 徐襄에게까지 전해지게 되었다. 서양은 천성적으로 의용을 차리는데 뛰어났으나 《예경》에는 능통하지 못하였다.〔魯徐生善爲容.……傳子至孫徐延·徐襄. 襄其天姿善爲容, 不能通《禮經》.〕

《의례》는 漢代에는 또 《예기》의 명칭으로 쓰이기도 하였다.[1]

阮元(1764~1849)이 말하기를 "살펴보면 《예경》은 漢나라 때에는 단지 《예》라고만 칭했으며 《예기》라고도 칭하였다. 《熹平石經》에 《의례》가 있다. 이것은 洪适(1117~1184)의 《隷釋》에 실려 있는데 東晉의 戴延之가 이를 일러 《예기》라고 한 것이 바로 이것이다. 《의례》라고 칭한 경우는 없었다.〔按《禮經》在漢只稱爲《禮》, 亦曰《禮記》; 《熹平石經》有《儀禮》, 載洪适《隷釋》而戴延之謂之《禮記》是也. 無稱《儀禮》者.〕"라고 하였다.[2]

洪業(1893~1980)도 이 설을 지지하고 있는데, 그 주요 근거로 司馬遷이 《사기》〈孔子世家〉에서 "《예기》는 孔氏에게서 나왔다.〔《禮記》出自孔氏.〕"라고 한 것과 《사기》〈儒林列傳〉에서 "지금은 《사례》만 남아있다.〔於今獨有《士禮》.〕"라고 한 것을 들며, 여기에서 〈공자세가〉의 《예기》가 바로 〈유림열전〉의 《사례》인 것은 의심의 여지가 없다는 것이다.[3]

완원과 홍업의 설은 모두 훌륭하다. 우리는 또 얼마간의 증거를 찾을 수 있는데, 예를 들면 鄭玄(127~200)은 《시경》〈采蘩〉에 주를 내면서 《의례》〈少牢饋食禮〉 경문을 인용하여 말하기를 "《예기》에 이르기를 '주부는 머리에 다리를 한다.〔《禮記》曰: 主婦髮鬄.〕' 하였다."라고 하였으며, 郭璞(276~324)은 《爾雅》〈釋言〉에 주를 내면서 《의례》〈有司徹〉의 경문을 인용하여 말하기를 "《예기》에 이르기를 '陽厭 때 자리를 둘러 祭物을 가린다.〔《禮記》曰: 厞用席.〕' 하였다."라고 하였다. 곽박은 晉나라 사람이니 아마도 漢나라 때의 書名을 그대로 답습한 듯하다.

漢代에는 아직 《의례》라는 이름이 없었으며, 이 점에 있어서는 고금의 학자들 모두 의심이 없다. 陳夢家(1911~1966)는 두 《漢書》 중에는 "《의례》라는 명칭이 한 번도 출현하지 않는다.〔從未出現《儀禮》的名目.〕"라고 하고, 아울러 이것을 근거로 武威縣에서 출토된 漢簡本 《의례》를 推斷하여 "만일 큰 제목을 둔다면 응당 《예》가 되어야 할 것이다.〔若有大題應是《禮》.〕"라고 하였다.[4]

《의례》라는 이름이 도대체 언제 출현했는가에 대해서는 지금은 이미 명확하게 고찰하기가 어렵다. 《晉書》〈荀崧傳〉에 순숭(263~329)이 상소하여 박사를 더 늘려 세워줄 것을 청하는 기록이 실려 있는데, 그 가운데 "정현의 《의례》 박사 1사람을 더 두어야 합니다.〔鄭《儀禮》

---

1) 〔원주〕 大戴(戴德)나 小戴(戴聖)의 《예기》와 같은 것이 아니다.
2) 〔원주〕 《儀禮注疏》 권1 "《儀禮》疏卷第一" 아래 阮元의 교감기에 보인다.
3) 〔원주〕 洪業의 《儀禮引得序》는 《儀禮引得》(上海古籍出版社, 1983)에 보인다.
4) 〔원주〕 《武威漢簡》(文物出版社, 1964) 13쪽 참조.

博士一人.]"라는 구절이 있다. 이것은 아무리 늦어도 東晉 元帝(재위 318~323) 때에는 이미 《의례》라는 명칭이 있었음을 설명하는 것이다.

2. 《의례》의 유래와 공자의 《예》 編定

금본 《의례》 17편은, 이 가운데 제13편 〈旣夕禮〉는 제12편 〈士喪禮〉의 하편이며 제17편 〈有司徹〉은 제16편 〈少牢饋食禮〉의 하편이기 때문에 실제로는 고대의 15종 의례만을 기록하고 있다. 그러나 중국 고대의 의례는 단지 이 15종에만 그치는 것은 결코 아니다.

중국 상고 시대 인류는 원시 사회에서 계급 사회로 진입한 이후 차츰차츰 삼엄한 등급 제도를 수립하기 시작하였다. 이러한 등급 제도를 유지하기 위해서는 저 높이 위에 있는 귀족들을 서민이나 노예와는 서로 구별되게 해야 했으며, 동시에 귀족들 중에서도 다른 등급은 서로 구별되게 해야 했다. 그리하여 수많은 禮들을 제정하였는데, 예를 들면 朝覲, 盟會, 錫命, 軍旅, 蒐閱, 巡狩, 聘問, 射御, 賓客, 祭祀, 婚嫁, 冠笄, 喪葬 등등과 같은 것으로, 후세 사람들은 이 禮들을 吉·凶·賓·軍·嘉의 5가지로 크게 분류하고 있다.[5] 서로 다른 등급의 귀족은 서로 다른 禮를 행하였으며, 설사 동일한 의례 활동 안이라 할지라도 귀족의 등급이 다르면 사용하는 기물이나 입는 의복, 행하는 의식 등도 각각 달랐다. 귀족 통치자들은 이 수많은 禮들을 통해 그 정치적인 의도를 관철시킴으로써 등급 제도의 기초 위에 수립한 사회의 정상적인 질서를 유지하였다. 이것이 바로 '禮로 정사를 체현한다.〔禮以體政〕'는 것이다.[6]

그런데 이 수많은 禮들은 도대체 어떻게 생겨난 것일까? 楊寬(1914~2005)의 연구에 따르면 일부 禮들은 씨족 사회 시기부터 이어져 내려온 禮俗이 발전하여 변화된 것이다. 예를 들면 籍禮(籍田을 경작하는 禮)는 씨족 사회 시기에 족장이나 장로가 조직하여 구성원들이 집단 노동을 하도록 격려하는 의식에서 유래하였으며, 蒐禮(군대를 사열하는 禮)는 군사민주제 시기의 무장 '민중대회'에서, 冠禮는 씨족사회의 成年禮에서, 鄕飮酒禮는 씨족사회의 회식 제도에서 유래했다는 것 등등이다.[7]

---

5) 〔원주〕《周禮》〈春官 大宗伯〉에 처음 보인다.
6) 〔원주〕《左傳》桓公 2년(기원전 710) 조 참조.
7) 〔원주〕楊寬의 《古史新探》(中華書局, 1965) 에 자세하다.

그러나 씨족사회의 禮俗에서 발전하여 변화된 禮는 또한 매우 작은 일부일 뿐이다. 각 방면에서 자신의 특권과 통치 질서를 유지하기 위한 귀족 통치자의 필요성에 응하는 데에는 이 禮들은 매우 부족한 것이어서 수많은 새로운 禮들을 또 제정해야만 했다. 邵懿辰(1810~1861)은 말하기를 "禮는 본래 한 때 한 시대에 이루어진 것이 아니다. 오랜 기간 익숙해지면서 점차 정비되어 크게 갖추어지게 된 것이다.〔禮本非一時一世而成, 積久服習, 漸次修整而臻於大備.〕"라고 하였다.[8] 이 말은 매우 옳은 말이다. 그러나 또 禮를 제정하는 과정 중 개인의 역할을 부인할 수도 없다. 중국 고대에는 이른바 '周公制禮'의 전설이 있었다. 周禮는 모두 주공이 제정했다는 것이다. 예를 들면 《左傳》魯 文公 18년(기원전 609) 조에는 "선군 주공께서 禮를 제정하셨습니다.〔先君周公制禮.〕"라는 노나라 季文子의 말이 기록되어 있으며, 《尙書大傳》에서는 더욱 구체적으로 다음과 같이 말하고 있다.

주공은 섭정을 하여, 1년째에는 管叔과 蔡叔의 난을 바로잡았고, 2년째에는 殷나라를 이겼고, 3년째에는 奄나라의 임금을 주살했고, 4년째에는 侯服에서 衛服까지 5등의 제후를 세웠고, 5년째에는 成周(西周의 東都인 洛邑)를 건립하였고, 6년째에는 禮樂을 제정하였고, 7년째에는 成王에게 정사를 돌려주었다.〔周公攝政, 一年救亂, 二年克殷, 三年踐奄, 四年建侯衛, 五年營成周, 六年制禮作樂, 七年致政成王.〕[9]

이러한 말은 춘추전국 시대에 매우 성행하였는데 전혀 이치가 없는 것은 아니다. 《논어》〈爲政〉에 이르기를 "周나라는 殷나라의 禮를 인습했으니, 그 가감한 것을 알 수 있다.〔周因于殷禮, 其損益可知也.〕"라고 하였다. 주공은 주나라 초기 최고의 행정 장관이 되어 당시의 상황에 근거하여 은나라의 예를 가지고 재고 헤아려, 취할 것은 취하고 버릴 것은 버리는 일련의 '가감'하는 작업을 행하였다. 그리고 이러한 작업을 통해 새로 일어난 주나라 왕조의 필요에 꼭 맞는 禮를 제정했다는 것은 전적으로 가능성이 있는 이야기이다. 단지 이러한 일을 신화화해서는 안 된다는 것뿐이다. 어떤 사람은 주나라 禮를 제정하는 것에 대해 주공이 한 역할을 지나치게 과장하였다고 말한다. 顧頡剛(1893~1980)은 다음과 같이 말하고 있다. "주공이 禮를 제정했다는 이 점은 인정해야한다. 개국할 때 어떻게 수많은 제도와 의절을 정하지 않을 수 있겠는가.……그러나 하나의 일이 장기간의 전설을 거치다보면 종종

---

8) 〔원주〕邵懿辰의 《禮經通論·論孔子定禮樂》(國學扶輪社鉛印本, 淸 宣統 3年(1911)) 참조.
9) 〔원주〕明 柯尙遷의 《周禮全經釋原》 卷首 《原流敍論》(文淵閣 《四庫全書》本)에서 재인용.

지나치게 과장되곤 한다. 주공이 禮를 제정한 일은 늘 사람들의 입에 오르내리고 있는데, 마치 周代의 모든 제도와 禮儀가 모두 주공 한 사람의 손에서 정해지고, 주공이 정한 禮는 최고의 것이기 때문에 3천 년 동안 내려온 봉건 사회에서 조금만 변경되고 그다지 큰 변화는 없었던 것처럼 말하고 있다. 심지어는 남녀의 혼인제도도 그가 처음으로 확립한 것이라고까지 하는데, 이것은 역사적인 진실과는 완전히 동떨어진 이야기이다."[10]

주공이 禮를 만들 수 있었다면 주공 이후의 執政者들도 禮를 만들 수 있는 것이다. 그들은 당시의 수요에 따라 주나라 초기의 禮에 필요한 조정과 수정을 진행하거나 얼마간의 새로운 禮를 일부 제정했을 것이며, 또한 직접 이 일을 했을 수도 있고 당시의 통치 계급 중 이 쪽에 관련된 전문가(후대의 예학자)에게 명령하여 이 일을 하게 했을 수도 있다. 후대 조정의 통치자들이 늘 그 대신들에게 禮를 의론하거나 제정하게 했던 것과 같은 것처럼 말이다. 이렇게 해서 禮의 숫자는 끊임없이 증가했으며 禮儀 역시 이에 따라 갈수록 번다해지게 되었다. 그러므로 《예기》〈禮器〉에 이른바 "經禮는 3백 가지이고 曲禮는 3천 가지이다.〔經禮三百, 曲禮三千.〕"라는 설은 禮가 많고 번다하다는 것을 심하게 말한 것이다. 끊임없이 증가하고 날로 번다해진 이 禮들을 통칭하여 周禮라고 부른다.

이 수많은 周나라 禮들이 그 당시 문자로 씌어졌는지의 여부에 대해 혹자는 西周 시대에 후대의 禮書와 같은 것이 있었는지의 여부에 대해서는 확실한 증거가 없기 때문에 아직까지 섣불리 단언할 수 없다고 한다. 그러나 이치로 따져보면 주나라 통치자들이 이미 이렇게 禮를 중시했다면 그들이 제정한 禮를 문자로 기록함으로써 귀족과 그 자제들이 익히고 실천하는 데 편리하도록 했을 것이라는 것도 당연하다는 것이다. 《논어》〈八佾〉에 다음과 같은 공자의 말이 실려 있다. "夏나라의 禮를 내가 능히 말할 수 있으나 杞나라에서 그 근거를 충분히 찾을 수 없고, 殷나라의 禮를 내가 능히 말할 수 있으나 宋나라에서 그 근거를 충분히 찾을 수 없다. 文獻이 충분하지 않기 때문이다. 충분하다면 내가 그 근거를 댈 수 있다.〔夏禮, 吾能言之, 杞不足徵也; 殷禮, 吾能言之, 宋不足徵也. 文獻不足故也. 足則吾能徵之矣.〕" 여기에서 '文獻'이라는 글자는, 朱熹의 《集註》 해석에 따르면 '文'은 典籍을 가리키며 '獻'은 歷史典故를 잘 아는 賢者를 가리킨다. 공자는 '문헌이 부족하다'고 말하였는데, 하나라와 은나라의 禮가 그 당시에는 아직 다소나마 문자로 기록된 것들이 남아있었다는 것을 알 수 있다. 《논어》〈팔일〉에서 공자는 또 말하기를 "주나라는 하나라와 은나라의 禮

---

10) 〔원주〕 顧頡剛의 《"周公制禮"的傳說和〈周官〉一書的出現》(《文史》 第6輯)에 실림.

를 보고 가감하였으니, 찬란히 빛나도다, 그 文이여![周監于二代, 郁郁乎文哉!]"라고 하였다. 이렇게 '찬란히 文이 빛났던' 주나라의 禮가 도리어 문자의 기록도 없었을까? 공자는 또 무엇을 가지고 주나라의 禮가 '郁郁乎文'임을 알았을까?《莊子》〈天運〉에 "저 六經은 先王의 옛 자취이다.[夫六經, 先王之陳迹也.]"라는 老子의 말이 기록되어 있다. 여기에서 말하는 '옛 자취'는 바로 주나라 선왕들이 남겨놓은 문헌을 가리킨다. 물론 여기에는 禮를 기록한 문헌도 포함된다.[11] 다시 다음에 나오는 자료를 한 번 보기로 하자.

《맹자》〈萬章下〉: "北宮錡가 물었다. '주나라 왕실에서 작록을 반열한 것은 어떻게 했습니까?' 맹자가 대답하였다. '그 상세한 내용은 내 듣지 못하였다. 제후들이 자신들에게 해가 되는 것을 싫어하여 모두 그 전적을 없애버렸기 때문이다.[北宮錡問曰: '周室班爵祿也, 如之何?' 孟子曰: '其詳, 不可得而聞也. 諸侯惡其害己也, 而皆去其籍.']"[12]
《漢書》〈禮樂志〉: "주나라 왕실이 쇠락해지자 제후들이 법도를 넘곤 하였는데, 禮制가 자신들에게 해가 되는 것을 싫어하여 그 편장이나 전적들을 없애버렸다.[及其衰也, 諸侯踰越法度, 惡禮制之害己, 去其篇籍.]"
《漢書》〈藝文志〉: "제왕의 질박함과 문채남은 시대마다 가감이 있었다. 주나라에 오자 그 규정들이 지극히 정밀해져 일마다 모두 제도가 있게 되었다. 그러므로 '禮經은 3백 가지이고 威儀는 3천 가지이다.'라고 말하였다. 그러다가 주나라 왕실이 쇠락해지자 제후들이 법도를 넘으려고 하면서 禮制가 자신들에게 해가 되는 것을 싫어하여 모두들 그 전적을 없애버렸다.[帝王質文, 世有損益, 至周曲爲之防, 事爲之制, 故曰'禮經三百, 威儀三千'. 及周之衰, 諸侯將踰法度, 惡其害己, 皆滅去其籍.]"

이상의 내용을 믿을 수 있다면 주나라의 禮는 바로 원래부터 '전적'이 있었으며 이러한 주나라의 禮를 기록한 전적들이 바로 후대《의례》의 기원이라고 말할 수 있다.

춘추 시대가 되자 생산력의 발전에 따라 새로운 계급 역량이 일어나기 시작하였다. 이와 동시에 주나라 왕실이 쇠락해지자 제후들은 강대해졌으며, 제후들의 公室이 쇠락해지자 私門이 강대해졌다. 이렇게 되자 예전의 등급 제도와 등급 관계는 흔들리기 시작하였으며, 예

---

11) 〔원주〕《周予同經學論著選集》(上海人民出版社, 1983) 800쪽 참조.
12) 〔원주〕'班爵祿'은 주나라의 일종의 행정 제도였을 뿐 아니라 동시에 일종의 禮이기도 하였다. 주나라 왕실에서는 귀족이나 공신들에게 작록을 班列할 때 성대한 의식을 거행하지 않은 적이 없었다.

전의 등급 관계를 유지해주었던 일련의 禮들도 자연히 무너지게 되었다. 그리하여 '천자의 禮인 팔일무를 대부의 뜰에서 추거나〔八佾舞于庭〕' '삼가의 대부 집안에서 천자만이 쓸 수 있는 〈옹〉시를 읊으며 제사 때 제물을 거두는〔三家者以《雍》徹〕'[13] 것과 같은 '참람된〔僭越〕' 짓들과, 이른바 '예악이 무너지는〔禮崩樂壞〕' 상황이 출현하게 되었다. 이와 동시에 강대국이 약소국을 능멸하고 대국이 소국을 침략하여 제후국 간에 전쟁이 끊이지 않음으로써 전 사회가 불안하게 흔들리며 백성들이 그 피해를 고스란히 받게 되었다. 이때 儒家가 출현하여 현실 사회를 구원하는 것을 소임으로 삼았는데, 그 최초의 대표적인 인물이 바로 공자이다.

공자가 제시한 救世 학설의 핵심은 바로 仁과 禮이다. 즉 仁으로 殺伐을 중지시키고 禮로 어지러운 사회를 구원하는 것이었다. "사욕을 이기고 예로 돌아가는 것이 仁이다.〔克己復禮爲仁.〕"[14]라는 이 말은 공자의 전체 정치 강령을 개괄한 것이다. 공자에게 있어 최고의 정치적 이상은 바로 西周 시대와 같은 그런 조화롭고 안정된 禮制 사회를 회복하는 것이었다. 바로 공자가 말하는 "찬란히 빛나도다, 그 文이여! 내 주나라를 따르리라.〔郁郁乎文哉! 吾從周.〕"라는 것이다.

공자는 이미 하나의 禮制 사회 건립에 대한 환상이 있었기 때문에 주나라의 禮를 유지하고 회복하는 것을 자신의 임무로 여겼다. 공자는 禮를 어기거나 무너뜨리는 각종 행위들에 대해 모두 비평이나 비난을 하였다. 예를 들면 공자는 魯나라의 대부인 季氏가 '천자의 禮인 팔일무를 뜰에서 춘 것〔八佾舞于庭〕'을 비난하여 "이것을 차마 한다면 어느 것인들 차마 하지 못하겠는가.〔是可忍, 孰不可忍!〕"라고 하였으며, 노나라의 仲孫·叔孫·季孫 세 집안에서 제사 때 〈雍〉 시를 읊으며 祭物을 거두는〔以《雍》徹〕 것에 대해 비평하기를 "'제후들이 제사를 돕거늘 천자는 엄숙하게 계시다.'라는 가사를 어찌하여 三家의 당에서 취해다 쓰는가.〔相維辟公, 天子穆穆, 奚取於三家之堂?〕"라고 하였다. 또 季氏가 泰山에 제사를 지내는 예에 대하여 비평하기를 "일찍이 태산이 임방보다도 못하다고 여겼단 말인가.〔曾謂泰山不如林放乎?〕"라고 하였으며, 노나라 임금이 禘祭의 禮를 지내는 것에 대하여 말하기를 "강신하는 의식 이후로는 내 더 이상 보고 싶지 않다.〔自旣灌而往者, 吾不欲觀之矣.〕"라고 하였으며, 子貢이 '告朔禮 때 희생으로 쓰는 양을 없애고자 한 것〔欲去告朔之餼羊〕'에 대하여 말하기를 "너는 그 양을 아끼느냐? 나는 그 예를 아끼노라.〔爾愛其羊? 我愛其禮.〕"라고

---

13) 〔원주〕모두 《논어》〈八佾〉에 보인다.
14) 〔원주〕《논어》〈顔淵〉에 보인다.

하였다.[15] 이와 동시에 공자는 적극적으로 禮를 전파하고 실천하였을 뿐 아니라 禮를 제자를 가르치는 과목의 하나로 삼았다. 《논어》에는 禮에 관한 공자의 말을 기록한 것이 매우 많은 비중을 차지하며 '禮'라는 글자만해도 72차례나 사용하고 있다. 이 밖에도 '禮'라는 글자를 쓰지는 않았지만 실제로는 禮를 얘기하는 말이 매우 많은데, 예를 들면 위에서 든 〈팔일〉편의 여러 구절들은 자공을 비평한 구절을 제외하면 모두 '禮' 자를 사용하지 않았다.

공자의 주나라 禮에 관한 지식의 원천은 두 가지 경로가 있었다. 하나는 부지런히 묻는 것이다. 예를 들면 《논어》〈八佾〉에 다음과 같은 내용이 있다. "공자가 태묘에 들어가 매사를 묻자 어떤 사람이 말하였다. '누가 추인의 아들이 예를 안다고 말했는가. 태묘에 들어와서 매사를 묻는구나.' 공자는 이 말을 듣고 '이렇게 하는 것이 예이다.'라고 하였다.〔孔子入太廟, 每事問. 或曰: '孰謂鄹人之子知禮乎? 入太廟, 每事問.' 子聞之, 曰: '是禮也.'〕" 다른 하나는 주나라 禮에 관한 문헌의 기록을 읽는 것이다. 비록 춘추 시대에 제후들이 '자신에게 해가 되는 것을 싫어해서〔惡其害己〕' '그 전적을 없애버리기는〔去其籍〕' 했지만 각 제후국들의 상황은 같지 않았다. 예를 들면 노나라는 당시 주나라 禮에 관한 문헌이 비교적 많은 제후국이었으며, 이 때문에 晉나라의 韓宣子가 노나라에서 '책을 본〔觀書〕' 뒤에 "주나라 예가 모두 노나라에 있다.〔周禮盡在魯矣.〕"라고 찬탄했던 것이다.[16] 공자는 노나라 사람이었을 뿐 아니라, 또 노나라에서 벼슬을 하여 '직접 임금과 통할 수 있었던〔能自通於國君〕' 관리로 있던 적이 있었는데,[17] 대략 공자가 52세일 때였다. 또한 노나라의 司寇 벼슬을 한 적도 있다. 이로 인해 공자는 노나라의 문헌을 읽고 그 속에서 주나라의 禮를 학습하고 연구할 수 있는 조건과 가능성을 완전히 갖추고 있었다. 공자는 또 여러 제후국들을 주유하였는데, 바로 이 때문에 다른 제후국들에 보존된 문헌들을 접할 수 있었다. 부지런히 묻고 부지런히 학습한 것은, 공자를 주나라 禮에 관한 가장 유명한 전문가가 되게 하였을 뿐 아니라 또 공자로 하여금 주나라의 禮를 가지고서 당시의 사회를 구하게 하도록 하였다.

공자가 이미 주나라의 禮에 대하여 이렇게 열성적이었다면, 주나라의 禮에 대하여 약간 가공하고 수정하는 작업을 함으로써 공자의 이상에 따라 더욱 엄밀하고 완벽하게 되도록 하고, 아울러 자신이 중요하다고 생각하는 禮를 문자로 기록하여 제자를 교육시키는 교재로 삼는 것은 매우 자연스러운 일이었다. 《孔子世家》에는 晏嬰이 공자를 비판하는 다음과

---

15) 〔원주〕이상은 모두 《논어》〈八佾〉에 보인다.
16) 〔원주〕《좌전》昭公 2년(기원전 540) 조에 보인다.
17) 〔원주〕崔述의 《洙泗考信錄》(商務印書館, 1936) 권1 참조.

같은 기록이 실려 있다. "공자는 용모를 성대하게 꾸미고서 오르고 내리는 예와 절도에 맞게 걷는 의절을 번다하게 한다. 그리하여 몇 세대를 익혀도 다 익힐 수 없으며 평생을 다해도 그 예를 터득할 수 없다.〔孔子盛容飾, 繁登降之禮、趨詳之節, 累世不能殫其學, 當年不能究其禮.〕" 주나라 禮가 공자의 손에 오자 더욱 세밀하고 번다하게 가공되었다는 것을 알 수 있다. 여기에서 '다 익히다〔殫其學〕', '그 예를 터득하다〔究其禮〕'라고 말하였는데, 공자가 이미 자체적으로 하나의 체계적인 禮學을 갖고 있었다는 것을 알 수 있다. 《史記》〈儒林列傳〉에 이르기를 "공자는 王道가 무너지고 邪道가 일어나는 것을 슬퍼하여 이에 《시》와 《서》를 논정하여 편차하고 《예》와 《악》을 정리하여 회복시켰다.〔孔子閔王路廢而邪道興, 于是論次《詩》、《書》, 修起《禮》、《樂》.〕"라고 하였다. 학자 중에는 이 문장의 앞 구절에서는 '論' 자를 쓰고 뒷 구절에서는 '修' 자를 써서 어휘를 다르게 쓴 것은, 공자가 했던 작업도 다르다는 것을 설명하는 것이라고 말하는 사람도 있다. 그러나 사실상 이 문장에서 '論'과 '修'는 互文으로 쓴 것으로, 모두 수정하고 편차하였다는 뜻이다. 《공자세가》에 이르기를 "공자는 벼슬하지 않고 물러나 《시》·《서》·《예》·《악》을 정리하였다.〔孔子不仕, 退而修《詩》、《書》、《禮》、《樂》.〕"라고 하였다. 司馬遷이 여기에서는 '修'라는 글자 하나만을 사용한 것이 바로 그 명백한 증거이다. 다시 《禮記》〈雜記下〉 중의 한 구절을 보자.

휼유의 상에 애공이 유비를 보내 공자에게 士의 상례를 배우도록 하였다. 그리하여 〈사상례〉가 기록되게 되었다.〔恤由之喪, 哀公使孺悲之孔子學士喪禮, 《士喪禮》於是乎書.〕

유비가 '기록'한 〈사상례〉의 내용은 단지 금본 《의례》의 〈사상례〉에만 국한되지 않고 士의 喪禮에 관한 전부를 포괄한 것이었다. 沈文倬은 여기의 〈사상례〉는 《의례》 가운데 〈士喪禮〉·〈旣夕禮〉·〈士虞禮〉·〈喪服〉 4편의 내용 전체를 포괄하는 것이어야 한다고 하였는데,[18] 이것은 매우 정확한 말이다. 유비가 기록한 상례는 직접적으로 공자에게서 온 것임을 알 수 있다. 〈雜記下〉의 이 자료에서 다음 몇 가지 점을 설명할 수 있다.

첫째, 공자는 확실히 禮에 관한 학문으로 제자들을 교육한 적이 있지만 유비가 魯 哀公의 명을 받들어 공자에게 배운 것은 단지 士의 상례만이라는 것이다.

---

18) 〔원주〕 沈文倬의 《禮典의 실행과 〈의례〉의 편찬에 관하여 간략히 논함〔略論禮典的實行和〈儀禮〉書本的撰作〕》 (下)《文史》 제16輯) 참조.

둘째, 禮는 매우 쉽게 잊히는 것이기 때문에 유비는 배우는 동시에 이제 막 배워 인상이 매우 깊을 때 재빨리 배운 내용을 '기록[書]'해둠으로써 잊어버렸을 때를 대비하였다는 것이다. "3년 동안 예를 행하지 않으면 예는 반드시 무너지게 되기 때문이다.[三年不爲禮, 禮必壞.]"[19] 상례는 3년 안에는 반드시 다시 실행할 기회를 가질 수 없기 때문에 문자로 기록해두지 않으면 반드시 무너질 것임은 의심의 여지가 없는 것이다.

셋째, 고대의 기록 조건은 매우 열악하여 오늘날 학생들이 배울 때처럼 모두 교재를 가지고 있었던 것이 아니었다. 禮에 관한 교재는 공자에게만 자신이 엮은 저본이 하나 있었을 것이다. 그래서 제자들은 공자가 강론할 때 마음속에 이를 기억해두었다가 연습을 통해 공고하게 다지고 마지막으로 이것을 유비처럼 정리하여 기록해두어야 했다. 이러한 상황은 漢나라 때까지 이어져서 漢나라의 經師들이 經을 전수할 때에도 이와 같이 하였다. 그러므로 여기에서 "그리하여 〈사상례〉가 기록되게 되었다.[《士喪禮》於是乎書.]"라고 말한 것이 결코 공자에게 기록이 없었다는 것을 반증할 수는 없다는 것이다.

공자가 편정하여 교재로 사용했던 《禮》가 바로 《의례》의 初本이다. 당초에 공자가 도대체 어떤 禮들을 선정하여 교재로 만들었느냐에 대해서는 지금은 이미 알 수 없지만, 분명한 것은 금본 《의례》를 포괄할 뿐 아니라 금본 《의례》 17편에만 그치지 않고 훨씬 더 많았을 것이라는 것이다.

《사기》 〈孔子世家〉에 따르면 공자는 魯나라를 14년 동안 떠나 있다가 다시 노나라로 돌아온 뒤에 '3대의 예를 고찰하여[追跡三代之禮]' '編次'하는 작업을 하였다. "이 때문에 《서전》과 《예기》가 孔氏에게서 나오게 된 것이다.[故《書傳》、《禮記》自孔氏.]" 여기에서 말하는 《예기》는 바로 《예》를 가리킨다. 이것이 즉 《의례》라는 것은 앞에서 이미 말하였다. 이것은 공자가 마지막으로 《예》를 편정한 것이 노나라로 돌아온 뒤부터 세상을 떠나기 전까지의 기간 동안에 있어야 한다는 것을 말한다. 《좌전》의 기록에 따르면 공자가 노나라로 돌아온 것은 魯 哀公 11년(기원전 484)이며 세상을 떠난 것은 애공 16년(기원전 479)이다. 이때는 바로 춘추 말기에 해당한다.

최초의 금본 《의례》는 공자가 춘추 말기에 편정한 것이라고 하는데, 이 成書 시기에 대해서는 《의례》 안에서 그 증거를 찾을 수 있다.

금본 《의례》에 실린 기물의 명칭 중에 敦(대)라는 것이 있고 簋(궤)라는 것이 있다. 그러

---

19) 〔원주〕《논어》 〈陽貨〉에 보인다.

나 《의례》 안에서는 敦와 簋가 구분되지 않는다. 즉 모두가 敦를 가리킨다. 〈聘禮〉와 〈公食大夫禮〉에는 簋만 있고 敦는 없으며, 〈士昏禮〉·〈士喪禮〉·〈旣夕禮〉·〈士虞禮〉·〈少牢饋食禮〉에는 敦만 있고 簋는 없으며, 〈特牲饋食禮〉에는 敦 자가 7번 보이고 簋 자가 1번 보인다. 〈특생궤식례〉에 다음과 같은 내용이 있다.

주부가 2개의 黍敦와 稷敦를 俎의 남쪽에 진설하는데, 서쪽을 상위로 하여 서쪽에 黍敦를 놓는다. 이어서 2개의 鉶羹을 진설하는데, 채소를 넣어서 豆의 남쪽에 진설하되 북쪽에서 남쪽으로 차례대로 진설한다.〔主婦設兩敦黍稷于俎南, 西上. 及兩鉶, 芼, 設于豆南, 南陳.〕

또 다음과 같은 내용이 있다.

시동의 동쪽 마주보는 자리에 對席을 편다. 佐食이 簋(敦) 안의 黍飯 일부를 會(敦의 뚜껑)에 나누어 담고, 2개의 鉶 중 하나를 나누어서 對席 앞에 진설한다.〔筵對席. 佐食分簋、鉶.〕

여기에서 나누어 담은 簋는 즉 앞에서 진설한 두 개의 敦이다. 그러므로 정현의 주에 이르기를 "分簋는 敦의 黍飯을 會에 나누어 담는 것이니, 對席에 진설하기 위해서이다.〔分簋者, 分敦黍於會, 爲有對也.〕"라고 한 것이다. 이 문제에 대하여 容庚은 그의 저서 《商周彛器通論》에서 또 전문적인 고증을 하고, 아울러 《의례》 중의 '敦'와 '簋'가 동일한 글자라는 결론을 내렸다.[20]

왜 敦와 簋가 구분되지 않는 이러한 상황이 나타나게 되었을까? 이것은 바로 이 두 기물 자체의 성쇠와 관련이 있다. 簋의 출현은 비교적 이르다. 주로 西周 시기에 성행하였는데, 춘추 중기와 말기에 오자 이미 그다지 크게 쓰이지 않게 되었으며, 전국 시기에 이르자 이미 기본적으로는 퇴출된 靑銅禮器 계열에 속하게 되었다. 그러나 敦의 출현은 비교적 늦은 것이었다. 주로 춘추 말기부터 전국 시기까지 성행하였다.[21] 簋와 敦는 모두 음식을 담는 기물로 黍稷 등을 담는 데 사용되었다. 춘추 말기는 바로 이 두 기물의 성쇠가 교차하는 시기로, 簋는 이미 기본적으로는 사용하지 않게 되었고 敦는 한창 성행하던 때였다. 앞에서도 말한 것처럼 공자가 禮를 정리한 것은 禮를 가지고 세상을 바로잡기 위해서였으며 사람

20) 〔원주〕容庚의 《商周彛器通論》(臺灣通大書局, 1983) 323∼324쪽 참조.
21) 〔원주〕《商周彛器通論》 439·441쪽 및 馬承源 主編 《中國靑銅器》(上海古籍出版社, 1988) 제2장 제4절 참조.

들에게 이를 실제로 행하게 하기 위해서였다. 그러므로 禮를 행할 때 사용하는 기물, 즉 禮器는 반드시 당시에 성행하는 물건이어야 했다. 그런데 西周 시기에 성행했던 簋는 당시에는 이미 그다지 쓰이지 않게 된 반면 敦는 한창 성행하던 기물이었다. 따라서 공자가 禮를 정리할 때 원래 禮儀에서 簋를 쓰도록 규정한 곳을 敦로 바꾸는 것은 매우 자연스러운 일이었다. 그러나 기물은 바뀌었는데 기물의 명칭에 쓰는 글자는 미처 다 고치지 못했던 것이다.[22] 즉 미처 다 고치지 못한 이런 상황이 바로 《예》가 최초로 편정되어 成書된 시대의 흔적을 남기게 되었다.

簋와 敦는 모두 음식을 담는 기물이기는 하지만 기물의 형태는 달랐다. 敦는 두 개의 半球가 합쳐진 형태로, 뚜껑과 몸체의 형태가 완전히 동일하였다. 각각 모두 3개의 다리가 있었기 때문에 뚜껑을 바닥에 뒤집어 놓을 수 있었다. 敦의 뚜껑은 《의례》에서 會라고 부르는데, 이 때문에 《의례》에서는 敦를 진설할 때 모두 '敦의 뚜껑을 열어서〔啓會〕 바닥에 뒤집어 놓는 의절[23]'을 두고 있으며, 〈특생궤식례〉에서는 또 연 뚜껑을 사용하여 '敦의 黍飯을 나누어 담는〔分簋〕' 의절을 두고 있다. 簋의 뚜껑은 얕으며 다리가 없어서 음식을 담을 수 없었다. 즉 簋가 성행하고 敦가 아직 출현하기 전의 西周에서는 啓會나 分簋(敦)와 같은 의절이 있을 수 없다는 것을 알 수 있다. 이것을 통해 또 《의례》 안에서 敦의 사용과 관련된 모든 의절은 모두 공자가 禮를 정리할 때 추가적으로 집어넣은 것임을 증명할 수 있는데, 이것이 공자가 禮를 정리했다는 것을 살필 수 있는 부분이다.

3. 《의례》의 漢代에서의 流傳과 鄭玄의 《의례》注

공자가 편정하고 그 제자와 후학들이 차례로 전수한 《예》는 전국 시기와 秦나라를 거쳐서 漢나라에 이르자 이미 그 원래의 모습은 아니게 되었다. 이것은 다음 두 가지 이유가 있다.

첫째, 앞에서도 얘기한 것처럼 공자가 전수한 《예》는 제자들이 기억에 의지해 정리하여 기록한 것이라는 것이다. 이러한 정리 기록 작업은 당시에 바로 했을 수도 있고 오랜 시간이 지난 뒤에야 했을 수도 있으며, 또 각자의 기억력의 차이로 인해 그들이 정리 기록한 《예》는 문자와 의절에 있어 필연적으로 차이가 날 수 밖에 없게 된다. 그러므로 동일하게 공자가

---

22) 〔원주〕《의례》 중 敦자는 모두 23번 보이고, 簋자는 8번 보인다.
23) 〔원주〕즉 앞에서 인용한 '佐食이 簋(敦) 안의 黍 일부를 會(敦의 뚜껑)에 나누어 담는〔佐食分簋〕' 의절을 이른다.

전수한 것이었다 할지라도 제자들의 기록을 거친 뒤에는 달라질 수 있으며, 이렇게 되면 本이 다른 《예》가 流傳될 수 있는 것이다.

둘째, 공자의 제자와 후학들이 공자가 전한 《예》에 대해 또 끊임없이 수정하고 변경시켰을 수도 있다는 것이다.[24]

이상의 원인으로 말미암아 조성된 《禮》書의 변경은 선진 문헌에서 인용한 《禮》文과 今本의 차이에서 알 수 있다. 이제 몇 가지 예를 들어 보자.[25]

《의례》〈士相見禮〉: 致仕한 관리의 집이 邦에 있으면 '市井之臣'이라고 하고, 野에 있으면 '草茅之臣'이라고 한다.〔宅者在邦則曰市井之臣, 在野則曰草茅之臣.〕

《맹자》〈萬章下〉: 國中에 있으면 '市井之臣'이라고 하고, 野에 있으면 '草莽之臣'이라고 한다.〔在國曰市井之臣, 在野曰草莽之臣.〕

《의례》〈士冠禮〉: 冠者가 북향하고 어머니를 알현한다. 어머니가 절을 하고 脯를 받으면 아들이 포를 보내고 절을 한다. 어머니가 또 절을 한다.……관자가 형제를 알현한다. 형제가 재배하면 관자가 답배한다.〔(冠者)北面見于母. 母拜受. 子拜送. 母又拜.……冠者見於兄弟. 兄弟再拜. 冠者答拜.〕

《예기》〈冠義〉: 冠者가 어머니를 알현하면 어머니가 절을 하고 형제를 알현하면 형제가 절을 하는데, 이것은 성인으로서 그들과 함께 禮를 행하는 것이다.〔見于母, 母拜之; 見於兄弟, 兄弟拜之: 成人而與爲禮也.〕

《의례》〈士相見禮〉: 무릇 경대부와 같이 신분이 높은 군자를 모시고 앉았을 때, 군자가 하품을 하거나 허리를 펴며 시간이 얼마나 되었는지를 물으면 음식이 다 준비되었다고 고한다. 앉은 자세를 바꾸면 물러가기를 청하는 것이 좋다.〔凡侍坐于君子, 君子欠伸, 問日之早晏, 以食具告, 改居則請退可也.〕

《예기》〈少儀〉: 군자를 모시고 앉았을 때 군자가 하품을 하거나 기지개를 펴며, 홀을 만지작거리거나 검의 손잡이를 만지작거리며, 신을 돌려놓거나 시간이 얼마나 되었는지를 물으면

---

24) 〔원주〕 공자를 신성화하여 공자가 한 말은 구구절절 모두 진리여서 천고토록 바꿀 수 없는 것이며, 그렇지 않으면 '성인을 비방하고 법을 무시하는 것〔非聖無法〕'이어서 이보다 더 큰 죄가 없다고 생각한 것은 漢代 이후에나 생긴 일이다.

25) 〔원주〕 금본의 글을 위에, 선진 문헌에서 인용한 《예》文을 아래에 두었다.

물러가기를 청하는 것이 좋다.〔侍坐于君子, 君子欠伸, 運笏, 澤劍首, 還屨, 問日之蚤莫, 雖請退可也.〕

《의례》〈士喪禮〉: 復者 한 사람이 死者의 爵弁服을 上衣에 下裳을 연결하여 왼쪽 어깨에 걸치고 死者의 爵弁服 衣領(옷깃)을 자신의 앞쪽 衣帶 사이에 꽂은 뒤 동쪽 추녀를 통해 지붕에 올라간다. 지붕 한 가운데에 이르러 북향하고서 작변복을 흔들며 혼을 부르기를 "아무는 돌아오시오.〔皐某復.〕"라고 길게 세 번 외친 뒤 옷을 당 앞쪽으로 던진다. 밑에서 상자〔篋〕로 이것을 받아 동쪽 계단으로 당에 올라가 시신에 그 옷을 덮는다. 復者가 지붕 뒤 서쪽 추녀를 통해 내려온다.〔復者一人, 以爵弁服, 簪裳于衣, 左何之, 扱領于帶, 升自前東榮, 中屋, 北面, 招以衣, 曰: '皐某復.' 三, 降衣于前. 受用篋, 升自阼階, 以衣尸. 復者降自後西榮.〕

《예기》〈喪大記〉: 小臣이 復을 하는데, 復者는 朝服을 입는다.……死者가 士일 경우에는 爵弁服으로 復을 한다.……모두 동쪽 추녀를 통해 지붕에 올라간다. 지붕 한 가운데 이르면 가장 높은 곳을 밟고 북향하여 세 번 외친 뒤 옷을 말아서 당 앞쪽으로 던진다. 司服이 이를 받는다. 復者가 서북쪽 추녀를 통해 지붕을 내려온다.〔小臣復, 復者朝服.……士以爵弁.……皆升自東榮, 中屋履危, 北面三號, 捲衣投于前. 司服受之. 降自西北榮.〕

《의례》〈士喪禮〉: 머리를 묶고 뽕나무로 만든 비녀를 꽂는데, 길이는 4촌이며 가운데를 잘록하게 만든다. 飯含할 때 死者의 얼굴을 덮는 布巾은 한 변의 길이가 2척 2촌인 정사각형이며 입부분에 구멍을 뚫지 않는다. 死者의 머리를 싸는 掩은 마전한 비단으로 만든다. 너비는 온폭(2척)으로 하고 길이는 5척으로 하는데, 양쪽 끝부분을 갈라서 두 가닥으로 만든다. 귀막이용 瑱은 흰 솜을 사용한다. 얼굴을 덮는 幎目은 겉감은 검은색 비단을 사용하는데 사방 1척 2촌이고 안감은 붉은색이다. 겉감과 안감 사이에 솜을 채워 넣고, 네 귀퉁이에는 실끈을 단다.〔鬠笄用桑, 長四寸, 纋中. 布巾環幅不鑿. 掩練帛, 廣終幅, 長五尺, 析其末. 瑱用白纊. 幎目用緇, 方尺二寸, 桱裏, 著, 組繫.〕

《荀子》〈禮論〉: 귀를 막는 용으로 瑱을 단다.……死者의 얼굴에 掩을 덮고 눈을 가리며 머리를 묶고 冠과 비녀를 하지 않는다.〔充耳而設瑱.……設掩面, 儇目, 鬠而不冠笄矣.〕

이러한 例들은 또한 수없이 들 수 있는데, 이것은 바로 공자가 전한 《예》가 그 뒤 배우는 사람의 손에서 확실히 그때마다 매번 고쳐졌다는 것을 말한다. 이미 그 문자와 의절을 고칠 수 있었다면 篇目 역시 산삭하거나 나눌 수 있었을 것이다. 예를 들어 금본 士의 喪禮에 관한 4편은 孺悲에게는 단지 한 편이었을 것이다.[26] 그런데 유비가 공자가 원래 갖고 있었던 책의 편목을 합친 것인지, 아니면 후세의 학자들이 공자가 원래 갖고 있었던 책의 편목을 나눈 것인지는 이미 고찰할 길이 없다.

공자가 편정한 《예》는 漢나라 때까지 流傳되었는데, 그 사이에 또 秦나라 때 焚書를 당하는 재액을 겪기도 하였다. 《사기》〈儒林列傳〉에 이르기를 "秦나라 말년에 이르러 《시》《서》를 불태우고 術士들을 묻어 죽이니, 六藝가 이때부터 흠결되게 되었다.[及至秦之季世, 焚《詩》《書》, 阬術士, 六藝從此缺焉.]"라고 하였는데, 이것은 역사적 사실에 부합하는 기록이다. 《禮》書는 秦나라의 분서를 겪은 뒤 두 가지 큰 손실이 있게 되었다. 하나는 本이 줄어든 것이다. 앞에서 말한 것처럼 공자가 전수한 《예》는 전국 시기에 수많은 다른 本으로 발전 변화되었다. 그러나 수많은 本들이 秦나라의 분서를 피하지 못하고 모두 없어지면서 漢代까지 流傳되어 學官에 세워진 本은 高堂生이 전한 本밖에 없게 된 것이다. 두 번째는 편목이 감소된 것이다. 즉 요행히 流傳되어온 本 역시 秦나라의 분서로 인해 흠결되어 온전하지 못하게 된 것이다. 이 때문에 漢代에 학관에 세워진 《예》는 17편밖에 없게 되었다. 이 점에 관하여는 《逸禮》의 발견이 바로 이 사실을 증명하고 있다. 그러나 邵懿辰(1810~1861)은 그의 저서 《禮經通論》에서 《의례》 17편은 결코 잔결된 것이 아니며 이른바 《일례》 39편이라는 것은 모두 劉歆(기원전 50~기원후 23)이 위조한 것이라고 하였다. 그러나 이것은 극단적인 今文學家의 입장에서 立論한 것에 지나지 않은 것이어서 결코 취할 수 없는 주장이다.

본고 서두에서 《사기》〈유림열전〉을 인용하여 "《예》를 말한 것은 魯의 高堂生에서부터이다.[言《禮》自魯高堂生.]"라고 하고, 또 "지금은 《사례》만 남아있는데, 고당생이 이를 말할 줄 알았다.[于今獨有《士禮》, 高堂生能言之.]"라고 하였는데, 선진 시기의 《예》가 전해지다가 漢나라 초기에 이르러서는 고당생의 《사례》만 남게 되었다는 것을 알 수 있다. 《漢書》〈藝文志〉에서도 "漢나라가 일어나자 노의 고당생이 《사례》 17편을 전하였다.[漢興, 魯高堂生傳《士禮》十七篇.]"라고 말하고 있다. 그러나 고당생이 전한 《사례》가 누구에게 근원을 둔 것인지, 또 누구에게 전수되었는지는 모두 분명하지 않다. 《사기》〈유림열전〉에는 또 다음과 같은 내용이 보인다.

---

26) 〔원주〕이 점에 대해서는 이미 앞에서 말하였다.

魯의 徐生은 禮儀에 뛰어났다. 孝文帝 때 서생은 禮儀로 禮官大夫가 되었으며, 이것을 아들에게 전하여 손자 徐延과 徐襄에게까지 이르게 되었다. 서양은 천성적으로 禮儀에 뛰어났으나 《예경》에는 능통하지 못하였으며, 서연은 《예경》에는 제법 능통했으나 그렇게 뛰어나지는 않았다.〔而魯徐生善爲容. 孝文帝時, 徐生以容爲禮官大夫, 傳子至孫徐延、徐襄. 襄其天姿善爲容, 不能通《禮經》; 延頗能, 未善也.〕

여기에서 이른바 서양은 '능통하지 못했는데' '서연은 제법 능통했으나 그렇게 뛰어나지는 않았던' 《예경》은 아마도 고당생에게서 전수된 《사례》였을 것이다. 서생과 고당생은 모두 魯人인데다 徐氏의 家學이 본래 禮儀를 익히는 것이었고 《예경》은 없었기 때문이다. 그러나 서연과 서양은 이미 손자 항렬이었으니 어쩌면 이미 고당생의 再傳 또는 三傳 제자였을 수도 있다. 《사기》〈유림열전〉에는 또 다음과 같은 내용이 있다.

서양은 禮儀로 예관대부가 되고 벼슬이 廣陵 內史에까지 이르렀다. 서연과 서씨의 제자들, 즉 公戶滿意·桓生·單次는 모두 일찍이 漢나라의 예관대부가 되었으며, 瑕丘 사람 蕭奮은 禮로 淮陽 太守가 되었다. 이후 《예》를 말하고 禮儀를 행할 수 있는 자들은 모두 서씨의 문하에서 나왔다.〔襄以容爲漢禮官大夫, 至廣陵內史. 延及徐氏弟子公戶滿意、桓生、單次, 皆嘗爲漢禮官大夫, 而瑕丘蕭奮以禮爲淮陽太守. 是後能言《禮》爲容者, 由徐氏焉.〕

여기에서 알 수 있는 것은 소분 역시 서씨의 제자로, 그 역시 서양·서연과 마찬가지로 고당생의 재전 또는 삼전 제자라는 것이다. 그들은 바로 서씨의 가학에서 나와 禮儀에 뛰어났을 뿐 아니라, 또 고당생에게서 나온 《예경》을 전수받았기 때문에 '이후 《예》를 말하고 禮儀를 행할 수 있는 자들은 모두 서씨의 문하에서 나오게' 되었던 것이다.

《한서》〈유림전〉에 따르면 소분은 생전에 전수받은 《예경》을 또 東海 사람 孟卿에게 전하였고, 맹경은 后倉에게 전하였으며, 후창은 聞人通漢 子方 및 戴德·戴聖·慶普에게 전하였다. 대덕은 당시에 大戴라고 불렸으며 戴聖은 小戴라고 불렸는데, 이때에 이르자 《禮》學은 三家로 나뉘게 되었다. 즉 '大戴學·小戴學·慶氏學이 있게 된 것〔有大戴、小戴、慶氏之學〕' 이다. 《한서》〈예문지〉에 따르면 三家는 漢 宣帝 때 모두 학관에 세워졌다.[27]

---

27) 〔원주〕 그러나 《후한서》〈유림전〉에 따르면 今文學 14家 博士 중에 慶氏《禮》를 넣지 않고 京氏《易》을 넣고 있다. 즉 경씨《예》가 서한 때 학관에 세워졌는지의 여부에 대해서는 아직까지 의문으로 남아있다.

《한서》〈유림전〉에 따르면 대대의 《예》학은 徐良에게 전수되어 대대의 《예》는 다시 徐氏學으로 분화되었고, 소대의 《예》학은 橋仁과 楊榮에게 전수되어 소대의 《예》학은 다시 橋氏學과 楊氏學으로 분화되었으며, 경씨의 《예》학은 夏侯敬과 조카 慶咸에게 전수되었다.

東漢에 오자 대대와 소대의 《예》학은 쇠퇴하였다. 조정에서 세운 대대와 소대의 박사 관원은 전수가 끊긴 것은 아니었으나 그 영향력은 이미 크지 않게 되었으며 慶氏의 《예》만 비교적 성행하였다. 《東漢書》〈儒林傳〉에 따르면 曹充은 경씨의 《예》를 익혀 아들 曹褒에게 전하였으며, 조포는 《漢禮》를 편찬하여 당시에 이름이 났다. 또 董鈞이란 사람도 경씨의 《예》를 익혀 매우 조정의 신임을 받았다. 그러나 총체적으로 말하면 동한의 《예》학은 이미 점차 쇠락의 길로 가고 있었다. 이 때문에 《隋書》〈經籍志〉에서 "三家가 있었지만 모두 미약하였다.〔三家雖存幷微.〕"라고 한 것이다.

삼가가 전한 《예》는 이미 모두 망실되었다. 1950년 7월에 甘肅省 武威縣에서 비교적 完整한 9편의 《의례》가 출토되었는데, 陳夢家(1911~1966)의 고증에 따르면 실전된 경씨의 《예》일 가능성이 있다.[28]

이상은 《예》의 今文學派를 기술한 것이다.

《한서》〈藝文志〉에는 또 《禮古經》 56권(편)이 있다고 기록하고 있는데, 班固(32~92)는 "《예고경》이 魯 淹中[29]과 孔氏[30]에서 나왔는데, 《의례》 17편의 글과 유사하며 39편이 더 많다.〔《禮古經》者出于魯淹中及孔氏, 與十七篇文相似, 多三十九篇.〕"라고 말하고 있다. 여기에서 더 많이 나온 39편이 바로 이른바 《逸禮》이다. 劉歆(기원전 50~기원후 23)이 〈移讓太常博士書〉에서 말한 '《일례》 39편〔《逸禮》有三十九篇〕'은 바로 이것을 가리킨다. 古文《예》는 流傳되지 않았는데, 언제 망실된 것인지도 명확하게 고찰할 수 없다.

동한 말년에 오자 鄭玄(127~200)이 《의례》에 주를 내었다. 정현은 경학에 있어 今古學派를 함께 아우른 通學者였다. 정현은 《의례》에 주를 낼 때 《의례》 원문에 대해서도 일련의 정리 작업을 하였는데, 그 정리 방법은 바로 今文과 古文 두 本을 가지고 서로 참조하여 두 본에서 글자를 다르게 쓴 경우를 만날 때마다 선택을 하여 금문을 채택하기도 하고 고문을 채

---

28) 〔원주〕陳夢家의 《武威漢簡》(文物出版社, 1964)에 자세하다.
29) 〔원주〕淹中은 里의 이름이다.
30) 〔원주〕孔氏는 孔壁을 이른다.

택하기도 하여 '그 뜻이 뛰어난 것을 취해[取其義長者]' 쓰는 것이었다.[31] 금문을 선택해 사용한 글자는 반드시 그 注에 고문에는 이 글자가 아무 글자로 되어 있다는 것을 밝혔으며, 고문을 사용한 글자는 반드시 그 주에 금문에는 이 글자가 아무 글자로 되어 있다는 것을 밝혔다. 즉 〈士喪禮〉 가공언의 소에서 말한 것처럼 금문을 따른 경우에는 '주 안에 고문 글자를 중복하여 달았으며[于《注》內疊出古文]' 고문을 따른 경우에는 '주 안에 금문 글자를 중복하여 달았다[于《注》內疊出今文]'. 이렇게 금문과 고문을 섞어서 채택하여 함께 주를 내는 작업을 거친 정현의 《의례》가 바로 금본 《의례》로, 이것이 이른바 《의례》 鄭氏學이라는 것이다. 그러므로 금본 《의례》는 이미 금문과 고문이 뒤섞여있는 本인 것이다.

정현은 《의례》에 주를 내는 외에 《周禮》와 《禮記》 두 책에도 주를 내었다. 그리하여 《주례》·《의례》·《예기》가 처음으로 '통틀어서 《三禮》가 되었다[通爲《三禮》焉].'[32] 이것이 바로 《삼례》라는 명칭의 유래이다.

4. 《의례》의 편차에 대하여

정현 注本 《의례》[33]의 편차는 다음과 같다.

〈士冠禮〉第一, 〈士昏禮〉第二, 〈士相見禮〉第三, 〈鄉飲酒禮〉第四, 〈鄉射禮〉第五, 〈燕禮〉第六, 〈大射〉第七, 〈聘禮〉第八, 〈公食大夫禮〉第九, 〈覲禮〉第十, 〈喪服〉第十一, 〈士喪禮〉第十二, 〈旣夕禮〉第十三, 〈士虞禮〉第十四, 〈特牲饋食禮〉第十五, 〈少牢饋食禮〉第十六, 〈有司〉第十七.

정현의 《儀禮目錄》을 인용한 가공언의 소에 따르면 이 편차는 劉向의 《別錄》本에 근거한 것이다.

이밖에도 大戴(戴德)本과 小戴(戴聖)本 두 종류의 다른 편목 편차가 있는데,[34] 이제 나열하면 다음과 같다.

---

31) 〔원주〕《東漢書》〈儒林傳〉 참조.
32) 〔원주〕《東漢書》〈儒林傳〉 참조.
33) 〔원주〕즉 금본 《의례》이다.
34) 〔원주〕모두 금본 《의례》 각 편의 제목 아래 가공언의 소에서 인용한 정현의 《의례목록》에 보인다.

대대본의 편목 편차

〈사관례〉제일, 〈사혼례〉제이, 〈사상견례〉제삼, 〈사상례〉제사, 〈기석례〉제오, 〈사우례〉제육, 〈특생궤식례〉제칠, 〈소뢰궤식례〉제팔, 〈유사〉제구, 〈향음주례〉제십, 〈향사례〉제십일, 〈연례〉제십이, 〈대사〉제십삼, 〈빙례〉제십사, 〈공사대부례〉제십오, 〈근례〉제십육, 〈상복〉제십칠.

소대본의 편목 편차

〈사관례〉제일, 〈사혼례〉제이, 〈사상견례〉제삼, 〈향음주례〉제사, 〈향사례〉제오, 〈연례〉제육, 〈대사〉제칠, 〈사우례〉제팔, 〈상복〉제구, 〈특생궤식례〉제십, 〈소뢰궤식례〉제십일, 〈유사〉제십이, 〈사상례〉제십삼, 〈기석례〉제십사, 〈빙례〉제십오, 〈공사대부례〉제십육, 〈근례〉제십칠.

이 3종의 편목 편차는 앞쪽 3편은 모두 동일하지만 이후의 14편은 편차가 서로 다르다. 이 3종의 편목 편차의 우열에 대해서는 본래 다른 견해가 존재하지만 대부분의 학자들은 소대본의 편차가 좀 어지럽게 뒤섞여 가장 취할 것이 없다고 생각한다. 이 때문에 논쟁의 초점은 대대본과 劉向의《別錄》本의 우열에 있다.

예를 들어 淸代의 금문학가들은 대대본의 편차가 가장 우수하다고 말하는데, 자세한 것은 邵懿辰의《禮經通論》제1절〈예 17편은 대대본의 순서를 따라야 한다는 것에 대해 논함〔論禮十七篇當從大戴之次〕〉을 참조할 수 있다. 그러나 정현의 注本이《별록》본의 편차를 채택한데다 또 세상에 성행했기 때문에 학자들 대부분은 또《별록》본이 가장 우수하다고 생각한다. 가공언은〈사관례〉제목 아래 疏에서 말하기를 "유향의《별록》은 바로 이 17편의 순서로 편차 하였다. 모두 尊卑吉凶의 순서로 차례차례 기술하였기 때문에 정현이 이 순서를 쓴 것이다. 대대본……이나 소대본……은 모두 존비길흉이 어지럽게 뒤섞여 있기 때문에 정현이 모두 따르지 않은 것이다.〔其劉向《別錄》卽此十七篇之次是也. 皆尊卑吉凶次第倫叙, 故鄭用之. 至于大戴……, 小戴……, 皆尊卑吉凶雜亂, 故鄭玄皆不從之矣.〕"라고 하였다.

사실 가공언 소의 견해도 좀 견강부회한 것이다. 예를 들어 길흉의 순서대로 말한다면 〈소뢰궤식례〉와 〈유사〉는 길례에 속하기 때문에 〈상복〉 앞에 두어야 하는데 오히려 가장 뒤쪽에 편차하였다. 또 존비의 순서대로 말한다면 〈근례〉³⁵⁾ 뒤에는 士의 喪禮가 다시 나와서는 안 되며, 士의 상례 뒤에는 다시 경대부의 禮³⁶⁾가 나와서는 안 된다.

종합하면 3종 本의 편차는 모두 저마다 부족한 부분이 있다는 것이다. 그러나 상대적으로 말한다면 그래도 《별록》본의 편차가 비교적 좀 우수하다고 생각한다. 이 본은 대체로 길례를 앞에 두고 흉례를 뒤에 두는 순서에 따라 편차하고 있다. 앞쪽에 배열한 것은 10편의 길례인데, 대체로는 또 士부터 시작하여 대부에 이르고, 다시 제후에 이르고, 다시 천자에 이르는 순서에 따라 배열하고 있다. 이러한 편차 방식은 다른 편차에 비해 《예》문에 대한 이해에 비교적 도움이 된다.

이상 3종 본의 편차 외에도 武威 簡本《의례》의 편차가 있다. 무위에서 출토된 漢簡本《의례》는 甲·乙·丙 3종이 있다. 이 가운데 을본은 〈服傳〉 1편만 있으며, 병본은 〈喪服〉 1편만 있어서 이른바 편차라는 것이 없다. 甲本은 7편이 있는데, 매 편 머리마다 모두 편의 제목과 편차가 기록되어 있어 이를 통해 책 전체의 편차를 미루어 알 수 있다. 陳夢家의 고증에 따르면 무위 갑본의 편차는 다음과 같다.³⁷⁾

무위 갑본의 편차
〔〈사관례〉제일〕, 〔〈사혼례〉제이〕, 〈사상견례〉제삼, 〔〈향음주례〉제사〕, 〔〈향사례〉제오〕, 〔〈사상례〉제육〕, 〔〈기석례〉제칠〕, 〈복전〉제팔, 〔〈사우례〉제구〕, 〈특생〉제십, 〈소뢰〉제십일, 〈유사〉제십이, 〈연례〉제십삼, 〈泰射〉제십사, 〔〈빙례〉제십오〕, 〔〈공사대부례〉제십육〕, 〔〈근례〉제십칠〕.

진몽가는 말하기를 "무위 갑본은 두 戴本과 다를 뿐 아니라 《별록》본과도 다르며 소대본에 가깝다. 무위 갑본과 소대본의 편차는 〈사상례〉·〈기석례〉와 〈연례〉·〈대사례〉가 짝을 지어 바뀐 것뿐이다.〔武威甲本, 旣不同于兩戴, 和《別錄》亦異, 而近于小戴本. 兩者的篇次, 僅在《士喪》·《旣夕》與《燕禮》·《大射》對調而已.〕"라고 하였다.³⁸⁾ 이에 따른다면 무위 갑본의 편차도 다른 三家의 편차보다 우수하지는 못한 것이다.

---

35) 〔원주〕 천자를 朝見하는 禮이다.
36) 〔원주〕 〈소뢰궤식례〉는 경대부가 廟에 제사 올리는 禮에 속한다.
37) 〔원주〕 방괄호(〔 〕) 안에 넣은 것은 갑본 편목에 없는 것이다.
38) 〔원주〕 陳夢家의 《武威漢簡》(文物出版社, 1964) 제11쪽 참조.

5. 《의례》는 士禮가 아니다

《의례》가 漢代에는 〈士禮〉라는 명칭이 있었기 때문에 《의례》를 전적으로 士의 禮만 기록한 것이라고 생각하는 사람도 있다. 사실 이것은 글자만 보고 견강부회해서 빚어진 오해이다. 《의례》 안에 기록된 것은 士의 禮만 있는 것이 아니라 경대부·제후(公)·천자의 예도 있다. 《의례》가 비록 17편 밖에 없고 이미 앞에서 기록한 것처럼 실제로는 15종의 예만 기록하고 있지만, 이 예들은 이미 중국 고대 귀족의 각 계층을 언급하고 있다. 이를 구체적으로 한 번 분석해보면 다음과 같다.

〈사관례〉·〈사혼례〉·〈향사례〉·〈사상례〉·〈기석례〉·〈사우례〉·〈특생궤식례〉 7편은 6종의 예를 기록하고 있는데,[39] 이 6종의 예는 의심할 것 없이 모두 士의 예이다.

〈향음주례〉는 제후의 鄕大夫가 주관하는 飮酒禮이다. 〈소뢰궤식례〉와 그 하편인 〈유사〉는 제후의 경대부가 廟에서 제사지내는 예를 기록한 것이다. 따라서 이 3편이 기록하고 있는 2종의 예는 경대부에 속하는 예이다.

〈연례〉는 제후(즉 公)가 신하에게 宴享을 베푸는 예를 기록한 것이다. 〈대사〉는 제후와 그 신하가 거행하는 활쏘기 시합의 예를 기록한 것이다. 〈빙례〉는 제후국 간의 聘問하는 예를 기록한 것이다. 〈공사대부례〉는 제후국의 임금이 빙문 온 대부를 접대하는 예를 기록한 것이다. 이 4종의 예는 제후의 예에 소속시켜야 할 것이다.

〈覲禮〉는 제후가 천자를 朝覲하는 예와 천자가 조근 온 제후를 접대하는 예를 기록한 것이다. 그러므로 이 1편은 천자의 예로 볼 수도 있으며 제후의 예로 볼 수도 있다.

〈사상견례〉의 내용은 좀 뒤섞여있다. 士와 士가 서로 만날 때의 예를 기록하고 있을 뿐 아니라 다른 각 계층의 귀족들이 서로 방문하고 만날 때의 예도 기록하고 있으며, 또 다른 방면의 의절들도 조금 기록하고 있다. 〈상복〉은 중국 고대의 상복 제도를 기록하고 있는데, 이 편에서 기록하고 있는 服制는 위로는 천자에서부터 아래로는 서민에 이르기까지 모두 적용되는 것이라고 한다. 그러므로 우리는 이 두 편에서 기록하고 있는 예를 通禮라고 부를 수 있다.

위에서 알 수 있듯 《의례》를 士禮라고 말하는 것은 이치에 맞지 않는 것이다. 그렇다면 옛 사람들은 왜 그것에 《사례》라는 명칭을 붙였을까? 지금까지도 만족할만한 해석은 없다.

---

39) 〔원주〕〈기석례〉는 〈사상례〉의 하편이다.

어쩌면 《의례》에서 士禮를 기록한 것이 비교적 많기 때문에 그 중 많은 것을 들어서 이름을 붙였을 것이라고 생각하는 사람도 있다. 蔣伯潛(1892~1956)은 "《사례》는 첫 번째 편명 때문에 붙여진 이름이다.〔《士禮》以首篇得名.〕"라고 생각했다. 즉 "이 책의 첫 번째 편이 《사관례》이기 때문에 마침내 책 전체를 《사례》라고 통칭했다.〔此書首篇爲《士冠禮》, 遂通稱全書爲《士禮》.〕"는 것이다.[40] 장백잠의 설은 비교적 믿을 만하다고 생각한다. 그러나 만일 장백잠의 설을 조금 수정한다면 더욱 합리적일 것이라고 생각한다. 즉 《사례》는 첫 번째 편명 때문에 붙여진 것이 아니라 처음 두 글자 때문에 붙여진 이름이라는 것이다. 옛 사람들은 시문의 처음 한 두 글자나 약간의 글자를 가지고 시문에 이름을 붙이는 습관이 있었다. 예를 들면 《시경》 중 대부분의 편명은 모두 이렇게 붙여졌다는 것이다. 《의례》 중 〈기석례〉와 〈유사〉도 모두 처음 두 글자를 취해 이름을 붙인 것이다. 책 전체에 대해 이름을 붙이는 것도 동일한 命名法을 채택했을 수 있다. 《의례》 全書의 시작은 바로 편명인 "士冠禮"라는 세 글자이다. 만일 '冠' 자를 그대로 남겨두면 뜻이 너무 협소하게 되기 때문에 '冠' 자를 떼고 '士'와 '禮' 두 글만 쓴 것이다. 이렇게 해서 《사례》라는 書名이 만들어지게 된 것이다. 따라서 이 書名은 결코 어떤 실제적인 含意를 갖고 있지 않으며 단지 이 책의 별칭으로 쓰고 있을 뿐이다.

6. 漢代 이후의 《儀禮》學

鄭玄(127~200)이 《의례》에 注를 낸 이후 大戴·小戴·慶氏 3家의 學은 쇠퇴하여 漢魏 간에는 鄭學獨盛의 국면이 형성되었다.

魏와 西晉 시대에는 王肅(195~256)이 鄭學을 극력 반대하고 홀로 새로운 기치를 내걸었다. 왕숙은 일찍이 금문경학을 익혔는데 또 賈逵(30~101)와 馬融(79~166)이 전한 고문경학도 연구하여 그 역시 通儒였다. 왕숙은 《儀禮注》와 《儀禮·喪服經傳注》를 지었는데, 곳곳에서 정현과 입장을 달리하고 있다. 즉 정현의 주에서 금문설을 썼으면 그는 고문설로 반박하고, 정현의 주에서 고문설을 썼으면 금문설로 반박하였다. 그리하여 《예》학은 왕숙의 손에 오게 되자 고금문의 家法이 더욱 심하게 뒤섞이게 되었다. 이렇게 되자 《의례》 본

---

40) 〔원주〕蔣伯潛의 《十三經槪論》 325쪽 참조.

래의 금문경학 면목은 이미 더 이상 남아있지 않게 되었다. 또 蜀國의 李譔도 《三禮》에 주를 냈는데, 가규와 마융의 고문학을 준거로 삼았으며, 왕숙과 떨어져 있어 함께 상의한 것은 아니었지만 그 《예》설의 뜻이 왕숙과 같은 데로 귀결된 것이 많았으니, 이 역시 王學의 聲勢를 충분히 도울 수 있는 것이었다. 왕숙은 또 司馬氏와의 혼인으로 정치적 세력의 도움을 빌려 자신의 《예》학을 학관에 세우게 할 수 있었는데, 이로 인해 魏와 西晉 시기에는 왕학이 거의 鄭學의 자리를 빼앗았다. 그러나 서진이 멸망하자 왕학도 따라서 쇠퇴하게 되었다. 東晉이 건립된 뒤에 《삼례》는 오직 鄭氏學만 하게 되었다. 동진 元帝(276~322) 초년에 정씨의 《주례》와 《예기》 박사를 세웠고, 원제 말년에는 또 정씨의 《의례》 박사를 추가로 세웠다.

南北朝 시대에 국가는 남북으로 나뉘었으며 경학도 南學과 北學으로 나뉘게 되었다. 그러나 《北史》〈儒林傳〉에 이르기를 "《예》는 다 같이 정씨를 따랐다.〔《禮》則同遵于鄭氏.〕"라고 하였다. 남조는 《삼례》에 통달한 학자들이 매우 많았다. 《南史》〈유림전〉에 따르면 何佟之·司馬筠·崔靈恩·孔僉·沈峻·皇侃·沈洙·戚袞 등이 모두 《삼례》에 통달했는데, 雷次宗(386~448)의 《삼례》학이 가장 유명하여 당시 사람들이 그를 정현과 병칭하여 '雷鄭'이라고 불렀다. 《의례》 방면의 연구는 전문가가 더욱 많아서 明山賓·嚴植之·賀瑒(창) 등이 모두 《의례》에 정통하였으며 그 중에서도 鮑泉이 "《의례》에 더욱 밝았다.〔于《儀禮》尤明.〕"[41] 당시 남조 사회는 크게 士와 庶人의 두 계급으로 나뉘어 있었기 때문에 《의례》를 연구한 사람들은 대부분 〈상복〉 연구에 치중하였다. 그리고 왕학의 영향도 여전히 남아 있어 학자들은 매번 왕학과 정학을 다 같이 채택하여 설을 삼았으며 결코 정씨학만 따른 것은 아니었다.

北朝에서 경학을 연구하여 大儒로 불린 사람으로는 제일 먼저 北魏의 徐遵明(475~529)을 꼽는다. 서준명은 여러 경전에 두루 통달했는데, 《삼례》는 정씨학을 종주로 삼았다. 《북사》〈유림전〉에 따르면 북조에서는 "《삼례》가 모두 서준명의 문하에서 나왔다.〔《三禮》并出遵明之門.〕" 서준명은 李鉉 등에게 전하였고, 이현은 《三禮義疏》를 지었다. 이현은 熊安生 등에게 전하였다. 웅안생은 孫靈暉·郭仲堅·丁恃 등에게 전하였으며, "그 뒤 《예경》에 능통한 사람들은 대부분 웅안생의 문인이었다.〔其後能通《禮經》者, 多是安生門人.〕" 또 北周의 沈重이 있는데, 그는 당대의 儒宗으로 《儀禮義》 35권을 지었다.

---

41) 〔원주〕《南史》〈鮑泉列傳〉에 보인다.

隋나라가 陳나라를 평정하고 천하를 통일하자 경학의 남학과 북학도 따라서 통일되었다. 皮錫瑞는 말하기를 "천하가 통일되자 남조가 북조에 병합되었는데, 경학은 통일되자 북학이 도리어 남학에 병합되었다.〔天下統一, 南幷于北; 而經學統一, 北學反幷于南.〕"라고 하였다.[42] 그러나 《의례》에 있어서는 여전히 鄭學을 근본으로 하였다. 《隋書》〈經籍志一〉에 이르기를 "오직 정현의 주만이 국학에 세워졌다.〔唯鄭《注》立于國學.〕"라고 하였다. 당시 예학을 연구한 사람으로 가장 유명한 사람은 張文詡(?~?)를 꼽아야 한다. 史書에서는 "특히 《삼례》에 정통했으며〔特精《三禮》〕" "매번 정현의 주해를 좋아하였다.〔每好鄭玄注解.〕"라고 하였는데,[43] 다만 세상에 전하는 저작이 있다는 소리는 들리지 않는다.

唐朝 초년에 太宗은 조서를 내려 顔師古(581~645)에게 오경의 문자를 考定하여 《五經定本》을 편찬하게 하여 천하에 반포하였다. 또 孔穎達(574~648) 등에게 《五經正義》를 편찬하게 하여 마찬가지로 천하에 반포하고, 아울러 이것을 明經科의 인재를 뽑는 근거로 삼아 진정한 경학의 대통일을 실현하였다. 그러나 당나라 초기에는 《의례》를 중시하지 않아서 조서를 내려 정한 오경 안에는 《삼례》 중에서 오직 《예기》만 들어 있다. 唐 高宗 永徽(650~655) 연간에 太學博士 賈公彦(?~?)이 《儀禮義疏》 40권[44]을 편찬하여 전문적으로 정현의 주에 대해 疏解를 하여 마침내 정씨의 《의례》학이 보존될 수 있게 하였다. 《舊唐書》와 《新唐書》의 〈儒學傳〉에 따르면 가공언의 《예》학은 張士衡(?~645)에게 전수받은 것이다. 장사형은 劉軌思와 熊安生에게 전수받았으니, 이 역시 정학의 淵源에서 온 것이다. 開元 8년(720)에 國子司業 李元瓘이 상소하여 《의례》 박사를 세울 것을 청하였다. 조정에서 그 의론을 따라 이에 《의례》에 처음으로 學官이 세워지게 되었다. 그러나 이때 세운 《의례》에 사용된 것이 가공언의 疏本이었는지의 여부는 확실히 알 수 없다. 《의례》는 비록 학관에 세워졌지만 여전히 이것을 익히고 전하는 자는 많지 않았다. 이 때문에 개원 16년(728)이 되자 國子祭酒 楊瑒은 상주하여 "《주례》·《의례》와 《공양전》·《곡량전》이 거의 폐해질 지경이니, 만약 우수한 인재를 뽑아 등용하지 않는다면 후대에는 폐기될지도 모릅니다.〔《周禮》、《儀禮》及《公羊》、《穀梁》殆將廢絶, 若無甄異, 恐後代便棄.〕"라고 하였고, 또 말하기를 "신은 늘 《의례》가 폐해져서 사대부들조차도 이를 행할 수 없는 것에 탄식하였습니다.〔瑒常嘆《儀禮》廢絶, 雖士

---

42) 〔원주〕皮錫瑞의 《經學歷史》7 〈經學統一時代〉 참조.

43) 〔원주〕《隋書》〈張文詡傳〉 참조.

44) 〔원주〕즉 지금의 《十三經注疏》 중 《儀禮注疏》이다.

大夫不能行之.〕"라고 하였다.[45] 唐代에 《의례》학이 비록 계속 이어져서 끊어지지는 않았다할지라도 이미 쇠퇴해졌다는 것을 알 수 있다.

宋나라 초기의 경학은 여전히 唐人의 舊習을 답습하여 《三禮》·《三傳》·《易》·《詩》·《書》9經을 학관에 세우고 아울러 이를 통해 인재를 취해 썼을 뿐만 아니라 이 9경의 注疏本을 모두 판각하여 인쇄하였다. 송나라는 또 《論語》·《孝經》·《爾雅》·《孟子》4종의 注疏를 더 늘려서 모두 학관에 세웠다. 그리하여 《十三經》과 《十三經注疏》라는 명칭이 처음으로 확립되었다. 그러나 송나라는 慶歷(1041~1048) 연간 이후로 경학이 일변하게 되었다. 당나라 이전의 경학은 古義를 독실하게 지킨 것이 대부분이었으며 학자들은 저마다 스승에게 전수받은 것을 계승하여 새롭고 기이한 설을 취하지 않고 漢學에 연원을 두었었다. 그런데 경력연간 이후 疑古의 풍조가 일어나기 시작하여 前人의 注疏를 믿지 않고 새로운 뜻을 내는데 힘쓰게 되었다. 《의례》학은 본래 實學이었기 때문에 宋學의 풍조에 그렇게 심한 영향을 받지는 않았다. 그러나 北宋은 《의례》학에 있어 말할만한 것이 없었다. 神宗 熙寧(1068~1077) 연간에 王安石(1021~1086)이 또 《의례》 학관을 없앴다. 그리하여 학자들 중에 《의례》를 연구하는 사람이 드물게 되었다.

南宋에 오자 孝宗 乾道 8년(1172)에 兩浙轉運判官 曾逮가 정현이 주석을 낸 《의례》 17권을 간행하였다. 張淳이 이것을 교감하고 정정했는데, 여러 종의 판본을 참조하여 경문과 주석 중의 誤字를 정정해서 《儀禮識誤》를 편찬하였다. 이것은 "가장 상세하게 살핀 것이었다〔最爲詳審〕".[46] 李如圭는 《儀禮集釋》 17권을 편찬했는데,[47] 정현의 주를 전체 수록하였을 뿐 아니라 또 旁證을 두루 인용하여 해석함으로써 가공언의 疏에서 發明하지 못했던 것을 발명한 것이 많았다. 魏了翁은 《儀禮要義》 50권을 편찬했는데, 이것은 정현의 주석은 오래되고 심오하며 가공언의 소는 번다하기 때문이었다. 그리하여 注疏의 정수를 뽑아 이 책을 편찬하였는데, "군더더기들을 깨끗하게 정리하여 제거한 점이 학자들에게 가장 큰 공을 세운 것이었다.〔其梳爬剔抉, 于學者最爲有功.〕"[48] 그 뒤에 朱熹(1130~1200)와 제자 黃榦(1152~1221)이 《儀禮經傳通解》를 편찬하였는데, 《의례》를 經으로 삼고 《주례》와 《예기》 및 여러 經史와 잡서들에서 禮를 언급한 기록들을 뽑아 모두 經 아래에 붙이고 注疏와 여러

---

45) 〔원주〕《舊唐書》〈楊瑒傳〉 참조.
46) 〔원주〕《四庫提要》 권20 《儀禮識誤》〈提要〉
47) 〔원주〕금본은 30권으로 나뉘어졌다.
48) 〔원주〕《四庫提要》 권20 《儀禮識誤》〈提要〉

儒者들의 설을 모두 열거하여 이 책을 완성하였다. 그러나 이 책은 宋學의 풍조를 피하지 못하고 《삼례》를 섞어서 《예》를 논하였는데, 이 점은 정현보다 더욱 심한 것이었다. 또 주희의 제자 楊復은 《儀禮圖》 17권을 편찬했는데 마찬가지로 학자들에게 매우 유익하다. 이상에서 알 수 있듯 宋代의 《의례》학은 비록 쇠퇴하기는 하였지만 唐代에 비해서는 볼만하였다.

元代와 明代의 경학은 여전히 宋學의 習氣를 탈피하지 못하였다. 원대에는 인재를 등용할 때 《의례》를 쓰지 않았으며 《의례》를 연구하는 학자들도 매우 드물었다. 그 당시 名儒였던 吳澄(1255~1330)만이 《의례》를 깊이 연구하여 교정 작업을 진행하였다. 오징은 《儀禮逸經傳》 2권을 편찬했는데, 여러 서적들에서 두루 채집하고서 이것을 가리켜 《의례》逸文이라고 하였다. 이 책의 편찬 體例는 주희의 《의례경전통해》를 모방한 것이었다. 또 敖繼公은 《儀禮集說》 17권을 편찬했는데, 정현의 주석을 흠은 많고 精純함은 적다고 생각하여 정현의 설 중에 경문과 합치되지 않는다고 생각한 것들을 刪削해버리고 다시 설을 지었다. 이것 역시 宋學의 풍조로 인한 것이었다.

明代에는 《의례》학이 거의 끊어지기 직전까지 갔다. 郝敬(1558~1639)은 《의례》는 經이 될 수 없다고까지 말하였는데, 학경이 편찬한 《儀禮節解》는 注疏를 거의 다 버리고 다시 자신의 설을 지은 것이다. 張鳳翔(1473~1501)은 《禮經集注》를 편찬하였는데, 주희가 《의례》를 經으로 삼은 설을 주장하기는 하였으나 그 大旨는 정현의 주석을 위주로 한 것이었다. 그 뒤에 朱朝瑛(1605~1670)이 《讀儀禮略記》를 편찬했는데, 경문을 모두 수록하지 않았으며 채택한 설은 오계공과 학경의 설이 많았다. 명대의 《의례》학이 가장 말할 만한 것이 없다는 것을 알 수 있다.

清代는 경학의 부흥시대라고 일컬어진다. 그러나 淸初에는 아직 宋學의 遺風을 탈피하지 못하였으며, 乾隆(1736~1795) 이후에 와서 漢學이 크게 일어났다. 건륭 연간에 특별히 《十三經注疏》를 간행하여 학관에 나누어 반포하였다. 건륭 13년(1748)에는 또 칙명으로 《三禮義疏》를 편찬했는데, 이 가운데 《儀禮義疏》 48권은 대부분 오계공의 설을 종주로 삼고 정현의 주를 아울러 채택하였다. 이후 《의례》의 연구와 저술이 점점 많아져서 저명한 학자와 저작이 매우 많아졌다. 예를 들면 張爾岐(1612~1678)의 《儀禮鄭注句讀》 17권은 정현의 주를 모두 수록하고 가공언의 소를 절록하고서 자신의 의견을 간략하게 덧붙여 판단을 내렸을 뿐만 아니라 그 句讀를 정하고 章節을 나누었다. 이 책은 家法을 가장 잘 구비한 것이어서 학자들에게 많이 일컬어지고 있다. 萬斯大(1633~1683)는 《삼례》에 더욱 정통하였다. 그가 지은 《儀禮商》 2권은 《의례》 17편을 가져다 편마다 설을 지은 것으로, 새로운 뜻이 매우 많다. 方

苞(1668~1749)는 말년에 스스로 말하기를 자신이 《의례》를 정리한 것은 11차례로, 공력을 가장 많이 쏟아 부은 것이라고 하였다. 그가 지은 《儀禮析疑》 17권은 《의례》에서 의심나는 것을 뽑아서 辨釋하였는데, 처음으로 발명한 뜻이 매우 많다. 福建의 吳廷華(1682~1755)는 벼슬을 버리고 떠난 뒤에 蕭寺에 은거하면서 "가공언과 공영달을 깊이 연구하여 二禮《疑義》 수십 권을 지었다.〔穿穴賈·孔, 著二禮《疑義》數十卷.〕" 그의 《周禮疑義》는 지금까지 남아 있으며, 《儀禮疑義》는 바로 지금 전하는 《儀禮章句》 17권인 듯하다.[49] 이 책은 편 내에서 장절을 구분하고 구두를 찍었으며, 訓釋은 대부분 정현과 가공언의 注疏에 근본을 두었지만 다른 설들도 함께 채택하고서 '案'을 덧붙여 그 의미를 發明하였다. 그리고 行文은 지극히 간략하여 《예》학에 매우 도움이 된다. 蔡德晉의 《禮經本義》 17권은 송·원·명 이래의 여러 학자들의 설을 인용하여 注疏와 서로 참조하고 증거로 삼아서 그 뜻을 發明하였는데, 名物制度의 考辨에 매우 자세할 뿐 아니라 새로운 의미도 아울러 말하였다. 盛世佐의 《儀禮集編》 40권은 고금의 《의례》를 말한 197家의 설을 수집하고 자신의 뜻으로 판단을 내렸는데, 그 지론이 엄격하고 신중하여 淺學의 공허하고 천박한 담론이 없다. 諸家의 오류에 대해서는 변증이 더욱 상세하여 《의례》를 연구하는 데 매우 좋은 참고서가 된다. 기타 沈彤의 《儀禮小疏》, 褚寅亮(1715~1790)의 《儀禮管見》, 胡匡衷(1728~1801)의 《儀禮釋官》, 江永(1681~1762)의 《儀禮釋宮增注》, 程瑤田(1725~1814)의 《儀禮喪服文足徵記》 등등은 모두 한 시대의 名著들이다. 그러나 이 중에서도 가장 유명하고 또 《의례》학에 가장 공이 많은 것은 胡培翬(1782~1849)의 《儀禮正義》, 張惠言(1761~1802)의 《儀禮圖》, 淩廷堪(1755~1809)의 《禮經釋例》 3종의 저작을 꼽아야 한다.

호배휘의 《의례정의》 40권은 대략 4가지 體例가 있다. 첫째는 경문에 疏를 내어 정현의 주를 보충하는 것이다. 두 번째는 소를 통하여 정현의 주를 거듭 천명하는 것이다. 세 번째는 각 학자들의 설을 회집하여 정현의 주에 덧붙이는 것이다. 네 번째는 다른 설을 채택하여 정현의 주를 정정하는 것이다. 이것은 또한 《의례》의 新疏이며 《의례》학의 집대성적인 저작으로, 후대에 《의례》를 연구하는 사람들은 모두 이 책을 빠트려서는 안 된다. 장혜언의 《의례도》 6권은 《의례》 각 편의 禮儀의 추이에 따라 매 하나의 중요한 의절마다 모두 그림을 그렸는데, 각 그림들은 모두 그 궁실 제도나 禮器와 인물의 위치 및 行禮 과정 중 사람과 사물의 처소와 방위의 변화 등등에 대해 매우 상세하다. 명확하게 알기 어려운 禮文을

---

49) 〔원주〕《四庫提要》에 보인다.

그 그림을 보면 첫눈에 환히 알 수 있도록 하여 학자들에게 매우 편리하다. 능정감의 《예경석례》 13권은 《의례》 중의 禮例를 분류하여 246例로 귀납하였다. 능정감은 서문에서 스스로 말하기를 "10여년을 부지런히 쉬지 않고 힘써 원고를 모두 수차례나 바꾸어서〔矻矻十餘年, 稿凡數易〕" 완성하였다고 하였다. 또 말하기를 《의례》의 "節文과 威儀는 매우 세세하고 번다하여 급히 보면 엉킨 실타래를 푸는데 갈수록 더 엉키는 것처럼 보이지만 그 실마리를 자세히 찾다보면 모두 구분할 수 있는 날줄과 씨줄이 있으며, 언뜻 보면 마치 산에 들어갔다가 길을 잃은 것 같지만 차근차근 가다보면 모두 올라갈 수 있는 길이 있는 것과 같다. 이 때문에 그 날줄과 씨줄, 또는 길을 찾지 못하면 비록 상등의 哲人이라 할지라도 그 어려움에 곤란을 느끼지만, 만약 찾기만 하면 중등의 재능으로도 노력만 하면 진실로 다다를 수 있게 된다.〔節文威儀, 委曲繁重, 驟閱之如治絲而棼, 細繹之, 皆有經緯可分也; 乍睹如入山而迷途, 歷之皆有途徑可躋也. 是故不得其經緯途徑, 雖上哲亦苦其難, 苟其得之, 中材固可以勉而赴焉.〕"라고 하였다. 그가 이 책을 편찬한 목적은 바로 "애오라지 이를 빌려 엉킨 실타래를 풀고 산에 올라가는데 도움이 되게 하기 위해서이다.〔聊借爲治絲登山之助〕"[50] 능정감의 이 책은 《의례》를 읽을 때 하나의 규칙을 앎으로써 이와 비슷한 것들을 미루어 알 수 있는 효과를 거둘 수 있다. 그리하여 지금도 여전히 우리가 《의례》를 이해하는 하나의 열쇠가 되고 있다.

이상에서 알 수 있듯 《의례》학은 淸代에 와서 지극히 번성했다고 일컬을 수 있다.

7. 《의례》의 오늘날에 있어서의 의의

《의례》에 기록된 각종 번다한 禮儀들은 옛사람들도 일찍부터 이미 당시의 쓰임에 맞지 않는 것이라고 생각하였다. 예를 들면 韓愈(768~824)는 말하기를 "나는 일찍이 《의례》가 읽기 어려운 것에 애를 먹었다. 또 지금 행해지는 것이 적을 뿐 아니라 이어 받은 것도 다른데 이것을 회복하고자 해도 따를 길이 없으니, 오늘날 살펴보면 참으로 《의례》를 쓸 데가 없다.〔余嘗苦《儀禮》難讀, 又其行於今者蓋寡, 沿襲不同, 復之無由, 考於今, 誠無所用之.〕"[51] 라고 하였다. 朱熹도 여러 차례 말하기를 "古禮는 지금은 실로 행하기 어렵다.〔古禮今實難

---

50) 〔원주〕 淩廷堪, 《禮經釋例·序》, 《淸經解》 第5冊, 第135面, 上海書店出版社, 1988年.
51) 〔원주〕 《韓昌黎集》 卷11 〈讀儀禮〉(國學基本叢書本, 商務印書館, 1958)

行.〕"라고 하였으며, 또 "禮는 시간이 중요하다. 聖人이 나온다면 반드시 오늘날의 禮를 따라서 합당한 것을 재고 헤아려 그 중에 간편하고 알기 쉬워서 행할 수 있는 것을 취할 것이요, 필시 옛사람의 번다한 禮를 가지고 와서 오늘날에 시행하는 데에까지는 이르지 않을 것이다. 고례가 이처럼 자질구레할 뿐 아니라 번다하고 쓸데없으니 지금 어떻게 행할 수 있겠는가.〔禮, 時爲大. 有聖人者作, 必將因今之禮而裁酌其中, 取其簡易易曉而可行, 必不至復取古人繁縟之禮而施之於今也. 古禮如此零碎繁冗, 今豈可行?〕"[52]라고 하였다.

봉건사회의 멸망과 수반하여 《의례》에 기록된 각종 예의 제도는 이미 사회적으로 기댈 곳을 잃어버리고 역사의 유적이 되어 버렸지만, 《의례》는 중요한 전통 문화 전적으로서 여전히 매우 귀중한 가치를 지니고 있다.

중국 고대 사회는 노예 사회에서 봉건 사회에 이르기까지 모두 禮制를 행하는 사회였는데, 이것이 바로 《의례》라는 책이 생겨나고 流傳될 수 있었던 근본적인 원인이다. 《의례》라는 책을 통하여 우리는 중국 고대의 통치 계급이 어떻게 禮를 이용하여 그들의 등급 제도를 유지하고 공고히 하였는지 분명하게 알 수 있다. 설령 《의례》에 기록된 예의가 봉건 통치 계급에게도 지나치게 번다한 것 때문에 실용에는 맞지 않는다는 느낌을 주었다 할지라도 이 《의례》는 줄곧 經으로 높여지고 禮를 논의하거나 제정할 때 중요한 근거가 되어왔다. 이 점은 우리가 《二十四史》 중의 〈禮志〉나 《通典》·《文獻通考》 등의 책을 잠깐만 뒤적여도 수많은 사례들을 찾을 수 있다. 《의례》의 정신 또는 禮例에 의거하지 않거나 그 중의 儀則을 참조하지 않으면 비판을 받았다. 예를 들면 주희는 일찍이 이렇게 비판을 한 적이 있다. "橫渠(張載)가 만든 禮는 《의례》에 근거를 두지 않은 것이 많으며 스스로 杜撰한 부분들이 있다.〔橫渠所制禮, 多不本諸《儀禮》, 有自杜撰處.〕" 이와 반대로 주희는 《의례》를 따른 사람에게는 긍정적인 평가를 내리고 있다. 말하기를 "溫公(司馬光)과 같은 경우는 《의례》에 근본을 두고 있으니 고금의 마땅함에 가장 적합하다.〔如溫公却是本諸《儀禮》, 最爲適古今之宜.〕"라고 하였다.[53] 그러므로 《의례》라는 책은 우리가 오늘날 중국 고대 사회의 역사를 알고 연구하는 데, 특히 중국 고대 사회에서 행해졌던 禮制를 알고 연구하는 데 중요한 의미를 지닌다.

禮學과 仁學은 서로 상보상생하는 관계를 가지고 있으며 중국 고대 유가 학설의 핵심이다. 《의례》는 유가 예학에 있어 가장 초기의 문헌이자 가장 기본적인 문헌이다. 중국 고대의

---

52) 〔원주〕《朱子語類》卷84 〈論古禮綱領〉

53) 〔원주〕《朱子語類》卷84 〈論後世禮書〉

유가 사상을 연구하고자 한다면, 특히 유가의 예학 사상을 연구하고자 한다면 《의례》는 반드시 읽어야 하는 문헌이다. 동시에 우리는 또 중국 고대 사회에서 유가의 예학 사상이 이미 국가 통치 사상의 중요한 구성 부분이 되었으며, 이미 사람들의 일상생활 각 방면에 침투함으로써 사람들의 사상과 언행을 지도하는 준칙 및 윤리 도덕의 규범, 즉 공자가 이른바 "禮가 아니면 보지 말며, 禮가 아니면 듣지 말며, 禮가 아니면 말하지 말며, 禮가 아니면 행하지 말라.〔非禮勿視, 非禮勿聽, 非禮勿言, 非禮勿動.〕"라는 규범이 되었다는 것을 알아야 한다.[54) 이러한 준칙과 규범들은 공허하거나 추상적인 것이 아니라 일련의 禮儀와 禮容의 구체적인 요구를 통하여 체현된 것들로서, 《의례》는 바로 통치 계급이 이러한 요구들을 제시하고 확정하는 중요한 근거였던 것이다. 그러므로 《의례》라는 책은 유가의 예학을 연구하는 데 있어서 뿐 아니라 고대 사회 사람들의 사상과 생활, 윤리 도덕관념 등등을 연구하는 데 있어서도 모두 중요한 의미를 지닌다.

《의례》라는 책은 또한 매우 중요한 사료적인 가치를 지니고 있다. 《의례》에 가장 많이 기록된 것은 士禮이다. 이로 인해 《의례》는 중국 고대 士의 계급적 지위와 士 내부의 등급 관계, 士가 담당했던 관직, 士의 생활과 경제 상황 등등의 방면과 관련된 자료들을 집중적이면서도 대량으로 제공하고 있다. 《의례》에 기록된 천자에서부터 제후까지, 다시 경대부까지, 다시 士까지 이르는 서로 다른 예의와 이러한 예의들을 통해 체현한 그들 상호간의 관계는 우리가 중국 고대 계급 관계를 연구하는 데 중요한 자료가 된다. 《의례》에는 또 수많은 중국 고대의 관직과 관련된 자료들이 남아있는데, 이것은 우리가 오늘날 중국 고대의 관제를 연구하는 데 귀중한 자료가 된다. 청나라 사람 胡匡衷(1782~1849)은 일찍이 《儀禮釋官》을 지어 이미 이런 방면에서 근거로 삼아 살펴볼 수 있는 先例를 우리에게 제공하고 있다. 또 《의례》에 기록된 중국 고대의 궁실 제도나 복식 제도, 음식 제도 및 다량의 禮器의 응용 제도 등등은 우리가 오늘날 고대사를 연구하는 데 있어서나 고고학에 있어서도 모두 중요한 가치를 지닌다.

또 하나 지적하고 싶은 것이 있다. 《의례》를 읽고 이해하는 것은 우리가 수많은 다른 고대 문헌을 읽고 이해하는 데 매우 중요하다는 것이다. 중국 고대 문헌 중에는 禮와 관련된 기록들이 매우 많으며, 수많은 기록들이 모두 禮를 언급하고 있어서 《의례》를 읽지 않은 사람은 관련 기록에 대해 진정으로 이해하기가 매우 어렵기 때문이다. 예를 들면 《의례》를 읽지

---

54) 〔원주〕《論語》〈顔淵〉

않은 사람은《예기》와《주례》의 관련 篇章을 읽기가 매우 어려울 뿐 아니라《荀子》의〈禮論〉을 이해하는 것도 분명 매우 어려울 것이다. 또 예를 들면《좌전》宣公 18년(기원전 591) 조에 魯나라의 公孫歸父가 晉나라에 聘問가라는 魯 宣公의 명을 받고 빙문 갔는데, 돌아올 때 선공이 이미 죽자 이에 "子家(공손귀보)는 돌아올 때 笙에 이르자 단을 쌓아 휘장을 치고서 副使에게 복명하였다. 복명이 끝나자 윗옷의 왼쪽 소매를 벗고 머리를 삼으로 묶고 자신의 哭位로 가서 곡하고 三踊을 하고 나왔다.〔子家[55] 還, 及笙, 壇帷, 復命於介. 旣復命, 袒、括髮, 卽位哭, 三踊而出.〕"라는 기록이 있다.《의례》의〈聘禮〉와〈喪服〉을 읽지 않으면《좌전》의 이 기록에 언급되어 있는 禮에 대해 진정으로 이해할 수 없다. 또 예를 들면《논어》〈八佾〉에 "활쏘기는 과녁의 가죽을 꿰뚫는 것을 주장하지 않는다.〔射不主皮.〕"라는 공자의 말이 기록되어 있다. 만일〈鄕射禮〉를 읽지 않으면 이 구절의 의미 역시 이해하기가 매우 어렵다. 이러한 사례들은 이루 다 들 수 없을 정도로 많아서 세심하게《의례》를 읽는다면 저절로 알게 될 것이다.

이상의 내용을 종합하자면,《의례》라는 이 책에 대해 우리는 그것이 이미 역사적인 묵은 자취이기 때문에 현실 사회와는 너무나 동떨어진 것이라고 생각하여 버려두고 돌아보지 않아서는 결코 안 된다는 것을 알 수 있다. 우리가 발굴만 잘 한다면 그 가운데 분명 오늘날 연구자들이 이용할 수 있는 다량의 귀중한 자료들이 들어있을 뿐 아니라 또한 지금 사람들이 중국 전통 문화를 배우고 이해하는 데 진귀하면서도 연구해볼 가치가 있는 전적이기도 하다.

---

55) 〔원주〕子家는 公孫歸父의 字이다.

'特'은 하나라는 뜻이다. '豕'은 豕, 즉 돼지를 이른다. '特牲'은 돼지 한 종류이다. 제후의 士가 歲時를 만나면 돼지 한 종류와 黍·稷 그리고 많은 다른 음식과 술을 장만하여 돌아가신 아버지와 할아버지의 신에게 廟에서 제사를 지내는데, 아버지와 할아버지가 살아 계실 때 자손이 음식을 올려 아버지와 할아버지를 봉양했던 것과 똑같이 한다. 이 때문에 이 제사를 '특생궤식례'라고 부른다.

士는 上·中·下 3등급이 있다. 上士는 祖廟와 禰廟 2묘가 있고, 中士와 下士는 아버지와 할아버지를 하나의 묘에서 모신다. 그러나 2묘이든 1묘이든, 할아버지에게 제사하든 아버지에게 제사하든, 그 의식과 사용하는 기물은 모두 똑같다. 이 때문에 본편에 기록한 특생궤식례에서도 조묘와 녜묘를 구분하지 않았다.

全文은 모두 30절로 이루어져 있으며, 4개 부분으로 구분할 수 있다.

첫째 부분은 1절부터 5절까지이다. 제례를 행하기 이전의 준비를 기록한 것으로, 筮日·筮尸·宿賓·視濯·視牲 등이 포함된다.

둘째 부분은 6절부터 19절까지이다. 특생궤식례의 전체 과정을 기록하였다. 그 주요 내용은, 시동이 廟의 室에 들어가기 전에 신이 흠향할 음식을 진열하는 것, 즉 陰厭의 예를 행하는 것과 시동이 室에 들어간 뒤에 시동이 고수레 하는 예, 시동에게 9飯을 올리는 예, 주인·주부·빈장이 시동에게 세 차례 헌주하는 예, 주인이 제사에 참여한 사람들에게 헌주하는 예, 제사에 참여한 사람들이 서로 旅酬禮를 행하고 無算爵禮를 행하는 등의 예로, 본편의 핵심 부분이다.

셋째 부분은 20절부터 21절까지이다. 제례를 다 마치고 시동이 나간 뒤에 嗣子와 長兄弟가 시동이 남긴 음식으로 대궁을 먹고, 다시 陽厭을 진설하고, 賓을 전송하고 빈의 俎를 보내주는 등의 예를 기록하였다.

넷째 부분은 22절부터 30절까지이다. 이 부분은 〈記〉文으로, 주로 경문의 미비한 부분을 보충하고 아울러 특생궤식의 의절들을 잡다하게 기록하였다.

第十五

특생궤식례

特牲饋食禮

정제전 正祭前

정제 正祭

정제후 正祭後

기記

정제전 正祭前

1. 祭日을 점침(筮日)

特牲饋食之禮①.
不諏(추)日②. 及筮日, 主人冠端玄③, 卽位于門外④, 西面. 子
姓、兄弟如主人之服⑤, 立于主人之南, 西面, 北上. 有司、群
執事如兄弟服, 東面, 北上. 席于門中闃(얼)西、閾(역)外⑥. 筮
人取筮于西塾, 執之⑦, 東面受命于主人. 宰自主人之左贊命
⑧, 命曰: "孝孫某⑨, 筮來日某, 諏此某事⑩, 適其皇祖某子⑪.
尙饗."
筮者許諾, 還(선), 卽席, 西面坐⑫. 卦者在左. 卒筮, 寫卦⑬.
筮者執以示主人. 主人受視, 反之. 筮者還, 東面, 長占⑭,
卒, 告于主人: "占曰吉." 若不吉, 則筮遠日⑮, 如初儀. 宗人告
事畢⑯.

한 종류의 희생(큰 돼지)을 써서 신에게 음식을 올리는 예이다.

〈주인이 筮辭를 명함〉
　士는 제사 지낼 날을 미리 상의하지 않는다.
　시초점으로 제사 지낼 날을 정하는 날이 되면, 주인이 玄冠을 쓰고
玄端服을 입고 廟門 밖 동쪽 자리로 나아가 서향하고 선다.
　子姓(제사할 대상의 소생)과 주인의 형제(족친)들이 주인과 같은 복장을
하고 주인의 남쪽에서 서향하고 북쪽을 상위로 하여 선다.
　有司와 여러 집사들이 형제들과 같은 복장을 하고 묘문 밖 서쪽에서
동향하고 북쪽을 상위로 하여 선다.
　묘문 중앙 闃(문 중앙의 말뚝)의 서쪽, 閾(문지방)의 바깥쪽에 점칠 자리
를 편다.

筮人(시초점을 치는 사람)이 西塾에서 筮(시초를 담아놓은 통)를 취하여 들고 가서 동향하여 주인에게 명을 받는다.

宰(家臣의 長)가 주인의 왼쪽(남쪽)에서 주인을 도와 筮人에게 筮辭를 명한다. 시초점을 명하는 말은 다음과 같다.

"효손 某(주인의 이름)가 오는 달 상순 某日의 길흉을 시초점 쳐서 이 某事(제사)를 행할지의 여부를 여쭈어 황조인 某子(할아버지의 字)의 廟에 가서 제사를 지내고자 합니다. 부디 흠향하소서."

〈시초점을 쳐서 祭日을 정함〉

筮者(筮人)가 허락하고 몸을 돌려 점칠 자리로 나아가 서향하고 앉아서 시초로 괘를 뽑는다.

卦者(괘를 그리는 사람)가 서자의 왼쪽(남쪽)에 앉는다. 서자가 시초로 괘를 뽑는 일이 끝나면 괘자가 땅에 그린 6효괘를 方板에 옮겨 그린다. 서자가 괘자에게서 이 방판을 받아 들고 주인에게 보여준다.

주인이 받아보고 다시 서자에게 돌려준다.

서자가 몸을 돌려 묘문 서쪽으로 가서 동향하고 서면 여러 占人이 나이의 순서에 따라 점괘의 길흉을 묻는다.

끝나면 서자가 주인에게 다음과 같이 고한다.

"점을 친 결과 길한 것으로 나왔습니다."

만약 상순의 모일이 길하지 않으면 열흘 이후의 날을 다시 시초점 치는데 처음 제사 지낼 날을 점칠 때의 의절과 같이 한다.

宗人(士의 私臣으로 禮를 주관하는 有司)이 주인에게 제사 지낼 날을 점치는 일이 끝났다고 고한다.

① 特牲饋食之禮

萬斯大의 《儀禮商》에 따르면 "일반적으로 효자가 부모를 공양하는 것을 饋養이라고 한다.〔凡孝子養親曰饋養.〕" 만사대는 또 이르기를 "饋食은 死者를 섬기기를 살아있을 때와 똑같이 한다는 의미이다.〔饋食者, 事死如生之義也.〕"라고 하였다.

【按】'饋食'의 '食'은 '밥을 먹이다'라는 뜻일 때는 언해에 근거하면 발음이 '사'이다.[1] 다만 《의례》의 '饋食'에 대해서는 발음이 정해진 것이 없고 전통적으로 '궤식'으로 발음하는

1) 《孟子諺解》〈滕文公下〉 "老弱饋食": "老로弱약이 食亽를 饋케 ᄒ더니"

경우가 많아 우선 '궤식'으로 발음하기로 한다. 주소에 따르면 천자와 제후의 제사는 찰기장밥[黍飯]과 메기장밥[稷飯]을 올리는 饋食 이전에 울창주로 강신하는 灌鬯, 희생의 毛血과 날고기[腥]와 醴酒를 바치는 朝踐, 익힌 牲體를 올리는 饋獻이 있는데, 士와 대부의 제사는 이와 달리 곧바로 익힌 희생과 黍稷을 올리는 饋食부터 시작한다.[2] 정현의 주에 따르면 朝踐의 예는 太古 시대의 법을 본뜬 것이고 饋獻과 饋食은 中古 시대의 법을 본뜬 것이다.[3]

② 不諏日

'諏'는 음이 '추'이니, 정현의 주에 따르면 "상의한다는 뜻이다.〔謀也.〕" 정현의 주에 따르면 士는 지위가 낮고 일이 많기 때문에 미리 제삿날을 상의한 뒤에 그 날의 길흉을 점치지 못하고, 다만 한가하여 제례를 행할 수 있을 때가 되어서야 그 때에 임박하여 날을 택해 그 날의 길흉을 점칠 수 있다.[4] 〈소뢰궤식례〉 1 주② 참조.

③ 冠端玄

정현의 주에 따르면 "玄冠과 玄端服이다.〔玄冠, 玄端.〕" '玄冠'은 玄色(약간 붉은 색을 띤 검은 색) 비단으로 만든 冠이다. 관의 刑制는 다음과 같다. 하나의 冠圈을 상투 위에 씌우는 것을 '武'라고 부른다. 武 위에는 폭이 넓지 않은 冠梁이 하나 있는데, 앞에서부터 뒤까지 머리의 정수리 부분을 덮는다. 무의 양쪽에는 각각 관을 매는 끈이 있어 턱 아래에서 묶어 관을 고정하는데, 이것을 '纓'이라고 부른다. '玄端'은 緇布冠에 배합하여 입는 옷으로, 정현의 주에 따르면 "즉 朝服의 上衣로, 그 下裳만을 바꾼다.〔卽朝服之衣, 易其裳耳.〕" 이때 입는 하상은 玄裳, 黃裳, 雜裳 세 가지 색깔의 裳이 모두 가능하다. '雜裳'은 정현의 주에 따르면 "앞쪽은 玄色, 뒤쪽은 黃色이다.〔雜裳者, 前玄後黃.〕"

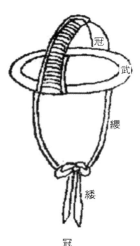

冠
張惠言《儀禮圖》

④ 門

정현의 주에 따르면 "묘문을 이른다.〔謂廟門.〕"

⑤ 子姓·兄弟

'姓'은《白虎通》권9〈姓名〉에 따르면 "태어난다는 뜻이다.〔生也.〕" '子姓'

2) 鄭玄注: "祭祀自孰始曰饋食, 饋食者, 食道也."
賈公彦疏: "云'祭祀自孰始'者, 欲見天子、諸侯饋食已前, 仍有灌鬯、朝踐、饋獻之事, 但饋食見進黍稷."

3)《禮記》〈禮運〉: "作其祝號, 玄酒以祭, 薦其血毛, 腥其俎, 孰其殽."
鄭玄注: "腥其俎, 謂豚解而腥之及血毛, 皆所以法於大古也. 孰其殽, 謂體解而爛之, 此以下皆所法於中古也."

4) 鄭玄注: "諏, 謀也. 士賤職褻, 時至事暇, 可以祭, 則筮其日矣. 不如《少牢》大夫先與有司於廟門諏丁巳之日."

은 아들과 아들의 소생을 이른다. 이 때문에 정현의 주에 "제사를 받는 사람의 자손이다.〔所祭者之子孫.〕"라고 한 것이다. '子孫'이라 하지 않고 '子姓'이라고 한 이유는, 盛世佐에 따르면 "子孫이라고 말하면 2대에 그치지만 子所生이라고 말하면 증손과 현손 이하가 모두 여기에 포함되기 때문이다.〔子孫止於二世, 言子所生則曾、玄而下皆該之矣.〕" '兄弟'는 李如圭에 따르면 "族親이라는 말과 같다. 《예기》〈祭統〉에 '太廟에서 제사를 지내면 여러 昭穆이 모두 함께 참여하여 그 차례를 잃지 않는다.'라고 하였다.〔猶言族親也.《祭統》曰: 有事(卽祭祀)於太廟, 則群昭群穆咸在而不失其倫.〕"

⑥ 席于門中闑西、閾外

【按】'闑'(얼)은 고대의 문 중앙에 세운 짧은 말뚝이다. 王引之의 《經義述聞》 "闑西閾外" 조에 따르면 闑은 문 가운데에 있는 말뚝〔橛〕으로, 똑바로 세웠지만 짧아서 수레가 문을 들어올 때 수레의 軸이 그 위를 넘어서 지나갈 수 있다. '閾'은 즉 문지방〔門檻〕이다.

⑦ 執之

【按】〈소뢰궤식례〉 1 주⑥ 참조.

⑧ 宰自主人之左贊命

【按】정현의 주에 따르면 "주인의 왼쪽에서 주인의 명을 도와 전한 것은 신을 위한 것이기 때문에 變禮를 구한 것이다."[5] 가공언은 이에 대해 "《예기》〈少儀〉에 '군주를 도와서 폐백을 받을 경우에는 군주의 왼쪽에서 하고, 군주의 辭命을 남에게 전할 경우에는 군주의 오른쪽에서 한다.'라고 하였다. 그러나 여기에서는 제사이기 때문에 宰가 주인의 왼쪽에서 명을 도와 전한 것이니, 이것은 신을 위하여 길함을 구하는 것이기 때문에 常禮를 변한 것이다."[6]라고 해석하였다. 그러나 敖繼公은 "《의례》의 다른 편에서는 일반적으로 주인의 명을 도와 전할 경우 모두 '오른쪽에서'라고 하여 《예기》〈少儀〉에서 이른바 '군주의 辭命을 남에게 전할 경우에는 군주의 오른쪽에서 한다.'라는 것과 부합한다. 오직 여기 경문에서만 '왼쪽에서'라고 말한 것은 별다른 뜻이 없고 단지 글자의 오류일 뿐인 듯하니 '左'는 '右'로 써야 한다."[7]라고 하여 '左'를 '右'의 오류로 보았다. 그러나 褚寅亮은 "왼쪽에서 주인의 명을 도와 전한 것은 제례에서 祝이 축원할 때 주인의 왼쪽에서 하는 것과 같다. 신을 섬기는 예는 의당 이와 같이 해야 하니 冠禮와는 다르다. 오계공이 '좌'를 '우'로 고친 것은 잘못이다."[8]라고 하여 주소의 의견을 따르고 있다. '贊命'은 시초점을 칠 경우 대부가 述命을 포함하여 2번 명하는 것과 달리 士는 1번만 명하는 것을 이른다. 〈소뢰궤식례〉 1 주⑫ 참조.

5) 鄭玄注: "贊命由左者, 爲神求變也."

6) 賈公彦疏:《少儀》曰: '贊幣自左, 詔辭自右.' 此祭祀, 故宰自左贊命, 爲神求吉, 故變於常禮也."

7)《儀禮集說》卷15: "《儀禮》他篇凡於贊命者, 皆言自右, 與《少儀》所謂'詔辭自右'者合. 惟此經言自左. 似無他 義. 蓋字誤耳. 左當作右."

8)《儀禮管見》卷下4: "贊命在左, 猶祭祀祝釋辭而在左, 事神之禮宜然, 與冠不同. 敖氏改左爲右, 謬."

⑨ 孝孫某

'孝孫'은 주인을 이른다. '某'는 주인의 이름이다. 이 시초점을 명하는 말에서 스스로를 '孝孫'이라 칭하고 위로 '皇祖'를 언급한 것에 대하여, 萬斯大는 "황조를 들어 실례로 삼은 것이다. 고조와 증조에게 제사하는 것은 이것으로 미루어 알 수 있으며, 아버지에게 제사지내는 것도 이것으로 미루어 알 수 있다. 이때 스스로를 칭하는 말은 孝玄孫이나 孝曾孫 또는 孝子라고 하여 대상에 따라 호칭을 바꾸면 된다.〔蓋擧皇祖以爲例, 其祭高·曾也, 以此推之: 其祭禰也, 亦以此推之. 自稱則孝玄孫·孝曾孫, 若孝子, 惟所易可也.〕"라고 하였다.

⑩ 筮來日某, 諏此某事

앞에 나오는 '某'는 선택한 날을 대신하는 말이다. '諏'는 신에게 묻는 것이다. '某事'는 祭祀이다. '筮'와 '諏'는 互文으로, 이 두 구의 실제 뜻은 시초점을 쳐서 오는 某日에 이 제사를 지낼 지의 여부를 신에게 묻는다는 말이다.

⑪ 適其皇祖某子

'皇祖'는 정현의 주에 따르면 "皇은 君이라는 뜻으로, 君祖라고 말한 것은 높인 것이다.〔皇, 君也. 言君祖者, 尊之也.〕" '適其皇祖某子'는 胡培翬에 따르면 "그 廟에 가서 제사지내는 것을 이른다.〔謂往祭於其廟也.〕" '某子'는 정현의 주에 따르면 할아버지의 字로, 예를 들면 '伯子'나 '仲子' 등이다.[9]

⑫ 西面坐

【按】주소에 따르면 천자의 시초[筮]는 길이가 9尺, 제후의 시초는 7척, 대부의 시초는 5척, 士의 시초는 3척이다. 여기에서 士의 筮者가 앉아서 점을 치는 것은 시초의 길이가 짧기 때문에 편리함을 취한 것이다.[10] 〈소뢰궤식례〉1 주⑬ 참조.

⑬ 卒筮, 寫卦

【按】주소에 따르면 卦者는 筮人이 시초를 뽑아서 나온 爻를 땅에 그리고 六爻가 모두 갖추어져 하나의 괘를 이루면 이것을 方板에 옮겨 적어 筮人에게 준다.[11] 〈소뢰궤식례〉1 주⑭ 참조.

⑭ 長占

정현의 주에 따르면 "그 나이의 장유에 따라 여러 占人이 괘의 길흉을 판단하는 것이다.〔以其年之長幼旅占之.〕" 살펴보면 〈士冠禮〉에서는 '旅占'이라 하고 여기에서는 '長占'이라고 하였는데 같은 뜻으로 보아야 한다.

9) 鄭玄注: "某子者, 祖字也, 伯子·仲子也."

10) 鄭玄注: "士之筮者坐, 著短由便."
賈公彦疏: "知著有長短者, 案《三正記》云: '天子著長九尺, 諸侯七尺, 大夫五尺, 士三尺' 是也."

11) 鄭玄注: "卦者主畫地識爻, 爻備, 以方寫之."
賈公彦疏: "此經云'卒筮寫卦', 乃云'筮者執以示主人', 則寫卦者非筮人."

⑮ 筮遠日

【按】주소에 따르면 '遠日'은 '近日'이 열흘 안을 의미하는 것과 상대적으로 말한 것으로, 本旬밖의 날을 이른다. 예를 들면 士禮에서 吉事에는 近日을 먼저 쓴다. 즉 孟月에 제사를 지낸다면 맹월 상순 안의 날을 점치고, 불길하면 다시 중순 안의 날을 점치며, 중순의 날이 불길하면 다시 하순 안의 날을 점치고, 하순 안의 날도 불길하면 제사를 중지한다. 그러나 대부 이상의 예에서는 맹월에 제사지내면 그 전달 하순에 다음 달, 즉 제사지내고자 하는 맹월 상순의 날을 점치고 불길하면 이 맹월 상순에 중순의 날을 점치며, 중순이 불길하면 중순에 가서 하순의 날을 점치고 하순이 불길하면 중지하고 제사를 지내지 않는다.[12] 〈소뢰궤식례〉1 주⑳ 참조.

⑯ 宗人

【按】정현의 주에 따르면 "有司중에 예를 주관하는 사람이다."[13] 천자의 宗伯에 해당하는 직책으로, 제후 이하는 모두 宗人이라고 한다.[14]

2. 시동을 점침(筮尸. 3일전)

前期三日之朝, 筮尸, 如求日之儀。命筮曰: "孝孫某, 諏(추)此某事, 適其皇祖某子; 筮某之某爲尸①。尙饗。"

제사 지내기 3일 전 아침에 시동을 점치는데, 제사 지낼 날을 정할 때의 의절과 같이 한다.
宰(家臣의 長)가 주인을 대신하여 筮者(시초점을 치는 사람)에게 시초에 고할 말을 다음과 같이 명한다.
"효손 某(주인의 이름)가 이 某事(제사)를 행할지의 여부를 여쭈어 皇祖(할아버지)인 某子(할아버지의 字)의 廟로 가서 제사를 지내기 위해 某(시동 아버지의 字)의 某(시동의 이름)를 시동으로 모시는 것에 대해 시초점을 치고자 합니다. 부디 흠향하소서."

① 諏此⋯爲尸

'某事'는 제사이다. '某之某'는 胡培翬에 따르면 "앞의 某는 시동의 아버지

12) 鄭玄注: "遠日, 旬之外日."
賈公彦疏: 《曲禮》云: '吉事先近日, 喪事先遠日.' 此尊卑禮同也. 又云: '旬之內曰近某日, 旬之外曰遠某日.' 此尊卑有異. 云'旬之內曰近某日', 據士禮吉事先近日, 謂祭祀, 假令孟月, 先於孟月上旬內筮, 筮不吉, 乃用中旬之內更筮, 中旬又不吉, 更於下旬內筮, 筮不吉, 卽止. 大夫已上, 假令孟月祭, 於前月下旬筮來月之上旬, 不吉, 又於孟月之上旬筮中旬, 中旬不吉, 又於中旬筮下旬, 下旬又不吉, 卽止, 不祭. 今云遠日, 旬之外日者, 謂上旬不吉, 更於上旬外筮中旬, 爲旬之外日, 非謂如大夫已上, 旬之外, 謂旬前爲旬外日也."

13) 《儀禮》〈士冠禮〉鄭玄注: "宗人, 有司主禮者也."

14) 《儀禮》〈士冠禮〉賈公彦疏: "士雖無臣, 亦有宗人掌禮, 比于宗伯, 故云有司主禮者."

字이고, 뒤의 某는 시동의 이름이다.〔上'某'爲尸父字, 下'某'爲尸名也.〕" '詶'
와 '筮'는 互文이다.

【按】〈士虞禮〉에 따르면 "死者가 남자일 경우 시동은 남자(적손)로 세운다. 死者가 여자일
경우 시동은 여자로 세우는데, 반드시 異姓(적손며느리)을 세우고 신분이 천한 사람을 세우
지 않는다."[15] 여기에서 '異姓'은 胡培翬에 따르면 손자며느리를 이르며, '賤者'는 정현의
주에 따르면 "庶孫의 첩을 이른다. 시동은 尊者와 짝하기 때문에 반드시 적손며느리를
시키는 것이다.〔謂庶孫之妾也. 尸配尊者, 必使適也.〕"

3. 시동에게 재차 알림(宿尸. 2일전)

乃宿尸①。主人立于尸外門外, 子姓·兄弟立于主人之後, 北面
②, 東上。尸如主人服, 出門左, 西面③。主人辟(피), 皆東面,
北上④。主人再拜, 尸答拜⑤。宗人擯辭如初⑥, 卒曰⑦ : "筮
子爲某尸⑧, 占曰吉, 敢宿。" 祝許諾, 致命⑨。尸許諾⑩。主人
再拜稽首⑪。尸入, 主人退⑫。

이에 다음날 주인이 시동의 집으로 찾아가서 시동에게 제사에 참여
해주시기를 다시 청한다.
주인이 시동의 집 外門(대문) 밖에 북향하여 서고 子姓(제사할 대상의 소
생)과 주인의 형제(족친)들이 주인의 뒤(남쪽)에 모두 북향하고 동쪽을
상위로 하여 선다.
시동이 주인과 같은 복장(玄冠과 玄端服)을 하고 외문을 나와 왼쪽(동
쪽)에서 서향하고 선다.
시동이 외문을 나올 때 주인이 피하여 몸을 돌리고, 子姓과 주인의
형제들도 모두 몸을 돌려 동향하고 주인의 뒤에서 북쪽을 상위로
하여 선다.
주인이 시동에게 재배한다. 시동이 답배한다.
宗人(士의 私臣으로 예를 주관하는 有司)으로서 擯이 된 사람이 주인의 앞
으로 가서 서향하고 주인의 명을 받아 동향하고 祝에게 주인의 명

15)《儀禮》〈士虞禮〉: "男, 男
尸. 女, 女尸. 必使異姓, 不使
賤者."

을 전하는데, 주인의 명은 처음 시동을 점칠 때와 같이 하되 맨 끝부분만 "당신을 某(祖나 父)의 시동으로 모시고자 시초점을 쳤더니 길한 것으로 나왔습니다. 이에 감히 시동이 되었음을 재차 알립니다."라고 변경한다.

축이 종인의 앞으로 가서 서향하고 종인의 명을 받아 허락하고 동향하여 시동에게 명을 전한다.

시동이 허락한다. (축이 시동의 허락을 종인에게 전하고 종인이 다시 이 말을 주인에게 전하면) 주인이 시동에게 再拜稽首한다.

시동이 자기 집으로 들어가면 주인이 물러간다.

① 宿

'초청하다〔招〕'라는 뜻이니, 미리 불러서 오게 하는 것을 이른다. 胡培翬에 따르면 "宿은 고문에는 夙(숙)으로 되어 있는데 宿은 또 速과 통용된다. 모두 미리 불러서 오게 한다는 뜻이다.〔宿爲古文夙, 宿又通速, 皆預召使來之意..〕" 호배휘는 또 "일반적으로 宿을 할 때는 반드시 먼저 戒를 하는데 〈사관례〉에 자세하다. 여기에서 戒(고하다)를 말하지 않은 것은 글이 갖추어지지 않은 것이다. 다음에 나오는 宿賓도 마찬가지이다.〔凡宿必先戒, 詳《士冠禮》, 此不言戒, 文不具. 下宿賓亦然.〕"라고 하였다.

【按】〈소뢰궤식례〉2 주② 참조.

② 北面

【按】주소에 따르면 시동이 문을 나오기 전에 주인이 동향하지 않고 북향하는 것은, 시동은 아버지의 象이 있고 주인은 아들의 道가 있기 때문에 북향함으로써 빈객으로 온 것이 아님을 나타내는 것이다. 冠禮에서는 宿賓 때 주인이 동향한다.[16]

③ 出門左, 西面

【按】주소에 따르면 시동이 서향하는 것은 士의 손자 항렬에서 시동을 세우기 때문에 시동이 감히 남면하여 尊者를 자처하지 못하기 때문이다.[17]

④ 主人辟, 皆東面, 北上

이것은 시동을 공경함을 표시한 것이다. 敖繼公에 따르면 "辟는 더욱 공경하는 것이다.〔辟者, 起敬也.〕"

【按】敖繼公에 따르면 '皆'는 子姓과 兄弟를 가리킨다. 이때 子姓과 兄弟 또한 주인을 따라 몸을 돌려 주인의 뒤에 선다.[18]

16) 鄭玄注: "不東面者, 来不爲賓客."
賈公彦疏: "爲尸者父象也, 主人有子道, 故主人北面, 不爲賓客, 不敢當尊, 故不東面. 此決冠禮宿賓, 主人東面, 此中北面, 不同也."

17) 鄭玄注: "不敢南面當尊."
賈公彦疏: "此士之孫倫爲尸, 雖被宿, 猶不敢當尊也."

18)《儀禮集說》卷15: "皆, 子姓兄弟也. 是時子姓兄弟亦立于主人之後而上當其後也."

⑤ 尸答拜

【按】敖繼公에 따르면 시동의 답배 또한 재배이다.[19]

⑥ 宗人擯辭如初

정현의 주에 따르면 "宗人인 擯者가 주인의 말을 祝에게 전하는 것이다. 如初는 宰가 주인을 도와 시동을 점치는 말을 시초에 명할 때처럼 하는 것이다.〔宗人擯者釋主人之辭. 如初者, 如宰贊命筮尸之辭.〕" 다음 글에 따르면 종인이 먼저 축에게 말을 전한다.

⑦ 卒曰

【按】'卒'은 〈특생궤식례〉2의 "孝孫某, 諏此某事, 適其皇祖某子, 筮某之某爲尸. 尙饗."에서 "筮某之某爲尸. 尙饗." 2구를 말한다. 즉 시동에게 재차 시동이 되었음을 고지할 때에는 "孝孫某, 諏此某事, 適其皇祖某子, 筮子爲某尸, 占曰吉, 敢宿."이라고 말한다.

⑧ 某尸

'某'는 할아버지나 아버지를 대신하는 말이다. 胡培翬에 따르면 "祖尸(할아버지의 시동)라고 하거나 禰尸(아버지의 시동)라고 말하여 이름과 字를 일컫지 않는다.〔或言祖尸, 或言禰尸, 不稱名與字也.〕"

⑨ 祝許諾, 致命

정현의 주에 따르면 "종인의 말을 받아서 허락하고 시동에게 명을 전하는 것이다.〔受宗人之辭, 許之, 傳命於尸.〕"

【按】정현의 주에 따르면 宗人과 祝은 처음에는 북향하고 있다가 명을 전할 때가 되면 모두 서향하고 명을 받아서 동향하고 명을 전한다.[20] (張惠言의 〈宿尸〉圖 참조.)
胡匡衷에 따르면 대부 이상은 祝이 여러 명이지만 士는 축이 한 명 뿐이다.[21]

⑩ 尸許諾

【按】정현의 주에 따르면 시동의 허락 역시 宗人이 祝에게서 허락의 말을 전해받아 주인에게 고한 것이다.[22]

⑪ 再拜稽首

【按】'稽首'는 《周禮》에 보이는 稽首, 頓首, 空首, 振動, 吉拜, 凶拜, 奇拜, 褒拜(포배), 肅拜의 9拜중 첫 번째 吉拜이다. 淩廷堪의 《禮經釋例》권1 〈周官九拜解〉에 따르면 稽首는 신하가 군주에게 하는 절로, '머리가 바닥에 이르도록 절하는 것〔拜頭至地〕'이다. 일반적으로 신하가 군주와 禮를 행할 때에는 모두 계단을 내려가 再拜稽首하며, 군주가 사양하면 당에 올라와 다시 再拜稽首하는데, 이를 '升成拜'라고 한다. 가공언의 소에 따르면 이것은 일반적으로 신하는 비록 賓이 되어 군주와 술을 주고받는 禮를 행한다 할지라도 감히 拜

19)《儀禮集說》卷15: "答拜, 亦再拜."

20) 鄭玄注: "始宗人、祝北面, 至於傳命, 皆西面受命, 東面釋之."

21)《儀禮釋官》卷6: "大夫以上, 祝官不止一人, 士之祝, 當止一人而已."

22) 鄭玄注: "其許, 亦宗人受於祝而告主人."

受禮를 당 위에서 행하지 못하고 당 아래에서 행하는데, 이미 당 아래에서 배수례를 행하였어도 군주가 사양하였으면 마치 절을 완성하지 못한 것과 같기 때문에 다시 당에 올라와서 재배계수함으로써 절을 완성하는 것이다. 이렇게 당 아래에서 이미 절을 한 뒤에 다시 당 위에 올라와 절을 할 때에는 '再拜稽首'라고 하지 않고 '升成拜'라고 한다.[23]

⑫ 主人退

【按】주소에 따르면 시동은 높고 士는 낮기 때문에 시동은 宿尸의 예를 받은 뒤에는 주인에게 읍도 하지 않고 바로 집으로 들어가서 士를 拜送하지 않는다. 이것은 대부의 禮인 〈소뢰궤식례〉2에서 시동이 읍만 하고 절은 하지 않더라도 전송하는 예는 있는 것과 다른 것이다.[24]

4. 賓에게 재차 알림(宿賓. 2일전)

> 宿賓①。賓如主人服②, 出門左, 西面再拜。主人東面答再拜。宗人擯曰: "某薦歲事③, 吾子將涖(리)之, 敢宿。"賓曰: "某敢不敬從!" 主人再拜, 賓答拜。主人退, 賓拜送。

주인이 賓의 집으로 찾아가서 빈에게 제사에 참여해주시기를 다시 청한다.

賓이 주인과 같은 복장(玄冠과 玄端服)을 하고 外門(대문)을 나와 왼쪽(동쪽)에서 서향하고 재배한다. 주인이 외문 밖 서쪽에서 동향하고 답배로 재배한다.

宗人으로서 擯이 된 사람이 주인을 대신하여 다음과 같이 말한다.

"某(주인의 이름)가 歲事(四時祭)를 올리려는데 당신께서 제사에 참여해주시기를 감히 다시 청합니다."

賓이 다음과 같이 대답한다.

"某(빈의 이름)가 감히 공경히 따르지 않겠습니까."

주인이 재배한다. 빈이 답배한다.

주인이 먼저 물러가고 빈이 절하여 전송한다.

23) 《儀禮注疏》〈燕禮〉賈公彦疏: "凡臣於君, 雖爲賓, 與君相酬, 受爵不敢拜於堂上, 皆拜於堂下。若君辭之, 聞命卽升, 若堂下拜訖, 君辭之, 卽升堂, 復再拜稽首。所以然者, 以堂下再拜而君辭之, 若未成然, 故復升堂再拜稽首以成之, 升則不云再拜稽首, 直云成拜。以堂下旣有再拜稽首, 則此文是也。若堂下未拜之間, 聞命則升, 升乃再拜稽首, 則不得升成拜, 以其堂下未拜, 卽下經云小臣辭, 賓升, 再拜稽首', 鄭注'不言成拜者, 爲拜故下, 實未拜是也'。"

24) 鄭玄注: "相揖而去, 尸不拜送, 尸尊。"
賈公彦疏: "下篇《少牢》云'主人退, 尸送, 揖不拜'是也。但彼有送文, 此經尸入後, 乃言'主人退', 則尸不送可知。此尸不送者, 士卑, 故尸被宿之後不送也。大夫尊, 故尸雖受宿, 猶送大夫也。"

① 宿賓

張爾岐에 따르면 주인이 屬吏 중에서 특별히 한 사람을 뽑아서 賓으로 삼아 제사 때 시동에게 헌주하게 하려는 것이다. 빈은 주인과 주부의 뒤를 이어 세 번째 술을 올리는데, 이것으로 三獻의 예가 갖추어지게 된다.[25]

【按】 '宿'은 이전에 戒를 먼저 한 뒤에 재차 청하여 오게 하는 것이다. 〈특생궤식례〉 3 주 ① 참조.

② 如主人服

마찬가지로 玄冠을 쓰고 玄端服을 입는다.

③ 某薦歲事

'某'는 주인의 이름이다. '薦'은 '올리다〔進〕'라는 뜻으로, 某가 歲時의 제사에 祭物을 올리는 일을 이른다. 胡培翬에 따르면 "歲事는 祠(사. 봄 제사), 禴(약. 여름 제사), 嘗(상. 가을 제사), 烝(증. 겨울 제사)의 四時祭를 이른다. 해마다 모두 거행하기 때문에 歲事라고 한다.〔歲事者, 謂祠、禴、嘗、烝四時之祭. 每歲皆行之, 故曰歲事.〕"

5. 제기를 살피고(視濯), 희생을 살피고(視牲), 제사 시간을 정함(爲期)(1일전)

厥明夕①, 陳鼎于門外, 北面②, 北上, 有鼏(멱). 棜(어)在其南, 南順③, 實獸于其上, 東首④. 牲在其西⑤, 北首、東足⑥.
設洗于阼階東南, 壺、禁在東序⑦, 豆、籩、鉶在東房⑧, 南上,
几、席、兩敦(대)在西堂⑨.
主人及子姓、兄弟卽位于門東如初⑩. 賓及衆賓卽位于門西, 東面, 北上.
宗人、祝立于賓西北, 東面, 南上. 主人再拜, 賓答再拜. 三拜衆賓, 衆賓答再拜⑪. 主人揖入⑫. 兄弟從, 賓及衆賓從, 卽位于堂下, 如外位⑬.
宗人升自西階, 視壺濯, 及豆、籩⑭, 反降, 東北面告濯具⑮.
賓出, 主人出⑯, 皆復外位.

25) 《儀禮鄭注句讀》 卷15: "士前祭二日, 選屬吏爲賓, 特肅一人, 以備三獻, 屬吏必來助祭, 故云吾子將涖之.'"

宗人視牲, 告充⑰。雍正作豕⑱。宗人舉獸尾告備⑲, 舉鼎
鼏告絜⑳。請期㉑。曰: "羹飪㉒。"告事畢㉓。賓出, 主人拜
送㉔。

〈鼎과 희생을 진열함-묘문 밖〉

　賓에게 재차 알린 다음날 저녁에 廟門 밖에 3개의 鼎(익힌 희생을 담
을 솥)을 북향으로 진열하는데, 북쪽을 상위로 하여 북쪽부터 豕鼎
-魚鼎-腊鼎의 순으로 진열하고 鼏(멱. 정의 덮개)을 덮어둔다.

　梬(어. 음식을 담아 나르는 갸자)는 정의 남쪽에 정과 남쪽으로 일직선이
되도록 놓으며, 그 위에 獸(兔腊. 털을 제거하고 통째로 말린 토끼고기)를 머
리가 동쪽으로 가도록 담는다.

　희생(살아있는 큰 돼지)은 梬의 서쪽에 놓는데, 머리가 북쪽, 발이 동
쪽으로 가도록 놓는다.

〈제기를 진열함-묘문 안〉

　洗(물받이그릇)를 묘문 안 동쪽 계단의 동남쪽에 설치한다.

　壺(玄酒와 酒를 각각 담을 술 단지)를 梬禁(어금. 다리가 없는 壺의 받침대)위에
얹어서 당 위 東序 앞에 진열한다.

　豆·籩·鉶을 東房 안의 동쪽에 남쪽을 상위로 하여 남쪽부터 豆-
籩-鉶의 순으로 진열한다.

　几·席·2개의 敦(대. 黍飯과 稷飯을 각각 담을 그릇)를 西堂에 진열한다.

〈자리에 나아감-묘문 밖-묘문 안〉

　주인 및 子姓(제사할 대상의 소생)과 형제(족친)들이 처음 제사 지낼 날
과 시동을 시초점칠 때와 같이 묘문 밖 동쪽 자리로 나아가 서향
하고 선다.

　賓과 衆賓이 묘문 밖 서쪽 자리로 나아가 동향하고 북쪽을 상위로
하여 선다.

　宗人과 祝이 빈의 서북쪽(빈보다 조금 물러난 자리)에서 동향하고 남쪽
을 상위로 하여 종인이 남쪽에 선다.

주인이 재배한다. 빈이 답례로 재배한다.

주인이 중빈에게 한꺼번에 삼배한다. 중빈이 답례로 한꺼번에 재배한다.

주인이 읍하고 제기의 정결함을 살피기 위하여 먼저 廟에 들어간다. 형제들(子姓 포함)이 주인의 뒤를 따라 들어가고, 빈과 중빈(종인과 축 포함)이 형제들의 뒤를 따라 들어간다. 이어 당 아래 자리로 나아가는데 묘문 밖에서와 같이하여, 주인과 형제들은 동쪽 계단 앞에 서향하여 서고, 빈과 중빈은 서쪽 계단 앞에 동향하여 서고, 종인과 축은 빈의 서북쪽에 빈보다 조금 물러난 자리에 동향하여 선다.

〈제기의 정결함을 살핌-묘문 안〉

종인이 서쪽 계단으로 당에 올라가서 東序 앞의 壺(西堂의 敦를 포함)가 정결한지를 살피고, 東房 안의 豆와 籩(鉶을 포함)도 정결한지 살핀 뒤에 되돌아 당에서 내려와 서쪽 계단 아래 중빈의 남쪽에서 동북쪽을 향하여 주인(빈을 포함)에게 모두 정결하게 잘 준비되었다고 고한다.

희생의 온전함을 살피기 위하여 빈(중빈·종인·축 포함)이 묘문을 나가고 주인(子姓·형제 포함)이 묘문을 나가서 모두 묘문 밖의 자리로 돌아간다.

〈희생의 온전함을 살피고 제사 시간을 정함-묘문 밖〉

종인이 豕牲을 살펴보고 주인에게 살쪘다고 고한다.(告充)

雍正(雍人의 長)이 희생의 남쪽에서 북향하고 시생을 채찍질하여 소리를 듣고 병이 있는 지의 여부를 살핀다.

종인이 獸(兔腊)의 꼬리를 들어 전체를 살피고 주인에게 몸체가 온전하다고 고하고(告備), 鼎의 鼏(멱. 정을 닦는 덮개)을 들어 정이 정결하게 준비되었다고 고한다.(告絜)

종인이 주인에게 제사지낼 시간을 묻는다.

주인이 "내일 아침 牲肉이 다 익었을 때 거행한다."라고 대답한다.

(종인이 제사지낼 시간을 서북향을 하고 빈과 有司에게 고한다.)

종인이 주인에게 제기의 정결함을 살피고 희생의 온전함을 살피는 일이 다 끝났다고 고한다.

빈이 外門(대문)을 나간다. 주인이 절하여 전송한다.

① 厥明夕

정현의 주에 따르면 "빈에게 제사에 참여해줄 것을 다시 청한 다음날이다.〔宿賓之明日.〕" 漢簡本에는 '그 다음날 저녁〔厥明日夕〕'으로 되어 있어 뜻이 더욱 분명하다.

② 陳鼎于門外, 北面

【按】 주소에 따르면 '門外北面'은 문과 마주하도록 놓은 것이다. 이것은 〈소뢰궤식례〉에서 묘문 밖 동쪽에 놓는 것과 다른 것으로, 士는 지위가 낮아서 대부의 예를 피한 것이다.[26] 이것은 또 凶禮에서 묘문 밖 서쪽에 북향으로 놓는 것과도 다르게 한 것이다. 〈사우례〉1 참조.

③ 梱在其南, 南順

'梱'(어)의 形制는 정현의 주에 따르면 漢나라 때 木車의 몸체와 같은 모습이며, 위에 사방으로 난간이 있고 밑에 다리가 없다.[27] 吳廷華는 "길이가 4척, 너비가 2척 4촌, 깊이(높이)가 5촌이다.〔長四尺, 廣二尺四寸, 深(高)五寸.〕"라고 하였고, 胡培翬는 "이것은 獸梱(獸肉을 담는 梱)이다. 또 음식을 담는 梱와 술 단지를 받치는 梱가 있다.〔此獸梱也. 又有承饌之梱, 承尊之梱.〕"라고 하였다. '梱'는 吳廷華에 따르면 3가지 종류가 있다. 첫째는 〈특생궤식례〉에 보이는 梱로, 獸肉을 담는데 쓰는 것이다.(《특생궤식례》5) 두 번째는 〈소뢰궤식례〉에 보이는 梱로, 즉 斯禁이다.(《소뢰궤식례》5 주⑯) 세 번째는 〈사상례〉에 보이는 梱로, 奠物을 진설하는 데 쓰는 것이다.[28] '南順'은 胡培翬에 따르면 "남쪽으로 일직선이 되도록 진열하는 것이다.〔向南直陳也.〕"

④ 實獸于其上, 東首

'獸'는 정현의 주에 따르면 "腊이다.〔腊也.〕" 즉 兎腊이다.

【按】 敖繼公에 따르면 獸를 말하면서 東首만 말하고 足의 방향을 언급하지 않은 것은 足은 좌우로 나오기 때문이다.[29]

⑤ 牲

즉 豕(큰 돼지)이다.

⑥ 北首, 東足

【按】 머리가 북쪽으로 가도록 하고 다리가 동쪽으로 가도록 한다면 희생의 왼쪽 어깨가

26] 鄭玄注: "門外北面, 當門也."
賈公彦疏: "下篇《少牢》陳鼎在門東, 此當門者, 士卑, 避大夫故也."

27] 鄭玄注: "梱之制, 如今大木轝矣. 上有四周, 下無足."

28] 《儀禮章句》卷13: "梱有三. 《特牲》梱, 以實獸;《少牢》梱, 卽斯禁; 此梱, 以陳饌."

29] 《儀禮集說》卷15: "獸言東首而不及足者, 以其足左右出故也."

땅에 닿게 되는데, 褚寅亮에 따르면 이것은 길례에 희생의 右胖을 사용하기 때문에 희생의 左體가 땅에 닿도록 한 것이다. 또한 獸(가죽을 벗기고 통째로 말린 토끼고기)는 가로로 놓는 것과 달리 牲(살아있는 큰 돼지)은 세로로 놓는다.[30]

⑦ 壺·禁在東序

'東'은 阮元의 교감본에는 '西'로 잘못되어 있는데 漢簡本과 各本에는 모두 '東'으로 되어있다.

【按】壺와 棜禁의 자세한 위치는 〈특생궤식례〉23 참조.

⑧ 東房

【按】주소에 따르면 '東房 안의 동쪽'을 의미한다. 대부와 士는 단지 東房과 西室만 있어 굳이 '東'이라는 말을 할 필요가 없기 때문이다.[31]

⑨ 西堂

【按】주소에 따르면 '西夾室의 앞 남쪽에 가까운 곳'이다. 《爾雅》郭璞의 주에 따르면 夾室은 前堂을 '相'이라고 한 것에 근거하면 여기에서 말하는 西堂은 西相을 말한다.[32]

⑩ 如初

정현의 주에 따르면 "시초점을 칠 때와 같은 자리이다.〔筮位也.〕" 즉 筮日·筮尸 때 서 있던 자리와 같다.

【按】〈특생궤식례〉1 참조.

⑪ 衆賓答再拜

敖繼公과 吳廷華 등은 〈향음주례〉에서 주인이 衆賓에게 三拜하면 중빈은 모두 답례로 一拜하는 것을 예로 들어 '再拜'는 모두 '一拜'가 되어야 한다고 의심하였다.[33] 그러나 漢簡本에도 '再拜'로 되어 있으니 오류는 아니다. 盛世佐는 "이것은 士가 한꺼번에 절하는 법이다. 이 내용이 〈향음주례〉에 보이니 오계공의 설은 잘못되었다.〔此士旅拜法也. 說見《鄕飮酒禮》, 敖說非.〕"라고 하였다. '旅'는 '衆(무리)'의 뜻이니, 衆賓이 동시에 再拜禮를 행하는 것을 이르는 듯하다.

【按】褚寅亮 역시 오계공의 설을 오류로 보았다. 즉 〈향음주례〉에서 衆賓이 답배로 一拜하는 것은 주인이 대부이기 때문이며, 〈유사철〉에서 답배로 일배하는 것은 祭主가 대부이기 때문이라는 것이다. 따라서 여기 士禮에 大夫禮를 끌어와 경문을 고쳐서는 안된다고 보았다.[34]

⑫ 主人揖入

視濯을 위하여 廟로 들어가는 것이다.[35] 즉 제기를 정결하게 씻었는지 여

30)《儀禮管見》卷下4: "獸橫而牲縱也. 北首而東足, 則寢左矣. 吉祭用右胖, 故寢左. 凡不用之胖, 寢於地."

31) 鄭玄注: "東房, 房中之東, 當夾北."
賈公彦疏: "大夫士直有東房·西室, 若言房, 則東房矣.……以其直有一房, 不嫌非東房, 故不言東. 今此經特言'東房', 明房內近東邊, 故云東房也."

32) 鄭玄注: "西堂, 西夾室之前近南耳."
賈公彦疏: "《爾雅》注'夾室, 前堂謂之相', 此在西堂, 在西相, 故云西夾之前近南'也."

33)《儀禮集說》卷15: "衆賓答一拜, 言'再者', 字誤也."
《儀禮章句》卷15: "《鄕飮酒禮》主人三拜衆賓, 衆賓皆答一拜, 再拜疑悞."

34)《儀禮管見》卷下4: "敖氏欲改再爲一, 謬也. 《鄕飮酒》衆賓答一拜者, 大夫爲主人也. 《有司徹》之答一拜者, 大夫爲祭主也. 此則士禮, 安得以彼相例而妄改經文乎? 下經主人拜賓如初, 亦同."

35) 鄭玄注: "爲視濯也."

부를 살펴보기 위해서이다.

⑬ 兄弟從……如外位

【按】敖繼公에 따르면 '如外位'라고 했다면 子姓, 宗人, 祝이 모두 이 안에 포함된 것이다. 따라서 주인-子姓-兄弟-賓-衆賓-宗人-祝의 순으로 들어간다.[36] 또한 '如外位'는 胡培翬에 따르면 주인 측(즉 주인,子姓, 兄弟)과 賓측(즉 祝, 宗人, 賓, 衆賓)이 서로 마주하여, 주인 측 사람들은 동쪽 계단 앞에 서향하여 서고, 빈 측 사람들은 서쪽 계단 앞에 동향하여 서는 것이다.[37] 黃以周의 〈視濯〉圖 참조.

⑭ 視壺濯, 及豆·籩

정현의 주에 따르면 당연히 살펴야 하는 것에는 또 敦(대)와 鉶(형)이 있는데, 문장을 생략하고 말하지 않은 것이다.[38]

⑮ 東北面告濯具

宗人이 서쪽 계단 아래에서 賓의 남쪽에 서서 주인에게 고하는 것이다.

【按】주소에 따르면 宗人이 동북쪽을 향하여 고하는 것은, 동쪽 계단 아래의 주인뿐 아니라 서쪽 계단 아래의 賓에게도 알리기 위한 것이지만, 또 이것은 주인을 위하여 고하는 것이기 때문에 賓에게 정면으로 고하지는 않는 것이다.[39] 또 주소에 따르면 '濯具'라고만 하고 '潔'이라고 말하지 않은 것은, 几와 席은 씻는 기물 안에 들어있지 않기 때문이다. 일반적으로 祭具를 씻는 것은 정결함을 고하고[告潔], 씻지 않는 것은 갖추어짐만을 고한다.[告具] 다음에 이어지는 경문에서도 鼎에 대해서는 '告絜(潔)'이라고 말하고 있다.[40] 盛世佐에 따르면 宗人은 당에서 내려와 賓의 남쪽까지 가서 동북향을 하고 주인과 빈들에게 고한다.[41]

⑯ 賓出, 主人出

희생을 살펴보기 위하여 廟門을 나가는 것이다.[42]

⑰ 告充

'充'은 정현의 주에 따르면 "肥(살지다)와 같다.〔猶肥也.〕"

【按】張惠言의 〈視濯〉圖에는 宗人의 告充·告潔·告事畢은 동북향, 告期는 서북향으로 되어 있다. 그러나 黃以周는, 이때 종인이 고하는 대상은 다음에 나오는 告備·告潔과 같이 모두 주인이라고 하여 종인의 告充·告備할 때의 위치와 방향을 豕와 獸(兎腊)의 서쪽에서 동향하도록 하여 장혜언의 그림을 틀린 것으로 보았다.[43] 그러나 경문에는 주인이 묘문 밖의 자리로 간다는 내용만 보일 뿐 豕와 獸를 살피기 위하여 이동한다는 구절이 없다. 뿐만 아니라 희생을 살피기 위하여 賓과 함께 묘문을 나갔기 때문에 빈이 西塾 남쪽의 자기 자리에 있다면 주인도 東塾 남쪽의 자기 자리에 있어야 한다. 즉 종인이 빈과

36)《儀禮集說》卷15: "如外位, 則子姓,宗人,祝皆在其中矣, 不言者, 省文也. 子姓之入, 亦先於兄弟, 宗·祝之入, 宜後於衆賓."

37)《儀禮正義》卷34: "云卽位于堂下如外位, 則此時亦主賓分爲兩行, 一在阼階前西面, 一在西階前東面, 不必有門東·門西之位, 以外位不云北面位可證也."

38) 鄭玄注: "不言敦·鉶者, 省文也."

39) 鄭玄注: "東北面告, 緣賓意欲聞也." 賈公彥疏: "主人在東階之下, 宗人降自西階, 宜東面告濯具, 以賓在西, 亦欲聞之故也. 所以不正面告者, 爲主人告故也."

40) 鄭玄注: "言濯具, 不言絜, 以有几·席." 賈公彥疏: "凡洗濯, 當告絜, 不洗者, 告具而已. 几席不在洗內, 故直言濯具, 不言絜, 嫌通几席亦洗濯之限. 此決下經門外擧鼎云'告絜'."

41)《儀禮集編》卷34: "疏日: '主人在東階下, 宗人降自西階, 宜東面告, 乃行至賓南而東北面告者, 欲兼聞之於賓也.'"

42) 鄭玄注: "爲視牲也."

43)《禮書通故》卷48〈禮節圖3 特牲視濯〉: "告充·告備·告潔向主人, 告期向賓, 有司·告事畢欲兩聞之, 故東北面. 張《圖》無一是處."

特牲饋食禮 ✳ 65

유사에게 제사지낼 시간을 고하기 위해 서북향을 하였다면 종인이 주인에게 고하는 것도 동북향을 해야 한다는 것이다. 이런 점에서 장혜언의 그림이 옳은 것으로 보인다.

⑱ 雍正作豕

'雍正'은 胡匡衷의 《儀禮釋官》에 따르면 士의 私臣으로 雍人 중의 長이다.[44] '雍人'은 士를 위하여 희생을 잡는 일을 관장하는 사람이다. '作'은 희생으로 쓸 돼지를 격동시키는 것을 이른다. 정현의 주에 따르면 "북향하고 채찍으로 쳐서 희생으로 쓸 돼지를 격동시키는 것은 소리를 살펴보려는 것이다.〔北面以策動作豕, 視聲氣.〕" 胡培翬는 "豕는 묶여서 바닥에 눕혀 있기 때문에 반드시 채찍으로 쳐서 격동시켜야 그 소리를 살펴서 병이 있는지의 여부를 알 수 있다.〔豕縛而寢於地, 故必以策動作之, 乃可視其聲氣, 以知疾否也.〕"라고 하였다.

⑲ 擧獸尾告備

'獸'는 兎腊이다. '腊'은 음이 '석'이니, 《說文解字》에서는 "말린 고기이다.〔乾肉也.〕"라고 하였고, 《周禮》〈天官腊人〉정현의 주에서는 "작은 짐승을 통째로 말린 것이다.〔腊, 小物全乾.〕"라고 하였다. 즉 바람에 말린 통째로 된 토끼 한 마리이다. '擧獸尾'는 실제로는 토끼 꼬리를 잡아 토끼 전체를 드는 것이지 단지 그 꼬리만을 드는 것은 아니다. '備'는 짐승의 몸체가 완전하여 손상이 없는 것을 이른다. 胡培翬에 따르면 "희생은 사육하여 기른 것에서 나왔기 때문에 살진 것을 좋은 것으로 여기며, 사냥하여 잡은 짐승은 상처로 흠결이 있을까 염려되기 때문에 반드시 온전한 것을 귀하게 여기는 것이다.〔牲由豢養, 以充爲美. 獸獵而得之, 恐有傷闕(缺), 故必以備爲貴.〕"

⑳ 擧鼎鼏告絜

胡培翬에 따르면 "정 역시 씻어서 묘문 밖에 두었기 때문에 별도로 말한 것이다.〔鼎亦濯以在門外, 故別言之.〕"

㉑ 請期

胡培翬에 따르면 "종인이 청하면 주인이 알려준다.〔宗人請而主人告.〕"

㉒ 羹飪

'牲肉이 익었을 때'라는 뜻으로, 실제로는 다음날 '날이 밝을 때〔質明〕'를 말한다. 날이 밝을 무렵에 牲肉이 마침 알맞게 익기 때문이다. 그러나 정현의 주에 따르면 "미리 빈을 수고롭게 하는 것을 어렵게 여긴 것이다.〔重

44) 《儀禮釋官》 卷6: "雍正, 卽雍人也. 《少牢》有雍人, 又有雍正, 故雍正爲雍人之長. 此士之官, 當止一人也."

豫勞賓.]" 이 때문에 '羹飪'이라고 하여 다음날 날이 밝을 때 제사를 지낸다는 뜻을 대신한 것이다.

【按】 가공언의 소에 따르면 〈소뢰궤식례〉3에서는 宗人이 "다음날 날이 밝으면 제사를 거행한다.[明旦行事.]"라고 하고 여기 〈특생궤식례〉5에서는 '다음날 날이 밝으면'이라고 하지 않고 '牲肉이 다 익으면[羹飪]'이라고 말한 이유는, 〈소뢰궤식례〉는 지위가 높은 대부의 예이기 때문에 賓으로 하여금 미리 수고롭게 오도록 할 수 있지만, 〈특생궤식례〉는 지위가 낮은 士의 예이기 때문에 빈을 미리 수고롭게 하지 않기 위해 牲肉이 다 익었을 때 비로소 오도록 한 것이다.[45] 또한 정현의 주에 따르면 종인은 주인에게서 제사를 거행할 시간을 들은 뒤에 서북쪽을 향하여 빈과 有司에게 시간을 고해주는데,[46] 이것은 〈소뢰궤식례〉3에서 종인이 시간을 정한 것과 달리 〈특생궤식례〉에서는 주인이 직접 시간을 정한 것이다.

㉓ 告事畢

事畢을 고하는 사람도 請期한 사람과 마찬가지로 宗人이다.

㉔ 賓出, 主人拜送

【按】 胡培翬에 따르면 '出'은 外門(대문)을 나가는 것이며 '送' 역시 외문 밖에서 전송하는 것이다.[47]

---

45) 賈公彦疏: "《少牢》云'宗人曰旦明行事', 此不云'旦明行事', 而云'羹飪'者, 彼大夫尊, 有君道, 可以豫勞賓, 故云時節. 此士卑, 無君道, 故不云'旦明', 而云'羹飪'. 是以鄭云'重豫勞賓', 羹飪乃來也."

46) 鄭玄注: "宗人旣得期, 西北而告賓、有司."

47) 《儀禮正義》卷34: "賓出, 出外門也. 送亦送於外門外也."

정제 正祭

6. 祭日의 진설과 陰厭전의 자리에 나아감

夙興, 主人服如初①, 立于門外東方, 南面, 視側殺②。主婦視
饎爨(치찬)于西堂下③。亨(팽)于門外東方④, 西面, 北上⑤。羹
飪, 實鼎, 陳于門外如初。
尊(준)于戶東⑥, 玄酒在西⑦。實豆、籩、鉶, 陳于房中如初⑧。
執事之俎, 陳于階間, 二列⑨, 北上。盛兩敦(대)陳于西堂, 藉
用萑(환)⑩。几、席陳于西堂如初。尸盥, 匜(이)水實于槃(반)
中⑪, 簞(단)巾在門內之右⑫。祝筵、几于室中⑬, 東面。主婦纚
(사)、笄、宵(초)衣⑭, 立于房中⑮, 南面。
主人及賓、兄弟、群執事, 卽位于門外, 如初⑯。宗人告有司
具⑰。主人拜賓如初, 揖入卽位如初⑱。佐食北面立于中庭⑲。

〈묘문 밖〉
　제사 지내는 날 일찍 일어나 주인이 처음 筮日 때처럼 玄冠을 쓰
고 玄端服을 입고 廟門 밖 동쪽에 서서 남향하고 희생으로 쓸 돼
지 한 마리를 잡는 것을 살핀다.
　주부가 당의 서쪽 아래에서 饎爨(치찬. 黍와 稷을 익히는 아궁이. 즉 黍爨과
稷爨)을 살핀다.
　희생을 묘문 밖 동쪽에서 삶는데, 아궁이가 서향하도록 설치하고
북쪽을 상위로 하여 북쪽부터 豕爨-魚爨-腊爨순으로 설치한다.
　희생이 익으면 각각 鼎에 담아 처음 視濯할 때와 같이 북쪽부터
豕鼎-魚鼎-腊鼎 순으로 묘문 밖에 진열한다.

〈묘문 안〉
　당 위 東序 앞에 진열해두었던 壺(술 단지)에 玄酒와 酒를 각각 채

위 室戶의 동쪽에 진설하는데, 玄酒壺를 酒壺 서쪽에 놓는다.

東房안 동쪽에 두었던 豆·籩·鉶에 음식을 담아 東房 안에 진열하기를 처음 視濯할 때와 같이 남쪽을 상위로 하여 남쪽부터 두-변-형의 순으로 진열한다.

집사들을 위한 俎(주인·주부·祝을 위한 俎 포함)를 당 아래 두 계단 사이에 두 줄로 북쪽을 상위로 하여 진열한다.

西堂에 두었던 2개의 敦(대)에 종부가 黍飯과 稷飯을 각각 담아 서당에 진열하는데, 敦밑에 갈대로 짠 자리를 깐다.

几와 席을 서당에 처음 시탁할 때처럼 진열한다.

시동의 盥洗는 匜水(이수. 손 씻을 물을 담은 주전자)를 槃(반. 물받이 그릇) 안에 담아 수건을 담은 簞(단. 둥근 대광주리)과 함께 묘문 안 오른쪽(서쪽)에 진열한다.(서쪽을 상위로 하여 반을 단의 서쪽에 둔다.)

祝이 서당에서 筵(연. 돗자리)과 几를 가져와 室 안의 奧(오. 서남쪽 모퉁이)에 동향으로 연을 펴고 그 위(연의 오른쪽 즉 남쪽)에 궤를 놓는다.

주부가 纚(사. 6尺의 검은색 비단 끈)로 머리를 묶고 비녀를 꽂고 宵衣(초의. 검은색 비단으로 만든 祭服)를 입고 東房 안(北堂)에서 남향하고 선다.

〈묘문 밖에서 묘문 안으로 들어감〉

주인, 賓(衆賓 포함), 형제(子姓 포함), 여러 집사들(公有司와 私臣 포함)이 묘문 밖에서 자리로 나아가는데 처음 視濯할 때와 같이 한다.

종인이 동북향하여 주인에게 有司들이 갖추어졌다고 고한다.

주인이 빈에게 처음 시탁할 때와 같이 절하고(賓에게는 재배, 衆賓에게는 한꺼번에 삼배), 읍하고 묘문 안으로 들어가 당 아래 자리로 나아가기를 처음 시탁할 때와 같이 한다. (형제가 뒤따라 들어가고, 다음에 빈·중빈·종인·축이 뒤따라 들어간다. 公有司와 私臣도 들어가 공유사는 西塾 앞에 북향하여 동쪽을 상위로 하여 서고, 사신은 東塾 앞에 북향하여 서쪽을 상위로 하여 선다.)

佐食(시동이 먹는 것을 돕는 賓)이 中庭(碑의 북쪽)에서 북향하고 선다.

① 主人服如初

【按】 주소에 따르면 이것은 주인 외에 나머지 사람들 중에는 玄端服을 입지 않는 경우도 있다는 말이다. 즉 賓과 형제는 제사 당일에는 朝服을 입는다.[48](《특생궤식례》 22) 또 정현의

48] 鄭玄注: "主人服如初, 則其餘有不玄端者."
賈公彦疏: "下《記》云: '《特牲饋食》其服皆朝服, 玄冠, 緇帶, 緇韠.' 注云: '於祭服此也. 皆者, 謂賓及兄弟, 筮日、筮尸、視濯亦皆玄端, 至祭而朝服.'"

주에 따르면 일반적으로 제사를 돕는 부인은 주부와 같은 옷을 입는데,[49] 이것은 제사를 돕는 빈과 형제가, 제사 당일에 현단복을 입는 주인과 달리 조복을 입는 것과 다른 것이다.

② 視側殺

'側'은 '단독', '하나'라는 뜻이다. 정현의 주에 따르면 "側은 特과 같다. 짝이 없는 것을 側이라고 한다.〔側猶特也, 無偶曰側.〕" 胡培翬는 "짝이 없는 것을 側이라고 한 것은 側과 特이 모두 獨으로 해석되기 때문이다.〔無偶曰側者, 側與特皆訓獨.〕"라고 하였다. 또 정현의 주에 "側殺은 희생 한 마리를 잡는 것이다.〔側殺, 殺一牲也.〕"라고 하였다. 살펴보면 희생을 잡음과 동시에 7體로 자르는데, 兎腊(통째로 말린 토끼고기)도 이때 7체로 자르지만 모두 글을 생략하고 말하지 않았다. 정현의 주에 따르면 토끼와 돼지는 모두 똑같이 7체, 즉 肩, 臂, 臑(노), 肫(순), 骼(격), 脊, 脅으로 나눈다.

【按】褚寅亮에 따르면 천자와 제후는 제사 때 익힌 음식을 올리기 전에 朝踐, 즉 희생의 毛血과 날고기를 올리는 예가 있어서 반드시 직접 희생을 잡는 것과 달리, 대부와 士는 군주의 예를 피하는 뜻도 있지만 또 朝踐의 예가 없이 곧바로 익힌 음식을 올리는 예부터 시작하기 때문에 직접 희생을 잡지는 않고 희생을 잡는 것을 보기만 하는 것이다.[50] 〈특생궤식례〉1 주① 참조.

③ 主婦視饎爨于西堂下

'饎'(치)는 정현의 주에 따르면 "黍·稷을 익히는 것을 饎라고 한다.〔炊黍稷曰饎.〕"

【按】黍·稷을 익히는 것은 정현의 주에 따르면 宗婦(同宗의 부인)가 한다.[51] '西堂下'는 정현의 주에 따르면 당의 서쪽 아래이다. 즉 서쪽 담장에 가까우며 남쪽으로 坫과 나란하다.[52] 胡培翬에 따르면 '西堂下'는 西堂의 남쪽 아래가 아니라 서당의 서쪽 아래를 이른다. 또한 북쪽을 상위로 하여 黍爨(서찬)을 稷爨(직찬)보다 북쪽에 설치한다.[53] 살펴보면 〈士虞禮〉에서 "서직을 익히기 위한 아궁이는 동쪽 담장에 서향으로 설치한다."라는 것에 근거하면, 여기에서는 길례이기 때문에 서쪽 담장 아래에 동향으로 설치하는 것이다. 〈특생궤식례〉 23 참조.

④ 亨

정현의 주에 따르면 "삶는다는 뜻이다. 豕·魚·腊을 솥에서 익히는데, 아궁이가 각각 하나씩이다.〔煮也, 煮豕·魚·腊以鑊, 各一爨.〕"

【按】〈특생궤식례〉 23에 따르면 이때 豕牲의 염통과 혀 역시 시생과 함께 삶는데, 다 익

49) 鄭玄注: "凡婦人助祭者同服也."

50) 《儀禮管見》卷下4: "天子、諸侯, 饋食前有朝踐, 薦毛血之禮, 故牲必親殺; 大夫、士, 祭自饋熟始, 故惟視殺而不親殺, 非特以闢君故."

51) 鄭玄注: "炊黍稷曰饎, 宗婦爲之."

52) 鄭玄注: "西堂下者, 堂之西下也. 近西壁, 南齊于坫."

53) 《儀禮正義》卷34: "西堂下, 非西堂之南下, 乃西堂之西下, 故又近西壁, 南齊於坫, 謂在坫之北, 其南與坫齊也." 《士虞禮》: '饎爨在東壁, 西面.' 注云: '饎, 北上, 上齊於屋宇.' 案北上者, 亦謂黍爨在北."

은 뒤 鼎에 담을 때 모두 위와 아래의 끝을 자르고 午割(가운데 부분은 떨어지지 않도록 가로세로 격자 모양으로 자름)하여 함께 담는다. 각 아궁이의 자세한 위치 역시 〈특생궤식례〉 23 참조.

⑤ 西面, 北上

'上'은 阮元의 교감본에는 '主'로 잘못되어 있는데, 漢簡本과 各本에는 모두 '上'으로 되어있다.

【按】張惠言과 黃以周의 〈視濯〉圖에 따르면 〈소뢰궤식례〉 정현의 주에 "아궁이의 서쪽에 솥이 있다.[竈西有鑊.]"라고 한 것에 근거하면, 이때 희생을 삶는 자들은 동쪽 담장 아래에서 불을 땐다는 것을 알 수 있다.[54] 〈소뢰궤식례〉 4 주⑦ 참조.

황이주의 〈시탁〉 도에는 아궁이의 방향이 동향으로 되어 있는데, 정현의 주에 근거하면 오류로 보인다.

⑥ 尊于戶東

'戶東'은 당 위 室戶의 동쪽을 이른다. 吳廷華에 따르면 "술 단지는 본래 東序 앞에 있었는데, 이때가 되면 술을 담아 실호 동쪽에 진열하는 것이다.[本在東序, 此乃實而設之.]" 胡培翬에 따르면 "禁(금. 술 단지 받침대)과 羃(멱. 술 단지 덮개)을 말하지 않은 것은 글을 생략한 것이다.[不言禁及羃, 省文.]" 〈특생궤식례 記〉 23 주④ 참조.

【按】양천우는 "尊(준)은 壺이다."라고 하여 명사로 보았으나, '尊'은 여기에서는 동사로 쓰여 '壺를 진설하다'라는 뜻이다. 〈특생궤식례〉 5 참조.

⑦ 玄酒在西

【按】 '玄酒'는 잿물에 거른 깨끗한 물로, 涗水(세수), 上水, 新水라고도 한다. 《周禮》〈考工記 慌氏〉 정현의 주에 "세수는 재로 거른 물이다.[涗水, 以灰所沺水也.]"라는 내용이 보인다. 옛날에는 술이 없었기 때문에 물로 술을 대신하였는데, 그 색이 玄色이기 때문에 현주라고 이름붙인 것이다. 후대에 禮를 행할 때 술잔에 따라서 사용하지 않으면서도 玄酒壺를 진설하는데, 그 이유는 〈士冠禮〉 정현의 주에 따르면 "옛날을 잊지 않기 위해서[不忘古]"이다. 제사에 사용하는 물로 현주 외에 明水가 있는데, 현주와 달리 方鏡을 사용하여 달에서 취한 것으로, 제사를 지낼 때 粢盛을 세척하는데 사용하거나 울창주와 五齊를 사용할 때 짝을 지어 진설한다. 《주례》〈秋官司烜氏〉에 "사훼씨는 부수로 명화를 해에서 취하고 음감으로 명수를 달에서 취하여, 제사에 쓰는 곡물을 씻는 데 사용할 명수나 촛불을 켤 때 사용할 명화를 공급하는 것을 관장한다.[司烜氏掌以夫遂取明火於日, 以鑒取明水於月, 以共祭祀之明粢、明燭.]"라는 내용이 보인다. '夫遂'는 정현의

54] 《儀禮圖》卷6 〈特牲饋食禮視濯〉: "《少牢》注云'竈西有鑊', 則亨者于東壁下納火可知."

주에 따르면 陽燧이다.[55] '明火'는 점을 치거나 제사를 지낼 때 銅鏡으로 햇빛을 모아 취한 불을 이른다. 일반적으로 명수와 현주는 술 단지를 진설만 할 뿐 술잔에 따라 사용하지는 않는다. '五齊'는 《주례》〈天官酒正〉에 따르면 泛齊, 醴齊, 盎齊, 緹齊(제제), 沈齊이다.[56] 정현의 주에 따르면 '泛'은 술이 익으면서 찌꺼기가 둥둥 떠 있는 것이며, '醴'는 술이 익으면서 즙과 찌꺼기가 서로 반반씩 된 것이며, '盎'은 술이 익으면서 파르스름하게 푸른빛이 도는 흰 색이 된 것이며, '緹'는 술이 익으면서 주황빛이 된 것이며, '沈'은 술이 익으면서 찌꺼기가 가라앉은 것이다.[57] 범제와 예제는 탁하여 일반적으로 걸러서 사용하며, 침제가 가장 맑다. 가공언의 소에 "五齊와 三酒는 모두 기장, 쌀, 누룩을 사용하여 만든다. 또 삼주는 맛이 진하여 사람이 마시는 것이고, 오제는 맛이 엷어 제사에 사용하는 것이다. 이 때문에 다음 경문에 대한 정현의 주에 '제사에 반드시 오제를 사용하는 이유는 지극히 공경하여 맛을 숭상하지 않고 종류가 많은 것을 귀히 여기기 때문이다.'라고 한 것이다.[五齊三酒俱用秫稻麴糵, 又三酒味厚, 人所飲者也. 五齊味薄, 所以祭者也. 是以下經鄭注云'祭祀必用五齊者, 至敬不尚味而貴多品'.]"라는 내용이 보인다. '三酒'는 《주례》〈천관 주정〉에 따르면 事酒, 昔酒, 淸酒이다.[58] 정현의 주에 따르면 '事酒'는 제사 때 집사자 등에게 따라주기 위해 새로 빚은 술이며, '昔酒'는 제사와 같이 어떤 목적을 위해 빚지 않고 일이 없을 때 빚어둔 술로, 오래되었기 때문에 석주라는 이름을 붙인 것이며, '淸酒'는 제사에 사용하는 술이다.[59] 주소에 따르면 玄酒尊을 서쪽에 두는 것은 上尊으로서 높이기 위한 것이며, 事酒인 酒尊은 동쪽에 둔다.[60]

⑧ 實豆、籩、鉶, 陳于房中如初

정현의 주에 따르면 "祭物을 취하여 豆·籩·鉶에 담고, 담은 뒤에 다시 되돌려 놓는 것이다.〔取而實之, 旣而反之.〕" 살펴보면 豆에는 젓갈을 담고, 籩에는 포를 담고, 鉶에는 국을 담는다.

【按】籩에 담는 음식은, 주부가 시동에게 아헌할 때 대추와 밤을 담고《특생궤식례》 10), 주인이 賓에게 헌주할 때 포를 담는다.《특생궤식례》 12)

⑨ 執事之俎, 陳于階間, 二列

'執事'는 정현의 주와 胡培翬에 따르면 주인과 주부를 제외한 제사를 돕는 모든 사람들을 가리킨다.[61] 즉 주인의 有司가 포함될 뿐만 아니라 賓도 포함되며, 형제들(즉 族親)도 포함된다. '二列'은 즉 두 계단 사이에 동서로 마주하여 각각 한 줄씩 되도록 하는 것이다. 살펴보면 주인·주부·집사는 모두 俎가 있다. 그러나 집사들 가운데 형제들은 동쪽 계단 아래에서 주인과 함께 서 있고, 집사들 가운데 빈과 주인의 유사들은 서쪽 계단 아래에

---

55) 鄭玄注: "夫燧, 陽燧也."

56) 《周禮》〈天官酒正〉: "五齊之名, 一曰泛齊, 二曰醴齊, 三曰盎齊, 四曰緹齊, 五曰沈齊."

57) 鄭玄注: "泛者, 成而滓浮泛泛然, 如今宜成醪矣. 醴, 猶體也, 成而汁滓相將, 如今恬酒矣. 盎, 猶翁也, 成而翁翁然蔥白色, 如今酇白矣. 緹者, 成而紅赤, 如今下酒矣. 沈者, 成而滓沈, 如今造淸矣. 自醴以上尤濁, 縮酌者, 盎以下差淸."

58) 《周禮》〈天官酒正〉: "辨三酒之物, 一曰事酒, 二曰昔酒, 三曰淸酒."

59) 鄭玄注: "鄭司農云: '事酒, 有事而飮也. 昔酒, 無事而飮也. 淸酒, 祭祀之酒.' 玄謂事酒, 酌有事者之酒, 其酒則今之醳酒也. 昔酒, 今之酋久白酒, 所謂舊醳者也. 淸酒, 今中山冬釀, 接夏而成."

60) 鄭玄注: "玄酒在西, 尚之. 凡尊酌者在左."
賈公彦疏: "左爲上尊. 今云'玄酒在西', 故云尚之. 是以《鄕飮酒》、《鄕射》皆玄酒在西, 事酒在東."

61) 鄭玄注: "執事, 謂有司及兄弟. 二列者, 因其位在東西, 祝, 主人, 主婦之俎亦存焉."
《儀禮正義》卷34: "注云'執事, 謂有司及兄弟者', 此有司謂賓也. 鄭意以賓亦在有司中, 故擧有司爲言, 又以該凡助祭者也. 云'二列'者, 因其位在東西者, 賓之屬在西, 兄弟之屬東也. 云'祝, 主人, 主婦之俎亦存焉'者, 以祝是接神者, 主人, 主婦是共承祭者, 恐人疑其俎不在執事之列, 故特明之."

서있기 때문에 그들 각자의 조도 동서로 각각 한 줄씩 두 줄로 나누어 진열하는 것이다.

【按】'執事之俎'는 高愈에 따르면 尸俎를 제외하고 모두 13종이 있다. 즉 主人俎, 主婦俎, 祝俎, 佐食俎, 賓俎, 長兄弟俎, 宗人俎, 衆賓俎, 衆兄弟俎, 內賓俎, 宗婦俎, 公有司俎, 私臣俎이다.[62] 敖繼公에 따르면 양쪽 줄 모두 북쪽을 상위로 하여 진열한다. 즉 동쪽 줄은 胙俎를 가장 북쪽에 진열하고 서쪽 줄은 祝俎를 가장 북쪽에 진열하며, 內兄弟의 俎는 형제의 俎 다음에 진열한다.[63]

⑩ 萑

음이 '환'으로, 갈대 종류의 식물이다. 정현의 주에 따르면 "가는 갈대이다.〔細葦.〕"

⑪ 尸盥, 匜水實于槃中

【按】찻주전자 모양의 손 씻을 물을 담는 匜(이)와 손 씻은 물을 받는 槃(반)은 일종의 휴대용 盥洗器로, 왕이나 왕세자, 시동과 같이 존귀한 사람만이 사용할 수 있었다. 다른 사람들은 匜 대신에 일종의 물항아리인 罍(뇌)와 뇌에서 물을 뜨는 구기인 勺을 사용하였으며, 손 씻은 물을 받는 기물은 槃 대신에 세숫대야 모양의 洗로 받았다. 특히 이 뇌와 세는 손만이 아니라 술잔을 씻을 때에도 사용하였다. 일반적으로 손을 씻거나 술잔을 씻을 때 모두 다른 사람이 물을 부어주어서 흐르는 물에 씻었으며 그릇 안에 손이나 술잔을 담가 씻지는 않았다. 이 때문에 이 흘러내리는 물을 받는 반이나 세가 필요하였다. 여기에서 시동을 위하여 손 씻을 물과 수건을 별도로 준비하는 이유는, 주소에 따르면 시동은 존귀하여 洗에 나아가서 씻지 않고 집사가 시동이 있는 곳으로 洗를 가져와서 씻으며, 손을 털어 물기를 말리지 않고 수건으로 닦아 말리기 때문이다.[64] 敖繼公에 따르면 匜는 流(匜의 물이 나오는 곳)가 남쪽으로 가도록 하여 槃안에 넣어서 巾을 넣어둔 簞의 왼쪽(서쪽)에 둔다.[65] '勺'은 〈특생궤식례〉 12 주⑮ 참조.

⑫ 門內之右

【按】주소에 따르면 일반적으로 안을 향할 때에는 들어가는 것으로 좌우를 삼고, 밖을 향할 때에는 나가는 것을 좌우로 삼는다. 예를 들어 '門內'라고 하는 것은 안을 향하여 들어가는 것에 근거하여 오른쪽을 말하는 것이다.[66] 그러나 盛世佐는 주소의 설을 오류로 보았다. 〈특생궤식례〉 8의 "시동이 묘문의 왼쪽으로 들어와 묘문 안의 왼쪽에서 북향하고 손을 씻는다.〔尸入門左, 北面盥.〕"라는 구절을 근거로 槃·匜의 盥洗器가 묘문 안의 서쪽에 있다고 본 것이다. 이것은 여기의 '門內之右'를 사람이 아닌 당 위에서 보았을 때 오른쪽으로 보았기 때문이다. 성세좌에 따르면 묘문 안 서쪽에 시동을 위한 관세기를 둔

62) 《儀禮正義》卷34: "高氏愈云: 此時尸俎之外, 凡有十三俎. 主人俎也, 主婦俎也, 祝俎也, 佐食俎也, 賓俎也, 長兄弟俎也, 宗人俎也, 衆賓俎也, 衆兄弟俎也, 內賓俎也, 宗婦俎也, 公有司俎也, 私臣俎也, 蓋皆得以執事名之者也."

63) 《儀禮集說》卷15: "其俎二列, 北上. 東列則胙俎爲上, 西列則祝俎爲上. 其內兄弟之俎, 則當次於兄弟之也."

64) 鄭玄注: "設盥水及巾, 尸尊, 不就洗, 又不揮."
賈公彥疏: "云'不揮'者, 揮振去水, 使手乾. 今有巾, 故不揮也."

65) 《儀禮集說》卷15: "亦匜在槃中, 南流. 簞巾在其右."

66) 鄭玄注: "凡鄉內, 以入爲左右; 鄉外, 以出爲左右."
賈公彥疏: "欲明門內據鄉內以入爲左右也."

것은 두 가지 이유가 있다. 첫째 시동이 손을 씻기 편하게 하기 위해서, 둘째 동쪽 계단 동남쪽에 설치한 주인 이하의 관세기의 위치와 변화를 주기 위해서이다.[67] 吳廷華 역시 시동의 관세기가 묘문 안 서쪽에 있다고 보았는데, 사람이 들어오는 것을 기준으로 말하면 서쪽이 왼쪽이지만, 廟制를 기준으로 말하면 서쪽이 오른쪽이 된다는 것이다.[68] 〈소뢰궤식례〉5에서 시동의 관세기를 서쪽 계단 동쪽에 진열해두는 것에 비추어보았을 때, 여기에서도 묘문 안 서쪽에 둔 것으로 보아야 할 듯하다. 張惠言과 黃以周의 〈視殺陳器卽位〉圖에는 시동의 관세기를 묘문안 동쪽에 두었는데, 이것은 주소의 설에 근거한 것이다. 정현의 주에서는 또 관세기를 설치할 때 서쪽을 상위로 하여 둔다고 보았는데,[69] 이것은 匜·槃을 簞·巾의 서쪽에 둔다는 말이다.[70] 喪祭에서도 시동의 관세기를 묘문 안 서쪽에 두는데 이때에도 이·반을 단·건의 서쪽에 둔다.[71]

⑬ 祝筵、几于室中

【按】〈소뢰궤식례〉6에 근거하면 이때 祝은 자리를 室의 奧(오, 서남쪽 모퉁이)에 펴고 자리 위에 几를 오른쪽(남쪽)에 놓는다. 다만 대부례인 〈소뢰궤식례〉6에서는 司宮이 자리를 펴고 축이 자리 위에 궤를 올려놓는다.

⑭ 纚、笄、宵衣

'纚'는 음이 '사'이다. '緇纚'(치사)는 冠을 쓰기 전에 상투를 묶는 데 쓰는 검은색 비단으로, 纚의 너비는 비단의 너비와 같다. 胡培翬에 따르면 "옛 布帛은 매 폭의 너비가 2尺 2寸이었다.〔古布帛, 每幅闊二尺二寸.〕" '宵'는 '綃'(초)와 통용된다. 《說文解字》에 "綃는 生絲이다.〔綃, 生絲也.〕"라고 하였는데, 段玉裁의 주에 "생사 비단으로 만든 옷을 綃衣라고 한다. 古經에서는 宵로 쓰거나 繡(수)로 쓰는 경우가 많았다.〔以生絲之繒爲衣則曰綃衣. 古經多作宵、作繡.〕"라고 하였다. 단옥재는 또 〈특생궤식례〉의 '主婦纚笄宵衣'에 대한 정현의 주를 인용하여 "宵衣는 검은색으로 염색하는데, 그 비단의 원래 이름은 '綃'이다.〔宵衣, 染之以黑, 其繪本名曰綃.〕"라고 하였다. 위 설들에 따르면 宵衣는 즉 검은색 生絲로 만든 옷으로, 士의 처가 입는 正服이다.

【按】가공언의 소에 따르면 纚의 너비는 폭의 너비와 같고 길이는 6尺이다.[72] '士의 처가 입는 正服'은 〈소뢰궤식례〉7 주③ 참조.

⑮ 立于房中

【按】'房中'은 黃以周에 따르면 〈특생궤식례〉7의 "주부가 방 안에서 손을 씻는다."와 같이 범범히 말한 것뿐으로, 사실은 '北堂'을 의미한다. 황이주는 그 근거로 〈특생궤식례〉

67) 《儀禮集編》卷34: "下經云'尸入門左, 北面盥', 則槃匜之屬, 在門內之西明矣. 門西曰右者, 從堂上視之也. 必在門西者, 取其便于尸盥, 且與洗位相變也. 郝說得之, 註疏及張說皆非是."

68) 《儀禮章句》卷15: "據下尸入門左卽盥, 則此在門內之左也. 言右者, 彼自入者言, 則西爲左, 此自廟制言, 則西爲右也."

69) 鄭玄注: "門內之右, 象洗在東, 統于門東, 西上."

70) 《儀禮正義》卷34: "西上, 則匜槃在簞巾之西也."

71) 《儀禮》〈士虞禮〉: "匜水錯于槃中, 南流, 在西階之南, 簞巾在其東."

72) 賈公彥疏: "云'纚'者, 謂若《士冠禮》'廣終幅, 長六尺'."

7의 "종부는 북당에서 동향하는데 북쪽을 상위로 하여 선다."라는 경문에 대한 정현의

주에 "종부는 주부에 통할된다."라는 등의 사례를 들었다. 즉 주부의 자리가 북당의 남쪽

에 있다면 경문과 합치하지 않는다는 것이다.[73]

⑯ 群執事, 卽位于門外, 如初

'群執事'는 敖繼公과 胡培翬에 따르면 公(제후국 군주)이 보내 제사를 돕도

록 한 有司(公有司)와 주인 자신의 有司(私臣)들을 포함한다.[74] '如初'는 視

濯을 위해 묘문 안으로 들어가기 전에 묘문 밖에서 서있던 자리와 같음을

이른다.

⑰ 宗人告有司具

【按】敖繼公에 따르면 이때 宗人은 視濯 때와 같이 동북향을 하고 고하며, 고한 뒤에는

賓의 서북쪽에서 동향하는 자리로 돌아간다.[75] 〈특생궤식례〉 5 주⑮⑰ 참조.

⑱ 如初

視濯할 때와 같이 廟門 안 당 아래의 자리를 이른다.

【按】〈특생궤식례〉 5 참조.

⑲ 佐食北面立于中庭

【按】가공언의 소에 따르면 이때 좌식은 일이 없기 때문에 中庭(碑의 북쪽)에서 북향하

고 있는 것이다.[76] 좌식의 위치에 대해, 정현의 주에서는 宗人의 서쪽에 서있다고 보았

다.[77] 張惠言의 《儀禮圖》〈視殺陳器卽位〉 圖에서도 정현의 주를 따라 종인의 위치를 동

쪽 계단 아래에 북향으로 그려 넣고, 좌식의 위치를 종인의 왼쪽(서쪽) 즉 碑의 북쪽인 中

庭에 북향으로 그려 넣었다. 그러나 黃以周는 경문의 "종인과 祝은 賓의 서북쪽에 선다.",

"종인은 서쪽 계단으로 올라간다."라는 구절을 근거로, '종인의 서쪽'이라는 정현의 주는

'주인의 서쪽'의 오류로 보았다. 그리고 종인의 위치를 서쪽 계단 서쪽, 祝의 남쪽에 동향

하도록 그려 넣었다.[78]

73) 《禮書通故》卷48〈禮節
圖3 特牲視殺陳器卽位〉: "經
'主婦席于房中南面'與'主婦盥
于房中'文同, 皆渾言之詞, 其
實北堂也. 婦洗在北堂, 經有
明文. 婦席在北堂, 故《記》'主
婦及內賓, 宗婦旅西面', 注云
'旅于主婦之東南', '宗婦北堂
東面北上', 注又云'宗婦統于
主婦'. 如主婦席在北堂之南,
與禮文皆不合."

74)《儀禮集說》卷15: "此於
賓兄弟之下, 言群執事, 則是
指公有司、私臣而言也."
《儀禮正義》卷35: "上視濯時,
言賓及衆賓卽位于門西東面
而不言群執事, 此言群執事而
不言衆賓, 蓋互文見義, 要皆
兼公有司、私臣在內."

75)《儀禮集說》卷15: "告之,
亦宜東北面. 旣告, 則反于賓
西北."

76) 賈公彦疏: "下《記》云:
'佐食當事, 則戶外南面; 無事,
則中庭北面.' 據此而言, 則此
經謂無事時也."

77) 鄭玄注: "佐食, 賓佐尸食
者, 立于宗人之西."

78)《禮書通故》卷48〈禮節
圖3 特牲視殺陳器卽位〉: "注
'佐食立宗人之西', '宗人'乃'主
人'之譌. 注意佐食立中庭, 卽
當階間.《少牢》'階間佐食俎'
注引《特牲·記》'中庭北面'證
之. 經'宗人、祝立于賓西北',
又云'宗人升自西階', 此通例
也.
《士虞禮》'宗人西階前北面',
注云: '當詔主人及賓之事.' 竝
無宗人立阼階前偕主人升降
之禮. 張《圖》引注有'佐食立于
宗人西'之語, 遂列宗人于主人
南, 失之."

7. 室의 서남쪽 모퉁이에 신이 흠향하도록 음식을 진설하고 祝이 술을 올림(陰厭)

主人及祝升①。祝先入②。主人從, 西面于戶內③。主婦盥于房中④, 薦兩豆: 葵菹(규저)·蝸醢(와해), 醢在北。宗人遺佐食及執事盥出⑤。主人降, 及賓盥出。

主人在右, 及佐食擧牲鼎⑥。賓長在右, 及執事擧魚·腊鼎⑦。除鼏(멱)⑧。宗人執畢先入⑨, 當阼階, 南面。

鼎西面錯(조)。右人抽扃(경)⑩, 委于鼎北⑪。贊者錯俎, 加匕⑫。乃枇(비)⑬。佐食升肵(기)俎⑭, 鼎之, 設于阼階西。卒載, 加匕于鼎⑮。

主人升, 入, 復位。俎入, 設于豆東⑯, 魚次, 腊特于俎北⑰。主婦設兩敦(대)黍·稷于俎南, 西上, 及兩鉶(형), 芼⑱, 設于豆南, 南陳。祝洗, 酌, 奠, 奠于鉶南⑲, 遂命佐食啓會。佐食啓會, 却于敦南, 出, 立于戶西, 南面。主人再拜稽首。祝在左。卒祝⑳, 主人再拜稽首。

〈묘문 안〉

주인이 祝과 함께 당에 올라간다. 축이 먼저 室로 들어가서 북쪽 벽 아래 남향하고 선다. 주인이 따라 들어가 室戶 안 동쪽에서 서향하고 선다.

주부가 東房 안 內洗(北洗)에서 손을 씻은 뒤 동방 안 동쪽에 진열해두었던 豆를 2개 들고 室로 들어가 올리는데, 葵菹豆(규저두. 아욱초절임)와 蝸醢豆(와해두. 달팽이 젓갈)이다. 와해두를 규저두 북쪽에 놓는다.

宗人(禮를 주관하는 有司)이 中庭의 佐食과 집사(鼎을 왼쪽에서 들 左人과 俎·匕를 들 자)에게 손을 씻고 묘문을 나가 주인과 賓(빈장·중빈장)을 도와 鼎을 들고 오라고 명한다.

(종인도 손을 씻고 묘문을 나간다.)

주인이 당을 내려가 빈과 손을 씻고 묘문을 나간다.

〈묘문 밖〉

주인이 鼎의 오른쪽(동쪽)에서 왼쪽(서쪽)에 선 좌식과 牲鼎(豕鼎)을 든다.

賓長과 집사(衆賓長)가 정의 오른쪽(동쪽)에서 왼쪽(서쪽)에 선 집사와 각각 魚鼎과 腊鼎을 든다. 묘문 밖에서 右人(鼎의 오른쪽에서 정을 드는 사람)이 모두 정의 鼏(멱. 덮개)을 벗긴다.

종인이 畢(鼎에서 희생을 건질 때 사용하는 포크 모양의 기물)을 들고 주인을 인도하여 앞장서 묘문 안으로 들어가 동쪽 계단과 일직선상에 남향하고 선다.

〈묘문 안〉

정을 서향으로 놓는다.

右人(주인, 빈장, 중빈장)이 扃(경. 鼎을 드는 횡목)을 뽑아 각각 정의 북쪽에 놓고 서향하고 기다린다.

贊者(俎와 鼎匕를 들고 정을 따라 들어온 집사)가 각각 정 앞(서쪽)에 俎를 놓고 鼎匕를 정 위에 각각 자루가 동쪽으로 가도록 올려놓고 물러간다.

이어 우인이 정비로 제물을 꺼내면 左人이 俎에 받아 담는다.

佐食이 肵俎(기조. 시동을 위한 俎)에 희생(돼지)의 염통과 혀를 담아 布巾으로 덮어서 동쪽 계단의 서쪽에 진열한다.

우인이 牲體를 俎에 담는 일을 마치면 정비(畢 포함)를 鼎 위에 올려놓는다.

〈室 안〉

주인이 당에 올라 室로 들어가 室戶 안 동쪽에서 서향하고 서있던 자리로 돌아간다.

俎가 실로 들어오면, 牲俎(豕俎)를 葵菹豆(규저두)의 동쪽에 놓고 魚俎를 생조의 다음(동쪽)에 놓고 腊俎를 생조와 어조의 북쪽에 단독으로 놓는다.

주부가 黍敦(서대)와 稷敦(직대) 2개의 敦를 俎(생조와 어조)의 남쪽에 진설하는데, 서쪽을 상위로 하여 서쪽에 서대를 놓는다. (생조 남쪽에 서대를 놓고 어조 남쪽에 직대를 놓는다.) 그리고 芼(모. 육수에 넣는 채소)를 넣은 2개의 鉶(형)을 진설하는데 규저두의 남쪽에 북쪽에서 남쪽으로 차례대로 놓는다.

室의 북쪽 벽 아래에서 남향하고 있던 祝이 당을 내려가 南洗(동쪽 계단 동남쪽에 있는 洗)에서 觶(치. 술잔)를 씻어 들고 당에 올라가 술을 따라 실로 들어가 올리는데, 2개의 鉶 남쪽에 놓는다. 이어 좌식에게 會(黍敦와 稷敦의 뚜껑)를 열도록 명한다.

좌식이 會를 열어 대의 남쪽에 뒤집어 놓고 室을 나가 室戶의 서쪽에서 남향하고 선다.

주인이 서향하고 신위에 再拜稽首한다.

축이 주인의 왼쪽(남쪽)에서 축원을 한다. 축원이 끝나면 주인이 신위에 재배계수한다.

① 主人及祝升

【按】이 7절은 陰厭의 일을 기록한 것이다. '陰厭'은 淩廷堪의 《禮經釋例》 권9에 따르면 "일반적으로 시동이 아직 室에 들어가기 전에 室의 奧(서남쪽 모퉁이)에 음식을 진설하는 것이다.[凡尸未入室之前設饌于奧.]" 〈소뢰궤식례〉 7에서는 주인과 축이 당에 오르기 전에 모두 먼저 손을 씻으며, 손을 씻은 뒤에 주인은 동쪽 계단으로, 축은 서쪽 계단으로 당에 올라간다. 다만 大夫禮인 〈소뢰궤식례〉에서는 주인이 鼎을 직접 들지 않기 때문에 미리 손을 씻고 室에 들어간 반면, 士禮인 〈특생궤식례〉에서는 주인이 직접 鼎을 들기 때문에 바로 뒤에 이어지는 경문에서처럼 정을 들기 위해 묘문을 나가기 전에 손을 씻는다. 따라서 여기에서는 축만 손을 씻고 당에 올라간 것으로 보인다. 敖繼公에 따르면 '及祝'이라고 하였다면 주인이 먼저 당에 올라간 것이다. 즉 주인은 당에 올라간 뒤 祝이 올라오기를 기다렸다가 축을 뒤따라 室로 들어간 것이다.[79]

② 祝先入

【按】주소에 따르면 이때 祝은 신을 접하는 사람이기 때문에 주인보다 먼저 室에 들어가며, 室에 들어간 뒤 축원의 말을 하기 전까지는 북쪽 벽 아래에서 남향하고 서 있는다.[80]

③ 西面于戶內

室戶 안으로 들어가 실호의 동쪽에서 서향하고 서는 것이다.

④ 主婦盥于房中

살펴보면 東房 안에 洗를 室의 동북쪽 모퉁이와 일직선상에 설치한다.

【按】정현의 주에 따르면 주부는 東房의 北堂에 있는 內洗에서 손을 씻는다.[81] 내세는

79) 《儀禮集說》卷15: "云及祝, 則是主人先升也. 先升後入, 蓋俟於堂."

80) 鄭玄注: "祝先入, 接神宜在前也."
賈公彥疏: "主人戶內西面, 其時祝北墉下南面之事, 以其未有祝行事之法, 直監納祭而已."

81) 鄭玄注: "主婦盥, 盥於內洗."

당 아래 동쪽 계단 남쪽에 있는 南洗와 상대하여 '北洗'라고도 부른다.

⑤ 宗人遣佐食及執事盥出

정현의 주에 따르면 "좌식에게 손을 씻고 묘문을 나가라고 명하는 것은 주인과 賓을 도와 鼎을 들고 들어와야 하기 때문이다.〔命之盥出, 當助主人及賓擧鼎.〕"

【按】'執事'는 敖繼公에 따르면 左人(왼쪽에서 鼎을 들 3인)과 俎・匕를 들 자이다. 右人(오른쪽에서 鼎을 들 3인, 주인, 빈장, 중빈장)보다 신분이 낮기 때문에 먼저 나가 준비하는 것이다.[82] 盛世佐에 따르면 宗人은 좌식과 집사자들에게 손을 씻고 묘문 밖에 나가도록 명한 뒤 그 자신 역시 손을 씻고 나간다.[83]

⑥ 主人在右, 及佐食擧牲鼎

'牲鼎'은 돼지 희생을 담은 鼎이다.

【按】이때 주인이 鼎을 직접 드는 것은 〈소뢰궤식례〉 6에서 주인이 鼎을 인도만 하고 직접 들지는 않는 것과 다르다.

⑦ 賓長在右, 及執事擧魚、腊鼎

'賓長'을 敖繼公은 '長賓', 즉 주인이 宿賓한 賓으로 해석하였다. 오계공은 또 "衆賓長은 腊鼎의 오른쪽에 있다.〔衆賓長在腊鼎之右.〕"라고 하였다.[84] '衆賓長'은 여러 賓 중의 어른으로, 長賓 다음으로 높다.

⑧ 除鼏

【按】이것은 묘문 밖에서 鼎의 鼏(멱, 덮개)을 벗기는 것이다. 敖繼公에 따르면 일반적으로 吉事에는 정의 멱을 묘문 밖에서 벗기고, 흉사에는 정의 멱을 묘문 안에서 벗긴다. 또한 멱을 벗기는 사람은 일반적으로 右人이다.[85]

⑨ 畢

牲肉을 꺼내는 기물이다. 정현의 주에 "畢(필)은 형태가 叉(차, 포크)와 같이 생겼는데, 이것이 畢星(28宿 중 하나)과 유사하게 생겨서 이런 이름을 붙인 듯하다.〔畢, 狀如叉, 蓋爲其畢星, 取名焉.〕"라고 하였다. 또 畢과 朼(비)는 같은 재질로 만드는데, 모두 가시나무 심으로 만든다고 하였다.[86]

【按】대부례인 〈소뢰궤식례〉 6과 喪祭인 虞祭에는 畢이 보이지 않는데, 정현의 주에 따르면 주인이 鼎을

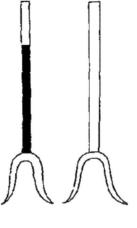

畢
聶崇義《三禮圖集注》

82)《儀禮集說》卷15: "此執事, 謂左人及取俎匕者, 賤於右人, 故先出."

83)《儀禮集編》卷34: "宗人既遣佐食及執事, 亦遂盥而出矣. 故下經云宗人執畢先入."

84)《儀禮集說》卷15: "賓長在右, 謂長賓在魚鼎之右, 衆賓長在腊鼎之右也."

85)《儀禮集說》卷15: "凡吉事, 除鼏于外; 兇事, 除鼏于內. 除鼏亦右人."

86) 鄭玄注: "《雜記》曰: '朼用桑, 長三尺, 畢用桑, 長三尺, 刊其本與末.' 朼、畢同材明矣. 今此朼用棘心, 則畢亦用棘心."

직접 들지 않기 때문이다.[87]

⑩ 右人

정현의 주에 따르면 "주인과 2명의 賓을 이른다.〔謂主人及二賓.〕"

⑪ 委于鼎北

【按】정현의 주에 따르면 右人은 扃(경)을 뽑아 鼎의 북쪽에 놓은 뒤에는 서향하고 기다린다.[88]

⑫ 贊者錯俎, 加匕

【按】'匕'는 鼎匕이다.〈특생궤식례〉23 주⑨ 참조. '加匕'는 鼎匕를 鼎 위에 올려놓는 것이다.〈소뢰궤식례〉6 참조. 정현의 주에 따르면 俎와 匕를 들고 鼎을 따라 들어온 贊者들이 俎를 鼎의 서쪽에 놓은 뒤 匕를 鼎 위에 자루가 동쪽으로 가도록 올려놓고 물러가면 右人이 북향하고 선다.[89] 喪祭인 小斂奠에서는 鼎을 든 舉者가 직접 匕와 俎를 들고 들어간다.[90] 敖繼公에 따르면 이때 贊者가 들고 들어오는 俎와 匕는 모두 묘문 밖 東塾의 동쪽에서 가져온 것이다. 이것은 士의 喪祭인〈사우례〉1에서 조와 비를 西塾의 서쪽에 둔 것을 근거로 하여 士의 吉祭인 이곳에서는 반대로 두어야 한다고 본 것이다. 또한 오계공에 따르면 찬자는 모두 3명으로, 2명은 각각 2개의 俎를 합쳐서 들고 들어가고, 다른 1명은 3개의 匕를 한꺼번에 들고 들어간다.[91] 俎는 모두 4개로, 肵俎, 牲俎(豕俎), 魚俎, 腊俎이다.

⑬ 乃朼

정현의 주에 따르면 右人은 鼎에서 祭物을 꺼내고 左人은 俎에 받아 담는다.[92]

【按】張惠言의〈直祭酌奠〉圖에는 右人이 鼎의 동쪽에서 서향하고 朼(정에서 생체를 꺼냄)를 하도록 되어 있고, 黃以周의〈直祭酌奠〉圖에는 右人이 정의 북쪽에서 서향하고 朼를 하도록 되어 있는데, 황이주는 장혜언의 도를 오류로 보았다. 황이주는 右人과 左人은 정의 방향을 기준으로 말한 것이며, 贊者가 鼎匕를 자루가 동쪽으로 가도록 鼎 위에 올려놓고 물러간 이유는 右人이 朼하기에 편리하게 하기 위한 것이라고 하였다.[93] 이에 따르면 정을 서향으로 놓았기 때문에 우인은 당연히 정의 북쪽에 있어야 한다. 다만 胡培翬와 吳廷華는 우인이 남향하고 朼하고 좌인이 북향하고 이를 받아 담는다고 보았다.[94] 자세하지 않다.

⑭ 升肵俎

'肵'는 음이 '기'이다. 정현의 주에 따르면 희생의 염통과 혀를 담는 俎를 '肵俎'라고 한다.[95] '升'은 염통과 혀를 肵俎에 담는 것을 이른다.

【按】정현의 주에 따르면 '肵'는 '공경하다[敬]'라는 뜻으로, 주인이 시동을 공경하는 俎

87] 鄭玄注: "《少牢饋食》及虞無叉, 何哉? 此無叉者, 乃主人不親舉耳.《少牢》, 大夫祭, 不親舉; 虞, 喪祭也, 主人未執事.

88] 鄭玄注: "既錯, 皆西面俟也."

89] 鄭玄注: "贊者執俎及匕從鼎入者, 其錯俎東縮, 加匕東柄, 既則退, 而右人北面也."

90]《儀禮》〈士喪禮〉: "舉者盥, 右執匕卻之, 左執俎橫攝之, 入, 阼階前西面錯."

91]《儀禮集說》卷15: "贊者取匕, 俎于東塾東, 執以上而錯俎於鼎西, 加匕於鼎上, 而肵俎亦在豕俎之北也. 此贊者蓋三人, 其二人各合執二俎, 一人兼執三匕與! 知取匕, 俎于東塾東者,《士虞禮》匕, 俎在西塾之西, 此士吉祭, 當反之也."

92] 鄭玄注: "右人也. 尊者於事, 指使可也. 左人載之."

93]《禮書通故》卷48〈禮節圖3 特牲直祭酌奠〉: "右人匕, 左人載, 左右以鼎所向言. 張《圖》者立鼎東西面, 失右字之義.……東柄, 以便右人匕."

94]《儀禮正義》卷35: "右人南面朼, 左人北面載."《儀禮章句》卷15: "右人南面匕, 佐食北面載之."

95] 鄭玄注: "肵, 謂心, 舌之俎也."

라는 말이다.[96] 〈특생궤식례〉 23에 따르면 희생의 염통과 혀는 밑과 끝을 자르고, 가로

세로 십자모양으로 자르되 중앙 부분은 자르지 않은 채 牲鼎에 담아두었다가 俎에 담는

다. 이때 염통은 俎에 세워서 놓고 혀는 세로로 놓는다.

⑮ 卒載, 加匕于鼎

【按】 가공언의 소에 따르면 "주인이 鼎匕로 牲體를 꺼내 俎에 담을 때 宗人이 畢(필)로 이

를 돕는다. 주인이 비로 생체 담는 일을 마치고 정비를 鼎에 얹어놓는다면 종인 역시 생

체 담는 일이 끝나면 필을 정에 얹어놓는다는 것을 알 수 있다."[97]

⑯ 俎入, 設于豆東

【按】 정현의 주에 따르면 俎를 가지고 室로 들어와 진설하는 사람은 俎에 牲體를 담았던 左

人(鼎의 왼쪽에서 정을 든 사람)이다.[98] 尸俎 이하 各人의 俎에 담는 제물은 〈특생궤식례〉 29 참조.

⑰ 腊特于俎北

【按】 주소에 따르면 네모반듯하게 진설하기 위해 腊俎를 豕俎와 魚俎 북쪽에 단독으로

놓는 것으로, 이는 음식을 먹는 사람의 성정을 바르게 하기 위한 것이다.[99]

⑱ 兩鉶, 芼

阮元의 교감본에 따르면 '芼'(모) 앞에는 '鉶'(형) 한 글자가 또 있어야 한다.

王引之의 《經義述聞》에도 "'兩鉶, 鉶芼'로 쓰는 것이 옳다.〔作'兩鉶, 鉶芼'

者是也.〕"라고 하였다.

살펴보면 漢簡本에는 '鉶'은 '刑'으로 되어 있고 또한 '兩刑, 刑芼'로 되어 있

다. 주소본에서 '芼' 앞에 '鉶' 한 글자가 탈락된 것은 의심의 여지가 없다.

【按】 〈특생궤식례〉 23과 가공언의 소에 따르면 芼(모. 육수에 넣는 채소)는 쇠고기 육수에는

藿(곽. 콩잎), 양고기 육수에는 苦(씀바귀), 돼지고기 육수에는 薇(미. 들완두)를 쓰며, 滑(활. 조미용

채소)은 여름에는 葵(규. 아욱), 겨울에는 荁(훤. 미나리류)을 쓴다.[100] '兩鉶'에 대해 敖繼公은

'북쪽을 상위로 하여 진설한다[北上]'와 같은 구절이 없는 것을 근거로, 2개의 鉶羹을 동

일한 것으로 보았다.[101]

⑲ 酌, 奠, 奠于鉶南

胡培翬에 따르면 "앞의 '奠'은 그 일을 가리킨 것이고, 뒤의 '奠'은 올리는

위치를 말한 것이다.〔上'奠', 目其事, 下'奠'則言所奠之地也.〕"

【按】 郝敬에 따르면 祝은 당을 내려가 南洗에서 잔을 씻어 들고 당에 올라가 室戶의 동

쪽에서 술을 따라 室로 들어가 2개의 鉶 남쪽에 진설한다.[102]

⑳ 祝在左, 卒祝

【按】 정현의 주에 따르면 축원하는 내용은 다음과 같다. "효손 모가 剛鬣(강렵. 큰 돼지), 嘉

96) 鄭玄注: "《郊特牲》曰'肵
之爲言, 敬也', 言主人之所以
敬尸之俎."

97) 賈公彦疏: "主人匕牲體,
宗人以畢助之. 主人匕事訖,
加之於鼎, 則宗人旣事, 亦加
於鼎可之."

98) 鄭玄注: "入設俎, 載者."

99) 鄭玄注: "腊特, 饌要方
也. 凡饌必方者, 明食味人之
性所以正."

100) 賈公彦疏: "云'鉶, 肉味
之有菜和'者, 此卽《公食大夫》
'牛藿, 羊苦, 豕薇之等'是也."

101) 《儀禮集說》卷15: "鉶不
言北上者, 其實同也."

102) 《儀禮節解》卷15: "祝下
堂洗爵, 升堂酌酒于戶東, 入
室奠于兩鉶南."

薦(가천, 菹와 醢), 普淖(보뇨, 黍와 稷)로 감히 皇祖(할아버지) 某子에게 제사를 올리오니 흠향하소서.[孝孫某, 敢用剛鬣、嘉薦、普淖, 用薦某事於皇祖某子. 尙饗.]" 敖繼公에 따르면 祝은 축원하기 전에 觶(치)에 술을 따라 鉶(형)의 남쪽에 진설한 뒤 자신의 자리, 즉 室의 북쪽 벽 아래에서 남향하던 자리로 돌아가 있었던 듯하다.[103] 大夫禮에서 축원하는 내용은 〈소뢰궤식례〉 7 참조.

8. 시동을 맞이하고, 시동이 室에 들어가 9飯함(尸九飯)

祝迎尸于門外①。主人降, 立于阼階東。尸入門左, 北面盥②。宗人授巾。尸至于階。祝延尸③。尸升；入。祝先。主人從。尸卽席坐。主人拜妥尸④。尸答拜, 執奠⑤。祝饗⑥。主人拜如初⑦。

祝命挼(타)祭⑧。尸左執觶(치)⑨, 右取菹揳(연)于醢⑩, 祭于豆間。佐食取黍、稷、肺祭授尸⑪。尸祭之, 祭酒, 啐(쇄)酒, 告旨⑫。主人拜。尸奠觶答拜。

祭鉶⑬, 嘗之, 告旨。主人拜。尸答拜。祝命爾敦(대)。佐食爾黍、稷于席上。設大羹湆(태갱읍)于醢北⑭。舉肺、脊以授尸⑮。尸受, 振祭⑯, 嚌之, 左執之, 乃食, 食舉⑰。主人羞肵(기)俎于腊北⑱。尸三飯, 告飽⑲。

祝侑⑳。主人拜。佐食舉幹㉑。尸受, 振祭, 嚌之。佐食受, 加于肵俎, 舉獸幹、魚一, 亦如之㉒。尸實舉于菹豆。佐食羞庶羞四豆㉓, 設于左, 南上㉔, 有醢。尸又三飯, 告飽㉕。祝侑之如初。舉骼及獸、魚如初㉖。尸又三飯, 告飽㉗。祝侑之如初。舉肩及獸、魚如初㉘。佐食盛肵俎, 俎釋三个㉙。舉肺、脊加于肵俎, 反黍、稷于其所㉚。

〈시동을 맞이함〉

祝이 주인을 대신하여 廟門 밖에서 시동을 맞이한다.

주인이 당을 내려가 동쪽 계단의 동쪽에 서향하고 선다.

103]《儀禮集說》卷15："云 '祝在左', 則屍者南面信矣."

시동이 묘문의 왼쪽(서쪽)으로 들어가 묘문 안 왼쪽에서 북향하고 손을 씻는다. 宗人이 남향하고 시동에게 손을 닦도록 수건을 준다. 시동이 서쪽 계단 앞에 이르면 축이 시동의 뒤에서 당에 오르기를 권한다.

시동이 당에 올라가 室로 들어간다. 축이 시동을 뒤따라 주인보다 먼저 들어간다. 주인이 동쪽 계단으로 당에 올라 축을 뒤따라 室로 들어간다.

시동이 돗자리에 나아가 동향하고 앉는다.

주인(祝 포함)이 서향하고 절하여 시동에게 편안히 앉기를 청한다.

시동이 답배하고 觶(陰厭 때 祝이 올렸던 觶)을 든다.

축이 시동에게 祭物을 흠향하시라고 고한다.

주인이 처음 陰厭할 때와 같이 서향하고 再拜稽首한다.

〈고수레를 행함〉

祝이 佐食에게 시동의 挼祭(타제. 祭할 음식을 내려놓아 고수레함)를 도우라고 명한다.

시동이 왼손으로 觶(술잔)를 들고, 오른손으로 남쪽의 葵菹(규저·아욱초절임)를 취하여 북쪽의 蝸醢(와해. 달팽이 젓갈)에 찍어 두 개의 豆(규저두와 와해두) 사이에 놓아 祭(고수레)한다.

좌식이 黍飯(찰기장밥), 稷飯(메기장밥), 肺祭(豕牲의 고수레용 폐. 刌肺 1조각)를 취하여 시동에게 祭하도록 건네준다.

시동이 하나하나 타제하고, 술을 祭하고, 술을 맛보고, 주인에게 맛이 좋다고 고한다.(告旨禮)

주인이 시동에게 절한다.

시동이 잔을 내려놓고 답배한다.

〈9飯과 侑食〉

시동이 鉶羹을 祭하고, 조금 맛보고, 주인에게 맛이 좋다고 고한다.(告旨禮)

주인이 절한다. 시동이 답배한다.

축이 좌식에게 敦를 시동 가까이 옮겨 놓도록 명한다.

좌식이 黍敦와 稷敦를 시동의 자리로 가까이 옮겨 놓는다. 大羹湆(태갱읍. 조미하지 않은 豕牲을 삶은 육수)을 묘문 밖에서 들여와 蝸醢豆(와해두)의 북쪽에 진설한다.

좌식이 離肺(식용 폐. 嚌肺 1조각)와 脊骨(正脊 1골)을 들어 시동에게 준다.

시동이 이폐와 척골을 받아서 차례로 振祭(蝸醢에 찍은 뒤 털어서 고수레함)하고 조금 맛보고 왼손으로 옮겨 든다. 이어 오른손으로 밥을 먹고, 擧(離肺 1조각과 正脊 1骨)를 차례로 먹는다.

주인이 당을 내려가 좌식이 동쪽 계단 서쪽에 진열해두었던 胏俎(기조. 시동을 위한 조)를 들고 와서 腊俎의 북쪽에 올린다.

시동이 3번 밥을 먹고 주인에게 배부르다고 고한다.【3飯】

축이 시동에게 더 먹기를 권한다. 주인도 절하여 권한다.(시동은 답배하지 않는다.)

좌식이 豕幹(豕牲의 長脅 1골)을 들어 시동에게 준다.

시동이 오른손으로 받아서 振祭하고 조금 맛본다.(이때 시동은 왼손에 이폐와 척골을 들고 있다.)

좌식이 시동에게서 豕幹을 받아서 胏俎 위에 올려놓는다. 좌식이 獸幹(兎腊의 長脅 1골)과 물고기 1마리를 들어 시동에게 주는데, 앞에서와 같이 시동이 振祭하고, 조금 맛보고, 좌식이 받아서 기조 위에 올려놓는다.

시동이 왼손에 들고 있던 擧를 葵菹豆에 담는다.

좌식이 庶羞 4豆(돼지고기로 만든 4가지 음식. 膮, 炙, 胾, 醢)를 올린다. 규저두와 와해두의 왼쪽(북쪽)에 남쪽을 상위로 하여 남쪽에 膮豆(효두. 돼지고깃국)와 炙豆(자두. 돼지고기구이)를 진설하는데, 4豆 안에는 醢豆도 포함되어 있다.

시동이 또 3번 밥을 먹고 배부르다고 고한다.【6飯】

축이 시동에게 더 먹기를 앞에서와 같이 권한다.(주인도 절하여 권한다.)

좌식이 骼(격. 豕牲의 後脛骨)과 獸(兎腊의 후경골)와 물고기 1마리를 들어 시동에게 주는데, 앞에서와 같이 시동이 받아 振祭하고 조금 맛보고 좌식이 받아 胏俎 위에 올려놓는다.

시동이 또 3번 밥을 먹고 배부르다고 고한다.【9飯】

축이 시동에게 더 먹기를 앞에서와 같이 권한다.(주인도 절하여 권한다.)

좌식이 肩(豕牲의 어깨뼈)과 獸(兎腊의 어깨뼈)와 물고기 1마리를 들어 시동에게 주는데, 앞에서와 같이 시동이 받아 振祭하고 조금 맛보고 좌식이 받아 肵俎위에 올려놓는다.

좌식이 시동이 남긴 牲·魚·腊을 기조에 담는데, 각각의 조마다 3개씩 남겨두고 나머지를 담는다.(이것은 陽厭 때 室의 서북쪽 모퉁이에 진설하기 위해 남겨두는 것이다.)

시동이 葵菹豆에 올려놓았던 離肺와 脊骨을 들어 좌식에게 주면 좌식이 받아서 기조 위에 올려놓고, 黍敦와 稷敦를 원래 있던 자리(豕俎와 魚俎 남쪽)에 되돌려 놓는다.

(시동의 9飯이 끝나면 宗婦는 饎爨에 제사지내고 雍正은 雍爨에 제사지낸다.)

① 祝迎尸于門外

【按】 정현의 주에 따르면 주인이 시동을 맞이하지 않는 것은 시동의 존귀함을 이루어주기 위해서이다. 廟門 안에서는 神의 禮로 섬기지만 묘문을 나오면 시동은 주인의 손자나 아들 항렬이기 때문에 주인에게 압존된다.[104] 이와 관련하여 《예기》〈祭統〉에 "군주가 희생을 맞이하고 시동을 맞이하지 않는 것은 혐의를 분별하기 위해서이다. 시동이 묘문 밖에 있으면 신하인가 의심스럽고 묘문 안에 있으면 온전히 군주이며, 군주가 묘문 밖에 있으면 군주인가 의심스럽고 묘문 안으로 들어오면 온전히 신하이고 온전히 자식이다.[君迎牲而不迎尸, 別嫌也. 尸在廟門外則疑於臣, 在廟中則全於君; 君在廟門外則疑於君, 入廟門則全於臣、全於子.]"라는 내용이 보인다.

② 尸入門左, 北面盥

정현의 주에 따르면 "손 씻는 것을 시중드는 사람이 그 기물을 들고 시동에게 나아간다.[侍盥者執其器就之.]" 살펴보면 匜(이. 주전자)를 담은 槃(반)과 巾을 담은 簞(단. 대광주리) 등 손 씻는 기물은 원래 廟門 안 오른쪽에 있었기 때문에(《특생궤식례》 6) 지금 집사가 이것을 들고 묘문 안 왼쪽으로 가서 시동에게 나아가 손을 씻게 하는 것이다.

【按】〈소뢰궤식례〉 8에 근거하면 이때 祝은 앞장서 묘문 왼쪽으로 들어와 묘문 안 오른쪽으로 간다. 시동이 손 씻는 것을 돕는 각 집사자의 역할과 구체적인 의절은 〈특생궤식례〉 24 참조. '왼쪽'과 '오른쪽'의 위치는 〈특생궤식례〉 6 주⑫ 참조.

③ 祝延尸

【按】 주소에 따르면 '延'은 뒤에서 '앞으로 나아가게 한다[進]'는 뜻이다. 즉 가장 앞에 시

104) 鄭玄注: "主人不迎尸, 成尸尊. 尸, 所祭者之孫也. 祖之尸, 則主人乃宗子; 禰之尸, 則主人乃父道. 事神之禮, 廟中而已, 出迎則爲厭."

동이 가고 그 뒤를 祝이 따르고, 축의 뒤를 주인이 따라간다. 이것은 〈士虞禮〉에서 祝이 시동의 앞에서 시동을 인도하는 것과 다르다.[105]

④ 主人拜安尸

【按】〈소뢰궤식례〉 8에 근거하면 이때 祝 역시 주인의 남쪽에서 서향하고 절하여 주인과 함께 시동에게 편안히 앉기를 청한다.

⑤ 執奠

祝이 鉶(형)의 남쪽에 올렸던 觶(치. 술잔)를 취하는 것을 이른다.

【按】이 때의 觶는 陰厭 때 올렸던 것이다. 〈특생궤식례〉 7 주⑲ 참조.

⑥ 祝饗

胡培翬에 따르면 "신에게 이 제물을 흠향하시라고 고하는 것을 이른다.〔謂 告神饗(享)此祭也.〕" 敖繼公에 따르면 "일반적으로 흠향하시라고 고하는 말은 비록 시동의 앞에서 말하기도 하지만 실은 주인이 신을 위해서 하는 것이다.〔凡饗祝之辭, 雖或言於尸之前, 實主爲神也.〕"

【按】胡培翬에 따르면 축이 시동에게 흠향하기를 권하는 예가 〈소뢰궤식례〉에는 없고 여기 〈특생궤식례〉에는 있는 것은 士는 지위가 낮아 군주와 예를 똑같이 하는 것을 혐의하지 않기 때문이다.[106] 〈소뢰궤식례〉 7 참조.

⑦ 拜如初

胡培翬에 따르면 "如初는 再拜稽首하는 것이다.〔如初, 再拜稽首也.〕"

⑧ 祝命挼祭

'祝命'은 佐食에게 명하는 것이다. '挼祭'(타제)는 墮祭이다. 정현의 주에 "墮와 挼는 읽는 음이 같다.〔墮與挼, 讀同耳.〕"라고 하였고, 가공언의 소에 "두 글자는 통용된다.〔二字通用.〕"라고 하였다.

【按】《周禮》에 따르면 祭(고수레)에는 命祭, 衍祭, 炮祭, 周祭, 振祭, 擩祭(유제), 絶祭, 繚祭(료제), 共祭의 九祭가 있다.[107] 凌廷堪의 《禮經釋例》 권5 〈周官九祭解〉에 따르면 첫 번째 '命祭'는 墮祭, 즉 挼祭(타제)를 이른다. 시동이 밥을 먹기 전에 하는 祭로, 祭食 중 가장 重한 祭이다. 錢玄에 따르면 반드시 祝이 명한 뒤에야 祭를 한다는 뜻이다.[108] 두 번째 '衍祭'는 술을 祭하는 것으로, 衍은 酳(인)과 같다. 전현은 '衍'을 '挹(뜨다)'의 뜻으로 보았다.[109] 세 번째 '炮祭'는 籩豆 사이에 祭하는 것이다. 炮는 정현에 따르면 包의 오류로, 겸한다는 뜻이다. 즉 앞에서 祭했던 곳에 함께 祭하는 兼祭를 말한다. 네 번째 '周祭'는 두루 祭하는 것을 이른다. 다섯 번째 '振祭'와 여섯 번째 '擩祭'는 모두 薦俎를 祭하는 것을 이른다. 먹지 않을 경우에는 擩祭만 하고 앞으로 먹을 경우에는 擩祭를 한 뒤 반

105) 鄭玄注: "延, 進, 在後詔 侑曰延."
賈公彥疏: "〈士虞禮〉尸謖, 祝 前鄕尸, 鄭注云: '前, 道也. 祝道尸, 必先鄕之, 爲之節.' 彼祝居尸前道之, 此則在尸後 詔之, 故云延也."

106) 《儀禮正義》卷35: "《少 牢》無祝饗之禮, 此有之者, 士 賤, 不嫌與君同."

107) 《周禮》〈春官大祝〉: "辨 九祭: 一曰命祭, 二曰衍祭, 三曰炮祭, 四曰周祭, 五曰振 祭, 六曰擩祭, 七曰絶祭, 八曰 繚祭, 九曰共祭."

108) 《三禮通論》〈禮儀編禮 儀通例飮食之儀〉: "命祭, 謂 必祝命之, 乃祭."

109) 《三禮通論》〈禮儀編禮 儀通例飮食之儀〉: "衍, 挹, 扱取的意思."

드시 振祭를 한다. '擩'는 '挼'(연)과 같으며 '蘸'(잠. 찍다)의 뜻으로, 전현에 따르면 젓갈이나 소금에 찍는 것을 이른다.[110] 일곱 번째 '絶祭'와 여덟 번째 '繚祭'는 모두 肺를 祭하는 것을 이른다. 絶祭는 그 뿌리부터 따라가지 않고 곧바로 폐를 잘라서 祭하는 것으로 예가 소략한 경우에 하는 祭이며, 繚祭는 손으로 폐의 뿌리부터 따라서 가다가 폐의 끝에 오면 비로소 끊어서 祭하는 것으로 예가 성대한 경우에 하는 祭이다. 아홉 번째 '共祭'는 授祭를 이른다. 祭物이 멀 경우에는 授하고 가까울 경우에는 授하지 않는데, 대체로 脯·醢·羹·酒는 모두 자리 앞에 있기 때문에 이 음식들을 祭할 때에는 授祭가 없고, 黍稷과 牲體를 祭할 때에는 授祭가 있다. 전현에 따르면 '共'은 '供'과 통용하며, '共祭'는 膳夫나 佐食이 祭物을 건네주면 이를 받아 祭하는 것이다.[111]

	9祭	이칭	음식	설명	비고
1	命祭	墮祭, 挼祭, 綏祭		시동의 고수레 가장 重함	
2	衍祭	–	술		衍은 醑
3	炮祭	兼祭	薦	앞에서 祭했던 곳에 함께 祭함	炮는 包의 오자
4	周祭	–		두루 祭함	
5	振祭	–	薦	먹을 경우 擩祭 뒤에 함	
6	擩祭	挼祭	薦	먹지 않을 경우에 함	
7	絶祭	–	肺	곧바로 폐를 잘라 祭함. 소략한 예	
8	繚祭	–	肺	손으로 폐의 뿌리부터 따라서 가다가 폐의 끝에 오면 끊어서 祭함. 성대한 예	
9	共祭	授祭	黍, 稷, 牲體	祭物이 멀 경우	脯, 醢, 羹, 酒는 共祭가 없음

⑨ 尸左執觶

　　【按】'觶'(치)는 祝이 씻어서 술을 따라 2개의 鉶 남쪽에 올렸던 술잔이다. 〈특생궤식례〉7 참조.

⑩ 挼

　　'擩'(유)와 같아서 '적시다[染]'라는 뜻이다.

　　【按】'挼'의 발음은 《세종실록》과 柳長源의 《常變通攷》에 따라 '연'으로 발음하기로 한다.[112] '擩'의 발음은 '물들이다'의 뜻일 때 '유'이다.[113]

⑪ 肺祭

　　정현의 주에 따르면 "刌肺이다.[刌肺也.]" 즉 祭肺(고수레에만 쓰는 폐)이다.

　　【按】폐는 자르는 방식과 용도에 따라 두 종류로 구분한다. 한 종류는 자르기는 하지만 조금 남겨놓아서 폐의 중앙과 분리되지 않도록 하는 것이다. 離肺 또는 擧肺라고도 하며 먹는데 쓰는 폐이다. 그러나 먹기 전에 마찬가지로 먼저 祭(고수레)를 해야 하는데, 자를 때 중앙을 조금 남겨놓아 폐 몸체와 분리되지 않도록 하는 것은 바로 먹기 전에 잘라

110) 《三禮通論》〈禮儀編禮儀通例飮食之儀〉: "擩祭, 以肝肺菹等擩于鹽或醢而祭之. 擩, 猶言蘸."

111) 《三禮通論》〈禮儀編禮儀通例飮食之儀〉: "共祭, 謂由膳夫或佐食授之而祭. 共, 通供."

112) 《世宗實錄》卷129 五禮吉禮儀式親祫宗廟儀饋食》 "挼": "而專反."
《常變通攷》卷24〈祭禮時祭下初獻〉"挼": "如說反."

113) 《字典釋要》卷上"擩": "유. 染也. 물들유."
《全韻玉篇》卷上"擩": "유. 染也, 扗也."

서 祭하는데 편리하게 하기 위해서이다. 여기에서 이른바 '먹다[食]'라는 말은 또한 맛을 한 번 보는 것뿐으로, 이것을 '嚌肺'(제폐)라고도 부른다. 다른 종류의 폐는 폐의 몸체까지 잘라서 분리한 것이다. 祭肺 또는 刌肺, 切肺라고도 한다. 이 祭肺는 오로지 祭할 때에만 쓰는 폐이다. 여기에서는 제폐 3조각 중 시동에게 1조각을 사용한다. 〈특생궤식례〉 29 주 ⑥ 참조.

분류	명칭	두는 위치	개수	비고
고수레용	刌肺, 祭肺, 切肺	尸俎	3조각	祭而不嚌 (고수레만 하고 맛은 보지 않음)
식용	離肺, 擧肺, 嚌肺	各俎	1조각	嚌而必祭 (맛을 보되 반드시 먼저 고수레함)

⑫ 告旨

시동이 주인에게 맛좋은 술을 마시게 해준 것에 대해 감사하는 것이다. '旨'는 '좋다[美]'라는 뜻이다. 여기에서는 美酒를 가리킨다. '告旨'는 張爾 岐에 따르면 주인에게 절하여 주인이 자신에게 맛좋은 술을 준 것에 대해 감사하는 것이다. 淩廷堪의《禮經釋例》권3에 "일반적으로 술을 올릴 때, 禮가 성대한 경우에는 술을 조금 맛보고 맛있다고 고한다.〔凡獻酒, 禮盛 者則啐酒告旨.〕"라고 하였다. 즉 술을 맛본 뒤에 주인에게 拜禮를 행하고 서 맛있다고 고하는 것이다. 다음에 나오는 '告旨'는 주인이 자기에게 맛좋 은 고깃국을 먹게 해준 것에 대해 감사하는 것이다.

【按】장이기를 비롯하여 통설에 따르면 拜告旨는 절을 함으로써 告旨의 뜻을 보이는 것 이 아니라, 절을 마친 뒤에 별도로 告旨의 의절을 행하는 것이다.[114]

⑬ 祭鉶

祭하는 법은 자세하지 않다. 살펴보면 鉶 안에 든 것은 고기 국물에 채소 를 넣은 것이니 술을 祭하는 법과 같을 듯하다.

【按】胡培翬에 따르면 鉶羹을 떠서 祭하고 맛을 볼 때 사용하는 도구는 柶이다. 여기에 서 '扱以柶'라고 하지 않은 것은 글이 갖추어지지 않은 것 뿐이다.[115] 〈소뢰궤식례〉 9, 〈유사철〉 7 참조.

⑭ 設大羹湆于醢北

【按】'大羹湆'은 정현의 주에 따르면 고기를 삶아낸 육수에 조미를 하지 않은 국이다. 시 동을 공경하는 의미에서 그 질박함을 숭상하여 진설하는 것으로, 고수레도 하지 않고 맛도 보지 않는데, 이 국은 신을 위한 것이 아니기 때문이다. 또한 정현의 주에 따르면 이 태갱읍은 廟門 밖에서 들여온 것이다.[116] 가공언의 소에 따르면 태갱읍은 일반적으로

114) 《儀禮鄭注句讀》卷6: "拜 訖則告旨."
《儀禮集說》卷4: "旣拜則坐 以告旨."

115) 《儀禮正義》卷1: "《特 牲》尸入, 但云'祭鉶、嘗鉶', 不 云'扱以柶'者, 文不具也."

116) 鄭玄注: "大羹湆 煮肉汁 也. 不和, 貴其質, 設之, 所以 敬尸也. 不祭, 不嚌, 大羹不 爲神, 非盛者也.《士虞禮》曰: '大羹湆自門入.'"

薦(脯醢나 菹醢)의 오른쪽에 두는데 여기에서 왼쪽, 즉 蝸醢豆의 북쪽에 둔 것은 살아있는 사람을 위한 진설과 다르게 한 것이다.[117]

⑮ 舉肺、脊以授尸

'肺'는 李如圭에 따르면 "離肺이다.〔離肺也.〕" 즉 먹는 肺이다.

【按】'肺、脊'은 離肺 1조각과 正脊 1骨을 이른다. 〈특생궤식례〉 29 참조. 주소에 따르면 '肺'는 氣를 주관하는 것이니 周나라 사람들이 숭상한 것이고 '脊'은 牲體 중앙의 正脊이다. 음식을 먹기 전에 祭하고 음식을 먹을 때 반드시 폐나 脊을 먼저 먹는 것은 이것을 귀하게 여기기 때문이다. 이와 관련하여 《禮記》〈明堂位〉에 "舜임금 시대에는 머리를 祭하였고, 夏나라는 염통을 祭하였고, 殷나라는 간을 祭하였고, 周나라는 폐를 祭하였다."라는 내용이 보인다. 牲體는 모두 21節로 이루어져 있다. 앞다리는 肩, 臂, 臑(노) 3절로 이루어져 오른쪽과 왼쪽 다리 합쳐서 모두 6절이다. 뒷다리는 髀(비), 肫(순) 또는 膞(순), 胳(격) 또는 骼(격) 3절로 이루어져 오른쪽과 왼쪽 다리 합쳐서 모두 6절이

豕牲右胖圖
金長生, 《家禮輯覽圖說》

다. 중앙에는 正脊, 脡脊, 橫脊이 각 1절로 이루어져 모두 3절이다. 脊의 양쪽으로 短脅, 長脅(正脅), 代脅이 각 2절로 이루어져 모두 6절이다.[118] 가공언의 소에 따르면 뒷다리에는 또 胳 아래에 觳(곡)이 있는데, 일반적으로 앞쪽이 뒷쪽보다 귀하기 때문에 觳은 21체에 넣지 않으며 鼎에도 담지 않는다. 또한 髀는 항문과 가깝기 때문에 正俎에는 담지 않는다.[119]

분류	豕牲 21體 이름(전→후, 상→하)	비고
앞다리	肩2, 臂2, 臑2	
뒷다리	髀2, 肫(膞)2, 胳2	觳은 21체에 넣지 않음
등뼈	正脊1, 脡脊1, 橫脊1	
갈비	短脅2, 長脅(正脅)2, 代脅2	

⑯ 振祭

【按】李如圭에 따르면 振祭는 黍, 稷, 牢肉, 魚를 먹을 때 먼저 醢에 찍은 뒤[擩祭] 털어서 고수레하는 것이다.[120] 위 주⑧ 참조.

⑰ 乃食, 食舉

'食舉'는 肺・脊을 먹는 것을 이른다. 肺・脊은 佐食이 들어서 시동에게 준 것이기 때문에 '舉'로 이름을 붙인 것이다. 아래 문장의 "시동이 舉를 菹豆

117) 賈公彥疏: "《公食大夫》、《昏禮》大羹涪皆在薦右, 此在左者, 神禮變於生人."

118) 《儀禮》〈士昏禮〉鄭玄注: "肺者, 氣之主也, 周人尙焉. 脊者, 體之正也, 食時則祭之, 飯必舉之, 貴之也."
賈公彥疏: "云肺者, 氣之主也, 周人尙焉者, 案《禮記・明堂位》云: '有虞氏祭首, 夏后氏祭心, 殷祭肝, 周祭肺.' 鄭注云: '氣, 主盛也.' 但所尙不同, 故云周人尙焉. 云'脊者, 體之正也, 食時則祭之者, 對祭肺未食時祭也. 云'飯必舉之, 貴之也'者, 但一身之上體總有二十一節, 前有肩、臂、臑, 後有肫、胳. 脊在中央, 有三脊, 正、脡、橫, 脊而取中央正脊, 故云體之正."

119) 賈公彥疏: "《鄉飲酒》注: '前脛骨三, 肩、臂、臑也. 後脛骨二, 膞、胳也.' 又後有髀、觳折.《特牲・記》云: '主婦俎, 觳折.' 注云: '觳, 後足也.' 昏禮不數者, 凡體, 前貴於後, 觳賤於臑, 故數臑, 不數觳, 是以不升於鼎. 又以髀在肫上, 以竅賤, 正俎不用."

120) 《儀禮集釋》卷26: "《周禮》九祭, 五曰振祭, 六曰擩祭. 擩祭者, 擩于醢以祭, 不食也. 振祭者, 將食, 旣擩必振, 乃祭也. 黍、稷、牢肉、魚, 皆擩于醢."

에 담는다.〔尸實擧于菹豆.〕"의 '擧'도 뜻은 이와 같다.

【按】가공언의 소에서는 '乃食'은 폐를 먹는 것이고 '食擧'는 척골을 먹는 것으로 보았다.[121] 그러나 '乃食'에 대해 敖繼公은 오른손으로 밥을 먹는 것으로 보았으며[122] '食擧' 역시 李如圭[123]·蔡德晉[124] 등 대부분의 설에서 肺·脊를 먹는 것으로 보고 있다. 후대 학자 대부분이 가공언의 설을 오류로 보고 있기 때문에[125] 여기에서는 다수설을 따르기로 한다.

⑱ 主人羞胏俎于腊北

【按】'胏俎'(기조)는 시동을 위한 俎로, 佐食이 豕牲의 염통과 혀를 담아 布巾으로 덮어 동쪽 계단 서쪽에 진열해두었던 것이다.《특생궤식례》7〉정현의 주에 따르면 이 기조는, 陰厭 때 신을 위해 진설했던 다른 神俎들은 모두 俎에 牲肉을 담았던 3명의 左人이 직접 진설했던 것과 달리 주인이 진설한다. 신조를 좌인에게 올리도록 한 것은 훌륭한 賓을 얻어 자기 선조를 신으로 섬긴 것을 귀히 여긴 것이고, 기조를 주인이 직접 올리는 것은 시동을 공경한 것이다.[126] 敖繼公에 따르면 이 기조는 오직 하나이기 때문에 주인이 직접 당을 내려가서 가지고 와 室 안의 시동 자리 앞에 진설하는 것이다.[127] 〈소뢰궤식례〉 9에서도 주인이 직접 기조를 들고 동쪽 계단으로 올라와 진설하고 있다.

⑲ 三飯, 告飽

'三飯'은 세 번 黍飯을 먹는 것이다. 〈사우례〉 5 참조. 정현의 주에 따르면 "3번 밥을 먹고 배부르다고 고하면 禮가 첫 번째 이루어진다.〔三飯告飽, 禮一成也.〕"

⑳ 侑

정현의 주에 따르면 "'권하다'라는 뜻이다.〔勸也.〕"

㉑ 幹

長脅(정척)이다. 蔡德晉은 "長脅이다.〔長脅也.〕"라고 하였는데, 즉 豕의 갈비이다. 살펴보면 牲體의 肋骨(륵골. 갈빗대)은 앞·가운데·뒤 3부분으로 나누는데, 각각의 이름을 代脅·長脅·短脅이라고 한다. 長脅은 바로 늑골의 한가운데 부분이니, 즉 지금의 이른바 돼지갈비의 한가운데 부분이다.

㉒ 亦如之

胡培翬에 따르면 "마찬가지로 祭하고, 조금 맛보고, 좌식이 받아서 胏俎(기조) 위에 올려놓는 것이다.〔亦祭, 嚌, 佐食受, 加于胏俎也.〕"

㉓ 庶羞四豆

정현의 주에 따르면 돼지고기로 만든 4가지 맛있는 음식을 4개의 豆에 나

121) 賈公彦疏: "乃食, 謂食肺. 云'食擧', 謂骨體正脊從俎, 擧鄕曰, 因名體爲擧."

122)《儀禮集說》卷15: "乃食, 乃以右手食食也. 旣食食, 則食擧, 所以安之."

123)《儀禮集釋》卷26: "食擧, 卽肺, 脊也."

124)《禮經本義》卷15: "食擧者, 食所擧之肺, 脊也."

125)《儀禮正義》卷35: "賈疏以乃食謂食肺, 食擧謂正脊. 後儒糾其誤者甚多."

126) 鄭玄注: "胏俎主於尸, 主人親羞, 敬也. 神俎不親設者, 貴得賓客, 以神事其先."

127)《儀禮集說》卷15: "胏俎一而已, 故主人可以親設之. 神俎多, 宜使賓設. 不言降與升, 文省."

누어 담은 것이다. 즉 膮(효. 돼지고기 국물에 조미용 채소만 넣고 다른 채소는 넣지 않은 국), 炙(자. 구운 돼지고기), 胾(자. 삶은 돼지고기 덩이), 醢(해. 돼지고기 肉醬)이다.[128]

㉔ 設于左, 南上

葅豆와 醢豆의 북쪽에 놓는 것이다. 胡培翬가 말하기를 "膮·炙를 상위로 삼아 남쪽에 놓는다.〔以膮、炙爲上.〕"라고 하였다.

【按】張惠言의〈尸入九飯〉圖에는 庶羞 4豆를 湇(읍)의 북쪽에 오도록 하였다. 그러나 黃以周는 褚寅亮의 설을 따라 서수 4두를 湇의 남쪽에 오도록 하였는데, 이것은〈사우례〉에서 觶(치)의 북쪽에 태갱읍을 진설할 공간을 미리 남겨두는 것과 같이, 湇을 진설할 때 서수 4두를 진설할 공간을 미리 비워두고 진설한 것으로 보았기 때문이다.[129]〈사우례〉5 주⑮ 참조.

㉕ 尸又三飯, 告飽

정현의 주에 따르면 "禮가 두 번째 이루어진다.〔禮再成也.〕"

㉖ 骼

즉 胳(격)이니, 後脛骨(뒷다리)이다.

㉗ 尸又三飯, 告飽

정현의 주에 따르면 "禮가 세 번째 이루어진다.〔禮三成.〕"

㉘ 擧肩及獸, 魚如初

정현의 주에 따르면 이번에는 시동은 좌식이 건네준 豕肩·獸(兎腊肩)·魚(1마리)를 받아서 祭하고 조금 맛본 뒤 더 이상 黍飯을 먹지 않는다. 3차례 3번씩 밥을 먹었기 때문이다. 즉 九飯이 이미 끝났으니 士의 禮가 이미 크게 이루어진 것이다.[130]

【按】주소에 따르면 正脊을 가장 먼저 먹고 肩을 가장 나중에 먹는 것은 위에서부터 시작하여 아래와 뒤로 갔다가 굽혀서 다시 앞으로 와서 마친 것이다. 즉 正脊(위)―脅(아래)―骼(뒤)―肩(앞)의 순으로 먹는 것은 처음과 끝의 차례를 나타낸 것이다.[131]

㉙ 佐食盛肵俎, 俎釋三个

정현의 주에 따르면 "佐食이 牲俎·魚俎·腊俎에서 시동이 남긴 것을 취하여 肵俎(기조)에 담는 것은 이것을 시동의 집으로 보내기 위해서이다. 俎마다 3개씩 남겨 놓는 것은 음식을 室의 서북쪽 모퉁이에 다시 진설하기 위하여 남겨 놓는 것이다.〔佐食取牲、魚、腊之餘, 盛於肵俎, 將以歸俎(送到尸家). 釋三个, 爲改饌于西北隅遺(留)之.〕" 室의 서북쪽 모퉁이에 다시 음식을 올리는 것은 陽厭을 위해 진설하는 것이다.〈특생궤식례〉21 참조.

128) 鄭玄注: "衆羞以豕肉, 所以爲異味. 四豆者, 膮、炙、胾、醢."

129)《禮書通故》卷48〈禮節圖3 特牲尸入九飯〉: "庶羞四豆, 舊圖在湇南. 褚氏云: '設湇豫留四豆之地, 如《士虞禮》置北豫留空處以待大羹之法.' 張圖四豆列湇北."

130) 鄭玄注: "不復飯者, 三三者, 士之禮大成也."

131) 鄭玄注: "擧先正脊, 後肩, 自上而卻下, 緣而前, 終始之次也."
賈公彦疏: "先擧正脊, 自上也; 次擧脅, 卽卻也; 後擧骼, 卽下緣也; 終擧肩, 卽前也. 前者牲體之始, 後者牲體之終, 故云終始之次也."

【按】俎마다 3개씩 남겨 놓는 것은, 정현의 주에 따르면 豕牲과 兎腊은 각각 正脊 1骨, 長脅 1골, 臑(노) 1골이며, 물고기는 3마리이다.[132] 그렇다면 肵俎 위에 담겨있는 것은 다음과 같다. 애초에 鼎에서 꺼내 담았던 豕牲의 염통, 혀와, 9飯 때 振祭하고 맛보았던 豕牲의 離肺 1조각, 正脊 1골, 長脅 1골, 右骼(격) 1골, 右肩 1골, 물고기 3마리와, 9반 이후 振祭없이 尸俎에서 바로 옮겨 담은 豕牲과 兎腊의 右臂 1골, 右肫(순) 1골, 正脊 1골, 橫脊 1골, 長脅 1골, 短脅 1골, 물고기 9마리가 담기게 된다. 尸俎에 담긴 豕牲의 膚 3덩이 중 2덩이는 餕禮 때 嗣子와 長兄弟가 대궁으로 먹고 1덩이는 陽厭 때 사용한다.〈특생궤식례〉20, 29 주⑤ 참조.

㉚ 擧肺、脊加于肵俎, 反黍、稷于其所

정현의 주에 "시동이 좌식에게 주면 좌식이 받아서 肵俎 위에 離肺와 脊骨을 올려놓고 黍敦와 稷敦를 되돌려놓는 것이다. 肺와 脊은 처음에 菹豆에 있었다.〔尸授佐食, 佐食受而加之, 反之也. 肺、脊初在菹豆.〕"라고 하였는데, 살펴보면 앞에서 "시동이 肺와 脊을 菹豆에 담는다.〔尸實擧于菹豆.〕"라고 하였기 때문에 정현의 주에서 "肺와 脊은 처음에 菹豆에 있었다."라고 한 것이다.

【按】〈특생궤식례〉 27에 따르면 시동이 9飯을 다 먹은 뒤에 宗婦(족인의 부인)는 饎爨(치찬. 黍·稷을 익혔던 아궁이)의 신에게 제사지내고, 雍正(고기를 삶은 자)은 雍爨(옹찬. 牲·魚·腊을 익혔던 아궁이)의 신에게 제사지낸다.

9. 주인이 시동·축·좌식에게 헌주, 시동이 주인에게 酢酒, 嘏辭함(主人初獻)

主人洗角①, 升; 酌, 酳(인)尸②。尸拜受, 主人拜送。尸祭酒, 啐(쵀)酒。賓長以肝從③。尸左執角, 右取肝㨃(연)于鹽④, 振祭, 嚌之, 加于菹豆⑤。卒角, 祝受尸角, 曰："送爵, 皇尸卒爵⑥。"主人拜, 尸答拜。
祝酌, 授尸⑦, 尸以醋(작)主人⑧。主人拜受角。尸拜送。主人退⑨。佐食授挼(타)祭⑩。主人坐, 左執角, 受祭, 祭之。祭酒, 啐酒, 進, 聽嘏(하)⑪。

132) 鄭玄注："所釋者, 牲、腊則正脊一骨, 長脅一骨及臑也. 魚則三頭而已."

佐食搏黍授祝⑫。祝授尸。尸受以菹豆，執以親嘏主人⑬。主人左執角，再拜稽首受⑭，復位。詩懷之⑮，實于左袂，挂(괘)于季指⑯，卒角拜。尸答拜。主人出，寫嗇于房⑰。祝以籩受⑱。筵祝⑲，南面。主人酌，獻祝。祝拜受角⑳。主人拜送。設菹、醢、俎㉑。祝左執角，祭豆㉒，興取肺，坐祭㉓，嚌之，興，加于俎，坐，祭酒，啐酒。以肝從。祝左執角，右取肝揱于鹽，振祭，嚌之，加于俎㉔，卒角拜。

主人答拜，受角，酌，獻佐食㉕。佐食北面拜受角㉖。主人拜送。佐食坐，祭，卒角拜㉗。主人答拜，受角，降，反于篚㉘，升，入復位。

〈주인이 시동에게 獻酒〉

　주인이 당을 내려가 下篚(당 아래의 篚) 안에 두었던 술잔(角)을 씻어 들고 당에 올라가 술을 따라 室 안으로 들어가 시동에게 입가심하도록 헌주한다.(초헌)

　시동이 절하고 잔을 받는다.(拜受禮) 주인이 잔을 보내고 서향하여 절한다.(拜送禮)

　시동이 술을 祭(고수레)하고 술을 조금 맛본다.

　賓長이 肝俎(구운 豕牲의 간)를 따라서 올린다.

　시동이 왼손으로 잔을 잡고 오른손으로 간을 취하여 소금에 찍어 振祭(祭物을 털어서 고수레함)하고, 간을 맛보고, 葵菹豆(규저두. 아욱 초절임) 위에 올려놓는다. 시동이 잔의 술을 다 마시면 축이 시동에게서 빈 잔을 받고 주인에게 말하기를 "보낸 술을 皇尸께서 다 마셨습니다."라고 한다.

　주인이 시동에게 절한다. 시동이 답배한다.

〈시동이 주인에게 酢酒〉

　축이 시동에게서 받은 빈 잔을 들고 室을 나와 당 위에서 술을 따라 다시 室로 들어가 시동에게 건네주면 시동이 이것으로 주인에게 답잔을 준다.

　주인이 절하고 시동 앞으로 나아가 잔을 받는다.(拜受禮) 시동이 잔

을 보내고 절한다.(拜送禮)

주인이 잔을 들고 물러나 室戶의 동쪽에서 서향하고 서있던 자리로 돌아간다.

佐食이 주인에게 挼祭할 祭物(黍飯, 稷飯, 肺祭)을 준다.

주인이 앉아서 왼손으로 잔을 잡고 오른손으로 제물을 받아 하나하나 祭(고수레)한다. 술을 祭하고 술을 조금 맛보고 시동 앞으로 나아가서 시동의 嘏辭(복을 빌어주는 말)를 듣기를 기다린다.

〈시동이 주인에게 嘏辭〉

좌식이 黍飯(서반. 찰기장밥)을 뭉쳐서 축에게 주면 축이 뭉친 서반을 시동에게 준다.

시동이 뭉친 서반을 葵菹豆로 받아 이것을 들고 주인에게 직접 嘏辭를 내린다.

주인이 왼손으로 잔을 잡았다가 잔을 내려놓고 일어난다. 再拜稽首하고 다시 왼손으로 잔을 들고 오른손으로 뭉친 서반을 시동에게서 받아 室戶의 동쪽에서 서향하고 서있던 자리로 돌아간다.(뭉친 黍飯을 振祭하고 조금 맛본다.)

주인이 뭉친 서반을 공손히 가슴에 품었다가 왼쪽 옷소매 속에 넣고 소매 끝을 새끼손가락에 걸고 잔의 술을 다 마신 뒤에 절한다. 시동이 답배한다.

주인이 빈 잔을 들고 室을 나가 (뭉친 서반을 재차 맛보고) 嗇(색. 뭉친 서반)을 東房에 놓는다.

이때 축이 이 색을 빈 籩으로 받는다.

〈주인이 祝에게 헌주〉

有司가 室의 북쪽 벽 아래에 축을 위해 돗자리를 남향으로 편다.

주인이 당 위에서 빈 잔에 술을 따라 室로 들어와 축에게 헌주한다. 축이 절하고 앉아서 잔을 받는다.(拜受禮) 주인이 잔을 보내고 서향하여 절한다.(拜送禮)

축의 돗자리 앞에 주부가 葵菹豆(규저두. 아욱 초절임)와 蝸醢豆(와해두. 달팽이 젓갈)를 진설하고 좌식이 豕俎를 진설한다.

축이 왼손으로 잔을 잡고 오른손으로 豆의 규저를 취하여 와해에 찍어 祭(고수레)한다. 잔을 내려놓고 일어나 豕俎에서 離肺를 취하여 앉아서 絶祭(폐의 끝부분을 손으로 잘라 고수레함)하고 맛본다. 일어나 豕俎 위에 이폐를 올려놓고 다시 앉아서 잔을 잡고 술을 祭하고 술을 조금 맛본다.

賓長이 肝俎를 따라서 올린다. 축이 왼손으로 잔을 잡고 일어나 오른손으로 간을 취하여 앉아서 소금에 찍어 振祭하고 맛본다. 일어나 豕俎 위에 간을 올려놓고 잔의 술을 다 마신 뒤에 주인에게 절한다.

〈주인이 佐食에게 헌주〉

주인이 답배하고 축에게서 빈 잔을 받아 들고 室을 나가 당 위에서 술을 따라 다시 室로 들어와 좌식에게 헌주한다.

좌식이 시동의 동쪽에서 북향하여 절하고 앉아서 잔을 받는다.(拜受禮) 주인이 잔을 보내고 절한다.(拜送禮)

좌식이 앉아서 祭하고 잔의 술을 다 마신 뒤에 절한다.

주인이 답배하고 좌식에게서 빈 잔을 받아 들고 당을 내려가 下篚 안에 되돌려놓는다. 다시 당에 올라가 室로 들어가서 室戶의 동쪽에서 서향하고 서 있던 자리로 돌아간다.

① 角

술잔이다. 청동으로 만들며 모양은 爵과 비슷하나 주둥이가 없다. 4升을 담을 수 있다. 《예기》〈禮器〉에 "지위가 낮은 사람은 角을 든다.〔卑者擧角.〕"라고 하였는데, 정현의 주에 "4升 들어가는 잔을 角이라고 한다.〔四升曰角.〕"라고 하였다.[133]

【按】角은 南洗의 서쪽에 둔 篚(비)에 담아둔 것이다. 篚의 위치와 篚 안에 담아두는 술잔의 종류는 〈특생궤식례〉 23 참조. 角의 형태는 〈특생궤식례〉 18 주① 참조. 정현의 주에 따르면 〈소뢰궤식례〉 10에서 爵을 쓴 것과 달리 여기에서 角을 쓴 이유는 대부의 예보다 낮추기 위한 것이다.[134]

② 酳

【按】음이 《廣韻》에는 '羊晉切'로 되어 있다. 《五洲衍文長箋散稿》에는 '音引'으로 되어 있고, 《家禮輯覽》에는 《韻會》를 인용하여 '士刃切'이라고 하였다. 《全韻玉篇》과 《字典釋

133) 鄭玄注: "凡觴, 一升曰爵, 二升曰觚, 三升曰觶, 四升曰角, 五升曰散."
134) 鄭玄注: "不用爵者, 下大夫也."

要)에는 '윤'으로 되어 있다. 여기에서는 禮書의 음을 따라 '인'으로 표기하기로 한다. 〈특
생궤식례〉 20 주⑭, 〈소뢰궤식례〉 10 주② 참조.

③ 賓長以肝從

'賓長'은 즉 宿한 賓이다. '以肝從'은 즉 肝俎를 주인이 시동에게 헌주할 때
따라 올리는 것이다. 張惠言의 《儀禮圖》권6 〈直祭酌奠〉圖의 自注에 이
르기를 "肝俎와 燔俎는 〈사우례〉때와 같이 西塾에 진열해둔다.〔肝俎、燔俎
宜如《士虞禮》設西塾.〕"라고 하였다. 즉 內西塾에 진열하는 것이다.

【按】 가공언의 소에 따르면 '肝從'은 〈소뢰궤식례〉 10에서 "賓長이 牢(羊牲과 豕牲)의 肝
을 올리는데 俎에 담아 올린다. 조를 세로로 든다. 조에 담긴 간 역시 세로로 놓는데 간
의 끝부분이 앞으로(시동쪽) 가게 하여 올린다. 소금은 조를 올리는 빈장의 입장에서 보았
을 때 간의 오른쪽(북쪽)에 놓는다."라고 한 것과 같이 해야 한다. 여기에서 이를 말하지
않은 것은 문장을 구비하지 않은 것이다.[135] 다만 여기 士禮에서는 羊肝은 없고 豕肝만
올린다. 또한 燔俎는 주부가 아헌할 때 兄弟長이 올린다. 〈특생궤식례〉 10, 11 주⑪ 참조.

④ 擩于鹽

살펴보면 소금은 肝俎 위에 놓여 있는데 경문에서 글을 생략하고 말하지
않은 것이다.

【按】 소금의 위치에 대해서는 〈소뢰궤식례〉 10 주⑤ 참조.

⑤ 加于菹豆

【按】 胡培翬에 따르면 從獻(술을 올리면서 따라 올리는 음식)으로 올리는 肝과 燔은 시동이 고
수레하고 조금 맛을 본 뒤에 正俎에 올려놓지 않는데, 正俎는 神俎이기 때문이다. 祝이
하의 俎에는 맛본 간과 번을 올려 놓을 수 있다.[136] 敖繼公은 이에 대해 尊者의 禮를 피
한 것이라고 하였다.[137]

⑥ 送爵, 皇尸卒爵

'爵'은 술잔의 범칭으로, 여기에서는 角을 가리킨다. '皇尸'는 시동에 대한
존칭이다. 吳廷華가 말하기를 "주인에게 고하기를 '보낸 술잔의 술을 시
동이 이미 다 마셨습니다.'라고 말하여 절하라고 고하는 것이다.〔告主人言,
所送爵, 尸已卒爵, 以詔拜也.〕"라고 하였다. '詔拜'는 즉 주인에게 절하라
고 고하는 것이다.

⑦ 祝酌, 授尸

【按】 주소에 따르면 시동은 주인에게 답잔을 줄 때 잔을 씻은 뒤에 직접 따라주어야 한
다. 그러나 여기에서는 시동을 높이기 위하여 祝이 대신 술을 따르기 때문에 잔을 씻지

135) 賈公彦疏: "此直言'肝
從', 亦當如《少牢》'賓長羞牢
肝, 用俎, 縮執俎, 肝亦縮, 進
末, 鹽在右', 此亦不言者, 文
不具也."
136) 《儀禮正義》卷35: "從
獻之肝、燔, 尸祭嚌後不加于
正俎者, 以正俎神俎也. 其餘
若祝等之俎, 則可加也."
137) 《儀禮集說》卷15: "肝加
于俎, 闕尊者禮也."

않는다.[138]

⑧ 尸以醋主人

【按】'醋'(직)은 '酢'(직)과 같으며 '보답한다'는 뜻이다. 〈소뢰궤식례〉 11 주② 참조.

⑨ 主人退

살펴보면 주인이 나아가 시동에게 술잔을 받는데, 받고 나면 물러나 원래의 자리, 즉 室戶의 동쪽에서 서향하고 서있던 자리로 돌아간다. 〈특생궤식례〉 7 주③ 참조.

⑩ 佐食授按祭

좌식이 주인의 按祭를 돕는 것이니, 이때 좌식이 취하여 주인에게 주는 祭物은 黍飯·稷飯·祭肺이다.[139]

【按】좌식이 취하여 주인에게 주는 祭物은 〈특생궤식례〉 8 참조. '祭肺'는 고수레에만 사용하는 폐로 肺祭, 刌肺, 切肺라고도 한다. 〈특생궤식례〉 8 주⑪ 참조. 이때 사용하는 폐가 祭肺임을 알 수 있는 것은, 李如圭에 따르면 絕祭를 한다는 구절이 없기 때문에 尸俎에 담은 폐 3조각 중 刌肺 1조각임을 알 수 있는 것이다.[140] 〈특생궤식례〉 29 주⑥참조.

⑪ 聽嘏

정현의 주에 "복을 받는 것을 '嘏'라고 한다.〔受福曰嘏.〕"라고 하였다. 胡培翬에 따르면 "시동이 신의 뜻을 받들어 전하여 주인에게 복을 내리는 것을 이른다.〔謂尸將傳神意以嘏主人.〕"

【按】'聽'은 정현의 주에 따르면 '기다리다〔待〕'라는 뜻이다.[141]

⑫ 搏黍

'搏'은 낱낱이 흩어진 것을 하나로 둥글게 뭉치는 것이다. 郝敬에 따르면 "黍飯을 뭉쳐서 둥글게 만드는 것이다.〔捏黍飯成團.〕"

【按】주소에 따르면 이때 오로지 黍飯만 사용하는 이유는, 稷(직. 메기장)은 오곡 중에 으뜸이지만 黍(서. 찰기장)는 곡식 중의 귀한 것으로 음식의 主가 되기 때문이다.[142] 黍는 周나라 때 稷과 함께 주식으로 사용되었는데, 껍질을 벗긴 것은 大黃米라고 불렀다. 생산량이 적었기 때문에 稷보다는 귀하여 평민이 稷을 주식으로 한 것과 달리 귀족의 음식이었다. 稷은 粟(속)이라고도 부르며, 껍질을 벗긴 것은 小米라고 한다. 생산량이 黍보다 많고 오랫동안 저장할 수 있었기 때문에 五穀 중의 으뜸으로 존중받았다.[143]

⑬ 親嘏主人

【按】가공언의 소에 따르면 大夫禮인 〈소뢰궤식례〉에서는 시동의 명을 받은 祝이 嘏辭를 하는데, 여기에서 시동이 직접하는 것은 士의 시동은 신분이 낮기 때문에 예를 낮춘

138) 鄭玄注: "祝酯不洗, 尸不親酯, 尊尸也."
賈公彥疏: "尸當酢主人, 宜親洗爵酯酒, 不親洗酯, 尸尊故也. 授代酯, 由祝代酯, 故不洗也."

139) 鄭玄注: "其授祭, 亦取黍、稷、肺祭."

140) 《儀禮集釋》卷27: "尸酢主人, 主人不絕祭, 知用尸俎之刌肺."

141) 鄭玄注: "聽, 猶待也."

142) 鄭玄注: "獨用黍者, 食之主."
賈公彥疏: "以稷雖五穀之長, 不如黍之美, 故云食之主. 是以《喪大記》云君沐粱, 大夫沐稷, 士沐粱, 《士喪禮》士沐稻, 諸侯之士, 鄭注云 '差率而上, 天子沐黍, 是黍爲穀之貴也.'"

143) 揚之水, 《詩經名物新證》, 北京, 北京古籍出版社, 2000. 72~73쪽.

것이다.[144] 시동의 *嘏辭*는 〈소뢰궤식례〉 11과 같다.[145]

⑭ 主人左執角, 再拜稽首受

'受'는 뭉친 *黍飯*을 받는 것을 이른다. 胡培翬에 따르면 "받을 때도 오른손으로 받는다.〔受亦右手.〕" 살펴보면 주인은 먼저 *角*을 내려놓은 뒤에 절하고 받아야 한다. 盛世佐에 따르면 "일반적으로 절할 때에는 반드시 술잔을 내려놓아야 하는데, 잔이 기울어져 흘러내릴까 염려되기 때문이다.······ 여기에서 *角*을 내려놓는 것과 일어나는 것을 말하지 않은 것은 글이 생략된 것이다.〔凡拜必奠爵, 慮傾出也.······此不言'奠角'、'興'者, 文略也.〕"[146]

【按】 경문에는 보이지 않으나 이때 주인은 *黍飯*을 *祭*하고 맛본다. 〈소뢰궤식례〉 11 주 ㉕ 참조.

⑮ 詩懷之

정현의 주에 따르면 "詩는 承(받들다)과 같다. 공손히 받아서 가슴에 품는 것을 이른다.〔詩猶承也, 謂奉納之懷中.〕"

⑯ 挂于季指

정현의 주에 따르면 "季는 작다는 뜻이다. 왼쪽소매 속에 담고 소매 끝을 새끼손가락으로 거는 것이다.〔季, 小也, 實於左袂, 挂袪(袖口)以小指者.〕" 敖繼公은 "옛날에는 소매 끝을 소매 몸체보다 좁게 만들었다. 그런데도 손가락으로 거는 것은 절할 때 혹시 *黍飯*을 떨어뜨릴까 염려해서이다.〔古者袪狹於袂, 然猶挂之者, 慮拜時或遺落也.〕"라고 하였다.

⑰ 主人出, 寫嗇于房

吳廷華에 따르면 "寫는 놓는다는 뜻이다. 嗇은 즉 黍이다. 房은 동방이다.〔寫, 釋也, 嗇則黍, 房, 東房也.〕" 살펴보면 '嗇'은 '穡'과 통용된다. 《說文解字》 '穡' 아래 段玉裁의 주에 "옛날에는 대부분 嗇을 가차하여 穡으로 사용하였다.〔古多假嗇爲穡.〕"라고 하였다. '黍'를 바꾸어 '嗇'이라고 한 이유는, 정현의 주에 따르면 "농사를 중히 하고자 해서이다. 嗇은 농사짓는 공이 이루어진 것이다.〔欲其重稼嗇. 嗇者, 農力之成功.〕"

【按】 敖繼公에 따르면 이때 주인은 뭉친 *黍飯*(黍團子)과 함께 빈 *角*을 들고 *室*을 나간다.[147] 경문에서는 언급하지 않았으나 이때 주인은 뭉친 서반을 들어 *東房*에 놓기 전에 중히 여기는 의미에서 재차 맛본다. 〈소뢰궤식례〉 11 주 ㉕ 참조.

⑱ 祝以籩受

【按】 敖繼公에 따르면 여기의 '籩'은 비어 있는 변이다.[148]

144) 賈公彦疏: "《少牢》不親嘏者, 大夫尸尊, 又大夫禮文. 此親嘏者, 士尸卑, 禮質故也."

145) 鄭玄注: "其辭則《少牢饋食禮》有焉."
賈公彦疏: "《少牢》云祝以嘏于主人曰: 皇尸命工祝, 承致多福無疆, 于女孝孫, 來女孝孫, 使女受禄于天, 宜稼于田, 眉壽萬年, 勿替引之'是也."

146) 《儀禮集編》 卷35: "凡拜必奠爵, 慮傾出也. 執爵而拜者, 唯婦人立拜則可耳. 此云'主人左執角, 再拜稽首受', 不言'奠角'、'興'者, 文略也."

147) 《儀禮集說》 卷15: "出亦執角以出也."

148) 《儀禮集說》 卷15: "籩, 虛籩也."

⑲ 筵祝

살펴보면 축의 자리는 室 안 북쪽 벽 아래에 있다.

【按】정현의 주에 따르면 주인이 東房에서 室로 돌아올 때 축의 자리를 편다.[149]

⑳ 祝拜受角

【按】敖繼公에 따르면 〈소뢰궤식례〉 12와 같이 여기에서도 祝과 좌식은 앉아서 술잔을 받는다.[150]

㉑ 設菹、醢、俎

정현의 주에 따르면 "菹와 醢는 모두 주부가 진설하고, 좌식은 俎를 진설한다.〔菹、醢皆主婦設之, 佐食設俎.〕" 살펴보면 여기에 진설하는 菹와 醢는 원래 東房에 있던 것이며, 俎는 원래 두 계단 사이 서쪽 줄에 놓여 있던 것이다.

【按】祝의 俎에 담는 음식은 髀(비) 1骨, 脡脊 2골, 代脅 2골, 膚(부) 1덩이, 離肺 1조각이다. 〈특생궤식례〉 29 참조.

㉒ 祭豆

豆에 담긴 菹와 醢를 이 음식을 최초로 만든 先人에게 祭(고수레)하는 것이다.

㉓ 興取肺, 坐祭

【按】'肺'는 離肺이다. 〈특생궤식례〉 29 참조. '祭'는 李如圭에 따르면 絶祭이다. 絶祭에 대해서는 〈특생궤식례〉 8 주⑧ 참조. 敖繼公에 따르면 祝은 일어나 이폐를 취하기 전에 角을 먼저 내려놓으며, 맛본 이폐를 俎에 올려놓고 다시 앉아서 각을 잡은 뒤에 각의 술을 제한다.[151] 絶祭를 하기 위해서는 반드시 두 손을 사용해야 하기 때문에 절제하기 전에 각을 먼저 내려놓는 것이다.[152] 〈특생궤식례〉 11 참조.

㉔ 加于俎

【按】胡培翬에 따르면 從獻으로 올리는 肝이나 燔을 시동이 祭(고수레)하고 조금 맛본 뒤에 正俎에 올려 놓지 않은 것은 정조는 神俎이기 때문이다. 따라서 나머지 祝 등의 俎에는 맛본 뒤의 간이나 번을 정조에 올려 놓을 수 있다.[153] 시동의 경우 맛본 간을 葵菹豆 위에 올려놓는다.

㉕ 獻佐食

【按】좌식의 俎에 담는 음식은 오른쪽 觳折(곡절) 1조각, 脊 1골, 脅 1골, 膚 1덩이, 離肺 1조각이다. 〈특생궤식례〉 29 참조. 일반적으로 좌식에게 헌주할 때는 肝俎나 燔俎와 같이 따라 올리는 從獻이 없다.[154]

149) 鄭玄注: "主人自房還時."

150) 《儀禮集說》卷15: "《士虞》與《少牢禮》皆云祝與佐食坐受爵, 此不言坐, 如之可知."

151) 《儀禮集說》卷15: "當奠角, 乃興取肺, 坐絶祭, 嚌之. 旣執角, 乃祭酒. 不言奠角、執角與絶者, 亦文略耳."

152) 《儀禮節解》卷14: "祭肺必奠爵, 離肺絶, 須二手也."

153) 《儀禮正義》卷35: "從獻之肝、燔, 尸祭、嚌後不加于正俎者, 以正俎神俎也. 其餘若祝等之俎, 則可加耳."

154) 賈公彦疏: "下經賓長獻節注云: '凡獻佐食, 皆無從.'"

㉖ 佐食北面

　　佐食의 자리는 室戶 서쪽에서 북향하여 祝과 마주보고 있는 곳이다.

㉗ 佐食坐, 祭, 卒角拜

　　【按】 좌식이 고수레를 한 뒤 술을 맛보지 않고 바로 잔의 술을 다 마시는 이유는 〈소뢰
궤식례〉 13 주② 참조.

㉘ 反于篚

　　살펴보면 '篚'는 당 아래 동쪽 계단의 동남쪽에 있다.

10. 주부가 시동·축·좌식에게 헌주, 시동이 주부에게 酢酒함(主婦亞獻)

主婦洗爵于房①, 酌, 亞獻尸②。尸拜受。主婦北面拜送③。
宗婦執兩籩, 戶外坐④。主婦受, 設于敦(대)南。祝贊籩祭⑤,
尸受, 祭之⑥, 祭酒, 啐酒。兄弟長以燔從⑦。尸受, 振祭⑧,
嚌之, 反之⑨。羞燔者受⑩, 加于肵(기), 出。尸卒爵。祝受爵,
命送如初⑪。
酢如主人儀⑫。主婦適房, 南面。佐食挼(타)祭⑬。主婦左執
爵, 右撫祭⑭, 祭酒, 啐酒, 入, 卒爵⑮, 如主人儀⑯。
獻祝, 籩、燔從, 如初儀⑰。及佐食如初。卒, 以爵入于房。

〈주부가 시동에게 헌주〉

　　주부가 술잔을 東房의 北洗에서 씻어 당으로 나와 술을 따라서
室로 들어가 시동에게 아헌한다.

　　시동이 동향하여 절하고 잔을 받는다.(拜受禮) 주부가 잔을 보내고
북향하여 절한다.(拜送禮)

　　宗婦(족인의 부인)가 동방 안 동쪽에 진열해두었던 2籩(栥棗·栥栗)을
들고 와 室戶 밖에 앉는다. 종부가 籩을 건네주면 주부가 실호 밖
에서 이를 받아 室 안으로 들어가 敦(대)의 남쪽에 진설하는데, 棗
籩을 栗籩의 서쪽에 놓는다.

祝이 籩의 祭物(대추와 밤)을 시동이 祭(고수레)하도록 도와 건네주면 시동이 받아서 2개의 豆(葵菹豆와 蝸醢豆) 사이에 祭한다. 이어 술을 祭하고 술을 조금 맛본다.

兄弟長이 燔俎(돼지고기 구이)를 따라 올린다. 시동이 받아서 소금에 찍은 뒤에 振祭하고 맛보고 형제장에게 되돌려준다. 번조를 올린 사람(兄弟長)이 시동에게서 燔을 받아 肵俎(기조. 시동을 위한 俎) 위에 올려놓고 室을 나간다.

시동이 잔의 술을 다 마신다.

축이 시동에게서 빈 잔을 받고 주부에게 고하기를 "보낸 술을 皇尸께서 다 마셨습니다."라고 하고 시동에게 절하도록 주부에게 명하기를 처음 주인이 초헌할 때와 같이 한다.

〈시동이 주부에게 酢酒〉

시동이 축에게서 술잔을 받아 주부에게 답잔을 주기를 처음 주인이 초헌할 때와 같이 한다. (주부는 절하고 잔을 받으며, 시동은 잔을 보내고 절한다. 다만 嘏辭는 하지 않는다.)

주부가 잔을 들고 室을 나가 東房으로 가서 남향하고 선다.

佐食이 주부를 대신하여 바닥에 挼祭(타제. 祭할 음식을 내려놓아 고수레함)하는데, 주부가 왼손으로 잔을 잡고 오른손으로 좌식이 들고 있는 祭物(黍飯·稷飯·肺祭)을 撫祭(祭할 음식을 어루만져서 고수레함)하면 좌식이 이를 타제한다. 이어서 주부가 술을 祭하고 술을 조금 맛본 뒤에 室로 들어가 술을 마신다. 잔의 술을 다 마신 뒤에 주인이 초헌할 때와 같이 주부가 절하고 시동이 답배한다.

〈주부가 祝과 佐食에게 獻酒〉

주부가 축에게 헌주한다. 이어서 주부가 籩(燕棗·燕栗)을 올리고 兄弟長이 燔俎를 따라 올리기를 처음 주인이 축에게 초헌할 때 주부가 豆(葵菹·蝸醢)를 올리고 賓長이 肝俎를 올렸던 의절과 같이 한다. 좌식에게도 헌주하는데, 처음 주인이 좌식에게 초헌할 때와 같이 한다. 좌식이 술을 다 마시면 주부가 빈 잔을 들고 동방 안으로 들어간다.

155) 《儀禮集說》卷15: "亞獻更用爵, 以見主人之用角者, 有爲爲之耳. 獻以爵, 正禮也."

156) 《儀禮集編》卷35: "此爵亦角也. 變角言爵, 見其不仍初獻之器耳. 初獻用角, 爲下大夫, 則主婦獨不當闢內子邪! 敖說蓋誤."

157) 《儀禮正義》卷35: "今案此云'洗爵于房', 下獻祝及佐食畢, 云以爵入于房, 則房中有洗與篚明矣.……褚氏云: '庭篚, 惟一角, 主人獻佐食, 已實于篚矣, 故敖氏卽指此經之爵爲爵也. 或曰: 內篚亦有角, 經不具耳. 如主人用角獻, 而主婦反用爵, 則失尊卑之義.'……今案褚所引或說及盛說是也."

158) 鄭玄注: "主婦貳獻, 不夾拜者, 士妻儀簡耳."
賈公彦疏: "此決《少牢》主婦亞獻尸時夾拜, 此士妻下之, 故云儀簡耳."

159) 《儀禮章句》卷15: "在主人北, 北面拜, 別于主人."

160) 鄭玄注: "北面拜者, 辟內子也. 大夫之妻拜於主人北, 西面."
賈公彦疏: "《少牢》云: '主婦洗于房中, 出酌, 入戶, 西面拜獻尸.' 鄭注云: '入戶西面拜, 由便也. 不北面者, 辟人君夫人也. 拜而後獻者, 當夾拜也.' 又云尸拜受. 主婦主人之北, 西面拜送爵'是也. 若大夫妻貴, 辟人君夫人, 士妻賤, 不嫌得與人君夫人同也."

161) 《禮書通故》卷48〈禮節圖3 特牲主婦亞獻獻祝佐食〉: "經主婦亞獻, 北面拜送, 獻祝, 佐食如初, 其拜位同也. 張《圖》候北面, 候西面, 似主婦有兩位, 非."

① 主婦洗爵于房

【按】'洗'는 東房 안의 北洗를 이르며, '爵'은 角을 이른다. 敖繼公은 여기의 爵은 일반적으로 술잔을 지칭하는 爵이 아니라 원래 의미의 爵으로 보았으나[155] 盛世佐는 이를 오류로 보고 여기의 爵은 角이라고 하였다. 성세좌는 여기에서 角이라 하지 않고 爵이라고 한 것은 초헌 때의 角을 그대로 사용하지 않음을 보인 것뿐이라고 하였다.[156] 胡培翬 역시 或者의 설을 인용하여 주인이 角으로 헌주하였는데 주부가 爵을 사용한다면 尊卑의 의리에 맞지 않다고 보아 爵을 角으로 보았다. 또 호배휘에 따르면 여기 〈특생궤식례〉 10에서 '주부가 爵을 房에서 씻는다.'라고 하고 '爵을 들고 방으로 들어간다.'라는 구절을 근거할 때 東房 안에 內洗(즉 北洗)와 內篚가 있는 것이 틀림없다고 하였다.[157]

② 酌, 亞獻尸

【按】주소에 따르면 〈소뢰궤식례〉(14 주④)에서는 주부가 아헌할 때 시동에게 술을 올리기 전에 먼저 서향하여 절한 뒤 헌주하며 시동이 술잔을 받으면 다시 서향하고 절을 한다. 즉 夾拜를 한다. 그러나 〈특생궤식례〉는 士禮이기 때문에 협배를 하지 않는다.[158]

③ 主婦北面拜送

吳廷華에 따르면 주부는 주인의 북쪽에 자리하는데, 북향하고 절하는 것은 주인이 서향하고 절하는 것과 구별하기 위해서이다.[159]

【按】주소에서는 주부가 주인의 북쪽에서 서향하고 있다가 술을 보내고 절할 때 북향하는 이유를 경대부의 처인 內子와 같은 예를 행한다는 혐의를 피하기 위해서라고 보았다. 이것은 대부의 제례인 〈소뢰궤식례〉 14에서 주부가 시동에게 술을 올리기 전에 절하고 술을 올린 뒤 서향하고 절하는 것이 國君의 夫人과 같은 예를 행한다는 혐의를 피하기 위해서라고 본 것과 동일한 것이다. 士의 처는 신분이 낮기 때문에 국군의 부인과 같은 예를 행한다 하더라도 혐의가 없기 때문이다.[160] 또한 黃以周의 〈主婦亞獻獻祝佐食〉 圖에는 주부가 시동·축·좌식에게 술을 올리고 拜送禮를 행할 때 모두 남쪽 벽을 등지고 북향하여 절하도록 되어 있다. 이것은 축과 좌식에게 술을 올릴 때 '처음과 같이 한다[如初]'는 구절을 근거로 그 절하는 위치를 동일하게 본 것이다. 이를 근거로, 張惠言의 〈主婦亞獻獻祝佐食〉 圖에서 주부가 남쪽 벽을 등지고 북향하여 절하도록 하기도 하고 주인의 북쪽에서 서향하여 절하도록 하기도 하여 마치 두 개의 위치가 있는 것처럼 그린 것을 오류로 보았다.[161] 위 주소의 설을 근거로 살펴보면 황이주의 설이 옳을 듯하다.

④ 宗婦執兩籩, 戶外坐

'宗婦'는 蔡德晉에 따르면 "同宗의 부인으로 제사를 도우러 온 사람이다.[同宗之婦, 來助祭者.]" '兩籩'은 정현의 주에 따르면 "棗籩과 栗籩으로, 조변을 서쪽에 놓는다.〔棗.栗, 棗在西.〕"

【按】종부의 위치는 〈특생궤식례〉 26 참조.

⑤ 祝贊籩祭

시동이 祭를 행하도록 祝이 도와주는 방법은, 축이 籩에 담긴 대추와 밤
을 취하여 시동에게 祭하도록 주는 것이니, 이른바 '墮祭'와 같은 것이다.

⑥ 尸受, 祭之

祭하는 법은 정현의 주에 따르면 "마찬가지로 2개의 豆 사이에 祭한다.〔亦
於豆祭.〕" 즉 대추와 밤을 葵菹豆와 蝸醢豆 사이에 놓아서 祭한다는 것을
보이는 것이다.

⑦ 兄弟長以燔從

'兄弟長'은 형제 중에 長者이다. '燔'은 구운 고기이다. 살펴보면 구운 고기
도 俎에 담으며, 이 燔俎는 內西塾에 있던 것이다.

⑧ 振祭

마찬가지로 먼저 소금에 찍은 뒤에 振祭해야 하는데 경문에서는 생략하고
말하지 않았다. 〈특생궤식례〉 9 주④ 참조.

⑨ 反之

【按】가공언의 소에 따르면 燔肉을 長兄弟에게 되돌려준다는 말이다.[162]

⑩ 羞燔者

즉 兄弟長이다.

⑪ 命送如初

'送'은 "보낸 술잔을 皇尸께서 다 마셨습니다.〔送爵, 皇尸卒爵.〕"라는 문장
을 줄인 것이다. 郝敬에 따르면 "시동이 술잔의 술을 다 마시면 주부에게
주인이 초헌할 때처럼 절하도록 명하는 것이다.〔尸卒爵, 命主婦拜如主人
也.〕"

【按】주인이 초헌할 때의 의절은 〈특생궤식례〉 9 주⑥ 참조.

⑫ 酢如主人儀

'酢'은 시동이 주부에게 답잔을 주는 것을 이른다.

【按】주소에 따르면 일반적으로 남자와 여자는 술잔을 이어서 쓰지 않는데, 여기에서 시
동이 주부에게 답잔을 줄 때 술잔을 바꾸지 않은 것은 경대부의 처인 內子와 똑같은 예
를 행한다는 혐의를 피하기 위해서이다. 대부의 제례인 〈소뢰궤식례〉에서는 시동이 주부
에게 답잔을 줄 때 술잔을 바꾸어 씻은 뒤 술을 따라 준다.[163] 〈소뢰궤식례〉 15 주① 참

162) 賈公彥疏: "云'反之'者,
謂反燔于長兄弟."

163) 鄭玄注: "不易爵, 辟內
子."

賈公彥疏: "云'不易爵, 辟內
子'者, 以經云'酢如主人儀', 上
尸酢主人時不易爵, 故此主婦
受酢, 亦不易爵可知. 男女不
相襲爵, 所以今襲爵者, 辟內
子. 是以《少牢》云: '祝受尸爵,
尸答拜, 易爵洗酌, 授尸, 主
婦拜受爵, 尸答拜.' 是其易爵
也."

조. '如主人儀'는 정현의 주에 따르면 祝이 술을 따르는 것부터 시동이 拜送禮를 행하는 데까지를 이른다.[164]

⑬ 佐食挼祭

주부를 위해 挼祭하는 것이다. 吳廷華에 따르면 이것은 주부를 대신하여 이 음식을 최초로 만든 先人에게 祭하는 禮를 행하는 것이다.[165]

⑭ 右撫祭

정현의 주에 따르면 "挼祭(타제)할 祭物을 어루만져서 직접 祭하는 모습을 보이는 것이다. 佐食은 주부에게 주지 않고 바닥에 祭한다.〔撫挼祭, 示親祭. 佐食不授而祭於地.〕"

이것은 좌식이 祭物을 東房으로 가지고 와서 주부에게 주지 않고 주부가 한 번 어루만지기만 하여 직접 祭하는 모습을 보인 뒤에 좌식이 제물을 바닥에 내려놓아 祭하는 것을 말한다. 이것이 이른바 '撫祭'이다.

【按】大夫禮는 上佐食이 직접 挼祭한다. 〈소뢰궤식례〉 15 참조. 이때 祭하는 祭物의 종류는 黍飯, 稷飯, 切肺이다. 〈특생궤식례〉 29 주⑥, 〈소뢰궤식례〉 15 주③④ 참조.

⑮ 入, 卒爵

【按】정현의 주에 따르면 주부가 室에 들어와 술을 다 마시는 것은, 尊者 앞에서 禮를 이룸으로써 은혜를 받았음을 분명히 하기 위한 것이다.[166]

⑯ 如主人儀

敖繼公에 따르면 "주인이 잔의 술을 다 마시고 절하면 시동이 답배하는 것을 이른다.〔謂卒爵拜, 尸答拜也.〕"

⑰ 籩、燔從, 如初儀

敖繼公에 따르면 "初儀는 주인이 祝에게 헌주하는 예이다.……아헌의 籩과 초헌의 豆, 아헌의 燔과 초헌의 肝은 올리는 祭物은 다르지만 祭하는 의절은 똑같다.〔初儀, 則主人獻祝之禮.……籩與豆, 燔與肝雖異, 其祭之之儀則同.〕"

【按】주인이 축에게 헌주하는 예는 〈특생궤식례〉 9 참조. 敖繼公에 따르면 주부는 이때 술잔을 바꾸어 內洗(東房 안의 洗)에서 씻은 뒤 술을 따라 축에게 헌주한다. 남자는 부인의 술잔을 이어 쓰지 않기 때문이다. 또한 오계공에 따르면 축에게 진설하는 籩 역시 棗籩과 栗籩 2개이다.[167]

164) 鄭玄注: "尸酢主婦如主人儀者, 自祝酌至尸拜送, 如酢主人也."

165)《儀禮章句》卷15: "佐食挼祭, 代主婦祭也."

166) 鄭玄注: "入室卒爵, 於尊者前成禮, 明受惠也."

167)《儀禮集說》卷15: "主婦當更爵, 洗于房中, 乃酌, 獻祝, 略如內子之禮, 蓋男子不承婦人爵也.……祝亦兩籩, 其設之, 棗在菹西, 栗在棗南."

11. 賓長이 시동·축·좌식에게 헌주하고 주인·주부에게 致酒, 주인과 주부가 서로에게 致酒, 시동·주인·주부가 빈장에게 酢酒함(賓三獻)

賓三獻如初①。燔從如初。爵止②。
席于戶內③。主婦洗爵, 酌, 致爵于主人④。主人拜受爵。主婦拜送爵⑤。宗婦贊豆如初⑥。主婦受, 設兩豆·兩籩。俎入設⑦。主人左執爵, 祭薦, 宗人贊祭⑧。奠爵, 興取肺, 坐絕祭⑨, 嚌之, 興, 加于俎, 坐挩(세)手。祭酒⑩, 啐(체)酒。肝從⑪。左執爵, 取肝揳(연)于鹽, 坐振祭⑫, 嚌之。宗人受, 加于俎。燔亦如之。興, 席末坐⑬, 卒爵拜。主婦答拜, 受爵, 酌醋(작)⑭, 左執爵拜。主人答拜⑮。坐祭, 立飮, 卒爵拜。主人答拜。主婦出, 反于房。
主人降, 洗, 酌, 致爵于主婦。席于房中, 南面。主婦拜受爵。主人西面答拜。宗婦薦豆·俎⑯, 從獻⑰, 皆如主人。主人更(경)爵, 酌醋⑱, 卒爵, 降, 實爵于篚, 入復位。
三獻作止爵⑲。尸卒爵, 酢⑳。酌, 獻祝及佐食㉑。洗爵㉒, 酌, 致于主人·主婦。燔從皆如初㉓。更爵, 酢于主人㉔, 卒, 復位㉕。

〈賓長이 시동에게 獻酒〉

　賓(賓長)이 시동에게 삼헌을 하는데 처음 주부가 아헌할 때와 같이 한다.

　兄弟長이 燔俎를 따라 올리는데 처음 주부가 아헌할 때와 같이 한다.(2籩은 올리지 않는다.)

　시동이 술잔을 내려놓고 마시지 않는다.

〈주부가 주인에게 致酒〉

　有司가 주인을 위해 東房에서 가져온 돗자리를 室戶 안에 서향으로 편다.

　주부가 동방 안의 北洗에서 잔을 씻어 당에서 술을 따라 室로 들

어가 주인에게 잔을 보낸다. 주인이 서향하여 절하고 잔을 받는
다.(拜受禮) 주부가 잔을 보내고 북향하여 절한다.(拜送禮)

宗婦(족친의 부인)가 2豆(葵菹·蝸醢)와 2籩(乾棗·乾栗)을 東房에서 가져
와 주부가 주인에게 올리는 것을 돕는데, 처음 아헌 때와 같이 室
戶 밖에서 豆와 籩을 들고 앉아 주부에게 준다.

주부가 室戶 밖에서 2두와 2변을 받아 室로 들어가 동향하고 주
인의 돗자리 앞에 진설한다.

佐食이 豕俎를 들고 들어와 주인의 돗자리 앞에 진설한다.

주인이 왼손으로 잔을 잡고 오른손으로 薦(葵菹와 蝸醢)을 祭(고수레)
한다.

宗人이 주인을 도와 주인에게 대추와 밤을 祭하도록 건네준다.

주인이 잔을 내려놓고 일어나 離肺를 취한 뒤에 앉아서 오른손으
로 絶祭(폐의 끝부분을 손으로 잘라 고수레함)하고 왼손으로 맛본다. 맛본
폐를 일어나서 豕俎 위에 올려놓고 앉아서 손을 닦는다. 내려놓았
던 잔을 잡고 술을 祭하고 술을 조금 맛본다.

肝俎를 따라 올린다. (이때 燔俎도 따라 올린다.) 주인이 왼손으로 잔을
잡고 일어나서 오른손으로 간을 취하여 소금에 찍어 앉아서 振祭
(祭物을 털어서 고수레함)하고 맛본다. 종인이 간을 받아 豕俎 위에 올
려놓는다.

燔(돼지고기 구이)도 이와 같이 한다.(주인이 燔을 소금에 찍어 振祭하고 맛보고
豕俎 위에 올려놓기를 간을 振祭하고 맛볼 때와 같이 한다.)

주인이 일어나 돗자리의 끝(북쪽)으로 옮겨 앉아 잔의 술을 다 마
신 뒤에 서향하여 절한다.

주부가 북향하여 답배하고 주인에게서 빈 잔을 받아 주인을 대신
하여 스스로 답하는 술을 따라 왼손으로 잔을 잡은 뒤에 절한다.
주인이 답배한다. 주부가 앉아서 술을 祭한 뒤에 서서 잔의 술을
마신다. 주부가 잔의 술을 다 마신 뒤에 절한다. 주인이 답배한다.
주부가 室을 나와 東房으로 돌아간다.

〈주인이 주부에게 致酒〉

주인이 당을 내려가 南洗에서 잔을 씻어 당에 올라가 술을 따라

들고 東房으로 들어가 잔을 주부에게 보낸다.

주부를 위해 동방 안에 돗자리를 펴는데 남향으로 편다.

주부가 절하고 잔을 받는다. 주인이 서향하고 답배한다.

주부에게 宗婦가 2豆(葵菹·蝸醢, 2籩 즉 烝棗·烝栗 포함)를 올리고, 좌식이 豕俎를 올리며, 따라 올리는 俎(肝俎와 燔俎)를 모두 주부가 주인에게 致爵할 때와 같이 한다.

주인이 동방 안 內篚의 잔으로 바꾸어 들고 당으로 나와 주부를 대신하여 답하는 술을 스스로 따라 다시 동방 안으로 들어가 잔의 술을 다 마신 뒤에 당을 내려가 빈 잔을 下篚에 넣는다. 室로 들어가 室戶 동쪽에서 서향하고 서 있던 자리로 돌아간다.

〈시동이 賓長에게 酢酒, 빈장이 祝과 좌식에게 헌주하고 주인과 주부에게 致酒〉

三獻(賓長)이 시동에게 삼헌했을 때 내려놓았던 잔을 들어 마시기를 청한다.

시동이 잔의 술을 다 마신 뒤에 祝이 술을 따라 건네준 잔을 답잔으로 삼헌에게 준다.(삼헌은 절하고 잔을 받으며, 시동은 잔을 보내고 절한다.)

삼헌이 시동에게서 받은 잔의 술을 다 마신 뒤에 빈 잔에 술을 따라 축과 좌식에게 헌주한다.

이어 삼헌이 南洗에서 잔을 씻어 당에 올라가 술을 따라서 주인과 주부에게 보낸다. 燔俎를 따라 올리는데, 모두 처음 주부가 아헌할 때 및 주인·주부가 서로에게 잔을 보낼 때와 같이 한다.

삼헌이 잔을 바꾸어 주인과 주부를 대신하여 답하는 술을 스스로 따라서 다 마신 뒤에 당을 내려가 빈 잔을 下篚에 넣고 서쪽 계단 아래에서 동향하고 서있던 자리로 돌아간다.

① 賓三獻如初

정현의 주에 따르면 "初는 아헌을 뜻한다.〔初, 亞獻也.〕" 즉 주부가 아헌할 때의 禮와 같이 하는 것이다. 아래의 '如初'도 뜻이 같다.

【按】敖繼公에 따르면 이때 賓長은 잔을 南洗에서 씻어 들고 당에 올라와 술을 따라 室로 들어가 시동에게 세 번째 잔을 올리는 것이다.[168]

168) 《儀禮集說》卷15: "不言洗爵·升酌, 可知也."

② 爵止

즉 술잔을 내려놓는 것이다. 시동이 잔을 받고 나서 술을 祭하고 술을 맛본 뒤에 바로 잔을 내려놓고 마시지 않는 것을 이른다. 〈특생궤식례〉14 주 ② 참조. 잔을 내려놓고 마시지 않는 이유는, 정현의 주에 따르면 三獻을 하면 禮가 다 이루어지기 때문이다.

【按】정현의 주에 따르면 三獻의 예가 다 이루어졌기 때문에 신의 은혜를 室 안에 있는 사람들과 골고루 나누기 위해 내려놓고 기다리는 것이다.[169] 가공언의 소에 따르면 賓이 三獻을 행할 때 다음과 같이 모두 11차례 술잔이 오간다. (1) 賓이 시동에게 獻, (2) 주부가 주인에게 致, (3) 주인이 주부에게 酢(주부가 스스로 술을 따라 마심), (4) 주인이 주부에게 致, (5) 주부가 주인에게 酢(주인이 스스로 술을 따라 마심), (6) 시동이 賓에게 酢, (7) 賓이 祝에게 獻, (8) 賓이 佐食에게 獻, (9) 賓이 주인에게 致, (10) 賓이 주부에게 致, (11) 주인(주부 포함)이 賓에게 酢(빈이 스스로 술을 따라 마심)한다.[170]

③ 席于戶內

정현의 주에 따르면 이것은 주인을 위해 자리를 펴놓는 것으로, 이때 자리를 서향하도록 편다. 胡培翬는 "주인을 위해 펴놓는 것은 장차 주부가 주인에게 술잔을 보내기 때문이다.〔爲主人鋪之者, 以主婦將致於主人也.〕"라고 하였고, 敖繼公은 "자리를 또한 남쪽을 상위로 하여 펴는 것이다.〔席亦南上.〕"라고 하였다.

【按】정현의 주에 따르면 이때 자리는 東房에서 가지고 온다.[171]

④ 致爵于主人

胡培翬는 高愈의 설을 인용하여 "주인과 주부가 서로 직접 술을 따라 주는 것은 부부가 화합하면 집안의 도가 이루어지니, 주인과 주부가 직접 술을 따라 서로에게 주면 皇尸가 즐거워할 것이기 때문이다.〔主人、主婦親相致爵者, 蓋夫婦和而家道成, 主人、主婦親相致爵, 則皇尸其樂之矣.〕"라고 하였다.

⑤ 主人拜受爵. 主婦拜送爵

【按】주인은 拜受禮를 행한 것이며, 주부는 拜送禮를 행한 것이다. 아래 주 ⑮ 참조. 정현의 주에 따르면 주부는 북향하고 절한다.[172]

⑥ 宗婦贊豆如初

정현의 주에 따르면 "初는 아헌을 도운 것이다.〔初, 贊亞獻也.〕" 胡培翬에 따르면 "아헌할 때 宗婦가 2개의 籩을 들고 室戶 밖에 앉아 있었는데,

169) 鄭玄注: "尸止爵者, 三獻禮成, 欲神惠之均於室中, 是以奠而待之."

170) 賈公彦疏: "此一科之內, 乃有十一爵. 賓獻尸, 一也; 主婦致爵于主人, 二也; 主人酢主婦, 三也; 主人致爵于主婦, 四也; 主婦酢主人, 五也; 尸擧奠爵酢賓長, 六也; 賓長獻祝, 七也; 又獻佐食, 八也; 賓又致爵于主人, 九也; 又致爵于主婦, 十也; 賓受主人酢, 十一也."

171) 鄭玄注: "爲主人鋪之, 西面, 席自房來."

172) 鄭玄注: "主婦拜, 拜於北面也."

이때에도 그와 같이 하는 것이다.〔上亞獻時, 宗婦執兩邊戶外坐, 此亦如之.〕" 또 胡培翬에 따르면 宗婦가 주부를 도와 豆를 건네줄 때 2개의 邊도 같이 건네주는데, 經文에서는 글을 생략하고 말하지 않았다. 이 때문에 다음 글에 "주부가 받아서 2豆와 2邊을 주인의 자리 앞에 진설한다.〔主婦受, 設兩豆、兩邊.〕"라고 한 것이다.[173] 살펴보면 宗婦가 도와서 건네주는 邊과 豆는 모두 東房에 미리 진설해 두었던 것이다.

⑦ 俎入設

정현의 주에 따르면 "佐食이 진설한다.〔佐食設之.〕"

【按】이때 주인의 牲俎에는 豕牲의 左臂 1골, 正脊 2골, 橫脊 1골, 長脅 2골, 短脅 1골, 膚 1덩이, 離肺 1조각이 담겨 있다. 〈특생궤식례〉 29 참조.

⑧ 祭薦, 宗人贊祭

'祭薦'은 올린 豆 안의 菹와 醢를 가지고 先人에게 祭하는 것이다. '贊祭'는 주인을 도와 宗人이 邊實(대추와 밤)을 주인에게 건네주어 祭하도록 하는 것이다.

⑨ 絶祭

폐의 끝부분을 손으로 잘라서 祭하는 데 쓰는 것이다. 《周禮》〈春官大祝〉에 실린 9祭 중의 하나로, 정현의 주에 따르면 "絶祭는 그 뿌리에서부터 따라가지 않고 곧바로 폐의 끝부분을 잘라서 祭하는 것이다.〔絶祭, 不循其本, 直絶肺以祭也.〕" 吳廷華는 "곧바로 자르는 것은 士禮의 絶祭이다.〔直絶之, 士禮絶祭也.〕"라고 하였다. '絶'은 폐의 끝을 취하여 祭하는 것을 이른다. 士의 絶祭와 달리 대부는 繚祭를 행하는데, 정현의 주에 따르면 "繚祭는 손으로 폐의 뿌리 부분을 세로로 잡고 뿌리 부분부터 따라서 가다가 폐의 끝부분에 이르면 마침내 이를 잘라서 祭하는 것이다.〔繚祭, 以手從持肺本, 循之至於末, 乃絶以祭也.〕"

【按】'絶祭'는 〈특생궤식례〉 8 주⑧⑪ 참조. 〈鄕飮酒禮〉에 따르면 일어나서 오른손으로 폐를 가져와 앉아서, 왼손에 폐를 옮겨 들고, 오른손으로 폐의 끝부분을 잘라 絶祭하고, 왼손으로 폐를 맛본 뒤 일어나 俎에 올려놓는다.[174]

⑩ 祭酒

【按】내려놓았던 술잔을 다시 잡고 술을 祭하는 것이다.

⑪ 肝從

살펴보면 마찬가지로 燔俎도 함께 올리는데 여기에서는 글을 생략한 것이

173]《儀禮正義》卷35: "宗婦贊豆, 兼贊邊, 經但云'贊豆'者, 邊亦可名豆也. 既授兩豆, 復取兩邊于房授之, 豆、邊皆宗婦贊, 主婦受以設也."

174]《儀禮》〈鄕飮酒禮〉: "興, 右手取肺, 卻左手執本, 坐, 弗繚, 右絶末以祭, 尙左手嚌之, 興加于俎."

다. 다음에 나오는 '燔亦如之' 구로 알 수 있다.

【按】盛世佐는 肝俎와 燔俎를 모두 長兄弟가 올린다고 보았다.[175] 그러나 王士讓은 다른 사람의 말을 인용하여 간조는 주인이 초헌할 때와 같이 賓長이 올리며《특생궤식례》9 주 ③》, 번조는 주부가 아헌할 때와 같이 장형제가 올린다고 보았다.[176]《특생궤식례》10 주⑦》 일설에 간조는 장형제가, 번조는 유사가 올린다고도 한다. 자세하지 않다.

⑫ 坐振祭

褚寅亮에 따르면 일반적으로 따라 올리는 肝俎나 燔俎는 반드시 일어나서 취하고 다시 앉아서 祭하기 때문에 '坐振祭'라고 한 것이다.[177] 살펴보면 앞에서 일반적으로 肝俎나 燔俎에서 취하여 振祭할 때 일어난다거나 앉는다고 말하지 않은 것은 모두 글을 생략한 것임을 알 수 있다.

⑬ 席末坐

'席末'은, 자리를 남쪽을 상위로 하였으니 자리의 북쪽이 끝이 된다.

【按】정현의 주에 따르면 주인이 자리의 끝으로 옮겨 가 앉아서 잔을 비우는 것은 공경을 나타낸 것이다.[178]

⑭ 酌醋

이것은 주부가 술을 자신에게 따르는 것이니, 주인을 대신하여 자신에게 답잔을 따르는 것이다. 주부가 자신에게 스스로 답잔을 따르는 이유는, 敖繼公에 따르면 시동이 있기 때문에 주인이 감히 직접 주부에게 술을 따라 주지 못하는 것이다.[179] 吳廷華는 "이하에서 스스로 답잔을 따르는 것은 모두 시동을 피한 것이다.〔以下皆自酌, 辟(避)尸也.〕"라고 하였다.

⑮ 左執爵拜, 主人答拜

주부가 절하는 것은 주인이 술잔을 주면 절하고 받는 拜受禮를 형상한 것이다. 주인이 답배하는 것은 술잔을 보낸 뒤에 절하는 拜送禮를 형상한 것이다. 살펴보면 주부가 절하는 것은 먼저 앉아서 술잔을 놓은 뒤에 일어나 절해야 하는데, 경문에서는 모두 글을 생략하였다.

【按】주부가 먼저 술잔을 내려놓은 뒤에 일어나 절하는 것으로 본 양천우와 달리, 敖繼公은 일반적으로 부인의 절은 왼쪽 손바닥으로 바닥을 짚기 때문에 오른손으로 물건을 잡은 채 절할 수 있다고 하였다.[180] 즉 앉아서 술잔을 든 채 절하는 것으로 보았다. 그러나 郝敬은 주부가 서서 절하는 것으로 보았다.[181] 오계공은 또 여자의 절은 오른손을 숭상하기 때문에 여기의 '左'자는 오자가 아니면 연문일 것이라고 하였다.[182] 그러나 盛世佐는 주부가 왼손으로 잔을 잡고 절하는 것을 肅拜로 보아 오계공이 오류로 본 것

175)《儀禮集編》卷35: "以肝、燔從者, 亦長兄弟也."

176)《儀禮紬解》卷15: 泊邨吳氏曰: "羞肝者亦賓長, 羞燔者亦長兄弟. 旣羞, 則各以其俎出."

177)《儀禮管見》卷下之四: "凡從獻之肝、燔, 必興而取, 坐而祭. 經言坐祭, 正見其興而取也. 敖謂坐字衍, 謬."

178) 鄭玄注: "於席末坐卒爵, 敬也."

179)《儀禮集說》卷15: "主婦自酌者, 主人避尸, 不敢酢主婦, 主婦達其意也."

180)《儀禮集說》卷2: "凡婦人之拜, 以左掌據地, 故右手執物而可以拜也."

181)《儀禮節解》卷15: "主婦左執爵拜, 不奠爵, 婦人立拜也."

182)《儀禮集說》卷15: "凡女拜尙右手, 左字, 非誤則衍."

을 오히려 틀렸다고 하였다.[183] 뒤에 나오는 경문에도 술잔을 들고 절하는 것이 나올 뿐 아니라 부인의 正拜는 서서 하는 肅拜이기 때문에 여기에서도 주부가 술잔을 들고 절하는 것으로 보아야 할 듯하다. 〈유사철〉10 주⑨ 참조.

⑯ 宗婦薦豆․俎

胡培翬에 따르면 올린 것은 마찬가지로 2豆 2籩이고, 俎는 牲俎이니 즉 豕俎이다.[184]

【按】이때 주부의 牲俎에는 豕牲의 右穀折 1조각, 正脊 2골, 橫脊 1골, 長脅 2골, 短脅 1골, 膚 1덩이, 離肺 1조각이 담겨 있다. 〈특생궤식례〉 29 참조.

⑰ 從獻

마찬가지로 肝俎와 燔俎를 따라 올린다.

⑱ 主人更爵, 酌醋

정현의 주에 따르면 "주인이 잔을 바꾸어 스스로 답잔을 따르는 것이니, 남자는 여자의 잔을 이어서 쓰지 않기 때문이다.〔主人更爵自醋, 男子不承婦人爵也.〕"

⑲ 三獻作止爵

'三獻'은 삼헌하는 사람, 즉 賓을 가리킨다. 정현의 주에 따르면 "賓을 三獻이라고 말한 것은 그 하는 일을 가지고 이름을 붙인 것이다.〔賓也, 謂三獻者, 以事命之也.〕" 또 이르기를 "作은 든다는 뜻이다.〔作, 起也.〕"라고 하였다. 蔡德晉에 따르면 "처음에 賓이 세 번째로 술을 올리면 시동은 잔을 내려놓고 마시지 않는다. 주인과 주부가 서로에게 술잔을 보내는 禮가 끝나면 빈이 마침내 시동에게 마시지 않고 놓아두었던 술을 마시라고 청하는 것이다.〔初賓三獻, 尸爵止, 及主人․主婦致爵畢, 賓乃請尸飲所止之爵.〕"

⑳ 酢

盛世佐에 따르면 "시동이 빈에게 답잔을 주는 것으로, 주인과 주부에게 답잔을 주는 것과 같은 禮로 한다.〔尸醋賓, 如其酢主人與主婦之禮.〕"

【按】盛世佐에 따르면 시동이 賓長에게 답잔을 줄 때 주인과 주부에게 답잔을 줄 때와 같은 禮로 하는데, 경문에서 이것을 말하지 않은 것은 다음에 나오는 '如初'라는 글에 포함되기 때문이다.[185] 즉 祝이 술을 따라주면 시동은 이를 받아 빈장에게 답잔을 주고 절을 하며, 빈장은 절하고 잔을 받는다. 〈특생궤식례〉 9, 10 참조. 다만 '如初'의 범위에 대한 성세좌의 설은 정현의 주와 다르다. 아래 주㉓ 참조.

183) 《儀禮集編》 卷35: "左執爵而拜者, 肅拜也, 敖以爲誤, 非."

184) 《儀禮正義》 卷35: "豆, 亦兩豆․兩籩; 俎, 牲俎也. 從獻, 肝․燔也."

185) 《儀禮集編》 卷35: "尸酢賓, 如其酢主人與主婦之禮, 經不言者, 蒙下'如初'之文也."

㉑ 獻祝及佐食

'祝'은 원문에 '洗'로 잘못되어 있는데, 阮元의 교감본과 漢簡本에 따라 '祝'으로 수정하였다.

【按】敖繼公에 따르면 빈장은 祝에게 헌주할 때 室戶의 서쪽에서 북향하고 절하며, 좌식에게 헌주할 때 주인의 남쪽에서 서향하고 절한다.[186]

㉒ 洗爵

【按】가공언의 소에 따르면 卑者인 佐食에게 따라준 爵을 尊者인 주인과 주부에게 이어서 사용할 것이기 때문에 헌주하는 중간인데도 爵을 씻는 것이다.[187] 〈유사철〉5 주①참조.

㉓ 燔從皆如初

정현의 주에 따르면 주부의 아헌이나 주인·주부가 서로 술을 보낼 때와 같이 하는 것을 이른다.[188] 가공언의 소에 "비록 '如初'라고 말했으나 따라 올리는 肝俎는 없기 때문에 경문에서 '燔從皆如初'라고 말한 것이다.〔雖云如初, 則無肝從, 故經釋云'燔從皆如初'.〕"라고 하였다.

【按】주소에 따르면 일반적으로 佐食에게 헌주할 때는 모두 從獻(따라 올리는 음식)이 없다. 즉 일반적으로 주인·주부·賓長이 좌식에게 헌주할 때는 모두 따라서 올리는 肝俎나 燔俎가 없다는 것이다.[189]

㉔ 更爵, 酢于主人

吳廷華에 따르면 "賓이 주인을 위해 스스로 답잔을 따르는 것이다.〔爲主人自醋也.〕" 오정화는 또 말하기를 "이것은 주부를 위해 답잔을 따르는 것이기도 한데, 주인을 말함으로써 여기에 주부까지 포함시킨 것이다.〔亦爲主婦醋, 言主人以槪之也.〕"라고 하였다. 賓이 방금 주인과 주부에게 술을 따라 올렸으니, 주인과 주부는 禮에 따르면 賓에게 답잔을 따라 주어야 한다. 이 때문에 賓이 스스로 답잔을 따라서 주인과 주부가 자신에게 답잔을 따라주는 것을 대신한 것이다.

【按】李如圭에 따르면 이때 빈장이 스스로 답잔을 따르면서 爵을 바꾼 것은 부인이 사용한 작을 이어 쓰지 않기 때문이다.[190]

㉕ 復位

郝敬에 따르면 "당 아래 동향하던 자리로 돌아가는 것이다.〔復堂下東面之位.〕" 즉 서쪽 계단 아래 동향하는 자리이다.

---

186) 《儀禮集說》卷15: "賓獻祝, 亦北面拜於戶西; 獻佐食, 亦西面拜於主人之南也."

187) 賈公彦疏: "《特牲》賓致爵於主人, 洗爵者, 鄭云洗乃致爵, 爲異事新之', 以其承佐食賤, 雖就獻間, 以其爵從卑者來, 故洗之."

188) 鄭玄注: "燔從皆如初者, 如亞獻及主人、主婦致爵也."

189) 鄭玄注: "凡獻佐食, 皆無從."
賈公彦疏: "'凡獻佐食, 皆無從'者, 謂主人、主婦及賓長獻佐食, 皆無從."

190) 《儀禮集釋》卷27: "更爵自酢, 亦不承婦人爵."

12. 주인이 賓長·衆賓·長兄弟·衆兄弟·內兄弟에게 헌주, 賓長에게 酬酒함(賓三獻)

主人降阼階, 西面拜賓如初①。洗。賓辭先②。卒洗, 揖讓升, 酌, 西階上獻賓③。賓北面拜, 受爵。主人在右答拜④。薦脯、醢, 設折俎⑤。賓左執爵, 祭豆⑥, 奠爵, 興取肺, 坐絶祭, 嚌之, 興加于俎, 坐挩(세)手, 祭酒, 卒爵拜。主人答拜。

受爵, 酌酢⑦, 奠爵拜。賓答拜。主人坐祭, 卒爵拜。賓答拜, 揖, 執祭以降⑧, 西面奠于其位, 位如初⑨。薦、俎從設⑩。

衆賓升, 拜受爵, 坐祭, 立飮⑪。薦、俎設于其位⑫, 辯(편)。主人備答拜焉⑬, 降, 實爵于篚(비)。

尊(준)兩壺于阼階東⑭, 加勺南枋(병)⑮。西方亦如之。主人洗觶(치), 酌于西方之尊⑯, 西階前北面酬賓。賓在左。主人奠觶拜。賓答拜。主人坐祭, 卒觶拜。賓答拜。主人洗觶, 賓辭, 主人對。卒洗, 酌, 西面。賓北面拜。主人奠觶于薦北⑰。賓坐取觶⑱, 還東面拜⑲, 主人答拜。賓奠觶于薦南⑳, 揖, 復位㉑。

主人洗爵, 獻長兄弟于阼階上, 如賓儀㉒。洗, 獻衆兄弟, 如衆賓儀㉓。

洗, 獻內兄弟于房中㉔, 如獻衆兄弟之儀㉕。主人西面答拜㉖, 更(경)爵酢㉗。卒爵, 降㉘, 實爵于篚, 入復位㉙。

〈주인이 賓長에게 獻酒〉

　室 안에서 서향하고 있던 주인이 동쪽 계단으로 당을 내려가 동쪽 계단 동남 쪽에서 서향하여 서쪽 계단 서남 쪽에서 동향하고 있는 賓(빈장과 중빈)에게 절하기를 처음 視濯하기 전에 廟門 밖에서 절했던 것과 같이 한다.(주인이 빈장에게 재배하면 빈장이 답배로 재배하고, 주인이 중빈에게 한꺼번에 삼배하면 중빈이 답배로 한꺼번에 재배한다.)

　주인이 빈에게 술을 올리기 위하여 南洗에서 잔을 씻는다. 빈장이 주인에게 잔을 씻는 것에 대하여 사양한다.

주인이 잔을 다 씻은 뒤에 잔을 들고 빈장과 1揖 1讓을 하고 당에 오른다.

주인이 술을 따라 서쪽 계단 윗쪽에서 빈장에게 헌주한다.

빈장이 북향하고 절한 뒤에 잔을 받는다.(拜受禮) 주인이 빈의 오른쪽(동쪽)에서 북향하고 답배한다.(拜送禮)

公有司(군주의 유사)가 빈장의 돗자리 앞에 東房에 진열해두었던 脯邊과 醢豆를 올리고, 두 계단 사이에 두었던 折俎(뼈마디에 따라 자른 牲體)를 진설한다.

빈장이 왼손으로 잔을 들고 오른손으로 脯를 醢에 찍어 邊과 豆 사이에 祭(고수레)한다. 잔을 내려놓고 일어나 폐를 취하여 앉아서 오른손으로 絶祭(폐의 끝부분을 손으로 잘라 고수레함)하고 왼손으로 폐를 조금 맛본다. 일어나 맛본 폐를 折俎 위에 올려놓고 앉아서 손을 닦는다. 술을 祭하고 잔의 술을 다 마신 뒤에 주인에게 절한다. 주인이 답배한다.

〈주인이 빈장을 대신하여 自酢〉

주인이 빈장에게서 빈 잔을 받아 빈장을 대신하여 스스로 답하는 술을 따른 뒤에 잔을 내려놓고 북향하여 절한다. 빈장이 북향하여 답배한다.

주인이 앉아서 술을 祭(고수레)하고 잔의 술을 다 마신 뒤에 절한다. 빈장이 답배한다. 빈장이 읍한 뒤에 祭했던 포와 폐를 들고 당을 내려가 서쪽 계단 아래 자기 자리 앞에 서향하고 앉아서 포와 폐를 놓고 일어나 처음 동향하던 위치로 돌아간다.

공유사가 薦(脯邊과 醢豆)과 折俎를 들고 빈장을 따라 당을 내려가 빈장의 돗자리 앞에 진설한다.

〈주인이 衆賓에게 헌주〉

빈장의 남쪽에서 동향하고 있던 중빈이 나이 순서에 따라 차례차례 서쪽 계단으로 당에 올라가 북향하여 절하고 주인에게서 잔을 받아 앉아서 祭(고수레)하고 서서 마신다.

공유사가 東堂에 진열해두었던 薦(포·해)과 두 계단 사이에 진열해두었던 折俎(骰, 膚1, 離肺1)를 당 아래 중빈 각각의 자리 앞(동쪽)에 두루 진설한다.

주인이 그들 모두에게 일일이 답배하고 마지막 중빈이 마신 빈 잔을 받아들고 당을 내려가 下篚(당 아래의 篚) 안에 넣는다.

(주인이 公有司에게 헌주한다.)

〈주인이 賓長에게 酬酒〉

有司가 2개의 壺(호. 술 단지)를 동쪽 계단 동쪽에 놓는다. 구기를 그 위에 올려놓는데, 자루가 남쪽으로 가도록 한다. 서쪽 계단 서쪽에 도 그와 같이 2개의 호를 놓는다.

주인이 南洗에서 술잔(觶)을 씻어 서쪽에 있는 호에서 술을 따라 서쪽 계단 앞에서 북향하고 빈장에게 酬酒를 올리는데 그 과정은 다음과 같다.

서쪽 계단 서남쪽에서 동향하고 있던 빈장이 주인의 왼쪽(서쪽)에 북향하고 선다.

주인이 잔을 내려놓고 절한다. 빈장이 답배한다.

주인이 앉아서 술을 祭하고 잔의 술을 다 마신 뒤에 절한다. 빈장이 답배한다.

주인이 빈장을 위하여 잔을 씻는다. 빈장이 사양한다. 주인이 빈장이 사양하는 것에 대하여 대답한다.

주인이 잔을 다 씻은 뒤에 술을 따라 서향하고 선다. 빈장이 북향하고 절한다.

주인이 잔을 빈장의 돗자리 앞에 놓인 薦(脯·醢)의 북쪽에 놓는다. 빈장이 서향하고 앉아서 잔을 들고 일어나 동향하던 자리로 돌아와 薦의 서쪽에서 동향한다. 주인이 서향하고 답배한다.

빈장이 잔을 薦의 남쪽에 놓고 읍한 뒤에 동향하던 자리로 돌아간다.

〈주인이 長兄弟, 衆兄弟에게 헌주〉

주인이 南洗에서 잔을 씻어 당 위에 올라가 술을 따라 동쪽 계단 윗쪽에서 長兄弟에게 헌주하는데, 빈장에게 헌주할 때와 같은 의

절로 한다.

주인이 남세에서 잔을 씻어 당 위에 올라가 술을 따라 동쪽 계단 윗쪽에서 衆兄弟에게 헌주하는데, 衆賓에게 헌주할 때와 같은 의절로 한다.

〈주인이 內兄弟에게 헌주, 自酢〉

주인이 下篚에서 잔을 바꾸어 남세에서 씻어 들고 당에 올라가 東房 안에서 술을 따라 동방 안의 內兄弟(고모·자매·宗婦)에게 헌주하는데, 중형제에게 헌주할 때와 같은 의절로 한다.

(내형제가 남향하여 절하고 잔을 받으면) 주인이 서향하고 답배한다.

주인이 내형제에게서 빈 잔을 받아 당을 내려가 下篚에서 잔을 바꾸어 씻어 동방 안의 壺에서 스스로 답하는 술을 따라 마신다. 주인이 잔의 술을 다 마신 뒤에 서향하고 절하면 내형제가 남향하고 답배한다. 빈 잔을 가지고 당을 내려가 잔을 下篚에 넣고, 다시 당에 올라가 室 안으로 들어가 서향하던 자리로 돌아간다.

① 如初

정현의 주에 따르면 視濯하기 위해 廟門 안에 들어가기 전에 묘문 밖에서 '주인이 재배하면 빈이 답배하는 것(主人再拜, 賓答再拜)'과 같이 하는 것을 이른다. 〈특생궤식례〉 5 참조.

【按】 정현의 주에 따르면 '如初'는 주인이 재배하면 賓長이 답배로 재배하고, 주인이 중빈에게 한꺼번에 삼배하면 중빈이 답배로 재배하는 것을 이른다.[191]

② 賓辭先

【按】 주소에 따르면 辭와 讓을 상대적으로 쓸 경우, 일이 같을 때에는 '讓'이라 하고 일이 다를 때에는 '辭'라고 한다. 예컨대 주인과 빈이 모두 계단을 올라갈 때에는 三讓을 하고, 여기에서처럼 주인은 잔을 씻을 일이 있으나 빈은 잔을 씻을 일이 없을 때에는 '辭'를 하는 것이다. 辭와 讓을 상대적으로 쓰지 않았을 경우에는 일이 같을 경우에도 辭를 쓸 수 있다.[192]

③ 西階上獻賓

【按】 정현의 주에 따르면 賓은 신분이 낮으면 계단을 독차지하여 사용할 수 없기 때문에 주인이 서쪽 계단 윗쪽으로 가서 빈의 오른쪽(동쪽)에 서서 빈에게 헌주하는 것이다.[193]

191) 鄭玄注: "如初, 如視濯時, 主人再拜, 賓答拜, 三拜衆賓, 衆賓答再拜者."

192) 〈鄕飮酒禮〉鄭玄注: "事同曰讓, 事異曰辭."
賈公彦疏: "事同, 謂若上文主人與賓俱升階, 而云三讓是也; 事異, 若此文主人有事, 賓無事, 是事異則曰辭. 此對文爲義, 若散文則通. 是以《周禮·司儀》云: '主君郊勞, 交擯, 三辭, 車逆, 拜辱, 三揖, 三辭, 拜受.' 注云: '三辭, 重者先辭, 辭其以禮來於外, 後辭, 辭升堂.' 事同而云辭, 是其通也."

193) 鄭玄注: "就賓拜者, 此禮不主於尊也. 賓卑則不專階."

④ 在右

동쪽에 있는 것이다. 북향하면 동쪽이 오른쪽이 된다.

⑤ 薦脯、醢, 設折俎

'薦脯、醢'는 籩과 豆를 올리는 것으로, 脯는 籩에 담고 醢는 豆에 담는다. '折俎'는 정현의 주에 따르면 "일반적으로 牲體의 뼈마디를 따라 잘라서 俎에 담은 것을 모두 折俎라고 한다.〔凡節解(按牲體骨節解割)者, 皆曰折俎.〕" 薦하고 設하는 사람은 정현의 주에 따르면 '公有司(군주의 유사)'이다.[194]

【按】 정현의 주에 따르면 구체적으로 牲體의 명칭을 밝히지 않고 대략 折俎라고만 말한 것은 귀한 생체가 아님을 이른다.[195] 賓長에게 올리는 薦(脯와 醢)은 東房 안에 진열해 두었던 것이다.〈〈특생궤식례〉 23) 빈장을 위한 俎는 두 계단 사이에 진열해 두었던 것으로〈〈특생궤식례〉 6) 여기에 담긴 음식은 희생의 左胖 骼(격) 1骨, 脊 1골, 脅 1골, 膚 1덩이, 離肺 1조각이다.〈〈특생궤식례〉 29)

⑥ 祭豆

여기에서는 脯와 醢를 祭(고수레)하는 것을 가리킨다. 즉 포를 조금 취하여 醢에 찍어 籩과 豆 사이에 놓아둠으로써 祭하는 것이다. 이것은 먹기 전에 하는 祭로, 근본을 잊지 않음을 보이는 것이다. 〈士昏禮〉 정현의 주에 "일반적으로 脯籩과 醢豆 사이에 祭한다. 반드시 祭를 하는 것은 먼저 이 음식을 만든 분이 있음을 겸손하고 공경히 보여주기 위한 것이다.〔凡祭於脯、醢之豆間. 必所爲祭者, 謙敬示有所先也.〕"라고 하였고, 가공언의 소에 "籩과 豆 사이에 祭한다. 여기 정현의 주에서 籩을 말하지 않고 豆만 말한 것은 글을 생략한 것이다.〔在籩、豆之間. 此注不言籩, 直言豆者, 省文.〕"라고 하였다. 또 "謙敬示有所先의 先은 즉 本이란 뜻으로, 先世에 이 음식을 만든 사람을 이른다.〔云'謙敬示有所先', 先卽本, 謂先世造此食者也.〕"라고 하였다. 李如圭는 "祭는 先世에 이 음식을 만든 사람에게 祭物을 조금 떼어서 祭하여 근본을 잊지 않는 것을 이른다.〔祭謂取少許祭先世造此食者, 不忘本也.〕"라고 하였고, 吳廷華는 "脯와 醢를 祭하는 것은 포를 醢에 찍어서 豆 사이에 놓는 것이다.〔祭脯、醢者, 以脯擩醢而置之豆間.〕"라고 하였다. 이상의 설들에 따르면 이른바 '祭脯、醢'라는 것은 포를 조금 떼어 醢에 찍어서 脯籩과 醢豆 사이에 놓음으로써 이 음식을 만든 先人에 대한 제사임을 보여주는 것이다. 살펴보면 이것이 바로 《周禮》〈春官大祝〉에 실린 九祭 중 하나인 擩祭(유제)이다. '擩'는 '적시다〔染〕'라는 뜻으로,

194) 鄭玄注: "上賓骼(격), 衆賓儀, 公有司設之."

195) 鄭玄注: "凡節解者皆曰折俎, 不言其體, 略云折俎, 非貴體也."

조금 찍어본다는 의미이다.

【按】王士讓에 따르면 일반적으로 '豆 사이에 祭한다'는 말은 豆 사이의 앞에 祭한다는 말이다.[196] '擩祭'는 〈특생궤식례〉 8 주⑧ 참조.

⑦ 酌酢

정현의 주에 따르면 이것은 주인이 스스로 답잔을 따르는 것이다. 빈이 지위가 낮아 감히 주인과 禮를 대등하게 행하지 못하기 때문에 주인이 스스로 답잔을 따라 빈의 뜻을 알아서 행하는 것이다.[197]

⑧ 祭

【按】李如圭는 '祭'를 脯와 肺로 보았다.[198] 盛世佐 역시 '祭'는 祭하였던 포와 폐를 가리키는 것으로, 반드시 이것을 가지고 내려오는 것은 공경을 표하고 장차 자기 자리로 돌아가는 것을 나타내기 위해서라고 하였다.[199] 양천우는 敖繼公의 설[200]을 따라 포를 가리키는 것으로 보았는데, 이에 대해 정설이 없어 여기에서는 우선 이여규의 설을 낫다고 본 胡培翬의 설[201]을 따라 포와 폐로 보기로 한다.

⑨ 位

여기에서는 동사로 쓰여 원래 자리로 돌아간다는 뜻이다. 빈의 자리는 서쪽 계단 아래 동향하는 자리이다.

⑩ 薦,俎從設

'從設'하는 사람도 정현의 주에 따르면 公有司(군주의 有司)이다.[202]

【按】양천우는 '薦'을 '醢'로 보았으나, 앞의 경문 '薦脯醢'라는 구절에 근거하면 여기에서는 脯와 醢를 가리키는 것으로 보인다.

⑪ 立飮

【按】정현의 주에 따르면 衆賓이 서서 마시는 것은 賤하여 예를 구비할 수 없기 때문이다. 〈鄕飮酒禮〉에 따르면 서서 마실 경우에는 술을 다 마신 뒤에 절을 하지 않는다.[203]

⑫ 薦,俎設于其位

살펴보면 衆賓의 자리는 서쪽 계단 아래, 賓長의 남쪽에 있다.

【按】衆賓에게 올리는 薦(脯와 醢)은 東堂에 진열해두었던 것이다.〈특생궤식례〉 23 중빈에게 올리는 俎는 두 계단 사이에 진열해 두었던 것으로〈특생궤식례〉 6 여기에는 骰, 膚 1덩이, 離肺 1조각이 담겨 있다.〈특생궤식례〉 29

⑬ 備答拜

胡培翬에 따르면 "한 사람 한 사람 모두에게 답배하는 것을 이른다.〔謂一一具答拜之.〕"

196) 《儀禮紃解》卷17: "凡祭于豆間, 乃當其間之前耳."

197) 鄭玄注: "主人酌自酢者, 賓不敢敵主人, 主人達其意."

198) 《儀禮集釋》卷27: "祭, 脯,肺."

199) 《儀禮集編》卷35: "祭, 謂脯及肺之置于地者. 必執以降, 敬也, 且示其將復位于下."

200) 《儀禮集說》卷15: "執祭脯也."

201) 《儀禮正義》卷35: "李氏如圭云祭, 脯,肺, 敖氏云執祭脯也, 似李爲長."

202) 鄭玄注: "《少牢饋食禮》: '宰夫執薦以從, 設于祭東. 司士執俎以從, 設于薦東.' 是則皆公有司爲之與?"

203) 鄭玄注: "衆賓立飮, 賤不備禮. 《鄕飮酒·記》曰: '立卒爵者, 不拜旣爵.'"

⑭ 尊兩壺于阼階東

【按】 주소에 따르면 일반적으로 두 개의 술 단지를 진설할 경우 하나에는 玄酒를 담지만 여기에서는 두 단지 모두 술을 담는다. 野人 역시 현주 없이 두 단지 모두 술을 담는데, 야인은 賤하기 때문에 예를 구비하지 않는 것이다. 그러나 여기에서는 賓을 높이기 위하여 일을 우선시한다는 의미이다. 또한 먼저 동쪽에 술 단지를 진설하고 나중에 서쪽에 진설하는 이유는, 술은 주인에게서 나온 것이므로 은혜가 가까운 곳에서부터 시작함을 보이기 위한 것이다.[204] 〈특생궤식례〉 30에 따르면 주인이 賓長에게 酬酒를 올리는 이 의절 전에 먼저 公有司에게 헌주하는 의절이 있다.

⑮ 勺

【按】《예기》〈明堂位〉에 "그 술 뜨는 구기를 하나라에서는 龍勺을 썼고, 은나라는 疏勺을 썼고, 주나라는 蒲勺을 썼다.[其勺, 夏后氏以龍勺, 殷以疏勺, 周以蒲勺.]"라는 구절이 있는데, '勺'의 음에 대해 《儀禮經傳通解續》에는 "市灼反"으로, 《禮記集說大全》 소주에는 "是若切"로 되어 있다. 모두 '삭'으로 발음했음을 알 수 있다. 다만 여기에서는 《字典釋要》와 《全韻玉篇》을 따라 '작'으로 발음하기로 한다.

⑯ 酌于西方之尊

【按】 정현의 주에 따르면 먼저 서쪽의 술 단지에서 술을 따르는 것은 賓을 높이는 뜻을 보인 것이다.[205]

⑰ 薦北

즉 薦의 왼쪽이다. '薦'은 賓의 자리 앞에 놓은 脯와 醢를 이른다.

【按】 주소에 따르면 살아있는 사람의 飮酒禮에서는 술잔을 薦의 왼쪽에 두는 것을 마시지 않는다는 의미로 보지만, 신의 은혜를 받는 제례에서는 술잔을 薦의 오른쪽에 두는 것을 마시지 않는 의미로 본다. 따라서 여기에서 술잔을 薦의 북쪽, 즉 왼쪽에 두는 것은 술을 마시지 않는다는 의미가 아니라 신의 은혜를 행하기 위해서이다. 바로 뒤에 나오는 경문에서 빈이 이 술잔을 들어 薦의 남쪽에 둔 것은 곧 이 술잔을 마시겠다는 의미이다.[206] 아래 주⑳ 참조.

⑱ 賓坐取觶

胡培翬에 따르면 서향하고 觶를 취하는 것이다.[207]

⑲ 還東面拜

【按】 '還'은 주소에 따르면 脯와 醢의 서쪽에 있는 賓의 자리로 돌아간 것을 이른다. 빈의 자리는 원래 脯와 醢의 서쪽에서 동향하는 자리였는데, 觶를 들 때에는 포와 해의 동쪽에서 서향하였다가 이제 다시 치를 들고 동향하던 자리로 돌아가는 것이다.[208] '拜'

204) 鄭玄注: "两壺皆酒, 優之. 先尊東方, 示惠由近."
賈公彦疏: "云'两壺皆酒, 優之'者, 設尊之法, 皆有玄酒, 今两壺皆酒, 無玄酒, 優之也. 案《玉藻》云'惟饗, 野人皆酒', 鄭云'飲賤者, 不備禮', 與此注無玄酒爲優之異者, 此士之祭禮, 欲得尊賓嘉客, 以事其先非賤者, 故以皆酒爲優之. 彼饗野人, 野人是賤者, 故以不備禮解之也. 云'先尊東方, 示惠由近'者, 東方主人位, 西方賓位, 今先設東方, 乃設西方者, 見酒由主人來, 故云示惠由近爲始也."

205) 鄭玄注: "先酌西方者, 尊賓之義."

206) 鄭玄注: "奠酬於薦左, 非爲其不擧. 行神惠, 不可同於飲酒."
賈公彦疏: "以其神惠, 右不擧, 生人飲酒, 左不擧, 今行神惠, 不可同於飲酒, 故奠於左, 與生人相變.……此酬奠於薦左, 下文賓擧爲旅酬, 以其神惠故也.……此下文奠觶於薦南, 明將擧, 以初在北飲酒, 將擧奠於薦南, 便其復擧."

207) 《儀禮正義》卷35: "注云'還東面, 就其位薦西'者, 以賓位本在薦西東面, 取觶時西面, 今還東面, 故知就其薦西之位也."

208) 鄭玄注: "還東面, 就其位薦西."
賈公彦疏: "云'還東面'者, 則初賓坐取觶, 薦東西面可知."

는 戴震·汪中·凌廷堪·王引之·胡培翬 등 대부분의 설이 모두 衍文으로 본다. 그 이유는 크게 두 가지로 구분할 수 있는데, 첫 번째 설은 술잔을 들고 절을 할 수는 없기 때문이라는 것이고, 두 번째 설은 빈이 두 번 절하는데 주인이 한 번 절하는 법은 없기 때문이라는 것이다. 여기에서는 다수설을 따라 연문으로 보기로 한다.

⑳ 賓奠觶于薦南

【按】정현의 주에 따르면 장차 마실 것임을 밝힌 것으로,[209] 胡培翬에 따르면 이것은 다음에 있을 旅酬禮 때 사용하기 위해 마시지 않고 놓아두는 것이다. 賓長은 이 觶(술잔)를 長兄弟에게 酬酒할 때 들고 가서 마신다.[210] 〈특생궤식례〉 16 참조.

㉑ 揖, 復位

【按】가공언의 소에서는 '復位'라는 구절에서 빈장이 처음 술잔을 놓아둘 때 자기 자리에서 조금 남쪽에 있었다는 것을 알 수 있다고 하여 빈장이 원래의 자리로 돌아가는 것으로 보았다.[211] 郝敬 역시 빈장이 주인에게 읍하고 동향하던 자리로 돌아가는 것으로 보았다.[212] 그러나 敖繼公과 蔡德晉은 주인이 읍하고 동쪽 계단 아래 서향하던 자리로 돌아가는 것으로 보았다.[213] 盛世佐를 비롯하여 다수설은 가공언의 소를 따르고 있는데,[214] 여기에서도 다수설을 따라 빈장이 동향하던 자리로 돌아가는 것으로 보기로 한다.

㉒ 如賓儀

胡培翬에 따르면 "'빈장에게 헌주할 때와 같은 의절로 한다.'라고 말했으니, 술잔을 씻는 것부터 薦俎와 從設까지 모두 빈장에게 헌주할 때와 같이 하는 것을 알 수 있다.〔云如賓儀, 則自洗至薦俎, 從設皆如賓可知.〕"

【按】주소에 따르면 이때 장형제의 자리 앞에 薦(脯와 醢)과 折俎를 진설하는 사람은, 앞의 경문에서 賓의 薦과 俎를 公有司(군주의 유사)가 진설한 것에 근거하면 廟門 동쪽에서 북향하고 서 있던 私臣으로 추정된다.[215] 〈특생궤식례〉 30) 長兄弟에게 올리는 薦(脯와 醢)은 東房 안에 진열해 두었던 것이다. 〈특생궤식례〉 23)

㉓ 洗, 獻衆兄弟, 如衆賓儀

郝敬에 따르면 "'衆賓에게 헌주할 때와 같은 의절로 한다.'라고 말한 것은, 절하고 받고, 앉아서 祭하고, 서서 마시고, 脯·醢와 折俎를 각각의 자리 앞에 두루 놓는 것이 같다는 것이다.〔云如衆賓儀, 拜受·坐祭·立飮·薦俎·設於其位徧(辯), 同也.〕"

【按】정현의 주에 따르면 '如衆賓儀'라는 구절에서 중빈에게 헌주할 때에도 잔을 씻은 뒤에 술을 따라 헌주함을 알 수 있다.[216] 중형제의 俎에 올리는 음식은 殻, 膚 1덩이, 離肺 1조각이다. 〈특생궤식례〉 29 참조.

---

209) 鄭玄注: "奠觶薦南, 明將擧."

210) 《儀禮正義》 卷35: "下旅酬時, 賓取以酬長兄弟是將擧也."

211) 賈公彥疏: "揖復位, 則初奠觶少南於位可知."

212) 《禮經節解》 卷15: "揖, 揖主人. 復位, 復東向之初位."

213) 《儀禮集說》 卷15: "復位, 主人復阼階下西面位也." 《禮經本義》 卷15: "復位, 主人復阼階下西面位也."

214) 《儀禮集編》 卷35: "賓拜時亦奠觶, 經不言者, 略可知也. 敖云執奠觶而拜, 非揖. 復位, 當以疏及郝說爲正. 敖云主人復阼階下西面位, 亦非."

215) 鄭玄注: "亦有薦香設于位, 私人爲之輿." 賈公彥疏: "云'私人爲之輿'者, 私人者, 卽私臣, 下《記》云'私臣門東, 北面西上'是也. 以賓薦, 公有司設之, 則兄弟俎, 私人可知. 以無正文, 故言輿以疑之也."

216) 鄭玄注: "此言如衆賓儀, 則知獻衆賓洗明矣."

㉔ 洗, 獻內兄弟于房中

'內兄弟'는 정현의 주에 따르면 "內賓과 宗婦이다.〔內賓、宗婦也.〕"〈특생궤식례〉 26의 '內賓、宗婦'에 대한 정현의 주에 "內賓은 고모와 자매이다. 宗婦는 族人의 부인이다.〔內賓, 姑、姊妹. 宗婦, 族人之婦.〕"라고 하였다. 정현의 주에 따르면 "內賓의 자리는 東房 안 술 단지의 북쪽에 있다.〔內賓, 其位在房中之尊北.〕" 살펴보면 동방 안 술 단지와 내형제의 위치는 모두 〈특생궤식례〉 26에 자세하다.

【按】胡培翬에 따르면 다음에 나오는 '更爵酢'에서 알 수 있듯 남자와 여자는 서로 술잔을 이어쓰지 않기 때문에 술잔을 바꾸어 씻은 뒤에 술을 따라 헌주한다.[217] 주소에 따르면 주인이 東房 안에서 內賓에게 헌주하면 內賓의 長 역시 남향하여 답배하고 술잔을 받는데,[218] 이때 주인이 사용하는 술은 동방 안에 진설해놓았던 壺의 술로, 〈특생궤식례〉 26에 따르면 동방 안 서쪽 벽 아래에 2개의 壺가 있다. 또한 이때 주인이 사용하는 洗는 北洗가 아닌 南洗이다. 아래 주㉗ 참조. 내형제의 俎에 담는 음식은 殽(효), 膚 1덩이, 離肺 1조각이다. 〈특생궤식례〉 29 참조. 〈특생궤식례〉 30에 따르면 주인이 內兄弟에게 獻酒하는 이 의절 전에 먼저 士의 私臣에게 헌주하는 의절이 있다.

㉕ 如獻衆兄弟之儀

정현의 주에 따르면 "중형제에게 헌주할 때 절하고 받고, 앉아서 祭하고, 서서 마시고, 脯·醢와 折俎를 각각의 자리에 두루 진설했던 의절과 같이 하는 것이다.〔如其拜受、坐祭、立飮、設薦俎於其位而立.〕" 살펴보면 정현의 주 마지막에 있는 '立'은 胡培翬가 혹자의 설을 인용하여 '徧'의 오류라고 하였는데 옳은 말이다.

㉖ 主人西面答拜

살펴보면 內兄弟가 주인이 올리는 술을 받을 때 당연히 拜受禮를 행했을 것이기 때문에 주인이 답배하는 것이다.

㉗ 更爵酢

'更爵'은 盛世佐에 따르면 "술잔을 바꾸는 것도 下篚(당 아래 동쪽 계단 동남쪽에 있는 篚)에서 한다. 반드시 잔을 바꾸는 것은 남자와 여자는 서로 상대방이 썼던 잔을 쓰지 않기 때문이다.〔更爵亦於下篚(堂下阼階東南之篚). 必更之者, 男女不相襲也.〕" '酢'은 정현의 주에 따르면 마찬가지로 주인이 스스로 답하는 술을 따르는 것이다.[219]

217)《儀禮正義》卷35: "上云'洗, 獻于房中', 則更爵自明, 故經於獻不言更爵, 於酢言更爵也. 至男女不相襲爵, 禮之大例. 經或不言更爵者, 文偶不具耳."

218) 鄭玄注: "《有司徹》曰: 主人洗, 獻內賓於房中, 南面拜受爵." 賈公彦疏: "引《有司徹》者, 欲見此內賓受獻時, 亦南面拜受爵, 故下注云內賓之長亦南面答拜', 言'亦'者, 亦前受獻時. 前雖無文, 約《有司徹》, 內賓之長亦南面答拜."

219) 鄭玄注: "爵辯乃自酢, 以初不殊其長也."

㉘ 卒爵, 降

【按】정현의 주에 따르면 이때 주인이 술잔의 술을 다 마시고 나면 內賓의 長 역시 남향하고 답배한다.[220]

㉙ 復位

方苞에 따르면 "室 안의 서향하던 자리로 돌아가는 것이다.〔復室中西面之位.〕"

13. 長兄弟가 시동에게 加爵하고 주인과 주부에게 致酒함

長兄弟洗觚(고)爲加爵①, 如初儀②, 不及佐食③。洗致如初④, 無從⑤。

동쪽 계단 아래의 長兄弟가 南洗에서 술잔(觚)을 씻어 당에 올라가 술을 따라 들고 室로 들어가서 시동에게 加爵을 올리는데, 처음 賓長이 시동에게 三獻할 때의 의절과 같이 한다. 다만 佐食에게는 헌주하지 않는다.(시동이 장형제에게 酢酒하고 장형제가 祝에게 헌주한다.)
장형제가 잔을 씻어 주인과 주부에게 술을 보내기를 처음 빈장이 시동에게 삼헌할 때와 같이 한다. 다만 따라 올리는 음식(肝俎와 燔俎)은 없다.

① 加爵

살펴보면 이상으로 주인·주부·賓이 이미 시동에게 세 차례 獻酒를 마쳤으니 三獻을 했으면 禮는 이미 완성된 것이다. 삼헌 외로 다시 올리는 것을 '加爵'이라고 한다.

② 如初儀

張爾岐에 따르면 "賓長이 삼헌할 때의 의절과 같이 하는 것이다.〔如賓長三獻之儀.〕" '賓長'은 즉 宿賓했던 賓이다.

【按】빈장이 시동에게 삼헌하는 의절은 〈특생궤식례〉 11 참조.

220) 鄭玄注: "內賓之長亦南面答拜."

③ 不及佐食

정현의 주에 따르면 이것은 禮가 줄어든 것을 나타낸 것이다. 즉 정식으로 삼헌하는 예보다 가벼운 것이다.[221] 살펴보면 앞에서는 삼헌의 예를 시동에게 올린 뒤에 祝과 佐食에게도 헌주했는데, 여기에서는 축에게만 헌주하고 좌식에게까지는 헌주하지 않기 때문에 '예가 줄었다〔禮殺〕'라고 말한 것이다.

【按】빈장이 좌식에게 헌주하는 의절은 〈특생궤식례〉 11 참조.

④ 洗致如初

【按】양천우는 賓이 시동에게 三獻할 때처럼 이때에도 주부가 잔을 씻어 술을 따라 주인에게 보내고 주인도 잔을 씻어 술을 따라 주부에게 보내는 것으로 보았으나, 주소에 따르면 이는 오류로, 여기에서는 빈이 삼헌할 때처럼 장형제가 술을 따라 주인과 주부에게 보내는 것을 이른다. 다만 빈이 시동에게 삼헌할 때에는 11차례의 잔이 오갔으나 여기 장형제의 加獻 때는 6차례의 잔만 오간다. 즉 (1)장형제가 觚를 씻어 시동에게 加獻, (2)시동이 장형제에게 酢, (3)장형제가 祝에게 獻, (4)장형제가 주인에게 致, (5)장형제가 주부에게 致, (6)주인이 장형제에게 酢하는 것이다.[222]

⑤ 無從

胡培翬에 따르면 "따라 올리는 肝俎와 燔俎가 없는 것을 이른다.〔謂無從獻之肝、燔也.〕" 살펴보면 삼헌에 주인과 주부가 서로에게 술을 보낼 때 따라 올리는 肝俎와 燔俎가 있었는데 여기의 加爵에는 없다. 정현의 주에 따르면 이것도 禮가 줄어든 것을 나타낸 것이다.[223]

14. 衆賓長이 시동에게 加爵함

衆賓長爲加爵如初①。爵止②。

衆賓長이 시동에게 加爵을 올리는데, 처음 賓長이 시동에게 三獻할 때와 같이 한다.

시동이 술잔을 받은 뒤에 내려놓고 마시지 않는다.

221) 鄭玄注: "大夫、士三獻而禮成, 多之爲加也. 不及佐食, 無從, 殺也."

222) 鄭玄注: "致, 致於主人、主婦."
賈公彥疏: "但賓長獻十一爵, 此兄弟之長加獻則降, 唯有六爵. 以其闕主人、主婦致爵, 并酢四爵及獻佐食五, 唯有六在者, 洗觚爲加爵, 一也; 尸酢長兄弟, 二也; 獻祝, 三也; 致爵於主人, 四也; 致爵於主婦, 五也; 受主人酢, 六也."

223) 鄭玄注: "大夫、士三獻而禮成, 多之爲加也. 不及佐食, 無從, 殺也."

① 爲加爵如初

盛世佐에 따르면 이때의 加爵에도 長兄弟의 加爵때처럼 觚를 쓴다.[224]
'如初'는 胡培翬에 따르면 "이때에도 賓長이 삼헌할 때처럼 한다.〔亦如賓
長三獻.〕"

② 爵止

胡培翬에 따르면 "시동이 술잔을 받고, 술을 祭하고, 술을 조금 맛 본 뒤
에 바로 내려놓고 마시지 않는 것이다.〔尸受爵, 祭, 啐之後, 卽止而不飲.〕"

15. 陰厭때 祝이 올렸던 술을 嗣子가 마시고 시동에게 헌주함

嗣擧奠①: 盥入, 北面再拜稽首②。尸執奠。進受, 復位③, 祭
酒, 啐(쵀)酒。尸擧肝④。擧奠左執觶(치), 再拜稽首⑤, 進受
肝⑥, 復位, 坐食肝⑦, 卒觶拜。尸備答拜焉。
擧奠洗, 酌⑧, 入。尸拜受。擧奠答拜。尸祭酒, 啐酒, 奠之⑨。
擧奠出, 復位⑩。

〈嗣子擧奠〉

　주인의 嗣子가 奠(陰厭 때 祝이 올렸던 觶)의 술을 들어 마시는데, 그
과정은 다음과 같다.

　사자가 南洗에서 손을 씻고 서쪽 계단으로 당에 올라가 室 안으로
들어가 북향하고 再拜稽首한다.

　시동이 奠을 들어 사자에게 준다.

　사자가 시동의 자리 앞으로 나아가 서향하고 奠을 받아서 시동의
동쪽에서 서향하던 자리로 돌아와 술을 祭(고수레)하고 술을 조금
맛본다.

　시동이 초헌 때 맛보고 葵菹豆 위에 올려두었던 肝을 들어 사자에
게 준다.

　擧奠(嗣子)이 왼손으로 술잔(觶. 즉 奠)을 들고 일어나 재배계수하고

224)《儀禮集編》卷36: "此加
爵, 不言其器, 蒙長兄弟之文
也."

나아가 간을 받는다.(佐食이 사자의 자리 앞에 소금을 진설한다.) 거전이 자리로 돌아와 앉아서 간을 소금에 찍어 다 먹고 잔의 술을 다 마신 뒤에 시동에게 절한다.

시동이 거전이 절할 때마다 모두 답배한다.

〈嗣子가 시동에게 헌주〉

거전이 빈 잔(觶)을 들고 서쪽 계단으로 당을 내려가 南洗에서 잔을 씻어 들고 당에 올라가 술을 따라 室 안으로 들어가 시동에게 헌주한다.

시동이 절하고 받는다.(拜受禮) 거전이 답배한다.(拜送禮)

시동이 술을 祭(고수레)하고 술을 조금 맛보고, 축이 음염 때 올렸던 잔을 鉶의 남쪽에 내려놓고 마시지 않는다.

거전이 室을 나와 서쪽 계단으로 당을 내려가 동쪽 계단 아래 서향하던 자리로 돌아간다.

① 嗣擧奠

'嗣'는 주인의 嗣子이다. '奠'은 시동이 室에 들어오기 전 陰厭 때 祝이 鉶의 남쪽에 놓아두었던 觶이다.(《특생궤식례》 7) 시동은 室에 들어온 뒤에 이 觶를 들어 祭하고 맛본 뒤에 다시 놓아두고 마시지 않았는데(《특생궤식례》 8), 이때 와서 嗣子가 이것을 마시게 되기 때문이다. 정현의 주에 따르면 "擧는 飮(마시다)과 같다. 嗣子에게 觶의 술을 마시게 하는 것은 重을 전하여 대를 잇게 하려는 것이다.〔擧猶飮也. 使嗣子飮奠者, 將傳重, 累之也.〕" '傳重'은 종묘의 重(종묘 주인의 지위)을 전하는 것이다. '累之'는 대를 이어 전한다는 뜻을 상징한 것이다.

② 北面再拜稽首

胡培翬에 따르면 주인이 서향하고 서 있기 때문에 주인이 향한 방향을 피하기 위하여 嗣子가 북향하고 절하는 것이다.[225]

【按】 호배휘에 따르면 再拜稽首는 신의 은혜를 중히 여긴다는 뜻이다. 廟 안에서 재배계수할 수 있는 사람은 오직 주인 뿐이지만 嗣子는 주인의 體를 이었기 때문에 주인과 마찬가지로 재배계수하는 것이다.[226]

225) 《儀禮正義》卷35: "北面, 避主人西面之位也."

226) 《儀禮正義》卷35: "再拜稽首, 重神貺也. 廟中再拜稽首者, 唯主人耳, 嗣繼體, 故亦如之."

③ 復位

살펴보면 嗣子는 室 안에서 시동 자리의 동쪽에서 서향하고 있다.

④ 尸擧肝

【按】'肝'은 주인이 시동에게 초헌할 때 賓長이 從獻으로 올린 肝俎에 담았던 것으로, 시동이 祭하고 맛보고 葵菹豆 위에 올려두었었다. 〈특생궤식례〉 9 참조.

⑤ 擧奠左執觶, 再拜稽首

'擧奠'은 嗣子를 이른다. 다음에 나오는 '擧奠'도 같다. 살펴보면 이것은 賓을 '三獻'이라고 부르는 것과 뜻이 같다. 〈특생궤식례〉 11 주⑲ 참조.

【按】술잔을 들고 절하는 것은 〈특생궤식례〉 20 주⑱ 참조.

⑥ 進受肝

【按】嗣子가 시동에게서 陰厭 때 축이 올렸던 觶의 술을 받아 마실 때 佐食이 豆에 소금을 담아 사자의 자리 앞에 진설한다. 〈특생궤식례〉 25 주② 참조.

⑦ 食肝

정현의 주에 따르면 "尊者가 내려주는 음식을 받아서 감히 남기지 못하는 것이다.〔受尊者賜, 不敢餘也.〕" 가공언의 소에 따르면 "다 먹어야만 한다.〔食之當盡.〕"

⑧ 擧奠洗, 酌

살펴보면 잔을 씻는 것은 당연히 室을 나와 서쪽 계단으로 당을 내려와서 해야 하고, 술잔에 술을 따르는 것은 당연히 당에 올라가서 따라야만 하는데(술을 담은 술 단지는 東房과 室戶 사이에 있다.) 경문에서 글을 모두 생략한 것이다.

【按】주소에 따르면 《예기》〈曲禮〉에 자식은 "오르내릴 때 동쪽 계단으로 오르내리지 않는다.〔升降不由阼階.〕"라는 구절이 있는데, 이에 근거하면 嗣子는 子姓의 반열에 속하기 때문에 계단을 오르내릴 때 서쪽 계단으로 오르내리는 것이다. 일반적으로 주인이 아니면 모두 서쪽 계단을 사용해야 하며 설령 適子孫이라 할지라도 동쪽 계단을 사용하지 못한다.[227] 〈특생궤식례〉 20 주⑦ 참조.

⑨ 奠之

【按】시동은 이때 술을 祭(고수레)하고 맛본 뒤에 觶를 陰厭 때처럼 鉶의 남쪽에 둔다. 위 주①, 〈특생궤식례〉 7 참조.

⑩ 復位

胡培翬에 따르면 "동쪽 계단 아래의 자리로 되돌아가는 것이다.〔復阼階

227) 鄭玄注: "嗣齒於子姓, 凡非主人, 升降自西階."
賈公彦疏: "《曲禮》云爲人子者, '升降不由阼階', 是以雖嗣子, 亦宜升降自西階. 適子孫不升阼階, 故於此總言凡也."

下之位也.]" 호배휘는 또 官獻瑤의 설을 인용하여, 嗣子의 자리는 장형제의 윗쪽, 즉 장형제의 북쪽에 있다고 하였다.[228] 살펴보면 장형제의 자리는 주인의 남쪽에 바짝 붙어 있다. 嗣子·長兄弟·衆兄弟는 子姓兄弟 안에 포함된다.

16. 兄弟弟子가 長兄弟에게 舉觶(여수레의 발단), 長賓이 장형제에게 酬酒(1차 여수레), 장형제가 장빈에게 酬酒(2차 여수레)

> 兄弟弟子洗①, 酌于東方之尊(준)②, 阼階前北面舉觶(치)于長兄弟③, 如主人酬賓儀④。宗人告祭脀(증)⑤。乃羞⑥。
> 賓坐取觶⑦, 阼階前北面酬長兄弟⑧: 長兄弟在右⑨。賓奠觶拜。長兄弟答拜。賓立卒觶, 酌于其尊⑩, 東面立。長兄弟拜受觶⑪。賓北面答拜, 揖, 復位⑫。
> 長兄弟西階前北面。衆賓長自左受旅如初⑬。長兄弟卒觶, 酌于其尊⑭, 西面立。受旅者拜受。長兄弟北面答拜, 揖, 復位。衆賓及衆兄弟交錯以辯(편)⑮, 皆如初儀。
> 爲加爵者作止爵⑯, 如長兄弟之儀⑰。
> 長兄弟酬賓⑱, 如賓酬兄弟之儀⑲。以辯⑳。卒受者實觶于篚(비)㉑。

【旅酬禮의 발단】

〈兄弟弟子가 술잔을 들어 長兄弟에게 酬酒〉

　　兄弟弟子(형제의 아우나 아들 중에 어린 한 사람)가 당 아래 南洗에서 술잔(觶)을 씻어 동쪽 계단의 동쪽에 있는 壺(술 단지)에서 술을 따라 동쪽 계단 앞에서 북향하고 서서 잔을 들어 長兄弟에게 酬酒를 올리는데, 주인이 長賓에게 수주를 올릴 때의 의절과 같이 한다.

　　宗人이 衆賓(서쪽 계단 아래), 衆兄弟(동쪽 계단 아래), 內賓(東房 안), 公有司(묘문 안 西塾 앞), 私臣(묘문 안 東塾 앞)에게 脀(각각의 자리 앞에 놓인 脯·醢

228]《儀禮正義》卷35: "官氏謂在阼階下長兄弟之上."

와 折俎의 離肺)을 祭(고수레)하도록 고한다.

이어 庶羞(蕨豆와 醢豆)를 올린다.

【1차 旅酬禮】
〈長賓이 長兄弟에게 酬酒〉
　장빈이 앉아서 薦(脯와 醢)의 남쪽에 놓아두었던 잔(주인이 酬酒했던 觶)을 취하여 동쪽 계단 앞으로 가서 북향하고 장형제에게 수주를 올리는데, 그 과정은 다음과 같다.

　(이때 東房 안에 있던 內賓의 長도 旅酬禮를 행하여 주부가 酬酒했던 잔을 들어서 宗婦에게 酬酒한다.)

　장형제가 장빈의 오른쪽(동쪽)에 선다.

　장빈이 잔을 내려놓고 절한다. 장형제가 답배한다.

　장빈이 서서 잔의 술을 다 마신 뒤에 동쪽 계단 동쪽에 있는 壺(술단지)에서 술을 따라 동향하고 서서 장형제에게 잔을 올린다.

　장형제가 북향하여 절하고 잔을 받는다.(拜受禮) 장빈이 북향하여 답배하고(拜送禮) 읍하고 서쪽 계단 앞의 동향하던 자리로 돌아간다.

〈長兄弟가 長賓에게 酬酒〉
　장형제가 앉아서 長賓이 酬酒했던 잔(觶)을 들고 서쪽 계단 앞으로 가서 북향하고 선다.

　衆賓長이 장형제의 왼쪽(서쪽)에서 旅酬酒를 받는데, 장빈이 장형제에게 수주를 올릴 때와 같이 한다.

　장형제가 잔의 술을 다 마신 뒤에 서쪽 계단 서쪽에 있는 壺에서 술을 따라 서향하고 서서 중빈장에게 잔을 올린다.

　여수주를 받은 사람(중빈장)이 북향하여 절하고 받는다.

　장형제가 북향하여 답배하고 읍하고 동쪽 계단 앞 서향하던 자리로 돌아간다.

〈衆賓과 衆兄弟가 서로 酬酒〉
　중빈과 중형제가 서로 수주를 주고받는데, 중빈은 동쪽으로 가고 중형제는 서쪽으로 가서 교차하여 수주를 각각에게 두루 올린다.

이때 의절은 모두 처음 장빈이 장형제에게 수주를 올리고 장형제
가 중빈장에게 수주를 올릴 때와 같이 한다.

【尸作止】
〈衆賓長이 시동에게 作止를 청함〉
　시동에게 加爵을 올린 사람(중빈장)이 室 안에서 시동에게 鉶羹의
남쪽에 놓았던 잔의 술을 마시라고 청하는데, 장형제가 가작을 올
릴 때의 의절과 같이 한다.

【2차 旅酬禮】
〈長兄弟가 長賓에게 酬酒〉
　장형제가 장빈에게 수주를 올리는데(兄弟弟子가 酬酒했던 잔을 사용) 장
빈이 장형제에게 수주를 올릴 때의 의절과 같이 한다. 장빈이 동
쪽으로 가서 중형제에게 수주를 올리고 중형제가 서쪽으로 가서
중빈에게 수주를 올려서 교차하여 수주를 올리기를 첫 번째 여수
례와 같이 두루 행한다.
　(이때 東房 안에서도 두 번째 여수례를 행하여 宗婦의 長이 잔을 들어 內賓에게 酬酒
한다.)
　마지막으로 수주를 받은 사람이 잔을 下籠(당 아래의 비) 안에 넣는다.

① 弟子
　정현의 주에 따르면 "후생이다.[後生也.]" 이른바 '후생'이란 胡培翬에 따
르면 형제의 아우나 아들로 나이 어린 사람을 가리킨다.[229]
② 酌于東方之尊
　'酌'은 곧 旅酬禮를 행하기 위하여 술을 따르는 것이다. '東方之尊(준)'은 즉
동쪽 계단 동쪽에 진설해 놓은 2개의 壺(술 단지)이다. 〈특생궤식례〉12 주⑭
참조.
③ 擧觶于長兄弟
　즉 觶를 들어 장형제에게 酬酒를 올리는 것으로, 이것이 旅酬禮의 발단이
된다. 胡培翬는 "여기에서 형제의 아우나 아들로 나이 어린 한 사람이 觶
를 들어 술을 권하는 것이 여수례의 시작이 된다.[此兄弟弟子一人擧觶爲

229) 《儀禮正義》 卷35 : "弟
子, 謂兄弟之弟若子之卑幼者.
《有司徹》云 : '兄弟之後生者擧
觶于其長.' 彼後生, 與此弟子
一也."

旅酬始.〕"라고 하였다. 살펴보면 '擧觶'는 '술잔을 잡는 것〔執觶〕'이다. 이 때문에 〈鄕射禮〉에서 觶를 든 사람을 일러 '執觶者'라고 하는 것이다. 즉 酬酒를 올린다는 뜻으로, 여수례가 이때부터 곧 시작된다는 것을 나타낸다. 이른바 '旅酬'란 사람들이 차례대로 酬酒한다는 뜻이다. 淩廷堪의 《禮經釋例》 권4에 이르기를 "일반적으로 한 사람이 觶를 들어 술을 권하는 것이 旅酬禮의 시작이 된다.〔凡一人擧觶爲旅酬始.〕"라고 하였다.

④ 如主人酬賓儀

살펴보면 주인이 長賓에게 酬酒를 올릴 때 주인은 서쪽 계단 앞에서 북향한다. 장빈은 주인의 왼쪽에 서고 주인은 장빈의 오른쪽에 서서, 주인이 먼저 스스로 술을 따라 마신 뒤 다시 술을 따라 장빈의 脯·醢 북쪽에 놓아두면 장빈은 술잔을 들어 포·해의 남쪽에 내려놓는다.(〈특생궤식례〉12) 여기에서 형제의 아우나 아들로 나이 어린 사람이 장형제에게 수주를 올릴 때도 이와 같은 의절로 한다. 淩廷堪의 《禮經釋例》 권3에 이르기를 "일반적으로 酬酒禮는 먼저 자신이 술을 따라 마시고, 다시 술을 따라서 상대방의 자리에 놓아두고 직접 주지는 않는데, 擧觶나 膝爵(잉작) 때도 이와 같이 한다.〔凡酬酒, 先自飮, 復酌, 奠而不授, 擧觶·膝爵亦如之.〕"라고 하였다.

【按】'膝爵'은 獻酒禮의 일종이다. 李如圭에 따르면 燕禮 때 獻酬禮가 모두 끝난 뒤 나이가 많은 대부에게 명하여 제후에게 다시 獻酒하도록 하여 여수례의 시작으로 삼는 것을 이른다.[230]

⑤ 宗人告祭肴

'肴'은 즉 俎實이다. 정현의 주에 따르면 "肴은 俎이다.〔肴, 俎也.〕" 胡培翬는 "牲體를 俎에 담은 것을 肴이라고 하는데, 이 때문에 俎를 일러 肴이라고 한 것이다.〔以牲體實於俎謂之肴, 因謂俎爲肴耳.〕"라고 하였다. '俎實'은 즉 조에 담은 희생의 고기로, 바로 折俎이다. 〈燕禮記〉 정현의 주에 "肴은 折俎이다.〔肴折俎也.〕"라고 하였다. 정현의 주에 따르면 이때 宗人이 고하는 대상은 衆賓·衆兄弟·內賓이고, 祭하는 祭物은 俎 위에 놓인 離肺이다. 또 정현의 주에 따르면 脯·醢를 祭한다고 말하지 않은 것은 말하지 않아도 祭하는 것을 알 수 있기 때문이다.[231] 살펴보면 주인이 賓·兄弟·內兄弟에게 헌주할 때 헌주를 받는 사람의 자리 앞에 모두 脯·醢·折俎를 올리는데, 이때 長賓과 長兄弟만이 脯·醢와 折俎의 離肺로 祭하고 나머

230) 《儀禮》〈燕禮〉: "小臣自阼階下, 請膝爵者, 公命長." 《儀禮集釋》 卷7: "膝爵者, 獻酬禮成, 更擧酒于公, 以爲旅酬之始."

231) 鄭玄注: "所告者, 衆賓, 衆兄弟·內賓也. 獻時設薦俎于其位, 至此禮又殺, 告之祭, 使成禮也. 其祭皆離肺, 不言祭豆, 可知."

지 사람들은 모두 祭하지 않았다.(〈특생궤식례〉12) 祭하지 않았던 것은, 주인의 獻酒禮 입장에서 말하면 예가 여전히 이루어지지 않았는데 지금 旅酬禮를 행하게 되었기 때문에 정현의 주에 "그들에게 祭하라고 고하여 예를 이루게 하는 것이다.〔告之祭, 使成禮也.〕"라고 한 것이다.

【按】주소에 따르면 헌주를 받을 때 비로소 당 아래와 東房 안 각각의 자리에 脯·醢와 折俎를 올린다.[232] 이때 公有司와 私臣 역시 주인의 헌주를 받는다. 〈특생궤식례〉 30 참조.

⑥ 乃羞

'羞'는 庶羞, 즉 맛있는 음식을 올리는 것이다. 정현의 주에 따르면 이때 올리는 맛있는 음식은 "시동보다 낮추어 菹豆와 醢豆뿐이다.〔下尸, 菹·醢豆而已.〕" 살펴보면 앞에서 이미 시동을 위해 "庶羞 4豆를 올린다.〔羞庶羞四豆.〕"라고 하였다. 4豆는 豆에 담은 네 가지 돼지고기로 만든 음식, 즉 膮(효. 돼지고기 국물에 조미용 채소만 넣고 다른 채소는 넣지 않은 국), 炙(자. 구운 돼지고기), 菹(자. 삶은 돼지고기 덩이), 醢(해. 돼지고기 肉醬)이다.(〈특생궤식례〉8 주㉓) 지금은 단지 菹豆와 醢豆 각 하나씩만 올리기 때문에 '시동에게 올린 것보다 낮춘다.〔下尸〕'라고 한 것이다. 또 정현의 주에 따르면 이때 음식을 받는 사람은 시동을 제외하고 祝과 주인에서부터 內賓까지 모두 음식을 받는다.[233]

【按】주소에 따르면 이때 內羞는 없는데, 존귀한 시동에게도 內羞는 올리지 않았기 때문이다.[234] 內羞는 房中之羞로, 곡물로 만든 음식을 이른다. 〈유사철〉 13 주②③ 참조.

⑦ 賓坐取觶

'賓'은 長賓을 이른다. '取觶'는 주인이 빈에게 헌주할 때 주인이 脯·醢의 북쪽에 觶를 놓아두면 빈이 들어 포·해의 남쪽에 놓아두었던 치를 취하는 것이다. 〈특생궤식례〉 12 참조.

⑧ 酬長兄弟

胡培翬에 따르면 이것이 旅酬禮의 시작이다. 이 여수례에 주인·祝·시동은 모두 참여하지 않는다.[235]

【按】褚寅亮에 따르면 이 때 東房 안에서도 旅酬禮를 시작하여 內賓의 長이 주부가 酬酒했던 觶를 들어 宗婦에게 酬酒한다.[236] 이때 사용하는 술은 동방 안에 진설해둔 2개의 壺(술 단지)에서 뜬다.(〈특생궤식례〉 26) 주소에 따르면 남자는 당 위에서 獻酒하고 당 아래에서 酬酒하며, 부인은 남향하여 헌주하고 서향하여 수주한다.(〈특생궤식례〉26 주⑤) 부인이 수주례를 행하는 절차와 의식은 남자의 수주례를 따라서 內賓은 衆賓에 준하고 宗婦는 兄弟에 준하여 행한다. 즉 주인이 賓長에게 酬酒를 올릴 때 觶를 씻어 서쪽에 있는 술

232) 鄭玄注: "獻時設薦俎于其位."
賈公彦疏: "云'獻時設薦俎於其位'者, 得獻時, 乃薦于堂下及房內之位."

233) 鄭玄注: "此所羞者, 自祝·主人至於內賓, 無內羞."

234) 鄭玄注: "此所羞者, 自祝主人至於內賓, 無內羞."
賈公彦疏: "云無內羞者, 以其尸尊, 尙無內羞, 況祝卑, 故無內羞也."

235)《儀禮正義》卷35: "此旅酬之始, 賓取觶就阼階前, 酬長兄弟也.《鄕飮》、《鄕射》先酬主人, 此酬長兄弟者, 以士祭旅酬, 主人及祝, 皆不與斯. 時尸在室中, 亦不與也."

236)《儀禮管見》卷下4: "此時房中內賓長, 亦擧主婦所酬之觶, 以酬宗婦."

단지에서 술을 따라 서쪽 계단 앞에서 빈장에게 수주를 올릴 때 주인이 치를 천의 북쪽에 내려놓으면 빈이 앉아서 이를 들어 천의 남쪽에 내려놓는 것과 같은 방식으로《특생궤식례》12), 주부가 내빈의 장에게 술을 따라 薦(脯와 醢)의 왼쪽에 내려놓으면 내빈의 장이 앉아서 이를 들어 薦의 오른쪽에 내려놓는다. 또 兄弟弟子가 觶를 씻어 동쪽의 술 단지에서 술을 따라 동쪽 계단 앞에서 북향하고 長兄弟에게 치를 들어 올리는 것과 같은 방식으로《특생궤식례》16), 宗婦의 娣婦(제부. 아랫동서)가 그 姒婦(사부. 윗동서)에게 觶를 들어 올린다. 또 빈장이 앉아서 내려놓았던 觶를 들고 동쪽 계단 앞으로 가서 북향하여 장형제에게 酬酒를 올리는 것과 같은 방식으로《특생궤식례》16), 내빈의 장은 내려놓았던 觶를 들어 종부의 姒에게 酬酒를 올린다. 이하의 의절 역시 남자의 여수례와 같은 방식으로 교차하여 두루 酬酒禮를 행한다.[237]

⑨ 長兄弟在右

【按】가공언의 소에 따르면 賓과 주인이 서로 酬酒를 주고받을 때 주인은 항상 동쪽에 서며, 주인이 빈과 같이 서있을 경우에는 酬酒를 받는 사람이 왼쪽에 서는데, 이것은 각각 자기 자리를 지켜서 尊卑를 가지고 변경하지 않는다는 의미이다. 同類일 경우 수주를 받는 사람이 왼쪽에 서는 것은 오른쪽을 높이기 때문이다.[238] 郝敬에 따르면 주인의 형제에게는 주인의 의미가 들어있기 때문에 이때에도 賓이 서쪽에 선 것이다.[239]

⑩ 其尊

정현의 주에 따르면 "장형제를 위한 술 단지이다.〔長兄弟尊也.〕" 즉 동쪽 계단 동쪽에 있는 술 단지이다.

⑪ 長兄弟拜受觶

【按】정현의 주에 따르면 장형제는 酬酒를 받을 때 북향하여 절하고 받는다.[240]

⑫ 復位

胡培翬에 따르면 "長賓은 酬酒를 올리는 일이 끝나면 서쪽 계단 앞의 동향하던 자리로 돌아간다.〔賓酬畢, 復西階前東向之位.〕"

⑬ 如初

정현의 주에 따르면 "初는 長賓이 장형제에게 酬酒를 올릴 때와 같이 하는 것이다.〔初, 賓酬長兄弟也.〕"

⑭ 其尊

이것은 서쪽 계단 서쪽에 있는 술 단지를 가리킨다.

⑮ 交錯

정현의 주에 따르면 "동서라고 말한 것과 같다.〔猶言東西.〕" 胡培翬에 따

237) 鄭玄注: "男子獻於堂上, 旅於堂下. 婦人獻於南面, 旅於西面. 內賓象衆賓, 宗婦象兄弟, 其節與其儀依男子也. 主婦酬內賓之長, 酌奠于薦左. 內賓之長坐取奠於右. 宗婦之娣婦, 舉觶於其姒婦, 亦如之. 內賓之長坐取奠觶, 酬宗婦之姒, 交錯以辯. 宗婦之姒亦取奠觶, 酬內賓之長, 交錯以辯." 賈公彦疏: "云'主婦酬內賓之長, 酌奠於薦左, 內賓之長坐取奠於右'者, 此約上經主人洗觶, 酌於西方之尊, 西階前酬賓時, 主人奠觶於薦北, 賓坐取觶, 奠觶于薦南是也. 云'宗婦之娣婦, 舉觶於其姒婦, 亦如之'者, 此亦約上經兄弟弟子洗酌于東方之尊, 阼階前, 北面舉觶于長兄弟, 如主人酬賓儀是也. 云'內賓之長坐取奠觶酬宗婦之姒, 交錯以辯'者, 此亦上經正行旅酬節, 賓坐取觶, 阼階前北面酬長兄弟. 至'交錯以辯', 皆如初儀是也. 云'宗婦之姒亦取奠觶, 酬內賓之長, 交錯以辯'者, 此亦約旅酬節, 云長兄弟酬賓, 如賓酬兄弟之儀, 以辯, 卒受者實觶于篚是也."

238) 賈公彦疏: "賓主相酬, 主人常在東, 其同在賓中, 則受酬者在左.……賓主相酬, 各守其位, 不以尊卑變. 同類之中, 受者於左, 尊右也."

239)《儀禮節解》卷15: "兄弟在右, 以兄弟亦有主人之誼, 賓常居西也."

240) 鄭玄注: "此受酬者拜亦北面."

르면 "衆賓이 또 앞에 놓인 觶를 가지고 서쪽에서 동쪽으로 가서 衆兄弟에게 酬酒를 올리고, 중형제가 또 앞에 놓인 치를 가지고 동쪽에서 서쪽으로 가서 중빈에게 酬酒를 올리는 것을 이른다.〔謂衆賓又以前觶自西之東酬衆兄弟, 衆兄弟又以前觶自東之西酬衆賓.〕" 중빈과 중형제는 인원이 많아서 모두 이와 같이 동서로 서로 수주를 올리는 것이니, 이것이 이른바 '交錯'이다.

⑯ 爲加爵者作止爵

'爲加爵者'는 衆賓 중의 長을 이른다. 살펴보면 중빈장이 올린 加爵을 시동이 "술잔을 놓아두기만 하고 마시지 않았는데"《특생궤식례》 14) 지금 중빈과 중형제들이 旅酬禮를 행하는 과정 중에 나아가 시동에게 마시기를 청하기 때문에 정현의 주에 "여수례를 하는 사이에 시동에게 놓아두었던 술잔의 술을 마시라고 말한다.〔於酬酒之間, 言作之爵.〕"라고 한 것이다.

【按】'爵'은 《특생궤식례》 14 주①에 근거하면 '觚'(고)이다.

⑰ 如長兄弟之儀

胡培翬에 따르면 "시동에게 놓아두었던 술잔의 술을 마시라고 청한 뒤에 시동의 답잔을 받는 것, 장형제가 祝에게 헌주하고 좌식에게는 헌주하지 않는 것, 술잔을 씻어 주인과 주부에게 술을 보내기를 빈이 삼헌할 때와 같이 하는 것을 모두 장형제가 시동에게 加爵할 때의 의절과 같이 하는 것이다.〔謂作止爵後, 受尸酢, 獻祝, 不及佐食, 洗、致如初, 皆如長兄弟爲加爵之儀.〕"《특생궤식례》 11, 13 참조.

⑱ 長兄弟酬賓

이것은 長賓이 자기에게 酬酒한 것에 보답하기 위해서이다.

⑲ 如賓酬兄弟之儀

郝敬에 따르면 "장형제도 서쪽 계단 앞으로 가서 長賓에게 酬酒를 올리는데, 장형제가 觶를 내려놓고, 장빈이 觶를 받고 절하고, 장형제가 답배하고 자리로 돌아가는 등의 의절을 똑같이 하는 것이다.〔長兄弟亦酬賓於西階前, 奠觶, 受觶, 拜, 答拜復位等儀同.〕"

⑳ 以辯

이것은 또 한 차례 교차하여 두루 酬酒를 올리는 것이다. 胡培翬는 "以辯(편)이라고 한 것은 賓이 마찬가지로 동쪽 계단 앞에 나아가 중형제에게 수주를 올리고, 중형제와 중빈이 또 서로 수주를 올리고, 중형제와 중빈이 차례대로 서로 수주를 올려 모든 사람에게 수주가 돌아가면 그치는 것이다.〔云'以辯', 則賓亦就東階前酬衆兄弟, 而衆兄弟、衆賓又互相酬也, 衆兄弟、衆賓以次相酬, 至徧而止.〕"라고 하였다.

㉑ 卒受者

胡培翬에 따르면 衆賓과 衆兄弟는 인원수에 많고 적음이 있어서 마지막으로 酬酒를 받은 사람이 賓이 될지 兄弟가 될지 확정할 수 없기 때문에 여기에서는 단지 '마지막으로 술잔을 받은 사람〔卒受者〕'이라고만 범범히 가리킨 것이다.[241]

17. 賓弟子와 兄弟弟子가 長賓과 長兄弟에게 擧觶(무산작례의 발단), 賓들과 형제들이 서로 酬酒함(무산작례)

賓弟子及兄弟弟子洗①, 各酌于其尊(준)②, 中庭北面, 西上③。擧觶(치)于其長④, 奠觶拜⑤。長皆答拜⑥。擧觶者祭, 卒觶拜。長皆答拜。

擧觶者洗, 各酌于其尊, 復初位⑦。長皆拜。擧觶者皆奠觶于薦右⑧。長皆執以興。擧觶者皆復位, 答拜。長皆奠觶于其所, 皆揖其弟子。弟子皆復其位⑨。爵皆無筭⑩。

〈賓弟子와 兄弟弟子가 각각의 長을 향하여 擧觶, 卒觶〉

賓弟子(빈 중에 어린 한 사람)와 兄弟弟子(형제의 아우나 아들 중에 어린 한 사람)가 南洗에서 술잔(觶)을 씻어 각각 자기 黨의 술 단지(빈제자는 서쪽 술단지, 형제제자는 동쪽 술 단지)에서 술을 따라 들고 中庭으로 가서 북향하고 서는데, 서쪽을 상위로 하여 빈제자가 서쪽에 선다.

(이때 동방 안에서도 內賓과 宗婦의 연소자가 각각 그들의 長에게 잔을 들어 무산작을 시작한다.)

빈제자와 형제제자가 長賓과 長兄弟에게 각각 잔을 든 뒤에 잔을 내려놓고 북향하여 절한다. 동향하고 있던 장빈과 서향하고 있던

241)《儀禮正義》卷35: "賓黨、主黨人數有多寡, 酬末終受觶者不定爲賓、爲兄弟, 故經但云'卒受者實觶于篚'也."

장형제가 모두 북향하고 답배한다.

擧觶者(빈제자와 형제제자)가 앉아서 술을 祭(고수레)하고 잔의 술을 다 마신 뒤에 북향하고 절한다. 장빈과 장형제가 모두 북향하고 답배한다.

〈賓들과 兄弟들이 서로 酬酒함〉

거치자가 잔(觶)을 씻어 각각 자기 黨의 술 단지에서 술을 따라 들고서 中庭의 북향하던 자리로 돌아간다. 장빈과 장형제가 모두 북향하고 절한다.

거치자가 모두 잔을 장빈과 장형제 앞에 놓인 薦(脯와 醢)의 오른쪽(장빈은 천의 남쪽, 장형제는 천의 북쪽)에 놓는다. 장빈과 장형제가 모두 잔을 들고 일어난다.

거치자가 모두 中庭의 북향하던 자리로 돌아가서 북향하고 답배한다. 장빈과 장형제가 모두 薦의 오른쪽에 잔을 내려놓고 모두 자신의 제자(빈제자와 형제제자)에게 읍한다.

빈제자와 형제제자가 모두 자기 자리(빈제자는 서쪽 계단 앞에서 동향, 형제제자는 동쪽 계단 앞에서 서향)로 돌아간다.

주고받는 술잔은 모두 잔 수를 세지 않는다.

① 賓弟子

賓 중에 어린 사람이다.

② 各酌于其尊

賓 중에 어린 사람은 서쪽 계단의 서쪽에 놓인 술 단지에서 술을 따르고, 형제의 아우나 아들 중에 어린 사람은 동쪽 계단의 동쪽에 놓인 술 단지에서 술을 따르는 것을 이른다.

③ 中庭北面, 西上

張惠言의 《儀禮圖》 권6 〈弟子各擧觶〉 圖에 따르면, 2명의 제자가 뜰 중앙에 있는 碑의 북쪽에서 북향하고 서는데, 賓弟子가 서쪽 상위에 서있다.

【按】이때 東房 안의 부인들 역시 무산작을 시작한다. 정현의 주에 따르면 內賓 중에 어린 자와 宗婦 중 娣婦(제부. 아랫동서)가 각각 觶에 술을 따라 그들의 長에게 들어 올림으로써 무산작의 발단을 알린다.《특생궤식례》16 주⑧) 이어서 잔을 세지 않고 두루 교차하여 觶를 주고받는다. 이때 배수례하는 자와 술을 마시는 자 모두 주부를 등지지 않고 주부의

동남쪽에서 비스듬히 마주보고 행한다.[242] 〈특생궤식례〉 26 참조.

④ 擧觶于其長

賓弟子는 長賓에게 觶를 올리고 兄弟弟子는 長兄弟에게 치를 올리는 것을 이른다. 살펴보면 이것이 바로 이른바 "두 사람이 치를 드는 것이 무산작의 발단이 된다.〔二人擧觶爲無筭爵發端.〕"라는 것이다. 이 두 사람이 먼저 스스로 술을 따라 마시는 것이다. 淩廷堪의 《禮經釋例》 권4에 "일반적으로 두 사람이 치를 들어 술을 권하는 것이 무산작의 시작이 된다.〔凡二人擧觶爲無筭爵始.〕"라고 하였다. '無筭爵'은 정현의 주에 따르면 "빈과 주인이 燕飲할 때 주고받는 술잔에 일정한 수를 제한하지 않고 취할 때까지 마시는 것이다.〔賓主燕飲, 爵行無數, 醉而止也.〕" 李如圭는 "앞에서 두 사람이 들었던 치는 이때 와서 두 개의 치가 동시에 돌아 서로 교차하여 酬酒하는 데 사용된다. 아랫사람에게까지 두루 旅酬를 행하여 주인의 贊者도 이 예에 참여한다. (모두 한 차례 술을 마신 뒤에) 다시 두 개의 치에 술을 채워 장빈과 장형제 앞에 되돌려 두는데, 이렇게 되돌려 두는 술잔의 수를 세지 않는다.〔曏二人所擧觶者, 至此二觶竝行, 交錯以酬, 辯旅在下者, 主人之贊者亦與焉. 復實二觶反奠之, 其爵無筭.〕"라고 하였다.

【按】 이때 宗人은 衆賓의 항렬에 끼어 참여하고, 佐食은 형제의 항렬에 끼어 참여한다. 〈특생궤식례〉 25 참조.

⑤ 奠觶

【按】 정현의 주에 따르면 이때 觶를 살아있는 사람의 飲酒禮와 같이 薦(脯와 醢)의 오른쪽에 놓는데, 이것은 신의 은혜가 아니기 때문이다.[243] 〈특생궤식례〉 12 주⑰ 참조.

⑥ 長皆答拜

張惠言의 《儀禮圖》에 따르면 장빈과 장형제는 모두 각각 자기 자리에서 북향하고 절한다.

【按】 정현의 주에 따르면 일반적으로 당 아래에서 하는 절은 당 위에서와 마찬가지로 모두 북향하고 한다.[244]

⑦ 復初位

吳廷華에 따르면 "中庭의 자리이다.〔中庭位也.〕"

⑧ 皆奠觶于薦右

敖繼公에 따르면 "薦右는 長賓 앞에 놓인 脯·醢의 남쪽과 장형제 앞에 놓인 포·해의 북쪽이다.〔薦右, 賓之薦南、兄弟之薦北也.〕"

242) 鄭玄注: "內賓之少者, 宗婦之娣婦, 各擧觶於其長, 竝行交錯, 無筭. 其拜及飲者, 皆西面, 主婦之東南."

243) 鄭玄注: "奠觶, 進奠之于薦右, 非神惠也."

244) 鄭玄注: "凡堂下拜, 亦皆北面."

⑨ 皆復其位

胡培翬에 따르면 이것은 각각 동쪽 계단과 서쪽 계단 앞 제자들의 원래 자리로 돌아가는 것이다.[245]

⑩ 爵皆無筭

즉 無筭爵을 행하는 것이다. 정현의 주에 따르면 長賓은 앞에 놓인 觶를 취하여 衆兄弟에게 酬酒를 올리고, 長兄弟는 앞에 놓인 치를 취하여 衆賓에게 수주를 올린다. 이때 2개의 치가 동시에 돌아 차례대로 오가는데, 자신이 원하는 대로 치를 돌린다.[246]

18. 利가 시동에게 헌주함

利洗散①, 獻于尸②。酢。及祝③, 如初儀④。降, 實散于籩(비)。

利(佐食)가 南洗에서 술잔(散)을 씻어 당에 올라가 술을 따라 室 안으로 들어가 시동에게 헌주한다.

시동이 리에게 답잔을 준다.

리가 축에게까지 술을 올리는데, 長兄弟·衆賓長이 加爵할 때의 의절과 같이 한다.(주인과 주부에게 致酒하는 예는 없다.)

리가 당을 내려가 잔을 下籩(당 아래의 籩) 안에 넣는다.

① 利洗散

'利'는 정현의 주에 따르면 "좌식이다. 利라고 한 것은 지금 술을 올리기 때문이다.〔佐食也. 言利, 以今進酒也.〕" '散'은 술잔이다. 王國維의 《觀堂集林三》〈說斝〉에서는 즉 '斝'(가)라고 하였다. 그 刑制는 대부분 입구가 크고 중간 부분은 둥글며 아래에는 3개의 속이 빈 송곳 모양의 다리가 있다. 【按】 가공언의 소에 따르면 좌식이 시동의 俎인 肵俎에 豕牲의 염통과 혀를 담아 동쪽 계단 서쪽에 진열하고,《특생궤식례》7) 黍敦(서대)와 稷敦의 뚜껑을 열어 대의 남쪽에 뒤집어 놓고,《특생궤식례》7) 서대와 직대를 시동의 자리 가까이 옮겨 놓을 때《특생궤식례》8)는 모두 '좌식'이라고 칭하였는데, 이것은 서직을 식사로 여기기 때문이다. 지금 술을 올리면서 '利'

245) 《儀禮正義》卷35: "賓弟子復西階前東面之位, 兄弟弟子復阼階前西面之位, 以事已畢也."

246) 鄭玄注: "賓取觶酬兄弟之黨, 長兄弟取觶酬賓之黨, 唯己所欲, 亦交錯以辯, 無次第之數."

라고 칭한 것은 利가 '봉양한다[養]'라는 뜻을 가지고 있기 때문이다.[247] 술잔의 形制는, 《周禮》〈同官考工記梓人〉의 주소에 따르면 爵은 1승, 觚(고)는 2승, 觶(치)는 3승, 角은 4승, 斝(가)라고도 불리는 散은 5승이 들어간다.[248] 《예기》〈禮器〉에 "작은 것을 귀하게 여기는 경우가 있다. 종묘의 제사에 귀한 자는 爵으로 헌주하고 천한 자는 散으로 헌주하며, 높은 자는 觶를 들고 낮은 자는 角을 든다. 五獻의 술 단지는 묘문 밖에서는 缶를 사용하고 묘문 안에서는 壺를 사용하며, 군주의 술 단지는 瓦甒이다.[有以小爲貴者. 宗廟之祭, 貴者獻以爵, 賤者獻以散; 尊者擧觶, 卑者擧角. 五獻之尊, 門外缶, 門內壺; 君尊瓦甒.]"라는 내용이 보인다. 각 술잔의 형태는 容庚의 《商周彝器通考》에 따르면 다음과 같다.

爵(西周)　　觚(商)　　觶(商)　　角(商)　　斝(商)

② 獻于尸

【按】주소에 따르면 '獻'은 시동을 모시는 禮가 곧 끝나려 하기 때문에 좌식인 利가 시동에게 술을 한 차례 올려야 하는데 혹시라도 이것을 加爵으로 여길까 염려하여 일부러 '헌'이라는 글자를 쓴 것이다. 그러나 利의 이 헌주 역시 주인 초헌, 주부 아헌, 빈장 삼헌과 마찬가지로, 장형제 加爵《특생궤식례》 13, 중빈장 가작《특생궤식례》 14과 함께 삼헌에 해당한다. 士의 시동을 모시는 예는 이와같이 시동이 모두 6번 술을 마시면 끝난다.[249]

③ 及祝

利가 祝에게까지 헌주하는 것을 이른다.

④ 如初儀

胡培翬에 따르면 "장형제와 중빈장이 加爵할 때의 의절과 같이 하는 것이다.[如長兄弟、衆賓長加爵之儀也.]"

【按】장형제의 가작은 〈특생궤식례〉 13, 중빈장의 가작은 〈특생궤식례〉 14 참조. 다만 정현의 주에 따르면 장형제와 중빈장의 가작에는 헌주와 함께 따라서 올리는 從獻만 없었을 뿐 賓長의 삼헌 때와 같이 주인과 주부에게 致爵하는 예는 있었는데《특생궤식례》 13 주④), 지금 利의 헌주에는 장형제와 중빈장의 예보다 더욱 줄여서 이 致爵의 예마저도 생략한다.[250]

247) 賈公彦疏: "利與佐食, 乃有二名者, 以上文設俎、啟會, 爾敦之時, 以黍稷爲食, 故名佐食. 今以進酒, 酒所以供養, 故名利, 利卽養也, 故鄭云以今進酒也."

248) 《周禮注疏》〈同官考工記梓人〉: "梓人爲飲器, 勺一升, 爵一升, 觚三升. 獻以爵而酬以觚, 一獻而三酬, 則一豆矣." 鄭玄注: "觚, 豆, 字聲之誤. 觚當爲觶, 豆當爲斗." 賈公彦疏: "爵制, 今《韓詩說》: '一升曰爵, 二升曰觚, 三升曰觶, 四升曰角, 五升曰散.' 古《周禮說》亦與之同."

249) 鄭玄注: "更言獻者, 以利侍尸禮將終, 宜一進酒, 嫌於加酒, 亦當三也." 賈公彦疏: "此決兄弟長及衆賓長爲加爵於尸, 不言獻, 今進酒, 更言獻, 不言加爵, 故鄭君解其義意, 以利侍尸禮將終, 宜一進酒, 不似長兄弟助宗子祭祀爲加爵, 衆賓之長助主人祭祀, 設爲加爵, 嫌此佐食同彼二者爲加爵, 故變言獻, 是以鄭云嫌亦當三也. '亦'者, 亦上主人獻、主婦獻、賓長獻爲三也. 長兄弟爲加爵, 衆賓長爲加爵, 通洗散獻尸亦三, 都幷尸飮六, 士祭事尸禮畢也."

250) 鄭玄注: "不致爵, 禮又殺也."

19. 利成을 고하고(告利成), 시동이 廟門을 나가고, 시동의 집으로 尸俎를 보내고, 庶羞를 거둠

主人出, 立于戶外, 西面①。祝東面告: "利成②。" 尸謖(속), 祝
前③。主人降④。祝反, 及主人入, 復位。
命佐食徹尸俎⑤。俎出于廟門⑥。
徹庶羞⑦, 設于西序下⑧。

〈利成을 고함〉

주인이 室을 나가 室戶 밖에서 서향하고 선다.

祝이 室戶 밖에서 동향하고 주인에게 "利成(시동을 공양하는 예가 이루어졌습니다.)"이라고 고한다.

축이 室 안으로 들어가면 시동이 일어선다. 축이 앞에서 시동을 인도하여 나간다.

(시동이 室을 나올 때 주인이 조금 피한다.)

주인이 동쪽 계단으로 당을 내려가 동쪽 계단 동쪽에서 서향하고 선다.

축이 廟門 밖에서 시동을 전송하고 되돌아와 주인과 함께 室 안으로 들어가(축이 먼저 실 안으로 들어간다.) 주인은 서향하던 자리로, 축은 남향하던 자리로 돌아간다.

〈尸俎를 시동의 집으로 보냄〉

축이 佐食에게 尸俎(시동을 위한 俎)를 거두라고 명한다.

좌식이 尸俎의 음식을 거두어 묘문을 나가면 有司가 받아서 시동의 집으로 보낸다.

〈庶羞를 거둠〉

좌식이 庶羞 4豆(膮·炙·胾·醢)를 室 안에서 장차 행해질 餕禮를 위하여 거두어 西序 아래에 진열한다.

① 西面

'面'은 阮元의 교감본에는 '南'으로 잘못 되어 있다. 張淳의 《儀禮識誤》에서는 〈특생궤식례〉 제20절에 있는 "主人出, 立於戶外, 西面."이라는 글에 근거하여, 이곳의 '南'은 제20절의 '面' 자를 따라야 한다고 하였다. 완원의 교감본에서는 《唐石經》에 '南'으로 되어 있는 것을 근거로, 장순이 "멋대로 '面' 자로 고쳤는데 李如圭와 敖繼公이 장순을 따라 고쳤다.〔以意改爲面, 而李氏(如圭)‧敖氏(繼公)從之.〕"라고 하였다. 王引之의 《經義述聞》에서는 "장순이 '南'을 '面'으로 고친 것이 옳다.〔張改'南'爲'面', 是也.〕"라고 하였다. 살펴보면 漢簡本에도 '面'으로 되어 있으니, 장순의 설이 틀리지 않은 것을 알 수 있다.

② 祝東面告利成

정현의 주에 따르면 "利는 '養'과 같다. '成'은 '마치다'라는 뜻이다. 공양하는 禮가 모두 끝난 것을 말한다.〔利猶養也. 成, 畢也. 言養禮畢也.〕"이것은 바로 시동을 공양하는 예를 이미 다 마쳤다는 뜻이다. '養禮畢'이라고 하지 않고 '利成'이라고 바꾸어 말한 까닭은, 정현의 주에 따르면 만일 그렇게 말하면 시동을 돌려보내는 혐의가 있기 때문에 그 말을 바꾼 것이다.[251]

【按】敖繼公에 따르면 이때 축은 室戶 밖 서쪽에서 동향하고 고한다.[252] 〈소뢰궤식례〉 21에서는 주인이 당 위의 동쪽 계단 윗쪽에서 서향하고 축이 서쪽 계단 윗쪽에서 동향하고 주인에게 利成을 고하는데, 이것은 높은 신분의 대부이기 때문에 士禮인 〈특생궤식례〉와 달리 시동에게서 좀 더 멀리 떨어져 있도록 한 것이다. 천자나 제후의 경우에는 당 아래에서 利成을 고한다.[253]

③ 尸謖, 祝前

【按】대부의 예인 〈소뢰궤식례〉에서는 "祝이 室 안으로 들어가면 시동이 일어나고 주인이 당을 내려가 동쪽 계단 동쪽에서 서향하고 선다. 축이 앞에서 인도하고 시동이 그 뒤를 따라 가서 마침내 廟門을 나간다.〔祝入, 尸謖. 主人降, 立于阼階東, 西面. 祝先, 尸從, 遂出于廟門.〕" 즉 士의 예인 〈특생궤식례〉에서 주인이 먼저 室戶 밖에서 서향하고 서 있다가 축과 시동이 당을 내려가면 그 뒤를 따라 당을 내려가서 동쪽 계단 동쪽에 서있는 것과 다르다.〈소뢰궤식례〉 21, 〈유사철〉 36〉 다만 張惠言과 黃以周의 〈利成徹俎〉圖에는 모두 동쪽 계단 동쪽의 주인이 "시동이 계단을 내려오면 주인이 피한다.〔尸降主人辟.〕"라고 하여 마치 주인이 시동과 축보다 먼저 계단을 내려와 서있는 것처럼 되어 있는데, 이것은

251) 鄭玄注: "供養之禮成, 不言禮畢, 於尸閑之嫌."

252) 《儀禮集說》卷15: "東面于戶外之西."

253) 賈公彦疏: "《少牢》云: 主人出, 立于阼階上西面. 祝出, 立于西階上東面. 祝告曰利成. 此戶外告利成, 彼階上告利成, 以尊者稍遠於尸. 若天子諸矦, 禮畢, 於堂下告利成."

대부례이기 때문에 여기 士禮와는 맞지 않다. 士禮에서 주인은 당 위 室戶 밖에서 기다리다가 시동이 室을 나오면 조금 피한다. 〈특생궤식례〉 24 참조.

④ 主人降

정현의 주에 따르면 "주인이 당을 내려와 동쪽 계단 동쪽에서 서향하고 선다.〔主人降, 立於阼階東, 西面.〕"

⑤ 尸俎

吳廷華에 따르면 "胏俎(기조)이다.〔胏俎.〕"

⑥ 俎出于廟門

吳廷華에 따르면 "좌식이 俎를 가지고 廟門을 나가면 有司가 받아서 시동의 집에 보낸다.〔佐食以俎出於廟門, 有司受而歸之尸.〕"

【按】有司가 좌식에게서 尸俎를 받아 시동의 집에 보내는 것은 大夫禮 역시 마찬가지이다. 〈유사철〉 36 참조.

⑦ 徹庶羞

敖繼公에 따르면 "庶羞를 거두는 사람도 좌식이다.〔徹者亦佐食也.〕" '庶羞'는 시동이 세 번 밥을 먹은 뒤에 시동을 위하여 진설했던 4豆에 담긴 맛있는 음식이다. 〈특생궤식례〉 8 주㉓ 참조.

⑧ 設于西序下

【按】주소에 따르면 시동 이하 형제까지의 庶羞를 거두어 西序 아래에 두는 것은 장차 室 안에서 餕禮(준례. 대궁을 먹는 예)를 행할 것이기 때문에 치우는 것이다. 일반적으로 준례에 시동은 신이 남긴 음식을 먹고 제사에 참여한 자들은 시동이 남긴 음식을 먹는데, 이것은 신의 은혜를 묘 안에 두루 편다는 뜻을 취한 것이다. 그러나 서수는 시동이 3飯을 먹은 뒤에 비로소 올려〈특생궤식례〉 8) 신의 은혜와 상관 없기 때문에 준례에는 사용하지 않고 燕飮에 사용한다. 시동 이하 형제까지의 서수는 宗子가 族人과 함께 이것으로 堂에서 연음하고, 內賓과 宗婦의 서수는 주부가 이것으로 東房 안에서 연음한다.[254]

254) 鄭玄注: "爲將餕, 去之. 庶羞主爲尸, 非神饌也. ……此徹庶羞置西序下者, 爲將以燕飮與! 然則自尸, 祝至於兄弟之庶羞, 宗子以與族人燕飮於堂, 內賓宗婦之庶羞, 主婦以燕飮於房."
賈公彥疏: "凡餕者, 尸餕鬼神之餘, 祭者餕尸之餘, 義取鬼神之惠徧廟中. 庶羞非鬼神惠, 故不用也."

정제후正祭後

20. 嗣子와 長兄弟가 대궁을 먹고(餕禮), 주인이 사자와 장형제에게 헌주, 사자가 주인에게 酢酒함

筵對席①。佐食分簋(궤)、鉶(형)②。宗人遣擧奠及長兄弟盥③。立于西階下，東面，北上④。祝命嘗食⑤。餕(준)者⑥、擧奠許諾，升⑦，入。東面，長兄弟對之，皆坐。佐食授擧⑧，各一膚。主人西面再拜⑨。祝曰："餕有以也⑩。"兩餕奠擧于俎⑪，許諾，皆答拜。若是者三⑫。皆取擧，祭食，祭擧，乃食，祭鉶，食擧⑬。

卒食，主人降，洗爵。宰贊一爵。主人升；酌，醋(인)上餕⑭。上餕拜受爵。主人答拜。醋下餕亦如之⑮。主人拜。祝曰："醋有與也⑯。"如初儀⑰。兩餕執爵拜⑱，祭酒，卒爵拜。主人答拜。兩餕皆降，實爵于篚(비)。

上餕洗爵，升⑲，酌，酢主人。主人拜受爵。上餕卽位坐⑳，答拜。主人坐祭，卒爵拜。上餕答拜，受爵，降，實于篚。主人出，立于戶外㉑，西面。

〈嗣子와 長兄弟가 시동의 대궁을 먹음〉

장형제를 위하여 室 안에 對席(尸席과 마주보는 동쪽의 자리)을 편다.

佐食이 簋(궤) 안의 黍飯(찰기장밥)을 會(궤의 뚜껑)에 덜어서 대석 앞에 진설하고, 2개의 鉶 중 하나를 옮겨 대석 앞에 진설한다.

宗人(예를 주관하는 有司)이 擧奠(嗣子)과 장형제에게 손을 씻도록 한다.

거전과 장형제가 南洗에서 북향하여 손을 씻은 뒤에 서쪽 계단 아래에 동향하고 서는데, 북쪽을 상위로 하여 거전이 북쪽에 선다.

祝이 거전과 장형제에게 시동의 대궁을 먹으라고 명한다.

餕者(준자. 장형제)와 거전이 응낙하고 서쪽 계단으로 당에 올라 室

안으로 들어간다. (거전이 실 안으로 먼저 들어간다.)

거전이 시동의 자리 앞에서 동향하여 서고 장형제가 마주하고 선다. 두 사람이 모두 앉는다.

좌식이 거전과 장형제에게 牲俎의 擧(膚)를 주는데 각각 膚(껍데기가 붙은 돼지고기) 1덩이씩 준다.

주인이 서향하고 재배한다. 축이 주인을 대신하여 다음과 같이 축원한다.

"너희가 이 대궁을 먹는 것은 이유(선조의 덕)가 있음을 생각해야 한다."

두 준자(嗣子와 장형제)가 擧를 俎 위에 놓은 뒤 응낙하고 모두 답배한다.

이와 같이 축이 주인을 대신하여 축원하고, 두 준자가 응낙하고 답배하기를 각각 세 번씩 한다.

두 준자가 모두 擧를 취하여 들고, 서반을 祭(고수레)하고, 거를 祭하고 이어 서반을 먹는다. 鉶羹을 祭하고, 거를 먹는다.

〈주인이 嗣子와 장형제에게 酳酒〉

두 준자가 대궁을 다 먹고 나면 주인이 당을 내려가 南洗에서 술잔을 씻는다. 宰(家臣의 長)가 주인을 도와 다른 잔 하나를 씻는다.

주인이 당에 올라 술을 따라서 室에 들어가 上醆(상준. 嗣子)에게 입가심 하도록 준다. 상준이 절하고 잔을 받는다.(拜受禮) 주인이 답배한다.(拜送禮)

下醆(장형제)에게도 입가심 하도록 잔을 북향하고 주는데 상준과 같은 의절로 한다.

주인이 절한다. 축이 주인을 대신하여 다음과 같이 축원한다.

"너희는 이 술을 마실 때 함께 할 형제와 친족이 있음을 생각해야 한다."

처음과 같이 축이 주인을 대신하여 축원하고, 두 준자가 응낙하고 답배하기를 세 번씩 한다.

두 준자가 잔을 든 뒤에 절하고, 술을 祭하고, 잔의 술을 다 마신 뒤에 절한다. 주인이 답배한다.

두 준자가 모두 서쪽 계단으로 당을 내려가 잔을 下篚(당 아래의 篚) 안에 넣는다.

> **〈嗣子가 주인에게 酢酒〉**
>
> 상준이 다른 잔을 南洗에서 씻어 당에 올라가 술을 따라 주인에게 답잔을 올린다. (하준은 당에 오르지 않고 형제의 자리로 돌아간다.)
>
> 주인이 절하고 잔을 받는다. 상준이 시동의 자리에 나아가 앉아서 답배한다.
>
> 주인이 앉아서 술을 祭(고수레)하고 잔의 술을 다 마신 뒤에 절한다.
>
> 상준이 답배하고 주인에게서 빈 잔을 받아 당을 내려가 하비에 넣는다.
>
> (상준이 동쪽 계단 아래 子姓의 자리로 돌아간다.)
>
> 주인이 室을 나와 室戶 밖에서 서향하고 선다.

① 筵對席

'筵'은 동사로 쓰여 '자리를 펴다'라는 뜻이다. '對席'은 尸席과 마주보는 곳에 자리를 펴는 것이다. 이것은 嗣子와 장형제가 행할 餕禮(시동의 대궁을 먹는 예)를 위하여 준비하는 것이다.

【按】'筵'과 '席'은 모두 '자리'라는 의미이나, 정현의 주에 따르면 '자리를 편다'라고 할 때에는 筵을, '자리에 앉는다'라고 할 때에는 '席'을 쓴다.[255] 張爾岐에 따르면 對席은 下餕(장형제)을 위한 자리이다. 上餕(嗣子)은 尸席에 앉아 동향하고, 하준은 상준의 자리 동쪽에 마주하여 서향한다.[256]

② 分簋、鉶

對席을 폈기 때문에 음식을 나누는 것이다. 정현의 주에 따르면 簋는 즉 敦(대)로,(《의례》에서는 敦와 簋를 구분하지 않았다) '分簋'는 黍敦에 있는 밥을 나누어 會(敦의 뚜껑)에 놓는 것이다. '鉶'은 본래 2개였기 때문에(《특생궤식례》 7) 그 중 하나를 對席에 나누어 옮겨놓는 것이다.

【按】정현의 주에 따르면 '敦'는 舜임금 때의 기물로 周나라 제도에 士가 사용하는 것이다. 여기에서 '敦'라고 하지 않고 '簋'라고 한 것에 대해 정현은 國姓과 같은 姓을 가진 士가 주나라 제도를 따를 수 있었기 때문이 아닐까 추정하였다.[257] 그러나 容庚은 《商周彝器通論》에서 고증을 통하여 《의례》 중의 '敦'와 '簋'가 동일한 글자라는 결론을 내렸다.[258] 양천우는 簋와 敦는 모두 음식을 담는 기물이기는 하지만 그 형태는 다르다고 보았다. 즉 敦는 두 개의 半球가 합쳐진 형태로 뚜껑과 몸체의 형태가 완전히 동일하여 각각 모두 3개의 다리가 있었기 때문에 뚜껑을 바닥에 뒤집어놓을 수 있었다는 것이다. 敦

255)《禮記》〈祭統〉鄭玄注: "設之曰筵, 坐之曰席."

256)《儀禮鄭注句讀》卷15: "對席者, 對尸席而設筵, 以待下餕也. 上餕坐尸席東向, 此在其東西向."

257) 鄭玄注: "分簋者, 分敦黍於會, 爲有對也. 敦, 有虞氏之器也. 周制, 士用之. 變敦言簋, 容同姓之士得從周制耳."

258) 容庚,《商周彝器通論》, 臺灣通大書局, 1983, 323~324쪽.

의 뚜껑은 《의례》에서 會라고 부르는데, 이 때문에 《의례》〈〈특생궤식례〉 7〉에서는 敦를 진설할 때 모두 '敦의 뚜껑을 열어서[啓會] 바닥에 뒤집어 놓는 의절이 있으며, 〈특생궤식례〉 20에서는 또 연 뚜껑을 사용하여 '敦의 黍飯을 나누어 담는[分簋] 의절이 있다. 簋의 뚜껑은 얇으며 다리가 없어서 음식을 담을 수 없다고 하였다. 즉 簋가 성행하고 敦가 아직 출현하기 전의 西周에서는 啓會나 分簋(敦)와 같은 의절이 있을 수 없다는 것이다.[259]

③ 宗人遣擧奠及長兄弟盥

'擧奠'은 즉 嗣子이다. 〈특생궤식례〉 15 주⑤ 참조.

④ 北上

胡培翬에 따르면 "嗣子를 상위로 삼은 것은 조상을 잇는 體를 높인 것이다.[以嗣爲上, 尊繼體也.]"

⑤ 祝命嘗食

대궁을 먹으라고 告하는 것이다.

⑥ 餕者

즉 '장형제'이다. '餕'은 餕의 이체자이다.

⑦ 升

【按】黃以周에 따르면 두 餕者, 즉 嗣子와 장형제는 모두 서쪽 계단으로 올라간다. 이것은 정현의 주에서 "일반적으로 주인이 아니면 서쪽 계단으로 당에 오르내린다."라고 한 것을 근거로 한 것이다.[260] 〈특생궤식례〉 15 주⑧ 참조.

⑧ 擧

즉 膚이다.

【按】'膚'는 껍데기가 붙은 돼지고기이다. 淩廷堪의 《禮經釋例》 권5 〈儀禮釋牲上篇〉에서는 "껍데기를 膚라고 한다.[皮謂之膚.]"라고 하였고, 정현의 주에서는 切肉으로 보았다.[261]

⑨ 主人西面再拜

張惠言의 《儀禮圖》 권6 〈餕徹俎〉 圖에 근거하면 주인의 자리는 펴놓은 對席(장형제의 자리)의 남쪽에 있다.

【按】劉沅에 따르면 이때 주인이 서향하고 재배하는 것은 신의 은혜에 대해 절하는 것이며 子弟에게 절하는 것이 아니다.[262]

⑩ 祝曰餕有以也

'以'는 '이유[因]'라는 뜻이다. 정현의 주에 "以는 《시경》〈邶風 旄丘〉의 '어쩌면 그리도 오래 걸리는고? 반드시 이유가 있으리로다.'라고 할 때의 '以(이유)'와 같은 뜻으로 읽어야 한다.[以, 讀如'何其久也, 必有以也'之'以'.]"라고

259) 본서 앞부분 양천우의 〈의례에 대하여〉 참조.

260) 《禮書通故》 卷48 〈禮節圖3 特牲獻兄弟嗣擧奠〉: "嗣擧奠'注云: '嗣齒于子姓, 凡非主人, 升降自西階.' 此廣言兄弟升降之例, 亦自西階, 不由阼. 知者, 餕嗣、長兄弟皆有西階升降, 其證也."

261) 《禮記》〈內則〉 鄭玄注: "膚, 切肉也."
《儀禮》〈聘禮〉 鄭玄注: "膚, 豕肉也."

262) 《儀禮恒解》 卷14: "佐食擧膚授之各一, 主人西面再拜, 拜神之惠, 非拜子弟也."

하였고, 또 "선조가 덕이 있기 때문에 이 제사를 흠향할 수 있는 것이니, 여기 앉아서 선조가 남겨준 대궁을 먹는 것도 당연히 그 이유가 있는 것이다.〔以先祖有德而享於此祭, 其坐饁其餘, 亦當以之也.〕"라고 하였다.

【按】 胡培翬에 따르면 '祝曰'은 祝이 주인을 대신하여 축원하는 것이다.[263]

⑪ 兩饁奠擧于俎

'兩饁'은 즉 대궁을 먹는 두 사람(嗣子와 長兄弟)이다.

【按】 '俎'는 敖繼公에 따르면 上餕인 嗣子는 豕俎에 두고 下餕인 장형제는 腊俎에 둔다.[264]

⑫ 若是者三

郝敬에 따르면 "주인이 세 번 축원하고, 嗣子와 장형제가 세 번 응낙하고 세 번 답배하는 것이다.〔主人三祝, 二饁三諾,三答拜.〕"

⑬ 祭食, 祭擧, 乃食, 祭鉶, 食擧

郝敬에 따르면 "祭食은 黍飯을 祭(고수레)하는 것이다. 다음의 '祭擧'는 고기를 祭하는 것이다. '乃食'은 黍飯(찰기장밥)을 먹는 것이다. 그런 뒤에 鉶羹을 祭하고 이어서 擧(껍데기가 붙은 돼지고기)를 먹으니, 祭가 모두 끝난 뒤에 고기를 먹는 것이다.〔祭食, 祭飯(黍)也. 次祭擧, 祭肉也. 乃食, 食飯也. 後祭鉶羹, 乃食擧, 祭皆畢而後食肉也.〕"

【按】 주소에 따르면 正祭 때에는 시동이 鉶羹을 祭하고 맛본 뒤에 黍飯을 먹었는데,《특생궤식례》8) 여기 餕禮에서 먼저 서반을 제하고 먹은 뒤에 형갱을 祭한 것은 禮를 줄인 것이다.[265]

⑭ 酳上饁

上饁'은 嗣子를 이른다. 아래의 '下饁'은 장형제를 이른다.

【按】 '酳'은 음이 '인'이다. 〈특생궤식례〉 9 주② 참조.

⑮ 酳下饁亦如之

【按】 정현의 주에 따르면 주인은 북향하고 하준에게 爵을 준다.[266]

⑯ 酳有與也

'與'는 여기에서는 서로 친애하고 의지한다는 뜻이다. 정현의 주에 따르면 "與는 《예기》〈禮運〉의 '제후는 禮에 따라 함께 한다.'라고 할 때의 '與(함께 한다)'와 같은 뜻으로 읽어야 한다.〔與, 讀如'諸侯以禮相與'之'與'.〕" 胡培翬는 "너희는 함께 할 사람이 있음을 생각해야 한다고 말한 것이다.〔言女當思有所與也.〕"라고 하였고, 또 '함께 할 사람〔所與者〕'은 "중형제와 족친을 이른다.〔謂衆兄弟及族親也.〕"라고 하였다.

263)《儀禮正義》卷35: "云 '祝曰簒釋辭以戒之'者, 言祝 代主人釋辭, 戒簒以有以也."

264)《儀禮集說》卷15: "俎 者, 上餕豕而下餕腊與!"

265) 鄭玄注: "食乃祭鉶, 禮 殺."
賈公彦疏: "前正祭之時, 尸祭 鉶嘗之, 告旨訖, 佐食爾黍於 席上, 尸始食. 今餕, 食乃祭 鉶, 故決之, 云'禮殺'故也."

266) 鄭玄注: "主人北面, 授 下饁爵."

⑰ 如初儀

胡培翬에 따르면 "嗣子와 장형제가 응낙하는 것과 세 번 축원하는 것을 이른다.〔謂兩養許諾及祝之三也.〕"

⑱ 執爵拜

敖繼公에 따르면 "여기에서는 절하는 것이 앞에서와 다르다는 것을 나타낸 것이다.〔此著其拜之異於上者也.〕" 살펴보면 일반적으로 절할 때에는 모두 먼저 잔을 내려놓은 뒤에 절하고 절한 뒤에 잔을 들고 일어난다. 그런데 여기에서는 잔을 들고 절을 했기 때문에 "절하는 것이 다르다는 것을 나타낸 것이다."라고 한 것이다.

【按】〈특생궤식례〉 15에도 擧奠(嗣子)이 왼손으로 觶(치. 술잔)를 들고 일어나 再拜稽首하는 구절이 보이며, 〈특생궤식례〉 11에도 부인이 왼손으로 술잔을 잡고 절하는 것이 보인다. 오계공에 따르면 일반적으로 남자가 술잔을 들고 절을 할 때에는 술잔을 왼손에 들고 한다.[267] 郝敬과 盛世佐는 모두 술잔을 내려놓은 뒤에 절해야 한다고 보았다.[268]

⑲ 上養洗爵, 升

【按】 정현의 주에 따르면 이때 下篹(장형제)은 형제의 자리로 돌아가 다시 당에 올라가지 않는다.[269] 方苞에 따르면 下餕은 당에 오르지 않고 嗣子만 당에 올라가 室로 들어가 주인에게 酢酒를 올리는 것은 훗날 주인인 아버지를 계승하여 제사를 모실 것이기 때문에 봉양을 공경히 한다는 뜻을 밝힌 것이다.[270] 〈소뢰궤식례〉 22, 〈유사철〉 37 참조.

⑳ 上養即位坐

【按】 주소에 따르면 주인의 자리는 室戶 안 下餕의 자리 남쪽에서 서향하고 있기 때문에 上餕은 실호 안에서 주인에게 술잔을 준 뒤에 비로소 자기 자리에 가서 앉는 것이다.[271]

㉑ 戶外

【按】 敖繼公에 따르면 室戶 밖 동쪽이다.[272]

267) 《儀禮集說》卷15: "凡男子執爵拜, 皆左執之. 《內則》曰: '凡男拜尙左手.'"

268) 《儀禮集編》卷36: "郝氏曰: '執爵當作奠爵, 男子拜無執爵.' 世佐案: 少牢云餕者奠爵皆答拜, 郝說近是."

269) 鄭玄注: "下篹復兄弟位, 不復升也."

270) 《儀禮析疑》卷15: "嗣子獨酢, 異日將代父承祀, 故因登餕受酢而獻爵, 以昭敬養也. 是以下餕有酢而無酢."

271) 鄭玄注: "旣授爵戶內, 乃就坐."
賈公彥疏: "以其主人位在戶內, 下餕席南西面, 故知上餕授爵於戶內, 乃就坐."

272) 《儀禮集說》卷15: "戶外, 亦戶東."

21. 음식을 室 안 서북쪽 모퉁이에 옮겨 진설하고(陽厭), 利成을 고하고(告利成), 제사가 끝났음을 고함(告事畢)

祝命徹阼俎①、豆、籩, 設于東序下。祝執其俎以出②, 東面于戶西。宗婦徹祝豆、籩入于房, 徹主婦薦、俎③。
佐食徹尸薦、俎、敦(대)④, 設于西北隅⑤, 几在南, 厞(비)用筵⑥。納一尊(준)⑦。佐食闔牖(유)戶, 降。祝告: "利成⑧。"
降, 出⑨。主人降, 卽位⑩。宗人告事畢。
賓出。主人送于門外, 再拜⑪。佐食徹阼俎⑫。堂下俎畢出⑬。

〈변두와 俎를 거둠〉

祝이 佐食에게 주인의 俎, 豆(葵菹·蝸醢), 籩(烝棗·烝栗)을 거두어 東序 아래에 진열해두라고 명한다.

축이 자신의 俎를 들고 室을 나와 利成을 고하기 위해 室戶 서쪽에서 동향하고 선다.

宗婦(족친의 부인)가 축의 豆와 籩(席 포함)을 거두어 東房으로 들어가고, 또 동방 안 주부의 薦(규저·와해)과 俎를 거둔다.

〈陽厭을 행하고 利成을 고함〉

좌식이 시동의 薦(규저·와해), 俎(牲俎·魚俎·腊俎), 稷敦를 거두어 室 안 서북쪽 모퉁이(屋漏)에 동향으로 진설한다. 이때 几는 자리 위의 남쪽에 동향으로 놓고 자리로 祭物과 궤를 빙 둘러 가린다.

당 위의 玄酒尊과 酒尊 중 주준을 室 안으로 옮겨 진설한다.

좌식이 창문과 실호를 닫고 당을 내려간다.

축이 실호 서쪽에서 동향하고 주인에게 "利成(신을 섬기는 예가 이루어졌습니다.)"이라고 고한 뒤에 당을 내려가 廟門을 나간다.

주인이 당을 내려가 동쪽 계단 아래 서향하는 자리로 나아간다.

宗人이 당 아래에서 동향하고 주인에게 제사가 끝났다고 고한다.

<長賓을 전송함>

　장빈이 묘문을 나간다.

　주인이 장빈을 묘문 밖에서 전송하여 재배한다.(장빈은 답배하지 않고 떠

난다.)

　좌식이 東序 아래에 진열해두었던 주인의 俎를 거둔다.

　당 아래에 있는 衆兄弟와 衆賓의 俎는 각자 직접 거두어서 묘문을

나간다.(장빈의 조는 有司가 거두어 장빈의 집으로 보낸다.)

① 祝命徹阼俎

　정현의 주에 따르면 "命은 좌식에게 명하는 것이다. 阼俎는 주인의 俎이

다.〔命, 命佐食. 阼俎, 主人俎.〕" 살펴보면 주인의 俎는 室戶 안 동쪽 주인

의 자리 앞에 있다.

② 祝執其俎以出

　살펴보면 祝의 俎는 室 안 북쪽 벽 아래 祝의 자리 앞에 있다.

　【按】정현의 주에 따르면 축은 당 위에서 利成을 고하기 위해 室을 나가 기다리는 것이

다.[273]

③ 宗婦……薦、俎

　살펴보면 주부의 薦(菹·醢)과 俎는 東房 안 주부의 자리 앞에 있다.

　【按】가공언의 소에 따르면 宗婦가 室에서 주인의 籩豆를 거두지 않고 祝의 변두를 거

두어 東房으로 들어가는 이유는 주부가 곧 이것으로 內賓, 즉 고모와 자매와 宗女에게

宴飮을 베풀고자 해서이다. 祝은 신이나 시동을 접하는 사람이기 때문에 축의 음식을

통해 신이나 시동의 은혜를 나누어주려는 것이다. 축의 庶羞는 주인이 당 위에서 宗人에

게 연음을 베풀 때 사용한다.[274] 敖繼公은 이때 자리[席]까지도 함께 거두어 東房에 두

는데 경문에서 '자리'를 말하지 않은 이유는 생략한 것이라고 하였다.[275]

④ 徹尸薦、俎、敦

　'俎'는 牲俎·魚俎·腊俎를 이른다. 앞에서 각각의 '俎마다 3개씩 남겨 둔 것

〔俎釋三个〕'은《특생궤식례》8) 바로 이때 다시 진설하려고 남겨둔 것이다. '敦'

(대)는 稷敦를 이른다. 黍敦는 嗣子와 長兄弟가 이미 대궁으로 먹었기 때문

이다. 또 여기에서 鉶을 말하지 않은 것은, 胡培翬에 따르면 "대궁을 먹을

때 이미 함께 썼기 때문이다.〔嚌時已俱用之.〕"

　【按】양천우는 '薦'을 脯와 醢로 보았으나《특생궤식례》7에 근거하면 이는 오류이다. 여

273) 鄭玄注: "俟告利成."

274) 賈公彦疏: "宗婦不徹主
人豆籩, 而徹祝豆籩入房者,
爲主婦將用之爲燕. 祝兩豆籩
而主婦用之者, 祝接神尸之類,
主婦燕姑姊妹及宗女, 宜行神
惠, 故主人以薦羞, 并及祝庶
羞燕宗人於堂, 主婦以籩豆
用之, 燕內賓於房, 是其事也."

275)《儀禮集說》卷15: "此所
徹者, 皆置于房, 故宗婦得爲
之, 不言席, 文省."

기의 '薦'은 葵菹(규저)와 蝸醢(와해)이다.

⑤ 西北隅

【按】李如圭에 따르면 室 안의 서남쪽 모퉁이를 '奧'(오), 동남쪽 모퉁이를 '窔'(요), 동북쪽 모퉁이를 '宦'(이), 서북쪽 모퉁이를 '屋漏'(옥루)라고 한다.[276]

⑥ 几在南, 厞用筵

정현의 주에 따르면 '右几'라고 하지 않고 '几在南'이라고 한 것은, 陽厭의 席도 陰厭과 똑같이 席을 동향으로 설치한다는 것을 강조하기 위해서이다. 즉 음식을 진설한 위치를 室의 서남쪽에서 서북쪽 모퉁이로 옮겨 진설하는 것을 제외하고는 일체를 모두 원래대로 진설한다는 말이다. '厞'는 음이 '비'이다. 정현의 주에 따르면 '숨긴다는 뜻이다.〔隱也.〕'[277] 또 정현의 주에 따르면 이때 다시 진열하는 곳이 室의 서북쪽 모퉁이인 '室의 밝은 곳〔堂室之白〕', 즉 햇빛이 창문으로 비쳐들어 올 수 있는 곳이기 때문에 '陽厭'이라고 이름붙인 것이다. 시동이 室에 들어오기 전에는 음식을 室의 서남쪽 모퉁이에 진설하는데, 이곳은 햇빛이 비치지 못하기 때문에 '陰厭'이라고 칭한다.

살펴보면 '厭(염)'은 '배부르다〔飽〕'라는 뜻이다. 祭物을 진설하여 신을 배불리 먹이기 때문에 음식을 진설하는 것에 '厭'이라는 이름을 붙여서, 음식을 밝은 곳에 진설하는 것은 '陽厭', 어두운 곳에 진설하는 것은 '陰厭'이라고 한 것이다.[278]

【按】가공언의 소에 따르면 일반적으로 '厭'이라는 것은 시동 없이 곧바로 신에게 배불리 흠향하게 하는 것을 이른다.[279]

⑦ 納一尊

胡培翬에 따르면 당 위의 酒尊(주준)을 室 안으로 옮겨 진설하는 것이다. 玄酒尊을 쓰지 않는 것은 陽厭의 禮는 陰厭의 禮보다 줄이기 때문이다.[280]

【按】吳廷華에 따르면 술 단지를 室 안으로 가지고 들어오는 이유는 실 안에는 술단지가 없기 때문이다. 또한 술 단지를 말했다면 술잔 역시 같이 옮기는 것이다.[281]

⑧ 告利成

胡培翬는 "앞〔〈특생궤식례〉 19〕에서 '利成'을 고한 것은 시동을 섬기는 禮가 이루어졌다는 것뿐이다. 여기에서는 신을 섬기는 예가 이루어졌기 때문에 다시 고하는 것이다.〔曩告利成, 事尸禮成而已. 此則事神禮成, 故復告也.〕"라고 하였다. 盛世佐에 따르면 祝은 당 위 室戶의 서쪽에서 동향하고 고한

276)《儀禮釋宮》: "室中西南隅謂之奧, 東南隅謂之窔, 東北隅謂之宦, 西北隅謂之屋漏."

277)《儀禮注疏》〈士虞禮〉鄭玄注: "几在南, 變古文, 明東面. 不南面, 漸也. 厞, 隱也. 于厞隱之處, 從其幽闇."

278) 鄭玄注: "厞, 隱也. 不知神之所在, 或諸遠人乎? 尸謖而改饌爲幽闇, 庶其饗之, 所以爲厭飫. 《少牢饋食禮》曰'南面如饋之設', 此所謂當室之白, 陽厭也, 則尸未入之前爲陰厭矣."

279) 賈公彥疏: "凡言'厭'者, 謂無尸直厭飫神."

280)《儀禮正義》卷36: "納一尊, 謂自堂納之於室, 亦改設也. 《有司徹》曰: '納一尊于室中.' 彼注云陽厭殺, 無玄酒, 是陽厭用一尊也."

281)《儀禮章句》卷15: "室無尊故. 言尊, 則爵在矣."

다.[282] 살펴보면 陽厭을 진설하는 것은 시동이 室에 들어오기 전에 진설했던 陰厭처럼 하는데, 양염이나 음염 모두 신을 흠향시키기 위한 것이기 때문에 胡培翬가 "신을 섬기는 예가 이루어졌다."라고 말한 것이다.

⑨ 降, 出

【按】〈유사철〉 38에 근거하면 이때 祝이 자신의 俎를 들고 묘문을 나가 有司에게 주면 유사가 俎를 받아 축의 집으로 보낸다.

⑩ 卽位

동쪽 계단 아래 서향하는 자리로 나아가는 것이다.

⑪ 主人送于門外, 再拜

【按】정현의 주에 따르면 일반적으로 떠나는 자는 답배하지 않는다.[283]

⑫ 徹阼俎

胡培翬에 따르면 앞에서 이미 東序 아래로 거두어 놓았던 阼俎(주인의 俎)를 다시 東壁으로 거두어 보관하는 것이다.[284]

⑬ 堂下俎畢出

정현의 주에 따르면 형제들과 衆賓의 俎는 모두 각각 자신이 거두고, 長賓의 俎는 有司가 거두어 長賓의 집으로 보낸다.[285]

282) 《儀禮集編》卷36: "告不言東面, 文省耳. 主人卽位, 卽堂下西面位也."

283) 鄭玄注: "凡去者不答拜."

284) 《儀禮正義》卷36: "盛氏云: '阼俎, 主人之俎, 前已徹設于東序下, 至是復徹而藏之. 《鄕飮酒·記》云「主人之俎以東」是也.'"
《儀禮》〈鄕飮酒禮 記〉: "主人之俎以東." 鄭玄注: "藏於東方." 敖繼公注: "東, 適東壁也."

285) 鄭玄注: "兄弟及衆賓自徹而出, 唯賓俎有司徹歸之, 尊賓者."

기記

22. 제사에 착용하는 衣冠

《記》. 特牲饋食, 其服皆朝服, 玄冠, 緇(치)帶, 緇韠(필)①. 唯尸、祝、佐食玄端, 玄裳、黃裳、雜裳可也②, 皆爵韠③.

〈記〉이다.

한 종류의 희생(큰 돼지)을 써서 신에게 음식을 올리는 예를 행할 때 (正祭) 賓(衆賓 포함)과 형제(子姓 포함)의 복장은 모두 朝服(15승포로 만든 緇衣素裳)을 입고, 玄冠을 쓰고, 緇帶(치대)를 매고, 緇韠(치필. 검은색 가죽 폐슬)을 착용한다.

다만 시동·祝·佐食은 주인과 똑같이 玄端服을 입는데, 裳은 玄裳·黃裳·雜裳(앞은 玄色, 뒤는 黃色인 裳)을 입을 수 있으며, 모두 爵韠을 착용한다.(冠과 帶는 조복과 똑같이 현관을 쓰고 치대를 맨다.)

① 朝服……緇韠

'玄冠'은 玄色(약간 붉은 색을 띤 검은색) 비단으로 만든 冠이다. '朝服'은 군주를 알현하거나 비교적 장중한 자리에 입는 옷으로, 위는 緇衣를 입고 아래는 素裳(백색 裳)을 입는다. '韠'은 裳 밖에 매는 폐슬로, 위는 좁고 아래는 넓으며, 비교적 길어서 대퇴부에서 무릎까지 가릴 수 있다. 조복에 착용한다. 정현의 주에 따르면 이것은 正禮를 행할 때 입는 복장이다. 앞에서 筮日·筮尸·視濯 등을 행할 때에는 모두 玄端服을 입었다.

【按】'筮日'은 〈특생궤식례〉 1 참조. '筮尸'는 〈특생궤식례〉 2 참조. '視濯'은 〈특생궤식례〉 5 참조. 정현의 주에 따르면 '皆'는 賓과 형제를 이른다. 또 정현의 주에 따르면 朝服은 원래 제후의 신하가 조회를 볼 때나 대부가 제사를 지낼 때 입는 옷이다. 그런데 여기에서 빈과 형제가 조복을 입는 것은, 효자가 嘉賓을 청하여 조상을 섬기고자 하기 때문에 효자를 위해 입은 것뿐이다.[286] 가공언의 소(〈특생궤식례〉 6)에 따르면 정현의 주(〈특생궤식례〉 22)

286) 鄭玄注: "皆者, 謂賓及兄弟, 筮日、筮尸、視濯亦玄端, 至祭而朝服. 朝服者, 諸侯之臣與其君日視朝之服, 大夫以祭. 今賓、兄弟緣孝子欲得嘉賓尊客以事其祖禰, 故服之."

에 "尸·祝·佐食이 주인과 같은 옷을 입는다.[與主人同服.]"라고 한 것은 주인과 같이 玄端을 입는 경우도 있고 朝服을 입는 경우도 있다는 말이다.[287] '緇韠'은 대부가 착용하는 素韠보다 한 등급 낮은 것으로, 검은색 가죽 폐슬을 사용한다. 朝服을 입을 때에는 緇衣素裳에 白屨를 착용하지만, 현단을 입을 때에는 玄裳·黃裳·雜裳 중 하나와 黑屨를 착용한다. '緇'는 보통 硃砂〈주사〉와 赤粟으로 염료를 만들어 붉은 색을 물들이는데, 붉은 색을 한 번 들이면 纁〈전〉, 두 번 들이면 赬〈정〉, 세 번 들이면 纁〈훈〉, 네 번 들이면 赤〈적〉이라고 한다. 纁을 더 이상 붉은색 염료에 넣지 않고 개흙[涅]으로 만든 검은색 염료에 넣으면 紺〈감〉, 紺을 다시 검은색 염료에 넣으면 緅〈추〉, 緅를 다시 검은색 염료에 넣으면 玄〈현〉, 玄을 다시 검은색 염료에 넣으면 緇〈치〉가 된다.[288]

② 玄端……可也

玄端服의 裳은 이 3종류 색이 모두 가능하다는 것을 말한 것이다. 이른바 '雜裳'이란 정현의 주에 따르면 "雜裳은 앞은 玄色이고 뒤는 黃色인 裳을 이른다.[雜裳者, 前玄後黃.]"

【按】정현의 주에 따르면 玄裳은 上士, 黃裳은 中士, 雜裳은 下士가 입는다.[289]

③ 爵韠

붉은 빛을 띤 연한 검정색 蔽膝이다. '爵'은 雀과 통한다. 색이 붉으면서도 약간 검은 것이 마치 참새 머리의 색깔과 같기 때문이다.

【按】'爵'은 緅〈추〉色을 말한다. 붉은 염료에 3번 넣고 검은색 염료에 2번 넣어 검은색이 적고 붉은 색이 많은 색이다. 爵韠은 緇韠보다 한 등급 높은 것이다.

23. 祭物과 祭器의 진설법

設洗, 南北以堂深, 東西當東榮①。水在洗東。篚在洗西②, 南順, 實二爵、二觚〈고〉、四觶〈치〉一角一散③。
壺、棜〈어〉禁饌于東序, 南順, 覆兩壺焉, 蓋在南。明日卒奠, 冪〈멱〉用綌〈격〉。即位而徹之, 加勺④。
籩巾以綌也⑤, 纁〈훈〉裏⑥。棗烝栗擇⑦。鉶〈형〉芼用苦若薇, 皆有滑, 夏葵〈규〉, 冬荁〈환〉⑧。棘心匕, 刻⑨。
牲爨〈찬〉在廟門外東南, 魚、腊爨在其南, 皆西面。饎〈치〉爨在

287) 賈公彦疏: "云‘唯尸、祝、佐食玄端, 玄裳、黃裳、雜裳可也, 皆爵韠, 鄭注云: ‘與主人同服, 是有同服者, 有著朝服者, 故鄭云其餘有不玄端者也."

288)《爾雅》〈釋器〉: "一染謂之纁, 再染謂之赬, 三染謂之纁."
《周禮》〈冬官鍾氏〉: "染羽, 以朱湛丹秫, 三月而熾之, 三入爲纁, 五入爲緅, 七入爲緇."
《十三經義疑》〈論語紺緅〉: "盖以纁入赤則爲朱, 以纁入黑則爲紺, 以紺入黑則爲緅, 緅是三入赤, 再入黑, 黑少赤多, 如爵頭然."
《名義考》〈物部玄纁〉: "《淮南子》曰: ‘纁不入赤而入黑汁則爲紺, 更入黑則爲緅, 朱與紺皆四入也.'《周禮·染人》: ‘六入爲玄, 以緅更入黑汁也. 更以此玄入黑汁, 則名七入爲緇矣. 緇與玄相似, 故禮家每以緇布衣爲玄端也. 更取《周禮·染人》及鄭氏,《淮南子》諸說始備. 赤汁以朱湛丹秫, 丹秫, 赤粟也; 黑汁以涅, 涅, 黑土, 在水中者也. 由朱以前則皆赤汁, 由紺以後則皆黑汁. 緅, 禮俗文作爵, 言如爵頭色, 赤多黑少也."

289) 鄭玄注: "玄裳, 上士也; 黃裳, 中士; 雜裳, 下士."

西壁⑩。

肵(기)俎心、舌, 皆去本末, 午割之⑪, 實于牲鼎。載, 心立, 舌縮俎。

賓與長兄弟之薦自東房, 其餘在東堂⑫。

〈묘의 뜰〉

洗(물받이그릇)를 뜰(동쪽 계단 동남쪽)에 설치하는데, 남북으로는 당의 깊이와 같은 지점, 동서로는 東榮과 일직선이 되는 곳에 설치한다. 물은 세의 동쪽에 둔다.

篚(대광주리)는 세의 서쪽에 북쪽에서 남쪽으로 가도록 진열하고, 그 안에 爵 2개·觚 2개·觶 4개·角 1개·散(罍) 1개를 넣어둔다.

〈당 위〉

壺(玄酒壺와 酒壺)와 棜禁(어금. 壺 받침)을 당 위 東序 앞에 진열하는데, 어금은 북쪽에서 남쪽으로 가도록 놓는다. 두 개의 壺(술 단지)를 어금 위에 엎어놓고 蓋(거친 갈포로 만든 덮개)를 호의 남쪽에 놓는다.

다음날(제사 당일) 壺 안에 玄酒와 술을 채워 室戶의 동쪽에 진설한 뒤에 거친 葛布로 만든 冪(멱. 덮개)을 덮는다.

시동(축과 주인 포함)이 室 안의 자리로 나아간 뒤에 집사가 호의 멱을 벗기고 勺(구기)을 호 위에 올려놓는다.

〈籩巾, 籩實, 鉶芼, 鉶實, 鼎匕〉

籩을 덮는 巾도 거친 갈포로 만드는데, 안은 纁色(진홍색)이고 겉은 玄色(붉은 빛을 띤 검은색)이다. 변에 담는 대추와 밤은 좋은 것을 골라 익혀서 쓴다.

鉶芼(형모. 육수에 넣는 채소)는 苦(씀바귀)나 薇(미. 들완두)를 쓰며, 모두 滑(활. 조미용 채소)이 있는데 여름에는 葵(규. 아욱), 겨울에는 荁(훤. 원추리)을 쓴다.

껍질 벗긴 가시나무 심으로 鼎匕를 만드는데, 손잡이를 용머리 모양으로 새긴다.

> 〈생찬과 치찬〉
>
> 牲爨(생찬. 豕牲을 익히는 아궁이)은 廟門 밖 동남쪽에 설치하고 魚爨과 腊爨은 생찬의 남쪽에 설치하는데, 모두 서향하도록 한다.
>
> 饎爨(치찬. 黍·稷을 익히는 黍爨과 稷爨)은 당의 서쪽 담장 아래에 설치한다.
>
> 〈豕牲의 염통과 혀〉
>
> 肵俎(시동을 위한 俎)에 담는 염통과 혀는 모두 위와 아래의 끝을 제거하고 가로세로로 한 번씩 자르는데 가운데까지 완전히 자르지는 않으며, 豕牲과 함께 삶아 牲鼎(豕鼎)에 함께 담는다. 肵俎에 담을 때 염통은 세워서 담고 혀는 세로로 담는다.
>
> 〈장빈과 장형제의 薦〉
>
> 長賓과 長兄弟의 薦(脯·醢)은 東房에 진열해두었다가 가져오고, 나머지 사람(중빈과 중형제)의 천은 東堂에 진열해두었다가 가져온다.

① 設洗……東榮

【按】 '洗'는 버리는 물을 받는 그릇으로, 지금의 세숫대야와 비슷하다. 부어주는 물로 손을 씻을 때 아래로 떨어지는 물을 받는다. '榮'은 처마의 두 끝이 올라간 부분이다. 屋翼이라고도 부르는데, 새가 두 날개를 편 것과 같음을 이른다. '洗'는 南洗를 이른다. 당의 동남쪽에 두는데, 당과의 남북 간 거리가 당의 깊이와 같은 곳에 둔다. 즉 胡培翬에 따르면 "당의 깊이가 3丈이면 洗도 당과의 거리가 3장 되는 곳에 두어 이것을 법도로 삼는 것이다.[假令堂深三丈, 洗亦去堂三丈, 以此爲度.]" 北洗는 東房 안 北堂에 설치한다.

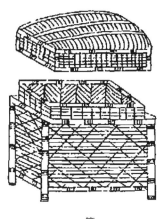

筐
聶崇義《三禮圖集注》

② 筐

【按】 聶崇義에 따르면 筐는 대나무로 만들며, 뚜껑이 있다. 길이는 3尺, 너비는 1척, 깊이는 6寸, 다리의 높이는 3촌이다.[290]

290) 《三禮圖集注》 卷12: "筐, 以竹爲之, 長三尺, 廣一尺, 深六寸, 足高三寸. … … 古者飯用手, 若吉時食, 則播餘於蓋. 又佐食以魚豬肺脊, 皆實於筐, 以此言之, 筐又有蓋也."

③ 二爵、二觚、四觶、一角、一散

【按】주소에 따르면 2爵은, 1爵은 賓長이 시동에게 獻酒할 때《특생궤식례》11), 1爵은 주인이 주부에게 酢酒를 줄 때《특생궤식례》11) 사용한다. 주부가 주인에게 헌주할 때에는 주부는 당을 내려오지 않기 때문에 東房의 內篚에 있는 작을 사용한다. 2觚는, 1觚는 長兄弟가 시동에게 加爵을 올릴 때《특생궤식례》13), 1觚는 중빈장이 시동에게 加爵을 올릴 때《특생궤식례》14) 사용한다. 4觶는, 1觶는 陰厭에 신의 자리 앞 鉶의 남쪽에 진설할 때《특생궤식례》7), 1觶는 주인이 빈장에게 酬酒를 올려 빈장의 薦(脯와 醢) 북쪽에 놓을 때《특생궤식례》12), 1觶는 무산작례에서 빈제자가 빈장에게 수주를 올릴 때《특생궤식례》17), 1觶는 무산작례에서 형제제자가 장형제에게 수주를 올릴 때《특생궤식례》17) 사용한다. 음염에 鉶의 남쪽에 진설했던 觶酒는 뒤에 장형제와 중빈장이 모두 시동에게 가작을 올린 뒤에 嗣子가 마신다.《특생궤식례》15)[291] 1角은 주인이 시동에게 헌주할 때《특생궤식례》9) 사용한다. 1散은 利, 즉 좌식이 시동에게 헌주할 때《특생궤식례》18) 사용한다.

④ 壺、棜禁……加勺

경문에서는 "壺와 禁은 東序 앞에 놓는다.〔壺、禁于東序.〕"라고만 말하고 '棜禁'(어금)이라고 말하지 않았으며, 또 그것을 진설하는 법은 말하지 않았기 때문에 여기에서 보충하여 기록한 것이다. 棜禁은 즉 斯禁이다. 《禮記》〈玉藻〉에 "대부의 側尊(측준. 단독으로 놓는 술 단지)에는 棜를 쓰고, 士의 측준에는 禁을 쓴다.〔大夫側尊用棜, 士側尊用禁.〕"라고 하였다. 정현의 주에 따르면 "棜는 斯禁이다. 다리가 없어서 棜(가자)와 비슷하게 생겼기 때문에 棜라고 한 것이다.〔棜, 斯禁也. 無足, 有似於棜, 是以言棜.〕" 斯禁은 尊(술 단지)을 받치는 기물이다. 胡培翬는 吳澄의 말을 인용하여 "斯禁은 棜라고도 한다. 길이가 4척, 너비가 4척 2촌, 깊이가 5척이다.〔斯禁, 一名棜, 長四尺, 廣四尺二寸, 深五尺.〕"라고 하였다. '明日卒奠'은 제사 하루 전에 엎어놓았던 2개의 술 단지를 다음날 棜禁 위에 바로 놓아 室戶의 동쪽에 진열하고 아울러 2개의 술 단지에 각각 玄酒와 술을 채우는 것을 가리키는데, 제사하는 날이 되어서야 술 단지를 정식으로 다 진열하기 때문에 '明日卒奠'이라고 말한 것이다.《특생궤식례》6 주⑥) '卽位'는 吳廷華에 따르면 "시동이 자리에 나아가는 것이다.〔尸卽位也.〕"〈특생궤식례〉8 참조.

【按】정현의 주에 따르면 士의 禮인〈특생궤식례〉에서 '禁'을 말하지 않고 대부의 예에 쓰는 '棜'를 말한 이유는, 제사는 배불리 먹는 것을 숭상하여 대부와 같은 기물을 쓸 수 있기 때문에 신을 위하여 경계시키지 않은 것이다.[292] 또 정현의 주에 따르면 술 단지를 엎

291) 鄭玄注: "二爵者, 爲賓獻爵止, 主婦當致也. 二觚, 長兄弟及衆賓長爲加爵, 二人班同, 宜接竝也. 四觶、一酌奠, 其三, 長兄弟酬賓, 卒受者, 與賓弟子、兄弟弟子舉觶於其長, 禮殺, 事相接."
賈公彦疏: "云'二爵者, 爲賓獻爵止, 主婦當致也'者, 以一爵獻尸, 尸奠之未舉. 又一爵, 主婦當致也者, 案經主婦致爵於主人, 婦人不見就堂下洗, 當於內洗, 則主婦致爵於主人時, 不取堂下尊, 而云'主婦當致'者, 謂主婦當致之時, 用此爵也. 云'四觶、一酌奠, 其三長兄弟酬賓, 卒受者, 與賓弟子、兄弟弟子舉觶於其長, 禮殺. 事相接'者, 酌奠于鉶南, 是嗣子雖飲, 還復神之奠觶也. 餘有三在, 主人洗一觶酬賓, 奠於薦北, 賓取奠於薦南, 此未舉也. 下篚有二觶在, 又長兄弟洗觶爲加爵, 衆賓長爲加爵, 如初爵止, 此亦未舉也. 下篚仍有一觶在, 尸羞之後, 賓始舉奠觶, 行旅酬辯, 卒受者以虛觶奠於下篚. 還有二觶, 至爲加爵者作止爵, 長兄弟亦坐取其奠觶酬賓, 如賓酬兄弟之儀, 以辯, 卒受者未實觶于篚時, 賓弟子、兄弟弟子洗觶, 各酌舉觶于其長, 卽用其篚二觶, 卒受者未奠之, 故三觶竝用也, 故注云'卒受者, 與賓弟子、兄弟弟子舉觶於其長也.'"

292) 鄭玄注: "禁言棜者, 祭尙厭飫, 得與大夫同器, 不爲神戒也."

어두는 이유는, 씻은 뒤 물기가 잘 빠지고 먼지가 들어가지 않도록 하기 위해서이다.[293]

陳饌梷

聶崇義《三禮圖集注》

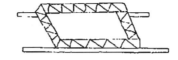

梷

聶崇義《三禮圖集注》

⑤ 籩巾以綌也

【按】敖繼公에 따르면 이것은 籩(변)에 음식을 담은 뒤에 진열해둘 때 덮어두는 것을 이른다. 곧바로 진설하지 않기 때문에 먼지를 막기 위해서 덮어두는 것으로, 진설하려고 할 때에는 巾을 걷는다.[294] '綌'(격)은 胡培翬에 따르면 〈士喪禮〉에서는 籩을 덮는 데 布巾을 써서 여기의 吉禮와 다르기 때문에 기록한 것이다.[295] 호배휘는 또 〈旣夕禮記〉의 "일반적으로 籩과 豆는 음식을 담아 짝지어 진설하는데, 東堂 아래에 진열할 때나 室의 奧(오, 서남쪽 모퉁이)에 진설할 때에 모두 布巾으로 덮어 놓는다. [凡籩豆, 實具設, 皆巾之.]"라는 구절을 인용하여, 豆 역시 巾으로 덮어두는데 다만 籩은 마른 음식을 담기 때문에 간혹 巾을 덮어두지 않는 경우도 있으며, 이 때문에 정현의 주에서 籩에 巾을 덮어두는 것을 尊者를 우대한 것으로 본 것이라고 하였다.[296]

⑥ 纁裏

정현의 주에 舊說을 인용하여 "안이 纁色인 것은 모두 겉은 玄色이다.〔纁裏者皆玄被(表).〕"라고 하였다.

【按】玄色과 纁色은 〈특생궤식례〉 22 주① 참조.

⑦ 棗烝栗擇

'烝'은 음식을 익히는 것이고 '擇'은 그 중에 병들고 썩은 것을 골라내는 것으로, 정현의 주에 따르면 "烝과 擇은 互文이다.〔烝, 擇互文.〕" 胡培翬의 《儀禮正義》에 "대추는 찌기도 하지만 가리기도 하며, 밤은 가리기도 하지만 찌기도 한다. 찌는 것은 익혀서 먹을 수 있도록 하는 것이며, 가리는 것은 그 벌레 먹은 것과 더러운 것을 골라내는 것이다.〔棗烝亦擇, 栗擇亦烝. 烝之使熟可食, 擇之去其蟲傷及塵垢.〕"라고 하였다.

⑧ 銂芼⋯⋯冬萱

【按】'萱'(환)은 菫(근)과 같은 종류라고는 하나 무엇인지 자세하지 않다.[297] 겨울에는 菫을 쓰고 여름에는 萱을 쓴다고도 하고,[298] 여름에는 아욱[葵]을 쓰고 겨울에는 萱을 쓴다고도 한다.[299] 경전에는 통상 '菫'으로 썼다.

293) 鄭玄注: "覆壺者, 盝瀝水, 且爲其不宜塵."

294)《儀禮集說》卷15: "籩用巾, 謂旣實而陳之之時也. 及將設, 則去之. 獨籩用巾者, 以其未卽設, 故爲禦塵."

295)《儀禮正義》卷36: "《士喪禮》籩用布巾, 此以綌爲之, 與喪禮異, 故記之也."

296)《儀禮正義》卷36: "注云'籩有巾者果實之物, 多皮核, 優尊者, 可烝裹之也'者,《旣夕·記》云凡籩豆, 實具設, 皆巾之, 是籩豆皆有巾. 但籩盛乾物, 或無巾, 故言有巾爲優也. 果實多皮核, 必烝裹, 乃可食."

297)《肅宗實錄》43年 6月 21日: "萱字,《禮記》註, 以似菫而葉大釋之, 亦未知其某荼矣."

298)《禮記正義》〈內則〉鄭玄注: "萱, 菫類也. 冬用菫, 夏用萱."

299)《儀禮注疏》〈特牲饋食記〉: "銂芼, 用苦, 若薇, 皆有滑, 夏葵、冬萱."

⑨ 棘心匕, 刻

'刻'은 정현의 주에 따르면 용머리 모양으로 새기는 것이다.[300]

【按】郝敬에 따르면 여기의 '匕'는 鼎에서 희생을 뜨는 鼎匕이다.[301] 또 敖繼公에 따르면 喪祭에는 뽕나무[桑]로 만든 匕를 사용하고 吉祭에는 가시나무[棘]로 만든 匕를 사용하는데, 그 이유는 喪과 桑, 吉과 棘의 발음이 비슷하기 때문이다.[302]

⑩ 西壁

정현의 주에 따르면 "당의 서쪽 담장 아래이다.〔堂之西牆下.〕"

【按】〈특생궤식례〉 6 주③ 참조.

⑪ 午割

정현의 주에 따르면 "가로세로로 자르지만 완전히 자르지는 않는 것이다.〔從(縱)橫割之, 亦勿沒.〕" 胡培翬는 "세로로 한번, 가로로 한번 자르는 것을 '午'라고 한다. 四面에서 모두 가운데를 향하여 자르는데, 가운데는 자르지 않고 조금 남겨두어 완전히 다 자르지 않는 것을 이른다.〔一從一橫曰午. 謂四面皆向中割之, 不絶中央少許爲勿沒.〕"라고 하였다.

【按】豕牲의 염통과 혀는 시생과 함께 삶는다. 〈소뢰궤식례〉 6 주⑯ 참조.

⑫ 賓與……東堂

'賓'은 胡培翬에 따르면 "賓長이다.〔賓長也.〕" 즉 衆賓의 長이다. '其餘'는 衆賓과 衆兄弟를 이른다. 살펴보면 경문에서는 "豆·籩·鉶은 東房에 남쪽을 상위로 하여 남쪽에 豆부터 진열한다.〔豆、籩、鉶在東房.〕"라고만 말했는데,〈특생궤식례〉 5〉 이것은 시동을 위주로 말한 것으로, 나머지 사람들의 豆와 籩은 어디에 진설하는지에 대하여는 말하지 않았기 때문에 여기에 보충하여 기록한 것이다.

【按】敖繼公에 따르면 여기에서 賓長과 장형제의 薦(脯·醢)을 보여준 것으로부터 祝·主人·主婦의 薦(葵菹·蝸醢) 역시 東房에 있음을 알 수 있다.[303]

300)鄭玄注: "刻, 若今龍頭."

301)《儀禮節解》卷15: "匕, 匙也, 以取肉于鼎."

302)《儀禮集說》卷15: "喪祭匕用桑, 吉祭匕用棘者, 喪、桑音同, 吉、棘聲近故也."

303)《儀禮集說》卷15: "此又見賓與長兄弟之薦, 則祝、主人、主婦之薦, 亦在東房矣."

24. 시동이 손씻는 예

沃尸盥者一人①。奉槃(반)者東面, 執匜(이)者西面, 淳沃②。執
巾者在匜北。宗人東面取巾, 振之三, 南面授尸③。卒, 執巾
者受。
尸入④, 主人及賓皆辟(피)位⑤。出亦如之⑥。

廟門 안 문 서쪽에서 북향하고 있는 시동에게 손을 씻도록 물을 부
어주는 사람은 네 가지 일에 각각 한 사람씩이다.

槃(반. 물받이 그릇)을 든 사람은 동향하고 匜(이. 물 주전자)를 든 사람은
서향하고 선다. 匜를 든 사람이 물을 조금씩 천천히 부어주면 반을
든 사람이 그 물을 받는다.

수건이 들어있는 簞(단)을 든 사람이 匜를 든 사람의 북쪽에 서향하
고 선다.

宗人이 반을 든 사람의 북쪽에서 동향하고 수건을 취하여 세 차례 턴
뒤 시동과 마주보는 자리로 옮겨가서 남향하고 시동에게 수건을 준다.
시동이 손을 다 닦고 나면 수건이 들어있는 簞을 들었던 사람이 단
으로 수건을 받는다.

시동이 묘문을 들어올 때 주인과 빈(형제 등을 포함)은 모두 서있던 자리
에서 조금 피한다. 시동이 室戶를 나갈 때에도 그와 같이 조금 피한다.

① 沃尸盥

시동이 손을 씻는 곳은 묘문 안 문 서쪽이다. 여기에서 기록한 시동이 손
씻을 때의 방향과 위치는 〈士虞禮記〉의 기록과 조금 차이가 있다. 〈사우
례〉 14 참조.

【按】〈사우례〉는 喪禮이기 때문에 길례인 〈특생궤식례〉와 방향이 다르다. 즉 槃을 든 집
사가 동쪽에 서고, 巾을 든 집사와 匜(이)를 든 집사가 서쪽에 선다. 士禮인 〈특생궤식례〉
에서 4명이 시동의 盥洗를 돕는 것과 달리 대부례에서는 宗人 3명이 시동의 관세를 돕
는다. 〈소뢰궤식례〉 8 참조.

② 淳沃

정현의 주에 따르면 "조금씩 따라주는 것이다.〔稍注之.〕" 살펴보면 '淳'과 '沃'은 모두 위에서 아래로 물을 부어준

尸盥〈특생궤식례〉　　尸盥〈사우례〉

다는 뜻이지만 뜻이 조금 다르다. 郝敬에 따르면 "물을 붓는 것을 沃이라 하고, 조금씩 붓는 것을 淳이라 한다.〔澆灌曰沃, 細瀉曰淳.〕"

③ 南面授尸

【按】정현의 주에 따르면 宗人이 수건을 든 집사자를 대신하여 시동에게 수건을 주는 이유는 종인은 庭長으로서 높기 때문이다.[304]

④ 尸入

【按】敖繼公에 따르면 '入'은 시동이 廟門을 들어오는 것을 이른다.[305]

⑤ 主人及賓皆辟位

【按】敖繼公에 따르면 여기에서 주인과 賓을 언급했다면 형제의 등속도 포함된 것이다.[306]

⑥ 出

【按】敖繼公에 따르면 시동이 室戶를 나가는 것을 이른다.[307]

25. 佐食과 宗人의 일과 위치

嗣擧奠①, 佐食設豆鹽②. 佐食當事則戶外南面③, 無事則中庭北面. 凡祝呼④, 佐食許諾. 宗人, 獻與旅, 齒於衆賓. 佐食, 於旅, 齒於兄弟⑤.

주인의 嗣子가 奠(陰厭때 祝이 올렸던 觶)을 시동에게서 받아 마실 때, 佐食이 豆에 소금을 담아 진설한다.
좌식은 일이 있으면 室戶 밖 戶와 牖(유) 사이에서 남향하여 서있고, 일이 없으면 中庭에서 북향하여 서있는다.

304) 鄭玄注: "宗人代授巾, 庭長尊."
305) 《儀禮集說》卷15: "入, 入門也."
306) 《儀禮集說》卷15: "言主人及賓, 則兄弟之屬在其中矣."
307) 《儀禮集說》卷15: "出, 出戶也."

일반적으로 祝이 명하면 좌식이 응낙한다.

宗人은 주인이 衆賓에게 헌주할 때와 旅酬禮를 행할 때 중빈의 항렬에 끼어 참여한다.

좌식은 여수례를 행할 때 중형제의 항렬에 끼어 참여한다.

① 嗣擧奠

〈특생궤식례〉 15 주① 참조.

② 佐食設豆鹽

정현의 주에 따르면 "간에는 소금이 있어야 한다.〔肝宜鹽.〕" 살펴보면 嗣子가 陰厭 때 축이 올렸던 觶를 시동에게서 받아 술을 祭하고 조금 맛본 뒤, 시동이 또 간을 들어 嗣子에게 주면 嗣子가 이를 받아서 먹는다.〈특생궤식례〉 15) 그러나 간을 먹을 때는 소금이 있어야 하는데 경문에서 소금을 진설하는 일을 언급하지 않았기 때문에 여기에서 보충하여 기록한 것이다.

【按】〈특생궤식례〉 9에서는 소금을 肝俎에 담았는데 여기에서는 豆에 담는다고 한 것에 대해, 惠士奇의《禮說》에서는《周禮》의 腊人이 포를 豆에 담기도 하는 것처럼 같은 간이라 하더라도 소금을 俎에 담는 경우가 있고 豆에 담는 경우가 있다고 보았다.[308]

③ 當事

【按】정현의 주에 따르면 곧 할 일이 있지만 아직 시작은 되지 않은 것을 이른다.[309]

④ 祝呼

【按】정현의 주에 따르면 '呼'는 '命'과 같다.[310]

⑤ 宗人……兄弟

胡培翬에 따르면 "獻은 주인이 獻酒하는 것을 이른다. 旅는 旅酬禮를 이른다.〔獻. 謂主人獻之. 旅, 謂旅酬.〕" 살펴보면 주인이 衆賓에게 헌주할 때〈특생궤식례〉 12)와 여수례를 행할 때〈특생궤식례〉 16) 경문에서는 모두 좌식까지는 언급하지 않았기 때문에 여기에 보충하여 기록한 것이다. '齒'는 정현의 주에 따르면 "그 長幼의 순서를 따르는 것이다.〔從其長幼之次.〕"

【按】호배휘에 따르면 宗人은 私臣이지만 庭長이기 때문에 그를 높이기 위하여 衆賓의 항렬에 끼워주는 것이다.[311]

---

308)《禮說》卷2:"《少牢》酳尸, 牢肝用俎, 挼於俎, 鹽言用俎, 明亦有用豆者, 故同一肝, 鹽或在豆, 或在俎. 腊人祭祀, 共豆脯, 則脯亦有在豆者矣."《周禮》〈天官腊人〉:"凡祭祀, 共豆脯, 薦脯、膴、胖, 凡腊物."

309) 鄭玄注:"當事, 將有事而未至."

310) 鄭玄注:"呼, 猶命也."

311)《儀禮正義》卷36:"宗人, 私臣, 以其爲庭長, 故齒于衆賓, 是尊之也."

26. 內尊의 진설 및 內兄弟의 방향과 위치

尊(준)兩壺于房中西墉下, 南上①。內賓立于其北②, 東面, 南上③。宗婦北堂④, 東面, 北上。
主婦及內賓、宗婦亦旅, 西面⑤。
宗婦贊薦者⑥, 執以坐于戶外, 授主婦。

〈빈과 형제와 내형제에게 헌주할 때〉

2개의 壺(술 단지)를 東房 안 서쪽 벽 아래에 진설하는데, 남쪽의 호(당 아래 동쪽 계단 동쪽의 호와 서쪽 계단 서쪽의 호)를 먼저 진설하고 동방 안의 호를 뒤에 진설한다.

內賓(고모, 자매)이 壺의 북쪽에 서는데, 동향하고 남쪽을 상위로 하여 선다.

宗婦(族人의 부인)가 北堂에서 동향하고 북쪽을 상위로 하여 선다.

〈여수례를 행할 때〉

주부·내빈·종부들도 旅酬禮에 참여하는데, 이때는 東房 안 주부의 동남쪽에서 서향하여 선다.

〈주부의 아헌과 賓의 삼헌 때〉

종부 중에 2豆 2籩을 올리는 주부를 돕는 자들은 변두를 들고 室戶 밖에 앉아서 주부에게 준다.

① 尊兩壺于房中西墉下, 南上

경문에서는 東房에 진설하는 술 단지를 말하지 않았기 때문에 여기에 보충하여 기록한 것이다. 정현의 주에 따르면 이것은 부인들의 旅酬禮를 위해 진설하는 것이다.[312]

【按】胡培翬에 따르면 방 안에 內尊(준)이 있다면 內籄와 內洗(北洗) 역시 있는 것이다.[313] '南上'은 정현의 주에 따르면 술 단지를 진설하는 순서로 보아, 먼저 당 아래 동쪽 계단 동쪽에 술 단지를 진설하고 다음에 서쪽 계단 서쪽에 술 단지를 진설한 뒤(《특생궤식

312) 鄭玄注: "爲婦人旅也."
313) 《儀禮正義》卷36: "房中有尊, 則有籄有洗明矣."

례) 12) 東房 안의 술 단지를 진설한다는 뜻으로 보았다.[314] 그러나 敖繼公은 '兩壺'를 玄酒 없이 두 단지 모두 술을 담은 것으로 보고 '南上'을 이 두 술단지 중에 남쪽에 있는 술단지에서 먼저 술을 뜬다는 말로 보았다.[315] 이에 대해 정론이 없기 때문에 여기에서는 우선 정현의 설을 따르기로 한다.

② 內賓

정현의 주에 따르면 "고모와 자매이다.〔姑姊妹也.〕"

【按】〈유사철〉 정현의 주에 따르면 내빈에는 宗婦, 즉 族人의 부인 역시 포함된다. 〈유사철〉 19 주② 참조.

③ 南上

'南'은 阮元의 교감본에는 '西'로 잘못 쓰여 있다. 주소에서 인용한 글 및 漢簡本에는 모두 '南'으로 되어 있다.

④ 宗婦北堂

'宗婦'는 정현의 주에 따르면 "族人의 부인으로, 그 남편은 제사 지내는 대상의 자손에 속한다.〔族人之婦, 其夫屬於所祭爲子孫.〕" 살펴보면 종부와 내빈을 통칭하여 '內兄弟'라고 한다. 〈특생궤식례〉 12 주㉔ 참조.

【按】李如圭에 따르면 '北堂'은 房의 절반 북쪽을 이른다. 북쪽 계단이 있다.[316]

⑤ 主婦及內賓、宗婦亦旅, 西面

살펴보면 주부·종부·內賓의 旅酬禮는 정현의 주에 따르면 그 의절을 모두 衆兄弟·衆賓의 여수례와 같이 한다.(〈특생궤식례〉 16) 다만 남자는 당 아래에서 하고 부인은 東房에서 한다. 또 남자의 경우 중형제는 동쪽 계단 앞에서 하고 衆賓은 서쪽 계단 앞에서 하며, 부인의 경우 내빈은 東房의 동남쪽 모퉁이에서 하고 종부는 동방의 동북쪽 모퉁이에서 할 뿐이다.

【按】주소에 따르면 부인들이 여수례 때 서향하는 것은 헌주를 받을 때 남향했던 것과 다르게 한 것이다.[317]

⑥ 宗婦贊薦者

주부가 아헌할 때 2개의 籩을 올리는 것을 宗婦가 돕는 것을 이른다. 〈특생궤식례〉 10 참조.

【按】종부는 주부가 시동에게 아헌할 때에는 주부가 2개의 籩을 올리는 것을 돕고, 빈장이 시동에게 삼헌할 때에는 주부가 2豆와 2籩을 올리는 것을 돕는다. 〈특생궤식례〉 11 참조.

314) 鄭玄注: "其尊之節亞西方."

315) 《儀禮集說》卷15: "兩壺皆酒, 云南上者, 亦以其先酌在南者與!"

316) 《儀禮釋宮》: "房中半以北曰北堂. 有北階."

317) 鄭玄注: "西面者, 異於獻也."
賈公彦疏: "云西面者, 異於獻也'者, 以受獻時南面也."

27. 아궁이에 제사하는 예(祭爨)

尸卒食而祭饎爨(치찬)、雍爨①。

시동이 9飯을 다 먹은 뒤에 宗婦(족인의 부인)가 饎爨(치찬. 黍·稷을 익혔던 서찬·직찬)의 신에게 제사지내고, 고기를 삶은 자(雍正)가 雍爨(옹찬. 牲·魚·腊을 익혔던 생찬·어찬·석찬)의 신에게 제사지낸다.

① 祭饎爨、雍爨

'雍'은 정현의 주에 따르면 "익힌 고기이다.[孰肉.]" 胡培翬에 따르면 여기 에서는 삶은 牲·魚·腊를 가리킨다. '祭'는 아궁이 신에게 제사지내는 것이 다. 정현의 주에 舊說을 인용하여 "종부는 치찬에 제사지내고 고기를 삶 았던 사람은 옹찬에 제사지낸다.[宗婦祭饎爨, 亨者祭雍爨.]"라고 하였다. 그 구체적인 祭法은 자세하지 않다.

【按】 정현의 주에 따르면 이때 祭物은 黍飯(찰기장밥)과 고기 뿐이며, 제물을 담는 제기는 籩·豆·俎를 사용하지 않는다.[318] 치찬은 당의 서쪽 담장 아래에 동향으로 설치되어 있 는데, 북쪽을 상위로 하여 북쪽부터 黍爨—稷爨의 순으로 설치되어 있다. 〈특생궤식례〉 6 주③ 참조. 옹찬은 묘문 밖 동남쪽에 서향으로 설치되어 있는데, 북쪽을 상위로 하여 북쪽부터 牲爨—魚爨—腊爨의 순으로 설치되어 있다. 〈특생궤식례〉 6, 23 참조.

28. 賓이 시동을 전송하고 廟門 안으로 돌아가는 禮

賓從尸①, 俎出廟門②, 乃反位。

賓이 시동을 뒤따라 廟門을 나가 전송한다. 尸俎(시동을 위한 俎)가 묘 문 밖으로 나가면 (祝이 시동을 인도하여 묘문을 나가 전송하고 다시 室로 돌아와 佐食에게 시조를 거두라고 명한다. 좌식이 시조의 음식을 거두어서 묘문 밖에 나가 有司 에게 준다. 유사가 시조의 음식을 시동의 집에 보낸다.)

318) 鄭玄注: "舊說云: '宗婦 祭饎爨, 亨者祭雍爨, 用黍、肉 而已, 無籩豆俎.' 《禮器》曰: '燔燎於爨. 夫爨者, 老婦之 祭, 盛於盆, 尊於瓶.'"

빈이 서쪽 계단 앞의 동향하던 자리로 돌아간다.

① 賓從尸

　정현의 주에 따르면 "시동을 전송하는 것이다.〔送尸也.〕" 살펴보면 시동이 묘
문을 나가는 때는 祝이 '利成'을 고한 뒤이다.《특생궤식례》19) 胡培翬에 따르면
"주인은 시동을 전송하는 의절이 없기 때문에 賓으로 하여금 시동을 따라나가
전송하는 뜻을 보이도록 하는 것이다.〔主人無送尸之儀, 故使賓從以示送也.〕"
【按】士禮인 〈특생궤식례〉에서는 賓이 시동을 전송하지만 대부례에서는 빈이 전송하지
않고 축이 전송하는데《소뢰궤식례》21), 그 이유에 대해 가공언은 상대부의 경우 그 일이 儐
尸禮에서 끝나기 때문이라고 하였다. 〈유사철〉27 참조.

② 俎出

　尸俎(시동을 위한 俎)를 시동의 집으로 보내는 것을 이른다. 〈특생궤식례〉 19
주⑥ 참조.

29. 正祭때 각 俎에 담는 牲體

尸俎: 右肩①、臂、臑(노)、肫(순)、胳(격)②, 正脊二骨③, 橫脊, 長脅
二骨, 短脅④。膚三⑤, 離肺一, 刌肺三⑥。魚十有五⑦, 腊如
牲骨⑧。
祝俎: 髀(비), 脡脊二骨, 脅二骨⑨。膚一, 離肺一。
佐俎: 臂⑩, 正脊二骨, 橫脊, 長脅二骨, 短脅。膚一, 離肺一。
主婦俎: 觳(곡)折⑪, 其餘如佐俎⑫。
佐食俎: 觳折, 脊, 脅⑬。膚一, 離肺一。
賓, 胳(격)⑭; 長兄弟及宗人, 折⑮。其餘如佐食俎⑯。
衆賓及衆兄弟、內賓、宗婦, 若有公有司⑰、私臣, 皆骼脊(증)⑱,
膚一, 離肺一。

尸俎(시동을 위한 俎)에 담는 음식은 다음과 같다.
　牲俎: 牲體(豕) 右胖의 肩·臂·臑·肫·胳(骼) 각 1骨, 正脊 2골, 橫

脊1골, 長脅(幹) 2골, 短脅 1골, 膚 3덩이, 離肺(식용 폐) 1조각, 刌肺(고수레용 폐) 3조각(시동·주인·주부의 고수레에 사용)

魚俎: 물고기 15마리

腊俎(통째 말린 토끼고기) : 牲體와 같으나 膚와 폐가 없다.

祝俎(축을 위한 牲俎)에 담는 음식은 다음과 같다.

　　牲體(豕) 우반의 髀 1골, 脡脊 2골, 代脅 2골, 膚 1덩이, 離肺 1조각

阼俎(주인을 위한 牲俎)에 담는 음식은 다음과 같다.

　　牲體(豕) 좌반의 臂 1골, 正脊 2골, 橫脊 1골, 長脅 2골, 短脅 1골, 膚 1덩이, 離肺 1조각

主婦俎(주부를 위한 牲俎)에 담는 음식은 다음과 같다.

　　牲體(豕) 우반의 觳折 1조각. 나머지(脊·脅·膚·離肺)는 阼俎와 같다.

佐食俎(좌식을 위한 牲俎)에 담는 음식은 다음과 같다.

　　牲體(豕) 우반의 觳折 1조각, 脊 1골, 脅 1골, 膚 1덩이, 離肺 1조각

賓을 위한 牲俎에는 좌반의 骼(격. 胳) 1골을 담고, 장형제와 宗人을 위한 생조에는 각각 牲體(豕) 좌반의 觳折 1조각을 담는다. 나머지(脊·脅·膚·離肺)는 좌식과 같다.

衆賓, 衆兄弟, 內賓, 宗婦(族人의 부인), 군주의 有司(賓이나 집사 등)가 있을 경우 군주의 유사, 士의 私臣은 모두 俎에 담는 觳가 있고 膚 1덩이와 離肺 1조각이 있다.

① 右肩

胡培翬에 따르면 "肩에서부터 이하는 모두 右胖을 사용하는 것을 이른다. 일반적으로 吉祭때 神을 위한 俎(尸俎)는 牲體일 경우 右胖을 사용한다.〔謂自肩以下皆用右也. 凡吉祭神俎(尸俎即神俎), 牲用右胖.〕" 살펴보면 肩에서부터 이하 여러 牲體의 명칭과 이 節에서 기록한 여러 생체의 명칭들은 모두

돼지의 생체를 말한 것이다. 이하 鼎에 담는 祭物 중 膚의 단위는 '條'를 쓸 수 있고 肺의 단위는 '片'을 쓸 수 있다. 腸의 단위는 '絶'을 쓸 수 있고 胃의 단위는 '條'를 쓸 수 있다. 〈소뢰궤식례〉6 주㉕ 참조.

② 胳

【按】음은 '격'이다.[319] 희생의 뒷다리라는 뜻이며, 骼(격)과 통한다. 〈특생궤식례〉8 주㉖ 참조.

③ 正脊二骨

【按】脊과 脅은 골이 많기 때문에 별도로 말이 없으면 보통 2骨을 1體로 삼아 담는다. 〈소뢰궤식례〉5 주⑧ 참조.

④ 右肩……短脅

【按】정현의 주에 따르면 牲體의 數는 대부의 正祭에 11體를 사용하는 것과 달리 士의 正祭에는 9體를 사용하여 대부보다 예를 낮추지만, 9체 중 正脊과 長脅 2체는 2骨씩 사용하여 骨의 수는 모두 11개이다. 다만 대부례에서는 脊 3체와 脅 3체를 모두 2골씩 사용하여 골의 수를 센다면 모두 17골이다.〈소뢰궤식례〉6) 일반적으로 俎에 담는 생체의 수는 鼎·俎의 수와 같이 홀수를 사용한다. 또한 士禮인 〈특생궤식례〉에서는 대부례인 〈소뢰궤식례〉보다 예를 낮추어서 脊 3체 중 가운데의 脡脊과 脅 3체 중 앞의 代脅을 사용하지 않지만, 그래도 正脊을 사용하는 것은 바름[正]을 뺏지 않기 위해서이다. 또한 正脊과 長脅을 2골씩 놓는 이유는, 이 2체는 시동으로 하여금 배불리 먹게 하기 위해서일 뿐 아니라, 또 시동이 척과 협을 1개씩 먹었을 경우 시동의 俎가 비어있지 않도록 하기 위한 것이다.[320] 생체의 이름은 〈특생궤식례〉8 주⑮ 참조.

脊(骨)	正脊(앞)			脡脊(가운데)					橫脊(뒤)		
	시동2	주인2	주부2	축2	좌식1	장빈1	장형제1	종인1	시동1	주인1	주부1
좌반 脅(骨)	代脅(앞)			長脅(正脅, 가운데)			短脅(뒤)				
		장빈1	장형제1	종인1	주인2		주인1				
우반 脅(骨)	代脅(앞)			長脅(正脅, 가운데)			短脅(뒤)				
	축2	좌식1		시동2		주부2	시동1		주부1		

320) 鄭玄注: "尸俎, 神俎也. 士之正祭禮九體, 貶於大夫, 有併骨二, 亦得十一之名, 合《少牢》之體數, 此所謂放而不致者. 凡俎實之數奇, 脊無中, 脅無前, 貶於尊者, 不貶正脊, 不奪正也. 正脊二骨, 長脅二骨者, 將舉於尸, 尸食未飽, 不欲空神俎."

좌반				우반			
앞다리		뒷다리		앞다리		뒷다리	
肩(견)		髀(비)		肩	시동1	髀	축 1
臂(비)	주인1	肫(순)		臂	시동1	肫	시동1
臑(노)		骼(격)	장반1	臑	시동1	骼	시동1
觳折(곡절)		觳折	장형제1 종인1	觳折		觳折	좌식1 주부1

〈특생궤식례〉 牲俎

(■은 유동적이며, 빈칸은 衆賓, 衆兄弟, 内賓, 宗婦, 公有司, 私臣에게 사용)

⑤ 膚三

【按】정현의 주에 따르면 嗣子와 長兄弟의 餕禮에 2덩이(〈특생궤식례〉 20), 厭飫, 즉 陽厭에 1덩이(〈특생궤식례〉 21)를 사용한다.[321] 敖繼公에 따르면 〈특생궤식례〉에는 대부례와 달리 膚俎가 별도로 없기 때문에 牲俎에 함께 담는다.[322] 대부례에는 膚 5덩이를 사용한다. 〈유사철〉4 참조.

부	시동 3덩이(嗣子와 장형제의 대궁에 각 1덩이, 陽厭에 1덩이 사용) 축, 주인, 주부, 좌식, 장빈, 장형제, 종인, 중빈, 중형제, 내빈, 종부, 공유사, 私臣이 각 1덩이씩 사용

⑥ 離肺一, 刌肺三

【按】離肺는 식용 폐로, 擧肺 또는 嚌肺라고도 부른다. 刌肺는 고수레에만 사용하는 폐로, 祭肺 또는 切肺라고도 한다.(〈특생궤식례〉 8 주⑪) 尸俎에 담긴 촌폐 3조각은, 정현의 주에 따르면 1조각은 주인이 시동에게 초헌할 때 시동이 고수레하면서 사용하고(〈특생궤식례〉 8 주⑪), 1조각은 시동이 주인에게 酢酒할 때 주인이 고수레하면서 사용하고(〈특생궤식례〉 9 주⑩), 1조각은 시동이 주부에게 酢酒할 때 주부가 고수레하면서 사용한다.(〈특생궤식례〉 10 주⑭)[323]

이폐	시동, 축, 주인, 주부, 좌식, 장빈, 장형제, 종인, 중빈, 중형제, 내빈, 종부, 공유사, 私臣이 각 1조각씩 사용
촌폐	尸俎 3조각. 시동, 주인, 주부가 각 1조각씩 고수레에 사용

⑦ 魚十有五

【按】정현의 주에 따르면 물고기는 수중 생물로 陰物이기 때문에 달이 15일 만에 차는 것에서 수를 취한 것이다. 대부례에도 15마리를 사용한다.[324] 〈소뢰궤식례〉 6 참조.

⑧ 腊如牲骨

郝敬에 따르면 "腊俎는 牲骨과 같으나 膚와 폐가 없다.〔腊俎如牲骨, 無膚與肺也.〕"

⑨ 脅二骨

【按】가공언의 소에 따르면 '脅'은 代脅을 이른다. 가공언은 尸俎에 없는 脡脊이 祝俎에 있는 것을 근거로 들어, 尸俎에 代脅이 없으니 祝俎의 脅이 代脅임을 알 수 있다고 보았

321) 鄭玄注: "爲餕用二, 厭飫一也."

322) 《儀禮集說》卷15: "《特牲》無膚俎, 故以膚附于牲俎焉."

323) 鄭玄注: "爲尸,主人,主婦祭."

324) 鄭玄注: "魚, 水物, 以頭枚數, 陰中之物, 取數於月十有五日而盈. 《少牢饋食禮》亦云十有五而俎, 尊卑同."

다.[325] 주소에 따르면 신이나 시동을 접하는 사람, 즉 축·좌식·빈장·장형제·宗人의 俎에 담는 희생은 3體를 넘을 수 없다.[326]

⑩ 臂

　정현의 주에 따르면 "생체 左胖의 臂이다.[左體臂.]" 살펴보면 右體의 臂는 尸俎에 이미 사용하였다.

⑪ 觳折

　정현의 주에 따르면 "觳(곡)은 여기에서는 뒷다리 족발을 가리킨다. '折'은 오른쪽 뒷다리 족발을 나누어 좌식의 俎에 담는 것이다.[觳, 後足. 折, 分後右足以爲佐食俎.]" 살펴보면 다음에 나오는 좌식의 俎에도 觳折이 있으니 각각 觳의 반을 나누는 것이다.

⑫ 其餘如阼俎

　정현의 주에 따르면 "餘는 脊, 脅, 膚, 肺를 이른다.[餘, 謂脊·脅·膚·肺.]"

⑬ 脊, 脅

　【按】주소에 따르면 여기에서 3體에 대해 구체적으로 體名을 언급하지 않은 것은 佐食은 신분이 낮기 때문에 남은 骨 중에서 골라 쓸 뿐임을 말한 것이다.[327]

⑭ 骼

　즉 胳(격)이다. 정현의 주에 따르면 "왼쪽 胳이다.[左骼也.]" 살펴보면 오른쪽 骼(격)은 尸俎에 이미 사용하였다.

⑮ 折

　정현의 주에 따르면 "생체를 부위별로 나눈 것을 말하지 않은 것은 생략한 것이다.[不言所分, 略之.]" 살펴보면 여기에서도 觳折(곡절)을 이른 것이다. 앞에서 '觳折'이라고 두 번 말했기 때문에 여기에서는 생략한 것이다. 또 앞에서 주부와 좌식의 俎에 이미 오른쪽 觳을 사용하였기 때문에 長兄弟와 宗人의 俎에는 왼쪽 觳을 나누어 사용하는 것이다. 盛世佐에 따르면 "牲體의 부위를 말하지 않은 것은 남아 있는 대로 사용하기 때문이다.[不言其體, 隨所有而用之.]"

⑯ 其餘如佐食俎

　胡培翬에 따르면 "餘는 앞에서와 같이 脊·脅·膚·肺를 이른다.[其餘亦謂脊·脅·膚·肺.]"

　【按】호배휘의 설 중 '앞에서와 같다'는 것은 위의 주⑫와 같다는 말이다.

325) 賈公彦疏: "云'祝俎', 直云'脅二骨', 謂代脊. 知者, 以尸俎無脡脊, 祝則有之, 尸俎無代脅, 祝俎有代脅可知."

326) 鄭玄注: "凡接於神及尸者, 俎不過牲三體."
賈公彦疏: "言凡者, 凡祝·佐食·賓長·長兄弟·宗人之等是也."

327) 鄭玄注: "三體, 卑者從正."
賈公彦疏: "直云'脊·脅', 不定體名, 欲見得使用之."

⑰ 公有司

정현의 주에 따르면 "이 사람도 士의 등속으로 군주에게 명을 받은 사람이다.〔亦士之屬, 命於君者也.〕" 胡匡衷의 《儀禮釋官》에 따르면 "士의 私臣은 적어서 제사를 받들기에 부족하기 때문에 公有司(군주의 有司)가 와서 제사를 돕는 것이다. 공유사는 士의 동료로서 士와 함께 군주의 신하가 된 사람이지 士의 私臣이 아니기 때문에 '公'이라고 말하여 구별하였다. 有司는 賓과 執事의 통칭이다.〔士之私臣少, 不足以供祀事, 故有公有司來助祭者. 公有司, 蓋士之僚友, 與士同爲臣於公, 非士之私臣, 故言'公'以別之. 有司則賓及執事之通稱.〕"

⑱ 骰肴

정현의 주에 따르면 "일반적으로 뼈에 살코기가 붙어있는 것을 '骰'(효)라고 한다.〔凡骨有肉者曰骰.〕" "여기에서 자른 뼈는 단지 남은 생체 중 骰로 삼을 만한 것을 잘라서 俎에 담는 것으로, 俎는 하나뿐이다.〔此所折骨, 直破折餘體可骰者升之, 俎一而已.〕" 胡培翬는 "정현은 여기〈記〉의 '骰'자를 남은 뼈의 통칭으로 생각하였다. '肴'과 '烝'은 같은 뜻으로, 모두 俎에 담는 것을 이른다.〔鄭意以此《記》骰字爲餘骨之總名. 肴與烝同, 謂升於俎.〕"라고 하였다. 호배휘는 또 앞에서 진설한 각각의 俎를 근거해보면 생체의 右胖은 시동에게 이미 다 사용하였기 때문에 단지 아직 사용하지 않은 左胖을 취하여 잘라서 진설하는 것이라고 하였다.[328]

30. 公有司와 私臣의 廟門 안 위치 및 주인에게서 獻酒를 받을 때의 차례

公有司門西, 北面, 東上, 獻次衆賓。私臣門東, 北面, 西上, 獻次兄弟。升受, 降飲①。

公有司(군주의 유사. 賓이나 집사 등)는 廟門 안 서쪽에서 북향하고 동쪽을 상위로 하여 선다. 당 위에 올라가 주인에게서 衆賓 다음으로 헌주를 받는다.

328)《儀禮正義》卷36: "據上所陳各俎, 右胖已用盡, 惟取左胖未用餘體, 破折陳襡之."

私臣(士의 私臣)은 묘문 안 동쪽에서 북향하고 서쪽을 상위로 하여 선다. 당 위에 올라가 주인에게서 衆兄弟 다음으로 헌주를 받는다. 공유사와 私臣은 당에 올라가 주인의 헌주를 받아가지고 당을 내려와 마신다.

① 公有司……降歠

경문에는 公有司와 私臣이 묘문 안에 있을 때의 방향과 위치를 말하지 않았고, 주인이 獻酒할 때에도 공유사와 私臣에게 헌주하는 것을 말하지 않았기 때문에 여기에서 보충하여 기록한 것이다. '次衆賓'은 순서가 중빈 다음임을 이른다. '次兄弟'의 뜻도 이와 같다. '升受'는, 주인이 헌주할 때 賓은 당 위의 서쪽 계단 윗쪽에서 받고 형제는 당 위의 동쪽 계단 윗쪽에서 받는 것(〈특생궤식례〉 12)에 근거하면 군주의 有司와 士의 私臣도 각각 당 위의 서쪽 계단과 동쪽 계단 윗쪽에 올라가서 주인의 헌주를 받는 것이다.

　　　　일반적으로 희생은 牛·羊·豕 세 종류의 희생이 모두 갖추어진 것을 '太牢', 羊·豕 두 종류의 희생이 있는 것을 '少牢'라고 하며, 한 종류의 희생만 있으면 '特牲'이라고 한다. 제후국의 경대부는 歲時를 만나면 소뢰와 黍·稷 및 기타 많은 음식물과 술로 父祖의 신에게 廟에서 제사를 올리는데, 父祖가 살아 계실 때 자손이 음식으로 父祖를 봉양했던 것과 같이 하기 때문에 '소뢰궤식례'라고 이른다. 대부는 3廟, 즉 父廟·祖廟·曾祖廟를 세운다. 그러나 3廟에 제사하는 의절과 사용하는 기물은 모두 같다.

　본편은 조묘의 제례를 기록하여 나머지 2묘를 포괄하였다. 全文은 모두 22절로 이루어져 있으며, 2개 부분으로 구분할 수 있다. 첫째 부분은 1절부터 6절까지이다. 제례를 거행하기 전의 준비를 기록하였는데, 筮日·筮尸·爲期 및 제사 당일 새벽에 하는 殺牲, 滌濯, 陳器, 就位, 載俎 등의 의절이 포함된다. 둘째 부분은 7절부터 22절까지이다. 少牢의 正祭를 행하는 전 과정을 기록하였는데, 주로 시동이 廟의 室에 들어가기 전에 신이 흠향할 음식을 진설하는 禮, 즉 陰厭의 예를 행하는 것과 시동이 室에 들어간 뒤에 시동에게 11飯을 올리는 禮, 주인·주부·賓長이 시동에게 세 차례 헌주하는 禮 등등을 포괄하며, 시동이 물러난 뒤 두 명의 佐食과 두 명의 賓長이 시동이 남긴 음식을 대궁하는 禮를 아울러 기록하였다. 그러나 본편은 소뢰궤식례의 正祭 부분만을 기록한 것으로 결코 완료된 것이 아니다. 하편의 〈有司徹〉과 실제로는 한 편인데 古人들이 簡冊이 많고 무겁다는 이유로 상·하 두 편으로 나눈 것이다. 본편과 하편은 모두 〈記〉文이 없다.

第十六

소뢰궤식례
少牢饋食禮

정제전 正祭前

정제 正祭

정제전正祭前

1. 祭日을 점침(筮日. 10일 전)

少牢饋食之禮①。
日用丁·己②。筮旬有一日③。筮于廟門之外④。主人朝服, 西
面于門東。史朝服⑤, 左執筮, 右抽上韇(독)⑥, 兼與筮執之⑥,
東面受命于主人。主人曰⑦: "孝孫某, 來日丁亥⑧, 用薦歲事
于皇祖伯某⑨, 以某妃配某氏⑩, 尙饗。"史曰: "諾。"
西面于門西, 抽下韇, 左執筮, 右兼執韇以擊筮⑪。遂述命
曰: "假爾大(태)筮有常⑫, 孝孫某, 來日丁亥, 用薦歲事于皇祖
伯某, 以某妃配某氏, 尙饗。"乃釋韇, 立筮⑬。卦者在左坐,
卦以木⑭。卒筮, 乃書卦于木⑮。示主人⑯, 乃退占⑰。吉, 則
史韇筮。史兼執筮與卦以告于主人⑱: "占曰從。"乃官戒。宗
人命滌, 宰命爲酒⑲。乃退。
若不吉, 則及遠日, 又筮日如初⑳。

두 종류의 희생(양과 큰 돼지)을 써서 신에게 음식을 올리는 禮이다.

〈주인이 筮辭를 명함〉

제사를 지내는 날은 柔日 중에 丁日이나 己日을 쓴다. 제사 지내기
열흘 전 정일이나 기일에 다음 11일째 되는 정일이나 기일을 시초
로 점친다. 시초점을 치는 것은 廟門 밖에서 한다.

주인이 朝服을 입고 묘문 밖 동쪽에서 서향하고 선다.

史(筮人)가 조복을 입고 왼손으로 筮(시초가 든 下韇)를 들고 오른손으
로 上韇(상독. 통 뚜껑)을 뽑아서 왼손으로 상독을 筮와 함께 잡고 동
향하여 주인에게서 筮辭의 명을 받는다.

주인(宰가 주인을 도와 대신 명함)이 서사를 다음과 같이 명한다.

"효손 모(주인의 이름)가 오는 정해일에 세시의 제사를 皇祖伯某(字)

께 올리고, 아울러 某妃를 皇祖某氏께 배향하고자 합니다. 부디 흠향하소서." 史가 "명을 받들겠습니다."라고 한다.

〈시초점을 쳐서 祭日을 정함〉

史가 묘문 밖 서쪽에서 서향한다. 오른손으로 시초가 든 下韇(통 몸체)을 뽑아 잡고 上韇(통 뚜껑)을 오른손에 옮겨서 같이 든다. 왼손으로 시초를 들고 오른손에 함께 든 상독과 하독으로 시초를 두드린다. 마침내 史가 주인이 명한 筮辭를 시초에게 전하여 다음과 같이 명한다.

"그대 위대한 시초의 신령함을 빌려서 효손 모가 오는 정해일에 세시의 제사를 皇祖伯某께 올리고, 아울러 某妃를 皇祖某氏께 배향하고자 합니다. 부디 흠향하소서."

史가 이어서 오른손에 든 상독과 하독을 내려놓고 서서 시초로 괘를 뽑는다.

卦者(괘를 그리는 사람)가 史의 왼쪽(남쪽)에 서향하고 앉아 나뭇가지로 땅에 괘를 그린다. 史가 시초로 6효를 뽑는 일을 마치면 이어서 괘자가 6효괘를 목판 위에 옮겨 그린다.

史가 괘자에게서 목판을 받아 주인에게 보여준다. 이어 史가 물러나 이 목판을 가지고 묘문 밖 서쪽에서 동향하던 자리로 돌아가서 여러 占人들과 함께 길흉을 묻는다. 吉하면 史가 시초를 韇안에 넣는다.

史가 왼손에는 시초가 든 韇을 들고 오른손에는 괘가 그려진 목판을 들고서 주인에게 "점친 결과 길한 것으로 나왔습니다."라고 고한다.

이어서 여러 祭官에게 고하여 경계시킨다. 종인이 집사에게 제기를 씻고 묘를 청소하라고 명하고, 宰가 술을 준비하라고 명한다. 이어서 모두 물러간다.

〈시초점이 불길할 경우〉

만약 점괘가 길하지 않으면 열흘 뒤의 丁日 혹은 己日이 되었을 때 다시 시초점을 치는데 처음 날을 점칠 때와 같이 한다.

① 少牢饋食之禮

【按】'牢'는 '짐승의 우리'이다. 우리는 기르는 짐승을 가두어둘 수 있기 때문에 이곳에서 기른 짐승을 모두 '牢'라고 하는데, 여기에서는 '제사 때 사용하는 희생'을 가리킨다. 희생은 《주례》에 따르면 소, 말, 양, 돼지, 개, 닭 등 六牲이 있다.[329] 일반적으로 희생이 있으면 '祭', 희생이 없으면 '薦'이라 하는데, 신분과 제사의 종류에 따라 희생의 종류와 숫자가 정해져 있다.[330] 특히 소와 양의 경우 평소에는 牧人이 기르다가 제사 3개월 전에 充人에게 보내 다른 짐승들이 희생을 손상하지 않도록 우리[牢]에 가두어두고 길렀다.[331] '少牢'는 牛·羊·豕 세 종류를 모두 사용하는 것을 太牢라고 부르는 것과 상대적으로 말한 것으로, 羊과 豕 두 종류의 희생을 말한다. '饋食'은 '익힌 음식을 올리다'라는 뜻이다.

② 日用丁, 己

'丁'과 '己'는 이른바 柔日이다. 정현의 주에 따르면 "內事는 柔日을 쓴다.〔內事用柔日.〕" 살펴보면 정현의 주는 《예기》〈曲禮〉에서 나온 것이다. 여기의 공영달 소에 崔靈恩(南北朝人)을 인용하여 "內事는 종묘의 제사를 가리킨다.〔內事, 指宗廟之祭.〕"라고 하였다. 柔日이면서 반드시 丁日이나 己日을 쓰는 이유는, 정현의 주에 따르면 丁己는 자신에게 있어 간곡하고 절실하다는 뜻으로 자신으로 하여금 삼가고 경건하게 할 수 있다는 것이다.[332] 또 정현의 주에 따르면 시초점을 치기 전에 먼저 다음 열흘 뒤의 정일을 쓸 것인지 기일을 쓸 것인지를 상의한 뒤에 시초점을 쳐야 한다.[333] 이것이 이른바 '날을 상의한다〔諏日〕'는 것이다. 胡培翬에 따르면 "대부 이상은 제사지내는 날을 상의하지만 士의 제사에는 날을 미리 상의하지 않는다.〔大夫以上有之, 士祭不諏日.〕"〈특생궤식례〉1 참조.

【按】 의식을 행하는 날짜는, 天干은 관례·혼례·제례와 같은 內事에는 乙, 丁, 己, 辛, 癸의 柔日을 쓰고, 정벌이나 巡狩(순수)와 같은 外事에는 甲, 丙, 戊, 庚, 壬의 剛日을 쓴다.[334]

③ 筮旬有一日

정현의 주에 따르면 "旬은 10일이다. 앞 달 하순의 己日에 다음 달 상순의 己日을 점치는 것이다.〔旬, 十日也. 以先月下旬之己, 筮來月上旬之己.〕" 胡培翬에 따르면 己日에 제사를 지내려면 앞의 己日에 시초점을 친다. 이때의 己日부터 다음 열흘 뒤의 己日까지는 11일이 되기 때문에 '11일〔旬有一日〕'이라고 한 것이다.[335] 살펴보면 여기에서는 己日을 例로 든 것이니, 丁日을 점치는 것도 이와 같이 한다.

---

329) 《周禮》〈地官牧人〉鄭玄注: "六牲, 謂牛·馬·羊·豕·犬·雞."

330) 《家禮》〈祭禮四時祭〉: "高氏曰: '何休曰「有牲曰祭; 無牲曰薦」. 大夫牲用羔; 士牲持豚; 庶人無常牲.'"

331) 《周禮》〈地官牧人〉賈公彦疏: "牧人養牲, 臨祭前三月, 授與充人繫養之." 《周禮》〈地官充人〉鄭玄注: "牢, 閑也. 必有閑者, 防禽獸觸齧. 養牛羊曰芻." 賈公彦疏: "案《春秋》有郊牛之口傷, 鼷鼠食其角, 自外恐更有禽獸觸齧, 故鄭總云焉. 云養牛羊曰芻者, 此經云繫于牢芻之, 惟據牛羊. 若犬豕則曰豢, 又不繫之矣."

332) 鄭玄注: "內事用柔日, 必丁己者, 取其令名, 自丁寧, 自變改, 皆爲謹敬."

333) 鄭玄注: "必先諏此日, 明日乃筮, 旬, 十日也. 以先月下旬之己, 筮來月上旬之己."

334) 《禮記正義》〈曲禮上〉孔穎達疏: "外事, 郊外之事也. 剛, 奇日也. 十日有五奇, 五偶, 甲·丙·戊·庚·壬五奇爲剛也. 外事剛義, 故用剛日也.……內事, 郊內之事也. 乙·丁·己·辛·癸五偶爲柔也."

335) 《儀禮正義》卷37: "經云旬有一日, 是十有一日, 故知以己日祭則以己日筮, 并筮日之日, 數之爲十一日也."

【按】호배휘에 따르면 10일 전에 제사하는 날을 점치는 것은 제사 전에 散齊(산재) 7일과 致齊(치재) 3일을 해야 하기 때문이다.[336] 재계와 관련하여 《예기》〈祭義〉에 "안으로 치재를 하고 밖으로 산재를 해서, 제사하는 날에 제사를 받는 분이 거처하시던 것을 생각하며, 웃고 말씀하시던 것을 생각하며, 뜻하시던 것을 생각하며, 즐거워하시던 것을 생각하며, 좋아하시던 것을 생각한다. 그리하여 치재한지 3일이 되면 비로소 재계의 대상이 되는 분을 볼 수 있다."라는 내용이 보이며,[337] 또 "제사할 때가 되어 장차 제사하려 할 때 군자는 마침내 재계를 한다. 재계라는 말은 '가지런하다'는 뜻이니, 가지런하지 않은 것을 가지런히 하여 공경을 지극히 하는 것이다. 이 때문에 군자는 큰 일이 있지 않고 공경할 일이 있지 않으면 재계하지 않으니, 재계하지 않으면 사물의 침입을 막을 수 없고 嗜慾(기욕)을 그칠 수 없다. 장차 재계할 때에 이르면 그 간사한 물건을 막으며 기욕을 그치게 하며 귀로는 음악을 듣지 않는다. 그러므로 기록에 이르기를 '재계하는 자는 음악을 듣지 않는다.' 하였으니, 감히 그 뜻을 흩어지지 않게 함을 말한 것이다. 마음을 구차히 생각하지 않아서 반드시 도를 따르며, 손발을 구차히 움직이지 않아서 반드시 예를 따른다. 이 때문에 군자의 재계는 오로지 그 精明한 덕을 다하는 것이다. 그러므로 7일 동안 산재를 하여 마음을 안정시키고, 3일 동안 치재를 하여 공경한다. 안정함을 齊라고 이르니, 齊라는 것은 精明이 지극한 것이다. 그런 뒤에야 신명과 교접할 수 있다."라는 내용이 보인다.[338]

④ 筮于廟門

여기의 廟는 祖廟인 듯하다. 筮辭를 명할 때 '孝孫'이나 '皇祖'라고 칭한 것을 보면 알 수 있다. 살펴보면 《예기》〈祭法〉에 "대부는 3개의 廟와 2개의 壇을 세운다. 3개의 묘는 考廟·王考廟·皇考廟이다.〔大夫立三廟二壇, 曰考廟, 曰王考廟, 曰皇考廟.〕"라고 하였다. 考廟는 아버지 묘, 王考廟는 할아버지 묘, 皇考廟는 증조할아버지 묘이다. 胡培翬에 따르면 "여기 경문에서 '皇祖'라고 말한 것은 〈사우례〉·〈특생궤식례〉와 뜻이 같다. 즉 황조를 예로 들어 증조할아버지와 아버지를 포괄한 것이다.〔此經言皇祖, 與《士虞》·《特牲》義同, 當是擧皇祖爲例, 以該曾祖及禰耳.〕"

⑤ 史

정현의 주에 따르면 "가신으로 시초점을 주관하는 사람이다.〔家臣主筮者.〕" 胡匡衷의 《儀禮釋官》에 따르면 여기의 史는 筮史, 즉 筮人이다.[339] 옛날에는 文詞를 담당하는 관리를 '史'라고 통칭하였다.

336) 《儀禮正義》 卷37: "筮必旬有一日者, 容祭前十日爲散齊·致齊之期, 卽《周禮》大宰職所謂'前期十日'也."

337) 《禮記》〈祭義〉: "致齊於內, 散齊於外. 齊之日, 思其居處, 思其笑語, 思其志意, 思其所樂, 思其所嗜, 齊三日, 乃見其所爲齊者."

338) 《禮記》〈祭統〉: "及時將祭, 君子乃齊. 齊之爲言, 齊也, 齊不齊, 以致齊者也. 是故君子非有大事也, 非有恭敬也, 則不齊. 不齊則於物無防也, 耆欲無止也. 及其將齊也, 防其邪物, 訖其耆欲, 耳不聽樂. 故記曰齊者不樂, 言不敢散其志也. 心不苟慮, 必依於道, 手足不苟動, 必依於禮. 是故君子之齊也, 專致其精明之德也. 故散齊七日以定之, 致齊三日以齊之. 定之之謂齊, 齊者, 精明之至也, 然後可以交於神明也."

339) 《儀禮釋官》 卷6〈少牢饋食禮〉 注: "此言史, 《特牲》言筮人, 一也."

⑥ 左執筮……執之

胡培翬에 따르면 "右抽上韇은 왼손으로 下韇을 잡고 오른손으로 上韇을 뽑아 연다는 말이다. 執下韇이라 하지 않고 執筮라고 한 것은 筮(시초)가 하나의 韇 안에 들어 있기 때문에 執筮라고 한 것이다. 또 兼與筮執之라고 한 것은 왼손으로 筮(下韇)를 잡고 上韇을 아울러 잡는 것을 이른다. 오른손으로 上韇을 잡지 않는 것은 뒤에 오른손으로 下韇을 뽑아잡기에 편리하게 하기 위해서이다.〔右抽上韇, 謂以左手執下韇, 以右手抽上韇也. 不云'執下韇'而云'執筮'者, 以筮(謂蓍草)在一韇中, 故以'執筮'言之. 又云'兼與筮執之'者, 謂左手執筮, 兼執上韇也. 右手不執上韇者, 便其抽下韇也.〕" 抽下韇은 다음 경문에 보인다.

⑦ 主人曰

살펴보면 〈특생궤식례〉와 마찬가지로 宰가 '명을 돕는데〔贊命〕 여기에서는 글을 생략하였다.

【按】宰가 주인을 대신하여 명하는 筮辭는 〈특생궤식례〉 1 참조.

⑧ 丁亥

정현의 주에 따르면 이것은 어느 하루를 예로 든 것이지 반드시 정해일인 것은 아니며 정축일이나 기해일 등등이 될 수도 있다.[340] 胡培翬는 "소뢰의 祭日은 丁日이나 己日를 위주로 한다. 정해일이 안 되면 丁日이나 己日이면 모두 쓸 수 있다.〔少牢祭日以丁·己爲主, 不得丁亥, 則凡丁日·己日皆可用之.〕"라고 하였다.

【按】地支를 가능하면 亥日을 먼저 쓰는 이유는 亥가 倉廩(창름)을 주관하는 별인 胃宿(위쉬), 즉 天倉星을 의미하는 것으로[341] 제사는 복을 구하는 것이기 때문이다.[342]

⑨ 用薦歲事于皇祖伯某

'用'은 吳廷華에 따르면 "이날을 써서 제사지내는 것을 이른다.〔謂用此日祭.〕" 정현의 주에 따르면 "薦은 '올리다'라는 뜻이니, 세시의 제사를 올리는 것이다. '皇'은 '군주'라는 뜻이다. '伯某'는 우선 字로 대신한 것이다.〔薦, 進也, 進歲時之祭事也. 皇, 君也. 伯某, 且字也.〕" 여기에서 정현이 이 禮를 세시의 제사하는 예로 보아 士의 〈특생궤식례〉와 같게 보았다는 것을 알 수 있다. '皇祖'는 할아버지에 대한 敬稱이다. '且字'는 우선 字로 대신한다는 뜻이다. 살펴보면 '某'는 즉 '某甫(父)'를 생략한 것이다. '伯'은 형제의 서열을 표시하는 말로, 맏이가 伯이 되고 그 아래는 차례로 仲·叔·季

340) 鄭玄注: "丁, 未必亥也, 直擧一日以言之耳.《禘于大廟禮》曰: '日用丁亥, 不得丁亥, 則己亥·辛亥亦用之, 無則苟有亥焉可也.'"

341)《史記》卷27〈天官書〉: "胃爲天倉." 張守節正義: "胃三星.……胃主倉廩, 五穀之府也."

342) 鄭玄注: "亥爲天倉, 祭祀所以求福, 宜稼于田, 故先取亥. 上旬無亥, 乃用餘辰也."

가 된다. '某'는 대신하여 字를 취한 것이다. '甫'는 남자의 美稱으로, 때로는 '父'(보)로도 쓴다. '伯(또는 仲·叔·季)某甫(또는 父)'는 고대 남자의 字를 구성하는 완전한 호칭으로, 예를 들면 伯禽父·仲山甫·叔興父 등등과 같다.

【按】'歲事'는 丁若鏞에 따르면 기우제처럼 일시적으로 지내는 제사가 아닌, 해마다 정기적으로 지내는 제사를 이른다.[343]

⑩ 以某妃配某氏

'某妃'는 정현의 주에 따르면 '某妻'이다. 살펴보면 '某妻'는 元妃나 繼妃라고 말하는 것과 같다. 方苞에 따르면 "경대부 이하는 두 번 세 번 아내를 맞이할 수 있지만 배향은 한 사람만 하기 때문에 '以某妃配'를 '某氏' 위에 더하여 그가 元妃인지 繼妃인지를 구별한 것이다.〔卿大夫以下娶有再三者矣, 而配止一人, 故加'以某妃配'於某氏之上, 以別其爲元妃·繼妃也.〕" '配'는 '배향한다'는 뜻이다. '某氏'는 정현의 주에 따르면 "姜氏나 子氏라고 말하는 것과 같다.〔若言姜氏·子氏也.〕" 살펴보면 앞의 '伯某'는 할아버지의 字를 칭한 것이고, 여기에서는 할아버지의 氏를 칭한 것이다.

⑪ 抽下韇……擊筮

胡培翬에 따르면 韇을 뽑아 잡을 때(즉 왼손에서 옮겨 잡을 때) 오른손이라고 말하지 않았지만 마찬가지로 오른손으로 한다는 것을 알 수 있다. '左執筮'는 왼손으로는 오로지 시초만 잡는 것을 말한다. '右兼執韇以擊筮'는 오른손으로 下韇을 뽑아 上韇과 함께 잡고서 상독과 하독으로 시초를 두드리는 것을 이른다.〔抽下韇, 不云右, 亦右手可知. 左執筮, 謂以左手專執筮草也. 右兼執韇以擊筮, 謂右手抽下韇執之, 竝執上韇, 以二韇擊筮也.〕"

【按】정현의 주에 따르면 곧 길흉을 물으려고 하기 때문에 시초를 두드려서 그 신을 일깨우는 것이다.[344] 또 가공언에 따르면 '執筮'나 '擊筮'의 '筮'는 모두 점을 칠 때 시초[蓍]를 쓰기 때문에 시초를 筮라고 한 것이다.[345]

⑫ 假爾大筮有常

정현의 주에 따르면 "假는 '빌리다'라는 뜻이다. 시초의 신령함을 빌려서 묻는다는 말이다.〔假, 借也. 言因蓍之靈以問之.〕" '大筮'(태서, 蓍)는 시초에 대한 존칭이다. '有常'은 胡培翬가 王士讓의 말을 인용하여 "有常은 어긋남이 없다는 것이다. 이것은 시초를 찬미하여 시초가 나에게 고해 주기를 바라는 것이다.〔有常, 不差忒也. 此褒美之, 冀其有以告我也.〕"라고 하였다.

【按】'大'는 음이 '태'로, '泰'와 통한다. 《예기》〈曲禮上〉에 "택일을 위하여 그대 위대한 거

343) 《春秋考徵》〈凶禮先儒論辨之異〉: "雩者, 旱祭也, 旱則祭之, 非歲事也."

344) 鄭玄注: "將問吉凶焉, 故擊之以動其神."

345) 賈公彦疏: "云左執筮及下云擊筮, 筮者皆是蓍, 以其用蓍爲筮, 因名蓍爲筮."

북의 신령함을 빌리고 그대 위대한 시초의 신령함을 빌린다.[爲日, 假爾泰龜有常, 假爾泰筮有常.]"라는 내용이 보인다. 공영달의 소에 따르면 일반적으로 거북점[卜]이나 시초점[筮]을 칠 때 대부 이상은 거북점일 경우 3번, 시초점일 경우 2번 명하며, 士는 거북점일 경우 2번, 시초점일 경우 1번 명한다. 대부 이상이 명하는 3번의 거북점은 (1)涖卜(리복. 族長)이 卜史에게 택일을 위하여 거북점 칠 것을 명하는 것 (2)卜史가 점칠 일을 명 받고 涖卜의 말을 다시 서술하는 것, 즉 述命 (3)卜人이 자리에 나아가 서향하고서 거북에게 "그대 위대한 거북의 신령함을 빌리노라."라고 명하는 것이다. 대부 이상이 명하는 2번의 시초점은 (1)주인이 筮史에게 택일을 위하여 시초점 칠 것을 명하는 것 (2)筮史가 주인의 명을 듣고 다시 서술하는 것, 즉 述命이다. 대부 이상만이 명을 다시 서술한다는 것은 〈士喪禮〉의 "서인은 응낙하고 명을 다시 서술하지 않는다.[筮人許諾, 不述命.]"라는 구절에 근거한 것이다.[346] '涖卜'의 '涖'는 '참석하다[臨]'라는 뜻으로, 族長을 이른다. 〈사상례〉정현의 주에 따르면 "有司로 族人의 가까운 친친과 먼 친척들을 관장하는 사람이다.[有司掌族人親疏者也.]" 즉 士를 위해 종족의 사무를 관장하는 사람이다.

⑬ 立筮

정현의 주에 따르면 "경대부의 시초는 길이가 5尺이니, 서서 점치는 것은 편리함을 따른 것이다.[卿大夫之蓍長五尺, 立筮由便.]" 살펴보면 이 설은 무엇을 근거로 하였는지 알 수 없다. 시초의 길이가 5척이면 櫝(독)의 길이도 5척보다 짧을 수는 없을 것이니, 이렇게 되면 櫝을 뽑거나 시초를 두드릴 때 모두 매우 불편할 것이다. 게다가 자연계에서 5척 길이의 시초가 있는 것도 보지 못하였다. 정현의 설은 오류이다.

【按】경대부의 시초[蓍]가 5척이라는 것은, 가공언의 소에 따르면 《大戴禮》와 《三正記》에 모두 보인다. 가공언은 이에 근거하여 제후의 시초는 7척, 천자의 시초는 9척이니 모두 서서 시초점을 친다는 것을 알 수 있다고 하였다.[347] 다만 현재 통행본 《대대례》에는 이러한 구절이 보이지 않으며, 제후의 시초는 7척, 천자의 시초는 9척이라는 구절이 《說文解字》에 보일 뿐이다. 1尺은 문헌과 출토문물을 기준으로 보면 시대와 지역에 따라 길이가 다르다. 漢나라 이전까지는, 문헌에서는 23.1cm, 출토문물은 15.8cm, 23.1cm, 24cm 등 다양하다. 이후 점점 길어져서 宋元시대에는 문헌상 31.2cm였고 청나라에 와서는 출토문물 기준으로 35.4cm까지 되기도 한다.[348] 여기에서 양천우가 정현의 설을 오류로 본 것은 이치로 보면 옳을 듯하다. 점을 칠 때 시초를 사용하는 이유는, 《설문해자》에 따르면 시초는 천년을 살고 줄기가 3백개나 되기 때문이다.[349] 士는 앉아서 시초점을 친다. 〈특생궤식례〉1 주⑫ 참조.

346) 孔穎達疏: "凡卜筮, 大夫以上, 命龜有三, 命筮有二. 其一, 爲事命龜, 涖卜之官以主人卜事命卜史, 是一也; 二, 卜史旣得所卜之命, 更序述涖卜所陳之辭, 名曰述命, 是二也; 三, 卜人卽席, 西面命龜云'假爾泰龜有常', 是三也. 命筮二者, 一, 爲事命筮, 則主人以所爲之事命筮史, 是一也; 二, 則筮史得主人之命, 遂述之, 爲述命, 是二也. 士則命龜有二, 命筮有一.……知大夫命筮二者, 以士云命筮, 不述命, 則知大夫以上述命也."

347) 賈公彦疏: "云'卿大夫之蓍長五尺'者, 《大戴禮》,《三正記》皆有此文.……若然, 諸侯蓍七尺, 天子蓍九尺, 立筮可知."

348) 《王力古漢語字典》(王力, 北京: 中華書局, 2005) 附錄〈中國歷代度制沿邊簡表〉참조.

349) 《說文解字》〈蓍〉: "蒿屬, 生千歲, 三百莖, 易以爲數. 天子蓍九尺, 諸侯七尺, 大夫五尺, 士三尺."

⑭ 卦以木

여기의 '木'은 가는 나뭇가지를 이른다. 정현의 주에 따르면 "卦以木은 하나의 효가 나올 때마다 이것을 땅에 그려서 표시하는 것이다. 여섯 효가 다 나오면 이것을 판에 그린다.〔卦以木者, 每一爻, 畫地以識之. 六爻備, 書于版.〕" 살펴보면 하나의 괘는 여섯효로 이루어지며, 筮人이 시초로 괘를 뽑는다. 하나씩 하나씩 뽑아서 하나의 효를 얻으면 卦者(괘를 그리는 사람)가 땅에 한 효를 그리는 것이니, 양효면 가로로 길게 한번 긋고 음효면 가로로 짧게 두 번 긋는다. 그래서 여섯 효가 다 나오면 한 괘가 얻어지는데, 이렇게 한 괘가 나온 뒤에 이것을 목판에 기록한다.

【按】敖繼公에 따르면 여기의 '木'은 다음에 나오는 '木'이 목판인 것과 달리 땅에 그리는 도구를 이른다.[350] 方苞는 '木'을 작은 方木으로 보았다. 즉 老陰, 老陽, 少陰, 少陽을 작은 방목에 새겨서 각각 6개씩 만든 뒤 筮人이 점을 쳐서 한 획이 나오면 이에 해당하는 방목을 하나 땅에 나열한다. 그리고 6획이 다 나와 6개의 방목이 갖추어지면 이것을 큰 方木에 옮겨 적어 주인에게 보여준다. 여기에서 木이라고만 하여 枇(비. 숟가락)나 籌(주. 산가지)와 같이 별도의 명칭이 없는 것은 木을 四象으로 보았기 때문에 감히 명칭을 붙일 수 없어서라고 하였다.[351] 여기에서는 방포의 설을 일설로 보고 통설을 따라 오계공의 설을 취하기로 한다. 〈특생궤식례〉 1 주⑬ 참조.

⑮ 書卦于木

여기의 '木'은 괘를 기록하는 판을 이른다.

【按】木板에 그리는 사람은 卦者이다. 〈특생궤식례〉 1 주⑬ 참조.

⑯ 示主人

阮元의 교감본에서는 李氏를 인용하여 "李氏는 石本에는 '示主人' 앞에 '以'자가 있다고 하였다.〔示主人上, 李氏曰'石本有以字'.〕"라고 하였다. 살펴보면 漢簡本에도 '示'자 앞에 '以'자가 없으니 '以'자가 없는 것을 옳은 것으로 보아야 할 것이다.

⑰ 退占

물러나 묘문 서쪽에서 동향하던 자리로 돌아가 길흉을 점치는 것이다. 〈특생궤식례〉 1 참조.

⑱ 兼執筮與卦

胡培翬에 따르면 "잡은 것은 韇(독)일 뿐이다. 韇인데도 筮라고 한 것은, 시초가 韇안에 들어있기 때문에 '執筮'라고 한 것이다.〔所執者韇耳, 韇而云

350)《儀禮集說》卷16: "上木, 畫地者也; 下木, 板也."
351)《儀禮析疑》卷1: "蓋以木爲小方, 刻老陰老陽少陰少陽于其上, 各六方. 四營成易則釋一方, 六爻備, 乃以筆別書于大方, 以占玩耳.……若以木畫, 則當稱名如枇畢籌朴之類, 不宜曰以木, 曰所卦者, 蓋以木爲四象, 故不敢別爲之名."

筮者, 以著在櫝中, 故以'執筮'言之.]"'兼執'은 두 손에 동시에 드는 것을 말한다. 즉 왼손으로는 櫝을 들고 오른손으로는 괘가 그려진 목판을 든다.

⑲ 乃官戒……爲酒

'官戒'는 정현의 주에 따르면 바로 祭官들에게 미리 경계시키는 것으로, 고하여 제관들이 알게 해서 제례를 준비하는 데 편하게 하는 것을 이른다.[352] 胡培翬에 따르면 官戒는 筮日 당일에 한다.[353] 제기를 씻고 술을 마련하는 등의 일은 며칠 뒤의 일인데 여기에 筮日의 禮가 끝난 뒤의 일을 삽입하여 서술한 것이다.

【按】'官戒'는 오계공에 따르면 某官이 某人에게 某事를 하도록 경계시키는 것을 이른다. 宰와 宗人은 신분이 높은 祭官이기 때문에 그들이 명한 것을 사례로 보여준 것이다.[354] 郝敬에 따르면 제관들에게 경계시키는 사람은 史, 즉 筮人이다.[355] 그러나 蔡德晉은 주인이 여러 제관에게 고하면 여러 제관이 또 각각 자신의 하속에게 경계시키는 것으로 보았다.[356] 다수설에서는 筮人이 명하는 것으로 보고 있다.

⑳ 及遠日, 又筮日

정현의 주에 따르면 "遠日은 다음의 丁日이나 己日이다.〔遠日, 後丁若(或)後己.〕" 이것은 다음 열흘 뒤의 丁日이나 己日이 되기를 기다렸다가 다시 점을 쳐야 한다는 말이다. 이때 점을 치는 것은 그 다음 열흘 뒤의 丁日이나 己日이다. 살펴보면 여기에서의 이른바 '遠日'이라는 것은 〈사관례〉나 〈특생궤식례〉의 '遠日'과 뜻이 다르다. 敖繼公에 따르면 "여기의 遠日은 시초점을 쳐야 할 날을 가지고 말한 것으로, 즉 점쳐서 '불길하다'고 나온 날이다.〔此遠日對筮之日而言, 卽所筮不吉之日.〕"

〈사관례〉와 〈특생궤식례〉의 '遠日'은 시초점을 치는 내용, 즉 제사지내는 날에 대하여 말한 것으로, 近日이 불길하면 다시 遠日을 점치는 것을 이른다. 胡培翬는 "가공언은 〈사관례〉 소에서 士가 초순을 점쳐서 불길하면 바로 이어 중순을 점치고, 중순이 불길하면 바로 이어 하순을 점쳐서, 같은 날에 미리 3旬을 점치는 것을 이른다고 하였다. 대부는 한꺼번에 점치지 않기 때문에 전 달에 다음 달 상순을 점치고, 불길하면 상순이 되었을 때 다시 중순을 점치고, 불길하면 중순이 되었을 때 다시 하순을 점치는데, 이것은 〈소뢰궤식례〉의 '만약 불길하다는 결과가 나오면 遠日이 되었을 때 다시 날을 시초점 치는데 처음 날짜를 점칠 때와 같이한다.'라고 한 것에 근거를 둔 것이다.

352) 鄭玄注: "官戒, 戒諸官也. 當共祭祀事者, 使之具其物, 且齊."

353) 《儀禮正義》卷37: "此戒, 卽在筮日."

354) 《儀禮集說》卷16: "官戒, 謂某官戒某人以某事也. 宰、宗人乃官之尊者, 故見其所命者以明之."

355) 《儀禮節解》卷16: "官戒, 戒衆官, 亦史戒也."

356) 《禮經本義》卷16: "官戒, 謂主人戒衆官, 而衆官又各戒其屬也."

〈특생궤식례〉에서 '만약 길하지 않으면 열흘 뒤의 遠日을 시초점 치는데 처음 날짜를 점칠 때와 같이 한다.'라고 한 것과는 다르다.〔賈氏《士冠禮·疏》謂士筮初旬不吉, 卽筮中旬, 中旬不吉, 卽筮下旬, 同日預筮三旬. 大夫則不立筮, 於前月筮來月之上旬, 不吉, 至上旬又筮中旬, 不吉, 至中旬又筮下旬, 據《少牢》云'若不吉, 則及遠日, 又筮日如初'. 與此經(指《特牲饋食禮》第一節)云'若不吉, 則筮遠日, 如初儀'者異.〕라고 하였다.

【按】'遠日'은 〈특생궤식례〉 1 주⑮ 참조.

2. 여러 祭官에게 재차 알리고(宿諸官), 시동을 점치고 (筮尸), 시동에게 재차 알림(宿尸) (1일전)

宿①。
前宿一日, 宿戒尸②。明日朝筮尸, 如筮日之禮。命曰: "孝孫某, 來日丁亥, 用薦歲事于皇祖伯某, 以某妃配某氏, 以某之某爲尸③, 尙饗。"筮、卦、占如初。
吉, 則乃遂宿尸④, 祝擯⑤。主人再拜稽首。祝告曰: "孝孫某, 來日丁亥, 用薦歲事于皇祖伯某, 以某妃配某氏, 敢宿。"尸拜, 許諾。主人又再拜稽首。主人退。尸送, 揖, 不拜。若不吉, 則遂改筮尸⑥。

〈제사에 참여하는 여러 관원에게 재차 알림〉
　祭日 하루 전에 여러 관원에게 미리 재차 알린다.

〈시동을 점침〉
　제관들보다 하루 앞서(祭日 2일 전) 시동이 될 만한 사람들에게 미리 알린다.
　다음날 아침 시동으로 삼을 사람을 시초점 치는데 筮日 때의 예와 같이 한다.
　주인이 명한 筮辭를 史가 받아 시초에게 다음과 같이 명한다.

"효손 모(주인의 이름)가 오는 정해일에 皇祖伯某(황조의 字)께 세시의 제사를 올리고 아울러 某妃를 皇祖某氏께 배향하고자 합니다. 모(시동 아버지의 字)의 아들 모(시동의 이름)를 시동으로 삼고자 하오니 부디 흠향하소서."

시초를 뽑고, 괘를 그리고, 물러나서 그 괘로 길흉을 점치기를 筮日때의 예와 같이 한다.

〈시동에게 재차 알림〉

점괘가 길하면 마침내 주인이 그날 바로 시동의 집에 가서 시동에게 시동이 되었음을 재차 알린다. 이때 祝을 擯(주인을 도와 명을 전하는 사람)으로 삼는다.

주인이 시동의 집 대문 밖에서 시동에게 再拜稽首한다. 축이 주인을 도와 시동에게 다음과 같이 고한다.

"효손 모가 오는 정해일에 皇祖伯某께 세시의 제사를 올리고 아울러 某妃를 皇祖某氏께 배향하고자 합니다. 삼가 시동이 되어주시기를 감히 재차 알립니다."

시동이 절하고 응낙한다. 주인이 또 재배계수한다.

주인이 물러간다. 시동이 주인을 전송하는데, 읍을 하고 절은 하지 않는다.

만약 점괘가 길하지 않으면 이어서 곧바로 시동이 될 사람을 다시 시초점을 친다.

① 宿

정현의 주에 따르면 이것은 祭日 하루 전에 여러 관원에게 미리 알려 祭日에 와야 한다는 것을 알게 하는 것이다. 살펴보면 시동이 될만한 사람들에게 미리 알리는 것과 시동을 점치는 것은 모두 賓에게 알리는 것보다 먼저 하는데 여기에서는 순서를 바꾸어서 기술하였다.

【按】정현의 주에 따르면 '宿'은 '나아가다[進]'라는 뜻이다. 대부는 존귀하여 의절이 더욱 많기 때문에 祭日을 점치는 날 이미 재계하라고 여러 관원에게 고하였지만 祭日 하루 전이 되면 다음날 꼭 와야 한다는 것을 재차 알리는 것이다.[357] 士禮에서는 祭官 중 賓에게만 재차 알린다. 〈특생궤식례〉 4 참조.

357) 鄭玄注: "宿, 讀爲肅. 肅, 進也. 大夫尊, 儀益多, 筮日旣戒諸官以齊戒也, 至前祭一日, 又戒以進之, 使知祭日當來."

② 宿戒尸

胡培翬는 或者의 설을 인용하여 "宿은 '미리'라는 뜻이다. '宿戒'는 '미리 알린다.'라는 말과 같다.〔宿, 訓爲豫(預). 宿戒猶豫戒.〕"라고 하였다. 敖繼公에 따르면 일반적으로 시동이 될 만한 사람들에게는 모두 미리 알린 뒤에 시초점을 쳐서 누구를 시동으로 삼을 것인지를 확정한다.[358]

③ 以某之某爲尸

이것은 시동이 될 만한 사람들 중에서 미리 한 사람을 선택하여 시동으로 삼아 시초점을 치는 것이다. 만약 점괘가 길하지 않으면 다시 다른 사람을 선택하여 점을 친다.(다음 경문에 보인다) 정현의 주에 따르면 앞의 '某'는 시동 아버지의 字이고 뒤의 '某'는 시동의 이름이다.[359]

【按】 주소에 따르면 시동의 아버지를 호칭할 때 字를 쓰는 이유는 귀신을 존중하기 위해서이다. 《禮記》〈曲禮〉의 "아버지가 살아계신 경우에는 시동이 되지 않는다."라는 구절에 근거하면 시동은 일반적으로 아버지가 죽은 사람 중에서 선택하는데, 죽은 사람은 그 이름을 諱해야 하기 때문이다. 시동은 살아 있는 사람이기 때문에 이름으로 호칭한 것이다.[360]

④ 吉, 則乃遂宿尸

정현의 주에 따르면 점괘가 길하게 나오면 그날로 또 알리는 것은 시동을 重하게 여기는 뜻을 표현한 것이다. 시동에게 알린 뒤에 祭官들에게도 알린다.

【按】 정현의 주에 따르면 주인이 祭日 하루 전에 다음날 제사에 와줄 것을 재차 알리는 것은 시동에게만 직접 알리고 賓과 집사자들에게는 다른 사람을 보내 알리는데, 이것은 주인이 대부로서 신분이 높기 때문이다.[361] 士禮인 〈특생궤식례〉 4에서는 주인이 빈에게 직접 가서 알렸다. 주인이 시동에게 직접 가서 알릴 때 시동이 자신의 집 대문 밖에 나와 주인을 맞이하는 방향은, 가공언의 소에 따르면 〈특생궤식례〉 3에서는 시동이 대문을 나와 동쪽에서 서향하고 주인은 대문의 서쪽에서 동향하는 것과 달리, 여기에서는 시동이 대문을 나와 곧바로 남향한다.[362] 시동에게 재차 알리는 내용은 〈특생궤식례〉 3 참조. '宿'은 위 주① 참조.

⑤ 祝擯

【按】 〈특생궤식례〉 3에서는 宗人으로 하여금 주인의 명을 祝에게 전하게 하고 축이 이를 받아 다시 시동에게 주인의 명을 전하도록 하였는데, 여기 大夫禮에서는 종인을 거치지 않고 주인이 직접 축으로 하여금 시동에게 주인의 명을 전하도록 하고 있다. 이것은 가

358) 《儀禮集說》 卷16 : "凡可爲尸者, 皆宿戒之爲將筮也."

359) 鄭玄注 : "某之某者, 字尸父而名尸也."

360) 鄭玄注 : "字尸父, 尊鬼神也."
賈公彦疏 : "《曲禮》云 : '父在, 不爲尸.' 注云 : '爲其失子道, 然則尸卜筮無父者.' 若然, 凡爲人尸者, 父皆死矣. 死者當諱其名, 今對尸, 故知不稱尸父之名. 故上'某'是尸之父字, 下'某'爲尸名, 是生者可稱名, 是以云'字尸父而名尸'也."

361) 鄭玄注 : "大夫尊, 肅尸而已. 其爲賓及執事者, 使人肅之."

362) 賈公彦疏 : "此尸不言出門面位, 案《特牲》主人宿尸時尸如主人服, 出門左, 西面. 鄭注云'不敢南面當尊', 則大夫之尸尊, 尸出門徑南面, 故主人與尸皆不在門東門西也."

공언의 소에 따르면 士는 신분이 낮아 혐의가 없기 때문에 제후의 예를 써서 두 사람을 모두 둘 수 있지만, 대부는 신분이 높기 때문에 예를 낮춘 것이다.[363]

⑥ 遂改筮尸

【按】정현의 주에 따르면 불길하면 곧바로 다른 사람을 시동으로 점치며 後旬의 遠日을 기다려 다시 점치지 않는다.[364]

3. 제사 시간을 정함(爲期. 1일전)

既宿尸, 反, 爲期于廟門之外①。主人門東, 南面②。宗人朝服, 北面曰: "請祭期。" 主人曰: "比於子③。" 宗人曰: "旦明行事④。" 主人曰: "諾。" 乃退⑤。

주인이 시동에게 시동이 되었음을 재차 알린 뒤 물러갔다가 저녁이 되면 돌아와 묘문 밖에서 제사지낼 시간을 정한다.
주인이 朝服을 입고 묘문 동쪽에서 남향하고 선다.
宗人이 朝服을 입고 북향하고서 주인에게 말한다. "제사지낼 시간을 청합니다."
주인이 대답한다. "그대가 알아서 정하시오."
종인이 말한다. "내일 날이 밝으면 제사를 거행하겠습니다."
주인이 대답한다. "그리하시오."
이어 모두 물러간다.

① 爲期

살펴보면 정현의 주에 따르면 시간을 정하는 것은 여러 관원에게 미리 알린 뒤에 하니, 저녁 때 진행한다. 이때 알림을 받은 여러 관원은 모두 와서 참여하는데 경문에서는 모두 생략하였다.[365] 이른바 '爲期'라는 것은 胡培翬에 따르면 "제사지내는 날은 시초점을 쳐서 미리 결정하였으니 이때 정하는 것은 시간의 늦고 빠름일 뿐이다.〔祭之期日筮日已定, 此所定者, 早晏之時耳.〕"

363] 賈公彥疏: "《特牲》使宗人擯主人辭, 又有祝共傳命者, 士卑不嫌兩有, 與人君同. 此大夫尊, 下人君, 故闕之, 唯有祝擯而已."

364] 鄭玄注: "卽改筮之, 不及遠日."

365] 鄭玄注: "爲期, 肅諸官而皆至, 定祭早晏之期, 爲期亦夕時也."

② 南面

【按】주소에 따르면 이때 주인이 〈특생궤식례〉에서처럼 서향하지 않고 남향을 하는 것은 대부는 존귀하여 여러 관원에 대해 군주의 도가 있기 때문이다.[366] 〈특생궤식례〉 1·5 참조.

③ 比於子

정현의 주에 따르면 "제사를 언제 시작할 것인지 정하는 것은 그대에게 달려 있다는 뜻이다.〔比次早晏, 在於子也.〕"

【按】가공언의 소에 따르면 여름과 겨울은 밤과 낮의 길이가 다르기 때문에 12辰을 헤아려서 日辰의 早晩을 알려주라는 말이다.[367]

④ 旦明

정현의 주에 따르면 "내일 날이 밝을 때라는 뜻이다.〔旦日質明.〕" '旦日'은 즉 내일이다.

【按】盛世佐에 따르면 이 시간을 형제와 有司에게도 고한다.[368]

⑤ 乃退

【按】이때 물러가는 사람은 주인 이하로,[369] '물러간다'는 말에서 주인이 전송하지 않음을 알 수 있다. 또한 〈유사철〉 38의 "衆賓이 묘문을 나가면 주인이 묘문 밖에서 절하여 전송한다.〔衆賓出, 主人拜送于廟門外.〕"라는 구절에 근거하면, 여기 〈소뢰궤식례〉에서 물러가는 대상에는 衆賓이 없음을 알 수 있다. 중빈에게는 有司를 보내 제사 시간을 재차 알려준다.[370] 〈소뢰궤식례〉 2 주④ 참조. 胡培翬에 따르면 〈소뢰궤식례〉와 〈특생궤식례〉는 다음 몇 가지 면에서 다르다.

(1)〈특생궤식례〉에서는 제사 지낼 날을 미리 상의하지 않지만 〈소뢰궤식례〉에서는 대부가 유사들과 함께 廟門에서 丁日이나 己日을 상의하여 정한다. 〈특생궤식례〉 1 주② 참조. (2)〈특생궤식례〉에서는 앉아서 점치지만 〈소뢰궤식례〉에서는 서서 점친다. 〈특생궤식례〉 1 주⑫, 〈소뢰궤식례〉 1 주⑬ 참조. (3)〈특생궤식례〉에는 시동이 될 만한 사람들에게 미리 알리는 글이 없지만 〈소뢰궤식례〉에는 미리 알린 뒤에 시동이 될 사람의 길흉을 점친다. 〈소뢰궤식례〉 2 주② 참조. (4)〈특생궤식례〉에는 주인이 직접 賓에게 재차 알리는 예가 있지만, 〈소뢰궤식례〉에는 주인이 직접 재차 알리지 않고 다른 사람을 보내 알린다. 〈특생궤식례〉 4 주①, 〈소뢰궤식례〉 2 주④ 참조. (5)〈특생궤식례〉에서는 제사 시간을 정할 때 주인이 서향을 하지만, 〈소뢰궤식례〉에서는 남향을 한다. 위 주② 참조. (6) 제사를 돕는 자들은 〈특생궤식례〉에서는 점을 칠 때 玄端服을 입고 제사 지낼 때 朝服을 입지만, 〈소뢰궤식례〉에서는 점을 칠 때와 제사 지낼 때 모두 조복을 입는다. 〈특생궤식례〉 22, 〈소뢰궤식례〉 1·4 참조. (7)제사 시간을 정할 때 〈특생궤식례〉에서는 주인이

366) 鄭玄注: "主人不西面者, 大夫尊, 於諸官有君道也."
賈公彦疏: "決《特牲》主人門外西面, 士卑於屬吏, 無君道故也."

367) 賈公彦疏: "言'比次早晏'者, 一日一夜, 辰有十二, 冬日夏夜, 長短不同, 是以推量比次日辰之早晏也."

368) 《儀禮集編》卷37: "此亦告兄弟及有司."

369) 《儀禮集編》卷37: "告事畢, 主人以下乃退也."

370) 《儀禮集說》卷16: "惟云'乃退', 是主人不送也. 下篇云'衆賓出, 主人拜送于廟門外', 此退而不送, 則衆賓不在可知. 既退, 有司乃宿賓."

직접 정하지만 〈소뢰궤식례〉에서는 주인이 정하지 않는다. 이밖에 〈특생궤식례〉에서는
《주례》의 春官인 筮人이 시초점을 치고 〈소뢰궤식례〉에서는 史, 즉 府史가 점을 친다고
하여 다른 듯 하나, 사실 筮人과 史는 같은 사람이다.[371]

4. 희생을 잡고 제기를 씻음 (祭日)

明日, 主人朝服, 卽位于廟門之外東方, 南面。宰①, 宗人西面,
北上。牲北首, 東上②。司馬刲(규)羊③, 司士擊豕④。宗人告
備⑤。乃退⑥。
雍人摡(개)鼎、匕、俎于雍爨(찬)⑦, 雍爨在門東南, 北上。廩(름)
人摡甑(증)、甗(언)、匕與敦(대)于廩爨⑧, 廩爨在雍爨之北⑨。司
宮摡豆⑩、籩、勺、爵、觚、觶(치)、几、洗、篚于東堂下⑪。勺、爵、
觚、觶實于篚。卒摡, 饌豆、籩與篚于房中, 放于西方⑫。設洗
于阼階東南, 當東榮⑬。

〈희생을 잡음〉

　시동에게 시동이 되었음을 재차 알린 다음날 주인이 朝服을 입고
廟門 밖 동쪽 자리로 나아가 남향하고 선다.
　宰(家臣의 長)와 宗人이 주인의 동남쪽에서 서향하고 북쪽을 상위로
하여 宰가 북쪽에 선다.
　희생(살아있는 양과 큰 돼지)을 머리가 북쪽으로 가도록 놓는데, 동쪽을
상위로 하여 양을 동쪽에 놓는다.(희생은 주인의 남쪽, 宰와 宗人의 서남쪽
에 있다.)
　司馬가 양을 잡고 司士가 돼지를 잡는다.
　사마와 사사가 희생을 잡기 전에 종인이 희생을 살피고 모두 흠결
이 없다고 주인에게 고한다.
　이어 주인과 종인이 물러난다.

〈제기를 씻음〉

371) 《儀禮正義》 卷37: "楊氏
復謂《少牢禮》與《特牲禮》不
同者, 如《特牲》不諏日, 《少牢》
諏丁己之日; 《特牲》坐筮, 《少
牢》立筮; 《特牲》無宿戒尸之
文, 《少牢》宿戒尸而後筮;《特
牲》有宿賓之禮, 《少牢》不親
宿賓, 使人宿之; 《少牢》爲期,
主人南面不西面, 皆是也. 至
謂《特牲》筮玄端, 祭朝服, 《少
牢》筮與祭朝服, 案 《特牲·
記》云其服皆朝服', 謂助祭者
耳, 主人祭日, 亦服玄端. 又謂
《特牲》筮人筮, 卽《周禮·春
官》筮人, 《少牢》史筮, 卽所謂
府史. 案筮人, 亦稱筮史, 《特
牲》之筮人, 與《少牢》之史一
也. 又謂《特牲》爲無期之禮,
案《特牲》雖不爲期, 而亦請期.
所異者, 《特牲》之期, 主人定
之, 《少牢》之期, 則主人不自定
耳. 以上數條, 楊說似尙未確,
附辨於此."

雍人이 鼎, 匕(鼎匕), 俎를 雍爨(옹찬. 희생을 삶을 때 사용하는 아궁이) 옆에서 씻는데, 옹찬은 묘문 밖 동남쪽에 북쪽을 상위로 하여 북쪽부터 羊爨-豕爨-魚爨-腊爨의 순으로 설치한다.(옹찬 서쪽에 희생을 삶을 때 사용할 4개의 鑊이 있다.)

廩人이 甑(증. 甗의 윗부분), 甗(언, 甗의 아랫부분인 鬲), 匕(黍稷匕), 敦(대. 黍飯과 稷飯을 담을 그릇)를 廩爨(름찬. 黍稷을 익힐 때 사용하는 아궁이) 옆에서 씻는데, 늠찬은 옹찬의 북쪽에 북쪽부터 서찬-직찬의 순으로 설치한다.

司宮이 豆, 籩, 勻, 爵, 觚(고), 觶(치), 几, 洗, 篚를 東堂 아래에서 씻는다.(几·洗·篚는 씻지 않는다.) 다 씻은 勻·爵·觚·觶는 篚에 담는다. 모두 다 씻은 뒤에 豆·籩·篚(작·작·고·치를 담은 비)를 東房 안 서쪽 벽 아래에 진열한다. 洗를 동쪽 계단 동남쪽에 설치하는데, 남북으로는 당의 깊이만큼 떨어진 곳, 동서로는 東榮과 일직선이 되는 곳에 설치한다.

① 宰

【按】 胡匡衷의 《儀禮釋官》에 따르면 家宰로, 士가 이를 담당한다.[372]

② 牲北首, 東上

'牲'은 양과 돼지를 이른다. 묘문 밖 동남쪽에 놓는다. 양은 돼지보다 높기 때문에 돼지의 동쪽에 놓는다.

③ 司馬刲羊

'司馬'는 胡匡衷의 《儀禮釋官》에 따르면 대부의 家臣으로, 그가 관장하는 것은 《周禮》 家司馬의 직무와 같다.[373] '刲'(규)는 정현의 주에 따르면 다음에 나오는 '擊'과 함께 모두 죽인다는 뜻이다.[374]

【按】 정현의 주에 따르면 '家司馬'의 '家'는 경대부의 采地를 이르며, '司馬'는 '伍長', 즉 5인의 長을 이른다.[375] 또 가공언의 소에 따르면 豕에 擊을 말한 것은 돼지를 채찍질하여 그 우는 소리를 듣고 건강한가를 보는 視牲의 禮이고, 羊에 刲를 말한 것은 視殺의 禮를 말한 것이다. 대부는 視牲과 視殺을 동일한 날 행하기 때문에 互文을 써서 양쪽의 예를 모두 행함을 보여준 것이다.[376] 주소에 따르면 羊은 五行 중 火에 속하고 돼지는 水에 속하기 때문에 양은 夏官인 司馬가 관장하고 돼지는 冬官인 司空이 관장해야 한다. 그런데 여기에서 사마의 屬官인 司士가 돼지를 관장한 것은 대부의 경우 관원을 모

372) 《儀禮釋官》卷6〈少牢饋食禮〉: "宰, 家宰. 卿以大夫爲之, 大夫以士爲之."

373) 《儀禮釋官》卷6〈少牢饋食禮〉: "司馬, 大夫家臣爲司馬者, 如《周禮》家司馬之職."

374) 鄭玄注: "刲·擊, 皆謂殺之."

375) 《周禮》〈夏官序官〉: "家司馬各使其臣以正於公司馬." 鄭玄注: "家, 卿大夫采地." 《周禮》〈夏官大司馬〉 鄭玄注: "杜子春云: '公司馬, 謂五人爲伍, 伍之司馬也.' ……伍長謂之公司馬者, 雖卑, 同其號."

376) 賈公彦疏: "云'刲·擊皆謂殺之'者, 豕言擊, 動之使鳴, 是視牲也; 羊言刲, 謂殺之, 是視殺也. 大夫視牲·視殺同日, 故互見皆有."

두 갖출 수 없기 때문에 사사가 겸하여 관장한 것이다.[377] 視牲의 자세한 의절은 〈특생궤식례〉 5 참조.

④ 司士

胡匡衷의 《儀禮釋官》에 따르면 司士의 직무는 《周禮》〈夏官〉에 실린 사사의 직무와 비슷하다. 무릇 제사가 있으면 '자신의 屬吏들을 거느리고 와서 희생을 잡고 俎豆에 담아 올리는 일〔帥其屬而割牲, 羞俎豆〕'을 한다.

⑤ 宗人告備

정현의 주에 따르면 실제로는 宗人이 먼저 희생을 살피고 주인에게 모두 흠결이 없다고 알린 뒤에야 司馬와 司士가 잡는 것이다.[378]

【按】'備'는 짐승의 몸체가 완전하여 손상이 없는 것을 이른다. 胡培翬에 따르면 "사냥하여 잡은 짐승은 상처로 흠결이 있을까 염려되기 때문에 반드시 온전한 것을 귀하게 여기는 것이다.〔獸獵而得之, 恐有傷闕(缺), 故必以備爲貴.〕" 〈특생궤식례〉5 주⑰ 가공언의 소에 따르면 士禮인 〈특생궤식례〉에서는 視牲과 視殺을 다른 날 행하지만, 大夫禮인 〈소뢰궤식례〉에서는 視牲과 視殺을 동일한 날 행한다. 대부는 신분이 높아 날을 달리하는 제후와 다르게 한 반면, 士는 신분이 낮아 혐의가 없기 때문에 날을 달리하여 행할 수 있는 것이다.[379]

⑥ 乃退

【按】黃以周에 따르면 이 구절에서 물러가는 사람은 宗人이다.[380] 다만 張惠言과 황이주의 그림에 모두 "종인이 희생을 살피고 모두 흠결이 없다고 고하면 주인이 물러간다.〔宗人告備, 主人退.〕"라는 구절이 있는 것을 보면 이때 주인 역시 물러가는 것으로 보인다. 양천우는 주인이 물러가는 것으로 보았다.

⑦ 雍人摡鼎、匕、俎于雍爨

'雍人'은 정현의 주에 따르면 "희생을 잡고 삶는 일을 관장하는 사람이다.〔掌割亨之事者.〕" '摡'(개)는 《說文解字》에 따르면 "씻는다는 뜻이다.〔滌也.〕" 吳廷華는 "摡는 漑와 같다.〔摡, 同漑.〕"라고 하였다. '雍爨'은 胡培翬에 따르면 "즉 희생(양과 돼지), 물고기, 腊(말린 사슴)을 삶는 아궁이이다.〔卽亨牲、魚、腊之爨.〕"라고 하였다.

【按】정현의 주에 따르면 아궁이 서쪽에 鑊(확, 肉·魚·腊을 익히는 솥)이 있다.[381] 張惠言과 黃以周는 이를 근거로 모두 아궁이가 서향하고 있다고 보았다.[382] 다만 황이주의 〈少牢視殺視濯〉圖에는 아궁이가 동향으로 되어 있는데 오류로 보인다.

⑧ 廩人摡甑、甗、匕與敦于廩爨

'廩人'(름인)은 정현의 주에 따르면 "곡물이 들어오면 이를 창고에 보관하는

377) 鄭玄注: "《尙書傳》: '羊屬火, 豕屬水.'"
賈公彦疏: "引之者, 解司馬刲羊, 以其司馬火官, 還使刲羊, 屬火故也. 案《周禮》鄭注司空奉豕, 司士乃司馬之屬官, 今不使司空者, 諸侯猶兼官, 大夫職職相兼, 況士無官, 僕隸爲司馬, 司士, 兼其職可知, 故司士擊豕也."

378) 鄭玄注: "此實旣省, 告備乃殺之, 文互見, 省文也."

379) 賈公彦疏: "《特牲》視牲與視殺別日, 今《少牢》不言視牲, 直言刲、擊、告備乃退者, 省. 此大夫禮, 視牲告充, 卽刲、擊殺之, 下人君, 士卑不嫌, 故異日矣."

380) 《禮書通故》卷48〈禮節圖3 少牢視殺視濯〉: "經'宗人告備乃退', 一以明前此亦有告具, 告潔之事, 宗人不遽退, 與《特牲》同; 一以明《少牢》視殺與祭同日, 宗人至此乃退, 又異《特牲禮》有事畢之告也."

381) 鄭玄注: "竈西有鑊."

382) 《禮書通故》卷48〈禮節圖3 少牢視殺視濯〉: "注云'竈西有鑊', 則爨者西面也."

일을 관장하는 사람이다.〔掌米入之藏者.〕" 즉 廩
人은 식량 창고를 관장하는 관원이다. 胡匡衷의
《儀禮釋官》에 따르면 廩人은 또 黍稷을 익히는
일을 겸하여 관장한다.[383] '甑'(증)은 고대에 음식
을 찌는데 사용하는 취사도구로, 밑 부분에 김
이 통과하는 공기 구멍이 많다. 모양이 지금의 찜
솥과 비슷하며 甗(언)의 윗부분이다. 언은 고대에
밥을 찌는 그릇이었다. 상하 두 부분으로 나누어
져 있는데, 윗부분은 증이고 아랫부분은 鬲(력)이

甑(西周)
容庚,《商周彝器通考》

다. 鬲에서 물을 끓이면 수증기가 증 밑의 공기 구멍을 통과하여 증 안의
음식물을 익힐 수 있다. 언은 원형이 대부분이지만 네모진 것도 있다. 瓦
器로 만든 것도 있고 청동으로 만든 것도 있다. 여기의 언은 아랫부분의
鬲만을 가리킨다. '匕'는 雍人이 썼은 鼎匕와는 다른 것이다. 옹인이 썼은
것은 희생을 꺼내는 것이고, 여기의 匕는 밥을 푸는 기구(黍稷匕)이다. 匕의
모양은 모두 밥숟가락과 같다. 다만 희생을 꺼내는 匕가 비교적 길고 큰
반면, 밥을 푸는 匕는 비교적 작을 뿐이다. '廩爨'(름찬)은 胡培翬에 따르
면 "黍稷을 익히는데 사용하는 아궁이로, 〈특생궤식례〉의 饎爨(치찬)과 같
다.〔以熟黍稷, 猶《特牲》之饎爨也.〕"

⑨ 廩爨在雍爨之北

【按】〈士虞禮〉 정현의 주에서 "치찬은 북쪽을 상위로 하여
설치한다.〔饎, 北上.〕"라고 한 것에 근거하면 여기에서도 廩
爨(름찬) 중 黍爨을 稷爨보다 북쪽에 설치하는 것으로 보
인다. 張惠言의 〈視殺視濯〉 圖와 黃以周의 〈少牢視殺視
濯〉 圖에도 모두 북쪽부터 廩爨(서찬-직찬)—雍爨(羊爨—豕爨—
魚爨—腊爨) 순으로 설치되어 있다.〈특생궤식례〉 6 주③ 王士讓에

鬲(西周)
容庚,《商周彝器通考》

따르면 士禮인 〈특생궤식례〉 6에서는 늠찬을 묘문 안 西堂 아래에 설치하여 宗婦가 黍
稷을 익히고 주부가 이를 살폈지만, 대부례인 〈소뢰궤식례〉에서는 담당할 관리가 많아
주부가 직접 관장하지 않아도 되기 때문에 묘문 밖 동남쪽에 설치한 것이다.[384]

⑩ 司宮

정현의 주에 따르면 司宮은 祭器도 아울러 관장한다.[385]

383) 《儀禮釋官》 卷6 〈少牢
饋食禮〉: "攷《周禮》廩人職,
祭祀共其接盛, 饎人掌凡祭祀
共盛. 鄭司農云 '饎人主炊官'.
《特牲》曰'主婦視饎爨', 此經
'廩人摡甑, 甗, 匕與敦于廩爨',
則廩人掌爲饎之事, 殆亦兼饎
人之職與."

384) 《儀禮綱解》 卷16: "《特
牲》主婦視饎爨于西堂下.《記》
云 '在西壁', 是廟門內也. 此
云在雍爨之北, 則廟門外也,
又掌自廩人, 無主婦出視之
文, 蓋大夫官多, 足共其事也."

385) 鄭玄注: "大夫攝官, 司
宮兼掌祭器也."

⑪ 几、洗、篚于東堂下

【按】가공언의 소에 따르면 几·洗·篚는 씻지 않는다. 다만 술잔들과 함께 東堂 아래로 가져오기 때문에 함께 언급한 것 뿐이다.[386] 〈특생궤식례〉 5 주⑮ 참조.

⑫ 放于西方

'西方'은 東房 안 서쪽 벽 아래를 이른다.

⑬ 設洗……東榮

【按】'洗'를 설치하는 지점은 〈특생궤식례〉에 근거하면 남북으로 당의 깊이만큼 떨어진 곳, 동서로 東榮과 일직선이 되는 곳이다. 〈특생궤식례〉 23 주① 참조.

5. 祭物을 鑊에서 꺼내 鼎에 담고 祭具를 진열함(祭日의 진설)

> 羹定①, 雍人陳鼎五②: 三鼎在羊鑊(확)之西③, 二鼎在豕鑊之西④。司馬升羊右胖, 髀(비)不升⑤, 肩、臂、臑(노)、膊(순)⑥、骼(격), 正脊一、脡脊一、橫脊一、短脅一、正脅一、代脅一⑦, 皆二骨以並⑧。腸三、胃三、舉肺一、祭肺三⑨, 實于一鼎。司士升豕右胖, 髀不升; 肩、臂、臑、膊、骼, 正脊一、脡脊一、橫脊一、短脅一、正脅一、代脅一, 皆二骨以並。舉肺一、祭肺三, 實于一鼎。雍人倫膚九⑩, 實于一鼎。司士又升魚、腊。魚十有五而鼎。腊一純而鼎⑪, 腊用麋(미)⑫。卒脀(증)⑬, 皆設扃、鼏(멱), 乃舉, 陳鼎于廟門之外東方, 北面, 北上⑭。
> 司宮尊(준)兩甒于房戶之間⑮, 同棜(어)⑯, 皆有冪, 甒有玄酒⑰。司宮設罍(뢰)水于洗東, 有枓(주)⑱。設篚(비)于洗西, 南肆。改饌豆、籩于房中, 南面, 如饋之設⑲, 實豆、籩之實⑳。小祝設槃匜(이)與簞巾于西階東㉑。
>
> 〈鼎에 제물을 담음 - 묘문 밖〉
> 牲肉이 다 익으면 雍人이 5개의 鼎(익힌 희생을 담아둘 솥)을 廟門 밖 동쪽에 진열하는데, 3정(羊鼎·魚鼎·腊鼎)은 羊鑊(양확. 羊牲을 익힌 솥)의

386) 賈公彥疏: "案《特牲》云: '宗人升自西階, 視壺濯及豆籩, 反降, 東北面告濯具.' 鄭注云: '不言絜, 以有几席.' 若然, 彼几、席不摡, 則几、洗、篚三者亦不摡, 而并言之者, 以其同降于東堂下, 故繼甒、觶連言之, 其實不摡也."

서쪽에 놓고, 2정(豕鼎·膚鼎)은 豕鑊(시확. 豕牲을 익힌 솥)의 서쪽에 놓는다.

司馬가 羊牲의 右胖을 양확에서 꺼내 1개의 양정에 담는데, 髀는 담지 않고 肩·臂·臑·膊·骼 각 1體와 正脊·脡脊·橫脊·短脅·正脅·代脅 각 1체를 담는다. 脊과 脅은 모두 2骨을 1체로 셈한 것이다. 그리고 腸 3마디, 胃 3가닥, 擧肺(離肺) 1조각(시동), 祭肺(刌肺) 3조각(시동, 주인, 주부의 고수레에 사용)을 동일한 양정에 함께 담는다.

1명의 司士가 豕牲의 우반을 시확에서 꺼내 1개의 豕鼎에 담는데, 髀는 담지 않고 견·비·노·순·격 각 1체와 正脊·脡脊·횡척·단협·정협·대협 각 1체를 담는다. 脊과 脅은 모두 2골을 1체로 셈한 것이다. 그리고 거폐 1조각, 제폐 3조각을 동일한 시정에 함께 담는다.

雍人이 희생(豕牲)의 倫膚(결이 고운 膚) 9덩이를 시확에서 꺼내 1개의 膚鼎에 담는다.

다른 2명의 司士가 또 물고기(붕어)와 腊(말린 사슴)을 각각 1개의 魚鼎과 腊鼎에 담는다. 물고기는 15마리를 어정에 담고, 腊은 좌반과 우반 전체를 석정에 담는다. 腊은 사슴을 쓴다.

鼎에 다 담고 나면 모두 정에 扃(경. 鼎을 드는 횡목)을 꿰고 鼏(멱. 鼎의 덮개)으로 덮는다. 이어서 정을 들어 묘문 밖 동쪽에 북향으로 진열하는데, 북쪽을 상위로 하여 북쪽부터 양정-시정-어정-석정-부정의 순으로 진열한다.

〈甒·洗·籩豆를 진열함 – 묘문 안〉

司宮이 2개의 甒(무. 술 단지)를 東房과 室戶 사이에 진열하는데, 棜(어. 다리가 없는 술 단지 받침) 위에 함께 올려놓고 모두 덮개를 덮어둔다. 무 하나에는 玄酒를 담는다.

司宮이 물을 담은 罍(뢰)를 洗의 동쪽에 진설하는데 枓(주. 물국자)를 함께 놓는다.

篚(술잔이 담긴 대광주리)를 세의 서쪽에 북쪽에서 남쪽으로 가도록 놓는다.

東房 안 서쪽 벽 아래에 진열해두었던 豆와 籩을 장차 음식을 담

기 위하여 다시 동방 가운데에 남향으로 진열하는데, 室의 서남쪽 모퉁이에 饋食할 때의 진설과 같이 한다. 두와 변에는 음식(菹·醢 등)을 담는다.

小祝이 시동이 사용할 匜(이. 물이 담긴 주전자)를 담은 槃(물받이그릇)과 수건을 담은 簞(단. 대광주리)을 서쪽 계단 동쪽에 놓는다.

① 羹定

【按】 '羹'은 정현의 주에 따르면 '고기[肉]'를 이른다.[387] '定'은 郝敬에 따르면 '익힌다[熟]'는 뜻이다.[388] 〈특생궤식례〉에서는 '羹定'을 '羹飪'이라고 하였다. 〈특생궤식례〉 5 주 ㉒ 참조.

② 鼎五

羊鼎, 豕鼎, 魚鼎, 腊鼎, 膚鼎 각 하나씩이다.

③ 三鼎在羊鑊之西

'鑊'(확)은 일종의 다리가 없는 솥으로, 아궁이 위에 올려놓아 牲肉을 익히는 것이다. '三鼎'은 정현의 주에 따르면 각각 羊·魚·腊을 담을 3개의 鼎이다.[389] 이 3개의 鼎은 羊鑊의 서쪽에 羊鼎부터 동쪽에서 서쪽으로 차례로 놓는데, 북향하도록 놓는다.

【按】 '鑊'은 정현의 주에 따르면 肉, 魚, 腊을 익히는 솥이다.[390] 곡식과 채소를 삶을 때에는 다리가 없는 釜(부)와 다리가 있는 錡(기)를 사용한다.[391] 여기에서 羊鑊의 서쪽에 3개의 鼎을 놓는 이유에 대해 胡培翬는, 각각 鑊의 내용물에 따라 정을 놓는다면 豕鑊 서쪽에는 豕鼎과 膚鼎 2개가 있게 되는 반면 양확 서쪽에는 羊鼎 1개만 있게 되는데, 이것은 羊牲과 豕牲의 경중의 차례를 잃게 되는 혐의가 있기 때문에 魚鼎과 腊鼎을 양확 쪽에 둔 것이라고 하였다.[392]

④ 二鼎在豕鑊之西

'二鼎'은 정현의 주에 따르면 각각 豕와 膚를 담을 2개의 鼎이다. 이 2개의 鼎은 豕鑊의 서쪽에 놓는데, 豕鼎부터 동쪽에서 서쪽으로 북향하도록 놓는다.

【按】 敖繼公에 따르면 膚鼎을 豕鑊의 서쪽에 두는 이유는 膚가 豕鑊에 들어있기 때문이다.[393]

⑤ 髀不升

【按】 정현의 주에 따르면 髀를 담지 않는 이유는 항문[竅]에 가까워서 천하기 때문이다.[394]

387) 〈特牲饋食禮〉 鄭玄注: "肉謂之羹."

388) 《儀禮節解》 卷16: "羹定, 賣肉熟也."

389) 鄭玄注: "魚、腊從羊, 膚從豕, 統於牲."

390) 《周禮》〈天官亨人〉 鄭玄注: "鑊, 所以煮肉及魚、臘之器."

391) 《毛詩正義》〈國風召南采蘋〉 鄭玄箋: "錡, 釜屬, 有足曰錡, 無足曰釜."

392) 《儀禮正義》 卷37: "蓋此鑊四而鼎五者, 若鼎各從其鑊, 則豕鑊西之鼎二, 羊鑊西之鼎一, 嫌其輕重失次, 故以魚、腊之鼎從羊, 見其尊也."

393) 《儀禮集說》 卷16: "膚鼎亦在豕鑊西者, 以膚在豕鑊故也."

394) 鄭玄注: "髀不升, 近竅, 賤也."

⑥ 腪

음은 '순'이다. 즉 脲으로, 牲體 뒷다
리의 윗부분이다. 淩廷堪의 《禮經
釋例》 권5 〈儀禮釋牲上篇〉에 따르
면 "뒷다리를 股骨 또는 後脛骨이라
고 한다. 股骨은 세 부분으로 나뉜
다. 가장 윗부분은 脲 또는 腪, 脲 아
래는 胳(격) 또는 骼(격), 胳 아래는 殼
(곡)이라고 한다.〔後體謂之股骨, 又謂
之後脛骨. 股骨三: 最上謂之脲, 又謂
之腪: 脲下謂之胳, 又謂之骼; 胳下謂之殼.〕"

牲體의 이름
宋楊復,《儀禮旁通圖》

⑦ 代脅

脅의 앞부분으로, 脅이라고 간단하게 칭하기도 한다. 淩廷堪의 《禮經釋
例》 권5 〈儀禮釋牲上篇〉에 따르면 "脊 양쪽의 肋骨을 脅 또는 胉(박) 또는
幹이라고 한다. 脅骨은 3부분으로 나뉜다. 中骨은 正脅 또는 長脅, 前骨은
代脅, 後骨은 短脅이라고 한다.〔脊兩旁之肋謂之脅, 又謂之胉, 又謂之幹.
脅骨三: 中骨謂之正脅, 又謂之長脅; 前骨謂之代脅; 後骨謂之短脅.〕"

⑧ 皆二骨以泣

정현의 주에 따르면 脊(正脊, 脡脊, 橫脊)과 脅(代脅, 長脅 또는 正脅, 短脅)의 6體
는 각각 모두 2骨을 합쳐서 1體로 셈한 것을 가리키니,[395] 실제로는 脊骨
과 脅骨은 모두 12骨이다. 이 때문에 吳廷華는 "모두 11체이니, 이 가운데
2개씩을 합쳐서 된 6체를 모두 셈하면 17骨이 된다.〔凡十一體, 合六體二
骨爲十七.〕"라고 하였다.

⑨ 腸三, 胃三, 擧肺一, 祭肺三

이것은 모두 양 1마리에서 나온 것으로, 여기에서 말한 3·3·1·3의 수는
각각 腸 3마디, 胃 3가닥, 擧肺 1조각, 祭肺 3조각을 잘라 취한 것이다. 살
펴보면 다음 경문에서 "腸 3마디와 胃 3가닥은 모두 길이가 拒(거. 俎의 다리
사이에 있는 가로 댄 나무)까지 내려온다.〔腸三, 胃三, 長皆及俎拒.〕"라고 하였으
니《소뢰궤식례》6), 胃는 그 둘레를 빙 둘러 잘라서 긴 가닥으로 만들어야 함
을 알 수 있다. 그렇지 않으면 길이가 拒까지 내려올 수 없다.

【按】 '擧肺'와 '祭肺'는 〈특생궤식례〉 8 주⑪ 참조.

395) 鄭玄注: "泣, 併也. 脊
、脅骨多, 六體各取二骨併之,
以多爲貴."

⑩ 倫膚

凌廷堪의 《禮經釋例》 권5 〈儀禮釋牲上篇〉에 따르면 "껍데기를 膚라고 하며, 껍데기 중에 고운 것을 倫膚라고 한다.〔皮謂之膚, 精者謂之倫膚.〕" 즉 倫膚는 결이 고운 膚이다. 정현의 주에 따르면 倫膚는 돼지의 脅 부분에서 취해온 것으로 이 부분의 고기가 가장 맛이 있다.[396]

⑪ 腊一純

'腊'은 음이 '석'이다. 《說文解字》에서는 "건육이다.〔乾肉也.〕"라고 하였고, 《周禮》〈天官腊人〉정현의 주에서는 "腊은 작은 동물을 통째로 말린 것이다.〔腊, 小物全乾.〕"라고 하였다. '純'은 정현의 주에 따르면 "全과 같다.〔猶全也.〕" 살펴보면 純은 여기에서는 腊의 左胖과 右胖을 모두 쓰고 한쪽만 쓰는 것은 아니라는 말이다. 그러나 體를 자르는 것은 羊·豕와 똑같이 하며 그것을 통째로 鼎 안에 담는 것을 말하는 것은 아니다.

⑫ 腊用麋

【按】〈특생궤식례〉 5에서는 말린 토끼를 사용한다.

⑬ 肴

郝敬에 따르면 "肴과 烝은 뜻이 升(鼎에 담는 것)과 같다.〔肴、烝同升也.〕" 漢簡本에는 '肴'이 '升'으로 되어있다. 이것은 鼎에 담는 것을 이른다.

⑭ 陳鼎……北上

【按】묘문 밖 5鼎의 진열 순서가 張惠言의 〈羹定官饌〉 圖에는 북쪽에서 남쪽으로 羊鼎 −豕鼎−膚鼎−魚鼎−腊鼎의 순으로 되어 있고, 黃以周의 〈羹定官饌〉 圖에는 羊鼎−豕鼎−魚鼎−腊鼎−膚鼎의 순으로 되어 있어 膚鼎의 진열 순서가 다르게 되어 있다. 장혜언의 그림은 가공언의 소에 근거를 둔 것이다. 즉 〈소뢰궤식례〉 6의 경문 '膚爲下'를 묘문 밖에 진열할 때에는 말하지 않고 묘문 안에 진열할 때 비로소 말한 것은, 묘문 밖에서는 俎를 진열하지 않아 膚鼎을 魚鼎보다 윗자리인 북쪽에 진열하였기 때문이라는 것이다.[397] 황이주의 그림은 〈소뢰궤식례〉 6의 "정이 차례로 들어간다.〔鼎序入.〕"라는 구절을 근거로 묘문 밖 5鼎의 진열은 묘문 안의 진설과 같이 膚鼎을 가장 뒤에 진열해야 한다고 보았기 때문이다.[398] 두 설 모두 일리가 있다. 묘문 안 5정의 진열은 장혜언과 황이주 모두 羊鼎−豕鼎−魚鼎−腊鼎−膚鼎의 순으로 되어 있다.

⑮ 尊兩甒于房戶之間

【按】'甒'는 술을 담는 酒器이다. 1石이 들어가는 壺보다 용량이 작아 瓦甒는 5斗가 들어간다.[399] 〈특생궤식례〉 18 주① 참조. 술 단지를 東房과 室戶 사이에 東西 방향으로 진

396) 鄭玄注: "倫, 擇也. 膚, 脅革肉, 擇之, 取美者."

397) 賈公彥疏: "此云'膚爲下', 門外陳鼎時不言, 至此言之者, 以膚者豕之實, 前陳鼎在門外時, 未有俎, 據鼎所陳則膚在魚上. 今将載於俎, 設之最在後. 故須分別之也."

398) 《禮書通故》 卷48 〈禮節圖3 少牢羹定官饌〉: "經云'鼎序入', 宜如內設膚爲下."

399) 《禮記》〈禮器〉 鄭玄注: "以小爲貴, 壺大一石, 瓦甒五斗."

설할 경우 玄酒尊을 上位에 두어 酒尊의 서쪽에 둔다.[400] 〈특생궤식례〉 6 주⑦, 〈소뢰궤식례〉 10 주① 참조. '房戶之間'은 정현의 주에 따르면 東房의 서쪽, 室戶의 동쪽을 이른다.[401]

⑯ 棜

즉 斯禁이다. 〈특생궤식례〉 23 주④ 참조.

【按】〈특생궤식례〉 5 주③ 참조.

⑰ 玄酒

【按】〈특생궤식례〉 6 주⑦ 참조.

⑱ 枓

자루가 긴 나무로 만든 물을 뜨는 국자이다.

⑲ 改饌……之設

정현의 주에 따르면 옮겨 진열하는 목적은 威儀가 성대함을 나타내기 위한 것이다.[402] '如饋之設'은 李如圭에 따르면 "室의 서남쪽 모퉁이에〔奧〕 진설할 때와 같이 하는 것이다.〔如設于奧時.〕" 즉 室의 서남쪽 모퉁이의 자리 앞에 신에게 음식을 올릴 때와 같이 진설한다는 것이다. 籩과 豆는 室의 서남쪽 모퉁이에서는 동향하는데 여기에서는 남향한다. 방향은 비록 다르지만 진설하는 좌우의 위치는 같기 때문에 정현의 주에 "그 진설하는 좌우의 위치는 같다.〔如其陳之左右也.〕"라고 한 것이다.

【按】주소에 따르면 豆와 籩을 東房 가운데로 옮겨 다시 진열하는 이유는 곧 음식을 담기 위해서이다. 이것은 士禮인 〈특생궤식례〉에서 籩과 豆의 위치를 바꾸지 않고 음식을 담아 원래 진열해 두었던 곳에 다시 되돌려 두었던 것과 다른데, 대부의 禮이기 때문에 威儀를 성대하게 하는 것이다.[403] 〈특생궤식례〉 6 주⑧ 참조.

⑳ 豆、籩之實

胡培翬에 따르면 "菹·醢 등을 이른다.〔謂菹、醢等.〕"

㉑ 小祝

胡匡衷의 《儀禮釋官》에 따르면 "祝을 돕는 사람이다.〔佐祝者.〕"

【按】호광충에 따르면 대부의 祝은 한 사람만이 아니며, 시동이 廟門을 들어와 손을 씻을 때 小祝이 물을 부어준다.[404] 〈소뢰궤식례〉 8 주④ 참조.

400) 《儀禮注疏》〈士冠禮〉: "尊于房戶之間, 兩甒有禁, 玄酒在西, 加勺南枋."

401) 《儀禮注疏》〈士冠禮〉 鄭玄注: "房戶間者, 房西室戶東也."

402) 鄭玄注: "改, 更也. 爲實之更之, 威儀多也."

403) 鄭玄注: "改, 更也. 爲實之更之, 威儀多也." 賈公彦疏: "前司宮摡豆籩訖, 饌豆籩放於西方, 今欲實之, 乃更設豆籩於房中, 南面, 如饋之禮東面設. 然者, 此大夫禮, 威儀多, 決《特牲》士禮祝濯時, 豆、籩、鉶在東房, 至實豆籩時, 直云'豆、籩、鉶陳於房中如初'. 鄭云'如初者, 取而實之, 既而反之', 是其不改豆籩之處, 因而實之, 是士禮威儀略也."

404) 《儀禮釋官》卷6〈少牢饋食禮〉: "小祝佐祝者. 據此則大夫之祝非一人矣. 《周禮》小祝職曰: '大祭祀, 沃尸盥.' 疏云: '按《少牢》尸入廟門盥於槃, 其時小祝沃水.'"

6. 几筵과 술 단지를 진설하고, 鼎을 묘문 안에 진열하고, 祭物을 俎에 담음

主人朝服, 卽位于阼階東, 西面。司宮筵于奥(오)。祝設几于筵上, 右之①。

主人出迎鼎, 除鼏(멱)②。士盥③, 擧鼎。主人先入④。

司宮取二勺于篚(비)⑤, 洗之, 兼執以升, 乃啓二尊(준)之蓋冪⑥, 奠于棜(어)上, 加二勺于二尊⑦, 覆之, 南柄。

鼎序入。雍正執一匕以從⑧, 雍府執四匕以從。司士合執二俎以從, 司士贊者二人, 皆合執二俎以相從入⑨。陳鼎于東方, 當序南, 于洗西, 皆西面, 北上, 膚爲下。匕皆加于鼎, 東枋(병)。俎皆設于鼎西, 西肆⑩。所(기)俎在羊俎之北, 亦西肆。

宗人遣賓就主人⑪。皆盥于洗, 長朼⑫。佐食上利升牢心、舌⑬, 載于所俎。心皆安下切上⑭, 午割勿沒。其載于所俎, 末在上。舌皆切本末, 亦午割勿沒, 其載于所, 橫之⑮。皆如初爲之于爨(찬)也⑯。佐食遷所俎于阼階西⑰, 西縮⑱, 乃反⑲。

佐食二人, 上利升羊, 載右胖(반)⑳, 髀不升㉑, 肩、臂、臑(노)、膊(순)、骼(격), 正脊一、脡脊一、橫脊一、短脅一、正脅一、代脅一, 皆二骨以竝㉒。腸三、胃三, 長皆及俎拒㉒。擧肺一, 長終肺㉓。祭肺三, 皆切㉔。肩、臂、臑、膊、骼在兩端, 脊、脅、肺、肩在上㉕。下利升豕, 其載如羊, 無腸、胃。體其載于俎, 皆進下㉖。

司士三人升魚、腊、膚。魚用鮒(부), 十有五而俎, 縮載, 右首, 進腴(유)㉗。腊一純而俎㉘, 亦進下, 肩在上。膚九而俎, 亦橫載㉙, 革順㉚。

〈室에 几와 筵을 진설함〉

주인이 朝服을 입고 동쪽 계단 아래 동쪽 자리로 나아가 서향하고 선다.

司宮이 室의 奧(오. 서남쪽 모퉁이)에 신을 위한 돗자리를 동향으로 편다.
祝이 几를 돗자리 위 오른쪽(남쪽)에 놓는다.

〈鼎을 들고 묘문 안으로 들어감〉
　주인이 묘문을 나가 鼎을 맞이하고 정의 冪(멱. 덮개)을 벗긴다.
　士들이 손을 씻고 정을 든다. 주인이 앞장서서 인도하여 묘문 안
으로 들어간다.

〈2개의 술 단지를 당 위에 진설함〉
　사궁이 勺(술국자) 2개를 東房 안에 있던 篚에서 꺼내 당을 내려가
　재차 작을 씻어서 함께 들고 당에 올라간다. 이어 2개의 甒(무. 술
단지)를 덮어두었던 冪(멱. 술 단지 덮개)을 벗겨 柶(어. 술 단지 받침) 위에
올려놓고, 작 2개를 2개의 무 위에 각각 올려놓는데 엎어 놓고 자
루가 남쪽으로 가도록 한다.

〈5개의 鼎을 묘문 안에 진설함〉
　士들이 5개의 鼎을 羊鼎부터 차례로 들고 묘문 안으로 들어간다.
　雍正이 鼎匕 하나를 들고 士들을 따라 들어가고, 雍府가 정비 4개
　를 들고 옹정을 따라 들어간다.
　司士 1명이 俎 2개를 포개어 들고 옹부를 따라 들어가고, 司士贊
者 2명이 모두 俎 2개씩을 포개어 들고 사사를 따라 들어간다.
　鼎을 뜰의 동쪽에 진열하는데 東序와 일직선상의 남쪽, 洗의 서쪽
에 놓는다.
　모두 서향하도록 놓고 북쪽을 상위로 하여 羊鼎을 북쪽에 놓고 膚
鼎은 남쪽 맨 끝에 놓는다.
　鼎匕는 모두 각각의 정 위에 올려놓는데 자루가 동쪽으로 가도록
한다.
　俎는 모두 정의 서쪽에 동쪽에서 서쪽으로 가도록 진열한다. 肵俎
(기조. 시동을 위한 俎)는 가장 북쪽에 있는 羊俎의 북쪽에 진열하는
데, 마찬가지로 동쪽에서 서쪽으로 가도록 한다.

〈희생의 염통과 혀를 肵俎에 담음〉

宗人이 묘문 안 동쪽에 있는 賓들을 보내 동쪽 계단 동쪽에서 서향하고 있는 주인에게 나아가게 한다.

빈들이 모두 洗에서 손을 씻고 牲肉을 鼎에서 꺼내는데 長賓이 먼저 꺼낸다.

佐食인 上利가 양과 돼지의 염통과 혀를 俎에 담는데 肵俎(기조)에 담는다. 염통은 모두 아래쪽을 평평하게 잘랐고 윗쪽도 잘랐으며, 가로세로로 한 번씩 잘랐는데 가운데까지 완전히 자르지는 않았다. 이것을 기조에 담는데 끝부분이 위로 가게 담는다. 혀는 모두 뿌리와 끝 부분을 잘랐고 마찬가지로 가로세로로 한 번씩 잘랐는데 가운데까지 완전히 자르지는 않았다. 이것을 기조에 담는데 가로로 담는다. 양과 돼지의 염통과 혀는 모두 처음에 양과 돼지를 삶을 때 각각의 鑊(확)에 함께 넣고 각각의 아궁이에서 삶은 것이다. 좌식(上利)이 기조를 동쪽 계단의 서쪽에 옮겨 진열하는데 동쪽에서 서쪽으로 가도록 진열하고, 이어 여러 牲體를 담을 곳(肵俎를 담았던 곳)으로 돌아간다.

〈牲體를 尸俎에 담음〉

좌식 2명(上利와 下利) 중 上利가 羊牲을 담는데 우반을 俎에 가로로 담는다. 脾는 담지 않고, 肩(견)·臂(비)·臑(노)·膞(순)·骼(격) 각 1體와 正脊·脡脊·橫脊·短脅·正脅·代脅 각 1체를 담는다. 脊과 脅은 모두 2骨을 1체로 셈한 것이다. 그리고 腸 3마디와 胃 3가닥을 담는데, 길이가 모두 俎의 拒(거.俎의 다리 사이에 가로댄 나무)에 닿도록 자른다. 擧肺 1조각은 폐의 세로 길이대로 길게 잘라 담고, 祭肺 3조각은 모두 짧게 잘라 담는다. 견·비·노·순·격은 조의 양쪽 끝에 담고 척·협·폐는 俎의 중앙에 담는데, 견·비·노는 俎의 上位인 왼쪽에 담고 순·격은 俎의 오른쪽에 담는다.

좌식 2명 중 下利가 豕牲을 조에 담는데 양생을 담을 때처럼 한다. 다만 腸과 胃는 없다.

牲體는 조에 담을 때 모두 생체의 끝부분[末]이 신위를 향하도록 담는다.

〈魚, 腊, 膚를 尸俎에 담음〉

司士 3명이 각각 魚·腊·膚를 俎에 담는다.

魚는 붕어를 사용하여 15마리를 하나의 조에 담는데, 세로로 담고 머리가 오른쪽으로 가도록 하며 배는 신위 앞쪽으로 가도록 담는다.

腊(말린 사슴)은 좌반과 우반 전체를 조에 담는데, 마찬가지로 牲體의 끝부분이 신위를 향하도록 담고 견·비·노를 俎의 上位인 왼쪽 끝에 담는다.

豕牲의 倫膚 9덩이를 하나의 俎에 담는데, 앞의 牲體와 마찬가지로 가로로 담고 껍데기가 위로 향하도록 하여 나란히 담는다.

① 司宮……右之

【按】〈특생궤식례〉 6 에서는 祝이 几와 筵을 모두 폈다.

② 鼏

【按】李如圭에 따르면 일반적으로 鼎을 덮는 鼏(멱, 덮개)은 대체로 띠풀[茅]로 만든다.[405]

③ 士

胡培翬에 따르면 "有司의 등속이다.〔有司之屬也.〕"

④ 主人先入

정현의 주에 따르면 "인도하는 것이다.〔道(導)之也.〕"

【按】주소에 따르면 士禮인 〈특생궤식례〉에서 주인이 賓과 함께 손을 씻고 스스로 鼎을 들었던 것과 달리, 大夫禮인 〈소뢰궤식례〉에서는 주인이 존귀한 대부이기 때문에 鼎을 들지 않으며 정을 들지 않기 때문에 손도 씻지 않는다.[406] 張惠言은 주인이 鼎에서 牲體를 직접 꺼내지 않는다는 정현의 주를 근거로, 이때 주인은 〈특생궤식례〉 7에서 宗人이 畢을 들고 鼎人들보다 앞장서서 묘문을 들어가 동쪽 계단 앞에서 남향하고 섰던 그 宗人의 자리로 간다고 보았다.[407] 그러나 黃以周는 '先入'을 '先復位'로 본 장혜언의 설을 오류로 보았다. 즉 주인이 먼저 들어가는 것은 정현의 주에서 말한 것처럼 단지 鼎을 인도하여 먼저 들어가는 것 뿐이라는 것이다.[408] 아래 주⑪ 참조.

⑤ 取二勺于筐

【按】'勺'은 司宮이 東堂 아래에서 씻어 筐에 담아 東房에 두었던 것이다. 〈소뢰궤식례〉 4 참조.

⑥ 二尊

東房의 戶와 室의 戶 사이에 진설한 2개의 甒(무, 술 단지)이다.

[405] 《儀禮集釋》卷15: "凡鼎鼏, 蓋以茅爲之, 長則束本, 短則編其中央."

[406] 鄭玄注: "主人不盥不擧."
賈公彦疏: "此決《特牲》主人降及賓盥, 士禮自擧鼎, 此大夫尊, 不擧, 故不盥也."

[407] 《儀禮圖》卷6〈少牢饋食禮直祭〉: "注云'主人親臨之', 則如《特牲》宗人之位."

[408] 《禮書通故》卷48〈禮節圖3 小牢直祭〉: "張《圖》主人不比, 固失之, 以先入謂先復位, 又謬. 主人先入, 如《特牲》宗人先入同, 皆謂先鼎道之."

⑦ 加二勺于二尊

【按】가공언의 소에 따르면 玄酒는 술잔에 따라 사용하지 않는데도 勺을 현주를 담은 술 단지 위에도 올려 두는 것은 옛것을 중히 여겨서이다.[409]

⑧ 雍正

胡匡衷의 《儀禮釋官》에 따르면 "일반적으로 한 관직의 長을 모두 '正'이라고 하니 '雍正'은 즉 雍人 중의 長이다.〔凡官之長皆曰正, 雍正卽雍人之長也.〕"《유사철》 3 주④) 또 호광충에 따르면 "府는 그의 屬吏이다.〔府, 其屬〕" 즉 雍正의 下屬이다.

⑨ 司士贊者二人, 皆合執二俎

'司士贊者'는 주인의 屬吏 중에 임시로 일을 맡겨서 司士를 돕게 한 사람인 듯하다. '皆合執二俎'는 司士가 俎 2개를 들고 司士贊者 2명이 또 각각 俎 2개씩을 포개 든 것이니, 俎가 모두 6개이다. 鼎 5개에는 俎 5개만 필요한데 하나가 더 있는 것은 肵俎(기조)가 있기 때문이다. 胡培翬가 말하기를 "鼎 5개에 俎가 6개인 것은 그 중 하나는 肵俎이다.〔鼎五而俎六者, 其一爲肵俎也.〕"라고 하였다.

⑩ 西肆

俎도 鼎의 방향에 따라 진열하는 것을 이른다. 즉 鼎을 서향하도록 놓으면 俎도 서향하도록 진열하는 것이다. 〈유사철〉 3 주⑦ 참조.

⑪ 宗人遣賓就主人

'賓'은 즉 祭官들이다. 李如圭에 따르면 "이들은 신하인데도 賓이라고 한 것은 제사 때 빈객의 도움을 받는 것을 영광으로 여기기 때문이다.〔此臣也而曰賓者, 祭以得賓客之助爲榮也.〕" 살펴보면 이때 賓들의 자리는 묘문 안 동쪽에 있어서 洗와의 거리가 멀고 주인은 동쪽 계단 아래에 있어서 洗와의 거리가 가깝기 때문에 賓들에게 주인의 자리 쪽으로 나아가게 하여 洗에 가까이 가서 손을 씻기에 편리하도록 하려는 것이다.

【按】敖繼公에 따르면 이때 宗人이 보낸 賓들은 2명의 佐食과 3명의 司士이다. 이때 좌식은 賓이고 司士는 私人이다. '就主人'은 주인의 남쪽으로 가서 서향하도록 한 것을 이른다.[410]

⑫ 長枕

정현의 주에 따르면 "長枕는 長賓이 먼저 鼎에서 牲體를 꺼내고 次賓이 그 다음에 꺼내는 것이다.〔長枕者, 長賓先, 次賓後也.〕" 賓들은 손을 씻은

409) 賈公彥疏: "知二勺兩尊用之者, 玄酒雖有不酌, 重古, 如酌者然也."

410) 《儀禮集說》卷16: "此所遣者, 二佐食·三司士也, 云'賓'者, 省文耳. 此佐食, 賓也; 司士, 私人也. 就主人, 謂立于主人之南西面也."

뒤 차례대로 5개 鼎의 동쪽에 나누어 서서 서향하고 牲體를 꺼낸다. 鼎匕로 鼎 안에 있는 음식을 꺼내는 것을 '枇'라고 한다.

【按】이때 주인이 직접 鼎에서 牲體를 꺼내는 지의 여부에 대해서는 이설이 있다. 정현은 주인은 직접 정에서 생체를 꺼내지 않고 단지 그 자리에 참관할 뿐이라고 하였다.[411] 이에 대해 《欽定儀禮義疏》에서는 〈소뢰궤식례〉에서 대부가 직접 생체를 꺼내지 않은 것은 천자와 제후보다 예를 낮춘 것이며, 〈특생궤식례〉에서 士가 직접 생체를 꺼내는 것은 신분이 낮아서 혐의가 없기 때문이라고 설명하였다.[412] 그러나 黃以周는 정현의 설을 오류로 보았다. 황이주에 따르면 일반적으로 廟의 제사는 모두 주인이 직접 鼎에서 생체를 꺼내는데, 정현은 〈유사철〉 4의 儐尸禮에서 생체를 鼎에서 꺼내고 생체를 俎에 담는 것을 모두 執事가 하는 것을 근거로 하여, 여기 〈소뢰궤식례〉에서도 주인이 직접 생체를 정에서 꺼내지 않는다고 보았다는 것이다.[413] 황이주의 〈直祭〉 圖에 따르면 羊鼎과 豕鼎에서 생체를 꺼내는 사람은 모두 주인이다. 이에 대한 경문이 없으므로 여기에서는 우선 정현의 설을 따르기로 한다.

또한 鼎의 동쪽에서 서향하고 牲體를 꺼낸다는 것에 대해서도 이설이 있다. 이에 대해서는 〈특생궤식례〉 7 주⑬ 참조.

⑬ 佐食上利升牢心、舌

吳廷華에 따르면 '利'는 바로 佐食이다.(〈특생궤식례〉 18 주①) 그 중 長者가 上利가 되고 그 다음 사람이 下利가 된다. '佐食上利'는 上佐食이라고 말한 것과 같다. '升'은 俎에 담는 것이다. '牢'는 양과 돼지를 이른다. 胡培翬에 따르면 "일반적으로 희생이 한 종류면 特, 두 종류면 牢라고 한다.〔凡牲一爲特, 二爲牢.〕"

【按】가공언은 《예기》〈明堂位〉의 "有虞氏는 희생의 머리로 祭(고수레)하고, 夏后氏는 염통으로 祭하고, 殷나라는 간으로 祭하고, 周나라는 폐로 祭하였다."라는 구절을 근거로 周나라에서 폐를 숭상하였음을 알 수 있다고 하였다. 다만 여기에서 시동을 섬길 때 염통과 혀를 숭상한 것은, 주소에 따르면 염통과 혀는 맛을 주관하기 때문이다.[414] 敖繼公은 양과 돼지의 염통과 혀가 모두 羊鼎에 함께 들어있다고 본 반면[415] 蔡德晉은 양의 염통과 혀는 羊鼎에, 돼지의 염통과 혀는 豕鼎에 각각 들어있다고 보았다.[416] 胡培翬 역시 채덕진과 같이 보고 양정과 시정이 가깝게 있기 때문에 上利가 모두 기조에 담을 수 있는 것이라고 하였다.[417] 또 오계공에 따르면 양의 염통과 혀는 기조의 왼쪽에, 돼지의 염통과 혀는 기조의 오른쪽에 담는다.[418]

411) 鄭玄注: "主人不枇, 言'就主人'者, 明親臨之."

412) 《欽定儀禮義疏》 卷37: "《少牢》大夫不親枇, 下人君也. 《特牲》士親枇, 卑不嫌也."

413) 《禮書通故》 卷48 〈禮節圖3 少牢直祭〉: "凡廟祭皆主人親枇, 故《易》稱宗廟主曰'不喪枇鬯'. 鄭注準《有司徹》儐尸之禮, 枇、載皆執事爲之, 遂謂《少牢》主人臨其事, 不親枇, 非也."

414) 鄭玄注: "周禮祭尙肺, 事尸尙心、舌, 心、舌知滋味."
賈公彦疏: "云'周禮祭尙肺'者, 《禮記·明堂位》云: '有虞氏祭首, 夏后氏祭心, 殷祭肝, 周祭肺', 是周之禮法祭肺. 而此所俎不取肺而用心者, 以其事尸尙心、舌, 心、舌知滋味者."

415) 《儀禮集說》 卷16: "此羊、豕之心、舌, 蓋俱在羊鼎, 故惟上利升之."

416) 《禮經本義》 卷16: "心、舌無特鼎, 皆烹于饔爨之鑊中. 羊、豕各自其鑊升于各鼎. 今亦各自鼎載于牀俎, 故曰如初."

417) 《儀禮正義》 卷37: "羊心、舌在羊鼎, 豕心、舌在豕鼎, 羊、豕鼎相近, 故上利得兼升之."

418) 《儀禮集說》 卷16: "心、舌載於俎, 皆二以竝, 羊左而豕右."

⑭ 安下

정현의 주에 따르면 "安은 평평하다는 뜻이다. 아래쪽을 평평하게 잘라서 俎에 담기에 편리하게 하는 것이다.〔安, 平也. 平割其下, 於載便也.〕" 胡培翬에 따르면 '下'는 뿌리이고 '上'은 끝이다. 염통의 뿌리 부분을 잘라내어 평평하게 하여 俎 위에 세워 놓기에 편리하게 하는 것이다.[419] 〈특생궤식례〉 23 참조.

⑮ 其載于胏, 橫之

〈특생궤식례〉 23에서는 "혀를 俎에 세로로 놓는다.〔舌縮(縱)俎.〕"라고 하였는데 여기에서 가로로 놓는 것은 士禮와 大夫禮는 다르기 때문이다.

【按】〈특생궤식례〉 7 주⑭ 참조.

⑯ 皆如初爲之于爨

'如初'는 양과 돼지를 삶을 때 함께 삶는 것을 이른다. 〈소뢰궤식례〉 5에서 鑊(확) 안의 牲肉을 鼎에 담을 때 염통과 혀는 언급하지 않아 사람들이 염통과 혀는 아궁이에서 삶지 않은 것이라고 의심할까 염려되었기 때문에 여기에 특별히 보충하여 기록한 것이다.

【按】'如初'에 대해 胡培翬 역시 양천우와 마찬가지로 애초에 희생을 鑊에서 삶을 때 염통과 혀도 함께 삶는 것으로 보았다. 〈특생궤식례〉 23 주⑪ 참조.

⑰ 佐食

盛世佐에 따르면 "上利라고 말하지 않은 것은 글을 생략한 것이다.〔不言上利, 文省也.〕"

⑱ 西縮

敖繼公에 따르면 "西肆, 즉 동쪽에서 서쪽으로 가도록 한다고 말한 것과 같다.〔猶西肆.〕"

⑲ 乃反

郝敬에 따르면 "동쪽 계단의 동쪽, 여러 俎에 牲體를 담을 곳으로 돌아오는 것이다.〔反阼階東載衆俎也.〕"

⑳ 升羊, 載右胖

가공언의 소에 따르면 "鼎에 담는 것을 '升', 俎에 담는 것을 '載'라고 한다. 지금 俎에 담는데 升이라고 한 것은, 升은 '올린다'는 뜻이기 때문에 俎에 담는 것을 升과 載 두 가지로 말한 것이다.〔實鼎曰升, 實俎曰載. 今實俎而言升者, 以其升者上也, 是以載俎升、載兩言之也.〕" 즉 여기에서 '升'이라고

419)《儀禮正義》卷37: "下卽本也, 上卽末也. 經不云'本末' 而云'上下'者, 以心於俎立載, 切下使平則可立, 故云於載便也."

말한 것은 升에 '올린다'는 뜻이 있기 때문이지 鼎에 담는 것을 가리키는 것은 아니라는 말이다.

㉑ 髀不升

이것은 다시 한 번 중복하여 말한 것이다. 가공언의 소에 따르면 여기에서 俎에 담는 牲體의 다소를 기록하면서 한결같이 제5절을 따라 거듭 서술한 것은 "鼎에 담을 때와 다소 차이가 날까 우려해서이다.〔恐與入鼎時多少有異.〕"[420]

㉒ 俎拒

정현의 주에 따르면 俎의 다리 사이에 가로 댄 나무를 가리킨다.[421]

㉓ 擧肺一, 長終肺

여기에서 폐는 肺體의 세로 길이대로 잘라서 납작한 조각〔片〕 모양이 되도록 한다는 것을 알 수 있다.

㉔ 皆切

호배휘에 따르면 "皆切이라고 말했다면 길게 자르지 않는 것이다.〔云'皆切', 則不長矣.〕"

㉕ 肩,臂⋯⋯在上

호배휘에 따르면 俎는 上端과 下端으로 나누는데 左端은 상단이 되고 右端은 하단이 된다. 周나라 사람들은 牲體의 前體를 귀하게 여겨 肩·臂·臑(노)를 앞다리에서 취하여 俎의 상단에 놓고 膊(순)·胳(격)을 뒷다리에서 취하여 俎의 하단에 놓았다. '肩在上'이라고 말한 것은 바로 이 뜻이니, 臂·臑도 상단에 놓는다는 것을 알 수 있다. 아래 경문에서 腊을 담을 때 '肩在上'이라고 말한 뜻도 이와 같다.[422]

【按】胡培翬에 따르면 脊·脅은 牲體의 중앙에 있고 腸·胃·肺는 牲體의 안에 있기 때문에 俎의 중앙에 놓는 것이다. 경문에서 脊·脅·肺의 위치를 말하지 않은 것은 말하지 않아도 알 수 있기 때문이며, 腸·胃를 말하지 않은 것은 글을 생략한 것이다. 가공언의 소에 따르면 俎에 牲體를 담을 때 肩—臂—臑(노)—正脊—脡脊—橫脊—代脅—長脅—短脅—肺—腸—胃—膊(순)—胳(격)의 순으로 담는다.[423] 이 구절에 대해서는 학자들의 설이 분분하다. 敖繼公은 '脊脅肺'의 '肺' 앞에 '腸·胃'가 빠져있는 것으로 보았다.[424] 張爾岐는 唐石本과 吳澄本을 근거로 '脊脅肺肩在上'의 '肩'을 '胃'의 오자로 보았고,[425] 方苞는 '肩臂臑膊胳'의 '肩'을 衍文으로 보았다. 즉 방포는 臂·臑는 俎의 왼쪽에 담고 膊·胳은 俎의 오른쪽에 담으며, 脊·脅·肺·肩은 이 4가지 생체 위에 담는다고 보았다.[426] 盛世佐

420) 賈公彦疏: "但此經所載牲體多少一依上文升鼎不異而重序之者, 以其載俎之時, 恐與入鼎時多少有異, 故重序之."

421) 鄭玄注: "俎距, 脛中當橫節也."

422) 《儀禮正義》卷37: "《祭統》云'周人貴肩', 又云凡前貴於後. 肩·臂·臑前體, 故在俎上端; 膊·胳後體, 故在俎下端; 脊·脅居體之中, 腸·胃·肺爲內體, 故皆在俎之中央. 上端, 俎之左端也.⋯⋯云肩·臂·臑·膊·胳在兩端, 則脊·脅·腸·胃·肺之中央明矣. 擧脊·脅·肺而不言所在者, 以其可知也. 不言腸·胃, 文省也. 俎端有上下, 故又言肩在上以別之. 云'肩在上', 則臂·臑從肩而皆在俎之上端, 膊·胳在其下端, 亦可知矣."

423) 賈公彦疏: "其載之次序, 肩·臂·臑·正脊·脡脊·橫脊·代脅·長脅·短脅·肺·腸·胃·膊·胳也."

424) 《儀禮集說》卷16: "脊·脅·肺, 不言腸·胃可知也. 或曰: '肺上當有腸·胃二字, 文脫耳.'"

425) 《儀禮鄭注句讀》卷16: "'脊脅肺肩在上'肩字, 殆誤. 唐石本·吳澄本並同. 今按上文已言肩, 不當重出, 且遺胃, 則肩字卽胃字之誤可知."

426) 《儀禮析疑》卷16: "疑'肩·臂'肩字衍. 蓋臂·臑居左端, 膊·胳居右端, 而置脊·脅·肺·肩於四體之上也."

427)《儀禮集編》卷37: "肺
下肩字, 非誤, 張氏蓋失於分
句之不審耳. '肩臂臑膊胳在
兩端'句, '脊脅肺'句. '肩在上'
此三言者, 所以明其載於俎之
次也. 云'肩臂臑膊胳在兩端',
則脊脅腸胃肺之在中央明矣.
舉脊脅肺而不言所在者, 以其
可知也. 不言腸胃, 文省也. 俎
端有上下, 故又言肩在上以別
之. 云'肩在上', 則臂臑從肩而
皆在俎之上端, 膊胳在其下
端, 亦可知矣. 此立言之法也.
若改肩爲胃, 則不當置於肺下,
腸胃並言, 亦不當舍腸而獨言
胃. 且肩臂等伍體, 既分居俎
之兩端, 則所云在上者, 更在
何者之上乎? 妄改經文之失
如是, 故辨之."

428)《儀禮正義》卷37: "今
案盛說, 王說極精. 經不云'肩
臂臑在上', 而云'肩在上', 亦以
肩爲貴體, 故特舉之, 以該臂
臑. 且肩又在臂臑之上, 故舉
其最上者言之也. 張氏以肩爲
誤, 固非. 敖氏以不言腸胃爲
文脫, 亦非矣."

429)《儀禮集說》卷16: "進
下, 謂以每體之下, 鄉神位也."

430)《儀禮集編》卷37: "每
體各有本末, 如肩, 以近脇處
爲本, 近臂處爲末; 臂, 以近
肩處爲本, 近臑處爲末是也.
其餘以是推之."

431) 賈公彥疏: "云'右首進
腴, 亦變於食生也'者, 凡載
魚, 爲生人, 首皆向右, 進鰭.
其祭祀, 亦首皆在右, 進腴.
生人, 死人皆右首, 陳設在地,
地道尊右故也. 鬼神進腴者,
腴是氣之所聚, 故祭祀進腴
也. 生人進鰭者, 鰭是脊, 生
人尙味."

는 '肩'을 오자로 본 장이기의 설에 반대하고 구두의 문제로 보았다. '肩臂臑膊胳在兩端'
과 '脊脅肺'에서 각각 구두를 끊고, '肩在上'은 단지 이 생체들을 俎에 담는 순서를 밝힌
것일 뿐이라는 것이다. 즉 '肩臂臑膊胳在兩端'에서 脊脅腸胃肺를 중앙에 담는다는 것을
알 수 있으며 腸·胃를 말하지 않은 것은 생략한 것이라고 하였다.**427)** 胡培翬는 성세좌
의 설을 옳다고 보았다. 즉 경문에서 '肩臂臑在上'이라고 하지 않고 '肩在上'이라고만 말
한 것은 肩이 귀하기 때문에 肩을 들어서 臂·臑를 포함시킨 것이라고 하였다. 따라서 장
이기가 肩을 오자로 본 것은 오류이며, 오계공이 腸·胃를 탈문으로 본 것 역시 오류라고
하였다.**428)**

㉖ 進下

張爾岐에 따르면 "살아있는 사람에게 음식을 올리는 법은 뼈의 뿌리 부분
이 앞으로 향하도록 한다. '膝'(주)는 뼈의 本이며, '下'는 뼈의 末(끝부분)이
다. '進下'는 뼈의 末을 신에게 향하도록 하여 올리는 것이다.〔食生人(活着
的人)之法進膝. 膝, 骨之本. 下, 骨之末. 進下者, 以骨之末向神也.〕" 이것은
정현의 주에서 이른바 "산 사람에게 음식을 올리는 것과 다르다.〔變於食生
也.〕"라는 것이다.

【按】敖繼公에 따르면 '進下'는 俎를 올릴 때 牲體의 끝부분이 神位를 향하도록 한 것을
이른다.**429)** 盛世佐에 따르면 생체는 모두 本과 末이 있는데, 예를 들면 肩은 목덜미[脇]
와 가까운 쪽이 本이고 臂와 가까운 쪽이 末이며, 臂는 肩과 가까운 쪽이 本이고 臑(노)
와 가까운 쪽이 末이다.**430)**

㉗ 右首, 進腴

'腴'는 본래 배 아래 비계를 가리키는데, 여기에서는 생선의 배를 가리킨
다. 정현의 주에 따르면 "머리를 오른쪽으로 가도록 하고 배를 앞쪽으로
가도록 하는 것'은 마찬가지로 산 사람에게 음식을 올리는 것과 다르게 한
것이다.〔右首, 進腴, 亦變於食生也.〕"

【按】가공언의 소에 따르면 일반적으로 물고기를 俎에 담을 때 산 사람에게 올릴 때는
머리가 모두 오른쪽으로 가도록 하고 등이 먹는 사람 앞으로 가도록 하며, 제사 때는 머
리가 신위 오른쪽으로 가도록 하고 배가 신위 앞으로 가도록 한다. 산 사람이나 죽은 사
람이나 모두 머리가 오른쪽으로 가도록 하는 것은 地道는 오른쪽을 숭상하기 때문이다.
그리고 제사 때 배가 신위 앞쪽으로 가도록 한 것은 물고기의 배는 氣가 모이는 곳이기
때문이며, 산 사람에게 등이 앞으로 가도록 한 것은 맛을 숭상해서이다.**431)**

㉘ 腊一純而俎

胡培翬에 따르면 "左胖과 右胖 전체를 俎에 담는 것을 이른다. 이 점이 양과 돼지를 담을 때와 다른 것이다.〔謂左、右胖 全載於俎, 此其與羊、豕異者也.〕" 麋鹿(미록)의 腊도 먼저 자른 뒤에 자른 牲體 전체를 俎에 담는 것으로, 이것을 자르는 법은 양과 돼지를 자를 때와 같다. 이 때문에 胡培翬가 吳紱을 인용하여 "마찬가지로 牲體를 자를 때와 같다. 다만 양과 돼지는 右胖만을 사용하여 十一體로 자르지만 腊은 左右體를 겸하여 十九體로 자르는 것뿐이다.〔亦體解. 但羊、豕則專用右體而十有一, 腊則兼左、右體十有九耳.〕"라고 한 것이다. 脊(正脊·脡脊·橫脊)은 좌반과 우반이 합쳐친 것이고 腊은 좌반이 하나 더 있으니, 肩·臂·臑·臂·胳·短脅·正脅·代脅 8體가 더 나와서 앞의 11體와 더하면 19體가 된다.

㉙ 亦橫載

【按】'亦'은 주소에 따르면 앞에서 骨體를 담을 때와 같이 하는 것을 이른다. 즉 앞에서 牲體를 俎에 담을 때에도 가로로 담았다는 말이다.[432]

㉚ 革順

'革'은 가죽이다. 여기에서는 膚의 껍데기를 이른다. '革順'이라고 말했다면 膚를 俎 위에 놓을 때 껍데기가 위로 향하도록 놓는다는 것을 알 수 있다. 胡培翬에 따르면 "膚의 껍데기를 차례차례 담아서 열을 이루어 뒤섞이지 않도록 하는 것을 이른다.〔謂膚革相比次作行列以載, 令不錯雜也.〕" 여기에서 膚는 조각의 형태로 자른다는 것이 더욱 증명된다.

---

432) 鄭玄注: "亦者, 亦其骨體."
賈公彥疏: "云'亦者, 亦其骨體'者, 上牲體橫載, 文不明, 故擧膚亦橫載以明之. 此膚言橫, 則上羊、豕骨體亦橫載可知也."

정제 正祭

7. 室의 서남쪽 모퉁이에 신이 흠향하도록 음식을 진설하고 祝이 술을 올림(陰厭)

卒脀, 祝盥于洗, 升自西階。主人盥, 升自阼階。祝先入, 南面①。主人從, 戶內西面。

主婦被錫(체)②, 衣移(치)袂③, 薦自東房④, 韭菹、醓(담)醢, 坐奠于筵前⑤。主婦贊者一人亦被錫⑥, 衣移袂, 執葵菹、蠃醢以授主婦。主婦不興, 遂受, 陪設于東, 韭菹在南, 葵菹在北⑦。主婦興, 入于房。

佐食上利執羊俎, 下利執豕俎, 司士三人執魚、腊、膚俎, 序升自西階, 相從入。設俎: 羊在豆東, 豕亞其北⑧, 魚在羊東, 腊在豕東, 特膚當俎北端⑨。

主婦自東房執一金敦(대)黍⑩, 有蓋, 坐設于羊俎之南。婦贊者執敦稷以授主婦⑪。主婦興受⑫, 坐設于魚俎南。又興受贊者敦黍, 坐設于稷南。又興受贊者敦稷, 坐設于黍南。敦皆南首⑬。主婦興, 入于房。

祝酌奠⑭, 遂命佐食啓會。佐食啓會, 蓋二以重⑮, 設于敦南。主人西面, 祝在左。主人再拜稽首。祝祝曰: "孝孫某, 敢用柔毛、剛鬣(렵)、嘉薦、普淖(뇨)⑯, 用薦歲事于皇祖伯某, 以某妃配某氏⑰, 尙饗。"主人又再拜稽首。

〈주인과 축이 자리에 나아감〉

익힌 희생을 鼎에서 꺼내 俎에 모두 담고 나면 祝이 당 아래 南洗에서 손을 씻고 서쪽 계단으로 당에 올라간다. 주인이 손을 씻고 동쪽 계단으로 당에 올라간다.

축이 먼저 室로 들어가 북쪽 벽 아래에 남향하고 선다. 주인이 따라 들어가 室戶 안에서 서향하고 선다.

〈주부가 豆를 진설함〉

주부가 가체를 쓰고 소매가 넓은 宵衣(초의)를 입고서 東房에 진열해두었던 음식을 들고 室로 가서 올리는데, 韭菹豆(구저두. 부추 초절임)와 醓醢豆(담해두. 육장)를 앉아서 신위의 자리 앞에 올린다.

主婦贊者 1명이 주부와 마찬가지로 가체를 쓰고 소매가 넓은 宵衣를 입고 東房에서 葵菹豆(규저두. 아욱 초절임)와 蠃醢豆(라해두. 달팽이 젓갈)를 들고 가서 주부에게 건네준다. 주부가 일어나지 않고 이를 받아서 구저두와 담해두의 동쪽에 더하여 진설하는데, 구저두는 담해두의 남쪽에 놓고 규저두는 나해두의 북쪽에 놓는다.

주부가 일어나 동방으로 들어간다.

〈佐食과 司士가 俎를 진설함〉

佐食인 上利(상좌식)가 羊俎를 들고, 下利(하좌식)가 豕俎를 들고, 司士 3명이 각각 魚俎·腊俎·膚俎를 들고 상리부터 차례로 서쪽 계단으로 당에 올라 뒤따라 室로 들어간다.

俎를 진설하는데, 羊俎는 나해두의 동쪽에 놓고, 豕俎는 다음으로 양조의 북쪽에 놓고, 魚俎는 양조의 동쪽에 놓고, 腊俎는 시조의 동쪽에 놓고, 膚俎는 단독으로 석조와 시조의 북쪽에 놓는다.

〈주부가 敦를 진설함〉

주부가 東房에서 黍飯이 담긴 金敦(청동으로 장식한 대)를 하나 들고 室로 가서 뚜껑이 덮인 채로 앉아서 羊俎의 남쪽에 진설한다.(黍上敦)

1명의 主婦贊者가 동방에서 稷飯이 담긴 금대 하나를 들고 室로 가서 주부에게 건네준다. 주부가 일어나 받아 앉아서 魚俎의 남쪽에 진설한다.(稷上敦) 또 일어나 주부찬자에게서 서반이 담긴 금대 하나를 받아 앉아서 직반이 담긴 금대의 남쪽에 진설한다.(黍下敦) 또 일어나 주부찬자에게서 직반이 담긴 금대 하나를 받아 앉아서 서반이 담긴 금대의 남쪽에 진설한다.(稷下敦) 4개의 敦(대)는 모두 머리가 남쪽으로 가도록 한다.

주부가 일어나 동방으로 들어간다.

〈祝이 觶를 올리고 축원함〉

祝이 술잔(觶)에 술을 따라 신위의 자리 앞(鉶羹을 진설할 곳의 남쪽)에 올리고, 이어 좌식에게 會(敦의 뚜껑)를 열도록 명한다. 좌식이 회를 열어 뚜껑을 2개씩 겹쳐서 敦의 남쪽에 놓는다.

주인이 서향하고 선다. 축이 주인의 왼쪽(남쪽)에 서향하고 선다.

주인이 再拜稽首한다.

祝이 주인을 대신하여 다음과 같이 축원한다.

"효손 모(주인의 이름)가 삼가 柔毛(양), 剛鬣(돼지), 嘉薦(菹·醢), 普淖(黍·稷)로 세시의 제사를 皇祖伯某(字)께 올리고, 아울러 某妃를 皇祖某氏께 배향하오니 부디 흠향하소서."

주인이 또 재배계수한다.

① 南面

敖繼公에 따르면 "축은 남향하고 室의 북쪽 벽을 등지고 선다.〔祝南面, 負墉.〕"

② 被錫

髲鬄(피체)와 같다. '髲'는 가발이다. '鬄'는 뜻이 髡(곤. 머리를 깎다)과 같다. 정현의 주에 따르면 "被錫(피체)는 髲鬄로 읽어야 한다. 옛날에 간혹 천한 자나 형벌을 받은 자의 머리카락을 잘라서 부인들의 상투에 덧씌워 장식으로 삼았기 때문에 '髲鬄'라고 이름을 붙인 것이다. 이것이 《周禮》에서 이른바 '次'라는 것이다.〔被錫, 讀爲髲鬄, 古者或剔賤者·刑者之髮, 以被婦人之紒爲飾, 因名髲鬄焉. 此《周禮》所謂次也.〕"

③ 衣移袂

'移'(치)는 各本마다 달라서 '移'로 되어 있기도 하고 '侈'로 되어 있기도 하다. 漢簡本에는 '袳'(치)로 되어 있다. 阮元의 교감본에 "臧庸은 '移는 袳가 되어야 한다.'라고 하였고, 《說文解字》에서는 '袳는 옷이 펼쳐진 것이다.'라고 하였다. 살펴보면 袳가 바로 正字이며, 移는 袳의 가차자이다. 侈로 되어 있는 것은 오류이다.〔臧庸云: '移字, 當作袳.'《說文》云: '袳, 衣張也.' 按 '袳'乃正字, '移'卽'袳'之假借字. 作'侈', 誤也.〕"라고 하였다. 臧庸과 阮元

의 설은 漢簡本이 있어서 확정할 수 있다. 정현의 주에 따르면 주부가 입는 옷은 宵衣(초의)이지만, 대부의 처가 입는 초의는 士의 처가 입는 초의의 소매보다 1.5배가 넓어야하기 때문에 '移(치)袂'라고 한 것이다.[433] '移'는 옷이 넓고 크다는 뜻이다. '宵'는 綃(초)와 통한다. 《설문해자》에 따르면 "綃는 生絲이다.[綃, 生絲也.]" 段玉裁의 주에 "생사 비단으로 옷을 만들면 綃衣라고 이른다. 古經에서는 宵나 繡(초, 생초)로 쓰는 경우가 많다.[以生絲之繒爲衣則曰綃衣. 古經多作宵, 作繡.]"라고 하였다. 또 〈특생궤식례〉 6의 "주부는 검은 비단 끈으로 머리를 싸매고 비녀를 꽂고 초의를 입는다.[主婦纚, 紒, 宵衣.]"라는 구절에 대한 정현의 주를 인용하여, "초의는 검은색으로 물들인 것으로, 그 비단의 본래 명칭은 綃이다.[宵衣, 染之以黑, 其繒本名曰綃.]"라고 하였다. 이에 따르면 宵衣는 즉 검은색 생사 비단으로 만든 옷이다. 盛世佐는 "검은 비단 끈으로 머리를 싸매고 비녀를 꽂고 초의를 입는 것은 士妻의 정복이다.[纚, 紒, 宵衣, 士妻之正服也.]"라고 하였다.

【按】양천우는 吳廷華의 설을 인용하여 "소매는 본래 1척 2촌인데 移袂(치몌)는 3분의 1을 더하여 1척 8촌이다.[袂本尺二寸, 三分益一, 得尺八寸.]"라고 하였다. 胡培翬에 따르면 大夫妻의 옷소매는 士妻의 옷소매보다 1.5배가 넓다. 즉 士妻의 옷소매가 2척 2촌이고 소맷부리가 1척 2촌이니, 大夫妻의 옷소매는 그 반을 더하여 3척 3촌, 소맷부리는 1척 8촌이 되어야 한다.[434] '士妻의 정복'은 〈특생궤식례〉 6 주⑭ 참조.

④ 薦自東房

이때 올리는 것은 豆이다. 앞 제4절 경문에서 豆를 東房에 진열한다고 하였기 때문에 東房에서 가져와 올리는 것이다.

【按】〈특생궤식례〉에서 주부가 음식을 올리기 전에 內洗에서 손을 씻은 것에 근거하면 이때에도 먼저 손을 씻은 뒤 豆를 올린 듯하다. 〈특생궤식례〉 7 주④ 참조.

⑤ 韭菹, 醓醢, 坐奠于筵前

'韭菹'는 韭菜(부추)로 만든 菹(초절임)이다. '醓'(담)은 정현의 주에 따르면 "육즙이다.[肉汁也.]" 胡培翬는 《주례》〈醢人〉 정현의 주에 '醓은 육즙이다.'라고 하였고, 또 '醓醢는 肉醬이다.'라고 하였다. 《시경》〈대아〉 공영달의 소에서는 육즙이 유독 많기 때문에 醓이라고 이름을 붙인 것이라고 하였다. 그렇다면 醓은 본래 육즙의 이름이며, 이것을 가지고 醢를 만들었다면 醓醢 역시 醬類이다.[《周禮·醢人》注云: '醓, 肉汁也.' 又云: '醓醢, 肉醬也.'

---

433) 鄭玄注: "移者, 蓋半士妻之袂以益之, 衣三尺三寸, 袪尺八寸."

434) 《儀禮正義》卷38: "云 '移者, 蓋半士妻之袂以益之, 衣三尺三寸, 袪尺八寸者, 鄭以移釋移, 遂申言移袂之制. 袂, 袖也. 袪, 袂口也. 士妻之袂二尺二寸, 袪尺二寸, 今以其半益之, 則袂三尺三寸, 袪尺八寸也. 注三尺三寸', 係指袂言之. 據賈疏當時有兩本, 或作衣, 或作袂. 惠氏棟校本, 定作袂. 考鄭注《司服》云: '移之者, 蓋半而益一焉, 半而益一, 則其袂三尺三寸, 袪尺八寸.' 注《雜記》云: '袂之小者二尺二寸, 大者半而益之, 則移袂三尺三寸.' 據此, 可證作袂爲是也."

《詩·大雅》疏以肉汁獨多故名醢. 然則醢本肉汁之名, 而以之爲醢, 則亦醬類.]"라고 하였다. 이에 따르면 醢醢는 즉 육즙이 비교적 많은 일종의 肉醬이다. '奠于筵前'은 張惠言의 《儀禮圖》 권6 〈直祭〉 圖에 따르면 신위의 자리 앞 왼쪽(북쪽)에 올리는데, 韭菹는 남쪽에 놓고 담해는 북쪽에 놓는다.

【按】'醢'은 발음이 大全本 《시경》〈大雅行葦〉에 '他感反', 즉 '탐'으로 되어 있으나 諺解에는 '담'으로 되어 있다. 이하 '醢'은 언해를 따라 모두 '담'으로 발음하기로 한다. 정현의 주에 따르면 韭菹와 醢醢는 원래 천자의 朝事之豆에 속한 것이지만 대부례에서 饋食에 이를 쓴 이유는 대부례를 풍성하게 하기 위해서이다.[435] 천자의 제사에 豆는 朝事之豆 8종, 饋食之豆 8종, 加豆 8종, 羞豆 2종의 4가지를 올린다.[436] 朝事之豆는 처음 종묘 제사를 시작할 때 降神 뒤에 행하는 朝踐 의식에 血腥(희생의 피와 날고기)과 함께 올리는 豆이며,[437] 饋食之豆는 익힌 희생을 올리는 饋獻 의식에 사용하는 豆이며,[438] 加豆는 시동이 식사를 마친 뒤 아헌할 때 더 올리는 豆이며,[439] 羞豆는 房中之羞를 담은 豆이다.[440] 籩 역시 豆와 짝을 이루어 朝事之籩 8종, 饋食之籩 8종, 加籩 8종, 羞籩 2종의 4가지가 있으며, 4가지 豆를 올릴 때 함께 올린다.

⑥ 主婦贊者一人亦被錫

'主婦贊者'는 宗婦로서 주부가 제례를 행하는 일을 돕는 사람이다.

【按】가공언의 소에 따르면 1명의 주부찬자가 주부와 마찬가지로 가체를 쓰고 소매가 넓은 宵衣(초의. 검은색 비단으로 만든 祭服)를 입었다면 나머지 다른 사람들은 주부와 똑같이 입을 수 없고 士妻와 같이 검은색 비단 끈으로 머리를 묶고 비녀를 꽂고 宵衣를 입는다는 것을 알 수 있다.[441] 〈특생궤식례〉 6 주⑭ 참조.

⑦ 陪設于東, 韭菹在南, 葵菹在北

吳廷華에 따르면 "葵菹(규저)와 蠃醢(라해)는 모두 이전에 진설한 韭菹와 醢醢를 담은 2개의 豆 동쪽에 놓는 것이니, 2개의 菹가 남북으로 나누어지도록 놓는다면 葵菹를 醢醢의 동쪽에, 蠃醢를 韭菹의 동쪽에 사각형처럼 놓아서 菹 2개와 醢 2개가 각각 대각선으로 남북이 되도록 하는 것이다.〔此皆在上兩豆之東, 二菹乃分南北, 則葵菹在醢醢東, 蠃醢在韭菹東, 如四隅, 二菹、二醢各邪向爲南北.]"

【按】葵菹와 蠃醢는 천자의 4가지 豆 중 饋食之豆에 속한 것이다. 위 주⑤ 참조.

⑧ 羊在豆東, 豕亞其北

羊俎를 蠃醢豆의 동쪽에 놓는 것이다. 豕俎를 다음에 羊俎의 북쪽에 둔다면 葵菹豆의 동쪽에 놓는 것이다.

435) 鄭玄注: "韭菹、醢醢, 朝事之豆也, 而饋食用之, 豐大夫禮."

436) 《周禮注疏》〈天官醢人〉: "醢人掌四豆之實. 朝事之豆, 其實韭菹、醢醢、昌本、麋臡、菁菹、鹿臡、茆菹、麋臡. 饋食之豆, 其實葵菹、蠃醢、脾析、蠯醢、蜃、蚳醢、豚拍、魚醢. 加豆之實, 芹菹、兎醢、深蒲、醓醢、箔菹、鴈醢、笋菹、魚醢. 羞豆之實, 酏食、糝食."

437) 《周禮注疏》〈春官司尊彝〉鄭玄注: "朝踐, 謂薦血腥, 酌醴, 始行祭事, 后於是薦朝事之豆、籩."
《周禮注疏》〈天官籩人〉鄭玄注: "朝事, 謂祭宗廟, 薦血腥之事."

438) 《周禮注疏》〈春官司尊彝〉鄭玄注: "饋獻, 謂薦孰時, 后於是薦饋食之豆、籩."
《周禮注疏》〈天官籩人〉鄭玄注: "饋食, 薦孰也."

439) 《周禮注疏》〈天官醢人〉賈公彥疏: "此加豆之實, 亦與加籩之實同時設之."
《周禮注疏》〈天官籩人〉鄭玄注: "加籩, 謂尸旣食, 后亞獻尸所加之籩."

440) 《周禮注疏》〈天官醢人〉賈公彥疏: "此羞豆之實, 亦與羞籩之實同時設之."
《周禮注疏》〈天官籩人〉鄭玄注: "羞籩, 謂若《少牢》主人酬尸, 宰夫羞房中之羞于尸, 侑、主人、主婦."

441) 賈公彥疏: "云'主婦贊者一人亦被錫'者, 此被錫侈袂與主婦同. 旣一人與主婦同, 則其餘不得如主婦, 當與士妻同, 纚笄綃衣. 若士妻與婦人助祭一皆纚笄綃衣, 以綃衣下更無服, 服窮則似. 故《特牲》云'凡婦人助祭者同服'是也."

⑨ 特膚當俎北端

豕俎와 腊俎의 북쪽을 이른다.

⑩ 金敦

敖繼公에 따르면 "청동으로 장식한 것이다. 4개의 敦(대)가 모두 청동으로 장식되어 있는데 그 중에 하나만을 보인 것뿐이다.〔以金飾之也. 四敦皆然, 特見其一耳.〕"

【按】 정현의 주에 따르면 敦의 뚜껑을 거북이 형상으로 장식한 것을 이른다.[442] 가공언의 소에 따르면 대부는 거북이 형상으로 장식하고 제후는 코끼리 형상으로 장식하며 천자는 옥으로 장식한다. 또 가공언의 소에 따르면 '敦'는 舜임금 때의 기물로, 이에 상응하는 周나라의 기물은 簋이다. 천자는 簋와 敦를 모두 사용하는 데 비해, 천자와 同姓인 대부와 士는 簋, 천자와 異姓인 대부와 士는 敦를 사용한다.[443] '敦'의 용도는, 胡培翬에 따르면 《周禮》에 보이는 玉敦(옥으로 장식한 대)에는 희생의 피를 담고 〈士喪禮〉에 보이는 廢敦(다리가 없는 대)에는 飯含에 사용할 쌀을 담는 것을 제외하면 나머지 敦들은 모두 簋와 같이 黍飯과 稷飯을 담는 데 사용한다.[444]

⑪ 婦贊者

즉 主婦贊者이다. 이하도 이와 같다.

【按】 敖繼公 역시 주부찬자로 보았다. 오계공에 따르면 여기에서는 '主'를 생략한 것뿐이며 뒤에 나오는 '婦贊者'도 같다. 뒤에 이어서 진설하는 2敦는 婦人贊者가 들고서 室戶 밖에 서있으면 婦贊者가 이를 일일이 주부에게 전해준다. 뒤에 나오는 婦贊者 역시 여기에서 말한 주부찬자로, 주부찬자는 오직 1명 뿐이다.[445]

⑫ 主婦興受

【按】 오계공에 따르면 주부가 일어나 받는 것에서 주부찬자 역시 서서 준다는 것을 알 수 있다. 또한 주부가 이전에는 豆를 일어나지 않고 앉아서 받았던 것과 달리 黍敦와 稷敦는 일어나서 받은 것은, 禮는 귀천에 따라 변화를 주는 것을 귀하게 여기기 때문이다.[446]

⑬ 敦皆南首

대체로 敦(대)의 몸통에 새긴 무늬 장식으로 首尾를 구분할 수 있다.

⑭ 奠

觶(치)를 올리는 것을 이른다. 다음 경문을 보면 장차 鉶羹(형갱)을 진설할 자리의 남쪽, 즉 신위의 자리 앞 가장 왼쪽(남쪽)에 올린다는 것을 알 수 있다. 이것은 祝을 기준으로 하여 왼쪽이라고 말한 것이다. 〈소뢰궤식례〉 9 참조.

【按】 이때 사용하는 술잔은 觶이다. 〈유사철〉 25 주 ① 참조.

442) 鄭玄注: "飾蓋象龜."

443) 賈公彥疏: "《禮器》云: '管仲鏤簋, 朱紘.' 注云: '謂刻而飾之. 大夫刻爲龜耳, 諸侯飾以象, 天子飾以玉.' 言以玉飾之, 還似大夫象形爲飾也, 天子則簋, 敦兼有. 《九嬪職》云: '凡祭祀贊玉齍.' 注云: '玉齍, 玉敦, 受黍稷器.' 是天子八簋之外, 兼用敦也. 《特牲》云: '佐食分簋鉶.' 注云: '爲將餕. 敦, 有虞氏之器也. 周制, 士用之, 變敦言簋, 容同姓之士得從周制耳.' 則同姓大夫亦用簋. 《特牲》·《少牢》用敦者, 異姓大夫士也."

444) 《儀禮正義》 卷37: "惟《周禮》之玉敦用以盛血, 《士喪禮》之廢敦用以盛含米, 其餘皆用以盛黍, 稷如簋也."

445) 《儀禮集說》 卷16: "婦贊者, 卽主婦贊者, 一人也. 不言主, 省文也. 後放此. ……其後二敦, 則婦人贊者執以立于戶外, 婦贊者一一受之以授于主婦, 蓋婦贊者惟一人而已."

446) 《儀禮集說》 卷16: "以授主婦, 立授之也, 故主婦興, 受敦與受豆·籩不同, 禮貴相變也."

⑮ 佐食啓會, 蓋二以重

【按】敖繼公에 따르면 앞 구절에서 '會'를 말하고 뒷구절에서 또 '蓋'를 말한 것은 會가 바로 蓋임을 밝힌 것이다.[447]

⑯ 柔毛、剛鬣、嘉薦、普淖

정현의 주에 따르면 "양을 '柔毛'라 이르고 큰 돼지를 '剛鬣'이라 이른다. '嘉薦'은 菹·醢이다. '普淖'(보뇨)는 黍·稷이다. '普'는 '크다'라는 뜻이다. '淖'는 '조화롭다'라는 뜻이다. 덕이 능히 크게 화합시킬 수 있는 사람만이 黍와 稷을 소유할 수 있기 때문이다.〔羊曰柔毛, 豕曰剛鬣. 嘉薦, 菹, 醢也. 普淖, 黍、稷也. 普, 大也. 淖, 和也. 德能大和, 乃有黍稷.〕"《예기》〈曲禮下〉에 "일반적으로 宗廟에 제사하는 禮에……큰 돼지는 '剛鬣'이라고 한다.〔凡祭宗廟之禮……豕曰剛鬣.〕"라고 하였는데, 孔穎達의 疏에 "돼지가 살이 찌면 터럭이 억세고 굵다.〔豕肥則毛鬣剛大也.〕"라고 하였다.

⑰ 用薦……某氏

〈소뢰궤식례〉1 주⑨⑩ 참조.

8. 시동을 맞이함

祝出, 迎尸于廟門之外①。主人降立于阼階東, 西面。祝先入門右, 尸入門左②。宗人奉槃, 東面于庭南③。一宗人奉匜(이)水, 西面于槃東。一宗人奉簞巾, 南面于槃北。乃沃尸盥于槃上④。卒盥, 坐奠簞, 取巾, 興, 振之三, 以授尸, 坐取簞, 興以受尸巾。祝延尸⑤。尸升自西階, 入。祝從。主人升自阼階。祝先入, 主人從。尸升筵。祝主人西面立于戶內, 祝在左。祝、主人皆拜妥尸。尸不言, 尸答拜, 遂坐。祝反, 南面⑥。

祝이 室에서 나가 주인을 대신하여 廟門 밖에서 시동을 맞이한다.
주인이 당을 내려가 동쪽 계단의 동쪽에 서향하고 선다.
축이 앞장서 묘문 왼쪽(서쪽)으로 들어가 묘문 안 오른쪽(동쪽)으로 가고, 시동이 축을 뒤따라 묘문 왼쪽으로 들어가 묘문 안 왼쪽으로 가

447]《儀禮集說》卷16: "云會, 復云蓋, 以明會之爲蓋也."

서 북향한다.

宗人이 槃(반. 물받이 그릇)을 받들고 뜰의 남쪽에 동향하고 선다. 다른 1명의 종인이 匜水(이수)를 받들고 반의 동쪽에 서향하고 선다. 또 다른 1명의 종인이 수건이 든 簞(단. 대광주리)을 받들고 반의 북쪽에 남향하고 선다.

이어 小祝이 시동에게 반 위에서 천천히 물을 부어 시동이 손을 씻을 수 있도록 한다.

시동이 손을 다 씻으면 簞을 받든 종인이 앉아서 단을 땅에 내려놓고 수건을 취하여 일어나서 3번 털어 시동에게 준다. 종인이 다시 앉아서 단을 들고 일어나 시동에게서 닦고 난 수건을 받는다.

축이 시동의 뒤에서 시동에게 계단을 오르도록 돕는다. 시동이 서쪽 계단으로 당에 올라 室로 들어간다. 축이 따라 들어간다.

주인이 동쪽 계단으로 당에 올라간다. 축이 室로 먼저 들어가고 주인이 따라 들어간다. (축이 북쪽 벽을 등지고 남향하여 선다.)

시동이 돗자리에 오른다. 축과 주인이 室戸 안에서 서향하고 서는데, 축이 주인의 왼쪽(남쪽)에 선다.

축과 주인이 모두 시동에게 절하여 편안히 앉기를 청한다. 시동이 말을 하지 않는다. 시동이 답배하고 이어 앉는다.

축이 室의 북쪽 벽을 등지고 섰던 자리로 되돌아가 남향하고 선다.

① 祝出, 迎尸于廟門之外

【按】 주인이 시동을 맞이하지 않는 것은 시동의 존귀함을 이루어주기 위해서이다. 〈특생궤식례〉 8 주① 참조.

② 祝先入門右, 尸入門左

【按】 정현의 주에 따르면 축이 묘문을 들어간 뒤 오른쪽(동쪽)으로 가는 것은 시동이 서쪽에서 손씻는 것을 피하기 위한 것이다. 시동이 손을 다 씻고 나면 다시 시동을 뒤따라 간다.[448] 양천우는 축은 묘문의 오른쪽으로 들어가서 오른쪽으로 가고, 시동은 묘문의 왼쪽(서쪽)으로 들어가서 왼쪽으로 간다고 보았으나, 이는 오류이다. 축이 시동을 인도하여 들어가야 하기 때문에 들어갈 때에는 똑같이 서쪽으로 들어가야 한다. 張惠言의 〈尸入酳尸獻祝佐食〉 圖와 黃以周의 〈酳尸酢主人獻祝佐食〉 圖에서도 축과 시동이 모두 묘문 왼쪽으로 들어가는 것으로 되어 있다.

448) 鄭玄注: "祝入門右者, 辟尸盥也. 既則後尸."

③ 庭南

西塾의 北堂 처마 아래, 뜰의 남쪽에 해당하는 곳이다. 盥洗器는 서쪽 계단 동쪽에 설치되어 있었기 때문에 지금 宗人이 이것을 들고 뜰의 남쪽으로 가서 시동에게 나아가 시동이 손을 씻을 수 있도록 하는 것이다.

④ 乃沃尸盥于槃上

【按】 胡匡衷은 《주례》의 가공언 소를 근거로 이때 시동에게 물을 부어주는 사람은 小祝이라고 하였다.[449] 〈소뢰궤식례〉 5 주㉑ 참조.

⑤ 祝延尸

【按】 주소에 따르면 '延'은 '앞으로 나아가게 한다[進]'는 뜻이다. 여기에서는 시동이 출입할 때 축이 시동의 뒤에 가고 시동이 앉거나 일어날 때 시동에게 고하여서 시동이 예를 행하는 것을 돕는 것을 이른다.[450] 〈특생궤식례〉 8 주③ 참조.

⑥ 祝反, 南面

敖繼公에 따르면 "남향하고 섰던 자리를 '反'이라고 한 것은 시동을 따라 들어왔을 때 여기에 자리했다는 것을 보인 것이다.〔南面云'反', 以見從尸入時位在此.〕" '南面'은 북쪽벽을 등지고 서는 것이다. 〈소뢰궤식례〉 7 주① 참조.

9. 시동이 室에 들어가 11飯함(尸十一飯)

尸取韭菹辯(편)揳(연)于三豆①, 祭于豆間。上佐食取黍、稷于四敦(대)②。下佐食取牢一切肺于俎③, 以授上佐食。上佐食兼與黍以授尸④。尸受, 同祭于豆祭⑤。上佐食擧尸牢肺、正脊以授尸⑥。上佐食爾上敦黍于筵上⑦, 右之。主人羞肵(기)俎, 升自阼階, 置于膚北。上佐食羞兩鉶, 取一羊鉶于房中, 坐設于韭菹之南。下佐食又取一豕鉶于房中以從, 上佐食受⑧, 坐設于羊鉶之南。皆芼⑨, 皆有柶⑩。尸扱(삽)以柶⑪, 祭羊鉶, 遂以祭豕鉶, 嘗羊鉶, 食擧⑫, 三飯⑬。上佐食擧尸牢幹⑭。尸受, 振祭, 嚌之。佐食受⑮, 加于肵。上佐食羞胾兩瓦豆⑯, 有醢, 亦用瓦豆, 設于薦豆之北⑰。尸又食⑱, 食胾。上佐食擧尸一魚。尸受, 振祭, 嚌之。佐食受, 加于肵, 橫

449) 《儀禮釋官》 卷6 〈少牢饋食禮〉: "小祝佐祝者. 據此則大夫之祝非一人矣. 《周禮》小祝職曰: '大祭祀, 沃尸盥.' 疏云: '按《少牢》尸入廟門盥於槃, 其時小祝沃水.'"

450) 鄭玄注: "由後詔相之曰延. 延, 進也."
賈公彦疏: "《周禮》曰: '大祝, 相尸禮者.' 案職云 '相尸禮', 注云: '延其出入, 詔其坐作' 是也."

之。又食⑲。上佐食舉尸腊肩⑳。尸受, 振祭, 嚌之。上佐食受, 加于肵。又食㉑, 上佐食舉尸牢骼(격), 如初㉒。又食㉓, 尸告飽。

祝西面于主人之南, 獨侑㉔, 不拜。侑曰㉕:"皇尸未實㉖, 侑。"尸又食㉗。上佐食舉尸牢肩。尸受, 振祭, 嚌之。佐食受, 加于肵。尸不飯, 告飽。祝西面于主人之南。主人不言, 拜侑㉘。尸又三飯㉙。上佐食受尸牢肺、正脊, 加于肵㉚。

〈7飯〉

시동이 韭菹(구저. 부추 초절임)를 취하여 2개의 豆(醓醢·臝醢)에 두루 찍어서 豆 사이에 祭(이 음식을 최초로 만든 先人에게 고수레함)한다.

上佐食이 黍飯과 稷飯을 4개의 金敦(청동으로 장식한 대)에서 취한다.

下佐食이 牢(羊牲·豕牲)의 切肺(祭肺. 고수레에 사용하는 폐) 한 조각씩을 각각 羊俎와 豕俎에서 취하여 상좌식에게 준다. 상좌식이 이 절폐를 서반·직반과 함께 시동에게 준다. 시동이 받아서 豆 사이 韭菹를 祭한 곳에 함께 제한다.

상좌식이 앉아서 시동을 위해 진설한 牢의 離肺(擧肺. 먹는 폐)와 正脊을 들어서 일어나 시동에게 준다.【1擧】(시동이 받아서 振祭하고 맛본다.)

상좌식이 앉아서 上敦黍(羊俎 남쪽 上位에 주부가 맨 먼저 진설한 黍敦)를 시동의 자리로 가까이 옮겨 놓는데, 자리 오른쪽(남쪽)에 놓는다.

주인이 동쪽 계단 서쪽에 진열해둔 肵俎(기조. 시동을 위한 俎)를 올리는데, 동쪽 계단으로 당에 올라가 室로 들어가 膚俎의 북쪽에 놓는다.

상좌식이 2개의 鉶羹(형갱)을 올리는데, 羊鉶(양고기 육수에 쓴바귀를 넣은 채소국) 하나를 東房에서 가져와 앉아서 韭菹의 남쪽에 진설한다. 하좌식이 또 豕鉶(돼지고기 육수에 들완두를 넣은 채소국) 하나를 동방에서 가져와 따라 들어가 상좌식에게 주면 상좌식이 일어나 이를 받아 앉아서 양형의 남쪽에 진설한다. 형갱에는 모두 芼(모. 육수에 넣는 채소)가 들어 있으며, 모두 숟가락을 놓아둔다.

시동이 숟가락으로 떠서 豆 사이에 羊鉶羹을 祭하고 이어 豕鉶羹을 祭한 뒤에, 양형갱을 맛보고, 擧(牢의 離肺와 正脊)를 먹고, (남은 擧

를 韭菹豆 위에 올려놓는다.) 3번 밥을 먹는다.【3飯】

上佐食이 牢의 幹(正脊)을 들어 시동에게 준다.【2擧】 시동이 받아서 振祭(祭物을 醢에 찍은 뒤 털어서 고수레함)하고 맛본다. 상좌식이 받아서 胏俎 위에 올려놓는다. 상좌식이 羊臡와 豕臡가 담긴 2개의 瓦豆를 올리는데 2종의 醢(羊肉醢·豕肉醢)도 2개의 瓦豆에 담아 薦豆(韭菹豆·葵菹豆·醓醢豆·蠃醢豆)의 북쪽에 진설한다. 시동이 또 한 번 밥을 먹고【4飯】 臡를 먹는다.

상좌식이 물고기 한 마리를 들어 시동에게 준다.【3擧】 시동이 받아서 진제하고 맛본다. 상좌식이 받아서 胏俎 위에 올려놓는데 가로로 놓는다. 시동이 또 한 번 밥을 먹는다.【5飯】

상좌식이 腊의 肩을 들어 시동에게 준다.【4擧】 시동이 받아서 진제하고 맛본다. 상좌식이 받아서 기조 위에 올려놓는다. 시동이 또 한 번 밥을 먹는다.【6飯】

상좌식이 牢의 骼(격)을 들어 시동에게 준다.【5擧】 앞에서와 같이 시동이 받아서 진제하고 맛보고 나면 상좌식이 이를 받아서 기조 위에 올려놓는다.

시동이 또 한 번 밥을 먹는다.【7飯】 시동이 배부르다고 고한다.

〈侑食. 8飯 이후 – 上大夫의 禮〉

축이 주인의 남쪽(왼쪽)에서 서향하고 단독으로 시동에게 더 먹기를 권하는데, 절은 하지 않는다. 권하기를 "皇尸께서는 아직 배부르지 않을 것이니 더 드십시오." 라고 한다. (축이 북쪽 벽을 등지고 남향하던 자리로 돌아간다.)

시동이 또 한 번 밥을 먹는다.【8飯】

상좌식이 牢의 肩을 들어서 시동에게 준다.【6擧】 시동이 받아서 진제하고 맛본다. 상좌식이 받아서 胏俎 위에 올려놓는다. 시동이 밥을 먹지 않고 배부르다고 고한다.

축이 주인의 남쪽에서 서향한다.

주인이 말하지 않고 절하여 더 드시기를 청한다. 시동이 또 3번 밥을 먹는다.【11飯】

상좌식이 시동이 먹고 남아 韭菹豆 위에 올려놓았던 牢의 離肺와

正脊을 시동에게서 받아 기조 위에 올려놓는다. (상좌식이 上敦黍를 원래 있던 羊俎 남쪽에 되돌려 놓는다.)

① 尸取韭菹辯揯于三豆

吳廷華에 따르면 "찍는 것은 반드시 醓(젓갈)에 찍는다. 4개의 豆 중에 醓는 오직 醓醢(담해. 육장)와 蠃醢(라해. 달팽이 젓갈) 뿐이니 '三豆'라고 한 것은 二豆의 오류이다.〔揯必于醓. 四豆惟醓醢、蠃醢, 則三豆者, 二豆之誤.〕" 이것은 시동의 자리 앞에 모두 4개의 豆가 있는데 단지 2개의 豆(醓醢와 蠃醢)에만 醓가 담겨 있어서 韭菹를 찍을 수가 있고 다른 1개의 豆에는 葵菹가 담겨 있어서 찍을 수가 없기 때문에 三豆는 바로 二豆의 오류라고 말한 것이니, 吳廷華의 말이 옳다. 漢簡本에도 '三豆'로 되어 있는 것을 보면 이 오류는 漢代부터 이미 베끼면서 그렇게 된 듯하다.

【按】'三豆'는 〈유사철〉 4 주㉟ 참조. 豆는 菹豆가 醓豆보다 높고, 菹는 韭菹가 葵菹보다 높기 때문에 시동이 구저를 취하여 祭한 것이다.[451]

② 四敦

【按】〈소뢰궤식례〉 7 주⑩ 참조.

③ 牢一切肺

'牢'는 양과 돼지 두 가지 희생을 합쳐서 가리키는 것이다. '切肺'는 즉 祭肺이다. 祭肺는 羊牲과 豕牲의 폐를 각각 3조각씩 진설했는데, 이때 그 중 하나씩을 취하는 것이다. 〈소뢰궤식례〉 6 참조.

【按】胡培翬에 따르면 羊牲과 豕牲의 切肺는, 3조각 중 시동이 각각 1조각씩을 취하여 祭하고 나머지 2조각은 주인과 주부를 위하여 남겨둔다.[452] 〈소뢰궤식례〉 11, 15) '切肺'는 〈특생궤식례〉 8 주⑪ 참조.

④ 兼與黍以授尸

여기에서는 黍만을 말하였으나 실제로는 稷도 포함된다.

【按】胡培翬 역시 各本에는 '兼與黍' 다음에 모두 '稷'이 없지만 마땅히 '稷'이 있어야 한다고 보았다.[453] 〈특생궤식례〉 8 참조.

⑤ 同祭于豆祭

정현의 주에 "俎와 豆 사이에 祭했던 곳에 함께 祭하는 것이다.〔合祭于俎豆之祭也.〕"라고 하였는데, 張淳의《儀禮識誤》와 李如圭에 따르면 정현의 주 중 '俎豆'는 바로 '菹豆'의 오류이다.[454] 胡培翬에 따르면 "앞에서 '韭菹

451)《欽定儀禮義疏》卷38: "豆以菹爲上, 醓次之, 韭菹又在葵菹之上, 故尸自取韭菹, 揯于三豆以祭."

452)《儀禮正義》卷38: "今案羊、豕肺各取其一, 留二以爲主人、主婦用也."

453)《儀禮正義》卷38: "兼與黍下, 各本皆無稷字, 其實當有稷字."

454)《儀禮識誤》卷2: "注合祭于俎豆之祭也'之俎, 亦必菹."
《儀禮集釋》卷28: "俎豆, 當作菹豆."

를 취하여 豆 사이에 祭한다.'라고 했던 바로 그 자리에 함께 祭하는 것이다.〔卽合祭於上取韭菹祭於豆間之處也.〕"

【按】정현의 주에 따르면 시동이 먹기 전에 陰厭에 사용했던 희생의 폐와 黍稷을 덜어 墮祭(豆 사이에 음식을 내려놓아 고수레함)하는 이유는, 음염은 신이 드시고 남은 음식이기 때문에 이를 존중하는 의미에서 祭하는 것이다.[455]

⑥ 上佐食擧尸牢肺、正脊以授尸

'肺'는 李如圭에 따르면 "離肺이다.〔離肺也.〕" 즉 먹는 폐이다.

【按】주소에 따르면 좌식은 앉아서 牢의 肺와 正脊을 취하여 일어나 시동에게 준다. 바로 뒤에 이어지는 경문에서 다시 '上佐食'을 언급한 이유는 다시 앉아서 黍敦를 시동의 자리에 가깝게 옮기고 옮긴 뒤에 일어나기 때문이다.[456] 敖繼公에 따르면 이 뒤에 振祭하고 맛본다는 구절이 생략되었다.[457]

⑦ 爾上敦黍

'上敦'는 4개의 敦 중 가장 윗자리에 진설한 敦이다. 蔡德晉에 따르면 "上敦黍는 羊俎의 남쪽에 올린 敦이다.〔上敦黍, 當羊俎之南者也.〕" 또 가공언의 소에 따르면 "옛날에는 밥을 먹을 때 숟가락과 젓가락을 사용하지 않았다.〔古者飯食不用匙箸.〕" 그러므로 黍敦를 시동 쪽으로 가까이 옮겨 시동이 손으로 밥을 취하기에 편리하도록 하는 것이다.

【按】가공언은 이 뒤에 모두 黍稷을 연이어서 말한 것을 보면 여기에서 비록 '稷'은 언급하지 않았지만 稷敦 역시 시동의 자리 가까이 옮겨 놓아 시동이 黍飯과 稷飯을 모두 먹는다는 것을 알 수 있다고 하였다.[458] 그러나 이에 대해서는 異說이 존재한다. 아래 주⑬ 참조. 士禮에서는 서대와 직대를 모두 시동의 자리 가까이 옮겨놓았다. 〈특생궤식례〉 8 참조.

⑧ 上佐食受

【按】敖繼公에 따르면 '受'는 다음에 이어지는 경문에서 '앉아서 진설한다'라는 구절을 보면 이때 상좌식은 일어나서 받는 것이다.[459]

⑨ 皆芼

정현의 주에 따르면 "芼는 채소이다. 양고기 육수에는 苦(씀바귀)를 사용하고 돼지고기 육수에는 薇(들완두)를 사용한다. 모두 별도로 滑(조미용 채소)이 있다.〔芼, 菜也. 羊用苦, 豕用薇, 皆有滑.〕"라고 하였다.

【按】'滑'은 국물 맛을 내는 채소이다. 〈특생궤식례〉 23 참조.

⑩ 皆有柶

【按】'柶'는 鉶羹을 祭할 때 사용하기 위한 것이다. 〈유사철〉 7 주⑦ 참조.

455) 鄭玄注: "黍、稷之祭爲墮祭, 將食神餘, 尊之而祭之."

456) 鄭玄注: "重言上佐食, 明更起, 不相因."
賈公彦疏: "前擧尸牢肺時, 坐而取之, 興以授尸, 不因此坐取肺, 卽爾敦黍, 明更坐爾黍而起, 不因前坐也."

457)《儀禮集說》卷16: "不言振祭嚌之, 文省耳."

458) 賈公彦疏: "《特牲》云'黍稷', 此及《虞》皆不云'稷'者, 此後皆黍、稷連言, 明幷黍、稷祭之, 不虛陳而不食. 不言爾之者, 文不具, 其實亦爾之也."

459)《儀禮集說》卷16: "上佐食受, 興受之也, 故下云'坐設'."

⑪ 扱

【按】음은 '삽'이다. 〈士喪禮〉의 "옷깃을 자신의 허리띠에 끼운다.[扱領于帶.]"에서처럼 '꽂다'의 뜻일 때[460] 또는 〈士昏禮〉의 "醴酒를 고수레하는데, 숟가락으로 처음 한 번 떠서 한 번 고수레하고 또 한 번 떠서 두 번에 나누어 고수레한다.[祭醴, 始扱一祭, 又扱再祭.]"에서처럼 '뜨다'의 뜻일 때는 '삽',[461] 《예기》〈曲禮上〉의 "쓰레받기를 가지고 자신을 향해 먼지 등을 쓸어 담는다.[以箕自鄉(向)而扱之.]"에서처럼 '거두어 취하다'의 뜻일 때는 '흡'으로 발음한다.[462]

⑫ 嘗羊鉶, 食擧

정현의 주에 따르면 "擧는 牢(羊牲·豕牲)의 肺와 正脊이다.[擧, 牢肺、正脊也.]" 牢의 肺와 正脊은 모두 상좌식이 들어 시동에게 주기 때문에 '擧'라는 이름을 붙인 것이다.

【按】吳廷華에 따르면 豕鉶羹 역시 맛을 보는데, 양생보다 낮기 때문에 생략한 것이다.[463] 이때 먹고 남은 폐와 정척은 韭菹豆 위에 올려놓는다. 아래 주㉚ 참조. 폐와 正脊을 쓰는 이유와 희생의 각 牲體 이름은 〈특생궤식례〉 8 주⑮ 참조.

⑬ 三飯

정현의 주에 따르면 "黍飯을 먹는 것이다.[食以黍.]" 이것은 시동이 처음 3飯을 하는 것이다.

【按】가공언은 "黍飯을 먼저 먹는 것이다."라고 하여 뒤에 稷飯도 먹는 것으로 해석하였다.[464] (위 주⑦) 그러나 胡培翬는 정현의 주에서 '서반을 먹는다.'라고 한 것을 稷飯도 먹는다고 오해할까 특별히 언급한 것이라 해석하고, 다음에 나오는 '又食' 역시 黍飯만을 먹는 것이라고 하였다.[465] 자세하지 않다.

⑭ 幹

【按】정현의 주에 따르면 희생의 正脅, 즉 長脅이다.[466] 〈특생궤식례〉 8 주㉑ 참조.

⑮ 佐食

이 사람도 상좌식이다. 이 절에서 '佐食'이라고만 말한 것은 모두 상좌식을 이른다.

⑯ 菆兩瓦豆

羊菆와 豕菆가 각각 豆 하나씩이다. 다음에 나오는 '有醢'도 마찬가지로 羊肉醢와 豕肉醢가 각각 豆 하나씩이다.

【按】'菆'(자)는 《說文解字》에 "큰 덩이로 자른 고기이다.[大臠也.]"라고 하였다. 정현의 주에 따르면 이 4개의 豆는 加豆이다. 진설할 때에는 앞의 薦豆와 같이 굽혀서

460) 《經典釋文》卷10〈儀禮音義〉: "扱領, 初洽反."

461) 《經典釋文》卷10〈儀禮音義〉: "始扱, 初洽反."

462) 《禮記》〈曲禮上〉鄭玄注: "扱, 讀曰吸, 謂收糞時也."

463) 《儀禮章句》卷16: "豕不言嘗, 次牲略之."

464) 賈公彦疏: "知先食黍者, 以前文先言爾黍, 故知先食黍也."

465) 《儀禮正義》卷38: "注云'食以黍'者, 據上經云'上佐食爾上敦黍于筵上, 知此所食者黍. 鄭恐人以爲兼食, 稷, 故特明之. 下'又食'無注, 明亦同食黍也."

466) 鄭玄注: "幹, 正脅也."

놓아 羊載豆는 서쪽 열의 남쪽, 豕載豆는 동쪽 열의 북쪽에 놓는다.[467] 胡培翬에 따르면 韭菹 등을 담은 4豆의 북쪽에 놓는 4개의 豆는 加豆이기 때문에 瓦豆를 쓰는 것이다. 薦豆인 韭菹 등을 담은 正豆인 4豆는 木豆를 쓴다.[468]

⑰ 設于薦豆之北

'薦豆'는 앞에서 올린 韭菹豆(구저두. 부추 초절임), 葵菹豆(규저두. 아욱 초절임), 醓醢豆(담해두. 육장), 蠃醢豆(라해두. 달팽이 젓갈)의 4豆를 이른다.

⑱ 尸又食

이것은 시동이 4飯하는 것이다.

【按】주소에 따르면 '食'은 먹는 것을 포괄적으로 크게 말한 것이고, '飯'은 三飯이나 五飯과 같이 먹는 것을 작게 세어 말한 것이다.[469]

⑲ 又食

이것은 시동이 5飯하는 것이다.

⑳ 舉尸腊肩

【按】腊肩을 반드시 들어 시동에게 주는 이유는, 정현의 주에 따르면 肩은 牲體 중 높은 骨에 해당하기 때문에 이것으로 마침을 삼기 위해서이다.[470]

㉑ 又食

이것은 시동이 6飯하는 것이다.

㉒ 如初

마찬가지로 시동이 받아서 振祭하고 맛본 뒤 상좌식이 받아서 胏俎 위에 놓는 것이다.

㉓ 又食

이것은 시동이 7飯하는 것이다. 정현의 주에 따르면 경대부의 예는 牲體를 들어 시동에게 주는 것이 5舉를 넘지 않기 때문에 5舉를 준 뒤에는 시동에게 侑食하기를 기다린 뒤에 다시 牲體를 들어 시동에게 준다.[471] 5舉는 위의 글에 따르면 牢의 肺와 正脊을 주는 것이 1舉, 牢의 幹을 주는 것이 2舉, 물고기를 주는 것이 3舉, 腊의 肩을 주는 것이 4舉, 牢의 骼을 주는 것이 5舉이다.

㉔ 獨侑

【按】주소에 따르면 祝이 단독으로 시동에게 더 드시기를 권한 것은, 大夫禮인 〈소뢰궤식례〉는 11飯을 하기 때문에 충분히 배불리 먹을 수 있는데 이때 두 사람이 거듭 더 드시기를 권한다면 설만하다는 혐의가 있을까 염려해서이다. 士禮인 〈특생궤식례〉는 9飯을

467) 鄭玄注: "設于薦豆之北, 以其加也. 四豆亦絟, 羊載在南, 豕載在北."
《儀禮集說》卷16: "注云'羊載在南, 豕載在北'者, 謂羊在西列之南, 豕在東列之北也."

468)《儀禮正義》卷38: "薦豆, 卽上韭菹等四豆也. 蔡氏德晉云'凡薦豆, 用木豆, 則加豆, 其皆用瓦豆歟!' 注云'設于薦豆之北, 以其加也'者, 以載, 醢是加豆, 故與薦豆同列而設於其北也."

469) 鄭玄注: "或言食, 或言飯, 食大名, 小數曰飯."
賈公彦疏: "云'食大名'者, 以其《論語》文多言食, 故云'食大名'也. 云'小數曰飯'者, 此《少牢》,《特牲》言三飯, 五飯, 九飯之等, 據一口謂之一飯, 五口謂之五飯等, 據小數而言, 故云'小數曰飯'也."

470) 鄭玄注: "腊必舉肩, 以肩爲終也."

471) 鄭玄注: "不舉者, 卿大夫之禮, 不過五舉, 須侑尸."

먹기 때문에 축과 주인이 번갈아 권하더라도 시동이 배불리 먹을 수 없다. 그러므로 3반을 할 때마다 축과 주인이 시동에게 함께 권한 것이다.[472] 〈특생궤식례〉 8 참조.

㉕ 侑曰

【按】정현의 주에 따르면 이때 祝은 시동에게 더 드시기를 권하는 일이 끝나면 다시 북쪽 벽 아래에서 남향하던 자리로 돌아간다.[473]

㉖ 實

정현의 주에 따르면 "飽(배부르다)와 같다.〔猶飽也.〕"

㉗ 尸又食

이것은 시동이 8飯하는 것이다.

㉘ 拜侑

【按】주소에 따르면 시동에게 더 드시기를 권할 때 祝이 권하는 말만 하고 절은 하지 않은 것은 소원한 관계이기 때문이며, 주인이 말은 하지 않고 권하는 절만 한 것은 親한 관계이기 때문이다.[474]

㉙ 尸又三飯

정현의 주에 따르면 "축을 위하여 1반하고 주인을 위하여 3반하는 것은 존비의 차이를 둔 것이다. 시동은 모두 11번 밥을 먹는다.〔爲祝一飯, 爲主人三飯, 尊卑之差. 凡十一飯.〕" 淩廷堪의《禮經釋例》권9에 따르면 "일반적으로 士의 제사에는 시동이 9반하고, 대부의 제사에는 시동이 11반한다.〔凡士祭尸九飯, 大夫祭尸十一飯.〕"

㉚ 受尸牢肺, 正脊, 加于肵

牢(羊牲과 豕牲)의 離肺와 正脊은 상좌식이 가장 먼저 들어 시동에게 준 것이다. 시동이 擧(牢의 이폐와 정척)를 먹은 뒤 나머지를 韭葅豆 위에 올려놓았다가 11飯을 다 마치고 난 뒤에야 비로소 들어서 좌식에게 주면 좌식이 받아서 肵俎 위에 올려놓는 것이다. 여기 경문에서 '奠于葅豆'라고 말하지 않은 것은 바로 글을 생략한 것이다. 淩廷堪의《禮經釋例》권9에 따르면 "일반적으로 시동이 먹고 남은 희생의 폐와 正脊은 반드시 먼저 葅豆 위에 올려놓았다가 시동이 밥을 다 먹고 나면 좌식이 비로소 시동에게서 받아 기조 위에 올려놓는다.〔凡尸所食之肺、脊, 必先奠于葅豆, 尸卒食, 佐食始受之, 加于肵俎.〕"

【按】敖繼公에 따르면 士禮〈특생궤식례〉 8와 마찬가지로 上佐食은 이때에도 上敦黍를 원래 있던 羊俎 남쪽에 되돌려 놓는데, 경문에서는 이를 생략한 것이다.[475]

472) 鄭玄注: "侑, 勸也. 祝獨勸者, 更則尸飽."
賈公彦疏: "云侑勸也, 祝獨勸者, 更則尸飽'者, 此決《特牲》九飯三侑, 皆祝, 主人共侑, 不更以侑者, 欲使尸飽. 若其重侑, 則嫌相褻.《特牲》重侑不更者, 以士禮九飯, 縱更亦不飽, 故不更. 此大夫禮十一飯, 更則飽, 故有更. 是以使祝獨侑, 與主人更之也."

473) 鄭玄注: "祝旣侑, 復反南面."

474) 鄭玄注: "祝言而不拜, 主人不言而拜, 親疏之宜."
賈公彦疏: "云祝言而不拜者, 疏也; 云主人不言而拜者, 親也. 事相成, 故云'親疏之宜'也."

475)《儀禮集說》卷16: "佐食亦反上敦黍于其所, 經文略也."

10. 주인이 시동에게 헌주함(主人初獻)

主人降洗爵, 升; 北面酌酒①, 乃醑(인)尸②。尸拜受。主人拜
送③。尸祭酒, 啐酒。賓長羞牢肝用俎④, 縮執俎, 肝亦縮, 進
末, 鹽在右⑤。尸左執爵, 右兼取肝⑥, 捥于俎鹽, 振祭, 嚌
之, 加于菹豆⑦, 卒爵。主人拜。祝受尸爵⑧。尸答拜。

주인이 당을 내려가 南洗(당 아래 동쪽 계단 동남쪽에 있는 洗)에서 술잔을
씻어 들고 당에 올라 북향하고 술을 따른다. 이어 室로 들어가 시동
에게 입가심하도록 헌주한다.(初獻)
시동이 절하고 받는다.(拜受禮) 주인이 잔을 보내고 서향하여 절한
다.(拜送禮)
시동이 술을 祭(고수레)하고 술을 조금 맛본다.
賓長이 牢(羊牲·豕牲)의 구운 간을 올리는데 俎에 담아 올린다. 俎를
세로로 들며 俎의 간 역시 세로로 놓는데, 간의 끝부분이 앞(시동 쪽)
으로 가게 하여 올린다. 俎에 함께 담는 소금은 간의 오른쪽(북쪽)에
놓는다.
시동이 왼손으로 잔을 잡고 오른손으로 羊肝과 豕肝을 함께 취하여
俎의 소금을 찍어 振祭(祭物을 털어 고수레함)하고 조금 맛본 뒤 韭菹豆
에 올려놓는다. 잔의 술을 다 마신다.
주인이 절한다.
祝이 시동에게서 빈 잔을 받는다.
시동이 답배한다.

① 北面酌酒
　　이것은 東房과 室戶 사이에 진설해둔 甒(무. 술 단지)에서 술을 따르는 것이다.
　　【按】敖繼公에 따르면 이것은 일반적으로 이곳에서 술을 따르는 경우의 방향과 위치를
　　보여준 것이다. 술 단지를 東西방향으로 진설했을 경우 勺의 자루는 남쪽으로 가도록 하
　　며(<소뢰궤식례> 5 주⑤, ⑥) 북향하고 술을 따른다.[476]

476) 《儀禮集說》卷16: "云
'北面酌酒', 見凡酌於此者之
面位也. 尊東西設, 勺南枋而
北面酌之."

② 酳

【按】정현의 주에 따르면 '羡'(넉넉할 연)과 같다. 시동에게 음식을 올린 뒤에 술을 또 올리는 것은 시동을 즐겁게 하기 위해서이다.[477] 〈특생궤식례〉 9 주② 참조.

③ 主人拜送

【按】王引之에 따르면 이때 주인은 서향하고 절한다. 왕인지는 〈소뢰궤식례〉와 〈특생궤식례〉에서 시동이 室의 서남쪽 모퉁이에 있을 때 주인이 모두 서향하고 섬긴다고 해석한 《예기》〈祭統〉의 공영달의 소를 근거로 하여 〈특생궤식례〉 9에서도 서향하고 절한다고 보았다. 왕인지에 따르면 원래 '西面' 2자가 있었던 것이 《唐石經》에서부터 탈문된 것이다.[478]

④ 賓長羞牢肝

'賓長'은 여러 祭官 중의 어른으로, 나이와 작위가 모두 높은 사람이다. '羞牢肝'은 胡培翬에 따르면 "즉 이른바 '간을 따라서 올린다.'라는 것이다. 일반적으로 주인·주부·賓長이 헌주할 때에는 모두 따라서 올리는 음식이 있다.[卽所謂以肝從也. 凡主人·主婦·賓長獻, 皆有從.]"

⑤ 鹽在右

정현의 주에 따르면 "소금은 간의 오른쪽에 놓는데, 시동이 소금을 찍기에 편하게 하기 위한 것이다.[鹽在肝右, 便尸擩(연)之.]"

【按】양천우는 '소금이 간의 오른쪽에 놓여있다.'는 것을 俎가 시동의 자리 앞에 진설될 때를 가리킨다고 보아, 시동의 입장에서는 오른쪽이 되고 賓長의 입장에서는 왼쪽이 된다고 하였다. 그러나 가공언의 소에 따르면 '소금이 간의 오른쪽에 놓여있다.'는 것은 賓長이 俎를 서향하고 올리는 입장에서 말한 것이다. 즉 동향하고 있는 시동의 입장에서는 소금이 왼쪽에 있게 되어 오른손으로 간을 들어 왼쪽을 향하여 소금을 찍게 되는데, 이것이 바로 '소금을 찍기에 편리하게 한다.'는 것이다.[479] 역대의 주석가들 역시 대체로 가공언의 소를 따르고 있다. 일반적으로 菹를 醢에 찍을 때에도 먹는 사람의 입장에서 醢를 왼쪽에, 菹를 오른쪽에 진설하기 때문에 여기에서도 가공언의 설을 따르기로 한다.

⑥ 兼取

정현의 주에 따르면 "羊肝과 豕肝을 함께 취하는 것이다.[兼羊·豕也.]"

⑦ 菹豆

胡培翬에 따르면 "韭菹(부추 초절임)를 담은 豆이다.[韭菹豆也.]"

⑧ 祝受尸爵

阮元의 교감본에는 句의 첫머리에 '祝'자가 빠져있다. 各本에는 모두 '祝'자가 있고 漢簡本에도 있다.

477) 鄭玄注: "酳, 猶羨也. 旣食之, 而又飮之, 所以樂之."

478) 《經義述聞》 10: "主人拜送, 本作'主人西面拜送'. 凡主人·主婦事尸, 皆西面……《祭統》正義云《少牢》·《特牲》尸皆在室之奧, 主人西面事之', 是也.……《特牲》直有主人拜送, 雖不見主人位, 約與《少牢》同皆西面也. 彼疏兩引此文皆云西面, 自《唐石經》始脫西面二字, 而各本遂沿其誤."

479) 賈公彦疏: "云'鹽在肝右, 便尸擩'者, 鹽在肝右, 據賓長西面手執而言. 尸東面, 若至尸前, 鹽在尸之左. 尸以右手取肝, 鄕左擩之, 是其便也."

11. 시동이 주인에게 酢酒, 祝이 嘏辭함(主人初獻)

祝酌, 授尸①。尸醋主人②。主人拜受爵。尸答拜。主人西
面奠爵, 又拜③。上佐食取四敦(대)黍、稷。下佐食取牢一切
肺, 以授上佐食。上佐食以綏(타)祭④。主人左執爵⑤, 右受
佐食⑥, 坐祭之⑦, 又祭酒, 不興, 遂啐(쵀)酒⑧。祝與二佐食
皆出, 盥于洗⑨, 入。

二佐食各取黍于一敦⑩, 上佐食兼受, 搏之以授尸。尸執以
命祝⑪。卒命祝, 祝受以東北面于尸西⑫, 以嘏(하)于主人曰⑬:
"皇尸命工祝⑭, 承致多福無疆于女孝孫⑮, 來(뢰)女孝孫⑯, 使
女受祿于天, 宜稼于田⑰, 眉壽萬年⑱, 勿替引之⑲。"主人坐
奠爵⑳, 興再拜稽首, 興受黍, 坐振祭, 嚌之, 詩懷之㉑, 實于
左袂, 挂(괘)于季指㉒, 執爵以興, 坐卒爵, 執爵以興, 坐奠爵
拜。尸答拜。執爵以興, 出㉓。宰夫以籩受嗇黍㉔。主人嘗
之㉕, 納諸内㉖。

〈시동이 주인에게 酢酒〉

　祝이 시동에게서 받은 빈 술잔을 들고 室을 나와 당에서 술을 따
라 들고 실로 들어가 시동에게 건네준다.

　시동이 받아서 주인에게 답잔을 준다.

　주인이 절하고 시동 앞으로 나아가 酢爵(답하는 술잔)을 받는다.(拜受
禮) 시동이 답배한다.(拜送禮)

　주인이 자기 자리로 돌아가 서향하고 잔을 내려놓고 또 절한다.(俠爵拜)

　上佐食이 4개의 敦에서 黍飯과 稷飯을 조금씩 취한다.

　下佐食이 시동의 羊俎와 豕俎에서 牢(羊牲과 豕牲)의 切肺(祭肺) 1조각
씩을 취하여 상좌식에게 준다. 상좌식이 주인의 綏祭(타제. 祭할 음식을
내려놓아 고수레함)를 도와 주인에게 祭物(서반, 직반, 절폐)을 건네준다.

　주인이 왼손으로 잔을 들고 오른손으로는 상좌식에게서 제물을
받아 앉아서 일일이 타제한다. 또 술을 祭한 뒤에 일어나지 않고
이어 술을 조금 맛본다.

축과 두 좌식이 모두 室을 나가 南洗(당 아래 동쪽 계단 동남쪽에 있는 洗)
에서 손을 씻고 室로 들어온다.

〈祝이 주인에게 嘏辭〉
두 좌식이 각각 별도의 敦(대)에서 黍飯을 취한다. (상좌식은 上敦에서,
하좌식은 下敦에서 취한다.) 상좌식이 하좌식이 취한 서반을 함께 받아
둥글게 뭉쳐서 시동에게 건네준다.
시동이 뭉친 서반을 들고 축에게 嘏辭(복을 빌어주는 말)를 명한다.
시동이 축에게 명하기를 마치면 축이 하사와 뭉친 서반을 받아 室
戶의 서쪽에서 동북향하고 주인에게 다음과 같이 하사를 전한다.
(주인은 서서 하사를 듣는다.)
"皇尸께서 이 工祝에게 명하여 너 효손(주인)에게 한량없이 많은
복이 내려지기를 전하노라. 너 효손에게 많은 복이 내려져서 네가
하늘에서 복록을 받아 밭에서 농사가 잘되고 만년토록 장수하기
를 축원하노니, 받은 복록을 길이 하여 끊어짐이 없게 하라."
주인이 앉아서 잔을 내려놓고 일어나 再拜稽首한다. 다시 일어나
조금 앞으로 나아가 축에게서 뭉친 서반을 받아서 자리로 돌아와
앉아 振祭하고 조금 맛본 뒤에 뭉친 서반을 공손히 가슴에 품었다
가 왼쪽 옷소매 속에 넣고 소매 끝을 새끼손가락에 건다. 잔을 들
고 일어났다가 앉아서 잔의 술을 다 마신다. 잔을 들고 다시 일어
났다가 앉아서 잔을 내려놓고 절한다.
시동이 답배한다.
주인이 빈 잔을 들고 일어나 室을 나간다.
宰夫(음식을 관장하는 사람)가 빈 籩으로 주인에게서 뭉친 서반을 받
는다. 이때 주인이 뭉친 서반을 재차 맛보면 재부가 이를 받아 東
房 안에 들여 넣는다.

① 授
【按】'授'에 대해 《儀禮注疏(整理本)》(北京大出版社, 2000)의 교감기에는 唐石經에 '受'로 되어
있다는 설을 소개한 뒤, 《儀禮集釋》·《儀禮要義》·《儀禮正義》 등 各本에 모두 '授'로 되
어 있으며, 宋나라 張淳 역시 바로 앞 경문에서 祝이 시동에게서 빈 爵을 받아 여기에

술을 따라서 시동에게 주는 것이기 때문에 '受'는 오류이며 경문의 뜻을 따라 '授'로 보아야 한다고 주장한 설을 소개하고 있다.[480] 漢簡本에도 '授'로 되어 있으니 장순의 설이 틀리지 않음을 알 수 있다.

② 醋

'酢'과 같다. 정현의 주에 따르면 "보답하다는 뜻이다.[報]" 蔡德晉은 "시동이 반드시 주인에게 답잔을 올리는 것은 예에는 보답하지 않는 법이 없기 때문이다.[尸必酢主人者, 禮無不答也.]"라고 하였으며, 胡培翬는 "醋은 酢과 같다. 酢은 보답한다는 뜻일 뿐이다.[醋同酢, 酢, 報爾.]"라고 하였다.

③ 主人西面奠爵, 又拜

【按】이것은 주인이 나아가 술잔을 받아 들고 다시 자기 자리로 돌아와 서향하고 술잔을 내려놓은 것이다. 〈특생궤식례〉 9 주⑨ 참조. 주인이 이미 拜受禮를 행한 뒤에 술을 받았는데 술을 받은 뒤에 또 절한 것은, 정현의 주에 따르면 시동을 더욱 높이기 위해 **俠爵拜**를 행한 것이다.[481]

④ 綏祭

즉 墮(타)祭이다. 정현의 주에 따르면 "綏는 按(타)로 쓰기도 하며 墮의 뜻으로 읽는다.[綏, 或作按, 讀爲墮.]" 祭物을 취하여 다른 사람에게 주어 다른 사람이 祭하는 것을 돕는 것이다. 여기에서는 주인이 祭하는 것을 돕는 것이다. '墮祭'는 정현의 주에 따르면 "祭物을 내려놓는 것을 '墮'라 한다.[下祭曰墮.]"

【按】〈특생궤식례〉 8 주⑧ 참조.

⑤ 左執爵

'左'는 원문에는 '佐'로 잘못 되어있다. 阮元의 교감본에서는 張淳의 설을 인용하여 "經의 앞뒤 문장에서 爵을 드는 것은 모두 왼손으로 하였으니 여기의 '佐'는 '左'가 되어야 한다. 경의 前後 문장을 따른다.[經前後文執爵皆左, 此佐'當爲'左', 從經前後文.]"라고 하였다. 漢簡本에도 '左'로 되어 있으니 장순의 설이 틀리지 않음을 알 수 있다.

⑥ 右受佐食

정현의 주에 따르면 "오른손으로 墮祭할 祭物을 좌식에게서 받는 것이다.[右手受墮於佐食也.]" '墮'는 위의 黍飯, 稷飯, 切肺를 대신 가리킨 것이다.

⑦ 坐祭之

【按】정현의 주에 따르면 제사 때 시동은 계속 앉아 있다가 일이 있을 때만 일어나고 주

480)《儀禮識誤》卷2: "經曰 '祝酌受尸', 按經上文祝受尸爵, 今酌以授尸, 作'受', 非也. 從經."

481) 鄭玄注: "主人受酢酒, 俠爵拜, 彌尊尸."

인은 계속 서있다가 일이 있을 때만 앉기 때문에 이것은 시동이 주인과 함께 禮를 행하는 장면임을 알 수 있다.[482]

⑧ 啐酒

【按】'啐'(쵀)와 '嚌'(제)는 모두 '맛본다'는 뜻으로, 啐는 음식이 입안에 들어가는 것이고 嚌는 음식이 치아에까지만 이르는 것이다.[483]

⑨ 盥于洗

당 아래 동쪽 계단 동남쪽에 있는 洗(南洗)에서 손을 씻는 것이다.

⑩ 各取黍

【按】敖繼公에 따르면 黍飯을 상좌식은 上敦(대)에서 취하고 하좌식은 下敦에서 각각 취하는 것이다. 이때 서반을 담은 상대는 서쪽에, 하대는 동쪽에 있다.[484] 〈소뢰궤식례〉 7 참조.

⑪ 命祝

정현의 주에 따르면 "축에게 嘏辭(하사. 복을 빌어주는 말)를 명하는 것이다.[命祝以嘏辭.]" 즉 시동이 하사를 축에게 주고 축이 다시 이것을 주인에게 전하는 것이다.

【按】가공언의 소에 따르면 〈특생궤식례〉에서는 시동이 직접 주인에게 嘏辭를 내려주었는데 여기 〈소뢰궤식례〉에서는 시동이 祝을 시켜 주인에게 하사를 내리도록 한 것은 대부의 시동은 존귀하기 때문이다.[485] 〈특생궤식례〉 9 주⑬ 참조.

⑫ 祝受以東北面于戶西

【按】축이 주인에게 嘏辭를 전할 때 방향에 대해 두 가지 설이 있다. 하나는 축이 시동의 앞으로 가서 하사를 들은 뒤 동쪽으로 가서 북향하고 주인에게 하사를 전해준다는 설이고, 다른 하나는 축이 동북향하고 주인에게 하사를 전해준다는 설이다. 전자는 郝敬의 설[486]이 대표적이며, 후자는 敖繼公,[487] 胡培翬,[488] 黃以周[489] 등의 설이 대표적이다. 대체로 후자를 따르는 설이 많기 때문에 여기에서는 우선 후자의 설을 따르기로 한다.

⑬ 嘏

福이라는 뜻으로, 여기에서는 복을 내리는 말을 이른다. 즉 신을 대신하여 축복을 내리는 말이기도 하다. 〈특생궤식례〉 9 주⑪ 참조.

⑭ 工祝

祝官이라는 말과 같다. 정현의 주에 따르면 "工은 관원이다.[工, 官也.]" 胡培翬는 "여기의 工祝은 축이 스스로를 칭한 말이다.[此工祝爲祝自稱之辭.]"라고 하였다.

482) 鄭玄注: "至此言坐祭之者, 明尸與主人爲禮也. 尸恒坐, 有事則起; 主人恒立, 有事則坐."

483) 《禮記正義》〈雜記下〉鄭玄注: "嚌, 啐, 皆嘗也. 嚌, 至齒; 啐, 入口."

484) 《儀禮集說》卷16: "各取黍, 上者取于上敦, 下者取于下敦. 黍之上敦在西, 下敦在東."

485) 賈公彦疏: "《特牲》尸親嘏主人, 此尸使祝嘏主人者, 大夫尸尊, 故不親嘏."

486) 《禮節解》卷16: "祝受以東, 尸在室西隅, 祝席前受尸命, 遂東就主人戶內之位致嘏也."

487) 《儀禮集說》卷16: "東北面鄉主人."

488) 《儀禮正義》卷38: "祝致嘏主人, 自當鄉主人."

489) 《禮書通故》17: "以周案: 以東北面于戶西七字句."

⑮ 承

정현의 주에 따르면 “傳(전하다)과 같다.〔猶傳也.〕”

⑯ 來

정현의 주에 따르면 “釐(뢰)와 같이 읽어야 한다. 釐는 ‘주다’라는 뜻이다.〔讀曰釐. 釐, 賜也.〕”

【按】‘釐’는 ‘賚’(줄 뢰)와 통용한다.

⑰ 稼

정현의 주에 따르면 “밭 갈고 씨 뿌리는 것을 ‘稼’라고 한다.〔耕種曰稼.〕”

⑱ 眉壽

長壽라는 말과 같다. 吳廷華에 따르면 “노인에게 기다란 눈썹이 있는 것은 장수의 상징이다.〔老人有豪眉, 壽徵也.〕”

⑲ 勿替引之

정현의 주에 따르면 “替는 ‘폐하다’라는 뜻이다. 引은 ‘길다’라는 뜻이다. 폐해지거나 중단되는 때가 없이 오랫동안 이와 같다는 말이다.〔替, 廢也. 引, 長也. 言無廢止時, 長如是也.〕”

⑳ 主人坐

【按】敖繼公에 따르면 이때 주인이 비로소 앉았다면 앞의 嘏辭는 주인이 서서 들은 것이다.[490]

㉑ 詩懷之

〈특생궤식례〉 9 주⑮ 참조.

㉒ 挂于季指

〈특생궤식례〉 9 주⑯ 참조.

㉓ 出

【按】정현의 주에 따르면 室戶를 나가는 것이다.

㉔ 宰夫……嗇黍

‘嗇黍’는 黍團子(뭉친 黍飯)이다. 〈특생궤식례〉 9 주⑫⑰ 참조.

【按】정현의 주에 따르면 ‘宰夫’는 음식에 관한 일을 관장하는 사람이다.[491]

㉕ 主人嘗之

【按】주소에 따르면 주인이 뭉친 黍飯을 재차 맛보는 것은 이것을 지극히 중히 여겨서이다. 〈특생궤식례〉 9(주⑰)에는 다시 맛본다는 구절이 없는데, 이것은 글이 갖추어져 있지 않은 것 뿐이다.[492]

490] 《儀禮集說》卷16: “坐奠爵, 是立聽嘏也.”

491] 鄭玄注: “宰夫, 掌飲食之事者.”

492] 鄭玄注: “復嘗之者, 重之至也.”
賈公彦疏: “云復嘗之者, 重之至也’者, 前已嚌之, 是已嘗. 今復言嘗, 是重受福之至也. 《特牲》不言復嘗者, 文不具也.”

㉖ 納諸內

【按】주소에는 '內'에 대한 해석이 없다. 敖繼公은 籩 안으로 보았는데,[493] 俞樾은 《한서》를 근거로 하여 '內'를 東房 안으로 보고 오계공의 설을 오류라고 하였다. 다만 〈특생궤식례〉 9에서는 士禮이기 때문에 주인이 직접 방으로 가지고 갔지만, 여기에서는 대부례이기 때문에 宰夫가 받아서 東房 안에 들여넣었다고 보았다.[494]

12. 주인이 祝에게 헌주함(主人初獻)

主人獻祝. 設席南面. 祝拜于席上, 坐受①. 主人西面答拜. 薦兩豆, 葅, 醓②. 佐食設俎: 牛髀③·橫脊一·短脅一④, 腸一, 胃一, 膚三⑤, 魚一橫之⑥, 腊兩髀屬(촉)于尻(고)⑦. 祝取葅㨎(연)于醓, 祭于豆間. 祝祭俎⑧, 祭酒, 啐(쵀)酒. 肝牛從⑨. 祝取肝㨎于鹽, 振祭, 嚌(제)之, 不興, 加于俎⑩, 卒爵興.

주인이 祝에게 헌주한다.
축을 위한 돗자리를 室의 북쪽 벽 아래에 남향으로 편다.
축이 돗자리 위에서 절하고 앉아서 술을 받는다. 주인이 서향하고 답배한다.
2개의 豆를 올리는데 葵葅豆(규저두. 아욱 초절임)와 蠃醓豆(라해두. 달팽이 젓갈)이다.
좌식이 하나의 牲俎를 진설한다. 이 俎에는 牢(羊牲·豕牲)의 右髀(우비)와 橫脊·短脅 각 1骨, 羊牲의 腸 1마디와 胃 1가닥, 豕牲의 倫膚 3덩이를 담고, 물고기 1마리를 俎 위에 가로로 담고, 腊(말린 사슴)의 髀 2골(좌반과 우반)을 엉덩이에 붙어있는 부분 그대로 담는다.
축이 규저를 취하여 라해에 찍어 2개의 豆(규저두와 라해두) 사이에 祭(고수레)한다.
축이 생조에 담긴 倫膚를 祭한다. 술을 祭하고 술을 조금 맛본다.
유사가 牢의 간을 肝俎에 담아 따라 올린다.
축이 간을 취해 소금에 찍어 振祭하고 조금 맛본 뒤에 일어나지 않고

493) 《儀禮集說》卷16: "納之內, 謂籩中."
494) 《群經平議》卷16: "納諸內者, 納諸房也. 古謂房室爲內. 《漢書·鼂錯傳》家有一堂二內. 二內者, 卽所謂東房西室也. 《特牲饋食禮》主人出寫嗇于房, 祝以籩受, 彼士禮, 故主人自入房寫之. 此大夫禮, 故宰夫受而納諸內. 雖禮有不同, 然內卽房也. 注疏均不說內字, 敖繼公因誤以爲籩中, 失之矣."

간을 생조 위에 올려놓는다. 이어 술잔의 술을 다 마신 뒤에 일어난다.

① 坐受

【按】祝이 술을 앉아서 받는다는 점에서는 시동과 같지만 그 이유에 대해서는 설이 분분하다. 정현의 주에 따르면 室 안이 협소하기 때문에 앉아서 받는 것이다.[495] 그러나 郝敬은 정현의 주를 오류로 보았다. 옛날의 坐는 宴坐와 危坐, 두 종류가 있었는데 정현은 이 둘을 하나로 잘못 보았다는 것이다. 학경에 따르면 '연좌'는 두 무릎을 바닥에 붙이고 두 정강이를 발에 붙이는 것으로 賓과 주인의 坐이며, '위좌'는 跪라고도 하는데 두 무릎을 바닥에 붙이고 몸을 곧게 세우는 것으로 賤者나 죄인의 坐이다. 즉 여기에서처럼 앉아서 받는 것은 常禮를 변한 것뿐이다.[496] 盛世佐는 정현의 설도 틀렸지만 학경의 설 역시 틀렸다고 보았다. 성세좌에 따르면 시동이 앉아서 받는 것은 尊者를 우대한 것이고, 축과 좌식이 앉아서 받는 것은 賤者여서 예를 소략하게 한 것이니, 앉는다는 현상은 같으나 그 이유는 다르다.[497]

② 葅,醢

정현의 주에 따르면 "葵葅(규저. 아욱 초절임)와 蠃醢(라해. 달팽이 젓갈)이다.〔葵葅、蠃醢.〕"

③ 牢髀

羊과 豕를 아울러 말하였다. 이 牢는 다음에 나오는 髀·橫脊·短脅 3개의 牲體를 모두 가리킨다.

【按】'髀'는 敖繼公에 따르면 右髀이다.[498]

④ 橫脊一、短脅一

【按】脊과 脅은 원래 2體을 1體로 삼는데, 여기에서 1體을 1體로 삼은 것은, 敖繼公에 따르면 俎實이 많기 때문이다.[499]

⑤ 腸一, 胃一, 膚三

豕牲은 腸과 胃를 쓰지 않고 羊牲은 膚를 쓰지 않으니, 腸과 胃는 羊에 속하고 膚는 豕에 속한다. 〈소뢰궤식례〉 6 참조.

⑥ 魚一橫之

【按】주소에 따르면 원래 俎에 세로로 담았던 물고기를《소뢰궤식례》 6》 이때 가로로 담는 이유는, 羊·豕·魚·腊 4가지를 모두 하나의 俎에 담기 때문에 방향을 다르게 놓은 것이다.[500]

⑦ 腊兩髀屬于尻

【按】주소에 따르면 羊牲이나 豕牲의 髀도 賤하지만 左·右胖을 모두 사용하는 腊의 髀(비)는 이보다 더욱 천하기 때문에 尻와 분리하지 않는 것이다.[501]

495) 鄭玄注: "室中迫狹."

496) 《儀禮節解》卷16: "拜于席上坐受, 變常禮也. 蓋室中獻禮, 尊祝與佐食, 因神受賜, 故拜席上跪受之, 示不敢當也.……按古者坐, 以兩膝著地兩股貼足, 謂之宴坐, 賓主席上之坐是也. 兩膝著地直身起, 謂之危坐, 賤者及罪人之坐, 即今跪也. 鄭解混爲一, 故以祝、佐食者爲獻, 同尸坐, 謂祝拜席上坐受, 爲室中狹, 非也. 古室在堂北, 爲事神行禮陳設之 所, 非狹也. 禮豈因地狹遂廢?"

497) 《儀禮集編》卷38: "尸坐, 優尊也. 祝、佐食之受爵, 投爵亦坐, 略賤也. 其坐同, 而所以坐之故則不同, 郝以謂坐有兩法, 亦非."

498) 《儀禮集說》卷16: "髀, 右髀也."

499) 《儀禮集說》卷16: "橫脊、短脅不二骨者, 俎實已多, 故此略之."

500) 鄭玄注: "魚橫者, 四物共俎, 殊之也."
賈公彦疏: "云魚橫者, 四物共俎, 殊之也'者, 以其魚獨在俎縮載, 今橫者爲四物共俎, 橫而殊之也. 縮有七物, 而云四物者, 據羊、豕、魚、腊, 故云四物也."

501) 鄭玄注: "腊兩髀屬于尻, 尤賤, 不殊."
賈公彦疏: "云尤賤者, 羊、豕體不屬於尻, 以腊用左、右胖, 故有兩髀. 言髀屬于尻, 尻在中, 謂髀與尻相連屬, 不殊, 是尤賤也. 腊髀賤, 常連之也."

⑧ 祭俎

　정현의 주에 따르면 "大夫禮에는 축의 俎에 肺가 없으니 膚로 祭한다.〔大夫祝俎無肺, 祭用膚.〕"

　【按】 가공언의 소에 따르면 일반적으로 豕牲의 膚는 모두 맛을 보지 않는데 여기에서 정현이 유독 이를 언급한 이유는 여기에서는 맛을 보는 폐를 膚로 대신하였기 때문이다.[502]

⑨ 肝牢

　胡培翬에 따르면 "牢肝으로 써야 한다.〔當作牢肝.〕"

⑩ 俎

　【按】 敖繼公에 따르면 구운 간을 담아 들고 왔던 肝俎가 아니라 正俎인 牲俎이다.[503]

　〈특생궤식례〉 9 주 ⑳ 참조.

13. 주인이 두 좌식에게 헌주함(主人初獻)

> 主人酌, 獻上佐食。上佐食戶內牖東, 北面拜①, 坐受爵。主人西面答拜。佐食祭酒, 卒爵拜②, 坐授爵, 興③。俎設于兩階之間④, 其俎, 折、一膚⑤。主人又獻下佐食⑥, 亦如之。其肴(중)亦設于階間⑦, 西上⑧, 亦折、一膚。

주인이 祝에게서 빈 술잔을 받아 들고 室을 나가 당 위에서 술을 따라 다시 室로 들어가 上佐食에게 헌주한다.

상좌식이 室戶 안의 창 동쪽에서 북향하여 절하고, 앉아서 잔을 받는다. 주인이 서향하고 답배한다.

상좌식이 술을 祭하고 잔의 술을 다 마신 뒤에 앉아서 빈 잔을 주인에게 주고 일어난다.(상좌식은 室을 나가 당 아래 두 계단 사이에 진설하는 자신의 俎에 나아간다.)

상좌식의 俎를 당 아래 두 계단 사이에 진설하는데, 그 俎에는 折(羊과 豕의 正體 중 남은 骨體를 자른 것) 1조각과 倫膚(껍데기가 붙은 돼지고기) 1덩이를 담는다.

주인이 또 下佐食에게 헌주하는데, 상좌식에게 헌주할 때와 같이 한

502) 賈公彦疏: "凡膚皆不嚌, 獨於此言之者, 以其以膚替肺, 肺則嚌, 此則不嚌, 故須言之也."

503) 《儀禮集說》卷16: "俎, 牲俎也."

다. (주인은 하좌식에게서 빈 잔을 받아 들고 당을 내려가 下篚 안에 넣은 뒤 다시 室로 들어와 서향하던 자리로 돌아간다.)

하좌식의 肴(조. 折과 倫膚를 담은 俎)도 두 계단 사이에 진설하는데, 서쪽을 상위로 하여 상좌식의 조를 서쪽에 진설한다. 하좌식의 조에도 마찬가지로 折 1조각과 倫膚 1덩이를 담는다.

① 戶內牖東, 北面拜

【按】敖繼公에 따르면 일반적으로 室 안에서 북향하고 절하는 경우에는 모두 戶와 牖(유) 사이에서 남쪽 벽을 등지고 하는 것이다. 이때 '戶西'라고 하면 戶에 가깝다는 뜻이고, '牖東'이라고 하면 牖에 가깝다는 뜻이다.[504]

② 佐食祭酒, 卒爵拜

【按】정현의 주에 따르면 佐食이 술을 祭한 뒤 맛보지 않고 바로 마시는 이유는 대부의 좌식은 賤하기 때문에 禮를 간략하게 한 것이다.[505] 가공언은 〈소뢰궤식례〉의 좌식과 달리 〈특생궤식례〉의 좌식은 맛을 본 뒤에 마신다고 하였으나,[506] 〈특생궤식례〉 9를 보면 여기에서도 좌식은 주인에게서 술잔을 받으면 祭한 뒤 곧바로 술을 마시고 있다. '拜'는 敖繼公에 따르면 衍文이다. 축과 좌식은 모두 술을 다 마신 뒤에 절하지 않기 때문이다.[507] 褚寅亮 역시 축이 이미 술을 다 마신 뒤에 절하지 않았다면 좌식 역시 다 마신 뒤에 절하지 않음을 알 수 있다고 하여 오계공의 설을 지지하였다.[508]

③ 坐授爵, 興

【按】敖繼公은 〈士虞禮〉의 "좌식은 일이 없을 때 室戶를 나가 依(室戶와 室牖 사이)를 등지고 남향한다."라는 구절을 근거로, 여기에서도 좌식이 室을 나간 뒤 실호 밖에 서있는다고 보았다.[509] 그러나 정현의 주에서는 〈특생궤식례〉를 근거로 여기에서도 좌식이 室을 나가 中庭에서 북향하고 서있는다고 보았으며,[510] 오계공 외에는 대부분 정현의 주를 따르고 있다. 바로 다음 경문에서 "상좌식의 俎를 당 아래 두 계단 사이에 진설한다."라는 구절을 보면 정현의 주를 따르는 것이 옳을 듯하다. 〈특생궤식례〉 6 주⑲ 참조.

④ 俎設于兩階之間

정현의 주에 따르면 "좌식은 室 안에서 禮를 이루지 못한다.〔佐食不得成禮於室中.〕"

⑤ 折

정현의 주에 따르면 "折은 羊牲과 豕牲의 正體의 남은 骨體 중에 가려서 잘라 쓴다.〔折者, 擇取牢正體餘骨, 折分用之.〕" 이른바 '正體'는 牲體(우반)

504) 《儀禮集說》卷16: "凡室中北面拜者, 皆在戶牖間. 其言戶西者, 則近於戶, 言牖東者, 則近於牖."

505) 鄭玄注: "不啐而卒爵者, 大夫之佐食賤, 禮略."

506) 賈公彦疏: "《特牲》士之佐食亦啐, 大夫佐食賤, 禮略.."

507) 《儀禮集說》卷16: "拜蓋衍文. 祝與佐食皆不拜旣爵者, 遠下尸, 亦大夫禮異也."

508) 《儀禮管見》卷下5: "祝旣不拜卒爵, 則佐食亦不拜卒爵可知. 敖氏謂拜字衍, 此則可從者也."

509) 《儀禮集說》卷16: "佐食興, 則出立于戶外. 《士虞·記》曰: '佐食無事, 則出戶負依, 南面.'"

510) 鄭玄注: "上佐食旣獻則出, 就其俎. 《特牲·記》曰佐食'無事則中庭北面', 謂此時."

를 뼈의 마디 부분을 따라 12體로 자른 것으로, 그 중 髀는 사용하지 않기 때문에 正體는 11體가 된다.《소뢰궤식례》5) 이 11體를 尊卑에 따라 尸俎·祝俎·主人俎·主婦俎에 나누어 담은 뒤에 그 남은 것을 다시 잘라서 佐食의 俎에 담는다. 좌식은 신분이 낮기 때문에 완전한 正體의 骨을 쓰지 못하고 그 남은 骨體를 잘라서 쓸 수밖에 없다.

⑥ 主人又獻下佐食

정현의 주에 따르면 상좌식은 주인의 헌주를 받아서 마신 뒤에 곧바로 室을 나와 당을 내려가 계단 사이로 가서 자신의 俎가 있는 곳으로 나아간다.[511] 주인이 이어서 또 하좌식에게 헌주한다.

【按】敖繼公에 따르면 〈특생궤식례〉 9와 같이 여기에서도 주인은 하좌식에게서 빈 술잔을 받아 당 아래로 내려가 下篚에 넣은 뒤 다시 室 안의 서향하던 자리로 돌아온다.[512]

⑦ 肴

胡培翬에 따르면 "俎에 담은 것이다.〔俎實.〕" 여기에서는 '折'을 담은 俎를 가리킨다.

⑧ 西上

張爾岐에 따르면 "상좌식의 俎는 서쪽에 놓고 하좌식의 俎는 그 동쪽에 놓는다.〔上佐食俎在西, 此在其東.〕"

14. 주부가 시동에게 헌주함(主婦亞獻)

有司贊者取爵于篚以升①, 授主婦贊者于房戶②。婦贊者受以授主婦。主婦洗于房中③, 出, 酌, 入戶, 西面拜, 獻尸④。尸拜受。主婦主人之北, 西面拜送爵⑤。尸祭酒, 卒爵⑥。主婦拜。祝受尸爵。尸答拜。

有司贊者가 下篚(당 아래의 篚)에서 술잔을 꺼내어 들고 당에 올라가 東房과 室戶 사이에서 主婦贊者에게 준다. 주부찬자가 이 잔을 받아 주부에게 준다.
주부가 東房 안의 北洗에서 잔을 씻어 동방을 나와 당 위에서 술을

511) 鄭玄注: "上佐食旣獻則出, 就其俎.《特牲·記》曰'佐食無事則中庭北面', 謂此時."
512)《儀禮集說》卷16: "卒獻, 則主人受爵以實于下篚, 而升復位."

따라 室 안으로 들어가 서향하여 절한 뒤에(俠拜) 시동에게 헌주한
다. 시동이 동향하여 절하고 받는다.(拜受禮) 주부가 주인의 북쪽(오른
쪽)에서 잔을 보내고 서향하여 절한다.(拜送禮)
시동이 술을 祭(고수레)하고 잔의 술을 다 마신다. 주부가 절한다.
祝이 시동에게서 빈 잔을 받는다.
시동이 주부에게 답배한다.

① 有司贊者取爵于篚

胡匡衷의 《儀禮釋官》에 따르면 "일반적으로 일은 그 일을 전적으로 주관
하는 사람이 있는데, 이 사람을 有司라고 한다. 贊者는 유사를 돕는 사람
이다.〔凡事有專主之者, 謂之有司, 贊者則有司之助.〕" 有司는 司馬·司士·
宰夫 등을 이른다. 〈유사철〉 1 주① 그러나 여기의 贊者가 어떤 유사의 찬자
인지는 알 수 없다.

【按】 '篚'는 敖繼公에 따르면 당 아래에 있는 下篚로, 부인은 뜰에 내려가 爵을 가져올
수 없기 때문에 有司가 부인을 위하여 대신 가져다 주는 것이다.[513]

② 授主婦贊者于房戶

【按】 가공언은 《예기》〈內則〉의 "남자와 여자는 제사가 아니고 초상이 아니면 서로 그릇
을 주고받지 않는다. 서로 주고받는 경우에는 여자는 광주리로 받고 광주리가 없으면 남
자와 여자가 무릎 꿇고 앉아서 남자가 그릇을 바닥에 놓은 뒤에 여자가 가져간다."라는
구절을 근거로, 여기에서도 有司가 술잔을 篚에 담아 주었거나 바닥에 먼저 내려놓은 뒤
에 주부찬자가 가져간 것으로 보았다.[514] 그러나 胡培翬는 〈내칙〉의 이 구절은 바로 제
사에서는 곧바로 주고받을 수 있다는 말이기 때문에 가공언의 설을 옳지 않다고 보았
다.[515] '房戶'의 '戶'를 敖繼公은 '東'의 誤字로 보았다.[516] 그러나 褚寅亮은 '房戶'는 방의
戶쪽으로 가서 주고 받은 것이라고 하여 오계공의 설을 오류로 보았으며,[517] 胡培翬 역
시 저인량의 설을 긍정하고 있다.[518] '房戶'의 위치는 〈소뢰궤식례〉 5 주⑮ 참조.

③ 洗于房中

東房 안에 있는 洗는 정현의 주에 "주부의 洗는 北堂에 있는데, 室의 동
쪽 모퉁이와 일직선상에 있다.〔婦洗在北堂, 直室東隅.〕"라고 하였다.

④ 西面拜, 獻尸

주부가 절을 한 뒤에 시동에게 헌주하는 것이다. 정현의 주에 따르면 "협
배에 해당한다.〔當俠拜也.〕" 정현의 주에 "부인은 장부에게는 비록 자신의

513)《儀禮集說》卷16: "篚,
下篚也. 主婦亞獻, 用下篚之
爵, 豈此時內篚, 未有爵與!
婦人不可以取爵于庭, 故有司
爲取之."

514) 賈公彥疏: "《禮記·內則》
云: '非祭非喪, 不相授器. 其
相授, 則女受以篚, 其無篚,
則皆坐奠之, 而后取之.' 此經
雖不言受以篚及奠於地之事,
亦當然也."

515)《儀禮正義》卷38: "今案
《內則》云: '非祭非喪, 不相授
器', 則祭與喪, 男女得相授明
矣. 鄭彼注云'祭嚴喪遽, 不嫌
也', 賈說未然."

516)《儀禮集說》卷16: "戶字
誤. 若授受於戶, 當言內外西
東, 不宜單言也. 下篇曰'司宮
取爵于篚, 以授婦贊者于房
東', 此戶亦當爲東與!"

517)《儀禮管見》卷下5: "於房
戶, 就戶相授受也. 敖氏欲改
戶爲東, 謬."

518)《儀禮正義》卷38: "褚氏
云: '於房中, 就戶相授受也. 敖
欲改爲東, 非.'"

아들이라 할지라도 협배한다.〔婦人於丈夫, 雖其子, 猶俠拜.〕"라고 하였으며, 淩廷堪의 《禮經釋例》 권1에 "일반적으로 부인은 장부에 대해 모두 협배한다.〔凡婦人於丈夫, 皆俠拜.〕", "협배는 장부가 한 번 절하면 부인은 두 번 절하는 것이다.〔俠拜者, 丈夫拜一次, 婦人則拜兩次也.〕"라고 하였다. 절하기 전에 먼저 잔을 내려놓아야만 하는데 여기에서는 글을 생략한 것이다.

⑤ 西面拜送爵

【按】 士禮인 〈특생궤식례〉에서는 주부가 拜送禮를 행할 때 북향하고 절하는데, 그 이유에 대해서는 이설이 존재한다. 〈특생궤식례〉 10 주③ 참조.

⑥ 尸祭酒, 卒爵

【按】 시동이 술을 먼저 맛보지 않고 곧바로 마시는 것은, 敖繼公에 따르면 따라서 올리는 안주가 없기 때문이다.[519] 이때 따라 올리는 안주가 없는 이유는, 〈특생궤식례〉 10에서 주부의 아헌 때 宗婦가 올리는 2籩과 장형제가 올리는 燔俎가 있는 것은 室 안에서 禮를 모두 이루어야 하기 때문이며, 이와 달리 上大夫禮에서는 별도로 행하는 賓尸禮가 있어 이때 加豆·加籩·鉶·燔 등을 올리기 때문이다.[520]

15. 시동이 주부에게 酢酒함(主婦亞獻)

易爵洗, 酌, 授尸①。主婦拜受爵。尸答拜。上佐食綏(타)祭②。主婦西面于主人之北受祭③, 祭之。其綏祭如主人之禮④, 不嘏(하)⑤。卒爵拜⑥。尸答拜。

祝이 시동에게서 빈 술잔을 받아 당 아래로 내려가 下篚에서 다른 잔으로 바꾸어 씻은 뒤에 당에 올라가 술을 따라 들고 室로 들어가 시동에게 건네준다.
주부가 절하고 시동에게서 답잔을 받는다.(拜受禮) 시동이 답배한다.(拜送禮)
上佐食이 주부가 綏祭(타제. 祭할 음식을 내려놓아 고수레함)하는 것을 도와 주부에게 祭物(黍飯, 稷飯, 羊牲과 豕牲의 切肺)을 건네준다.
주부가 주인의 북쪽(오른쪽)에서 서향하고 祭物을 상좌식에게서 받아 祭(고수레)한다. 주부가 타제하는 것은 주인의 예와 같이 한다. 다

519) 《儀禮集說》 卷16: "尸不啐而卒爵, 爲無從也."

520) 《欽定儀禮義疏》 卷38: "《特牲》主婦亞獻時, 宗婦執兩籩, 主婦以設于敦南, 兄弟長以燔從. 此無者, 《特牲》室中成禮, 無賓尸于堂之事, 故卽備籩、燔, 此別行賓尸, 凡加豆、加籩、鉶、燔之等, 皆于賓尸時進之, 禮各異也."

> 만 시동이 嘏辭(복을 빌어주는 말)는 하지 않는다.
> 주부가 잔의 술을 다 마신 뒤에 시동에게 절한다. 시동이 답배한다.

① 易爵洗, 酌, 授尸

'易爵'은 정현의 주에 따르면 "祝이 室을 나가서 다른 잔으로 바꿔오는 것이다.〔祝出易爵.〕" '授尸'는 시동이 주부에게 답잔을 주기에 편리하게 하기 위해서이다.

【按】정현의 주에 따르면 남자와 여자는 같은 잔을 계속해서 사용하지 않기 때문에 잔을 바꾸는 것이다.[521] 敖繼公에 따르면 '易爵洗'는 당 아래의 下篚에서 잔을 바꾸어 씻는 것이다. 일반적으로 시동이 답잔을 줄 때에는 잔을 씻지 않으나 여기에서는 부인에게 주기 때문에 禮를 달리한 것이다.[522]

② 綏祭

【按】정현의 주에 따르면 '綏'(타)는 '挼'(타)의 誤字이다.[523] 漢簡本에는 '繻'(수)로 되어 있다. 士의 妻는 撫祭(祭할 음식을 어루만져 고수레함)하면 좌식이 이를 綏祭하지만 대부의 처는 祭物을 받아 직접 타제한다. 또한 士의 처는 東房으로 가서 祭하지만 대부의 처는 室 안에서 祭한다. 〈특생궤식례〉 10 참조.

③ 受祭

좌식에게서 綏祭할 제물을 받는 것을 이른다. 다음 경문에 "상좌식이 건네주는 제물은 주인의 禮와 같이 한다.〔其綏祭如主人之禮.〕"라고 하였으니, 주부가 받은 祭物은 당연히 黍飯·稷飯과 羊俎·豕俎의 切肺 각 1조각씩이다.

④ 其綏祭如主人之禮

〈소뢰궤식례〉 11 참조.

⑤ 不嘏

정현의 주에 따르면 부부는 일체여서 시동이 이미 주인에게 축복을 해 주었기 때문에 주부에게 재차 축복하는 말을 하지 않는 것이다.[524]

⑥ 卒爵拜

【按】士禮인 〈특생궤식례〉에서는 東房에서 술을 祭하고 술을 조금 맛본 뒤에 室로 들어가 술을 다 마신다. 〈특생궤식례〉 10 참조.

521) 鄭玄注: "祝出易爵, 男女不同爵."
522) 《儀禮集說》卷16: "易爵, 易于下篚也. 醋而易爵, 亦內子禮異也. 下篚在洗西, 故因易爵而洗之也. 凡尸酢不洗."
523) 鄭玄注: "綏, 亦當作挼, 古文爲尿."
524) 鄭玄注: "不嘏, 夫婦一體."

16. 주부가 祝에게 헌주함(主婦亞獻)

主婦以爵出。贊者受①, 易爵于篚②, 以授主婦于房中③。主
婦洗, 酌, 獻祝。祝拜, 坐受爵。主婦答拜于主人之北④。卒
爵, 不興⑤, 坐授主婦。

주부가 빈 술잔을 들고 室을 나간다.

(주부가 東房으로 들어가 빈 잔을 主婦贊者에게 준다.)

有司贊者가 主婦贊者에게서 빈 잔을 받아 下篚(당 아래의 篚)에서 잔
을 바꾸어 들고 당에 올라가 東房과 室戶 동쪽 사이에서 주부찬자
에게 주면 주부찬자가 동방 안에서 주부에게 건네준다.

주부가 北洗에서 잔을 씻은 뒤에 당 위에서 술을 따라 室로 들어가
祝에게 헌주한다.

축이 절하고 앉아서 잔을 받는다. 주부가 주인의 북쪽(오른쪽)에서 서
향하고 답배한다.

축이 술을 祭(고수레)하고 잔의 술을 다 마신 뒤에 일어나지 않고 앉
아서 주부에게 빈 잔을 건네준다.

---

① 贊者

   정현의 주에 따르면 "유사찬자이다.〔有司贊者也.〕"

② 易爵于篚

   【按】敖繼公에 따르면 '篚'는 당 아래에 있는 下篚이며, 有司贊者가 爵을 바꾸면서 씻지

   않는 것은 祝이 시동을 위하여 작을 바꾸면서 씻었던 禮를 피한 것이다.[525]

   〈소뢰궤식례〉 15 주① 참조.

③ 以授主婦于房中

   정현의 주에 따르면 有司贊者는 마찬가지로 主婦贊者에게 먼저 주어야

   하며, 주부찬자는 房戶 밖에서 爵을 받은 뒤에 東房으로 들어가 주부에게

   주어야 하는데, 경문에서는 모두 글을 생략하였다.[526]

④ 主婦答拜于主人之北

   【按】敖繼公에 따르면 이 구절은 〈소뢰궤식례〉 17의 '西面'과 互文으로, "主婦西面答拜

[525] 《儀禮集說》卷16: "此
易爵于下篚, 則內篚初無爵明
矣. 易爵于下篚, 乃不洗者, 闕
祝爲尸易爵之禮也."

[526] 鄭玄注: "易爵, 亦以授
婦贊者, 婦贊者受房戶外, 入
授主婦."

于主人之北."이라는 말이다.

⑤ 卒爵, 不興

【按】敖繼公에 따르면 이 구절은 〈소뢰궤식례〉 17의 '祭酒'와 互文으로,[527] "祭酒, 卒爵, 不興."이라는 말이다.

17. 주부가 두 佐食에게 헌주함(主婦亞獻)

主婦受, 酌, 獻上佐食于戶內①. 佐食北面拜, 坐受爵. 主婦西面答拜②. 祭酒, 卒爵③, 坐授主婦. 主婦獻下佐食, 亦如之. 主婦受爵以入于房④.

주부가 祝에게서 빈 술잔을 받아 당 위에서 술을 따라 室戶 안에서 上佐食에게 헌주한다.

상좌식이 북향하여 절하고 앉아서 잔을 받는다. 주부가 주인의 북쪽에서 서향하고 답배한다.

상좌식이 술을 祭(고수레)하고 잔의 술을 다 마신 뒤에 일어나지 않고 앉아서 주부에게 빈 잔을 건네준다.

주부가 下佐食에게도 헌주하는데 상좌식에게 헌주할 때와 같이 한다.

주부가 하좌식에게서 빈 잔을 받아 東房으로 들어가 內篚(방 안의 篚)에 넣는다.

① 獻上佐食于戶內

【按】상좌식은 이때 室戶 안 창 동쪽에서 북향한다. 〈소뢰궤식례〉 13 참조.

② 主婦西面答拜

【按】敖繼公에 따르면 이 구절은 〈소뢰궤식례〉 16의 '主人之北'과 互文으로, "主婦西面答拜于主人之北."이라는 말이다.

③ 祭酒, 卒爵

【按】敖繼公에 따르면 이 구절은 〈소뢰궤식례〉 16의 '不興'과 互文으로,[528] "祭酒, 卒爵, 不興."이라는 말이다.

527) 《儀禮集說》卷16: "上云 '主人之北', 此云'西面'; 上云 '不興', 此云'祭酒', 皆互見也."

528) 《儀禮集說》卷16: "上云 '主人之北', 此云'西面'; 上云 '不興', 此云'祭酒', 皆互見也."

④ 以入于房

【按】정현의 주에 따르면 주부는 爵을 가지고 東房으로 들어가 內筐에 넣는다.[529]

18. 賓長이 시동에게 헌주함(賓三獻)

賓長洗爵, 獻于尸。尸拜受爵。賓戶西, 北面拜送爵。尸祭酒, 卒爵。賓拜。祝受尸爵。尸答拜。

賓長이 南洗(뜰 동남쪽의 洗)에서 술잔을 씻어 들고 당 위에 올라가 술을 따라 室로 들어가 시동에게 헌주한다. 시동이 절하고 잔을 받는다.(拜受禮) 빈장이 室戶 서쪽에서 잔을 보내고 북향하여 절한다.(拜送禮)
시동이 술을 祭(고수레)하고 잔의 술을 다 마신다. 빈장이 절한다.
祝이 시동에게서 빈 잔을 받는다.
시동이 답배한다.

19. 시동이 賓長에게 酢酒함(賓三獻)

祝酌, 授尸。賓拜受爵。尸拜送爵。賓坐奠爵, 遂拜, 執爵以興, 坐祭, 遂飲, 卒爵, 執爵以興, 坐奠爵拜。尸答拜。

祝이 시동에게서 받은 술잔에 술을 따라 시동에게 건네준다.
賓長이 절하고 시동이 주는 잔을 받는다.(拜受禮)
시동이 잔을 보내고 절한다.(拜送禮)
빈장이 앉아서 잔을 내려놓고 이어 절한다. 잔을 들고 일어났다가 앉아서 술을 祭(고수레)하고, 이어 술을 마신다. 잔의 술을 다 마신 뒤에 잔을 들고 일어났다가 앉아서 잔을 내려놓고 절한다.
시동이 답배한다.

529) 鄭玄注: "爵奠于內筐."

20. 賓長이 祝에게 헌주함(賓三獻)

賓酌, 獻祝。祝拜, 坐受爵。賓北面答拜。祝祭酒, 啐酒①, 奠爵于其筵前②。

賓長이 빈 술잔에 술을 따라 祝에게 헌주한다.(좌식에게는 헌주하지 않는다.)
축이 절하고 앉아서 잔을 받는다.
빈장이 북향하고 답배한다.
축이 술을 祭(고수레)하고 술을 조금 맛본 뒤에 잔을 자기 자리 앞(남쪽)에 북향하고 내려놓는다.

① 啐酒

정현의 주에 따르면 "술을 조금 맛보기만 하고 잔의 술을 다 마시지 않는 것은 제사를 마치면서 취할 만큼 충분히 마셨음을 표시한 것이다.〔啐酒而不卒爵, 祭事畢, 示醉也.〕" 이것은 제사가 끝나 禮를 줄인 표현이다.

【按】 정현의 주에 따르면 〈소뢰궤식례〉에서는 賓長이 佐食에게는 헌주하지 않는데, 이 것은 正祭가 끝난 뒤 시동을 賓으로 대접하는 예를 행할 것이기 때문에 예를 줄인 것이 다.[530]

② 奠爵于其筵前

【按】 敖繼公에 따르면 '筵前'은 축의 자리 남쪽으로, 축은 이때 북향하고 잔을 내려놓는 듯하다.[531] 축이 잔을 내려놓고 마시지 않은 이유에 대해 胡培翬는 高愈의 설을 인용하여 곧 利成을 고하고 시동이 일어날 것이기 때문이라고 하였다.[532]

21. 시동이 廟門을 나감

主人出, 立于阼階上, 西面。祝出, 立于西階上, 東面。祝告曰: "利成①。"祝入, 尸謖(속)。主人降, 立于阼階東, 西面。祝先, 尸從, 遂出于廟門②。

530) 鄭玄注: "不獻佐食, 将儐尸, 禮殺."
531) 《儀禮集說》 卷16: "筵前, 席南也. 蓋北面奠之, 奠於此者, 明其與他奠爵之禮異."
532) 《儀禮正義》 卷38: "高氏愈云: 以將告利成而尸謖, 故祝奠爵不飲."

주인이 室을 나가 당 위의 동쪽 계단 윗쪽에 서향하고 선다.

祝이 室을 나가 당 위의 서쪽 계단 윗쪽에 동향하고 선다.

축이 주인에게 "利成(시동을 공양하는 예가 이루어졌습니다.)"이라고 고한다.

축이 실 안으로 들어간다. 시동이 일어난다.

주인이 당을 내려가 동쪽 계단 동쪽에 서향하고 선다.

축이 앞장서서 나가면 시동이 축을 뒤따라 마침내 廟門을 나간다.

① 主人出……利成

【按】〈특생궤식례〉에서는 주인과 축이 모두 당 위 室戶 밖에서 利成을 고하는 예를 행하였다. 그 이유는 〈특생궤식례〉 19 주② 참조.

② 尸從, 遂出于廟門

敖繼公에 따르면 시동은 廟門을 나간 뒤에 묘문 밖에 시동을 위하여 마련한 次(임시 거처)에서 기다린다.[533] 〈유사철〉 1 주⑧ 참조.

【按】주소에 따르면 시동을 섬기는 예는 묘문을 기준으로 삼아 맞이할 때도 묘문에서 맞이하고 전송할 때도 묘문에서 전송한다. 묘문 밖에서는 시동이 신하로서의 혐의가 있기 때문이다.[534]

22. 두 佐食과 두 賓長이 대궁을 먹음(餕禮)

祝反, 復位于室中①。主人亦入于室, 復位②。祝命佐食徹所䜣(기)俎。降設于堂下阼階南。

司宮設對席③。乃四人餕(준)。上佐食盥, 升④, 下佐食對之⑤, 賓長二人備⑥。司士進一敦(대)黍于上佐食, 又進一敦黍于下佐食, 皆右之于席上。資黍于羊俎兩端⑦, 兩下是餕⑧。司士乃辯(편)擧⑨。餕者皆祭黍, 祭擧。主人西面三拜餕者⑩。餕者奠擧于俎⑪, 皆答拜, 皆反⑫, 取擧。司士進一鉶于上餕⑬, 又進一鉶于次餕⑭, 又進二豆湆(읍)于兩下⑮。乃皆食, 食擧⑯。卒食, 主人洗一爵, 升, 酌, 以授上餕。贊者洗三爵⑰, 酌, 主人受于戶內, 以授次餕, 若是以辯⑱。皆不拜受爵。主人西面

533) 《儀禮集說》卷16: "尸出廟門, 祝宜告以主人將有事, 則尸於門外次中俟之."

534) 鄭玄注: "事尸之禮, 訖於廟門外."

賈公彥疏: "事尸之禮訖於廟門者, 上祝迎尸於廟門, 畢又送尸於廟門. 案《禮記》尸在廟門外, 則疑於臣, 是以據廟門爲

三拜養者。養者奠爵, 皆答拜, 皆祭酒, 卒爵, 奠爵, 皆拜。主人答壹拜⑲。

養者三人興, 出⑳。上養止。主人受上養爵, 酌以醋(작)于戸內㉑, 西面坐奠爵拜㉒。上養答拜。坐祭酒, 啐(쇄)酒。上養親嘏曰㉓：“主人受祭之福, 胡壽保建家室㉔。”主人興㉕, 坐奠爵拜, 執爵以興, 坐卒爵拜。上養答拜。上養興, 出。主人送, 乃退㉖。

〈胏俎를 거둠〉

祝이 시동을 전송하고 廟門 밖에서 돌아와 室 안의 북쪽 벽을 등지고 남향하던 자리로 돌아간다.

주인도 室로 들어가 서향하던 자리로 돌아간다.

축이 上佐食에게 胏俎(기조. 시동을 위한 俎)를 거두라고 명한다.

상좌식이 기조를 거두어 당을 내려가 당 아래 동쪽 계단 남쪽에 진설한다.

〈네 餕者가 餕禮를 행함〉

司宮이 室 안에 對席(尸席과 마주보는 동쪽의 자리)을 편다.

이어서 4명의 餕者(상좌식·하좌식·상빈·중빈장)가 대궁을 먹는 예를 행한다.

상좌식이 손을 씻고 당에 올라가 실 안 시동의 자리에 동향하여 앉고, 下佐食이 손을 씻고 당에 올라가 실 안의 상좌식과 대각선으로 마주하여 서향하여 앉고, 賓長 2명(상빈·중빈장)이 손을 씻고 당에 올라가 4명의 숫자를 갖춘다.(상빈은 상좌식의 북쪽에, 중빈장은 하좌식의 남쪽에 앉는다.)

司士가 黍敦 하나를 상좌식에게 올리고 또 다른 서대 하나를 하좌식에게 올리는데, 모두 자리 위 오른쪽에 놓는다. 두 서대에서 黍飯을 덜어 羊俎의 양쪽 끝(남쪽과 북쪽)에 놓으면 兩下(2명의 賓長. 상빈과 중빈장)가 이것으로 대궁을 먹는다. (상빈은 양조의 북쪽 서반을, 중빈장은 양조의 남쪽 서반을 먹는다.)

사사가 이어 4명의 준자에게 두루 擧(豕牲의 倫膚) 1덩이씩을 올린다.

준자가 모두 서반을 祭(고수레)하고 擧를 祭한다.

주인이 서향하고 4명의 준자에게 한꺼번에 세 번 절한다.(旅拜) 준자들이 擧를 膚俎에 내려놓고 모두 자리에서 내려와 주인에게 답배한다. (서쪽 자리의 상좌식과 상빈은 동향하여 한 번 절하고, 동쪽 자리의 하좌식과 중빈장은 남향하여 한 번 절한다.) 4명의 준자가 모두 자기 자리로 돌아가 擧를 취한다.

사사가 羊鉶(양형. 양고기 육수에 씀바귀를 넣은 채소국) 하나를 上龡(상준. 상좌식)에게 올리고 또 豕鉶(돼지고기 육수에 들완두를 넣은 채소국) 하나를 次龡(하좌식)에게 올린다. 또 淯(읍)이 담긴 2개의 豆를 兩下에게 올린다.(羊淯을 上賓에게 올리고 豕淯을 衆賓長에게 올린다.)

이어 4명의 준자가 모두 黍飯을 먹고 擧를 먹는다.

준자가 다 먹은 뒤에 주인이 당을 내려가 南洗에서 술잔 하나를 씻어 당에 올라가 술을 따라 室로 들어가 상준에게 준다. 贊者가 잔 3개를 씻어 술을 따라 주인에게 건네주면 주인이 室戶 안에서 받아 차준에게 준다. 상빈과 중빈장에게도 이와 같이 두루 준다. 4명의 준자가 모두 절하지 않고 잔을 받는다. 주인이 서향하고 준자에게 한꺼번에 세 번 절한다.

준자가 잔을 내려놓고 모두 답배한다. 모두 술을 祭하고 잔의 술을 다 마신 뒤에 잔을 내려놓고 모두 절한다. 주인이 답배로 4명의 준자에게 일일이 한번씩 절한다.

〈上餕이 주인에게 嘏辭하고 廟門을 나감〉

上餕(상좌식)을 제외한 준자 3명이 잔을 들고 일어나 室을 나간다. (당을 내려가 잔을 下篚에 담고 廟門 안 동쪽 자리로 돌아간다.) 상준은 그 자리에 그대로 남는다.

주인이 상준에게서 빈 잔을 받아 상준을 대신하여 술을 따라 室戶 안에서 스스로 답잔을 마시는데, 마시기 전에 먼저 서향하고 앉아 잔을 내려놓은 뒤 절하고(拜受禮) 일어난다. 상준이 답배한다.(拜送禮) 주인이 앉아서 술을 祭하고 술을 조금 맛본다.

상준이 뭉친 黍飯을 들고 직접 주인에게 다음과 같이 嘏辭(하사. 복을 빌어주는 말)한다.

> "주인은 제사의 복을 받아 장수하며 창건한 가업을 길이 보존하고 지켜나가도록 하라."
>
> 주인이 잔을 들고 일어났다가 앉아서 잔을 내려놓고 절한다. 다시 잔을 들고 일어났다가 앉아서 잔의 술을 다 마신 뒤에 절한다. 상준이 답배한다.
>
> 상준이 일어나 당을 내려가 묘문을 나간다. (먼저 室을 나가 묘문 안 동쪽에 있던 3명의 준자도 따라 나간다.)
>
> 주인이 묘문 밖에서 전송하고 이어 물러나 묘문 안으로 들어간다.
>
> (正祭가 끝남)

① 復位

胡培翬에 따르면 "祝의 復位는 室 안의 남향하던 자리로 돌아가는 것이다.〔祝復位, 復室中南面之位.〕"

② 復位

胡培翬에 따르면 "주인의 復位는 室 안의 서향하던 자리로 돌아가는 것이다.〔主人復位, 復室中西面之位.〕"

③ 設對席

이것은 대궁하는 사람을 위해 對席을 펴는 것이다. 張爾岐에 따르면 "設對席은 시동의 자리와 마주하여 자리를 펴는 것이다.〔設對席者, 對尸席而設.〕" 즉 시동의 자리 동쪽에 시동의 자리와 마주보는 위치에 자리를 펴는 것이다.

④ 上佐食盥, 升

張爾岐에 따르면 시동의 자리에 오르는 것이다.[535]

⑤ 下佐食對之

張爾岐에 따르면 對席에 올라가 上佐食과 대각선으로 마주보고 앉는 것이다.[536]

⑥ 賓長二人備

'賓長二人'은 1명은 上賓이고 1명은 衆賓長이다. '備'는 4명의 숫자를 갖추는 것을 이른다. 정현의 주에 따르면 "4명이 대궁을 먹는 禮를 갖추는 것이다.〔備四人餕也.〕" 淩廷堪의 《禮經釋例》 권9에 "일반적으로 餕禮에 士禮는 2명이 대궁을 먹고 大夫禮는 4명이 대궁을 먹는다.〔凡餕, 士禮二人, 大夫禮四人.〕"라고 하였다. 〈특생궤식례〉에 "嗣子와 長兄弟가 대궁을 먹는

535)《儀禮鄭注句讀》卷16: "四人餕. 二在尸席, 二在對席."

536)《儀禮鄭注句讀》卷16: "疏云:'下佐食雖云西向對, 實近北, 不得東西相當, 以其一賓長在上佐食之北, 一賓長在下佐食之南也.'"

다."라고 하였으니, 이는 士禮로 2명이 대궁을 먹는 것이다.〈특생궤식례〉20) 여기 대부례에서는 4명이 대궁을 먹는다. 정현의 주에 따르면 下佐食과 2명의 賓長도 먼저 손을 씻은 뒤 자리에 올라야 하는데 경문에서 생략한 것이다.[537] 또 가공언의 소에 따르면 2명의 빈장도 2개의 자리에 각각 올라 동서에서 서로 대각선 방향으로 자리하여 빈장 1명(上賓)은 상좌식의 북쪽에 자리하고 다른 1명(衆賓長)은 하좌식의 남쪽에 자리한다.[538]

【按】黃以周의 〈饙〉圖참조.

⑦ 資黍于羊俎兩端

정현의 주에 따르면 "資는 減(덜어내다)과 같다. 黍飯을 덜어 羊俎의 양쪽 끝에 놓는 것이다.[資猶減也. 減置於羊俎兩端.]" 司士가 두 개의 黍敦(서대)만을 올려서 상좌식과 하좌식의 자리 오른쪽에 놓았으니 두 빈장은 여전히 서대가 없다. 이 때문에 두 빈장이 먹을 서반을 두 좌식의 서대에서 덜어 羊俎의 양쪽 끝에 놓아 두 빈장이 먹도록 올리는 것이다. 羊俎는 양쪽 자리의 사이에 있는데, 上賓은 상좌식의 북쪽에 있어서 羊俎 북쪽에 놓인 서반을 먹을 수 있고 衆賓長은 하좌식의 남쪽에 있어서 羊俎 남쪽 끝에 놓인 서반을 먹을 수 있다. 褚寅亮은 "俎를 진설하는데 상단이 북쪽으로 가도록 하고 하단이 남쪽으로 가도록 하여 빈장(上賓)은 상단에 놓인 서반을 먹고 중빈장은 하단에 놓인 서반을 먹는다.[設俎上端在北, 下端在南, 賓長(謂上賓)饙上端黍, 衆賓長饙下端黍.]"라고 하였다.

⑧ 兩下是饙

'饙'(준)은 원문에는 '餕'(준)으로 되어 있는데 阮元의 교감본에서 李氏의 말을 인용하여 "餕은 상하의 문장과 같이 '饙'이 되어야 한다.[餕, 當如上下文作饙.]"라고 하였다. 漢簡本에는 '飯'으로 되어 있는데, 이것은 또 '餕'과 모양이 비슷한 데서 온 오류이다. '兩下'는 2명의 빈장을 가리킨다. 上賓은 상좌식의 下饙이고 衆賓長은 하좌식의 下饙이 되기 때문에 2명의 빈장을 '兩下'라고 칭한 것이다. 吳廷華에 따르면 "2명의 빈장이 兩下이다.[兩賓長爲兩下.]"

⑨ 辯擧

정현의 주에 따르면 "擧는 膚를 주는 것이다.[擧, 擧膚.]" 蔡德晉은 "4사람에게 擧를 두루 주는 것이다. 〈특생궤식례〉에 '좌식이 擧를 주는데 각각에게 膚 1덩이씩 준다.'라고 하였는데 여기에서도 이렇게 해야 한다.[徧授四人擧也.《特牲禮》: '佐食授擧, 各一膚.']"라고 하였다. 〈특생궤식례〉 20 참조.

537) 鄭玄注: "三餕亦盥升."
538) 賈公彦疏: "云'賓長二人備'者, 亦不東西相當, 以其一賓長在上佐食之北, 一賓長在下佐食之南, 是亦不東西相當也, 故云備, 不言對也."

⑩ 主人西面三拜養者

【按】정현의 주에 따르면 이것은 주인이 일일이 절하지 않고 한꺼번에 3번 절하여 두루 함을 보인 것이다.[539] 胡培翬에 따르면 이것이 바로 旅拜이다.[540]

⑪ 奠擧于俎

【按】敖繼公은 여기의 俎를 각각 자신과 가까이 있는 俎로 보았으나.[541] 胡培翬는 膚俎에 그대로 다시 놓는 것으로 보아 오계공의 설을 옳지 않다고 하였다.[542]

⑫ 皆答拜, 皆反

정현의 주에 따르면 4명의 養者(준자)는 답배할 때 모두 자리에서 떠나 서쪽 자리 위에 있는 사람은 동향하여 절하고 동쪽 자리 위에 있는 사람은 남향하여 절하며, 절한 뒤에는 또 모두 자기 자리 위로 돌아간다.[543] 李如圭에 따르면 동쪽 자리 위에 있는 사람은 서향하고 있어서 주인과 방향이 같기 때문에 남향하고 절하는 것이다.[544]

【按】敖繼公에 따르면 4명의 준자는 답배로 한 번 절한다.[545] 盛世佐에 따르면 경문에서 '反'이라고 한 것은 준자가 답배할 때 모두 자리에서 내려왔다는 것이며, 이것은 시동에 대한 禮보다 낮춘 것이다.[546]

⑬ 一鉶于上養

褚寅亮에 따르면 이것은 羊鉶이다.[547] 즉 양고기 육수에 채소를 넣어 만든 국을 담은 鉶이다. '上養'은 상좌식이다.

【按】이때 사용하는 채소는 苦(씀바귀)이다. 〈소뢰궤식례〉 9 주⑨ 참조.

⑭ 一鉶于次養

褚寅亮에 따르면 이것은 豕鉶이다.[548] 즉 돼지고기 육수에 채소를 넣어 만든 국을 담은 鉶이다. '次養'은 하좌식이다.

【按】이때 사용하는 채소는 薇(들완두)이다. 〈소뢰궤식례〉 9 주⑨ 참조.

⑮ 二豆湆

'湆'(읍)은 정현의 주에 따르면 "肉汁이다.〔肉汁也.〕" 가공언에 따르면 "湆은 廟門 밖 솥에서 가지고 온 것이다.〔湆者, 從門外鑊中來.〕" 湆은 솥에서 牲肉을 삶아 낸 국물이라는 것을 알 수 있다. 褚寅亮에 따르면 '二豆湆'은 두 하나에는 羊湆을 담아서 上賓에게 올리고 다른 하나에는 豕湆을 담아서 衆賓長에게 올리는 것이다.[549]

【按】가공언의 소에 따르면 上賓과 衆賓長에게는 鉶羹이 없기 때문에 肉湆을 올리는 것이다.[550]

539) 鄭玄注: "三拜, 旅之, 示徧也."

540) 《儀禮正義》卷38: "注云'三拜旅之, 示徧也'者, 謂不一一拜之, 而總言三拜, 是旅拜也. 旅拜以示徧也."

541) 《儀禮集說》卷16: "奠擧于俎, 亦各於其所近者與!"

542) 《儀禮正義》卷38: "奠擧於俎, 蓋仍奠於膚俎也. 物各有俎, 不可亂, 就近俎之說, 亦未是."

543) 鄭玄注: "言反者, 拜時或去其席, 在東面席者東面拜, 在西面席者皆南面拜."

544) 《儀禮集釋》卷28: "在西面者, 與主人同面, 故南面拜."

545) 《儀禮集說》卷16: "皆答拜, 答一拜也."

546) 《儀禮集編》卷38: "云皆反, 則養者拜時皆降席矣. 必降席答拜者, 下尸也."

547) 《儀禮管見》卷下6: "羊鉶進上餕."

548) 《儀禮管見》卷下6: "豕鉶進下餕."

549) 《儀禮管見》卷下6: "羊湆進賓長, 豕湆進次賓長."

550) 賈公彦疏: "以兩下無鉶, 故進湆也."

⑯ 皆食, 食舉

李如圭에 따르면 "皆食은 黍飯을 먹는 것이다. 食舉는 膚를 먹는 것이다.〔皆食, 食黍也. 食舉, 食膚.〕"

⑰ 贊者洗三爵

【按】'贊者'는 敖繼公에 따르면 宰夫이다.[551] 盛世佐 역시 有司로 보았다.[552] '洗三爵'은 오계공에 따르면 爵은 매번 술을 따르기 직전에 그때마다 하나씩 씻으며 여기에서 '3개의 爵을 씻는다'고 한 것은 총괄하여 말한 것뿐이다.[553]

⑱ 若是以辯

【按】敖繼公에 따르면 '若是'는 술을 爵에 따라 주고 받는 것을 이르며, '辯'은 兩下(上賓과 衆賓長)에게까지 작에 술을 따라 주는 것을 이른다.[554]

⑲ 主人答壹拜

【按】'壹拜'는 李如圭에 따르면 《周禮》의 九拜 중 奇拜에 해당하는 것으로, 군주가 신하에게 답하는 절이다.[555] 敖繼公에 따르면 일반적으로 대부와 士의 禮에 잔의 술을 다 마신 뒤에 하는 절에 대한 답배는 모두 一拜를 하는데, 여기에서 특별히 '壹拜'라고 언급한 이유는 사람이 많아서 혹여 한꺼번에 절하는 旅拜로 오인할까 해서이다.[556] 즉 '壹拜'는 주인이 네 준자에게 일일이 한번씩 답배하는 것이다.

⑳ 蕡者三人興, 出

정현의 주에 따르면 "室에서 나가 당을 내려가 爵을 下篚에 담은 뒤에 賓의 자리로 돌아가는 것이다.〔出降, 實爵于篚, 反賓位.〕" 빈의 자리는 묘문 안 동쪽에 있다.

【按】빈의 자리는 〈유사철〉 1 주⑦ 참조.

㉑ 酌以醋

정현의 주에 따르면 이것은 주인이 술을 따라서 스스로 답잔을 마시는 것이다. 상좌식이 시동의 자리에 있어서 신분이 높기 때문에 직접 술을 따라 주인에게 답잔을 주지 않는 것이다.[557]

【按】가공언의 소에 따르면 〈특생궤식례〉 20에서는 上餕(嗣子)이 직접 술을 따라 주인에게 답잔을 주었는데 여기 〈소뢰궤식례〉에서 상준(상좌식)이 직접 술을 따르지 않는 것은, 〈특생궤식례〉에서는 상준이 주인에게 嘏辭를 하지 않지만 〈소뢰궤식례〉의 상준은 곧 주인에게 嘏辭를 할 것이기 때문에 시동의 자리에서 직접 술을 따를 수 없는 것이다.[558]

㉒ 西面坐奠爵拜

절하고 난 뒤에 일어나야 하는 것은 다음에 나오는 "앉아서 술을 祭한다.〔坐祭酒.〕"라는 글을 통해 알 수 있는데, 여기에서는 글을 생략한 것이다.

551) 《儀禮集說》 卷17: "贊者 蓋亦宰夫也."

552) 《儀禮集編》 卷38: "贊者不言有司, 省文也."

553) 《儀禮集說》 卷17: "每於將酌, 乃洗爵, 云洗三爵, 總言之耳."

554) 《儀禮集說》 卷17: "若是, 謂酌之受授也. 辯, 及于兩下也."

555) 《儀禮集釋》 卷28: "《周禮》九拜有奇拜, 謂一拜也, 答臣下之拜."

556) 《儀禮集說》 卷16: "凡大夫、士之禮, 其答卒爵拜者, 皆一拜也, 乃見之者, 嫌人多或旅之也."

557) 鄭玄注: "主人自酢者, 上蕡獨止, 當尸位, 尊不酢也."

558) 賈公彦疏: "《特牲》上餕親自酢主人, 此上餕不酢者, 上餕將嘏主人, 故在尸位, 不可親酢. 《特牲》上餕酢者, 以上餕不嘏主人. 旣卒爵, 三餕俱出, 上餕酢主人. 《少牢》禮備, 又嘏主人, 故不酢也."

㉓ 親嘏

정현의 주에 따르면 "祝에게 嘏辭를 내려주라고 하지 않는다는 말이다. 마찬가지로 뭉친 黍飯을 들고 한다.〔不使祝授之. 亦以黍.〕" 시동이 주인에게 축복할 때는 祝을 통하여 嘏辭를 전하게 하는데(〈소뢰궤식례〉 11) 여기에서는 祝에게 시키지 않는 것이다. 張爾岐는 "마찬가지로 서반을 뭉쳐 주인에게 주면서 하사를 내리는 것이다.〔亦搏黍以授主人而致辭也.〕"라고 하였다.

㉔ 胡壽保建家室

'胡壽'는 長壽라고 말하는 것과 같다. '胡'는 '멀다〔遐〕'는 뜻이다. 즉 오래도록 끝이 없다는 뜻이다. '保建家室'은 蔡德晉에 따르면 "창건한 가업을 길이 보존하고 지키는 것이다.〔大保守創建其家業也.〕"

㉕ 主人興

敖繼公에 따르면 "'주인이 일어난다'고 말했으니 이것은 앉아서 嘏辭를 듣는 것이다.〔云'主人興', 是坐而聽嘏也.〕"

㉖ 上養興, 出. 主人送, 乃退

褚寅亮에 따르면 '出'은 상좌식이 廟門을 나가는 것을 이르며, '退'는 주인이 전송하고 다시 묘문 안으로 들어오는 것을 이른다.[559] 또 胡培翬에 따르면 먼저 室을 나가서 賓의 자리로 돌아간 3명의 養者도 이때 상좌식을 따라 묘문 밖으로 나간다.[560]

559] 《儀禮管見》卷下6: "出, 出廟門以不與償尸禮也; 退, 送而還入廟門也."

560] 《儀禮正義》卷38: "至此時禮畢, 上養出廟門, 三養亦隨之出."

────── 본편은 〈소뢰궤식례〉의 하편이다. 이 편을 시작하는 첫 3글자가
'有司徹'이기 때문에 이것으로 편명을 삼았다. 상편에서는 주로 대부가 父祖에게
제사하는 正祭의 禮를 기록하였고, 본편에서는 주로 正祭를 지낸 뒤에 행하는
儐尸禮를 기록하였다. 이른바 '儐尸'는 시동을 빈객으로 간주하여 대접하는 것
이다.

  全文은 38절로 이루어져 있으며, 2개 부분으로 나눌 수 있다.

  첫째 부분은 1절부터 27절까지이다. 빈시례의 전 과정을 기록하였다. 이 부분은
다시 3단계로 나눌 수 있다.

  1단계는 1절부터 3절까지로, 빈시례를 행하기 전의 준비를 기록하였다. 2단계는
4절부터 21절까지로, 주로 주인·주부·上賓(賓長, 長賓)이 시동에게 세 차례 헌
주하는 예를 기록하고 아울러 주인이 上賓·衆賓·兄弟·內賓·私人에게 헌주하는
예를 기록하였으니, 본편의 핵심 부분이다. 3단계는 22절부터 27절까지로, 주로
두 차례의 旅酬禮와 無算爵禮 및 衆賓長(次賓長)이 시동에게 加爵을 올리는 예
를 기록하였다.

  둘째 부분은 28절부터 38절까지이다. 대부가 父祖에게 제사하면서 빈시례를 행
하는 경우와 빈시례를 행하지 않는 경우의 차이점에 대하여 기록하였다.

  본편도 상편 〈소뢰궤식례〉와 같이 記文이 없다.

第十七

유사철

有司徹

빈시례 儐尸禮

불빈시례 不儐尸禮

빈시례償尸禮

1. 償尸禮에서 음식을 거두고 俎의 음식을 데우고 侑를 뽑음(償尸 준비)

有司徹①, 埽堂。司宮攝酒②。乃燅(섬)尸俎③。卒燅, 乃升羊、豕、魚三鼎, 無腊與膚④。乃設局、鼏(멱), 陳鼎于門外如初⑤。乃議侑于賓以異姓⑥。宗人戒侑⑦。侑出, 俟于廟門之外⑧。

有司들이 正祭때 사용한 室 안의 음식과 제기 및 당 아래 양쪽 계단 사이의 佐食의 俎를 모두 거두고 당을 청소한다.

司宮이 술 단지 안의 술을 한 차례 휘저어 새로 정돈한다.

이어 유사들이 尸俎(시동을 위한 俎)의 牲肉을 廟門 밖의 아궁이에서 따뜻하게 데운다.(胹俎의 음식도 데운다.) 다 데워지면 이어 생육을 각각 羊鼎, 豕鼎, 魚鼎의 3정에 담는다. (이때 牲體의 左胖역시 鼎에 담는다.) 腊鼎과 膚鼎은 없다.(倫膚는 豕鼎에 함께 담는다.)

이어 3개의 鼎에 모두 局(경. 鼎을 드는 횡목)을 꿰고 鼏(멱. 덮개)을 덮어 처음 正祭를 행할 때와 같이 묘문 밖 동쪽에 북향으로 북쪽을 상위로 하여 북쪽부터 양정-시정-어정의 순으로 진열한다.

이어 주인이 묘문 안에서 侑를 賓 중에서 선택하는데 異姓으로 한다.

宗人이 선택된 侑에게 유가 되어줄 것을 청한다.

侑가 묘문을 나가 묘문 밖 시동의 次가 있는 곳에서 시동과 함께 들어가기를 기다린다.

① 有司徹

'有司'는 張爾岐에 따르면 "司馬, 司士, 宰夫 등을 이른다.〔謂司馬、司士、宰夫之屬.〕" 吳廷華에 따르면 有司는 제사를 돕기 위하여 제례를 담당하는 여러 집사이다.[561] '徹'은 정현의 주에 따르면 "室 안에 있는 음식과 祝·佐食의 俎를 거두는 것이다.〔徹室中之饋及祝、佐食之俎.〕" 饋는 시동에게 올렸던 음식을 이른다. 즉 2菹 2醯의 4豆, 5俎, 4敦(대), 2鉶, 4瓦豆 등과 같은 것으로 제례를 행할 때 室 안에 진설한 모든 음식이다. 褚寅亮은 "儐尸禮를 당에서 행하여 室 안에서는 일이 없기 때문에 室 안에 있는 기물들을 모두 유사에게 거두게 하는 것이다.〔儐尸於堂, 室中無事矣, 故凡室中之器物皆令有司徹之.〕"라고 하였다. 佐食의 俎는 당 아래 양쪽 계단 사이에 있다.〈소뢰궤식례〉13) 이것들을 거두는 까닭은 儐尸禮를 준비하기 위해서이다. 이른바 '儐尸'는 室 안에서 正祭를 행한 뒤에 또 당 위에서 빈객의 禮로 시동을 대접하는 것이다. 淩廷堪의 《禮經釋例》권10에 "일반적으로 正祭는 室 안에서 행하고 儐尸禮는 당 위에서 행한다.〔凡正祭于室, 儐尸則于堂.〕"라고 하였다.

【按】정현의 《目錄》에 따르면 〈유사철〉은 〈소뢰궤식례〉의 하편이다. 正祭를 마친 뒤에 시동을 賓으로 대접하는 예로, 상대부는 廟의 당에서, 하대부는 室 안에서 예를 행한다. 천자와 제후는 정제를 마친 뒤에 이튿날 묘문 밖 서쪽에 繹祭를 지낸다.562) 胡培翬에 따르면 천자와 제후는 이튿날 역제를 지낼 때 시동을 빈으로 대접하는 儐尸禮를 행하며, 경대부는 역제가 없다.563) 4豆는 葵菹(규저)·韭菹(구저)·蠃醢(라해)·醯醢(담해), 5俎는 羊·豕·魚·腊·膚, 4敦는 각각 2敦의 黍·稷, 2鉶은 羊·豕, 4瓦豆는 羊胾·豕胾·羊肉醢·豕肉醢이다.

② 攝酒

정현의 주에 따르면 "다시 휘저어서 더욱 정돈하는 것이다.〔更洗, 益整頓之.〕" 가공언의 소에서는 '洗'를 誤字로 보고 '撓'(요)가 되어야 한다고 하였다. 즉 술을 한차례 휘저어 새롭게 정돈함을 보여주는 것이라고 하였다.564)

【按】郝敬에 따르면 술 단지에 술을 다시 더 담는 것이다.565)

③ 乃熱尸俎

'熱'은 음이 '섭'이다. 정현의 주에 따르면 "熱은 따뜻하게 데운다는 뜻이다. 尸俎에 담긴 음식을 아궁이에서 데우는 것이다.〔熱, 溫也. 溫尸俎於爨.〕"《說文解字》에서는 "熱은 끓는 물에 고기를 데우는 것이다.〔熱, 於湯中燷肉.〕"라고 하였다. 尸俎에 담긴 음식을 데우는 것은, 바로 尸俎의 牲肉을 아궁이에 있는 솥 안의 끓는 고깃국물에 넣어 따뜻하게 데우는 것임을 알 수 있다. 또 정현의 주에 따르면 胹俎(기조. 제사가 끝나고 시동의 집에 보낼 俎) 위에 있는 牲肉도 데운다.566)

【按】가공언의 소에 따르면 尸俎의 음식을 데울 때 牲體의 左胖 역시 鼎에 담는데, 이를

562) 賈公彦疏: "鄭《目錄》云: 《少牢》之下篇也, 上大夫旣祭, 儐尸於堂之禮. 若下大夫, 祭畢, 禮尸於室中. 天子·諸侯之祭, 明日而繹."
《禮記》〈禮器〉陳澔注: "廟門謂之祊, 設祭在廟門外之西旁, 故因名爲祊也."

563) 《儀禮正義》卷39: "天子·諸侯祭之明日有繹祭, 儐尸於繹祭行之.……卿大夫則有儐尸而無繹祭."

564) 賈公彦疏: "案《士冠禮》'再醮攝酒'注云: '攝猶整也. 整酒謂撓之.' 此更添益整頓, 則此洗當作撓, 此謂儐尸, 唯徹室中之饋, 亦因前正祭之酒, 更撓撹添益整新之也."

565) 《儀禮節解》卷17: "攝酒, 重益酒于尊."

566) 鄭玄注: "胹亦溫焉."

말하지 않은 것은 글을 갖추지 않은 것 뿐이다.[567]

④ 無腊與膚

이것은 腊과 膚는 전용의 鼎을 설치하지 않는다는 것을 말한 것이지 腊과 膚는 따뜻하게 데우지 않는다고 말한 것이 아니다. 胡培翬에 따르면 腊은 앞으로 庶羞로 올리게 되며 膚는 豕의 牲體와 함께 豕鼎에 담는다.[568]

【按】正祭때 腊鼎에는 말린 사슴을 익혀서 담고 膚鼎에는 豕牲의 倫膚를 담았었다. 〈소뢰궤식례〉 5 참조.

⑤ 如初

正祭를 행하기 전에 鼎을 묘문 밖 동쪽에 북향하게 하여 북쪽을 상위로 진열했던 것과 같이 하는 것을 이른다. 〈소뢰궤식례〉 5 참조.

⑥ 議侑于賓以異姓

'侑'는 시동을 보조하는 사람으로, 그 직분은 시동이 禮를 행하는 것을 돕고 시동에게 음식을 더 드시라고 권하는 것이다. 시동의 侑는 賓의 介에 해당한다. 胡培翬에 따르면 "儐尸는 시동을 빈으로 삼기 때문에 侑를 세워서 시동에게 권하고 시동을 돕는 것이다.〔儐尸, 以尸爲賓. 故立侑以勸之、輔之.〕" 盛世佐는 "시동에게 侑를 두는 것은 賓에게 介를 두는 것과 같다.〔尸之有侑, 猶賓之有介也.〕"라고 하였다. '議'는 정현의 주에 따르면 여기에서는 뽑는다는 뜻이다. 異姓의 빈객 중에 賢者를 가려서 侑로 삼는데, 異姓으로 뽑는 것은 '공경을 더 넓힘〔廣敬〕'을 나타내기 위해서이다.[569] 이른바 '廣敬'은 同姓뿐 아니라 異姓까지도 모두 시동을 공경한다는 말이다.

【按】정현의 주에 따르면 이때 주인과 賓은 모두 이미 묘문 안의 자리로 돌아온 뒤이다.[570]

⑦ 宗人戒侑

정현의 주에 따르면 "戒는 告(고하다)와 같다. 宗人이 侑의 자리로 가서 남향하고 고하기를 '당신께서 侑가 되어주십시오.'라고 한다.〔戒, 猶告也. 南面告於其位. 戒曰: '請子爲侑.'〕" 가공언의 소에 따르면 賓의 자리는 廟門의 동쪽에서 북향하고 있기 때문에 종인이 남향하고 고하는 것이다.[571]

【按】張惠言의 〈饌具迎尸侑拜至〉圖에는 宗人이 묘문 안 동쪽에서 남향하고 戒侑하도록 되어 있고,《소뢰궤식례〉 6 주⑪) 黃以周의 〈饌具戒侑拜至〉圖에는 종인이 서쪽 계단 아래에서 서향하고 戒侑하도록 되어 있다. 이것은 3명의 餕者가 室에서 먼저 나가 上佐食이 嘏辭를 하고 나오기를 기다리는 賓의 위치를 다르게 본 것에서 말미암는다.《소뢰궤식례》 22 주⑳) 자세하지 않다.

567) 賈公彦疏: "爨尸俎時, 左體亦同升於鼎, 上不云者, 文不具. 是以前陳俎時, 皆設于鼎西, 若不同升鼎, 則侑、主人、主婦俎, 如《特牲》執事之俎, 陳在階間, 不應在鼎側也."

568) 《儀禮正義》 卷39: "無臜與膚, 是無腊鼎、膚鼎也. 下載俎, 不見腊膚而尙有膚, 故知腊爲庶羞, 膚從豕在豕鼎. 所云無膚者, 謂無專鼎耳."

569) 鄭玄注: "議, 猶擇也. 擇賓之賢者可以侑尸. 必用異姓, 廣敬也."

570) 鄭玄注: "是時主人及賓有司已復內位."

571) 賈公彦疏: "知南面告於其位者, 以賓位在門東, 北面, 請以爲侑, 明面鄕其位可知."

⑧ 侑出, 俟于廟門之外

정현의 주에 따르면 "俟는 기다린다는 뜻이다. 次에서 기다리는 것은 시동과 함께 다시 들어가야 하기 때문이다.〔俟, 待也. 待於次, 當與尸更入.〕" 胡培翬에 따르면 묘문 밖에 시동만을 위한 次가 설치되어 있는데 〈소뢰궤식례〉에서 正祭가 끝나면 시동이 묘문을 나간다고 기록하였으니 바로 그 次가 있는 곳에서 기다리는 것이다.[572] 〈소뢰궤식례〉 21 주② 참조.

【按】'次'는 정현의 주에 따르면 시동이 잠시 머물고 옷을 갈아입는 천막이다.[573]

2. 儐尸禮에서 주인이 시동과 侑를 맞이함

> 司宮筵于戶西, 南面, 又筵于西序, 東面。尸與侑北面于廟門之外, 西上①。主人出迎尸, 宗人擯。主人拜, 尸答拜②。主人又拜侑, 侑答拜。主人揖, 先入門右。尸入門左③。侑從, 亦左。揖, 乃讓④。主人先升自阼階。尸·侑升自西階⑤, 西楹西, 北面, 東上⑥。主人東楹東, 北面拜至。尸答拜。主人又拜侑。侑答拜。
>
> 司宮이 당 위의 室戶 서쪽에 시동을 위한 돗자리를 남향으로 펴고, 또 西序 앞에 侑를 위한 돗자리를 동향으로 편다.
> 시동이 유와 함께 묘문 밖에서 북향하는데, 서쪽을 상위로 하여 시동이 서쪽에 선다.
> 주인이 묘문을 나가 시동과 유를 賓으로 맞이한다. 宗人이 擯이 되어 주인을 돕는다.
> 주인이 시동에게 절한다. 시동이 답배한다.
> 주인이 또 유에게 절한다. 유가 답배한다.
> 주인이 시동에게 읍을 한 뒤에 앞서서 묘문 오른쪽(동쪽)으로 들어가 오른쪽으로 간다.
> 시동이 묘문 왼쪽(서쪽)으로 들어가 왼쪽으로 간다. 유가 시동을 뒤따라 마찬가지로 묘문 왼쪽으로 들어간다.

572) 《儀禮正義》卷39: "上篇 '尸出廟門', 敖氏以爲俟於門 外次中, 蓋亦據此注言之."

573) 《周禮》〈天官掌次〉鄭玄 注: "尸次, 祭祀之尸所居更衣 帳."

시동과 주인이 三揖하고 이어 三讓한다.

주인이 먼저 동쪽 계단으로 당에 오른다.

시동이 앞서고, 유가 한 계단을 사이에 두고 뒤따라 서쪽 계단으로 당에 올라, 西楹의 서쪽에서 북향하는데, 동쪽을 상위로 하여 시동이 동쪽에 선다.

주인이 東楹의 동쪽에서 북향하는데, 시동에게 와주신 것에 대하여 절한다.(拜至禮) 시동이 답배한다.

주인이 또 유에게 절한다.(拜至禮) 유가 답배한다.

① 尸與侑……西上

【按】胡培翬에 따르면 정현의 주에서 "與를 말한 것은 존비를 달리하기 위한 것이다.[言與, 殊尊卑.]"라고 한 것은, 시동을 빈으로 대접하는 예는 시동이 주가 되고 侑는 시동보다 낮기 때문이다.[574] 敖繼公에 따르면 시동이 북향하는 것은 대부를 존중하여 감히 스스로 빈객인 것처럼 자처하지 못하기 때문이며, 서쪽을 상위로 삼는 것은 빈객의 자리는 왼쪽을 높게 여기기 때문이다.[575]

② 主人拜, 尸答拜

【按】敖繼公은 주인은 서향하여 절하고 시동은 동향하여 절하는 것으로 추정하였다. 또한 이때의 절은 다음에 나오는 拜至禮와 함께 모두 再拜하는 것이라고 하였다.[576] 그러나 盛世佐는 이때 시동은 북향하여 절한다고 하여 오계공의 설을 오류로 보았다.[577] 자세하지 않다.

③ 主人揖……門左

【按】淩廷堪의 《禮經釋例》 권1에 따르면 "일반적으로 문에 들어갈 때 빈은 왼쪽(서쪽)으로 들어가고 주인은 오른쪽(동쪽)으로 들어가는데, 모두 주인이 먼저 들어간다.[凡入門, 賓入自左, 主人入自右, 皆主人先入.]" 또한 정현의 주에 따르면 '右'는 오른쪽으로 간다는 뜻이며 '左'는 왼쪽으로 간다는 뜻이다.[578]

④ 揖, 乃讓

敖繼公에 따르면 "마찬가지로 세 번 읍하여 계단에 이르면 이어 세 번 사양하는 것이다. '읍하고 이어 사양한다.'라고만 한 것은 경문에서 생략한 것뿐이니, 또한 알 수 있기 때문이다.[亦三揖至於階, 乃三讓也. 惟云 揖, 乃讓, 經文省耳, 亦以其可知故也.]"

【按】三揖은 묘문 안에 들어와 꺾어지는 곳마다 읍을 하고 가는 것을 이른다. 즉 주인은

574)《儀禮正義》卷39: "注云 '言與, 殊尊卑'者, 賓尸以尸爲主, 侑卑於尸, 故言與也."

575)《儀禮集說》卷17: "尸北面者, 尊大夫, 若不敢爲賓客然也. 其位當在門外之西, 祭事已, 尸出門, 則不敢以尊自居. 西上, 賓位尙左也."

576)《儀禮集說》卷17: "主人拜, 蓋西面也. 答拜者, 其皆東面與! 此拜皆再拜, 下文拜至亦然."

577)《儀禮集編》卷39: "尸侑答拜, 亦皆北面. 敖云 '東面', 非."

578)《儀禮注疏》〈士相見禮〉鄭玄注: "右, 就右也; 左, 就左也."

묘문의 오른쪽(동쪽)으로 들어가고 빈은 묘문의 왼쪽(서쪽)으로 들어가 뜰에 이르면 서로를 향하여 읍을 하고 각각 동쪽과 서쪽으로 가며, 각각 동쪽 계단·서쪽 계단과 일직선이 되는 곳에 이르면 다시 서로를 향하여 읍을 하고 방향을 바꾸어 북쪽으로 가며, 뜰의 3분의 2 지점에 있는 庭碑가 있는 곳에 이르면 다시 서로를 향하여 읍을 한 뒤에 북쪽을 향하여 계속 간다.[579] 三讓은 주인은 동쪽 계단, 빈은 서쪽 계단 앞에 이르렀을 때 세 번 사양하고 계단을 오르는 것을 이른다.

⑤ 尸、侑升自西階

【按】敖繼公에 따르면 시동이 세 계단을 오르면 侑가 한 계단을 사이에 두고 뒤따라 오르며, 내려올 때도 이와 같이 한다.[580]

⑥ 東上

【按】가공언의 소에 따르면 시동이 묘문 밖에 있을 때 서쪽을 상위로 하여 섰던 것은 빈객의 자리에 통섭되기 때문이며, 묘문 안에 들어와 당에 오른 뒤 동쪽을 상위로 하여 서는 것은 室戶 서쪽에 남향으로 펴놓은 賓의 자리에 통섭되기 때문이다. 이때 빈의 자리는 동쪽을 상위로 한다.[581]

3. 儐尸禮에서 鼎과 俎를 뜰에 진열함

乃舉①. 司馬舉羊鼎, 司士舉豕鼎、舉魚鼎, 以入②, 陳鼎如初③. 雍正執一匕以從④. 雍府執二匕以從. 司士合執二俎以從⑤. 司士贊者亦合執二俎以從⑥. 匕皆加于鼎, 東枋(병). 二俎設于羊鼎西, 西縮⑦. 二俎皆設于二鼎西, 亦西縮. 雍人合執二俎⑧, 陳于羊俎西⑨, 竝⑩, 皆西縮. 覆二疏匕于其上⑪, 皆縮俎, 西枋.

이어 鼎을 든다.
司馬 2명이 羊鼎을 들고, 司士 2명이 豕鼎을 들고, 다른 司士 2명이 魚鼎을 들고 묘문 안으로 들어가 처음 正祭 때와 같이 정을 동쪽 계단 아래에 북쪽을 상위로 하여 북쪽부터 양정-시정-어정의 순으로 서향하도록 진열한다.

579) 《儀禮注疏》〈士冠禮〉鄭玄注: "入門將右曲, 揖; 將北曲, 揖; 當碑, 揖."

580) 《儀禮集說》卷17: "尸、侑升自西階, 尸升三等, 侑從之中等, 如上, 下射升階之儀也. 其降也亦然."

581) 賈公彥疏: "尸在門外北面, 西上, 統於賓客, 至此升堂, 亦應西上, 故決之, 云'東上, 統於其席', 以其賓席以東爲上故也."

雍正이 鼎匕 1개(羊匕)를 들고 鼎을 따라 들어간다.

雍府가 鼎匕 2개(豕匕와 魚匕)를 들고 옹정을 따라 들어간다.

司士가 2개의 俎(尸羊俎와 侑羊俎)를 포개어 들고 옹부를 따라 들어간다.

司士贊者도 2개의 俎(主人羊俎와 主婦羊俎)를 포개어 들고 사사를 따라 들어간다.

鼎匕는 모두 각각의 鼎 위에 자루가 동쪽으로 가도록 올려놓는다.

사사가 들고 온 2개의 조는 羊鼎의 서쪽에 남북으로 나란히 진열하는데 모두 동쪽에서 서쪽으로 가도록 진열한다.(북쪽에 侑羊俎, 남쪽에 尸羊俎를 놓는다.)

사사찬자가 들고 온 2개의 조는 모두 2개의 정(豕鼎과 魚鼎) 서쪽에 남북으로 각각 1개씩 나란히 진열하는데 마찬가지로 동쪽에서 서쪽으로 가도록 진열한다.(豕鼎 서쪽에 主人羊俎, 魚鼎 서쪽에 主婦羊俎를 놓는다.)

雍人(雍府)이 2개의 조(加俎인 羊湆俎와 豕湆俎)를 포개어 들고 와서 羊俎(尸俎와 侑俎)의 서쪽에 남북으로 2개의 양조와 나란히 진열하는데 모두 동쪽에서 서쪽으로 가도록 한다.(시읍조를 북쪽에, 양읍조를 남쪽에 놓는다.)

2개의 疏匕(자루에 조각 장식이 있는 匕)를 2개의 조(양읍조와 시읍조) 위에 각각 엎어 놓는데, 모두 조와 같은 방향으로 놓고 자루가 서쪽으로 가도록 한다.

① 擧

鼎을 드는 것이다. 정현의 주에 따르면 "정을 드는 사람들이 손을 씻지 않는 것은 예를 줄인 것이다.〔擧者不盥, 殺.〕" 즉 儐尸禮는 正祭禮 보다 줄인다는 말이다.

② 司馬……以入

鼎을 들 때는 정마다 두 사람씩 있어야 한다. 敖繼公에 따르면 "司馬 두 사람과 司士 네 사람이다.〔司馬二人, 司士四人也.〕"

③ 如初

정현의 주에 따르면 "동쪽 계단 아래에 서향으로 북쪽을 상위로 하여 진열했던 것과 같이 하는 것이다.〔如阼階下, 西面, 北上.〕" 즉 正祭 때와 같이 鼎을 동쪽에 진열하는데, 東序의 남쪽, 洗의 서쪽에 모두 서향으로 북쪽을 상위로 하여 진열하는 것이다. 〈소뢰궤식례〉6 참조.

④ 雍正執一匕以從

정현의 주에 따르면 "雍正은 관리들 중 희생의 牲體名과 肉物의 변별을 담당하는 자이다.〔雍正, 群吏掌辨體名肉物者.〕"

【按】정현의 주에 따르면 '體名'은 脊·脅·肩·臂·臑(노)와 같은 牲體의 이름을 말하고, '肉物'은 胾·膷과 같이 牲體중 뼈가 없는 것을 이른다.[582] 敖繼公에 따르면 '一匕'는 羊匕이며, 뒤에 나오는 '二匕'는 豕匕와 魚匕이다.[583]

⑤ 司士合執二俎

정현의 주에 따르면 하나는 尸俎이고, 또 하나는 侑俎이다.[584]

⑥ 司士贊者亦合執二俎

정현의 주에 따르면 하나는 主人俎이고, 또 하나는 主婦俎이다.[585]

⑦ 二俎設于羊鼎西, 西縮

이것은 司士가 들고 온 2개의 俎로, 남북으로 나란히 羊鼎 서쪽에 놓는 것이다. '西縮'은 胡培翬가 姜兆錫을 인용하여 "縮은 곧다는 뜻이니 順과 같다. 일반적으로 경문에서 南陳·南肆·南順이라고 하는 것은 모두 말은 다르지만 실제의 뜻은 같다. 肆도 陳과 같다. 그 진열을 모두 일직선으로 나란히 놓는 것을 이른다.〔縮之言直, 猶順也. 凡全經言南陳, 南肆, 及南順之屬, 皆異名而同實也. 肆亦陳也, 謂其陳之皆直而順也.〕"라고 하였다. 호배휘는 또 〈소뢰궤식례〉에서 西肆라고 한 것이 이와 같다. 다만 西縮·西肆는 서쪽으로 곧게 진열한 俎이니, 鼎의 서쪽에 진열한 것은 정의 입장에서 보면 곧은 것이 된다. 南陳·南肆·南順은 남쪽으로 곧게 진열한 것이다. 일반적으로 경에서 陳이라고 하고 肆라고 하고 順이라고 한 것은 비록 縮이라고 말한 것과 같으나, 때로는 남북 방향을 말하고 때로는 동서 방향을 말하는 점이 다르다.〔上篇云西肆, 與此同. 但西縮、西肆, 是向西直陳之俎; 設鼎西, 自鼎視之爲直也. 其南陳、南肆、南順, 則向南直陳之. 凡經言陳, 言肆, 言順, 雖與言縮同, 而或言南北, 或言東西, 則有異也.〕"라고 하였다. 이에 따르면 이 2개의 俎는 鼎 앞쪽에 일직선으로 서향하도록 진열해야만 한다.

【按】郝敬에 따르면 4개의 俎는 북쪽부터 남쪽으로 모두 가로로 진열한다.[586] 敖繼公에 따르면 이 4개의 俎는 正俎로 모두 羊俎이다. 즉 尸羊俎, 侑羊俎, 主人羊俎, 主婦羊俎이다. 또 오계공에 따르면 이 俎들의 진열은 鼎의 진열과 같이 북쪽을 상위로 하여 진열하며, 俎에 牲體를 담을 때에도 북쪽의 俎부터 차례로 담는다.[587] 양천우 역시 이를 따랐다. 그러나 주소에 따르면 羊俎의 진열은 북쪽부터 유조-시조-주인조-주부조의 순으

582)《周禮注疏》〈天官內饔〉鄭玄注: "體名, 脊、脅、肩、臂、臑之屬. 肉物, 胾、膷之屬."

583)《儀禮集說》卷17: "一匕, 羊匕也; 二匕, 豕、魚匕也."

584) 鄭玄注: "四俎爲尸、侑、主人、主婦."

585) 鄭玄注: "四俎爲尸、侑、主人、主婦."

586)《儀禮節解》卷17: "四俎亦自北橫設而南."

587)《儀禮集說》卷17: "四俎乃尸、侑、主人、主婦之羊俎也. 設之亦北上, 如鼎之序然. 其載之, 亦先北而後南也."

로 진열하며, 加俎인 湆俎 역시 북쪽부터 豕肉湆俎—羊肉湆俎순으로 진열한다.[588] 張惠言의〈主人獻尸〉圖와 黃以周의〈初獻之一〉圖 역시 주소를 따르고 있다. 여기에서는 주소를 따르기로 한다.

⑧ 雍人合執二俎

胡培翬에 따르면 "雍人도 雍府다. 對句로 쓴 문장에서는 雍正과 雍府가 다르지만 대구로 쓰지 않은 문장에서는 雍正과 雍府를 또한 雍人으로 통칭할 수 있다.〔雍人亦雍府也. 對文雍正與雍府異, 散文亦得通稱雍人也.〕" 吳廷華에 따르면 이 2개의 俎는 加俎를 올릴 때 쓰기 위한 것이다.[589]

⑨ 羊俎

敖繼公에 따르면 "羊鼎 서쪽에 있는 것을 가리킨다.〔指在羊鼎西者也.〕" 즉 위에서 진열한 尸俎와 侑俎이다.

⑩ 竝

【按】蔡德晉에 따르면 남북으로 2개의 羊俎와 나란히 놓는다는 말이다.[590]

⑪ 二疏匕

'疏'는 '새긴다'는 뜻이다. 즉 자루 위에 조각 장식이 있는 匕이다.《禮記》〈明堂位〉에 "疏屛은 천자의 종묘 장식이다.〔疏屛, 天子之廟飾也.〕"라고 하였는데, 공영달의 소에 "疏屛의 疏는 새긴다는 뜻이고 屛은 가림벽이다. 가림벽에 구름이나 동물 모양을 새긴 것을 이른다.〔疏屛者, 疏, 刻也; 屛, 樹也, 謂刻於屛樹爲雲氣蟲獸也.〕"라고 하였다.

吳廷華에 따르면 여기에서 말하는 疏匕는 匕의 자루에 구름 모양을 새긴 것이다.[591]

【按】蔡德晉에 따르면 疏匕는 湆(읍)을 담는 것이다.[592] 2개의 疏匕는, 敖繼公에 따르면 하나는 羊湆을 담고 다른 하나는 豕湆을 담는다.[593] 盛世佐에 따르면 匕湆은 고기는 없이 匕에 고깃국물만 담는 것이며, 肉湆은 단지 고기를 고깃국물에서 건져올렸다는 뜻일 뿐 국물은 없는 것이다.[594] 정현의 주에서는 肉湆을 고기가 국물에 들어 있는 것으로 보았다. 시동에게는 모두 6개의 俎를 사용한다. 郝敬에 따르면 시동에게 초헌에는 羊正俎·羊匕湆俎·羊肉湆俎 3개를 사용하고, 아헌에는 豕匕湆俎와 豕肴俎 2개를 사용하고, 삼헌에는 湆魚俎 1개를 사용한다.[595]

588) 鄭玄注: "一俎, 謂司士所設羊鼎西第一俎."
賈公彦疏: "云一俎, 謂司士所設羊鼎西第一俎者, 此俎在侑俎之南, 故下文注 '侑俎'云: '羊鼎西之北俎也.' 鄭君知尸俎在南, 見羊肉湆俎在豕俎之南, 羊尊豕卑, 明尸俎在侑俎之南."

589)《儀禮章句》卷17: "此加俎也."

590)《禮經本義》卷16: "竝者, 南北竝列也."

591)《儀禮章句》卷17: "疏, 通刻爲雲氣."

592)《禮經本義》卷16: "疏匕, 疏刻文飾之匕, 所以盛湆者."

593)《儀禮集說》卷17: "疏匕二者, 羊、豕之湆宜異器也."

594)《儀禮集編》卷39: "匕湆, 謂無肉直汁, 以其在匕湆也. 肉湆者, 直是肉從湆中來, 實無汁, 此二俎爲益送之俎."

595)《儀禮節解》卷17: "初獻, 尸用三俎: 羊正俎, 羊匕湆俎, 羊肉湆俎. 亞獻, 尸用二俎: 豕匕湆俎, 豕肴俎. 三獻, 尸用一俎, 湆魚俎也."

4. 儐尸禮에서 주인이 시동에게 헌주함(主人初獻)

主人降, 受宰几①。尸侑降。主人辭, 尸對。宰授几, 主人
受, 二手橫執几, 揖尸②。主人升; 尸侑升; 復位③。主人西
面, 左手執几, 縮之, 以右袂推(퇴)拂几三④, 二手橫執几, 進
授尸于筵前。尸進, 二手受于手間⑤。主人退。尸還(선)几縮
之⑥, 右手執外廉⑦, 北面奠于筵上, 左之, 南縮⑧, 不坐⑨。
主人東楹東, 北面拜。尸復位, 尸與侑皆北面答拜。

主人降洗。尸侑降。尸辭洗, 主人對。卒洗, 揖。主人升。尸
侑升。尸西楹西, 北面拜洗。主人東楹東, 北面奠爵答拜, 降
盥。尸侑降。主人辭, 尸對。卒盥, 主人揖, 升。尸侑升。主
人坐取爵, 酌, 獻尸。尸北面拜受爵⑩。主人東楹東, 北面拜
送爵。

主婦自東房薦韭菹、醓⑪, 坐奠于筵前, 菹在西方。婦贊者
執昌菹、醓以授主婦⑫。主婦不興受, 陪設于南, 昌在東方。
興, 取籩于房, 麷(퐁)、蕡(분)坐設于豆西, 當外列⑬, 麷在東方。
婦贊者執白、黑以授主婦⑭。主婦不興受, 設于初籩之南⑮,
白在西方, 興, 退。

乃升⑯。司馬杕羊, 亦司馬載。載右體, 肩、臂、肫(순)、骼(격)、
臑(노)⑰、正脊一、脡脊一、橫脊一、短脅一、正脅一、代脅一、腸
一、胃一、祭肺一, 載于一俎⑱。羊肉湆(읍)⑲, 臑折、正脊一、
正脅一、腸一、胃一、嚌肺一⑳, 載于南俎㉑。司士杕豕, 亦司
士載, 亦右體, 肩、臂、肫、骼、臑、正脊一、脡脊一、橫脊一、短
脅一、正脅一、代脅一、膚五、嚌肺一, 載于一俎㉒。侑俎, 羊
左肩㉓、左肫、正脊一、脅一、腸一、胃一、切肺一, 載于一俎。
侑俎, 豕左肩折㉔、正脊一、脅一、膚三、切肺一, 載于一俎㉕。
阼俎, 羊肺一㉖、祭肺一, 載于一俎。羊肉湆, 臂一㉗、脊一、
脅一、腸一、胃一、嚌肺一, 載于一俎。豕肴(증)㉘, 臂一、脊一、
脅一、膚三、嚌肺一, 載于一俎㉙。主婦俎, 羊左臑、脊一、脅
一、腸一、胃一、膚一、嚌羊肺一㉚, 載于一俎。司士杕魚, 亦

司士載。尸俎五魚，橫載之㉛。侑、主人皆一魚，亦橫載之。皆加膴(호)祭于其上㉜。
卒升㉝，賓長設羊俎于豆南㉞。賓降。尸升筵自西方，坐，左執爵，右取韭菹擩(연)于三豆㉟，祭于豆間㊱。尸取麷、蕡。宰夫贊者取白、黑以授尸㊲。尸受，兼祭于豆祭。
雍人授次賓疏匕與俎。受于鼎西㊳，左手執俎左廉，縮之㊴，卻右手執匕枋(병)，縮于俎上㊵，以東面受于羊鼎之西。司馬在羊鼎之東，二手執桃匕枋以挹湇㊶，注于疏匕，若是者三。尸興㊷，左執爵，右取肺，坐祭之，祭酒，興，左執爵。次賓縮執匕俎以升，若是以授尸。尸卻手受匕枋㊸，坐祭㊹，嚌之，興，覆手以授賓。賓亦覆手以受，縮匕于俎上以降。尸席末坐，啐(쵀)酒，興，坐奠爵拜，告旨㊺，執爵以興。主人北面于東楹東答拜㊻。
司馬羞羊肉湇，縮執俎㊼。尸坐奠爵，興取肺，坐絕祭㊽，嚌之，興，反加于俎。司馬縮奠俎于羊湇俎南㊾，乃載于羊俎㊿。卒載俎，縮執俎以降(51)。尸坐執爵以興(52)。
次賓羞羊燔(53)，縮執俎，縮一燔于俎上，鹽在右(54)。尸左執爵，受燔，擩于鹽，坐振祭，嚌之，興，加于羊俎。賓縮執俎以降。尸降筵(55)，北面于西楹西，坐卒爵，執爵以興，坐奠爵拜，執爵以興。主人北面于東楹東答拜。主人受爵(56)。尸升筵，立于筵末。

〈시동이 几를 받아 자리에 놓음〉

주인이 당을 내려가 宰(家臣의 長)에게서 시동을 위한 几(안석)를 받는다. 시동과 侑가 당을 내려간다. 주인이 시동이 내려온 것을 사양하면 시동이 대답한다.

宰가 几를 주면 주인이 받아서 두 손으로 궤를 가로로 들고 시동에게 읍한다. 주인이 동쪽 계단으로 당에 오르고 시동과 유가 서쪽 계단으로 당에 올라 주인은 東楹의 동쪽 자리로, 시동과 유는 西楹의 서쪽 자리로 돌아간다.

주인이 서향하고 왼손으로 궤를 세로로 들고 오른쪽 옷소매로 먼지를 바깥 쪽으로 밀어 궤를 3번 턴다. 다시 두 손으로 궤를 가로로 들고 시동을 위하여 당 위 室戶 서쪽에 남향으로 펴놓은 돗자리 앞으로 가서 시동에게 서향하고 궤를 건네준다.

시동이 서영의 서쪽에서 실호 서쪽에 남향으로 펴놓은 돗자리 앞으로 나아가 두 손으로 주인의 두 손 사이에서 동향하고 궤를 받는다. 주인이 동영의 동쪽 자리로 물러난다.

시동이 궤를 돌려 세로로 드는데, 오른손으로 바깥쪽(동쪽) 가장자리를 잡고 들고 왼손으로는 안쪽(서쪽)을 잡고서 실호 서쪽의 돗자리 위 왼쪽(동쪽)에 북향하고 궤를 놓는데 북쪽에서 남쪽으로 가도록 놓는다. 이때 궤를 앉아서 놓지 않는다.

주인이 동영의 동쪽에서 북향하고 절한다.

시동이 서영의 서쪽 자리로 돌아간다. 시동과 유가 모두 북향하고 답배한다.

〈주인이 시동에게 헌주함〉

주인이 당을 내려가 南洗에서 술잔을 씻는다. 시동과 侑가 차례로 당을 내려간다. 잔을 씻는 것에 대하여 시동이 사양하면 주인이 대답한다.

주인이 잔을 다 씻은 뒤에 시동에게 읍한다. 주인이 당에 오른다. 시동과 유가 당에 오른다.

시동이 서영의 서쪽으로 가서 북향하고 잔을 씻은 것에 대하여 절한다.(拜洗禮)

주인이 동영의 동쪽으로 가서 북향하여 잔을 내려놓고 답배한 뒤 당을 내려가 손을 씻는다. 시동과 유가 당을 내려간다. 주인이 사양하면 시동이 대답한다.

손을 다 씻은 뒤에 주인이 읍하고 당에 오른다. 시동과 유가 당에 오른다.

주인이 앉아서 東楹의 동쪽에 내려놓았던 잔을 취하여 술을 따라 室戶의 서쪽에 남향으로 펴놓은 시동의 자리 앞으로 가서 서향하여 헌주한다.

시동이 西楹의 서쪽에서 북향하여 절을 하고 시동의 자리 앞으로 가서 동향하고 잔을 받는다.(拜受禮) 주인이 잔을 보내고 동영의 동

쪽으로 가서 북향하여 절한다.(拜送禮)

〈주부가 시동에게 籩豆를 올림〉
　주부가 東房에서 韭菹豆(구저두. 부추 초절임)와 醓醢豆(담해두. 육장)를
가지고 와 올리는데, 실호 서쪽에 남향으로 펴놓은 시동의 돗자리
앞에 북향하고 앉아서 구저두를 서쪽에, 담해두를 동쪽에 놓는다.
主婦贊者가 東房에서 昌菹豆(창저두. 창포 뿌리를 잘라 만든 초절임)와 麋
臡醢豆(미니해두. 뼈가 붙은 큰사슴 살코기로 만든 肉醬)를 가지고 와 주부에
게 준다. 주부가 일어나지 않고 받아서 구저두와 담해두의 남쪽에
陪設하는데, 창저두를 동쪽에, 미니해두를 서쪽에 놓는다.
　주부가 일어나 동방에서 麷籩(풍변. 볶은 보리)과 蕡籩(분변. 볶은 삼씨)
을 가지고 와 실호 서쪽에 남향으로 펴놓은 시동의 돗자리 앞에
북향하고 앉아서 미니해두의 서쪽에 外列과 같은 줄이 되도록 진
설하는데, 풍변을 분변의 동쪽에 놓는다.
　주부찬자가 동방에서 白籩(볶은 쌀)과 黑籩(볶은 기장)을 가지고 와
주부에게 준다. 주부가 일어나지 않고 받아서 앞에서 진설했던 풍
변과 분변의 남쪽에 진설하는데, 백변을 흑변의 서쪽에 진설한 뒤
일어나 방으로 물러난다.

〈각 俎에 牲體를 담음〉
　이어서 牲體를 俎에 담는다.

〔尸俎3〕
司馬가 羊牲肉을 羊鼎에서 꺼내고 또 다른 司馬가 俎에 담는다.
尸俎는 우반을 담는다.
　羊俎에는 肩·臂·臑(순)·骼(격)·臑(노) 각 1體, 正脊·脡脊·橫脊·短
脅·正脅·代脅 각 1骨, 腸 1마디, 胃 1가닥, 祭肺(고수레용 폐) 1조각
을 하나의 俎에 담는다.【正俎】
　羊肉湇俎에는 臑折(노절. 臑를 자른 것) 1조각, 正脊·正脅 각 1골, 腸
1마디, 胃 1가닥, 嚌肺(식용 폐) 1조각을 南俎(豕肉湇俎의 남쪽에 있는 俎)
에 담는다.【加俎】

司士가 豕牲肉을 豕鼎에서 꺼내고 또 다른 司士가 俎에 담는다. 마찬가지로 우반을 담는데, 豕俎에는 肩·臂·肫·骼·臑 각 1체, 正脊·脡脊·橫脊·短脅·正脅·代脅 각 1골, 膚 5덩이, 嚌肺 1조각을 하나의 俎에 담는다.【加俎】

〔侑俎2〕

侑俎는, 羊俎에는 左肩·左肫 각 1체, 正脊·脅 각 1골, 腸 1마디, 胃 1가닥, 切肺(고수레용 폐) 1조각을 하나의 조에 담는다.【正俎】

侑俎는, 豕俎에는 左肩折 1조각, 正脊·脅 각 1골, 膚 3덩이, 切肺 1조각을 하나의 俎에 담는다.【加俎】

〔阼俎3〕

阼俎(주인 俎)는, 羊俎에는 羊肺 1조각, 祭肺 1조각을 하나의 조에 담는다.【正俎】

羊肉湆俎에는 左臂 1체, 脊·左脅 각 1골, 腸 1마디, 胃 1가닥, 嚌肺 1조각을 하나의 俎에 담는다.【加俎】

豕肴(豕俎)에는 左臂 1체, 脊·左脅 각 1골, 膚 3덩이, 嚌肺 1조각을 하나의 조에 담는다.【加俎】

〔主婦俎1〕

主婦俎에는 羊牲의 左臑(노) 1체, 脊·左脅 각 1골, 腸 1마디, 胃 1가닥, 豕牲의 膚 1덩이, 羊牲의 嚌肺 1조각을 하나의 조에 담는다.【正俎】

司士가 물고기(붕어)를 鼎에서 꺼내고 또 다른 사사가 조에 담는다.

〈각 俎에 魚를 담음〉

〔尸俎1, 侑俎1, 阼俎1〕

尸俎에는 물고기 5마리를 가로로 담는다.

侑俎와 主人俎(阼俎)에는 모두 물고기를 1마리씩 담는데 마찬가지로 가로로 담는다. 모두(시조·유조·조조) 膴祭(호제. 고수레용 물고기의 뱃살)를 그 위에 올려놓는다.

〈시동에게 俎를 올림. 羊俎-羊匕湆俎-羊肉湆俎-羊燔俎〉

시동을 위해 牲肉을 羊俎에 다 담으면 賓長(上賓)이 시동의 양조를 昌菹豆의 남쪽에 진설한다. 빈장이 당을 내려간다.

시동이 자신을 위해 실호 서쪽에 남향으로 펴놓은 돗자리의 서쪽으로 돗자리에 올라가 앉아서 왼손으로 술잔을 잡고 오른손으로 韭菹를 취하여 2豆(醓醢·蠯臡醢)에 찍어 豆 사이에 祭(고수레)한다.

시동이 麷(풍. 볶은 보리)과 蕡(분. 볶은 삼씨)을 취한다. 宰夫贊者가 白(볶은 쌀)과 黑(볶은 기장)을 취하여 시동에게 준다. 시동이 백과 흑을 받아서 구저를 祭했던 豆 사이에 풍·분과 함께 祭한다.

雍人이 次賓(衆賓長)에게 疏匕(자루 위에 조각 장식한 匕)와 俎를 준다.

차빈이 羊鼎의 서쪽에서 받는다. 왼손으로 俎의 왼쪽 끝을 잡아 세로로 들고 오른손 바닥이 위로 향하도록 하여 소비 자루를 잡아 조 위에 세로로 놓고 몸을 돌려 동향하여 양정의 서쪽에서 司馬에게서 羊匕湆을 소비에 받는다.

사마가 양정의 동쪽에서 두 손으로 桃匕(疏匕보다 작은 匕) 자루를 잡고 양비읍을 떠서 소비에 부어주는데, 이와 같이 떠서 부어주기를 세 번 한다.

시동이 일어나 왼손으로 잔을 잡고 오른손으로 羊俎에서 祭肺(고수레용 폐)를 취하여 앉아서 祭하고 술을 祭한 뒤에 일어나 왼손으로 잔을 잡는다.

차빈이 羊匕湆俎를 세로로 들고 당에 올라가 세로로 든 채 시동에게 준다.

시동이 오른쪽 손바닥이 위로 향하도록 하여 疏匕 자루를 받아 앉아서 소비에 담긴 양비읍을 祭하고 조금 맛본 뒤에 일어나 손을 뒤집어 소비 자루를 잡아서 차빈에게 준다.

차빈도 손을 뒤집어서 소비를 받아 俎 위에 세로로 놓고 이 양비읍조를 들고 당을 내려간다.

시동이 돗자리의 끝(서쪽)에 앉아서 술을 맛보고 일어났다가 다시 앉아서 잔을 내려놓고 절한 뒤에 술이 맛있다고 주인에게 고하고 잔을 들고 일어난다. 주인이 東楹의 동쪽으로 돌아가 북향하고 답배한다.

사마가 羊肉湆俎(앞에서 차빈이 시동에게 올렸던 양비읍조를 사용)를 올리는데 俎를 세로로 잡고 올린다.

시동이 앉아서 잔을 내려놓고 일어나 양육읍조의 嚌肺를 취하여 앉아서 絶祭(폐의 끝부분을 손으로 잘라 祭함)하고 맛보고 일어나 양육읍조에 되돌려놓는다.

사마가 양육읍조를 양조의 남쪽에 세로로 놓고, 이어 양육읍조의 음식을 正俎인 양조에 옮긴다. 양조에 다 옮겨 담은 뒤에 빈 양육읍조를 세로로 들고 당을 내려간다.

시동이 앉아서 잔을 들고 일어난다.

次賓이 羊燔俎(양고기 구이)를 올리는데 俎를 세로로 든다. 羊燔 한 덩이를 양번조 위에 세로로 놓고 소금을 양번의 오른쪽에 놓는다.

시동이 왼손으로 잔을 들고 오른손으로 양번을 받아서 소금에 찍어 앉아서 振祭(祭物을 털어서 祭하는 것)하고 조금 맛본 뒤에 일어나 羊俎 위에 올려놓는다.

차빈이 빈 양번조를 세로로 들고 당을 내려간다.

시동이 서쪽으로 돗자리에서 내려가 西楹의 서쪽으로 가서 북향하고 앉아 잔의 술을 마신 뒤에 잔을 들고 일어났다가 다시 앉아서 잔을 내려놓고 절한 뒤에 잔을 들고 일어난다.

주인이 東楹의 동쪽으로 돌아가 북향하고 답배한다. 주인이 서영의 동쪽으로 가서 시동에게서 빈 잔을 받는다.

(시동이 서영의 서쪽에서 室戶 서쪽의 남향하던 자리로 돌아간다.)

시동이 서쪽으로 돗자리에 올라가 돗자리의 끝(서쪽)에 선다.

① 受宰几

几와 席은 모두 東堂 아래, 즉 東坫 동쪽에 미리 진열했던 것이다. 이때 宰가 궤를 들고 동쪽 계단 아래로 가서 주인에게 주면 주인이 받아서 시동에게 주려는 것이다.

② 二手橫執几, 揖尸

'橫執几'는 손으로 궤의 양쪽 끝을 드는 것이다. '揖尸'는 두 손으로 궤를 들고 어떻게 읍을 하는지 자세하지 않다. 어쩌면 이 읍은 오늘날 鞠躬과 같은 것일 것이다. 아니면 당연히 먼저 궤를 내려놓은 뒤에 읍하는 것인데 여기에서 글을 생략한 것인가? 좀 더 검토해야 한다. 여기에서는 시동에게 읍하여 당에 오르라고 청하는 것이다.

【按】이때 주인이 시동에게만 읍을 하는 것은, 정현의 주에 따르면 几禮는 시동을 위주로 하기 때문이다.[596]

③ 復位

西楹의 서쪽 자리로 돌아가는 것이다. 〈유사철〉 2 참조.

【按】주소에 따르면 주인은 당 위의 동쪽 계단 윗쪽으로 돌아가고, 시동은 당 위의 서쪽 계단 윗쪽으로 돌아간다.[597] 〈유사철〉 2에 근거하면 여기에서 정현이 말한 동쪽 계단 윗쪽은 東楹의 동쪽을 말하며 서쪽 계단 윗쪽은 西楹의 서쪽을 말한다.

④ 推拂

바깥쪽으로 터는 것이다.

⑤ 受于手間

'手間'은 胡培翬는 "주인의 두 손 사이에서 받는다.〔主人二手之間也.〕"라고 하였고, 郝敬은 "주인이 두 손으로 궤의 양쪽 끝을 들면 시동이 두 손을 모아 궤의 중간 부분을 든다.〔主人二手執几兩端, 尸倂二手執几中間.〕"라고 하였다. 張惠言의 《儀禮圖》 권6 〈主人獻尸〉 圖의 自注에 따르면 "궤를 줄 때 주인은 시동을 위해 펴놓은 자리 앞에서 서향하여 주고 시동은 동향하여 받는다.〔授几, 主人筵前西面, 尸東面受.〕"

【按】郝敬에 따르면 주인은 두 손으로 几를 가로로 드는데 바깥쪽 가장자리 양쪽 끝을 들고, 시동은 두 손을 모아 궤를 받는데 안쪽 가장자리 중간을 받는다.[598]

⑥ 還几縮之

'還'(선)은 '돌리다'라는 뜻이다. '縮'은 '세로'라는 뜻이다. 胡培翬에 따르면 "앞에서 시동이 궤를 받을 때에도 가로로 들었는데 여기에서 다시 돌려 세로가 되게 하는 것은, 장차 북향하여 자리 위에 세로로 진설하고자 해서이다.〔上尸受几亦橫執之, 此復旋轉使縱者, 以將北面縱設於筵上也.〕"

⑦ 右手執外廉

胡培翬는 "廉은 가장자리이다. 오른손으로 바깥쪽을 잡았으면 왼손으로 안쪽을 잡았다는 것을 알 수 있다. 역시 두 손으로 잡는다.〔廉, 邊也. 右手執外廉, 則左手執內廉可知. 亦二手執之也.〕"라고 하였고, 또 "시동이 북

596) 鄭玄注 : "獨揖尸, 几禮主於尸."

597) 鄭玄注 : "位, 阼階, 賓階上位."
賈公彦疏 : "鄭言此者, 主人位常在阼階上, 其賓位在戶西及在西階上. 今恐尸復位在戶西. 以其未得在戶西. 故言賓階上位也."

598)《儀禮節解》卷17 : "主人二手橫執几, 執外廉也. 尸二手受, 受內廉也. 廉, 邊也. 主人二手執几兩端, 尸倂二手執几中間, 授者極愼, 受者極恭也."

향하면 오른쪽이 동쪽이 된다. 즉 동쪽을 바깥쪽으로 삼는다.〔尸北面, 右在東, 以東爲外.〕"라고 하였다. 이때에도 두 손으로 궤의 동·서 양쪽 끝을 잡는다는 것을 알 수 있다.

⑧ 左之, 南縮

'左'는 자리의 동쪽 끝을 이른다. 이것은 시동의 자리가 남향한 것에 의거하여 왼쪽이라고 말한 것이다. '南縮'은 胡培翬에 따르면 "南順과 같다. 남향하여 곧게 진열하는 것을 이른다.〔猶南順. 謂向南直陳之也.〕" 즉 几를 자리와 같은 방향이 되도록 하여 마찬가지로 남향하도록 진열하는 것이다.

【按】주소에 따르면 '左之'는 신을 대접하는 예와 다르게 한 것이다. 살아 있는 사람은 陽이기 때문에 왼쪽을 숭상하고 신은 陰이기 때문에 오른쪽을 숭상하는데, 〈소뢰궤식례〉6에서처럼 시동을 위한 것이라면 궤를 오른쪽에 놓아야 하겠지만 〈유사철〉은 시동을 賓의 예로 대접하는 것이기 때문에 살아 있는 사람의 예를 써서 궤를 왼쪽에 놓은 것이다.[599]

⑨ 不坐

【按】정현의 주에 따르면 几를 앉아서 놓지 않는 이유는 궤는 중하게 여기지 않기 때문이다.[600] 敖繼公은 궤가 다리가 있어 조금 높기 때문에 앉아서 놓지 않는다고 보았다. 그 근거로 《예기》〈少義〉의 "俎에서 牲體를 취하거나 俎에 생체를 담을 때 앉지 않는다."라는 구절을 들었다.[601] 胡培翬는 이에 대해 江筠의 설을 인용하여 정현의 주는 그 의미를 말한 것이고 오계공은 그 형태를 기준으로 말한 것이라고 하였다.[602]

⑩ 主人坐取爵, 酌, 獻尸. 尸北面拜受爵

張惠言의 《儀禮圖》〈主人獻尸圖〉自注에 "주인이 시동에게 헌주할 때 주고받는 방향과 자리를 말하지 않았는데, 아마도 几를 줄 때와 같이 주인은 시동을 위해 펴놓은 자리 앞에서 서향하여 주고 시동은 동향하여 받는 듯하다.〔主人獻尸, 不言授受面位, 蓋如授几, 主人筵前西面, 尸東面受.〕"라고 하였다. 이에 따르면 시동은 먼저 西楹의 서쪽에서 북향하여 절한 뒤에 자신을 위해 펴놓은 자리 앞으로 가서 동향하여 잔을 받아야 한다.

【按】《예기》〈鄕飮酒義〉에 "拜至·拜洗·拜受·拜送·拜旣는 공경을 지극히 하기 위한 것이다.〔拜至,拜洗,拜受,拜送,拜旣, 所以致敬也.〕"라는 내용이 보이는데, 공영달의 소에 따르면 '拜至'는 賓과 주인이 당에 올라간 뒤에 빈의 왕림에 대해 동쪽 계단 위쪽에서 북향하고 재배하는 것이며, '拜洗'는 주인이 拜至禮를 마친 뒤에 당을 내려가 술잔을 씻어 들고 올라오면 빈이 당 위 서쪽 계단 위쪽에서 북향하여 재배하는 것이며, '拜受'는 빈이 당 위 서쪽 계단 위쪽에서 절하고 술잔을 받는 것이며, '拜送'은 주인이 술잔을 보내고 당 위 동쪽

599) 鄭玄注: "左之者, 異於鬼神. 生人陽, 長左; 鬼神陰, 長右."
賈公彦疏: "云左之者, 異於鬼神者, 謂若上一篇以來, 設神几皆在右, 爲生人皆左几之等, 是其生人陽, 故尙左, 鬼神陰, 故尙右也."

600) 鄭玄注: "不坐奠之者, 几輕."

601) 《儀禮集說》卷17: "几稍高, 故設之不坐. 《少儀》曰 '取俎, 設俎, 不坐', 其意類此."

602) 《儀禮正義》卷39: "敖氏云:几稍高, 故設之不坐. 《少儀》曰 '取俎, 進俎, 不坐', 其意類此.' 江氏筠云: '注以爲几輕, 言其義; 敖以爲几高, 言其體. 蓋奠几不坐者, 原以其物較高之, 故坐有危坐, 有安坐, 以危爲義, 則坐爲敬, 如几輕不坐之類是也; 以安爲義, 則不坐爲敬, 如俎徹乃坐之類是也."

계단 위쪽에서 절하는 것이며, '拜旣'는 빈이 잔의 술을 다 마신 뒤에 절하는 것이다.[603]

⑪ 醢

정현의 주에 따르면 이것은 醓醢(담해. 육장)이다.[604]

⑫ 昌菹、醢

'昌菹'는 창포 뿌리로 만든 초절임이다. '醢'는 여기에서는 麋臡醢(미니해. 뼈가 붙은 큰사슴 살코기로 만든 肉醬)를 가리킨다. 麋는 큰사슴고기이다. 臡는 《주례》〈天官醢人〉 정현의 주에 "뼈가 있는 것은 臡이고 뼈가 없는 것은 醢이다."라고 하였다.[605] 이에 따르면 麋臡醢는 뼈가 있는 큰사슴고기로 만든 젓갈이다.

【按】'昌'은 창포 뿌리이다. '昌菹'는 정현의 주에 따르면 "창포 뿌리를 4寸으로 잘라 菹로 만든 것이다."[606] '臡'는 정현의 주에 따르면 "반드시 먼저 고기를 말려서 포로 만들어 잘게 썬 뒤에 기장, 누룩, 소금을 섞고 이것을 술에 담가 병에 넣고 입구를 봉해야 하며, 이대로 100일 동안 두면 완성된다."[607]

⑬ 麷、蕡坐設于豆西, 當外列

'麷'은 음이 '풍'이다. 정현의 주에 따르면 "麷(풍)은 볶은 보리이고, 蕡(분)은 볶은 삼씨이다.〔麷, 熬麥也. 蕡, 熬枲實也.〕" '熬(오)는 '볶는다'는 뜻이다. 《說文解字》에 "볶아서 말리는 것이다.〔乾煎也.〕"라고 하였는데, 段玉裁의 주에 《方言》을 인용하여 "熬는 불로 건조시키는 것이다. 무릇 불로 오곡 종류를 말리는 것을 산동 지방과 제나라와 초나라 지역에서는 '熬'라고 이른다.〔《方言》: '熬, 火幹也. 凡以火而幹五穀之類, 自山而東, 齊楚以往, 謂之熬.'〕"라고 하였다. 이에 따르면 熬는 즉 지금의 이른바 '焙炒'(배초. 볶다)이다. '枲實'(시실)은 삼씨를 이른다. '豆西'는 胡培翬에 따르면 "麋臡醢(미니해)의 서쪽에 풍과 분을 창저·미니해와 나란히 진열하는 것이다.〔在麋臡之西, 與昌菹、麋臡竝列也.〕"

【按】'當外列'은 정현의 주에 따르면 장차 진설할 鉶羹의 자리를 비워놓기 위해서이다.[608] 이에 대해 盛世佐는 '外列'을 韭菹豆와 醓醢豆의 남쪽 줄을 가리킨다고 보고, 형갱을 장차 구저두와 담해두의 서쪽에 진설할 것이기 때문에 이 형갱의 자리를 피하여 麷籩과 蕡籩을 구저두와 담해두의 바깥 줄(남쪽)에 있는 昌菹豆와 麋臡醢豆의 서쪽에 진설한다고 하였다.[609]

⑭ 白、黑

정현의 주에 따르면 "白은 볶은 쌀이고, 黑은 볶은 기장이다.〔白, 熬稻. 黑,

603) 孔穎達疏: "拜至者, 謂賓與主人升堂之後, 主人於阼階之上, 北面再拜, 是拜至也. 拜洗者, 謂主人拜至訖, 洗爵而升, 賓于西階上, 北面再拜, 拜主人洗也. 拜受者, 賓於西階上, 拜受爵也. 拜送者, 主人于阼階上, 拜送爵也. 拜旣者, 旣, 盡也, 賓飲酒旣盡而拜也."

604) 鄭玄注: "韭菹、醓醢、昌本、麋臡."

605) 《周禮》〈天官醢人〉 鄭玄注: "有骨爲臡, 無骨爲醢."

606) 《周禮》〈天官醢人〉 鄭玄注: "昌蒲根, 切之四寸爲菹."

607) 《周禮》〈天官醢人〉 鄭玄注: "必先膊乾其肉, 乃後莝之, 雜以粱、麴及鹽, 漬以美酒, 塗置瓶中百日則成矣."

608) 鄭玄注: "當外列, 辟鉶也."

609) 《儀禮集編》卷39: "外列, 謂豆之南一列也. 昌菹醢在韭菹醢之南, 故曰外列. 麷'蕡之位必當外列者, 以韭菹之西當空之, 以待鉶也."

熬黍」〕'稻'는 즉 쌀이다.

⑮ 初籩

　　볶은 보리와 볶은 삼씨를 담은 籩이다.

⑯ 乃升

　　정현의 주에 따르면 "牲體를 俎에 담는 것이다.〔升牲體於俎也.〕"

⑰ 肩、臂、肫、骼、臑

　　【按】臑(노)가 앞다리인데도 뒷다리인 肫(순)과 骼(격)의 뒤에 놓은 이유는, 정현의 주에 따르면 臑를 잘라 肉湆으로 만들었기 때문에 이를 폄하한 것이다.[610]

⑱ 一俎

　　【按】주소에 따르면 司士가 진열해놓았던 羊鼎 서쪽의 첫 번째 尸羊俎로, 侑俎의 남쪽에 있다.[611] 〈유사철〉 3 주⑦ 참조.

⑲ 羊肉湆

　　본래는 양고기 국물을 가리키는데, 여기에서는 고기 국물이 있는 牲肉을 가리킨다. 시동에게 加俎, 즉 正俎 외에 또 올리는 俎를 올리기 위해 준비하는 것이다. 정현의 주에 따르면 "肉湆은 고기가 국물에 들어 있는 것으로, 고기 국물에 俎實(牲肉)을 더하여 시동의 加俎로 삼는 것이다.〔肉湆, 肉在汁中者, 以增俎實爲尸加也.〕" 다음에 나오는 '臑折'에서부터 '嚌肺一'까지가 바로 이때 올리는 '羊肉湆'이다. 다음에 나오는 '羊肉湆'도 뜻이 이와 같다. 胡培翬에 따르면 俎의 사방 가장자리가 조금 높기 때문에 국물이 있는 牲肉을 담을 수 있는 것이다.[612]

　　【按】호배휘에 따르면 앞의 羊俎는 正俎이고 추가로 더 진열한 羊肉湆俎는 加俎이다.[613] 시동의 羊俎 외에 이하 11俎는 모두 이때 음식물을 담지 않고 올릴 때에 비로소 담는데, 여기에서는 양조로 인해 미리 언급한 것뿐이다. 아래 주㉝ 참조.

⑳ 嚌肺

　　정현의 주에 따르면 "離肺이다.〔離肺也.〕"

㉑ 南俎

　　【按】羊湆俎를 이른다. 胡培翬에 따르면 鼎 서쪽에는 司士가 진열하는 尸·侑·主人·主婦의 羊俎인 4개의 正俎가 있고, 羊俎 서쪽에는 雍人이 진열하는 加俎인 양읍조와 豕湆俎가 있는데, 이때 양읍조를 시읍조 남쪽에 진열하기 때문이다. 시읍조는 '北俎'라고 한다.[614]

㉒ 載于一俎

　　이상은 尸俎를 기록한 것이다. 시동에게 올리는 牲俎는 모두 3개의 俎에

610) 鄭玄注: "臑在下者, 折分之以爲肉湆也."

611) 鄭玄注: "一俎, 謂司士所設羊鼎西第一俎." 賈公彦疏: "云'一俎, 謂司士所設羊鼎西第一俎'者, 此俎在侑俎之南, 故下文注'侑俎'云: '羊鼎西之北俎也.' 鄭君知尸俎在南, 見羊肉湆俎在豕俎之南, 羊尊豕卑, 明尸俎在侑俎之南."

612) 《儀禮正義》卷39: "肉湆則肉在湆中, 肉多湆少. 俎之四邊當微高, 或亦可盛之."

613) 《儀禮正義》卷39: "上羊俎爲正俎, 增羊肉湆爲加俎也."

614) 《儀禮正義》卷39: "鼎西四俎, 司士所設者, 卽尸·侑·主人·主婦之羊正俎也. 羊俎西二俎, 雍人所設者, 卽盆送之俎也. 經以羊肉湆載于南俎, 則豕俎爲北俎矣. 故下'豕俎'注云: '謂雍人所設在北者.' 上'雍人合執二俎'注云: '其南俎, 司馬以羞羊匕湆、羊肉湆, 其北俎, 司士以羞豕匕湆、豕肉湆.' 魚亦據此經言也."

담는데, 하나는 羊俎, 하나는 羊肉湆俎, 하나는 豕俎이다.

㉓ 羊左肩

【按】 가공언의 소에 따르면 여기에서 말하는 牲體의 左胖은 앞에서 尸俎에 담긴 牲體의 右胖을 데울 때 함께 데워서 鼎에 담아둔 것이다.[615] 〈유사철〉 1 주③ 참조.

또한 정현의 주에 따르면 "侑俎에 희생의 左胖을 쓰는 것은 侑는 지위가 낮기 때문이다.[616] 그러나 牲體 중에서도 肩과 肫(순)을 사용한 것은, 敖繼公에 따르면 侑를 높인 것이다.[617]

㉔ 豕左肩折

【按】 정현의 주에 따르면 侑俎에 豕牲의 左肩을 잘라 사용하는 이유는 나머지 左肩折은 장형제의 俎에 쓰기 위해서이다.[618]

㉕ 載于一俎

이상은 侑俎를 기록한 것이다. 侑에게 올리는 牲俎는 모두 2개의 俎에 담는데, 하나는 羊俎, 하나는 豕俎이다.

㉖ 羊肺

【按】 정현의 주에 따르면 주인의 俎에 牲體가 없는 것은 시동에 비해 매우 낮춘 것이지만, 폐로 이를 대신한 것은 폐는 높기 때문이다.[619]

㉗ 臂一

정현의 주에 따르면 이것은 羊牲의 左胖臂이다.[620] 右胖은 이미 尸俎에 전부 사용하였기 때문이다. 다음의 '脊一'도 左脊이다.

【按】 주소에 따르면 여기에서 '臂'라고만 하고 '左臂'라고 하지 않은 것은 대부는 높기 때문이다. 즉 희생은 右體를 높게 여기고 左體를 천하게 여기는데, 주인의 俎에 左臂를 쓰기 때문에 고의로 '左'를 쓰지 않음으로써 마치 우체를 쓰는 것처럼 여기도록 한 것이다.[621]

㉘ 脊

吳廷華에 따르면 "俎이다.〔俎也.〕"

㉙ 載于一俎

이상은 阼俎(주인의 俎)를 기록한 것이다. 주인에게 올리는 牲俎는 모두 3개의 俎에 담는데, 하나는 羊俎, 하나는 羊肉湆俎, 하나는 豕俎이다.

㉚ 嚌羊肺

【按】 주소에 따르면 주부의 俎에 주인의 俎에 있던 祭肺(고수레용 폐)가 없고 嚌肺(식용 폐)만 있는 것은 祭肺는 높기 때문이며, '嚌羊肺'라고 한 것은 肺가 膚 다음에 나와서 豕肺인가 하는 혐의가 있기 때문에 구별한 것이다.[622] 또 胡培翬에 따르면 豕의 膚는 羊의 腸

615) 賈公彦疏: "自侑已下及主人主婦, 皆用左體脊、脅. 若然, 敓尸俎時, 左體亦同升於鼎上."

616) 鄭玄注: "侑俎用左體, 侑賤."

617) 《儀禮集說》卷17: "前體以肩, 後體以肫, 尊之也."

618) 鄭玄注: "豕左肩折, 折分爲長兄弟俎也."

619) 鄭玄注: "無體, 遠下尸也. 以肺代之, 肺尊也."

620) 鄭玄注: "臂, 左臂也."

621) 鄭玄注: "主人臂, 左臂也. 侑用肩, 主人用臂, 下之也. 不言左臂者, 大夫尊, 空其文也."
賈公彦疏: "云不言左臂者, 大夫尊, 空其文者, 牲右體貴, 左體賤, 侑用左體, 皆言左肩、左肫, 今主人用左臂, 直云'臂', 不云'左'者, 大夫尊, 故空其文, 似若得有右體. 然必知是左臂者, 以右臂在尸俎故也."

622) 鄭玄注: "無祭肺, 有嚌肺, 亦下侑也, 祭肺尊. 言嚌羊肺者, 文承膚下, 嫌也. 膚在羊肺上, 則羊、豕之體名同相亞也."
賈公彦疏: "肺文承膚下, 有豕肺之嫌, 故須辨之. 云'嚌羊肺'者, 以別之也."

·胃와 같기 때문에 양의 腸·胃 다음에 豕牲의 膚가 오고 다음에 羊肺가 온 것이다.[623]

㉛ 橫載之

【按】正祭 때에는 붕어 15마리를 하나의 俎에 세로로 담았다. 〈소뢰궤식례〉 6 참조.

㉜ 膴祭

'膴'는 정현의 주에 따르면 물고기 배에서 취한 큰 덩이로, 先人(최초로 이 음식을 만든 사람)에게 祭할 때 쓰기 때문에 '膴祭'라는 이름을 붙인 것이다.[624]

【按】'膴'의 발음은 《廣韻》에 '荒烏切' 또는 '武夫切'로 되어 있다. 大全本 《禮記集說》에는 발음이 '許'로 되어 있고,[625] 李圭景의 《五洲衍文長箋散稿》에는 '呼'로 되어 있는데,[626] 여기에서는 이규경의 직음법에 따라 '호'로 발음하기로 한다. '膴祭'는 吳廷華에 따르면 〈소뢰궤식례〉 6에서 俎에 담은 물고기 15마리 중 尸俎 5, 侑俎 1, 阼俎 1, 모두 7마리를 조에 담고, 나머지 8마리에서는 호제를 떼어내 사용한다.[627]

㉝ 卒升

정현의 주에 따르면 여기서는 시동을 위해 俎에 담는 일이 이미 끝났음을 가리킨다.[628] 이상 11개의 俎에 담는 음식을 차례로 기록한 것은 司馬가 시동을 위해 羊俎에 담는 일을 인하여 나머지 俎도 모두 기록한 것이다. 그러나 사실은 이때 다 담은 俎는 尸俎뿐이다. 이 때문에 정현의 주에 "卒은 그친다는 뜻이니, 卒升은 시동의 羊俎를 담는데 그쳤다는 말이다.〔卒, 已也, 已載尸羊俎.〕"라고 한 것이다.

【按】가공언과 胡培翬에 따르면 11俎는 시동의 羊俎를 제외한 시동의 羊肉湆俎·豕俎·魚俎, 侑의 羊俎·豕俎·魚俎, 주인의 羊俎·羊肉湆俎·豕俎·魚俎, 주부의 羊俎이다. 이 가운데 4俎, 즉 시동·侑·주인·주부의 羊俎는 모두 正俎이며, 나머지 8俎는 雍人이 올리는 것으로 추가로 더 올리는 加俎이다. 합치면 모두 12俎인데 11俎라고 한 것은, 시동의 羊俎는 이때 담지만 羊肉湆俎 이하 11俎는 이때 담지 않고 올릴 때를 기다렸다가 그 때 비로소 담기 때문이다. 또한 시동과 주인에게 올리는 羊匕湆과 豕匕湆을 이 12俎에 넣지 않은 것은, 匕湆은 국물만 있고 고기는 없기 때문에 牲體를 담는 俎에 함께 넣지 않은 것이다. 또 燔俎, 즉 여기에서는 양고기 구이를 담은 羊燔俎가 있는데 함께 언급하지 않은 것은 추가로 올리는 俎에 넣지 않기 때문이다.[629]

㉞ 賓長設羊俎于豆南

'賓長'은 본편에서는 또 '上賓'이라고도 하고 '長賓'이라고도 칭하고 있다. 賓 중에 가장 높은 사람으로 (〈유사철〉 11 주①) 그의 자리는 廟門 안 동쪽에 있다. '羊俎'는 尸俎와 侑俎를 포함하는데, 여기에서는 尸俎를 가리킨다. 즉

623)《儀禮正義》卷39: "李氏云: '豕之膚, 猶羊之腸·胃, 故膚次腸胃下, 羊肺上.' 今案羊肺與豕肺同名肺, 故豕肺次膚下, 羊肺亦次膚下, 故云名同相亞也."

624) 鄭玄注: "剖魚時, 割其腹以爲大臠也, 可用祭也."

625)《禮記大全》〈少儀〉 "膴" 小注: "許."

626)《五洲衍文長箋散稿》〈經史篇禮經周禮籩實豆實辨證說〉: "膴, 音呼."

627)《儀禮章句》卷17: "上篇十五魚, 此惟七魚者, 餘以爲膴也."

628) 鄭玄注: "卒, 已也. 已載尸羊俎."

629) 賈公彦疏: "卽尸之羊肉湆一也, 豕肴俎二也, 侑之羊俎三也, 豕俎四也, 主人羊俎伍也, 羊肉湆俎六也, 豕肴七也, 主婦羊俎八也, 尸·侑·主人三者皆有魚俎, 是其十一. 通尸羊正牲爲十二俎. 其四俎, 尸·侑·主人·主婦, 載羊體俎, 皆爲正俎. 其餘八俎, 雍人所執二俎, 盜送往還, 故有八, 其實止二俎也."
《儀禮正義》卷39: "此八俎外, 尸·主人又各有羊匕湆·豕匕湆, 凡四俎皆用盜送之俎, 經不列之者, 以匕湆有湆無肉, 故不在體載之列. 又羞燔, 別有俎, 不用盜送之俎, 俱詳 '雍人合執二俎, 陳于羊俎西, 下俟時而載', 謂自羊肉湆俎以下十一俎, 此時皆未載, 俟進時乃載, 因上正俎歷陳之耳."

이른바 ‘尸羊俎’라는 것이다. 〈유사철〉 3 주⑨ 참조. ‘豆南’은 昌蒩豆의 남쪽을 이른다. 실제로는 豆의 동남쪽이다.

㉟ 挩于三豆

‘三豆’는 醢醢(담해. 육장), 昌蒩(창저. 창포 뿌리 초절임), 麋臡醢(미니해. 뼈가 붙은 큰 사슴 살코기로 만든 肉醬)를 이른다.

【按】吳廷華에 따르면 ‘三’은 ‘二’의 오류이다. 찍는 것[挩]은 반드시 醢에 찍어야 하기 때문이다.[630] 〈소뢰궤식례〉 9 주① 참조.

㊱ 豆間

韭菹豆(구저두. 부추초절임)와 醢醢豆(담해두. 육장)의 사이를 이른다.

㊲ 宰夫贊者

胡匡衷의 《儀禮釋官》에 따르면 “宰夫의 등속으로, 뜻은 〈소뢰궤식례〉 有司贊者와 같다.[宰夫之屬, 義與有司贊者同.]”

㊳ 雍人授次賓疏匕與俎, 受于鼎西

‘次賓’은 즉 衆賓長이다. 본편 안에서는 ‘賓長’이라고도 한다. 그 존귀함은 上賓 다음이며(《유사철》 11 주①) 그의 자리도 上賓처럼 廟門 안 동쪽에 있다. 여기의 ‘疏匕’와 ‘俎’는 雍人이 포개어 들고 와서 羊俎, 즉 羊鼎의 서쪽에 놓인 2개의 俎 서쪽에 진설한 것이기 때문에 雍人이 차빈에게 주는 것이다. 疏匕는 俎 위에 놓여있기 때문에 옹인이 俎를 들어 주면 바로 소비도 같이 차빈에게 주게 된다. ‘鼎西’는 羊鼎의 서쪽이다. 盛世佐에 따르면 “이때 羊俎는 이미 시동의 자리 앞에 진설되어 그 자리가 비어있기 때문에 곧바로 ‘鼎西’라고 말한 것이다.[是時羊俎已設於尸席前, 其地空, 故直云鼎西也.]”

㊴ 左手執俎左廉, 縮之

‘左廉’은 俎의 왼쪽 끝이다. 俎가 서향하고 있으면 남쪽을 왼쪽으로 삼게 된다. 왼손으로 俎의 왼쪽 끝을 잡았다면 오른손으로는 俎의 오른쪽 끝을 잡았다는 것을 알 수 있다. ‘縮’은 ‘세로’라는 뜻이다. 즉 서향하고 있던 俎를 남향하도록 돌려서 俎가 동서 방향으로 세로가 되게 하는 것이다.

㊵ 卻右手執匕枋, 縮于俎上

‘匕’는 疏匕이다. 胡培翬에 따르면 “俎를 진설할 때 疏匕를 俎 위에 엎어놓고 자루가 서쪽으로 가도록 놓는다. 賓이 서향하고 俎를 받은 뒤에는 오른손 바닥이 위로 향하도록 하여 疏匕를 잡고 자루를 돌려서 몸과 가깝게

---

630) 《儀禮章句》卷16: “挩必于醢, 四豆惟醢醢, 臝醢, 則三豆者, 二豆之誤.”

하지만 俎는 그대로 세로가 되게 한다.〔陳俎時疏匕覆於其上, 西枋, 賓旣西面受俎, 乃仰右手執匕, 轉其枋, 使近身, 而於俎仍爲縮也.〕"

【按】敖繼公에 따르면 왼손으로 俎의 왼쪽 끝을 잡고 오른손을 뒤집어 疏匕의 자루를 잡고 湆을 받았다면 몸이 俎의 下端과 마주하게 된다. 즉 일반적으로 俎를 세로로 들 경우에는 모두 俎의 하단과 마주하여 들게 된다는 것이다.[631]

㊶ 桃匕

'桃'는 정현의 주에 따르면 "或舂(용)或抌(유)의 抌와 같이 읽어야 한다.〔讀如 '或舂或抌' 之 '抌'.〕" 鄭玄이 인용한 '或舂或抌'은 《詩經》〈大雅生民〉에 나오는데, 《毛詩》에는 '抌'가 '揄'(유)로 되어 있고 《魯詩》·《齊詩》·《韓詩》 3家의 今文에는 '抌'로 되어 있다. '抌'는 高亨의 注에 따르면 음이 '유'로 '퍼내다'라는 뜻이다. 또 정현의 주에 따르면 '桃匕'는 升(숟가락 둥근 부분)의 깊이는 얕고 자루는 긴 匕이다.[632] 桃匕는 疏匕보다 작기 때문에 국물을 떠서 疏匕에 부어줄 수 있었던 듯하다.

㊷ 尸興

앞글에서 시동이 앉아서 豆籩 사이에 祭한다고 했기 때문에 여기에서 앞글을 이어 '일어난다'라고 말한 것이다.

㊸ 尸卻手受匕枋

'受'는 원문에는 '授'로 잘못되어 있다. 阮元의 교감본에서는 張爾岐의 설을 인용하여 '受'로 되어야 한다고 하였다.[633] 漢簡本에도 '受'로 되어 있으니 장이기의 설이 옳다.

'受匕'는 羊匕湆을 받는 것이다. 李如圭에 따르면 "여기의 匕는 湆을 가리킨다.〔此匕, 湆也.〕" 胡培翬는 "단지 '시동이 손바닥이 위로 향하도록 하여 疏匕의 자루를 받는다.'라고만 말하였으니, 疏匕를 받는 것이지 俎를 받는 것이 아니다.〔但云尸卻手受匕枋, 則受匕不受俎矣.〕"라고 하였다.

㊹ 坐祭

敖繼公에 따르면 湆을 祭할 때에도 술을 祭할 때와 마찬가지로 바닥에 부어 祭한다는 것을 나타낸다.[634]

㊺ 告旨

'旨'는 '좋다〔美〕'라는 뜻이다. 여기에서는 맛좋은 술을 가리킨다. '告旨'는 張爾岐에 따르면 주인에게 절하여 주인이 자신에게 맛좋은 술을 마시도록 해준 데 대해 감사하는 것이다. 凌廷堪의 《禮經釋例》 권3에 "일반적으로

631) 《儀禮集說》卷17: "此左手執左廉, 卻右手執匕枋以受湆, 是身當俎下端也. 然則凡縮執俎者, 皆當其下端矣."

632) 鄭玄注: "此二匕者, 皆有淺升, 狀如飯橡(삽). 挑長枋, 可以抒物於器中者."

633) 張氏曰: "按經文次第, 次賓執俎, 授尸, 尸卻手受以祭, 復覆手授賓, 賓亦覆手受, 以降. 諸本誤以受爲授."

634) 《儀禮集說》卷17: "祭湆如祭酒然, 亦注於地."

술을 올릴 때 禮가 성대한 경우에는 술을 조금 맛보고 맛이 좋다고 고한다.〔凡獻酒, 禮盛者則啐酒告旨.〕"라고 하였다.

즉 술을 맛본 뒤에 주인에게 절하고 告旨하는 것이다.

⑭ 主人北面于東楹東

【按】敖繼公에 따르면 이것은 주인이 東楹 동쪽의 자기 자리로 돌아간 것을 밝힌 것이다.[635] 胡培翬 역시 古文에는 '東楹之東'으로 되어 있었다는 정현의 주[636]를 근거로 경문에서는 '西楹西'와 상대적으로 쓰기 위하여 '東楹之東'의 '之' 자를 쓰지 않은 것 뿐이며 다음에 나오는 '東楹東'도 이와 같다고 하였다.[637] 이들 설에 따르면 주인이 동영의 동쪽으로 돌아가서 답배한다고 보아야 한다.

⑭ 縮執俎

胡培翬는 楊復의 설을 인용하여 "正俎는 모두 가로로 잡고 가로로 놓으며, 加俎는 모두 세로로 잡고 세로로 올린다.〔正俎皆橫執、橫奠, 加俎皆縮執、縮奠.〕"라고 하였다. 이때 들고 있는 것은 羊肉湆俎로, 이 俎에 담긴 음식은 臑折(노절)·正脊·正脅·腸·胃·嚌肺(제폐) 등 모두 6가지이다.

【按】敖繼公 역시 일반적으로 正俎는 모두 가로로 든다고 하였으며,[638] 姚際恒은 일반적으로 正俎는 모두 가로로 들고 나머지 俎는 모두 세로로 든다고 하였다.[639] '俎'는 가공언의 소에 따르면 次賓이 시동에게 羊匕湆을 올릴 때 사용했던 그 俎이다.[640] 〈유사철〉 6 주⑪참조.

⑭ 取肺, 坐絶祭

'肺'는 羊肉湆俎에 담긴 嚌肺이다. '絶祭'는 폐의 끝부분을 잘라서 祭하는 것으로, 《周禮》〈春官大祝〉에 실린 9祭 가운데 하나이다. 정현의 주에 따르면 "絶祭는 그 뿌리부터 따라가지 않고 곧바로 폐를 잘라 祭하는 것이다.〔絶祭, 不循其本, 直絶肺以祭也.〕" 吳廷華는 "곧바로 祭하는 것은 士禮의 絶祭이다.〔直絶之, 士禮絶祭也.〕"라고 하였다.

【按】'絶祭'는 〈특생궤식례〉 8 주⑧·주⑪, 11 주⑨ 참조.

⑭ 司馬縮奠俎于羊湆俎南

'湆'은 衍文이다. 胡培翬는 "司馬縮奠俎于羊湆俎南은 唐石經과 各本에 모두 이처럼 되어 있다. 李如圭·楊復·敖繼公 모두 湆은 연문이라고 하였다. 方苞는 '앞에서 次賓이 올린 匕湆俎는 이미 들고 당을 내려갔으니 이때 당위에는 羊俎만 있다. 전사 과정에서 湆을 잘못 더 넣은 것이다.'라고 하였다.〔司馬縮奠俎于羊湆俎南, 唐石經及各本如此. 李氏、楊氏、敖氏皆云湆字

635) 《儀禮集說》卷17 : "云 '主人北面于東楹東', 明其復位. 下放此."

636) 鄭玄注 : "古文曰東楹之東."

637) 《儀禮正義》卷39 : "云 '主人北面于東楹東', 明其復位. 下放此. 注云古文曰東楹之東者, 古文'東楹'下有'之'字, 今文無. 鄭以前後多云東楹東與西楹西相對爲文, 故從今文, 不從古文也."

638) 《儀禮集說》卷17 : "凡正俎皆橫執."

639) 《儀禮通論》卷17 : "凡正俎皆橫執, 餘俎皆縮執."

640) 賈公彥疏 : "自次賓羞匕湆, 司馬羞羊肉湆於尸, 次賓又羞匕湆於主人, 同用此俎."

衍. 方氏苞云: '上次賓所進匕湆俎, 旣執以降, 此時堂上唯有羊俎, 傳寫誤衍湆.']"라고 하였다. 漢簡本에도 '湆'자가 없으니 이여규·양복·오계공의 설이 틀리지 않았다는 것을 증명할 수 있다.

【按】 張爾岐는 이 구절을 '司馬縮奠湆俎于羊俎南'의 오류로 추정하였다.[641] 〈유사철〉 6에 '司馬縮奠湆俎于羊俎西'라는 구절이 보이는데, 이에 따르면 '羊湆俎'의 '湆'은 연문이 아니라 奠 다음에 들어가야 할 글자가 도치된 것이다.

(50) 載于羊俎

胡培翬에 따르면 "羞俎(羊肉湆俎)에 담긴 6가지 음식을 正俎에 모두 옮겨 담는 것을 이른다.[謂以羞俎(羊肉湆俎)所實六物, 悉載于正俎也.]"

(51) 卒載俎, 縮執俎以降

阮元의 교감기에 "周學健은 '石經에는 載 다음에 俎자가 없다.'라고 하였다. 살펴보면 금본 石經에는 載와 縮 두 글자가 이미 마모되어 있는데, 《石經補缺》에서 俎자를 잘못 보충해 넣고 마침내 縮을 빼버렸다. 주학건이 근거한 것은 마모되기 전의 本이었다. 또 戴震이 교감한 《儀禮集釋》에서는 '唐石經에는 執 다음에 俎자가 없다고 하였으나 또한 옳지 않다.'라고 하였다.[周學健云: 石經載下無俎字. 案今本石經載縮二字已壞, 《補缺》誤補俎字, 遂脫縮字. 周所據猶未壞本也. 又戴校《集釋》謂唐石經執下無俎字, 亦不然.]"라고 하였다. 漢簡本에는 이 구절이 "卒載宿(縮)執俎以降"으로 되어 있으니, 완원의 교감기가 옳다. 胡培翬는 "縮執俎以降은 加俎는 正俎와 함께 진열하지 않기 때문이다.[縮執俎以降者, 加俎不與正俎設也.]"라고 하였다.

(52) 尸坐

앞글에서 시동이 肺를 祭하고 肺를 맛본 뒤에 "일어나 俎에 되돌려놓는다."라고 말하였기 때문에 여기서는 앞글을 이어 "앉는다."라고 한 것이다.

(53) 次賓羞羊燔

胡培翬에 따르면 羊燔俎는 미리 西塾에 진열해두었다가 이때 올리는 것이다.[642] '羊燔'은 양고기 구이이다.

【按】 李如圭에 따르면 주인이 시동에게 헌주할 때 從獻(따라 올리는 음식)은 籩豆·羊俎·羊匕湆·羊肉湆·羊燔 등 5가지이다. 주인이 시동에게 酢酒를 받을 때에도 종헌은 5가지이다. 侑와 주부의 종헌은 여기에서 강등하여 양비읍과 양육읍이 없는 3가지이다.[643] 淩廷堪의 《禮經釋例》 권10에 "일반적으로 儐尸禮에 주인이 헌주할 때에는 從獻을 모두

641) 《儀禮鄭注句讀》 卷17: "載于羊俎者, 載此羊肉湆於尸之正俎也. 經文'司馬縮奠俎于羊湆俎南', 疑誤. 觀下受酢羞肉湆節, 當是'縮奠湆俎于羊俎南'."

642) 《儀禮正義》 卷39: "張《儀禮圖》云: '宜有燔俎在西塾.'"

643) 《儀禮集釋》 卷29: "主人獻尸之從獻五. 籩豆一, 俎二, 羊匕湆三, 羊肉湆四, 羊燔五. 侑降于尸, 無羊湆、羊肉湆. 主人受酢從獻, 與尸同五. 主婦與侑同三, 尊卑之差也."

羊牲을 쓰고, 주부가 헌주할 때에는 종헌을 모두 豕牲을 쓰고, 上賓이 헌주할 때에는 종헌을 모두 물고기를 쓴다."라고 하였다.[644]

54 鹽在右

【按】 '右'는 次賓의 입장에서 말한 것이기 때문에 시동의 입장에서는 소금이 간의 왼쪽에 놓여있게 된다. 이에 대한 이설은 〈소뢰궤식례〉 10 주⑤ 참조.

55 尸降筵

【按】 胡培翬는 淩廷堪의 《禮經釋例》를 근거로 賓이 자리에 오르내릴 때에는 모두 서쪽으로 오르내리니, 여기에서도 시동은 자리의 서쪽으로 내려올 것이라고 하였다.[645]

56 主人受爵

張惠言의 〈主人獻尸〉 圖에 따르면 주인은 西楹의 동쪽으로 가서 시동에게서 술잔을 받는다.

5. 儐尸禮에서 주인이 侑에게 헌주함(主人初獻)

主人酌, 獻侑①。侑西楹西, 北面拜受爵。主人在其右②, 北面答拜。主婦薦韭菹、醢, 坐奠于筵前③, 醢在南方④。婦贊者執二邊糗(풍)、蕡(분)以授主婦⑤。主婦不興受之⑥, 奠糗于醢南, 蕡在糗東。主婦入于房。侑升筵自北方。司馬橫執羊俎以升, 設于豆東。侑坐, 左執爵, 右取菹㨨(연)于醢, 祭于豆間, 又取糗、蕡, 同祭于豆祭, 興, 左執爵, 右取肺, 坐祭之, 祭酒, 興, 左執爵。次賓羞羊燔, 如尸禮⑦。侑降筵自北方, 北面于西楹西, 坐卒爵, 執爵以興, 坐奠爵拜。主人答拜⑧。

주인이 당 위 室戶의 동쪽에서 술을 따라 西楹의 서쪽으로 가서 侑에게 헌주한다. 유가 서영의 서쪽에서 북향하여 절하고 술잔을 받는다.(拜受禮) 주인이 유의 오른쪽(동쪽)에서 북향하고 답배한다.(拜送禮) 주부가 東房에서 韭菹豆(구저두. 부추 초절임)와 醓醢豆(담해두. 육장)를 들고 와 올리는데, 西序 앞에 동향으로 펴놓은 유의 돗자리 앞에 앉아서 올리되 담해두를 구저두의 남쪽에 놓는다.

644) 《禮經釋例》卷10: "凡儐尸, 主人獻, 其從獻皆用羊; 主婦獻, 其從獻皆用豕; 上賓獻, 其從獻皆用魚."

645) 《儀禮正義》卷39: "下侑主人升筵、降筵, 皆云自北方. 此尸升筵, 經云自西方, 降筵, 不云自何方者, 據《禮經釋例》云《鄉飲》、《鄉射》 '主人獻賓, 賓降席', 注皆云'降席, 席西也', 是賓升降, 皆自西方. 然則此尸降筵, 亦自西方歟!"

主婦贊者가 東房에서 麷籩(풍변. 볶은 보리)과 蕡籩(분변. 볶은 삼씨), 2개의 籩을 들고 와 주부에게 준다. 주부가 일어나지 않고 이를 받아 풍변을 담해두의 남쪽에 놓고 분변을 풍변의 동쪽에 놓는다. 주부가 동방으로 들어간다.

유가 잔을 들고 자신을 위해 동향으로 펴놓은 돗자리의 북쪽으로 자리에 오른다.

司馬가 羊俎를 가로로 들고 당에 올라가 豆의 동쪽에 진설한다.

유가 앉아서 왼손으로 잔을 잡고 오른손으로 구저를 취하여 담해에 찍어 豆 사이에 祭(고수레)한다. 또 풍과 분을 취하여 구저를 祭했던 豆 사이에 함께 祭한 뒤 일어나 왼손으로 잔을 잡고 오른손으로 切肺를 취한다. 다시 앉아서 절폐를 祭하고 술을 祭하고 일어나 왼손으로 잔을 잡는다.

次賓이 羊燔俎(양고기 구이)를 올리는데 주인이 시동에게 헌주할 때의 예와 같이 한다.

유가 돗자리의 북쪽으로 돗자리에서 내려와 서영의 서쪽으로 가서 북향하고 앉아 잔의 술을 다 마신 뒤에 잔을 들고 일어난다. 다시 앉아서 잔을 내려놓고 절한다. 주인이 유의 오른쪽(동쪽)에서 답배한다.

① 主人酌, 獻侑

【按】 가공언의 소에 따르면 일반적으로 술잔이 오갈 때 잔이 尊者로부터 卑者에게 가는 경우 헌주가 이어져서 헌주와 헌주 사이에 별다른 일이 없으면 모두 잔을 씻지 않으며, 비자로부터 존자에게 가는 경우 헌주가 이어져서 헌주와 헌주 사이에 별다른 일이 없더라도 잔을 씻는다. 여기에서도 尊者인 시동에게 헌주했던 잔으로 卑者인 侑에게 헌주하는 것이기 때문에 잔을 씻지 않고 바로 술을 따라 올린 것이다.[646] 〈특생궤식례〉 11 주㉒ 참조. 또 가공언의 소에 따르면 이때 侑에게 올리는 從獻은 시동보다 2等을 낮추어 모두 3가지이다. 즉 주인이 헌주할 때 주부가 올리는 2籩 2豆, 司馬가 올리는 羊俎, 次賓이 올리는 羊燔으로, 시동에게 올렸던 羊匕湆과 羊肉湆이 없다.[647]

② 右

살펴보면 주인은 북향하고 있으니 동쪽이 오른쪽이 된다.

③ 奠于筵前

살펴보면 侑의 자리는 西序의 앞에서 동향하고 있다. 〈유사철〉 2 참조.

646) 賈公彦疏: "凡爵行, 爵從尊者來向卑者, 俱獻間無事, 則不洗爵; 從卑者來向尊, 雖獻間無事, 亦洗. 是以此文獻尸訖, 俱獻侑, 不洗, 是爵從尊者來."

647) 賈公彦疏: "此節內從獻有三事. 主人獻時, 主婦薦籩豆, 一也; 司馬羞羊俎, 二也; 次賓羞羊燔, 三也. 侑降於尸二等, 無羊匕湆, 又無肉湆."

④ 醢在南方

【按】醢를 菹의 남쪽에 진설한 이유에 대해서는 설이 다르다. 가공언의 소에 따르면 일반적으로 菹는 찍기에 편리하도록 항상 醢의 오른쪽에 진설한다. 그런데 여기에서 菹를 醢의 북쪽(왼쪽)에 진설한 이유는 시동을 돕는 역할로 侑를 세웠기 때문에 시동의 자리를 기준으로 진설한 것이다.[648] 그러나 盛世佐는 菹와 醢의 위치가 펴는 자리의 上下를 기준으로 결정된다고 보았다. 즉 남향하는 자리를 오르내릴 때 서쪽으로 오르내린다면 동쪽이 상위이기 때문에 醢豆를 동쪽에 진설하며, 오르내릴 때 북쪽으로 오르내린다면 남쪽이 상위이기 때문에 해두를 남쪽에 진설한다는 것이다.[649]

⑤ 婦贊者

【按】主婦贊者이다. 〈소뢰궤식례〉 7 주⑪ 참조.

⑥ 不興受之

【按】가공언의 소에 따르면 일반적으로 籩과 豆를 드는 법은 모두 두 손으로 들어야한다. 그러나 여기에서는 주부가 2豆를 올리고 주부찬자가 2籩을 올리기 때문에 주부와 주부찬자가 각각 양손에 하나씩 한꺼번에 들고 와서 올린 것이다. 이것은 일의 편의를 위한 것이므로 주부가 일어나지 않고 받아서 진설하는 것이다. 시동이 주인에게 酢酒할 때 《유사철》 6)에도 마찬가지이다.[650]

⑦ 如尸禮

【按】〈유사철〉 4 참조.

⑧ 主人答拜

【按】정현의 주에 따르면 주인은 侑의 오른쪽(동쪽)에서 답배한다.[651]

6. 儐尸禮에서 시동이 주인에게 酢酒함(主人初獻)

尸受侑爵①, 降洗。侑降, 立于西階西, 東面。主人降自阼階, 辭先②。尸坐奠爵于篚, 興對。卒洗, 主人升。尸升自西階。主人拜洗。尸北面于西楹西, 坐奠爵答拜。降盥。主人降。尸辭, 主人對。卒盥, 主人升。尸升; 坐取爵, 酌。

司宮設席于東序, 西面。主人東楹東, 北面拜受爵。尸西楹西, 北面答拜。主婦薦韭菹、醢, 坐奠于筵前, 菹在北方。婦

648) 賈公彥疏: "凡設菹, 常在右, 便其挼. 今菹在醢北者, 以其立侑以輔尸, 故菹在北, 統於尸也."

649) 《儀禮集編》卷39: "醢在南方, 是豆北上也. 豆北上者, 以席南上也.……下云'侑升筵、降筵, 自北方', 是席南上也."

650) 賈公彥疏: "凡執籩、豆之法, 皆兩雙執之. 此侑與主人皆二籩, 故主婦與婦贊者各執其二, 於事便, 故主婦不興受設之."

651) 鄭玄注: "答拜, 拜於侑之右."

贊者執二邊韰、蕡(분)③。主婦不興受, 設韰于菹西北, 蕡在
韰西④。主人升筵自北方。主婦入于房。

長賓設羊俎于豆西⑤。主人坐, 左執爵, 祭豆、邊, 如侑之
祭⑥。興, 左執爵, 右取肺, 坐祭之, 祭酒, 興。次賓羞匕
湆(읍)⑦, 如尸禮⑧。席末坐, 啐酒, 執爵以興。司馬羞羊肉
湆⑨, 縮執俎。主人坐奠爵于左⑩, 興受肺, 坐絶祭, 嚌之,
興, 反加于湆俎。司馬縮奠湆俎于羊俎西, 乃載之, 卒載,
縮執虛俎以降⑪。

主人坐, 取爵以興。次賓羞燔⑫。主人受, 如尸禮。主人降
筵自北方, 北面于阼階上, 坐卒爵, 執爵以興, 坐奠爵拜, 執爵
以興。尸西楹西答拜。主人坐奠爵于東序南。

侑升。尸、侑皆北面于西楹西⑬。

主人北面于東楹東, 再拜崇酒⑭。尸、侑皆答再拜。主人及尸、
侑皆升就筵⑮。

시동이 侑에게서 빈 술잔을 받아 당을 내려가 南洗(동쪽 계단 동남쪽의
洗)에서 씻는다. 유가 당을 내려가 서쪽 계단의 서쪽에 서서 동향한
다. 주인이 동쪽 계단으로 내려가 동쪽 계단 동쪽에서 남향하고 잔
을 씻는 것에 대하여 사양한다. 시동이 앉아서 잔을 下篚(당 아래의
篚) 안에 넣고 일어나 洗의 남쪽에서 북향하고 대답한다.(주인은 다시 동
쪽 계단 동쪽에서 서향한다.)

시동이 잔을 다 씻으면 주인이 동쪽 계단으로 당에 올라간다. 시동
이 서쪽 계단으로 당에 올라간다. 주인이 시동에게 잔을 씻은 것에
대하여 절한다. 시동이 西楹의 서쪽으로 가서 북향하고 앉아 잔을
내려놓고 답배한다.

시동이 당을 내려가 손을 씻는다. 주인이 당을 내려간다. 시동이 사
양하면 주인이 대답한다.

시동이 손을 다 씻으면 주인이 당에 올라간다. 시동이 당에 올라가
앉아서 서영의 서쪽에 내려놓았던 잔을 취하여 室戶의 동쪽으로 가
서 술을 따른다.

司宮이 주인을 위하여 돗자리를 東序 앞에 서향하도록 편다.

주인이 東楹의 동쪽에서 북향하여 절하고 잔을 받는다.(拜受禮) 시동이 서영의 서쪽으로 가서 북향하고 답배한다.(拜送禮)

주부가 東房에서 韭菹豆(구저두. 부추 초절임)와 醓醢豆(담해두. 육장)를 들고 와 올리는데, 앉아서 주인을 위해 펴놓은 돗자리 앞에 올리되 구저두를 북쪽에 놓는다.

主婦贊者가 東房에서 蠯籩(풍변. 볶은 보리)과 蕡籩(분변. 볶은 삼씨), 2개의 籩을 들고 와 주부에게 준다. 주부가 일어나지 않고 이를 받아 풍변을 구저두의 서북쪽에 놓고 분변을 풍변의 서쪽에 놓는다.

주인이 자신을 위해 펴놓은 돗자리의 북쪽으로 돗자리에 오른다.

주부가 방으로 들어간다.

長賓이 羊俎(羊肺 1조각, 祭肺 1조각)를 주인의 돗자리 앞에 진설한 구저두와 담해두의 서쪽에 진설한다.

주인이 앉아서 왼손으로 잔을 잡고 오른손으로 구저·담해·풍·분을 豆 사이에 祭(고수레)하는데 侑가 祭했던 예와 같이 한다. 주인이 일어나 왼손으로 잔을 잡고 오른손으로 羊俎에서 祭肺(고수레용 폐)를 취하여 앉아서 祭하고 술을 祭하고 일어난다.

次賓이 羊匕湆俎(疏匕에 담긴 양고기 국물)를 주인에게 올리는데 시동에게 올릴 때의 예와 같이 한다.

주인이 돗자리의 끝(북쪽)에 앉아서 술을 조금 맛보고 잔을 들고 일어난다.

司馬가 羊肉湆俎를 주인에게 올리는데, 俎를 세로로 들고 올린다.

주인이 앉아서 잔을 薦(구저두와 담해두)의 왼쪽(남쪽)에 내려놓고 일어나 양육읍조의 嚌肺(제폐. 식용 폐)를 사마에게서 받아 앉아서 絶祭(폐의 끝부분을 손으로 잘라 고수레함)하고 조금 맛보고 다시 일어나 양육읍조에 되돌려놓는다.

사마가 양육읍조를 羊俎의 서쪽에 세로로 놓고, 이어 양육읍조의 음식을 양조에 옮겨 담는다. 다 담은 뒤에 사마가 빈 양육읍조를 세로로 들고 당을 내려간다.

주인이 앉아서 잔을 들고 일어난다.

차빈이 羊燔(양고기 구이)을 주인에게 올린다.

주인이 받는데 시동이 받을 때의 예와 같이 한다.

주인이 돗자리의 북쪽으로 돗자리에서 내려가 당 위 동쪽 계단 윗쪽으로 가서 북향하고 앉아 잔의 술을 다 마신 뒤에 잔을 들고 일어난다. 다시 앉아 잔을 내려놓고 절한 뒤에 잔을 들고 일어난다. 시동이 西楹의 서쪽에서 답배한다.

주인이 앉아서 잔을 東序의 남쪽에 내려놓는다.

侑가 당에 올라간다.

시동과 유가 모두 서영의 서쪽에서 북향한다.(동쪽을 상위로 하여 시동이 동쪽에 선다.)

주인이 東楹의 동쪽으로 가서 북향하고 崇酒(변변찮은 술을 맛있게 먹어줌)에 대해 재배한다. 시동과 유가 모두 북향하여 답배로 재배한다.

주인 및 시동과 유가 모두 차례로 각자의 돗자리로 나아간다.

① 尸受侑爵

앞 절에서 侑가 술잔의 술을 다 마신 뒤에 "앉아서 잔을 내려놓고 절한다."라고 하였다. 이때 侑가 또 잔을 들어 시동에게 주는 것은, 시동이 술을 따라서 주인에게 답잔을 주려고 하기 때문이다.

② 主人降自阼階, 辭洗

【按】敖繼公에 따르면 시동이 洗의 남쪽으로 가서 북향하면 주인이 동쪽 계단의 동쪽에서 남향하고 시동이 잔을 씻는 것에 대해 사양한다. 시동이 괜찮다고 대답하면 주인은 다시 동쪽 계단의 동쪽에서 서향한다.[652]

③ 婦贊者

【按】主婦贊者이다. 〈소뢰궤식례〉 7 주⑪ 참조.

④ 設籩于菹西北, 葘在籩西

【按】 이때 韲籩을 菹豆의 서북쪽에 진설하는 이유는 아헌 때 주부가 올리는 2鉶을 피하기 위한 것이다.[653] 〈유사철〉 7) 黃以周의 〈初獻之二〉 圖에는 주인의 자리 앞 韭菹豆 북쪽과 서북쪽에 韲籩이 있고, 서쪽의 풍변 북쪽에 葘籩이 있는데, 모두 오류이다. 황이주의 〈亞獻之一〉 圖에 보이는 주인의 자리 앞 진설과 같이 되어야 한다.

652) 《儀禮集說》 卷17: "尸適洗南, 北面. 主人阼階東, 南面辭洗. 尸對. 主人復阼階東, 西面."

653) 鄭玄注: "設籩于菹西北, 亦辟鉶."

⑤ 豆西

韭菹(구저)와 醯醢(담해)를 담은 2개의 豆 서쪽을 이른다.

⑥ 如侑之祭

【按】'如侑之祭'는 盛世佐에 따르면 오른손으로 韭菹를 취하여 醯醢에 찍어 豆 사이에 祭하고, 또 醝(퐁)과 蕡(분)을 취하여 구저를 祭했던 豆 사이에 함께 祭하는 것이다.[654] 〈유사철〉 5 참조.

⑦ 匕湆

羊匕湆을 이른다. 바로 양고기 국물인데, 疏匕에 담기 때문에 匕湆이라는 이름을 붙인 것이다. 匕湆도 俎 위에 놓아서 진설한다. 〈유사철〉 4 참조.

⑧ 如尸禮

【按】〈유사철〉 4 참조.

⑨ 羊肉湆

이것은 주인을 위하여 담은 羊肉湆으로, 이 俎에 담긴 것은 양의 左臂 1體, 脊 1骨, 左脅 1骨, 腸 1마디, 胃 1가닥, 嚌肺 1조각 등 모두 6가지이다. 〈유사철〉 4 참조.

【按】'肉湆'은 〈유사철〉 3 주⑪ 참조. 이때 사용하는 俎는 바로 앞에서 羊匕湆을 올릴 때 사용했던 俎이다. 〈아래〉 주⑪ 참조.

⑩ 奠爵于左

【按】褚寅亮에 따르면 잔을 앞에 놓아둘 때 곧바로 들어 마신다면 오른쪽에 놓아야 한다.[655] 그런데 여기에서 왼쪽에 놓아둔 이유는, 정현의 주에 따르면 여기의 爵은 신의 은혜이기 때문에 평소와 달리 왼쪽에 놓은 것이다.[656] 이때 주인이 일어나기 전에 잔을 내려놓은 이유는 바로 이어서 嚌肺를 絕祭해야 하기 때문이다. 〈특생궤식례〉 9 주㉓ 참조.

⑪ 虛俎

【按】'俎'는 가공언의 소에 따르면 次賓이 시동에게 羊匕湆을 올릴 때, 司馬가 시동에게 羊肉湆을 올릴 때, 次賓이 주인에게 양비읍을 올릴 때 사용하는 俎는 같은 俎이다. 앞에서 이 세 번의 俎를 올린 뒤 빈 俎를 들고 당을 내려갈 때 모두 '虛'를 말하지 않았던 것은 뒤에 다시 사용할 것이기 때문이었다. 여기에서 '虛'라고 말한 것은 더 이상 이 俎를 사용하지 않음을 밝힌 것이다.[657] 《유사철》4 주㉗ 그러나 姜兆錫은 俎를 가지고 내려갈 때마다 俎는 비어있기 때문에 여기의 '虛'는 衍文이라고 하였다.[658]

⑫ 羞燔

【按】次賓이 주인에게 羊燔을 올릴 때 사용하는 俎는 가공언의 소에 따르면 北俎인 豕

654) 《儀禮集編》卷39:"如侑之祭, 謂亦右取菹, 㨎於醢, 祭於豆間, 又取醝蕡, 同祭於豆祭."

655) 《儀禮管見》卷下6:"奠而卽擧, 當在右. 此在左, 故注云神惠變于常."

656) 鄭玄注:"奠爵于左者, 神惠變於常也."

657) 賈公彥疏:"此俎雍人所執, 陳奠於羊俎西, 在南者, 自次賓羞匕湆, 司馬羞羊肉湆於尸, 次賓又羞匕湆於主人, 同用此俎, 三降皆不言虛, 欲見後將更用. 至於此言虛俎, 明其不復用此俎."

658) 《儀禮經傳》內編卷19:"愚按俎降皆虛, 獨言虛, 蓋衍縮文."

俎이다. 이것은 예를 줄였기 때문이다.[659]

⑬ 尸,侑皆北面于西楹西

【按】 동쪽을 상위로 하여 시동이 동쪽, 侑가 서쪽에 선다. 〈유사철〉 2 참조.

⑭ 崇酒

敖繼公에 따르면 '崇'은 '소중하게 여기다'라는 뜻이다. 賓이 주인의 술을 소중하게 여겨 그 맛이 없음을 꺼리지 않고 마셨기 때문에 주인이 빈에게 拜謝한다는 말이다. 주인이 스스로 爵의 술을 다 마신 뒤에야 拜謝하는 이유는, 자신이 마시고 나서야 술이 매우 맛이 없다는 것을 알게 되었고 또한 빈이 자신의 술을 소중하게 여겼다는 것을 알게 되었다는 의미이다.[660] '崇酒'의 뜻에 대해서는 역대 주석가들의 설이 분분한데, 여기에서는 우선 오계공의 설을 채택하여 해석하기로 한다.

【按】 정현의 주에 따르면 '崇'은 '充(채우다)'의 뜻으로, 술이 좋지 않은데도 이것으로 배를 채워주어 고맙다는 의미에서 拜辭하는 것이다.[661] 熊朋來는 '崇'을 '充'의 뜻으로 보았으나, 술잔에 술을 더 따라서 가득히 채운다는 의미로 보았다.[662] 盛世佐는 '崇'을 이미 '充'의 뜻으로 보았다면 充에는 술이 좋지 않다는 뜻이 전혀 없기 때문에 오계공처럼 보는 것이 더 좋다고 하여 오계공의 설을 지지하였다. 성세좌는 술잔에 술을 따를 때 경문에서는 모두 '實爵'이라 하고 '崇酒'라 하지 않았을 뿐 아니라 이 술잔에는 이미 술이 채워져 있다는 이유를 들어 웅붕래의 설을 오류로 보았다. 또한 '崇'을 '隆'의 뜻으로 보아 빈이 답잔을 융숭하게 베풀어준 데 대해 고마워하는 의미로 본 설 역시 배척하였다.[663]

⑮ 主人及尸,侑皆升就筵

【按】 敖繼公에 따르면 '主人及尸,侑'는 선후의 차례를 말한 것이며, '升就'는 두 글자 중 하나는 衍文이다.[664] 盛世佐·胡培翬 등 역시 오계공의 설을 그대로 실어 이를 긍정하고 있다.

7. 儐尸禮에서 주부가 시동에게 헌주함(主婦亞獻)

司宮取爵于篚(비)，以授婦贊者于房東①，以授主婦②。主婦洗于房中，出，實爵，尊(준)南西面拜，獻尸③。尸拜于筵上，受④。主婦西面于主人之席北，拜送爵，入于房，取一羊鉶

659) 賈公彥疏: "用北之豕俎而得羞羊燔者, 以其禮殺故也."

660) 《儀禮集說》卷4: "崇, 重也. 謂賓崇重己酒, 不嫌其薄而飲之旣也, 故拜謝之. 卒爵乃拜者, 若己已飲之, 乃審知其薄然."

661) 《儀禮注疏》〈鄉射禮〉鄭玄注: "崇, 充也, 謝酒惡相充滿也."
〈有司徹〉鄭玄注: "崇, 充也, 拜謝尸,侑以酒薄充滿."

662) 《五經說》卷5〈儀禮禮記〉"崇酒": "崇, 充也, 添酌充滿之."

663) 《儀禮集編》卷6: "崇酒之義, 敖氏得之. 郝氏敬,李氏之藻皆同敖義. 鄭君之說, 郝氏譏其鑿, 今詳其意, 蓋謂以惡酒充賓腹, 故拜以謝, 過於經義, 未爲大失. 然旣訓崇爲充, 充字並無酒惡之意, 勢必添字乃通, 固不如敖說之直截也. 至於熊說, 則去經旨遠甚. 凡酌酒於爵, 經皆云實爵, 不云崇酒, 況此爵虛爵也? 下文取以獻介, 方将洗而實之, 豈於其奠之之時, 卽酌而充滿之乎? 其爲謬誤顯然矣. 又案姜氏云此乃謝賓之酢爵也, 崇之言隆, 謂之崇酒者, 謝賓酢之隆施耳. 如以崇酒爲謝酒之惡, 當於獻賓, 賓告旨之時, 不當於酢主, 主不告旨之後, 此說亦可備一解."

664) 《儀禮集說》卷17: "云'主人及尸,侑', 先後之辭也. 後文放此. 升就二字, 宜衍其一."

（형）, 坐奠于韭菹西。主婦贊者執豕鉶以從。主婦不興受, 設于羊鉶之西, 興, 入于房, 取糗（구）與腶脩（단수）⑤, 執以出, 坐設之, 糗在賁（분）西, 脩在白西⑥, 興, 立于主人席北, 西面。尸坐, 左執爵, 祭糗、脩, 同祭于豆祭。以羊鉶之柶挹羊鉶⑦, 遂以挹豕鉶, 祭于豆祭, 祭酒。次賓羞豕匕湆（읍）⑧, 如羊匕湆之禮⑨。尸坐, 啐酒, 左執爵, 嘗上鉶⑩, 執爵以興, 坐奠爵拜。主婦答拜。執爵以興。司士羞豕胾（증）⑪。尸坐奠爵, 興受, 如羊肉湆之禮, 坐取爵, 興。次賓羞豕燔⑫。尸左執爵, 受燔, 如羊燔之禮⑬, 坐卒爵拜。主婦答拜。

司宮이 당 아래 下篚（당 아래의 篚）에서 술잔을 가지고 당에 올라 房戶 밖의 동쪽에서 主婦贊者에게 준다. 주부찬자가 篚로 이를 받아 東房으로 들어가 주부에게 준다.

주부가 동방 안 北洗에서 잔을 씻어 당으로 나와 잔에 술을 채워 술단지의 남쪽에서 서향하여 절하고（俠拜） 시동에게 헌주한다. 시동이 室戶 서쪽의 남향하는 자리 위에서 절하고 받는다.（拜受禮）

주부가 잔을 보내고 東序 앞의 서향하는 주인의 자리 북쪽（오른쪽）으로 가서 서향하고 절한다.（拜送禮） 주부가 동방으로 들어가 羊鉶（양형. 양고기 육수에 씀바귀를 넣은 채소국） 하나를 가져와 앉아서 시동의 자리 앞 韭菹豆의 서쪽에 올린다. 주부찬자가 동방에서 豕鉶（시형. 돼지고기 육수에 들완두를 넣은 채소국）을 들고 따라간다. 주부가 일어나지 않고 주부찬자에게서 시형을 받아 양형의 서쪽에 진설한다. 주부가 일어나 다시 동방으로 들어가 糗餌籩（구이변. 콩고물을 입힌 쌀기장떡）과 腶脩籩（단수변. 조미한 육포）을 취하여 들고 동방을 나가 시동의 자리 앞에 앉아서 진설하는데, 구이변을 賁籩（분변. 볶은 삼씨）의 서쪽에 올리고 단수변을 白籩（볶은 쌀）의 서쪽에 올린다. 일어나 주인의 자리 북쪽에 서서 서향한다.

시동이 앉아서 왼손으로 잔을 들고 오른손으로 糗餌와 腶脩를 祭（고수레）하는데, 주인이 헌주했을 때 籩豆의 음식을 祭했던 豆 사이에 함께 祭한다. 羊鉶의 柶（사. 숟가락）로 羊鉶羹을 뜨고 이어 豕鉶羹을 떠서 앞에서 祭했던 豆 사이에 祭하고 이어 술을 祭한다.

次賓이 시동에게 豕匕湆俎(疏匕에 담은 돼지고기 육수)를 올리는데, 주인이 시동에게 헌주할 때 차빈이 羊匕湆俎를 올렸을 때의 예와 같이 한다.

시동이 앉아서 술을 맛본다. 왼손으로 잔을 들고 오른손으로 上鉶(양형갱)을 맛본 뒤에 잔을 내려놓는다. 다시 오른손으로 잔을 들고 일어났다가 앉아서 잔을 오른쪽에 내려놓고 절한다. 주부가 답배한다. 시동이 잔을 들고 일어난다.

司士가 豕肴(豕俎)를 올린다. 시동이 앉아서 잔을 오른쪽에 내려놓고 일어나 받는데, 주인이 시동에게 헌주할 때 司馬가 羊肉湆俎를 올렸을 때의 예와 같이 한다. 시동이 앉아서 잔을 들고 일어난다.

차빈이 豕燔(돼지고기 구이)을 올린다. 시동이 왼손으로 잔을 잡고 오른손으로 시번을 받는데, 주인이 시동에게 헌주할 때 차빈이 羊燔(양고기 구이)을 올렸을 때의 예와 같이 한다. 시동이 앉아서 잔의 술을 다 마신 뒤에 절한다. 주부가 답배한다.

① 房東

정현의 주에 따르면 "房戶 밖의 동쪽이다.〔房戶外之東.〕"

② 以授主婦

敖繼公에 따르면 "婦贊者가 동방 안에서 주부에게 주는 것이다.〔婦贊者以授主婦於房中也.〕"

③ 尊南西面拜, 獻尸

먼저 술잔을 내려놓고 절한 뒤에 시동에게 올리는 것이다. 부인은 俠拜를 해야 하기 때문에 잔을 올리기 전에 먼저 절하고 잔을 올리고 나서 또 절하는 것이다.

【按】정현의 주에 따르면 술 단지의 남쪽에서 서향한 이유는 시동에게 절하는데 편리하게 하기 위한 것으로,[665] 술 국자의 자루를 남향으로 둔 것에 근거하면《소뢰궤식례》6) 술을 잔에 따를 때에는 북향하고 따른다.

④ 尸拜于筵上, 受

【按】가공언의 소에 따르면 원래 빈과 주인이 술잔을 주고받을 때에는 자리 위에서 받는 법이 없는데, 지금 시동이 자리 위에서 술잔을 받는 이유는 부인과 賓主의 禮를 행할 수 없기 때문이다.[666]

665) 鄭玄注: "尊南西面拜, 由便也."

666) 賈公彦疏: "賓主獻酢, 無在筵上受法. 今尸於筵上受者, 以婦人所獻, 故尸不與行賓主之禮, 故不得各就其階."

⑤ 取糗與腶脩

'糗'는 음이 '구'이니 糗餌(구이. 콩고물을 입힌 쌀기장떡)이다. 정현의 주에 따르면 "糗는 볶은 콩가루를 餌(이. 떡)에 뿌리는 것이다.〔糗, 以豆糗粉餌.〕"《주례》〈天官籩人〉 정현의 주에 따르면 쌀가루〔稻米粉〕와 기장가루〔黍粉〕를 혼합하여 쪄서 만든 떡을 '餌'라 하고, 콩을 볶은 뒤에 빻아서 가루로 만든 것을 '糗'라고 한다. 餌는 끈끈한 성질이 있기 때문에 가루를 묻혀서 끈적하게 달라붙는 것을 방지하는데, 이것을 '糗餌'라고 한다. 胡培翬는 "여기에서 餌를 말하지 않은 것은 글을 생략한 것이다.〔此不言餌, 省文.〕"라고 하였다. '腶'은 음이 '단'이다. '腶脩'는 고기를 얇은 편으로 잘라 생강과 계피를 첨가하여 두드린 뒤에 말린 포이다.

⑥ 糗在黃西, 脩在白西

'脩'는 腶脩이다.

【按】糗餌와 腶脩의 진설 위치는 黃以周의 〈亞獻之一〉 圖 참조.

⑦ 羊鉶之枇

【按】'枇'는 匕와 비슷한 것으로 국을 뜨는 숟가락이다. 채소국에는 모두 枇를 함께 두어 국을 祭하거나 맛볼 때 사용한다.〈소뢰궤식례〉 9 참조.

⑧ 羞豕匕湆

'豕匕湆'은 疏匕에 담긴 돼지고기 육수이다. 俎 위에 놓아서 올리고 시동이 맛보고 나면 바로 치운다.

⑨ 如羊匕湆之禮

【按】敖繼公에 따르면 '如'는 '왼손으로 俎의 왼쪽 끝을 잡는다.' 이하의 의식을 이른다.[667]〈유사철〉 4 참조.

⑩ 上鉶

즉 羊鉶이다.

⑪ 豕肴

즉 司士가 시동을 위해 鼎에서 牲肉을 꺼내 俎에 담았던 豕俎이다. 豕의 右胖肩에서부터 嚌肺까지 모두 13가지 牲肉, 즉 肩·臂·肫(순)·骼(격)·臑(노)·正脊·脡脊·橫脊·短脅·正脅·代脅 각 1骨, 膚 5덩이, 嚌肺(제폐) 1조각이 담겨있다.〈유사철〉 4) 張惠言의 《儀禮圖》 권6 〈主婦獻尸侑致爵〉 圖의 自注에 따르면 司士가 豕俎의 牲肉을 羊俎에 옮겨놓았기 때문에 현재 시동의 자리 앞에는 여전히 1개의 羊俎만 있을 뿐이다.

667)《儀禮集說》卷17: "如者, 如其左手執俎左廉以下之儀."

⑫ 次賓羞豕燔

【按】李如圭에 따르면 주부가 시동에게 올리는 亞獻 때의 從獻은 주부가 진설하는 2鉶(羊鉶과 豕鉶) 2籩(糗餌·殷脩), 次賓이 올리는 豕匕湇, 司士가 올리는 豕脅(豕俎), 次賓이 올리는 豕燔 등 모두 5가지이다. 侑는 2豆(韭菹·醢醢)와 2변(糗·賁), 羊俎, 羊燔俎 등 3가지로 鉶과 豕匕湇이 없고《유사철》5), 주인은 시동과 같이 5가지이다.[668]《유사철》4 주⑬) 주인은 시동이 酢酒할 때 2두(구저·담해) 2변(糗·賁), 羊俎, 羊匕湇俎, 羊肉湇俎, 羊燔俎 등 5가지의 종헌이 있으며《유사철》6), 시동은 주인이 헌주할 때 4두(구저·담해·昌菹·麋臡醢) 4변(풍·분·白·黑), 양조, 양비읍조, 양육읍조, 양번조 등 5가지의 종헌이 있다.《유사철》4)

⑬ 如羊燔之禮

【按】〈유사철〉 4 참조.

8. 儐尸禮에서 주부가 侑에게 헌주함(主婦亞獻)

受爵, 酌, 獻侑。侑拜受爵。主婦主人之北, 西面答拜①。主婦羞糗(구)、脩, 坐奠糗于糗(풍)南, 脩在賁(분)南。侑坐, 左執爵, 取糗、脩兼祭于豆祭。司士縮執豕脅(증)以升②。侑興, 取肺, 坐祭之。司士縮奠豕脅于羊俎之東, 載於羊俎, 卒, 乃縮執俎以降。侑興。次賓羞豕燔。侑受, 如尸禮③, 坐卒爵拜。主婦答拜。

주부가 室戶 서쪽에서 남향하고 있는 시동에게서 빈 술잔을 받아 실호의 동쪽으로 가서 술을 따라 西序 앞에서 동향하고 있는 侑에게 헌주한다. 유가 절하고 잔을 받는다.(拜受禮) 주부가 주인의 북쪽(오른쪽)으로 가서 서향하고 답배한다.(拜送禮)
주부가 糗餌籩(구이변. 콩고물을 입힌 쌀기장떡)과 殷脩籩(단수변. 조미한 육포)을 올리는데 유의 자리 앞에 앉아서 구이변을 糗籩(풍변. 볶은 보리)의 남쪽에, 단수변을 賁籩(분변. 볶은 삼씨)의 남쪽에 놓는다.
유가 앉아서 왼손으로 잔을 들고 오른손으로 구이와 단수를 취하여 앞에서 祭(고수레)했던 豆 사이에 함께 祭한다.

668)《儀禮集釋》卷29: "亞獻之從獻五, 鉶一, 糗脩二, 豕匕湇三, 豕脅四, 豕燔五. 侑無鉶與豕匕湇, 主人與尸同五.

司士가 豕肴(侑의 豕俎)을 세로로 들고 당에 올라간다.

유가 일어나 切肺(고수레용 폐)를 취하여 앉아서 祭한다.

사사가 시증을 羊俎의 동쪽에 세로로 놓고 시증의 牲肉을 양조에 옮겨담는다. 모두 옮겨담은 뒤에 이어 빈 시증을 세로로 들고 당을 내려간다.

유가 일어난다.

차빈이 豕燔(구운 돼지고기)을 올린다.

유가 이를 받는데 주인이 시동에게 헌주할 때 시동이 차빈에게서 羊燔을 받을 때의 예와 같이 한다. 유가 앉아서 잔의 술을 다 마신 뒤에 절한다. 주부가 답배한다.

① 侑拜……答拜

【按】 자세한 의식은 〈특생궤식례〉 11 주⑮ 참조. '西面'은 정현의 주에 따르면 금문에는 없다.[669] 胡培翬에 따르면 정현이 고문을 따라 경문에 '西面' 2글자를 넣은 이유는, 〈유사철〉 7에서 주부가 시동에게 헌주할 때 시동에게 술을 보내기 전에 술단지의 남쪽에서 서향하여 절하고, 주부가 시동에게 술을 보낸 뒤에 또 주인의 자리 북쪽에서 서향하여 절하였기 때문에 여기에서도 서향한다는 것을 알 수 있다고 보았기 때문이다.[670]

② 豕肴

즉 豕俎이다. 俎 위에는 豕의 左胖 肩折에서부터 切肺까지 모두 5가지 牲肉, 즉 豕左 肩折 1조각, 正脊 1骨, 脅 1골, 膚 3덩이, 切肺 1조각이 담겨 있다.

【按】 이것은 侑俎의 豕俎에 담는 음식이다. 〈유사철〉 4 참조.

③ 如尸禮

【按】〈유사철〉4 참조.

9. 儐尸禮에서 주부가 주인에게 致酒함(主婦亞獻)

受爵, 酌, 以致于主人①。主人筵上拜受爵。主婦北面于阼階上, 答拜②。主婦設二鉶(형)與糗(구)、脩, 如尸禮③。主人其祭糗④、脩, 祭鉶, 祭酒, 受豕匕湆(읍)⑤, 啐(쵀)酒⑥, 皆如尸禮。

669) 鄭玄注: "今文無西面."

670) 《儀禮正義》卷39: "注云 '今文無西面'者, 上主婦獻尸, 尊南西面拜, 又西面于主人之 席北, 拜送爵, 則此亦西面可 知, 故鄭從古文."

嘗鉶, 不拜。其受豕脅, 受豕燔, 亦如尸禮。坐卒爵拜。主婦
北面答拜, 受爵。

주부가 西序 앞에서 동향하고 있는 侑에게서 빈 술잔을 받아 室戶
의 동쪽으로 가서 술을 따라 東序 앞에서 서향하고 있는 주인에게
보낸다.
주인이 자리 위에서 서향하여 절하고 잔을 받는다.(拜受禮) 주부가 동
쪽 계단 윗쪽으로 가서 북향하고 답배한다.(拜送禮)
주부가 2鉶(양고기 육수에 씀바귀를 넣은 채소국과, 돼지고기 육수에 들완두를 넣은
채소국) 및 糗餌籩(구이변. 콩고물을 입힌 쌀기장떡)과 股脩籩(단수변. 조미한 육
포)을 진설하는데 주부가 시동에게 헌주할 때의 예와 같이 한다.
주인이 구이와 단수를 祭(고수레)하고, 2鉶羹을 祭하고, 술을 祭하고,
次賓이 올린 豕匕湆을 받고 술을 조금 맛보는데 모두 주부가 시동에
게 헌주할 때의 예와 같이 한다.
주인이 형갱을 맛보고, 절을 하지 않는다.
주인이 司士가 올린 豕脅(豕俎)을 받고 차빈이 올린 豕燔(돼지고기구이)
을 받는데 이때에도 주부가 시동에게 헌주할 때 시동이 시증과 시번
을 받을 때의 예와 같이 한다.
주인이 앉아서 잔의 술을 다 마신 뒤에 절한다. 주부가 북향하고 답
배한 뒤 주인에게서 빈 잔을 받는다.

① 酌, 以致于主人

胡培翬는 高愈의 설을 인용하여 "주인과 주부가 서로 직접 술을 따라 보
내는 것은 부부가 화합하면 집안의 도가 이루어지니, 주인과 주부가 직접
술을 따라 서로에게 보내면 시동이 즐거워할 것이기 때문이다.〔主人,主婦
親相致爵者, 蓋夫婦和而家道成, 主人,主婦親相致爵, 則皇尸其樂之矣.〕"
라고 하였다.

② 主人筵上……答拜

【按】 자세한 의식은 〈특생궤식례〉 11 주⑮ 참조. 주인이 자리에서 내려오지 않고 술잔을
받은 이유는, 敖繼公에 따르면 시동의 예를 따른 것이다.[671] 〈유사철〉 7 주④ 참조. 주
부가 시동과 侑에게 헌주할 때에는 주인의 자리 북쪽에서 서향하고 절했는데 여기에서

671) 《儀禮集說》 卷17: "筵上
受, 因尸禮也."

주인에게 헌주할 때 자리를 바꾸어 동쪽 계단 윗쪽에서 북향하고 절한 이유는, 주소에 따르면 주인과 시동과 侑를 아울러 공경한다는 혐의를 피하기 위해서이다.[672] 이에 대해 胡培翬는 시동과 유에게 헌주할 때의 자리를 피하여 북향하고, 아울러 주인에게 공경을 지극히 하기 위해서일 것이라고 하였다.[673] 盛世佐는 주소의 설을 잘못으로 보았다. 즉 이때 주인은 자리 위에서 서향하여 절을 하고 받는데, 주부 역시 주인의 자리 북쪽에서 서향하고 답배한다면 주인과 같은 방향을 보게 되기 때문에 동쪽 계단 윗쪽 주인의 자리 남쪽으로 가서 주인을 향하여 북향한 것이라고 보았다.[674]

③ 如尸禮

【按】〈유사철〉 7 참조.

④ 其

【按】북경대학교출판사 《儀禮注疏》 정리본의 교감기에 따르면 '其'는 唐石經 등에는 '其', 《儀禮經傳通解》 등에는 '共'으로 되어 있다. 張淳의 《儀禮識誤》에서는 '共'을 옳다고 보았다. 이것은 앞의 경문 중 '尸兼祭于豆祭', '侑同祭于豆祭', '主婦兼祭于豆祭' 등에서 '兼'과 '同'이라고 하였기 때문에 여기에서 '共'이라고 할 수 있다고 본 것이다. 그러나 阮元은 장순의 교감기를 오류로 보았다. 이것은 다음 경문의 '其受豕脊, 受豕燔', '其綏祭, 其嘏', '其位, 其薦脊' 등의 구절에서도 모두 여기처럼 '其'로 되어 있기 때문에 '其'가 옳다고 본 것이다.[675] 胡培翬 역시 장순의 설을 오류로 보았다.[676]

⑤ 受豕匕湆

豕匕湆 역시 次賓이 올리는 것인데 경문에서 글을 생략한 것이다.

【按】양천우는 다음에 나오는 豕俎와 豕燔 모두 차빈이 올리는 것으로 보았으나 이는 오류이다. 〈유사철〉 7에 따르면 從獻은 司士가 시조를 올리고 차빈이 시번을 올린다.

⑥ 啐酒

阮元의 교감본에는 '啐' 앞에 '拜'가 더 들어가 있다. 가공언의 소에 "이 경문의 啐酒 앞에는 拜가 없으며, 있는 것은 衍文인 듯하다.〔或此經'啐酒'上無拜'文, 有者, 衍字也.〕"라고 하였다. 완원의 교감기에 "살펴보면 가공언의 소에 '或此經啐酒之上無拜文, 有者, 衍字也'라고 하였는데, 或은 의심하여 확정하지 못하는 말이다.〔按疏云'或此經啐酒之上無拜文, 有者, 衍字也', '或者, 疑而不定之辭.〕"라고 하였으며, 또 "경문의 拜는 坐가 되어야 할 듯하다.〔經文拜疑當作坐.〕"라고 하였다. 漢簡本에는 '啐酒' 앞에 '拜'가 없으니, 가공언의 소에서 의심했던 것이 매우 옳고 阮元의 교감본에서 "坐가 되어야 할 듯하다."라고 한 것은 틀렸다는 것을 증명할 수 있다.

---

672) 鄭玄注: "主婦易位拜于阼階上, 辟併敬."
賈公彦疏: "前主婦獻尸、侑, 拜送於主人北. 今致爵於主人, 拜於阼階上者, 辟併敬主人與尸、侑, 故易位也."

673) 《儀禮正義》卷39: "蓋辟獻尸、侑之位而北面, 併以致敬於主人也."

674) 《儀禮集編》卷39: "是時主人於筵上拜受, 主婦若亦於主人之席北, 西面答拜, 則是與主人同面矣. 故之阼階上, 北面於主人之南, 鄉主人也. 註說似曲."

675) 《儀禮注疏》卷49 校記: "'其', 唐石經、徐本、楊、吳氏俱作'其', 《集釋》、《通解》, 毛本俱作'共'. 張氏曰: '經曰「主人其祭糗、脩」, 竊疑「其」者, 「共」字之誤. 上文「尸受兼祭于豆祭」, 「侑同祭于豆祭」, 下文「主婦兼祭于豆祭」, 彼得以言「兼」言「同」, 此不得以言「共」乎? 今改「其」爲「共」, 從上下文兼同之義.' ……阮校: '按下經云「其受豕脊, 受豕燔, 亦如尸禮」, 「其綏祭, 其嘏, 亦如賓」, 「其獻祝與二佐食, 其位, 其薦脊皆如賓, 主婦其洗獻于尸亦如賓」, 并可證此經用「其」字之例. 然則「其」改作「共」是《識誤》始, 《集解》從之, 非也.'"

676) 《儀禮正義》卷39: "盛氏駁注似非, 又以經其字爲當作共, 亦沿張說之誤."

10. 儐尸禮에서 시동이 주부에게 酢酒함(主婦亞獻)

尸降筵, 受主婦爵以降①。主人降。侑降。主婦入于房。主人立于洗東北, 西面。侑東面于西階西南。尸易爵于篚, 盥, 洗爵。主人揖尸侑, 主人升。尸升自西階, 侑從。主人北面立于東楹東。侑西楹西北面立。

尸酢。主婦出于房, 西面拜受爵②。尸北面于侑東答拜。主婦入于房。司宮設席于房中, 南面。主婦立于席西③。婦贊者薦韭菹、醢, 坐奠于筵前, 菹在西方。婦人贊者執鞌(풍)、簣(분)以授婦贊者④。婦贊者不興受, 設鞌于菹西, 簣在鞌南。

主婦升筵。司馬設羊俎于豆南⑤。主婦坐, 左執爵, 右取菹㩭(연)于醢, 祭于豆間⑥, 又取鞌、簣兼祭于豆祭。主婦奠爵, 興取肺, 坐絕祭⑦, 嚌之, 興加于俎, 坐挩(세)手, 祭酒, 啐酒。次賓羞羊燔。主婦興受燔, 如主人之禮⑧。主婦執爵以出于房, 西面于主人席北, 立卒爵, 執爵拜⑨。尸西楹西, 北面答拜。主婦入, 立于房。尸主人及侑皆就筵。

시동이 서쪽으로 돗자리에서 내려와 주부의 빈 술잔을 받아 들고 당을 내려간다. 주인이 당을 내려간다. 侑가 당을 내려간다. 주부가 東房으로 들어간다.

주인이 南洗의 동북쪽에서 서향하고 선다. 유가 서쪽 계단의 서남쪽에서 동향하고 선다.

시동이 下篚(당 아래의 篚)에서 잔을 바꾼 뒤 손을 씻고 잔을 씻는다.

주인이 시동과 유에게 읍한다. 주인이 당에 올라간다. 시동이 서쪽 계단으로 당에 올라간다. 유가 따라 올라간다.

주인이 東楹의 동쪽에서 북향하고 선다. 유가 西楹의 서쪽에서 북향하고 선다.

시동이 室戶의 동쪽에서 술을 따른다.

주부가 東房에서 나와 주인 자리의 북쪽에서 서향하여 절하고 시동

에게서 잔을 받는다.(拜受禮) 시동이 侑의 동쪽(오른쪽)에서 북향하고 답배한다.(拜送禮)

주부가 잔을 들고 동방으로 들어간다.

司宮이 주부를 위하여 동방 정중앙에 돗자리를 남향으로 편다.

주부가 돗자리의 서쪽에 남향하고 선다.

主婦贊者(宗婦)가 韭菹豆(구저두. 부추 초절임)와 醓醢豆(담해두. 육장)를 올린다. 앉아서 펴놓은 자리 앞에 놓는데 구저두를 서쪽에 놓는다.

婦人贊者(宗婦 중 나이가 어린 사람)가 麷籩(풍변. 볶은 보리)과 蕡籩(분변. 볶은 삼씨)을 들어서 주부찬자에게 준다. 주부찬자가 일어나지 않고 이를 받아서 풍변을 구저두의 서쪽에, 분변을 풍변의 남쪽에 진설한다.

주부가 서쪽으로 돗자리 위에 올라간다.

司馬가 羊俎를 韭菹豆의 남쪽(분변의 동쪽)에 진설한다.

주부가 앉아서 왼손으로 잔을 들고 오른손으로 韭菹를 취하여 醓醢(담해)에 찍어 구저두와 담해두 사이에 祭(고수레)하고, 또 麷과 蕡을 취하여 구저를 祭했던 豆 사이에 함께 祭한다. 주부가 잔을 내려놓고 일어나 羊牲의 嚌肺(擧肺)를 취하여 앉아서 絶祭(폐의 끝부분을 손으로 잘라 祭함)하고 조금 맛본다. 일어나서 제폐를 羊俎 위에 올려놓고 앉아서 수건에 손을 닦고 술을 祭하고 술을 조금 맛본다.

次賓이 羊燔(양고기 구이)을 올린다.

주부가 일어나 양번을 받는데 주인이 시동에게서 酢酒(답잔)를 받을 때 차빈에게서 양번을 받았던 예와 같이 한다. 주부가 잔을 들고 東房을 나가 東序 앞에서 서향하고 있는 주인 자리의 북쪽에 서향하고 서서 잔의 술을 다 마신 뒤에 잔을 들고 절한다. 室戶의 서쪽에서 남향하고 있는 시동이 西楹의 서쪽으로 가서 북향하고 답배한다.

주부가 빈 잔을 들고 들어가 동방 안에 선다.

시동·주인·유가 모두 펴놓은 자기 자리로 나아간다.

① 受主婦爵以降

시동이 곧 주부에게 답잔을 주어야 하기 때문에 주부의 빈 爵을 받아 당을 내려가는 것이다.

【按】胡培翬가 인용한 吳廷華의 설에 따르면 이때 술잔을 받는 사람은 시동이니 마땅히 司宮에게서 술잔을 받아야 하고, 사궁은 또 婦贊者에게서 받아야 한다.[677]

② 西面拜受爵

敖繼公에 따르면 "이때에도 주인 자리의 북쪽에서 한다.〔亦于主人席北.〕"[678]

【按】주부는 시동에게 헌주할 때나 侑에게 헌주할 때 모두 주인의 북쪽에서 서향하고 拜送禮를 행하였다. 〈유사철〉 7, 8 참조.

③ 主婦立于席西

'席西'는 阮元의 교감본에는 '西席'으로 잘못 바뀌어 있다. 방안에는 서쪽 자리가 없고 各本과 漢簡本에도 모두 '席西'로 되어있다. 정현의 주에 따르면 今文에도 '席西'로 되어있다.[679]

【按】정현의 주에 따르면 주부는 자리의 서쪽에 남향하고 선다.

④ 婦人贊者

정현의 주에 따르면 "宗婦 중 나이 어린 사람이다.〔宗婦之少者.〕"

⑤ 設羊俎于豆南

羊俎에는 羊의 左臑(노)부터 羊의 嚌肺(제폐)까지 모두 7가지 牲肉, 즉 羊牲左胖의 臑 1體, 脊·脅 각 1骨, 腸 1마디, 胃 1가닥, 膚 1덩이, 嚌羊肺 1조각이 담겨있다. 〈유사철〉 4 참조. '豆南'은 韭菹豆의 남쪽을 이른다.

⑥ 豆間

韭菹豆(구저두)와 醓醢豆(담해두) 사이이다.

⑦ 綏祭

【按】〈특생궤식례〉 8 주⑧, 11 주⑨ 참조.

⑧ 如主人之禮

【按】〈유사철〉 4, 6 참조.

⑨ 立卒爵, 執爵拜

【按】敖繼公에 따르면 주부가 방을 나와 술을 다 마시는 이유는, 예는 답잔을 따라준 사람의 앞에서 완성해야 하기 때문이다. '立卒爵'은 부인의 常禮로, 서서 잔의 술을 다 마신 뒤에 절하는 것은 오직 군주와 주부 뿐이다.[680] 다만 군주가 잔을 내려놓은 뒤에 절하는 것과 달리 주부는 잔을 든 채 절을 하는데, 정현의 주에 따르면 이것은 남자와 예를 다르게 한 것이다.[681] 주인은 시동이 따라준 답잔을 앉아서 다 마신 뒤에 잔을 들고 일어났다가 다시 앉아서 잔을 내려놓고 절을 한다. 〈유사철〉 6 참조.

677)《儀禮正義》卷39: "吳氏廷華云: 受者尸, 當受於司宮, 司宮又受于婦贊者."

678)《儀禮集說》卷17: "西面亦於主人席北, 蓋尸亦就此位而酢之."

679) 鄭玄注: "今文曰: '南面立于席西.'"

680)《儀禮集說》卷17: "出房卒爵, 宜成禮於所酢者之前也. 立卒爵, 婦人常禮也. 立卒爵而拜旣, 惟人君及主婦耳. 其異者, 奠爵與執爵也.《燕禮》曰: '公立卒爵, 坐奠爵拜.'"

681) 鄭玄注: "不坐者, 變於主人也. 執爵拜, 變於男子也."

11. 儐尸禮에서 上賓이 시동에게 헌주함(賓三獻. 爵止)

> 上賓洗爵以升①, 酌, 獻尸。尸拜受爵②。賓西楹西, 北面拜
> 送爵。尸奠爵于薦左③。賓降。
>
> 上賓(長賓)이 당 아래 南洗에서 술잔을 씻어 들고 당에 올라가 술을
> 따라 시동에게 헌주한다. 시동이 돗자리 위에서 절하고 잔을 받는
> 다.(拜受禮) 상빈이 잔을 보내고 西楹의 서쪽으로 가서 북향하여 절한
> 다.(拜送禮)
> 시동이 잔을 薦(韭菹豆와 醯醢豆)의 왼쪽(동쪽)에 내려놓는다.
> 상빈이 당을 내려간다.

① 上賓洗爵

'上賓'은 정현의 주에 따르면 "上賓은 賓長이다. 上賓이라고 말한 것은 장차
술을 올리려 하기 때문에 달리 호칭한 것이다. 어떤 경우에는 長賓이라고
한다.〔上賓, 賓長也. 謂之上賓, 以將獻異之. 或謂之長賓.〕"胡培翬는 "상
빈 다음가는 사람도 賓長이라고 칭한다. 즉 〈특생궤식례〉에서 말하는 衆
賓長이다. 그러나 三獻之禮를 갖추는 賓은 빈 중에서도 가장 높은 사람이
기 때문에 그가 헌주하려 할 때에는 특별히 上賓이라고 말하여 구별한 것
이다.〔次於上賓之一人, 亦稱爲賓長, 卽《特牲饋食禮》所謂衆賓長也. 但備
三獻之賓爲賓中之最上者, 故於其將獻, 特言上賓以別之.〕"라고 하였다.
또 "上賓을 賓長이라고도 하고 長賓이라고도 칭하는 것은, 상빈 다음가는
사람을 賓長이라고도 하고 次賓이라고도 칭하는 것과 같다.〔上賓稱賓長,
亦稱長賓, 猶次於上賓者稱賓長, 亦稱次賓.〕"라고 하였다. 또 "상빈은 賓長
이라고도 칭하지만 상빈 다음가는 사람인 빈장은 上賓이라고 칭할 수 없
기 때문에 정현의 주에서 '上賓이라고 말한 것은 달리 호칭한 것이다.'라고
한 것이다.〔上賓雖亦稱賓長, 而次於上賓之賓長不得稱上賓, 故注云'謂之
上賓, 異之'.〕"라고 하였다.

【按】가공언의 소에 따르면 '長賓' 또는 '賓長'은 賓 중에서 長이라는 말이니 존칭이 가볍
고, '上賓'은 빈 중에서 上이라는 말이니 존칭이 重하다. 〈소뢰궤식례〉18에서 '賓長'이라

고 한 것은 시동은 아버지의 존귀함이 있기 때문에 호칭을 굽혀 칭한 것이다. 下大夫의 不儐尸禮(〈유사철〉 31)에서도 '賓長'이라고 칭한다. 〈특생궤식례〉 11에서 '賓三獻如初'라고 하여 '賓'이라고만 한 것은, 士의 賓은 신분이 낮아서 호칭을 더욱 굽힌 것이다. 정현의 주 중 '上賓, 賓長也'는 〈유사철〉 4 주㉞에 보이며, '或謂之長賓'의 '或'은 〈소뢰궤식례〉의 글을 가리킨다.[682] '爵'은 敖繼公에 따르면 觶이다. 〈유사철〉 13 주① 참조.

② 尸拜受爵

【按】敖繼公에 따르면 시동은 이때에도 자리 위에서 절하고 잔을 받는다.[683] 〈유사철〉 7 주④ 참조.

③ 尸奠爵于薦左

敖繼公에 따르면 "薦의 동쪽이다.[薦東也.]" '薦'는 醓醢(담해)를 이른다.

【按】'薦'은 〈유사철〉 4에 근거하면 韭菹와 醓醢이다. 오계공이 '左'를 동쪽이라고 한 것은 시동의 자리를 기준으로 말한 것으로, 시동의 자리가 남향하고 있기 때문에 왼쪽이 동쪽이 된 것이다. 시동이 잔을 마시지 않고 薦의 왼쪽에 둔 것은, 가공언의 소에 따르면 三獻을 마쳐 正禮가 끝났기 때문에 신의 은혜를 뜰에까지 골고루 받게 하고자 해서이다. 이 잔은 중빈 이하 뜰의 사람들까지 두루 술을 받은 뒤에 비로소 이 잔을 들어 마신다.(〈유사철〉 21 주①) 士禮(〈특생궤식례〉 11)와 하대부의 不儐尸禮(〈유사철〉 31)에서는 시동이 室 안에서 세 차례의 헌주를 받는데, 빈장이 세 번째 헌주하면 잔을 바로 마시지 않고 놓아두었다가 주인과 주부가 서로에게 잔을 보낸 뒤에 놓아두었던 잔을 들어 마신다. 이는 신의 은혜를 室 안의 사람들이 골고루 받게 하고자 해서이다. 상대부의 예에서는 正祭 때 室 안에서 이미 三獻이 끝났을 뿐 아니라, 이 儐尸禮는 당에서 행해지고 부부가 이미 서로에게 잔을 다 주고 받은 뒤이기 때문에 받은 잔을 내려놓음으로써 신의 은혜를 뜰에까지 골고루 나누고자 한 것이다.[684]

12. 儐尸禮에서 주인이 시동에게 酬酒함(賓三獻)

主人降, 洗觶(치)①。尸侑降。主人奠爵于篚(비)②, 辭, 尸對。卒洗, 揖③。尸升; 侑不升④。主人實觶, 酬尸, 東楹東, 北面坐奠爵拜。尸西楹西, 北面答拜⑤。坐祭⑥, 遂飮, 卒爵拜。尸答拜。降洗。尸降辭。主人奠爵于篚, 對。卒洗, 主人升⑦,

682) 賈公彦疏: "云上賓, 賓長者, 上文云'賓長設羊俎', 是也. 此與上文賓長互見爲一人. 云'謂之上賓, 以將獻異之'者, 言長賓, 賓中長, 尊稱輕; 若言上賓, 賓中上, 尊稱重, 故以將獻, 變言上賓. 云'或謂之長賓'者, '或', 《少牢》文. 案彼云'長賓洗爵, 獻于尸', 此異之, 稱上賓者, 《少牢》尸有父尊, 屈之故, 但云長賓耳. 若然, 不儐尸亦云長賓.《特牲》云'賓三獻如初', 又不言長賓者, 士賓卑, 又屈之."

683)《儀禮集說》卷17: "拜受爵, 亦於筵上也."

684) 賈公彦疏: "尸不擧者, 以三獻訖, 正禮終, 欲使神惠均於庭, 徧得獻乃擧之. 故下文主人獻及衆賓以下訖, 乃作止爵. 若然,《特牲》及下大夫尸在室內, 始行三獻, 未行致爵, 尸奠爵, 欲得神惠均於室. 此儐尸之禮, 室內已行三獻, 至此儐尸, 夫婦又上行致爵訖, 儐尸又在堂, 故爵止者, 欲得神惠均於庭, 與正祭者異."

尸升。主人實觶。尸拜受爵⑧。主人反位, 答拜。尸北面坐, 奠爵于薦左⑨。

주인이 당을 내려가 南洗에서 술잔(觶)을 씻는다. 시동과 侑가 당을 내려간다.

주인이 잔을 下篚(당 아래의 篚)에 넣고 시동과 유에게 당을 내려온 것에 대해 사양하면 시동이 대답한다.

주인이 잔을 다 씻은 뒤에 시동에게 읍하고 당에 올라간다. 시동은 당에 올라가고 유는 올라가지 않는다.

주인이 室戶의 동쪽에서 잔에 술을 채워 시동에게 酬酒를 올린다.

주인이 東楹의 동쪽으로 가서 북향하고 앉아 잔을 내려놓고 절한다. (주인이 잔을 들고 일어난다.) 시동이 西楹의 서쪽에서 북향하고 답배한다.

주인이 앉아서 술을 祭(고수레)하고 이어 마신다. 잔의 술을 다 마신 뒤에 절한다. 시동이 답배한다.

주인이 빈 잔을 들고 당을 내려가 남세에서 잔을 씻는다. 시동이 당을 내려가 주인에게 사양한다. 주인이 잔을 하비 안에 넣고 대답한다.

주인이 잔을 다 씻은 뒤에 시동에게 읍하고 당에 올라간다. 시동이 당에 올라간다.

주인이 실호의 동쪽으로 가서 잔에 술을 채워 실호 서쪽의 남향하는 자리(시동의 자리) 앞에서 시동에게 올린다. 시동이 서영의 서쪽에서 절하고 실호 서쪽의 남향하는 자리 앞으로 가서 잔을 받는다.(拜受禮) 주인이 동영 동쪽의 북향하는 자리로 돌아가 답배한다.(拜送禮) 시동이 실호 서쪽의 남향하는 자리 앞에서 북향하고 앉아 잔을 薦(韭菹豆와 醓醢豆)의 왼쪽(동쪽)에 놓는다.

① 洗觶

이것은 주인이 장차 시동에게 酬酒를 올리기 위하여 觶(치)를 씻는 것이다. 盛世佐에 따르면 "一獻의 禮는 수주를 올리는 것에서 이루어진다.〔獻之禮成於酬〕" 一獻之禮는 주인과 빈이 행하는 一獻, 一酢, 一酬의 예이다. 주인이 먼저 빈에게 술을 올리는 것을 '獻', 빈이 주인에게 답잔을 올리는 것을 '酢', 주인이 먼저 스스로 술을 따라 마신 뒤에 다시 술을 따라서 빈에게 권하는 것을 '酬'라고 한다. 빈은 이 마지막 잔을 한쪽에 놓아두고 마시지 않음으로써 禮가 이루어진 것을 보인다. 이것이 바로 一獻之禮의 전체 과정이다. 가공언의 소에 "주인이 빈에게 獻酒하면 빈이 주인에게 酢酒한다. 주인이 장차 빈에게 수주하기 위해 먼저 술을 따라 마시고 이어 수주하면 빈은 잔을 놓아두고 마시지 않는다. 이렇게 빈과 주인이 각각 두 번씩 잔을 받으면 禮가 이루어진다.〔主人獻賓, 賓酢主人, 主人將酬賓, 先自飮訖 乃酬賓, 賓奠而不擧, 是賓、主人各兩爵而禮成也.〕"라고 하였다. 《禮經釋 例》 권3에 "일반적으로 주인이 빈에게 올리는 술을 '獻'이라고 이르며, 빈이 주인에게 보답하는 술을 '酢', 주인이 먼저 마심으로써 빈에게 권하는 술을 '酬'라고 이른다.〔凡主人進賓之酒, 謂之獻. 凡賓報主人之酒, 謂之 酢. 凡主人先飮, 以勸賓之酒, 謂之酬.〕"라고 하였다. 夏炘(흔)의 《學禮管 釋》에 따르면 일반적으로 술을 마실 때에는 酬酢이 있으나 醴酒를 마실 때에는 酬酢이 없다.[685]

【按】〈鄕飮酒禮 記〉에 "獻酒에는 爵을 사용하고, 기타의 예에는 觶를 사용한다."라는 구절이 있다.[686] 정현의 주에 따르면 爵은 높기 때문에 함부로 사용하지 않는 것이다.[687] 다만 敖繼公은 〈향음주례 기〉의 글이 갖추어지지 않았다고 보았다. 酢酒에도 爵을 사용하기 때문이다. 오계공에 따르면 '기타의 예'는 酬酒나 擧觶의 예를 이른다.[688] 觶에 대해 자세한 것은 〈특생궤식례〉 18 주① 참조.

② 爵

觶를 이른다. 아래도 같다.

③ 揖

읍한 뒤에 주인이 당에 오르는 것이다. 여기에서 주인이 당에 오른다고 말하지 않은 것은 글을 생략한 것이다.

④ 侑不升

敖繼公에 따르면 "酬酒의 禮는 侑 자신에게까지 미치지 않는데 당에 올라가는 것은 혐의가 있기 때문이다.〔酬禮不及己, 升嫌也.〕"

⑤ 尸西楹西, 北面答拜

【按】시동이 戶牖 사이의 자리 앞으로 가서 잔을 받기 전에 먼저 西楹의 서쪽으로 가서 북향하고 절하여 拜受禮를 행한 것을 이른다. 〈유사철〉 4 주⑩ 참조.

⑥ 坐祭

주인은 앞글의 "東楹의 동쪽에서 북향하고 앉아 爵을 내려놓고 절한" 뒤

685) 《學禮管釋》 卷1 〈釋聘 禮賓當作醴〉: "凡飮皆有酬 酢, 醴無酬酢."

686) 《儀禮》〈鄕飮酒禮記〉: "獻用爵, 其他用觶."

687) 《儀禮》〈鄕飮酒禮記〉 鄭 玄注: "爵尊, 不褻用之."

688) 《儀禮集說》 卷4: "其他, 謂酬及擧觶之屬也. 然《記》 之文意, 似失於不備. 夫酢亦 用爵也, 何獨獻哉?"

에는 잔을 들고 일어나야 하기 때문에 이 때 다시 앉는 것이다. 경문에서
는 글을 생략한 것이다.

【按】〈유사철〉 17 주② 참조.

⑦ 卒洗, 主人升

【按】敖繼公에 따르면 주인은 당 아래 南洗에서 술잔을 다 씻은 뒤에 앞에서와 같이 시
동에게 읍을 하고 당에 올라간다.[689]

⑧ 主人實觶. 尸拜受爵

【按】敖繼公에 따르면 주인은 당에 올라가 잔에 술을 채운 뒤에는 앞에서와 같이 시동
의 자리 앞에 북향하고 선다. 주인이 북향하면 시동은 서쪽 계단 윗쪽에서 절한 뒤에 자
리 앞으로 나아가 잔을 받는다.[690]

⑨ 奠爵于薦左

【按】'薦左'는 韭菹와 醓醢의 동쪽을 이른다. 〈유사철〉 11 주③ 참조. 李如圭에 따르면 신
의 은혜를 받은 잔은 곧바로 마시지 않을 때 오른쪽에 내려놓는데, 여기에서 왼쪽에 내려
놓고 마시지 않은 것은 이때에는 시동이 賓으로서 酬酒를 받은 것이기 때문에 달리한 것
이다.[691] 일반적으로 酬는 주인이 먼저 賓을 대신하는 의미로 스스로 술을 따라 마신 뒤
에 다시 술을 따라 賓에게 권하는 것을 이른다. 이때 賓은 잔을 내려놓고 마시지 않는다.

13. 儐尸禮에서 東房의 음식과 庶羞를 시동·侑·주인·주부에게 올림(賓三獻)

> 尸、侑、主人皆升筵①。乃羞。宰夫羞房中之羞于尸②、侑、主人、
> 主婦, 皆右之③。司士羞庶羞于尸④、侑、主人、主婦, 皆左之。
>
> 시동·侑·주인(주부 포함)이 모두 자기 돗자리로 올라간다.
> 이어 內羞와 庶羞를 올린다.
> 宰夫가 房中之羞(內羞·糗餌籩·粉餈籩·酏食豆·糝食豆)를 시동·유·주인·
> 주부에게 올리는데 모두 그들 자리의 오른쪽에 놓는다.
> 司士가 庶羞(羊臐豆·豕膮豆·藏豆·醓豆)를 시동·유·주인·주부에게 올리
> 는데 모두 그들 자리의 왼쪽에 놓는다.

689)《儀禮集說》卷17:"卒
洗, 亦揖乃升."
690)《儀禮集說》卷17:"主人
實觶, 亦北面於尸之席前, 尸
階上拜, 乃進受之而反位."
691)《儀禮集釋》卷29:"奠于
薦左者, 奠酬不擧也. 神惠右
不擧, 而此左不擧者, 賓尸而
酬之, 同于賓客, 異于神惠."

① 尸.侑.主人皆升筵

侑는 원래 당 아래에 있었는데 어느 때 당에 올라왔는지 경문에는 명확한 글이 없다. 敖繼公은 侑가 당에 오른 것은 시동이 觶(치)를 醓醢(담해)의 왼쪽에 놓아둘 때였을 것이라고 여겼다.[692] 또 胡培翬는 姜兆錫의 설을 인용하여 "돗자리에 오를 때에 주부를 언급하지 않은 것은 주인에게 통합하여 글을 줄인 것이다.〔升筵不言主婦者, 統於主人, 省文也.〕"라고 하였다.

② 房中之羞

정현의 주에 따르면 糗餌(구이. 콩고물을 입힌 쌀기장떡)와 粉餈(분자. 인절미)는 籩에 담고, 酏食(이식. 희생의 기름과 함께 끓인 쌀죽)과 糝食(삼식. 쌀가루를 넣은 고기완자)은 豆에 담는다.[693] 糗餌는 〈유사철〉 7 주⑤ 참조. 粉餈는 익힌 찹쌀로 만든 떡으로, 오늘날 이른바 糍粑(자파. 찹쌀을 쪄서 떡 모양으로 빚어 그늘에 말린 음식)와 같은 것이다. 그 끈적임을 방지하기 위해 콩가루를 묻히기 때문에 분자라고 한 것이다. 酏食은 牲肉 가슴 사이에 있는 기름을 잘게 썰어서 쌀에 넣고 함께 끓인 죽이다. 糝食은 다진 고기 3분의 1과 쌀가루 3분의 2를 섞어서 기름에 지진 부침개이다.

【按】'房中之羞'의 의미는 〈소뢰궤식례〉 7 주⑤ 참조.

③ 右之

【按】주소에 따르면 곡물로 만든 內羞, 즉 房中之羞를 오른쪽에 올리는 이유는 곡물은 땅의 산물로 陰物이기 때문에 陰의 방향인 오른쪽에 올리는 것이다. 다음에 나오는 庶羞는 희생으로 만든 음식이기 때문에 陽의 방향인 왼쪽에 올린다.[694]

④ 庶羞

정현의 주에 따르면 羊臐(양훈. 조미료를 넣은 양고기 육수), 豕膮(시효. 조미료를 넣은 돼지고기 육수), 胾(자. 크게 자른 양고기와 돼지고기), 醢(해. 양고기 젓갈과 돼지고기 젓갈)가 있다.[695] 胡培翬는 "膷(향)·臐(훈)·膮(효)는 소고기·양고기·돼지고기를 가지고 국을 만든 것이다.〔膷、臐、膮, 以牛、羊、豕之肉爲羹也.〕"라고 하였고, 또 "臐(학)은 바로 채소가 없는 국이다.〔臐, 卽無菜之肉羹.〕"라고 하였다. 이에 따르면 이 3가지 국은 모두 五味 등의 조미료는 첨가하지만 채소는 넣지 않은 국이다. 《의례》에 보이는 국은 모두 3종류가 있다. 大羹湆(태갱읍)은 고기 육수에 소금과 채소 및 기타조미료를 첨가하지 않은 국이고, 鉶羹은 고기 육수에 조미료와 채소를 첨가한 채소국이며, 膷·臐·膮는 고기 육수에 조미료만 첨가하고 채소는 넣지 않은 국이다. 敖繼公은 "房中

692)《儀禮集說》卷17: "侑升堂之節, 其在尸奠爵之時乎!"

693) 鄭玄注: "房中之羞, 其籩則糗餌、粉餈, 其豆則酏食、糝食."

694) 鄭玄注: "房中之羞, 內羞也. 內羞在右, 陰也. 庶羞在左, 陽也."
賈公彥疏: "按下大夫不儐尸, 云乃羞, 宰夫羞房中之羞, 司士羞庶羞, 于尸、祝、主人、主婦內羞在右, 庶羞在左是也. 云'內羞在右, 陰也'者, 以其是穀物, 故云陰. 云'庶羞在左, 陽也'者, 以其是牲物, 故云陽也.《大宗伯》亦云天産作陰德, 地産作陽德, 鄭亦云'天産六牲之屬, 地産九穀之屬', 是其穀物陰, 牲物陽者也."

695) 鄭玄注: "庶羞, 羊臐、豕膮, 皆有胾、醢."

之羞는 방에 진열해놓은 음식이다. 房中이라고 하여 庶羞와 구별한 것은 서수는 방 안에서 가져오지 않는다는 것을 밝힌 것이다.〔房中之羞, 饌於房者也. 言房中以別於庶羞, 明庶羞不自房來也.〕"라고 하였다. 그렇다면 서수는 원래 어느 곳에 진열되어 있었을까? 자세하지 않다. 방안의 음식은 곡류에 속하고 서수는 육류에 속한다.

【按】胡培翬에 따르면 〈公食大夫禮〉에는 牛腳, 羊臐, 豕膮, 炙(자), 胾(자), 醢가 보이는데 여기에서 牛腳을 말하지 않은 것은 庶羞는 희생을 넘지 못하기 때문이다.

또 호배휘에 따르면 여기에서 炙를 말하지 않은 것은 從獻으로 이미 燔炙를 사용했기 때문이다.[696] 〈유사철〉 4 참조. 〈공사대부례〉를 살펴보면 國君이 하대부에게 대접하는 서수는 모두 16가지로, 향·훈·효·牛炙·醢·牛胾·醢·牛鮨(지)·羊炙·羊胾·醢·豕炙·醢·豕胾·芥醬·魚膾이며, 상대부에게 대접하는 서수는 모두 20가지로 하대부보다 雉·兎·鶉(순, 메추라기)·鷃(여, 세가락메추라기)가 더 있다.

14. 儐尸禮에서 주인이 長賓(上賓)에게 헌주함(賓三獻)

主人降, 南面拜衆賓于門東①, 三拜。衆賓門東, 北面, 皆答壹拜。主人洗爵②。長賓辭③。主人奠爵于篚, 興對。卒洗, 升, 酌, 獻賓于西階上。長賓升, 拜受爵。主人在其右, 北面答拜。宰夫自東房薦脯、醢④, 醢在西。司士設俎于豆北, 羊骼(격)一⑤、腸一、胃一、切肺一、膚一。賓坐, 左執爵, 右取脯擩(연)于醢⑥, 祭之⑦, 執爵興取肺, 坐祭之⑧, 祭酒, 遂飮, 卒爵, 執爵以興⑨, 坐奠爵拜, 執爵以興。主人答拜, 受爵。賓坐取祭以降⑩, 西面坐, 委于西階西南。宰夫執薦以從, 設于祭東。司士執俎以從, 設于薦東。

주인이 당을 내려가 廟門 안 동쪽에 있는 衆賓(長賓 포함)에게 남향하여 절하는데 한꺼번에 삼배한다. 중빈이 묘문 안 동쪽에서 북향하고 모두 답배로 일배한다.

주인이 당 아래 南洗에서 술잔을 씻는다. 長賓(상빈)이 사양한다. 주

696) 《儀禮正義》卷39: "《公食禮》有牛腳、羊臐、豕膮, 又有炙、胾、醢, 此不言牛腳者, 以庶羞不踰牲. 大夫祭, 止得用羊故也. 不言炙者, 以從獻已用燔炙故也."

인이 잔을 下篚(당 아래의 篚) 안에 놓고 일어나 대답한다.

주인이 잔을 다 씻은 뒤에 잔을 들고 당에 올라가 室戶의 동쪽에서 술을 따라 서쪽 계단 윗쪽에서 장빈에게 헌주한다. 장빈이 당에 올라가 북향하여 절하고 잔을 받는다.(拜受禮) 주인이 장빈의 오른쪽(동쪽)에서 북향하고 답배한다.(拜送禮)

宰夫가 東房에서 脯邊과 醢豆를 들고 와 올리는데 해두를 포변의 서쪽에 놓는다.

司士가 하나의 牲俎를 해두의 북쪽에 올린다. 조에는 羊牲 좌반의 骼 1體, 腸 1마디, 胃 1가닥, 切肺 1조각, 豕牲의 膚 1덩이가 담겨 있다. 장빈이 당 위 서쪽 계단 윗쪽에 앉아서 왼손으로 잔을 들고 오른손으로 포를 취하여 醢에 찍어 祭(고수레)한다. 이어서 잔을 들고 일어나 羊牲의 切肺(고수레용 폐)를 취하여 앉아서 祭하고 술을 祭한 뒤에 이어 마신다. 잔의 술을 다 마신 뒤에 잔을 들고 일어났다가 앉아서 잔을 내려놓고 절한다.(旣爵拜) 다시 잔을 들고 일어선다.

주인이 답배하고 장빈에게서 빈 잔을 받는다.

장빈이 앉아서 祭(脯와 切肺)를 취하여 당을 내려가 서향하고 앉아서 서쪽 계단 아래의 서남쪽에 놓는다.

재부가 薦(포변과 해두)을 들고 장빈을 따라 당을 내려가 祭의 동쪽에 진설한다.

사사가 俎를 들고 재부를 따라 당을 내려가 薦의 동쪽에 진설한다.

① 拜衆賓于門東

정현의 주에 따르면 주인은 계단을 내려간 뒤에 남쪽으로 조금 나아가 절하는 것일뿐 묘문 안의 동쪽에까지 가서 절하는 것은 아니다.[697] 胡培翬에 따르면 "여기의 衆賓에는 또한 長賓이 포함되어 있다.[此衆賓亦兼長賓在內.]"

【按】'門東'은 가공언에 따르면 정현이 繼門으로 말하여 주인이 조금 남쪽으로 간 것임을 밝힌 것이다.[698] 李如圭에 따르면 일반적으로 뜰에 물건을 진열하거나 사람이 나열하여 설 때 모두 뜰을 3등분하여 그 위치를 말하는데, 당을 이어서[繼堂] 말한 것은 모두 뜰의 북쪽 3분의 1을 말한 것이고 문을 이어서[繼門] 말한 것은 모두 뜰의 남쪽 3분의 1을 말한 것이다.[699] 이에 근거하면 여기의 '門東' 역시 뜰의 남쪽 3분의 1 부분으로 주인이 간 것이다. 胡培翬에 따르면 이 절(14절)부터 주인이 자기 자리로 돌아가기까지(20절)는

697) 鄭玄注: "拜于門東, 明少南就之也."

698) 賈公彦疏: "云拜于門東, 明少南就之也者, 以其繼門言之, 明少南就之."

699) 《儀禮集釋》卷23: "凡陳于庭者, 皆三分庭. 繼堂言之者, 皆庭一在北; 繼門言之者, 皆一在南."

모두 신의 은혜를 골고루 나누는 일을 말한 것으로, 모두 7단계로 이루어져 있다. (1)長賓에게 헌주, (2)衆賓에게 헌주, (3)주인이 장빈을 대신하여 스스로에게 酢酒, (4)장빈에게 酬酒, (5)형제에게 헌주, (6)內賓에게 헌주, (7)私人에게 헌주하는 것이다.[700]

② 主人洗爵

이것은 장차 長賓에게 헌주하기 위해 술잔을 씻는 것이다.

③ 長賓辭

【按】〈鄕飮酒禮〉를 살펴보면 주인이 賓에게 헌주하기 위하여 잔을 들고 당을 내려가면 빈 역시 당을 내려가 서쪽 계단 서쪽에 선다. 주인이 잔을 내려놓은 뒤 빈이 일없이 당을 내려오는 것에 대해 사양하면 빈이 대답한다. 주인이 다시 잔을 들고 洗가 있는 곳으로 가면 빈은 서쪽 계단 서쪽에서 동쪽으로 가서 잔을 씻는 것에 대하여 사양한다. 주인이 잔을 下篚에 넣어두고 대답하면 빈은 서쪽 계단 서쪽의 西序 선상으로 가서 동향하고 주인이 잔을 다 씻기를 기다린다. 이에 따르면 여기의 長賓이 사양하는 곳 역시 당 아래 서쪽 계단 서쪽에서 동쪽으로 가 碑의 동남쪽에 해당하는 곳이다. 黃以周의 〈三獻之二〉 圖 참조. 敖繼公에 따르면 장빈은 사양할 때 북향하며, 장소는 廟門의 동쪽에서 조금 나아간 곳이다.[701]

④ 宰夫自東房薦脯·醢

당 위 서쪽 계단 윗쪽, 長賓의 북쪽에서 올린다. 장빈이 서쪽 계단 윗쪽에서 북향하고 서 있기 때문이다.

【按】정현의 주에 따르면 脯·醢를 올린 宰夫와 다음에 나오는 俎를 진설한 司士는 진설이 끝나면 모두 西序의 序端으로 가서 대기한다.[702]

⑤ 羊骼

정현의 주에 따르면 "羊牲의 左骼(격)이다.〔羊左骼.〕" '羊'은 다음에 나오는 腸·胃·肺 3가지에 모두 해당된다. 膚는 豕牲에서 나온 것이다.

⑥ 右取脯

'脯'는 원문에는 '肺'로 잘못되어 있다. 阮元의 교감본에 "肺는 李如圭의 《儀禮集釋》과 楊復·敖繼公이 모두 脯로 썼다.〔肺,《集釋》、楊、敖俱作'脯'.〕"라고 하였다. 또 張淳의 《儀禮識誤》설을 인용하여 역시 脯가 되어야 한다고 하였다. 漢簡本에도 脯로 되어 있으니 脯가 옳다는 것을 증명할 수 있다.

⑦ 祭之

籩豆, 즉 脯籩과 醢豆 사이에 놓아 이 음식을 최초로 만든 先人에게 祭하는 것이다.

700)《儀禮正義》卷40: "自此至主人就筵, 皆均神惠之事. 凡七節: 獻長賓, 一也; 獻衆賓, 二也; 主人自酢於長賓三也; 酬長賓, 四也; 獻兄弟, 五也; 獻內賓, 六也; 獻私人, 七也."

701)《儀禮集說》卷17: "長賓辭亦北面, 蓋於門東少進也."

702) 鄭玄注: "薦與設俎者, 旣則俟于西序端."

⑧ 取肺, 坐祭之

【按】여기의 '祭'는 司士가 俎에 담아 올린 羊牲의 切肺를 祭(고수레)하는 것으로, 綏(타)祭를 말한다. 양천우는 絕祭로 보았으나 절제는 擧肺를 祭할 때 사용하는 방법이며 切肺는 祭肺이기 때문에 이는 오류이다. 절제와 타제는 〈특생궤식례〉 8 주⑧⑪, 11 주⑨, 〈소뢰궤식례〉 11 주④ 참조.

⑨ 執爵以興

원문에는 '執' 다음에 '爵'이 빠져있다. 阮元의 교감본에 "唐石經本에는 執 다음에 爵이 있다. 敖繼公은 '執以興은 爵 1자가 빠진 듯하다.'라고 하였다.〔'執'下, 唐石經有'爵'字. 敖氏曰: '執以興, 似脫一爵字.'〕"라고 하였다. 漢簡本에도 '執' 다음에 '爵'이 있으니 오계공의 말이 옳다.

⑩ 祭

吳廷華에 따르면 "祭는 長賓이 이미 祭한 포와 폐이다.〔祭, 脯及肺也.〕"

15. 儐尸禮에서 주인이 衆賓에게 두루 헌주함(賓三獻)

衆賓長升, 拜受爵。主人答拜①。坐祭, 立飲, 卒爵, 不拜既爵。宰夫贊主人酌②, 若是以辯(편)③。辯受爵, 其薦脯、醢與脀(증)④, 設于其位。其位繼上賓而南, 皆東面。其脀體, 儀也⑤。

衆賓長이 당에 올라가 북향하여 절하고 주인에게서 술잔을 받는다.(拜受禮)
주인이 북향하여 답배한다.(拜送禮)
중빈장이 앉아서 술을 祭(고수레)하고 서서 마신다. 잔의 술을 다 마신 뒤에 술을 마시고 난 뒤의 절(既爵拜)은 하지 않는다.
宰夫가 주인을 도와 술을 따라 주인에게 건네주면 주인이 중빈 각각에게 두루 헌주하기를 중빈장의 의절과 같이 하고, 중빈도 배수례를 제외한 나머지 의절을 중빈장과 같이 한다.(중빈은 술을 다 마신 뒤에 서쪽 계단 아래 동향하는 자리로 간다.)

중빈이 모두 잔을 받고 나면 중빈장과 중빈에게 올리는 脯·醢(宰夫가 올림)와 肴(牲俎, 司士가 올림)을 그들 각각의 자리 앞에 진설한다.
중빈장과 중빈의 자리는 上賓을 이어 남쪽으로 있는데, 모두 동향한다.
중빈장과 중빈의 肴에 담는 牲體는 남은 것 중에서 헤아려 담는다.

① 衆賓長升……主人答拜

【按】 이것은 拜受禮와 拜送禮를 형상한 것이다. 특히 拜送禮의 경우, 잔을 받는 사람이 보내는 사람보다 신분이 높을 때에는 경문에서 대체로 '拜送爵' 또는 '拜送'으로 표현되고, 잔을 받는 사람이 보내는 사람보다 신분이 낮을 때에는 '答拜'로 표현된다. 예를 들면 주인과 주부가 시동에게 헌주할 때에는 '拜送'(《특생궤식례》 9·10, 《소뢰궤식례》 10), 주부가 주인에게 致酒할 때에는 '拜送爵'(《특생궤식례》 11)이라고 한다. 또 주인이 주부에게 致酒할 때(《특생궤식례》 11), 주인이 賓에게 헌주할 때(《특생궤식례》 12), 주인이 祝과 佐食에게 헌주할 때(《소뢰궤식례》 12, 13)에는 '答拜'라고 한다. 다만 주인의 嗣子인 擧奠이 시동에게 헌주할 때 거전은 '답배'한다.(《특생궤식례》 15)

② 宰夫贊主人酌

정현의 주에 따르면 주인이 매번 한 사람에게 헌주한 뒤에 빈 잔을 술 단지를 받치는 柶(어) 위에 놓으면 宰夫가 이 잔에 술을 따라 주인에게 주고, 주인은 다시 이 잔으로 다음 차례의 賓에게 헌주한다.[703]

③ 若是以辯

【按】 '若是'는 '衆賓長升'부터 '不拜旣爵'까지의 의절을 가리키며, '辯'(편)은 나머지 중빈 모두를 가리킨다. 다만 정현의 주에 따르면 중빈장은 절을 하고 잔을 받지만 나머지 중빈은 절을 하지 않고 잔을 받는다는 것만 다르다.[704]

④ 薦脯、醢與肴

정현의 주에 따르면 주인이 長賓에게 헌주할 때(《유사철》 14)처럼 이때에도 宰夫가 脯·醢를 올리고 司士가 俎를 올린다.[705]

⑤ 其肴體, 儀也

정현의 주에 따르면 牲體의 존귀한 부위는 이미 다 사용하였기 때문에 남아있는 骨體 중에서 쓸 만한 것을 헤아리는데, 이때에도 그 존비를 구분해서 중빈의 俎에 담는다.[706] 盛世佐에 따르면 "俎에 담는 것을 肴(증)이라고 한다.〔升於俎曰肴.〕"《說文解字》에 "儀는 헤아린다는 뜻이다.〔儀, 度也.〕"라고 하였다. '度'(탁)은 여기에서는 '헤아리다'라는 뜻이다.

703) 鄭玄注: "主人每獻一人, 奠空爵于柶, 宰夫酌, 授於尊南."

704) 鄭玄注: "言衆賓長拜, 則其餘不拜."

705) 鄭玄注: "亦宰夫薦, 司士肴."

706) 鄭玄注: "用儀者, 尊體盡, 儀度餘骨可用而用之. 尊者用尊體, 卑者用卑體而已."

【按】 주소에 따르면 시동과 마찬가지로 衆賓에게도 切肺와 膚를 올리는데, 이것은 侑에 게 시동과 감히 다르게 할 수 없어 절폐를 올렸던 것과 같이 중빈에게도 유와 감히 다르 게 할 수 없어서이다.[707] 士禮에서는 離肺를 올렸다. 〈특생궤식례〉 12 주⑫ 참조.

16. 儐尸禮에서 주인이 長賓을 대신하여 自酢함(賓三獻)

> 乃升長賓①。主人酌, 酢于長賓西階上②, 北面。賓在左。主 人坐奠爵拜, 執爵以興。賓答拜。坐祭, 遂飮, 卒爵, 執爵以 興, 坐奠爵拜。賓答拜。賓降③。
>
> 이어 長賓(上賓)을 당에 올라오게 한다.
> 주인이 당 위 室戶의 동쪽에서 술을 따라 서쪽 계단 윗쪽으로 가서 북향하고 장빈을 대신하여 스스로에게 답잔을 준다.
> 장빈이 주인의 왼쪽(서쪽)에 선다.
> 주인이 앉아서 술잔을 내려놓고 절하고 잔을 들고 일어난다. 장빈이 답배한다.
> 주인이 앉아서 술을 祭(고수레)하고 이어 마신다. 잔의 술을 다 마신 뒤에 잔을 들고 일어났다가 앉아서 잔을 내려놓고 절한다.(旣爵拜)
> 장빈이 답배한다. 장빈이 당을 내려가 서쪽 계단 아래 동향하는 자 리로 돌아간다.

① 長賓

　上賓을 이른다.

　【按】 정현의 주(〈유사철〉 22 주⑩)에서는 이때 올라오도록 하는 사람을 贊者로 보았으나, 敖 繼公은 宗人일 것으로 추정하였다.[708]

② 酢于長賓

　정현의 주에 따르면 이것은 주인이 스스로 답잔을 따라 長賓의 뜻을 전달 하는 것이다. "賓은 지위가 낮아서 감히 주인에게 답잔을 올리지 못하기 때문이다.〔賓卑不敢酢.〕" 주인은 대부이고 賓은 주인의 여러 관리 중에서

707) 鄭玄注: "亦有切肺、膚." 賈公彦疏: "《特牲》用離肺, 知 此衆賓用切肺、膚者, 以其侑用 切肺, 不敢殊於尸, 明衆賓亦 不敢殊於侑."

708)《儀禮集說》卷17: "乃升 長賓者, 其宗人與!"

士가 담당하기 때문에 지위가 낮아서 감히 주인과 禮를 대등하게 행하지
못하는 것이다.

③ 降

【按】정현의 주에 따르면 長賓은 당을 내려가 서쪽 계단 아래 동향하는 자기 자리로 돌
아간다.[709]

17. 儐尸禮에서 주인이 長賓에게 당 아래에서 酬酒함 (賓三獻)

宰夫洗觶(치)以升。主人受, 酌, 降, 酬長賓于西階南①, 北
面。賓在左。主人坐奠爵拜。賓答拜。坐祭②, 遂飮, 卒爵
拜。賓答拜。主人洗。賓辭③。主人坐奠爵于篚, 對。卒洗,
升酌, 降復位④。賓拜受爵⑤。主人拜送爵。賓西面坐奠爵
于薦左⑥。

宰夫가 당 아래 南洗에서 술잔(觶)을 씻어 들고 당에 올라간다.

주인이 재부에게서 잔을 받아 室戶의 동쪽에서 술을 따라 당을 내
려간다. 서쪽 계단 남쪽에서 북향하고 長賓에게 酬酒를 올린다.

장빈이 주인의 왼쪽(서쪽)에 선다.

주인이 앉아서 잔을 내려놓고 절한다. (잔을 들고 일어난다.) 장빈이 답배
한다.

주인이 앉아서 술을 祭(고수레)하고 이어 마신다. 잔의 술을 다 마신
뒤에 절한다.(旣爵拜) 장빈이 답배한다.

주인이 당 아래 남세에서 잔을 씻는다. 장빈이 사양한다. 주인이 앉
아서 잔을 下篚(당 아래의 篚)에 넣고 일어나 대답한다.

주인이 잔을 다 씻은 뒤에 잔을 들고 당에 올라가 실호의 동쪽에서
술을 따라 다시 당을 내려가 서쪽 계단 아래 남쪽에서 북향하던 자
리로 돌아간다.

장빈이 절하고 잔을 받는다.(拜受禮) 주인이 잔을 보내고 절한다.(拜送禮)

709) 鄭玄注: "降反位."

> 장빈이 서향하고 앉아서 잔을 薦(脯·醢)의 왼쪽(북쪽)에 내려놓는다.(이 잔은 뒤에 無算爵의 발단에 사용함)

① 酬

【按】酬酒禮는 〈특생궤식례〉 16 주④, 〈유사철〉 12 주① 참조.

② 坐祭

앞에서 "주인이 앉아서 잔을 내려놓고 절한다.〔主人坐, 奠爵拜.〕"라고 하였으니 이 뒤에는 잔을 들고 일어나야 한다. 경문에서 글을 생략하였기 때문에 여기에서 또 "앉아서 先人에게 祭한다."라고 한 것이다.

③ 賓辭

【按】〈유사철〉 14 주③ 참조.

④ 復位

盛世佐에 따르면 "位는 서쪽 계단의 남쪽에서 북향하던 자리이다.〔位, 西階南, 北面之位也.〕"

⑤ 賓拜受爵

【按】胡培翬에 따르면 이 酬酒는 〈특생궤식례〉(12 주⑰)에서처럼 주인이 내려놓는 것이 아니라 주인이 長賓에게 직접 주는 것이다.[710]

⑥ 奠爵于薦左

'薦左'는 동향하고 있는 자리에 근거하여 말한 것이며 장빈이 잔을 내려놓을 때 서향한 것에 근거하여 말한 것은 아니다. 잔을 내려놓고 마시지 않는 것은 주인이 賓에게 헌주하는 예가 이루어졌음을 보이는 것이다.

【按】敖繼公에 따르면 '薦左'는 脯·醢의 북쪽이다.[711] 張惠言의 〈獻賓兄弟私人〉圖에도 포·해의 북쪽에 '賓奠爵'으로 되어 있다. 그러나 黃以周의 〈三獻之二〉圖에는 포·해의 남쪽에 '賓奠爵'으로 되어 있다. 胡培翬에 따르면 이 잔은 旅酬禮 뒤에 長兄弟와 함께 酬酒를 주고받아 無算爵의 발단으로 삼기 위한 것으로〈유사철〉 26), 앞으로 마실 잔인데도 포·해의 왼쪽에 둔 것은 변화를 준 것이다.[712] 즉 앞으로 마실 잔이라면 편의를 위하여 마실 사람의 자리 오른쪽에 두어야 하는데 여기에서는 왼쪽에 두어 변화를 준 것이라는 말이다. 이에 따르면 왼쪽은 북쪽이 된다.

710) 《儀禮正義》卷40: "此酬爵, 主人親授而不奠, 亦與《特牲禮》異."

711) 《儀禮集說》卷17: "賓西面奠爵於薦左, 由便說. 見《特牲禮》, 薦左, 薦北."

712) 《儀禮正義》卷40: "主人酬長賓于堂下, 賓西面坐奠爵于薦左, 此觶至旅酬後, 與兄弟之長交酬爲無算爵發端, 是將舉之觶, 而奠於薦左者, 相變也."

18. 儐尸禮에서 주인이 長兄弟, 衆兄弟에게 헌주함(賓三獻)

主人洗, 升, 酌, 獻兄弟于阼階上。兄弟之長升, 拜受爵。主人在其右答拜。坐祭, 立飮①, 不拜旣爵。皆若是以辯(편)。辯受爵, 其位在洗東, 西面, 北上, 升受爵, 其薦、脀(증)設于其位②。其先生之脀, 折、脅一、膚一③。其衆, 儀也④。

주인이 당 아래 南洗에서 술잔을 씻어 들고 당에 올라가 室戶의 동쪽에서 술을 따라 동쪽 계단 윗쪽에서 형제들에게 헌주한다.

長兄弟(형제 중 연장자)가 당에 올라가 절하고 잔을 받는다.(拜受禮) 주인이 장형제의 오른쪽(동쪽)에서 답배한다.(拜送禮)

장형제가 앉아서 술을 祭(고수레)하고 서서 마신다. 술을 마시고 난 뒤의 절(旣爵拜)은 하지 않는다.

주인이 중형제에게도 모두 두루 헌주하기를 장형제의 의절과 같이 하고, 중형제도 배수례를 제외한 나머지 의절을 장형제와 같이 한다. 중형제가 두루 잔을 받는데, 그들의 자리는 남세의 동쪽에서 서향하고 북쪽을 상위로 한다. 중형제가 차례로 당에 올라가 잔을 받는다. 私人이 장형제와 중형제의 薦(脯·醢)과 脀(증. 牲俎)을 그들의 자리 앞에 각각 진설한다.

先生(장형제)의 증에는 豕牲의 左肩折 1조각, 脅 1骨, 膚 1덩이를 담으며, 중형제의 증에는 남은 牲體를 헤아려 나누어 담는다.

① 立飮

【按】주소에 따르면 〈특생궤식례〉 12에서 장형제가 빈과 마찬가지로 앉아서 마셨던 것과 달리 〈유사철〉에서는 형제가 장유에 상관 없이 모두 서서 마시는 것은, 대부인 주인은 귀하고 형제는 천하여 빈과 같은 예로 행할 수 없기 때문이다.[713]

② 辯受爵……其位

胡培翬에 따르면 "이 절은 제15절에서 衆賓에게 헌주할 때 '중빈이 모두 잔을 받고 나면 중빈장과 중빈에게 올리는 脯·醢와 脀(牲俎)을 그들 각각

713) 鄭玄注: "兄弟長幼立飮, 賤不別."
賈公彦疏: "《特牲》云'獻長兄弟于阼階上, 如賓儀', 士卑, 長兄弟爲貴, 殊貴賤, 故云如賓儀, 長賓坐飮也. 此大夫禮, 長賓坐飮, 衆賓立飮, 至於大夫貴, 兄弟賤, 兄弟長幼皆立飮, 不得如賓儀, 故立飮賤不別也."

의 자리 앞에 진설한다. 중빈장과 중빈의 자리는 上賓을 이어 남쪽으로 있는데, 모두 동향한다.'라고 한 뜻과 대체로 같다. 이 절에서도 두루 헌주하고 이어 薦(포·해)과 肴을 진설한다는 것을 밝히고 또 그들의 자리가 있는 곳을 아울러 밝힌 것이다.〔此節與上經獻衆賓云 '辯受爵, 其薦脯、醢與肴, 設于其位. 其位繼上賓而南, 皆東面' 意略同, 亦是明辯獻乃設薦、肴, 並明其位所在耳.〕" "여기의 형제는 경문에서 처음에 그 자리를 드러내지 않았기 때문에 먼저 '그들의 자리는 南洗의 동쪽에서 서향하고 북쪽을 상위로 한다. 중형제가 차례로 당에 올라가 잔을 받는다.'라고 하고, 이어 '장형제와 중형제의 薦과 肴을 그들의 자리 앞에 각각 진설한다.'라고 말한 것이다.〔此兄弟經初未著其位, 故先言 '其位在洗東, 西面, 北上, 升受爵', 乃言 '其薦、肴設于其位'.〕"

【按】정현의 주에 따르면 이때 포·해를 올리는 사람은 私人이다.[714]

薦을 받는 대상	薦을 올리는 사람	薦의 내용	비고
尸	主婦	菹, 醢	유사철4
侑	主婦	菹, 醢	유사철5
主人	主婦	菹, 醢	유사철6
主婦	主婦贊者	菹, 醢	유사철10
長賓	宰夫	脯, 醢	유사철14
衆賓	宰夫	脯, 醢	유사철15
兄弟	私人(정현의 주)	脯, 醢	유사철18
內賓	-	脯, 醢	유사철19
私人	-	脯, 醢	유사철20

정현의 주에 따르면 衆兄弟는 당에 올라가 잔을 받는데 절하지 않고 받는다.[715] 앞의 경문에서 보았듯 장형제는 衆賓長의 예와 마찬가지로 절하고 잔을 받고 잔의 술을 다 마신 뒤에 절하지 않는다. 중형제는 중빈과 마찬가지로 절하지 않고 잔을 받고 잔의 술을 다 마신 뒤에 절하지 않는다. 〈유사철〉14·15 참조.

	장빈	중빈장	중빈	장형제	중형제
배수례	○	○	×	○	×
기작배	○	×	×	×	×

③ 其先生之肴, 折, 脅一、膚一

정현의 주에 따르면 "先生은 장형제이다. 折은 豕牲의 左肩을 자른 것이다.〔先生, 長兄弟. 折, 豕左肩之折.〕"

【按】李如圭에 따르면 여기의 '折'은 侑俎의 豕牲 左肩을 나누어 담은 折이다.[716] 〈유사철〉 4 주㉔ 참조.

④ 其衆, 儀也

'衆'은 衆兄弟의 肴(牲俎)을 이른다. '儀'는 뜻이 제15절의 '儀'와 같다.(〈유

714) 鄭玄注: "薦、肴皆使私人."

715) 鄭玄注: "衆兄弟升, 不拜受爵."

716) 《儀禮集釋》卷30: "折, 分侑俎豕左肩之折."

사철〉 15 주⑤) 吳廷華에 따르면 "쓸 만한 것을 쓰는 것이고 정해진 것은 없다.〔可用者用之, 無定品也.〕"

19. 儐尸禮에서 주인이 內賓에게 헌주함(賓三獻)

> 主人洗①, 獻內賓于房中②。南面拜受爵③。主人南面于其右
> 答拜④。坐祭, 立飮, 不拜旣爵, 若是以辯(편)。亦有薦·脀(증)⑤。

주인이 東房 안에서 술잔을 씻어 室戶의 동쪽에서 술을 따라 동방 안으로 들어가 內賓(고모·자매·族人의 부인)에게 헌주한다. 내빈이 남향 하여 절하고 잔을 받는다.(拜受禮) 주인이 내빈의 오른쪽(서쪽)에서 남 향하고 답배한다.(拜送禮)

내빈이 앉아서 술을 祭(고수레)하고 서서 잔의 술을 마신다. 마시고 난 뒤의 절(旣爵拜)은 하지 않는다. 주인이 나머지 내빈 각각에게 두 루 헌주하기를 이와 같이 한다. 이들에게도 중형제에게 진설했던 것 과 같이 薦(脯·醢)과 脀(증. 牲俎)을 각각의 자리에 진설한다.

① 主人洗

【按】敖繼公은 경문에서 '降'을 언급하지 않았기 때문에 爵을 東房에서 씻는다는 것을 알 수 있다고 보았다.[717]

② 獻內賓于房中

정현의 주에 따르면 "內賓은 고모, 자매, 宗婦이다.〔內賓, 姑姊妹及宗婦.〕" 〈특생궤식례〉 정현의 주에서는 '內賓'을 고모와 자매로 해석하였는데,〈특생 궤식례〉 26 주②) 여기의 주에서는 또 '及宗婦'라고 하였다. 胡培翬에 따르면 정현은 경문에서 "내빈에게 헌주한다.〔獻內賓〕"라고 할 때는 당연히 宗婦 (族人의 부인)에게도 헌주했을 것인데 경문에서 글을 생략하고 말하지 않았 기 때문에 여기의 주에 이를 보충한 것이다.[718] 또 정현의 주에 "주부의 자 리 동쪽에서 헌주한다.〔獻于主婦之席東.〕"라고 하였는데, 주부의 자리는 東房 안 정중앙에 있다. 〈유사철〉 10 참조.

717) 《儀禮集說》 卷17: "洗不 言降, 是洗於房也."

718) 《儀禮正義》 卷40: "此注 云'內賓, 姑姊妹及宗婦'者, 以 經言 '獻內賓', 當兼有宗婦在 內, 經不言者, 省文, 故注補 之."

【按】敖繼公은 주인이 內賓에게 헌주할 때 동북향을 하고 헌주했을 것으로 보았다.[719] 張惠言의 〈獻賓兄弟私人〉圖와 黃以周의 〈三獻之二〉圖에도 주인이 동북향을 하고 헌주하면 내빈이 서남향을 하고 잔을 받는 것으로 되어 있다.

③ 南面拜受爵

【按】敖繼公에 따르면 東房 안에서 拜受禮와 拜送禮를 모두 남향하고 한 것은 당 위에서 모두 북향하고 한 것과 같은 것이다.[720]

④ 主人南面于其右

【按】정현의 주에 따르면 주인이 서향을 하지 않고 남향하는 것은 존귀하여 內賓과는 賓主禮를 행하지 않기 때문이다.[721] 주인이 서향하고 답배하는 것은 〈특생궤식례〉 12 참조. 또 정현의 주에 따르면 주인의 자리는 항상 다른 사람의 오른쪽에 위치한다.[722]

⑤ 亦有薦、肴

정현의 주에 따르면 "이들에게도 薦(脯·醢)과 肴(牲俎)을 각각의 자리에 올리는 것이다. 〈특생궤식례 記〉에 "내빈은 東房 안 서쪽 벽 아래에서 동향하여 서는데 남쪽을 상위로 한다. 宗婦(族人의 부인)는 北堂에서 동향하여 서는데 북쪽을 상위로 한다.〔亦設薦、肴於其位. 內賓立于房中西墉下, 東面, 南上; 宗婦北堂, 東面, 北上.〕"라고 하였다. 《특생궤식례》 26) 俎에 담는 牲體는 마찬가지로 남은 생체를 헤아려 나누어 담는다.

【按】'亦'은 형제들에게 헌주할 때와 마찬가지라는 뜻이다. 〈유사철〉 18 참조.

20. 儐尸禮에서 주인이 私人에게 헌주함(賓三獻)

> 主人降洗, 升; 獻私人于阼階上①. 拜于下, 升受. 主人答其長拜②. 乃降, 坐祭, 立飮, 不拜既爵. 若是以辯(편). 宰夫贊主人酌. 主人于其群私人不答拜. 其位繼兄弟之南, 亦北上③, 亦有薦、肴(증)④. 主人就筵.

주인이 당을 내려가 南洗에서 술잔을 씻어 들고 당에 올라가 室戶의 동쪽에서 술을 따라 동쪽 계단 윗쪽에서 私人에게 헌주한다.
사인이 당 아래에서 절한 뒤에 당에 올라가 잔을 받는다.(拜受禮) 주

719) 《儀禮集說》卷17: "獻之, 蓋東北面. 受送之拜皆南面, 猶堂上之皆北面也, 是或一禮與!"

720) 《儀禮集說》卷17: "受送之拜皆南面, 猶堂上之皆北面也."

721) 鄭玄注: "主人不西面, 尊, 不與爲賓主禮也."

722) 鄭玄注: "南面於其右, 主人之位恒左人."

인이 사인 중 長者에게 그 오른쪽에서 북향하고 답배한다.(拜送禮)

이어 잔을 받은 사인이 당을 내려가 앉아서 술을 祭(고수레)하고 서서 마신다. 다 마시고 난 뒤의 절(旣爵拜)은 하지 않는다.

주인이 나머지 사인들에게 두루 헌주하기를 사인 중 장자에게 헌주한 의절과 같이 한다. 宰夫가 주인을 도와 술을 따른다. 주인이 나머지 사인들에게는 답배하지 않는다.

사인들의 자리는 형제들을 이어 남쪽으로 있는데, 중형제와 마찬가지로 북쪽을 상위로 한다. 이들에게도 중형제와 內賓에게 진설했던 것과 같이 薦(脯·醢)과 肴(증. 牲俎)을 각각의 자리 앞에 진설한다.

주인이 당 위 東序 앞의 서향하는 자리로 나아간다.

① 獻私人于阼階上

　'私人'은 주소에 따르면 주인이 직접 군주에게 그 賦稅와 徭役을 면하게 해주기를 청하여 보임한 私臣으로, 군주가 命한 公士와는 다르다.[723]

② 答其長拜

　私人은 신분이 낮기 때문에 주인은 私人 중 長者에게만 답배한다.

③ 亦北上

　【按】'亦'은 중형제와 마찬가지라는 뜻이다. 〈유사철〉 18 참조.

④ 亦有薦, 肴

　【按】'亦'은 중형제·내빈과 마찬가지라는 뜻이다. 〈유사철〉 18 주②, 19 주⑤ 참조.

21. 儐尸禮에서 시동이 三獻(上賓)이 올렸던 술을 마시고 삼헌에게 酢酒함(賓三獻)

尸作三獻之爵①。司士羞湆(읍)魚②, 縮執俎以升。尸取膴(호)祭祭之, 祭酒, 卒爵。司士縮奠俎于羊俎南, 橫載于羊俎, 卒, 乃縮執俎以降。尸奠爵拜③。三獻北面答拜④, 受爵。
酌, 獻侑⑤。侑拜受。三獻北面答拜。司士羞湆魚一⑥, 如尸禮。卒爵拜。三獻答拜, 受爵。

723] 鄭玄注: "私人, 家臣, 己所自謁除也."
賈公彦疏: "此對公士得君所命者, 此乃大夫自謁請於君, 除其課役, 以補任爲之."

酌致主人。主人拜受爵。三獻東楹東, 北面答拜。司士羞一
湆魚⑦, 如尸禮。卒爵拜。三獻答拜, 受爵。

尸降筵, 受三獻爵, 酌以酢之。三獻西楹西, 北面拜受爵。尸
在其右以授之。尸升筵, 南面答拜。坐祭, 遂飮, 卒爵拜。尸
答拜。執爵以降, 實于篚⑧。

〈시동이 삼헌이 올렸던 술잔을 들어 마심〉

　시동이 三獻(上賓)이 올렸던 술잔을 든다.

　司士가 湆魚(물고기 5마리, 臑祭)를 俎에 담아 올리는데, 俎를 세로로
들고 당에 올라간다.

　시동이 臑祭(호제. 고수레에 쓰는 물고기 뱃살)를 취하여 祭(고수레)하고,
술을 祭하고 잔의 술을 다 마신다.

　사사가 읍어를 담은 조를 羊俎의 남쪽에 세로로 놓고 물고기를 양
조에 옮겨 가로로 담는다. 다 옮긴 뒤에 이어 읍어를 담았던 빈 조
를 세로로 들고 당을 내려간다.

　시동이 잔을 내려놓고 돗자리 위에서 삼헌에게 남향하여 절한다.

　삼헌이 서쪽 계단 윗쪽에서 북향하여 시동에게 답배하고 시동에
게서 빈 잔을 받는다.

〈삼헌이 侑에게 헌주함〉

　삼헌이 술을 따라 侑에게 헌주한다.

　유가 돗자리 위에서 동향하여 절하고 잔을 받는다.(拜受禮) 삼헌이
西楹의 서쪽에서 북향하고 답배한다.(拜送禮)

　司士가 유에게 湆魚 1마리를 俎에 담아 올리는데 시동에게 올릴
때의 예와 같이 한다.

　유가 잔의 술을 다 마신 뒤에 절한다.(旣爵拜) 삼헌이 북향하여 답
배하고 유에게서 빈 잔을 받는다.

〈삼헌이 주인에게 致酒함〉

　삼헌이 술을 따라 주인에게 보낸다.

　주인이 돗자리 위에서 서향하여 절하고 잔을 받는다.(拜受禮) 삼헌

이 東楹의 동쪽으로 나아가 북향하고 답배한다.(拜送禮)

司士가 주인에게 渭魚 1마리를 俎에 담아 올리는데, 시동에게 올릴 때의 예와 같이 한다.

주인이 잔의 술을 다 마신 뒤에 절한다.(旣爵拜) 삼헌이 북향하여 답배하고 주인에게서 빈 잔을 받는다.

〈시동이 삼헌에게 酢酒함〉

시동이 돗자리에서 내려가 삼헌에게서 빈 잔을 받아 술을 따라 삼헌에게 酢酒(답잔)를 준다.

삼헌이 西楹의 서쪽으로 가서 북향하여 절하고 시동에게서 잔을 받는다.(拜受禮) 시동이 삼헌의 오른쪽(동쪽)에서 잔을 준다. 시동이 자리로 올라가 남향하고 답배한다.(拜送禮)

삼헌이 앉아서 술을 祭하고 이어 마신다. 잔의 술을 다 마신 뒤에 절한다.(旣爵拜) 시동이 답배한다.

삼헌이 빈 잔을 들고 당을 내려가 下篚(당 아래의 篚)에 넣는다.

① 尸作三獻之爵

'作'은 '들다〔擧〕'라는 뜻이다. '三獻'은 上賓을 대신하여 가리킨다. 상빈이 시동에게 술을 올리는 차례가 세 번째이기 때문에 그 일을 가지고 상빈의 이름을 삼은 것이다. 이때 시동의 자리 앞에는 두 개의 잔이 놓여있다. 하나는 상빈이 올린 것이고(〈유사철〉11) 다른 하나는 주인이 酬酒를 올린 것인데(〈유사철〉12), 시동이 그 중의 하나인 上賓이 올린 잔을 든 것이다.

【按】劉沅에 따르면 三獻이 당에 올라가 서쪽 계단 위쪽에 서있으면 시동이 비로소 잔을 든다.724)

② 渭魚

국물이 있는 물고기이다. 蔡德晉에 따르면 "渭魚는 물고기가 국물 안에 있는 것이다.〔渭魚, 魚在渭中者也.〕" 이것은 바로 앞에서 司士가 시동을 위하여 魚俎에 담은 것이다. 물고기 5마리를 모두 俎에 가로로 담고 또 膴祭(호제. 고수레에 쓰는 물고기 뱃살) 하나를 담았다.(〈유사철〉4) 여기에서 司士가 魚俎에 담았던 것은 국물 있는 물고기였다는 것을 알 수 있다.

【按】'渭'은 〈소뢰궤식례〉 22 주⑮, 〈유사철〉 3 주⑪ 참조.

724) 《儀禮恒解》卷26: "三獻於是升立于西階上, 尸乃擧爵."

③ 尸奠爵拜

이것은 시동이 자기에게 헌주한 것에 대하여 三獻(上賓)에게 拜謝하는 것이다.

④ 三獻北面答拜

上賓은 이때 당에 올라 서쪽 계단 윗쪽에서 북향하고 답배한 것인데, 경문에서는 글을 생략하였다.

⑤ 酌, 獻侑

【按】侑가 당에 올라온 것은 〈유사철〉 13 주① 참조.

⑥ 司士羞淆魚一

'司士'는 阮元의 교감본에는 '司馬'로 잘못 되어있다. 敖繼公에 따르면 "司馬는 司士로 써야 한다. 글자를 잘못 쓴 것이다. 앞뒤 문장에서 모두 司士가 올리니, 여기에서 사마에게 시키는 것은 맞지 않다. 뿐만 아니라 사마는 오직 羊俎만 주관할 뿐이며 淆魚를 올리는 것은 그의 일이 아니다.〔司馬當作司士, 字之誤也. 上下皆司士爲之, 此不宜使司馬. 且司馬惟主羊俎耳, 羞淆魚非其事也.〕" 褚寅亮 역시 의심하여 "감히 멋대로 경문을 고칠 수는 없으니 우선 의심스러운 대로 남겨둔다.〔不敢妄改經文, 姑闕其疑.〕"라고 하였다. 漢簡本에 '司士'로 되어 있으니 오계공의 설이 틀리지 않았음을 증명할 수 있다. 당연히 고쳐야 하는 것이며 멋대로 고치는 것이 아니다. 정현의 주에서 인용한 것에도 '司馬'로 되어 있는데, 정현은 또 이를 해석하여 "사마가 淆魚를 올리는 것은 시동에게 올리는 것과 다르게 한 것이다.〔司馬羞淆魚, 變於尸.〕"라고 하였으니, 아마도 동한 때부터 베껴 전하는 것이 잘못되었던 듯하다. 이 읍어 1마리도 앞에서 司士가 俎에 가로로 놓았던 것이며 마찬가지로 膴(호)가 있다.

【按】張惠言의 〈尸作三獻爵賓獻侑致爵主人〉圖와 黃以周의 〈三獻之三〉圖에는 모두 사마가 읍어를 올리는 것으로 되어 있다.

⑦ 一淆魚

이것도 앞에서 司士가 俎에 가로로 놓았던 물고기이며 마찬가지로 膴가 있다.

【按】〈유사철〉 4 주㉜ 참조.

⑧ 執爵以降, 實于篚

앞에서 上賓이 시동에게 헌주했는데(〈유사철〉11) 이때 와서 獻尸禮가 완성된다.

22. 儐尸禮에서 두 사람이 시동과 侑에게 擧觶(여수례의 발단), 시동이 주인에게 酬酒함(1차 여수례)

二人洗觶(치)①, 升, 實爵②, 西楹西北面, 東上, 坐奠爵拜, 執爵以興。尸侑答拜。坐祭, 遂飮, 卒爵, 執爵以興, 坐奠爵拜。尸侑答拜。皆降, 洗, 升, 酌, 反位③。尸侑皆拜受爵④。擧觶者皆拜送。

侑奠觶于右。尸遂執觶以興⑤, 北面于阼階上酬主人。主人在右。坐奠爵拜。主人答拜。不祭, 立飮, 卒爵, 不拜既爵, 酌⑥, 就于阼階上酬主人。主人拜受爵⑦。尸拜送。尸就筵⑧。

主人以酬侑于西楹西。侑在左。坐奠爵拜, 執爵興。侑答拜。不祭, 立飮, 卒爵, 不拜既爵, 酌, 復位⑨。侑拜受。主人拜送。主人復筵。

乃升長賓⑩。侑酬之⑪, 如主人之禮。至于衆賓。遂及兄弟⑫, 亦如之。皆飮于上⑬。

遂及私人⑭。拜受者升受⑮, 下飮⑯, 卒爵, 升, 酌, 以之其位⑰, 相酬, 辯(편)。卒飮者實爵于篚⑱。乃羞庶羞于賓、兄弟、內賓及私人⑲。

〈두 사람이 시동과 侑에게 酬酒를 올림 - 여수례의 발단〉
  두 사람(有司贊者)이 당 아래 南洗에서 술잔(觶)을 씻어 들고 당에 올라가 잔에 술을 채워 西楹의 서쪽으로 가서 나란히 북향하여 서는데, 동쪽을 상위로 하여 시동에게 헌주하는 사람이 동쪽에 선다. 앉아서 잔을 내려놓고 절하고 다시 잔을 들고 일어난다. 시동과 侑가 답배한다.
  두 사람이 앉아서 술을 祭(고수레)하고 이어 마신다. 잔의 술을 다 마신 뒤에 잔을 들고 일어났다가 다시 앉아서 잔을 내려놓고 절한다. 시동과 유가 답배한다.
  두 사람이 모두 당을 내려가 남세에서 잔을 씻어 들고 당에 올라가 술을 따라 서영 서쪽의 북향하던 자리로 돌아간다. 시동과 유가 모두 절하고 잔을 받는다.(拜受禮) 擧觶者(잔을 들었던 두 사람)가 모두 잔을 보내고 절한다.(拜送禮)

〈시동이 주인에게 酬酒를 올림 - 여수례의 시작〉
유가 앉아서 잔을 薦(脯醢)의 오른쪽(남쪽)에 내려놓는다.
시동이 앉아있다가 이어 잔을 들고 일어나 당의 동쪽 계단 윗쪽으로 가서 북향하고 주인에게 酬酒를 올린다.
주인이 시동의 오른쪽(동쪽)에 선다.
시동이 앉아서 잔을 내려놓고 절한다. 주인이 답배한다.
시동이 술을 祭하지 않고 서서 마신다. 잔의 술을 다 마신 뒤에, 마시고 난 뒤의 절(旣爵拜)은 하지 않는다. 시동이 술을 따라 동쪽 계단 윗쪽으로 나아가 주인에게 수주를 올린다.
주인이 절하고 받는다.(拜受禮) 시동이 술을 보내고 절한다.(拜送禮)
시동이 室戶 서쪽에 남향하던 자리로 나아간다.

〈주인이 侑에게 酬酒를 올림〉
주인이 잔을 들고 西楹의 서쪽으로 가서 侑에게 酬酒를 올린다.
유가 주인의 왼쪽(서쪽)에 선다.
주인이 앉아서 잔을 내려놓고 절한 뒤에 잔을 들고 일어난다. 유가 답배한다.
주인이 잔의 술을 祭하지 않고 서서 마신다. 잔의 술을 다 마신 뒤에, 마시고 난 뒤의 절(旣爵拜)은 하지 않는다. 주인이 室戶의 동쪽으로 가서 술을 따라 서영의 서쪽 유의 오른쪽 자리로 돌아가 유에게 수주를 올린다.
유가 절하고 받는다.(拜受禮) 주인이 잔을 보내고 절한다.(拜送禮) 주인이 東楹의 동쪽 서향하던 자리로 돌아간다.

〈侑가 賓들에게, 長賓이 형제들에게 酬酒를 올림〉
이어 長賓(上賓)을 당으로 올라오게 한다.
侑가 장빈에게 酬酒를 올리는데, 주인이 유에게 수주를 올릴 때의 예와 같이 한다. 유가 衆賓에게까지 수주를 올린다.

이어 장빈이 형제들에게도 수주를 올리는데, 유가 빈들에게 수주를 올릴 때의 예와 같이 한다.

빈들과 형제들이 모두 당에 올라가 서쪽 계단 윗쪽에서 마신다.

〈장형제가 私人들에게 酬酒를 올림〉

이어 長兄弟가 私人들에게까지 수주를 올린다.

拜受者(私人의 長)가 절하고 당에 올라가 잔을 받아서 당을 내려와 술을 마신다. 잔의 술을 다 마신 뒤에 당에 올라가 술을 따라서 당 아래 나머지 사인의 자리(형제 자리의 남쪽)로 가서 서로 수주를 올리기를 두루한다.

마지막으로 술을 다 마신 사인이 잔을 下篚(당 아래의 篚)에 넣는다.

이어 빈·형제·內賓·사인에게 庶羞를 올린다.

① 二人洗觶

'二人'은 有司贊者인 듯하다. 이것은 旅酬禮를 행하기 위하여 觶(치)를 씻는 것이다. 胡培翬에 따르면 이상으로 주인·주부·상빈이 시동을 위하여 올리는 三獻禮는 이루어지게 되는데, 儐尸禮가 이미 조금 이루어진 뒤에는 다시 두 사람으로 하여금 觶를 들어 旅酬禮를 행하도록 하여 시동을 위해 은근한 뜻을 펴서 시동과 侑의 즐거운 마음을 다하게 한다.

【按】 호배휘의 설은 대략의 요지가 정현의 주에 이미 언급되어 있다.[725]

② 實爵

盛世佐에 따르면 "여기의 爵은 觶로 써야 한다. 다음에 나오는 정현의 주에 '고문에는 觶가 모두 爵으로 되어 있다. 延熹 연간(158~166, 後漢桓帝의 연호)에 교서청을 설치하고 觶로 정하였다.'라고 하였는데, 이 부분은 아마도 다 고치지 못한 것인 듯하다.

다음에 나오는 경문에서 爵과 觶를 섞어 썼으니, 뜻으로 본래의 뜻을 구하여야 할 것이다.〔此經爵字當作觶. 下注云: 古文觶皆爲爵, 延熹中設校書定作觶. 此殆改之未盡者與? 下文爵觶雜者, 當以意求之.〕"

【按】 여기에서 말하는 정현의 주는 〈유사철〉 23의 "兄弟之後生者擧觶于其長"에 대한 주를 이른다.

725) 鄭玄注: "三獻而禮小成, 使二人擧爵, 序殷勤於尸·侑."

③ 反位

西楹의 서쪽에서 북향하고 동쪽을 상위로 하는 자리로 돌아가는 것이다.

④ 尸·侑皆拜受爵

【按】胡培翬와 盛世佐에 따르면 有司贊者 두 사람은 각각 잔을 씻어 당 위에 올라와서 술을 따라 西楹 서쪽의 북향하는 자리로 돌아간 뒤 술잔을 내려놓지 않고, 시동과 侑가 拜受禮를 행하면 바로 다시 시동과 侑의 자리 앞으로 가서 직접 술잔을 준다.726)

⑤ 侑奠觶于右. 尸遂執觶以興

褚寅亮에 따르면 "시동과 侑가 똑같이 두 사람의 觶를 받는데, 유는 치를 내려놓고 시동은 들고 있는 것이 旅酬禮의 시작이 된다.〔尸·侑同受二人之觶, 侑則奠之, 尸則執之爲旅酬始.〕" 胡培翬는 "遂라고 말한 것은 잔을 받아서 바로 들어 주인에게 酬酒를 올리는 것을 이르니, 내려놓지 않는다는 것을 밝힌 것이다.〔言遂者, 謂受卽執之以酬主人, 明不奠也.〕"라고 하였다.

【按】敖繼公에 따르면 侑가 觶를 내려놓을 때 경문에서 앉는다고 말하지 않은 것은 글을 생략한 것이다. '于右'는 糗餌(구이)의 남쪽에 두는 것으로, 여기에서는 편리함을 취한 것일 뿐이다. 시동이 치를 들고 일어났다고 말한 것은, 시동은 비록 치를 내려놓지는 않지만 유와 마찬가지로 치를 들고 앉아서 기다렸다는 말이다.727) 정현은 '于右'에 대해, 음주례와 달리 신의 은혜는 오른쪽에 내려놓는 것으로 마시지 않는 뜻을 나타낸다고 보았으나728) 여기의 예는 儐尸禮이기 때문에 오계공의 설이 옳을 듯하다.

⑥ 酌

阮元의 교감본에는 '酬'로 잘못 되어 있다. 各本과 漢簡本에는 모두 '酌'으로 되어있다.

⑦ 主人拜受爵

'爵'은 衍文이다. 阮元의 교감본에 "唐石經에는 '爵' 자가 없다.〔唐石經無 '爵'字.〕"라고 하였다. 漢簡本에도 '爵' 자가 없다.

⑧ 尸就筵

【按】시동의 자리는 室戶 서쪽에 남향으로 있다. 〈유사철〉 2 참조.

⑨ 復位

胡培翬에 따르면 "주인이 당의 서쪽 계단 윗쪽 侑의 오른쪽 자리로 돌아가는 것이다.〔復西階上侑右之位.〕"

⑩ 升長賓

정현의 주에 따르면 "贊者가 부르는 것이다.〔有贊呼之.〕" '贊'은 有司贊者

726) 《儀禮正義》卷40: "'洗, 升, 酌, 反位'者, 言舉觶者旣洗, 乃升酌於尊所, 而反西楹西北面東上之位也. 盛氏世佐云: '尸·侑皆拜受爵, 則舉觶者各授於席前而不奠矣.'"

727) 《儀禮集說》卷17: "侑奠觶, 不言坐, 文省也. 於右, 亦由便耳. 右, 糗南. 言遂執觶以興, 是暴者亦執觶以坐而俟也. 尸雖不奠觶, 猶坐, 以其當然也."

728) 鄭玄注: "神惠右不舉, 變於飲酒."

인 듯하다.

【按】〈유사철〉 16 주① 참조.

⑪ 侑酬之

【按】이때 侑가 長賓에게 올리는 觶를 郝敬은 侑가 有司贊者에게서 받아 薦(脯醢)의 오른쪽에 내려놓았던 치로 보았고,[729] 盛世佐는 侑가 주인에게서 받은 치로 보았다.[730] 앞에서 주인이 시동에게서 받은 酬酒의 치를 侑에게 준 것에 근거하면 성세좌의 설과 같이 여기에서도 유는 주인에게서 받은 수주의 치를 장빈에게 수주하는 것으로 보아야 할 듯하다.

⑫ 至于衆賓, 遂及兄弟

【按】姜兆錫에 따르면 旅酬禮는 시동이 먼저 주인에게 酬酒를 올리고, 주인은 侑에게, 侑는 賓들에게, 長賓은 형제들에게 수주를 올리며, 이들은 모두 당 위에서 수주를 마신다. 장형제는 私人들에게 수주를 올리는데, 사인들은 모두 당 아래에서 수주를 마신다.[731] 당 위에서 수주를 마시는 위치 역시 사람마다 다른데, 秦蕙田에 따르면 주인은 당 위 동쪽 계단 윗쪽에서 마시고, 侑·賓들·兄弟은 모두 당 위 서쪽 계단 윗쪽에서 마신다.[732]

⑬ 皆飮于上

'上'은 정현의 주에 따르면 "당의 서쪽 계단 윗쪽이다.〔西階上.〕"

⑭ 遂及私人

【按】정현의 주에 따르면 이때 私人들에게 酬酒를 올리는 사람은 長兄弟이다.[733] 褚寅亮 역시 이때 酬酒를 올리는 사람을 장형제로 보았다.[734]

⑮ 拜受者升受

'拜受者'는 정현의 주에 따르면 私人 중의 長이 계단 아래에서 절한 뒤에 당에 올라가 형제의 酬酒를 받는 것을 이른다.[735]

⑯ 下飮

【按】가공언의 소에 따르면 "私人들의 자리는 형제들의 남쪽에 있는데 지금 당에서 내려와 마신다고 한 것은, 私人의 長 한 사람은 서쪽 계단 아래에서 마시고 나머지 私人들은 모두 자기 자리에서 마시기 때문이다."[736] 양천우의 주에서는 敖繼公의 설에 따라 私人의 長이 그 다음 사람에게 酬酒를 올리기 편리하게 하기 위해 서쪽 계단을 내려와 동쪽 계단 아래 형제들 자리의 남쪽에 있는 私人들의 자리로 가서 마시며 서쪽 계단 아래에서 바로 마시는 것이 아니라고 하여 가공언과 다른 의견을 보이고 있다. 그러나 胡培翬와 蔡德晉 역시 가공언의 설을 따르고 있는데, 여기에서는 우선 통설을 따르고 양천우의 주석을 취하지 않았다.

729)《儀禮節解》卷17: "侑升長賓, 擧所奠薦右之觶."

730)《儀禮集編》卷40: "侑酬長賓之觶, 即其受之于主人者."

731)《儀禮經傳》內編卷19: "尸酬主人, 主人酬侑, 侑酬賓, 賓酬兄弟, 皆飮于上. 自此兄弟酬私人, 飮于下, 而主婦酬內賓, 遂及宗婦, 皆飮于房中矣."

732)《五禮通考》卷112: "尸酬主人, 飮于阼階上; 主人酬侑以下, 飮于西階上. 雖是通承, 實有分別."

733) 鄭玄注: "私人之長拜於下, 升受兄弟之爵, 下飮之."

734)《儀禮管見》卷下6: "私人之長拜于下, 則兄弟之長答拜于上矣, 禮無不答也."

735) 鄭玄注: "私人之長拜於下, 升受兄弟之爵, 下飮之."

736) 賈公彥疏: "私人位在兄弟之南, 今言下飮之, 則私人之長一人, 在西階下飮之, 其餘私人, 皆飮於其位."

⑰ 以之其位

당 아래 私人의 자리, 즉 형제 자리의 남쪽으로 가는 것이다.

【按】蔡德晉에 따르면 酬酒를 당 위에서 따라 이를 들고 수주를 올릴 대상의 자리로 나아가는 것을 이른다.[737] 나머지 私人들 역시 拜受禮와 拜送禮를 행하는데, 黃以周의 〈旅酬〉圖에 근거하면 모두 당 아래 南洗의 남쪽에서 북향하고 절한다.

⑱ 卒歠者實爵于篚

【按】가공언의 소에 따르면 일반적으로 旅酬하는 법은 甲이 觶를 들어 乙에게 권하고 乙이 甲의 뜻을 받으면 甲이 스스로 술을 마신다. 여기에서 마지막으로 酬酒를 받은 私人은 비록 더 이상 자신이 酬酒를 올릴 사람은 없지만 앞사람에게서 받은 술이기 때문에 스스로 술을 마시지 않으면 안 된다.[738]

⑲ 乃羞庶羞于賓、兄弟、內賓及私人

정현의 주에 따르면 "房中之羞가 없는 것은 신분이 낮기 때문이다.〔無房中之羞, 賤也.〕" 앞에서 宰夫와 司士가 시동·유·주인·주부에게 올리는 음식에는 房中之羞도 있고 庶羞도 있었으나 賓 이하는 지위가 낮기 때문에 房中之羞는 없고 庶羞만 있는 것이다. 또 정현의 주에 따르면 당 위와 당 아래에서 旅酬禮를 행할 때 방안의 內賓과 宗婦도 동시에 여수례를 행하는데 경문에서 글을 생략한 것이다.[739]

23. 儐尸禮에서 兄弟의 後生者가 長兄弟에게 擧觶(무산작례의 발단)

> 兄弟之後生者擧觶(치)于其長①. 洗, 升; 酌, 降, 北面立于阼階南. 長在左②. 坐奠爵拜, 執爵以興. 長答拜③. 坐祭, 遂歠, 卒爵, 執爵以興, 坐奠爵拜, 執爵以興. 長答拜. 洗, 升; 酌, 降. 長拜受于其位④. 擧爵者東面答拜. 爵止⑤.

형제 중 後生者(나이 어린 사람)가 長兄弟에게 술잔(觶)을 올린다.
후생자가 당 아래 南洗에서 잔을 씻어 당에 올라가 술을 따라서 들고 당을 내려와 동쪽 계단 남쪽에 북향하고 선다. 장형제가 후생자

737)《禮經本義》卷16: "以之其位, 就所酬者之位也."

738) 賈公彦疏: "凡旅酬之法, 皆執觶酒以酬前人, 前人領受其意, 乃始自飲. 此私人未受酬者, 後雖無人可旅, 猶自飲之訖, 乃實爵於篚. 以其酒是前人所酬, 不可不飲故也."

739) 鄭玄注: "此羞同時羞, 則酌房中亦旅. 其始主婦擧觶於內賓, 遂及宗婦."

> 의 왼쪽(서쪽)에 선다.
>
> 후생자가 앉아서 잔을 내려놓고 절한 뒤에 잔을 들고 일어난다. 장형제가 답배한다.
>
> 후생자가 앉아서 술을 祭(고수레)하고 이어 마신다. 잔의 술을 다 마신 뒤에 잔을 들고 일어난다. 다시 앉아서 잔을 내려놓고 절한 뒤에 잔을 들고 일어난다. 장형제가 답배한다.
>
> 후생자가 남세에서 잔을 씻어 당에 올라가 술을 따라서 들고 당을 내려온다.
>
> 장형제가 자기 자리(동쪽 계단 동남쪽 서향하는 자리)에서 서향하여 절하고 후생자에게서 잔을 받는다. 擧爵者(후생자)가 동향하고 답배한다.
>
> 장형제가 잔을 내려놓고 마시지 않는다.

① 兄弟之後生者擧觶于其長

'觶'는 漢簡本에 '爵'으로 되어 있다. 陳夢家의 고증에 따르면 한간본은 이미 失傳된 慶氏本이다.《武威漢簡叙論二(一)》 慶氏《禮》는 今文經에 속하니 금문에도 '爵'으로 되어 있는 것이며 고문에만 '爵'으로 되어 있는 것이 아니다. 그러나 여기에서는 延熹 연간에 정한 것(《유사철》 22 주②)을 따라 '觶'로 써야 하며 한간본 역시 잘못된 것이다. 여기에서 형제 중의 후생자가 장형제에게 치를 올리는 것은 無算爵을 행하기 위해 준비하는 것인데(《유사철》 26), 무산작에는 觶를 써야 하고 爵을 써서는 안 되기 때문이다. 胡培翬는 "장차 무산작을 행하려는데 長賓(上賓)에게는 주인이 빈에게 酬酒를 올려 무산작을 행할 수 있도록 놓아둔 치가 있지만(《유사철》 17) 장형제에게는 무산작을 행할 수 있도록 놓아둔 치가 없기 때문에 후생자로 하여금 장형제에게 치를 올리게 하는 것이다.〔以將行無算爵, 賓長(謂上賓)有主人酬賓之奠觶可行, 長兄弟無奠觶可行, 故使後生者擧觶於長也.〕"라고 하였다. 《의례》에서 일반적으로 무산작을 행할 때는 모두 치를 쓰기 때문에 이 절에서 '爵'으로 되어 있는 것은 모두 '觶'로 써야 한다. 혹자는 '爵'은 飮酒器의 범칭으로 실제로는 치를 가리킨다고 하는데 역시 통한다.

② 長在左

【按】정현의 주에 따르면 장형제가 형제의 後生者의 왼쪽(서쪽)에 서는 것은 주인을 피하기 위한 것이다.[740] 가공언의 소에 따르면 일반적으로 酬酒를 올리는 법은 주인이 항상

740) 鄭玄注: "長在左, 辟主人."

다른 사람의 오른쪽에 위치한다. 예컨대 북향하고 있으면 주인은 동쪽에 선다.[741] 褚寅亮은 이에 대해 酬酒를 받는 사람은 보통 오른쪽에 서는데 여기에서 장형제가 후생자의 왼쪽에 선 것은 보통 동쪽에 서는 주인의 자리를 피하기 위한 것으로 해석하였다.[742] 敖繼公은 주인이 賓에게 수주를 올리는 의식과 같아서 마치 형제의 후생자가 주인을 위하여 장형제에게 수주를 올리는 뜻이 있기 때문에 형제의 후생자가 주인과 같은 자리에 서고 장형제는 그 왼쪽에 선 것으로 보았고,[743] 郝敬 역시 旅酬禮는 끝났지만 주인의 은근한 뜻은 끝나지 않았기 때문에 형제의 후생자가 주인을 위하여 술을 따라 당 아래에서 주인의 뜻을 대신 전한 것으로 보았다.[744]

③ 長答拜

【按】胡培翬와 盛世佐에 따르면 이때 장형제는 동쪽 계단 남쪽에서 북향하고 절한다. 이것은 다음에 나오는 '擧爵者東面答拜'에서 장형제가 洗의 동쪽에서 서향하고 받기 때문에 후생자가 동향하고 답배하는 것과 다른 것이다.[745]

④ 長拜受于其位

장형제가 이보다 앞서 이미 동쪽 계단 동남쪽으로 온 것이다. 후생자가 '잔의 술을 다마신' 뒤 觶를 씻을 때 바로 장형제가 동쪽 계단 동남쪽 서향하던 자리로 돌아온 듯하다.

【按】형제들의 자리는 南洗의 동쪽에 서향하여 북쪽을 상위로 하는 자리이다. 〈유사철〉 18 주② 참조.

⑤ 爵止

잔을 내려놓는 것이다. 이때에도 脯·醢의 왼쪽(남쪽)에 놓는다.

24. 儐尸禮에서 衆賓長이 시동에게 加爵함

> 賓長獻于尸如初①, 無濬(읍), 爵不止②。
>
> 賓長(衆賓長)이 시동에게 헌주하기를 처음 上賓이 시동에게 헌주할 때의 예와 같이 한다. 다만 濬魚俎는 없으며 시동이 술잔을 내려놓지 않고 바로 마신다. (賓長이 이어 侑에게 헌주하고 이어 주인에게 잔을 보낸다.)

741) 賈公彥疏: "凡獻酬酒之法, 主人常左人, 若北面, 則主人在東."

742) 《儀禮管見》卷下6: "受酬者在右, 而今在左, 是居後生之西, 而闢主人在東之位也."

743) 《儀禮集說》卷17: "此後生者擧觶, 與主人酬賓之儀略同, 似有爲主人酬長兄弟之意, 故位如主人, 而長在左."

744) 《儀禮節解》卷17: "旅酬畢, 主人殷勤未已, 兄弟之幼者爲主人達其意, 洗, 升, 酌, 降, 爵行于堂下."

745) 《儀禮正義》卷40: "注云 '拜受, 答拜不北面者', 盛氏世佐云: '〔擧爵者〕其位洗東西面位也, 長西面拜受, 故擧爵者東面答之, 明與畢之阼階南北面異矣, 故云不北面也.'"

① 賓長獻于尸如初

　'賓長'은 衆賓의 長으로 上賓의 다음가는 賓을 이른다. '獻于尸'는 胡培翬에 따르면 "마찬가지로 加爵(三獻 외에 더 올리는 것)하는 것이다.〔亦加爵也.〕" 〈특생궤식례〉 13 주① 참조. '如初'는 張爾岐에 따르면 "그 의절이 상빈이 시동에게 헌주할 때와 같다.〔其儀節與上賓獻尸同.〕" 상빈이 시동에게 헌주하는 의절은 주로 세 단계이다. (1)상빈이 시동에게 헌주, (2)시동이 잔을 들어 마신 뒤에 상빈이 侑에게 헌주, (3)상빈이 주인에게 잔을 보내는 것이다. 〈유사철〉 11, 21 참조.

　【按】정현의 주에 따르면 이때 중빈장이 올리는 술은 加爵인데도 加爵이라고 칭하지 않은 것은 존귀한 대부의 예이기 때문이며, 가작에는 일반적으로 술잔으로 觚(고)를 사용하는데 여기에서 觚보다 높은 爵을 사용한 것은 역시 존귀한 대부의 예이기 때문이다.[746] 〈특생궤식례〉 14 주① 그러나 敖繼公은 이때 觚를 써야 한다고 보았다. 〈특생궤식례〉 13에서 삼헌 뒤에 장형제가 觚를 씻어 시동에게 加爵을 올리는 의식이 여기와 같으니 사용하는 기물 역시 같아야 한다고 본 것이다.[747] 이에 대해 〈소뢰궤식례〉 4에서 篚에 勺·爵·觚·觶를 함께 담아 두었는데 이때 觚를 사용하지 않는다면 언제 쓰겠느냐고 하여[748] 대부분의 설이 觚를 쓰는 것으로 보았다. 胡培翬 역시 姜兆錫의 설을 인용하여 觚와 爵은 상대적으로 쓰면 다르나 독자적으로 쓰면 통용하기 때문에 여기에서는 통용해서 쓴 것일 뿐 대부가 존귀하기 때문에 爵을 쓴 것이 아니라고 하였다.[749] '賓長'은 〈유사철〉 33 주① 참조.

② 無湆, 爵不止

　이것은 중빈장이 시동에게 헌주할 때와 上賓이 시동에게 헌주할 때의 차이점을 기록한 것이다. '湆'은 湆魚를 이른다. 상빈이 三獻할 때에는 시동에게 헌주할 때, 侑에게 헌주할 때, 주인에게 잔을 보낼 때 모두 湆魚를 올렸는데〈유사철〉 21), 이때에는 湆魚가 없다. 또 앞에서는 상빈이 시동에게 헌주한 뒤에 시동이 잔을 내려놓고 마시지 않다가 주인이 두루 헌주하기를 기다린 뒤에 '상빈이 헌주했던 잔을 들었는데〔作(擧)三獻之爵〕'〈유사철〉 21), 이것은 시동이 헌주를 받고서 잔을 내려놓고 마시지 않은 것이다. 胡培翬는 "여기에서는 헌주했을 때 시동이 바로 마셔서 잔을 내려놓지 않으며 다음의 侑 등에게 바로 헌주한다.〔此則獻時尸卽擧, 不止爵, 以下卽獻侑等.〕"라고 하였다. '不止' 다음에 侑에게 헌주하고 주인에게 잔을 보낸다는 말을 하지 않은 것은 이미 앞에 나오는 '如初'라는 두 글자 안에 포함되었기 때문이다.

　【按】'湆'은 〈유사철〉 21 주② 참조.

746) 鄭玄注: "不稱加爵, 大夫尊也. 不用觚, 大夫尊者也."

747) 《儀禮集說》卷17: "此獻當用觚, 不言者, 文省耳. 《特牲饋食禮》長兄弟於三獻之後, 洗觚爲加爵, 此節與之同, 器亦宜同也. 上篇實觚於篚, 其爲此用."

748) 《欽定儀禮義疏》卷40: "此用觚無疑. 勺·爵·觚·觶, 實于篚, 於此不用觚, 惡乎用觚乎?"

749) 《儀禮正義》卷17: "姜氏兆錫云: '觚·爵, 對文則異, 散文則通. 經洗觚, 亦稱加爵, 則爲通稱可見, 非爲大夫尊故用爵也. 不儐尸禮放此.' …… 敖氏·姜氏之說俱是."

25. 儐尸禮에서 賓 1인이 시동에게 酬酒함(2차 여수례)

賓一人擧爵于尸如初①. 亦遂之于下②.

賓 1인(次賓長)이 술잔(觶)을 들어 시동에게 酬酒를 올리는데, 처음
2인이 잔을 들어 시동과 侑에게 수주를 올릴 때의 예와 같이 한다.
이때에도 이어 아랫사람들(私人들)에게까지 수주를 올린다.

---

① 賓一人擧爵于尸如初

'賓'은 정현의 주에 따르면 衆賓 중 지위가 衆賓長 다음 가는 사람을 가리
킨다.[750] '如初'는 敖繼公에 따르면 "두 사람이 시동과 侑에게 觶를 올릴
때의 의절과 같이 하는 것이다. 다른 점은 侑에게까지는 올리지 않을 뿐이
다.〔如二人擧爵于尸、侑之儀, 其異者, 不及侑耳.〕" 오계공은 여기의 '擧爵'
은 즉 '擧觶'라고 하였다. 胡培翬에 따르면 앞에서 두 사람이 시동과 侑에
게 觶를 들어 올리는 것은 첫 번째 여수례를 행하는 발단이고〔〈유사철〉 22〕
여기에서 賓 한 사람이 시동에게 觶를 들어 올리는 것은 두 번째 여수례
를 행하는 발단이다. 또 호배휘에 따르면 儐尸禮를 행할 때 시동이 여수례
에 참여하는 것은 빈객의 禮로 시동을 대접한다는 것을 표시하는 것이고,
시동이 無筭爵에 참여하지 않는 것은 시동의 남은 존귀함을 여전히 남겨
두기 위해서이다.[751]

② 亦遂之于下

【按】 胡培翬에 따르면 '亦'은 〈유사철〉 22의 旅酬禮를 받아서 한 말로, '遂
之于下'는 〈유사철〉 22에서 두 사람이 觶를 들어 여수례를 시작할 때, 시동이 주인에게, 주인이 侑에
게, 유가 長賓에게 수주를 올려서 마침내 衆賓, 형제, 私人에게까지 수주를 올린 것을
이른다. 여기에서도 시동부터 아래로 私人에 이르기까지 수주를 받기 때문에 '遂之于下'
라고 한 것이다.[752]

---

750) 鄭玄注: "一人, 次賓長
者."

751) 《儀禮正義》卷40: "上文
初行旅酬, 以二人擧觶于尸、侑
之觶發端, 此再行旅酬, 以賓
一人擧爵于尸爲發端, 皆與《特
牲》異. 儐尸而尸與於旅酬者,
以賓客之禮待之, 其不與無算
爵者, 則以留尸之餘尊也."

752) 《儀禮正義》卷40: "上
二人擧觶爲旅酬時, 尸酬主
人, 主人酬侑, 侑酬長賓, 遂及
衆賓、兄弟, 下至私人, 是遂之
于下也. 此亦自尸以下至私人,
無不及, 故云亦遂之于下, 亦
字, 承上旅酬言也."

26. 儐尸禮에서 賓들과 兄弟들이 서로 酬酒함(무산작례)

賓及兄弟交錯其酬, 皆遂及私人, 爵無筭①.

賓과 형제가 酬酒를 서로 주고받고, 이어서 두 개의 술잔(觶)으로 모두 私人에게까지 수주를 올린다. 이때 주고받는 잔의 수는 세지 않는다.

① 賓及……無筭

'交錯'은 정현의 주에 따르면 "長賓이 자기 앞에 놓인 觶를 취하여 兄弟黨에게 酬酒를 올리고 長兄弟가 자기 앞에 놓인 치를 취하여 賓黨에게 수주를 올리는 것이다.〔長賓取觶酬兄弟之黨, 長兄弟取觶酬賓之黨.〕" 賓이 주인의 헌주를 받은 뒤에 바로 廟門 안 동쪽 자리에서 서쪽 계단 서쪽으로 옮겨 가는 것이다.(〈유사철〉 14, 15) 또 장빈과 장형제의 자리 앞에는 모두 받아서 놓아둔 치가 있어서(〈유사철〉 17, 23) 지금 각각 그 잔을 들어 無筭爵을 행하는 것이다. 빈과 형제가 수주를 서로 주고받는 의절은 〈특생궤식례〉 16에 자세하다. 그러나 胡培翬에 따르면 〈특생궤식례〉 16에서 수주를 서로 주고받는 것은 旅酬禮를 행하는 것이고 여기에서 수주를 서로 주고받는 것은 무산작을 행하는 것이다. 이것이 儐尸禮와 〈특생궤식례〉의 다른 점이다.[753] '皆遂及私人'은 私人의 자리가 형제의 남쪽에 있으니 兄弟黨에 귀속되어서 무산작을 행하는 듯하다. 盛世佐에 따르면 "皆는 두 개의 치를 가리킨다.〔皆, 二觶也.〕" '爵無筭'은 호배휘에 따르면 "여기에서는 두 개의 치를 서로 주고받는데 수를 세지 않는다는 말이다.〔爵無筭者, 謂此二觶交錯行之, 無筭也.〕"

【按】盛世佐에 따르면 여수례와 무산작례는 다른 점이 3가지이다. (1) 여수례는 존비의 순서에 따라 尸-主人-侑-賓-兄弟-私人의 순으로 행하지만, 무산작례는 賓黨과 主人黨이 동서에서 동시에 서로 주고받아 빈당의 수주가 모두 끝난 뒤에 주인당의 수주를 행할 필요가 없다. (2) 무산작례는 오직 당 아래에서만 행하여 당 위에 있는 자들은 모두 참여하지 않는다. (3) 여수례는 술잔은 달라도 행할 때에는 1개의 觶만 사용되지만, 무산작례는 2개의 치가 동시에 사용된다. 성세좌는 또 士禮인 〈특생궤식례〉와 大夫禮인 〈소뢰

753) 《儀禮正義》 卷40: "經云 '交錯其酬', 謂旅酬也, 與上儐 尸賓及兄弟交錯其酬指無算 爵言者異."

궤식례〉·〈유사철〉의 異同을 말하였다. 즉 사례는 여수례 때에도 당 위의 사람들은 모두 참여하지 않을 뿐 아니라 酬酒를 서로 교차하여 주고받는다는 점에서 대부례와 다르지만, 여수례를 두 번 행하고 무산작례를 행한다는 점에서는 사례와 대부례가 같다는 것이다.[754] 胡培翬는 上大夫의 예인 儐尸禮의 여수·무산작이 士禮와 다른 점을 4가지 면에서 말하였다. (1) 士禮는 시동과 주인이 모두 여수와 무산작에 참여하지 않지만, 빈시례는 시동과 주인이 여수에는 참여하고 무산작에는 참여하지 않는다. (2) 사례는 여수와 무산작이 모두 加爵과 擧奠 뒤에 행해지지만, 빈시례에서는 거전과 가작 뒤에 여수와 무산작을 행하는 예가 없다. 즉 첫 번째 여수례를 가작보다 먼저 행한다. (3) 사례는 (나이 어린 형제가 치를 들어 장형제에게 수주를 올리는 것으로 여수례의 발단을 삼고) 長賓이 주인에게서 酬酒를 받아 薦(脯醢)의 남쪽에 놓아둔 觶(《특생궤식례》 12 주⑳)를 들어 마시고 장형제에게 수주를 올리는 것으로 여수례의 시작을 삼으며, 나이 어린 賓과 나이 어린 형제, 두 사람이 각각 長賓과 長兄弟에게 觶를 드는 것으로 무산작의 발단을 삼는다. 빈시례는 有司贊者 두 사람이 각각 시동과 侑에게 치를 들어 수주를 올리는 것으로 여수례의 발단을 삼고 (시동이 유사찬자에게서 받은 치를 들어 주인에게 수주를 올리는 것으로 여수례의 시작을 삼으며), (나이 어린 형제가 장형제에게 치를 들어 수주를 올리는 것으로 무산작의 발단을 삼고) 長賓이 주인에게서 받아 薦(脯醢)의 왼쪽에 놓아둔 觶(《유사철》 17)를 들어 마시고 장형제에게 수주를 올리는 것으로 무산작의 시작을 삼는다. (4) 사례는 여수와 무산작 때 모두 당 아래 동쪽과 서쪽에 두 개의 술 단지를 진설하는데, 빈시례는 당 위의 술 단지를 사용한다.[755]

27. 儐尸禮에서 시동과 侑가 廟門을 나가고, 시동과 侑의 집으로 俎를 보내고, 薦俎를 거둠

尸出。侑從。主人送于廟門之外①, 拜。尸不顧。拜侑與長賓, 亦如之②。衆賓從③。司士歸尸‧侑之俎④。主人退⑤。有司徹⑥。

시동이 廟門을 나간다.

侑가 따라 나간다. (長賓이 따라 나간다.)

주인이 묘문 밖에서 전송하여 절한다. 시동이 뒤돌아보지 않고 간다.

754] 《儀禮集編》卷40: "無算爵之異于旅酬者三. 旅酬, 依尊卑之次, 自尸而主, 而侑, 而賓, 以至于兄弟‧私人, 秩然不相紊; 無算爵, 則賓黨與主黨交錯其酬, 不俟賓黨酬畢而后及于主黨, 一也. 無算爵, 惟行于堂下, 在堂上者皆不與, 二也. 旅酬, 單行一觶; 無算爵, 二觶竝行, 三也. 此皆禮之以漸而殺者. 又案:《特牲》旅酬之時, 堂上亦不與, 而賓與兄弟卽得交錯其酬, 皆與大夫禮異. 至其旅酬者再, 乃行無算爵, 則大夫‧士祭禮之所同也."

755] 《儀禮正義》卷40: "儐尸, 旅酬‧無算爵, 與《特牲》異者有四.《特牲》, 尸‧主人不與于旅酬‧無算爵; 儐尸, 則尸‧主人不與于無算爵, 而與于旅酬, 一也.《特牲》旅酬‧無算爵, 皆行於加爵‧擧奠之後; 儐尸, 無擧奠之禮加爵後, 復行旅酬及無算爵, 而初次旅酬, 則行於加爵之先, 二也.《特牲》旅酬, 用主人酬賓之觶發端, 無算爵, 用賓弟子兄弟弟子二人所擧之觶發端; 儐尸, 旅酬, 用二人擧觶于尸‧侑之尸觶發端, 無算爵, 用主人酬賓之觶發端, 三也.《特牲》旅酬‧無算爵, 堂下特設東西二尊; 儐尸, 則用堂上之尊, 四也."

> 주인이 유와 장빈을 전송하여 절하는데 시동을 전송할 때의 예와 같이 한다.(유와 장빈이 뒤돌아보지 않고 간다.)
>
> 衆賓이 장빈을 따라서 나간다. (주인이 절하여 전송하지 않는다.)
>
> 司士가 시동과 유의 俎에 담긴 음식을 각각의 집으로 보낸다.(장빈 이하는 스스로 자신의 俎를 거두어 들고 간다.)
>
> 주인이 寢으로 물러간다.
>
> 有司들이 나머지 음식과 기물을 모두 치운다.

① 主人送于廟門之外

【按】劉沅에 따르면 주인이 시동을 묘문 밖에서 전송하는 것은 시동을 賓으로 대한 것이다.[756]

② 拜侑與長賓, 亦如之

'亦如之'는 胡培翬에 따르면 "주인은 묘문 밖에서 절하고 떠나는 사람은 뒤돌아보지 않고 가는 것과 같이 하는 것이다.〔如其拜於廟門外, 而去者不顧也.〕" 이때 長賓도 侑를 따라 나가는데 경문에서 글을 생략한 것이다.

③ 衆賓從

【按】정현의 주에 따르면 수종한 사람에게는 拜送하지 않는다.[757]

④ 司士歸尸·侑之俎

정현의 주에 따르면 尸와 侑는 존귀하기 때문에 司士가 俎에 담긴 음식을 그들의 집으로 보내는 것이다.[758] 敖繼公은 "賓長 이하의 사람들은 스스로 자신의 俎를 거두어서 자신의 종자에게 주어 보낸다.〔賓長而下則自徹而授其人(謂隨從者)以歸.〕"라고 하였다.

⑤ 主人退

정현의 주에 따르면 "寢으로 돌아가는 것이다.〔反於寢也.〕"

⑥ 有司徹

정현의 주에 따르면 "당상과 당하의 薦(籩豆)·俎들을 거두는 것이다.〔徹堂上·下之薦、俎也.〕" 당 위에는 시동과 侑의 俎를 치우기는 하였으나 여전히 시동과 侑의 薦·羞(庶羞와 內羞) 및 주인과 주부의 薦·俎·庶羞가 있으며, 당 아래에는 빈장 이하 사람들이 이미 스스로 자신의 俎를 치웠으나 여전히 薦·羞가 남아 있기 때문에 이때 모두 치우는 것이다. 胡培翬는 "즉 几·筵·기물과 같은 것들도 모두 치우는 것이다.〔卽几、筵、器物之屬亦兼(徹)之

756)《儀禮恒解》卷16: "拜送尸於廟門外, 賓之也."

757) 鄭玄注: "從者不拜送也."

758) 鄭玄注: "尸·侑尊, 送其家."

矣.〕"라고 하였다.

【按】王士讓에 따르면 앞에서 시동의 羊俎를 진설한 사람은 賓長, 羊湆俎를 올린 사람은 次賓, 羊肉湆俎를 올린 사람은 司馬, 羊燔俎를 올린 사람은 차빈이다. 또 侑의 羊俎를 진설한 사람은 사마, 羊燔을 올린 사람은 차빈이다. 그런데 여기에서 시동과 유의 俎를 司士만을 시켜서 보내게 한 것은 사마는 사사보다 존귀하기 때문에 신분이 낮은 사람이 일을 끝마친 것이다.[759] 주소에 따르면 하대부의 경우에는 正祭가 끝난 뒤 有司를 시켜 室의 서북쪽 모퉁이로 음식을 옮겨 진설하게 하여 陽厭을 행하며 마치면 부인이 이를 치우는데, 치울 때 유사가 아닌 부인으로 하여금 치우게 한 것은 상대부의 예보다 예를 줄인 것이다. 상대부의 예는 正祭가 끝난 뒤 시동을 室戶 밖 당 위에서 대접하는데, 장소만 보면 室 안에서 시동을 대접하는 하대부의 예와 비교했을 때 예를 줄인 것이 된다. 이 때문에 당 위에서 예를 행한다 하더라도 부인이 치우지는 않는다고 한 것이다.[760] 盛世佐는 이에 대해 부인이 치우지 않는다면 이때 치운 제물과 기물들을 東房으로 가지고 가지는 않을 것이라고 하였다.[761]

759)《儀禮紃解》卷17: "上文設尸羊俎者, 賓長也; 執羊湆俎者, 次賓也; 羞羊肉湆俎者, 司馬也; 羞羊燔俎者, 次賓也. 設侑羊俎者, 司馬也; 羞羊燔者, 次賓也. 而歸尸‧侑之俎, 獨使司士者, 司馬尊于司士, 卑者宜終之也."

760)鄭玄注: "外賓尸, 雖堂上, 婦人不徹."
賈公彦疏: "下大夫不儐尸, 改饋饌于室中西北隅. 云'有司官徹饋, 饌於室中西北隅', 至篇末禮終, 云'婦人乃徹', 注云'徹祝之薦及房中薦俎, 不使有司者, 下上大夫之禮'. 然則此篇首云'有司徹', 別無婦人也. 下大夫有司饌陽厭, 婦人徹之. 篇末云'徹室中之饌', 注云'有司饌之, 婦人徹之, 外內相兼, 禮殺'. 此戶外儐尸, 亦禮殺, 嫌婦人亦徹之, 故云'雖堂上, 婦人不徹'. 婦人必不徹者, 異於下大夫也. 堂上儐尸, 猶如室內之陽厭, 故鄭注篇首云'儐尸則不設饌西北隅, 以此薦俎之陳有祭象, 而亦足以厭飫神'是也."

761)《儀禮集編》卷40: "婦人不徹, 則其所徹者不以入于房與!"

불빈시례不儐尸禮

28. 不儐尸禮에서 시동이 室에서 11飯을 들 때 8飯 이후 下大夫의 禮

若不賓尸①, 則祝侑, 亦如之②。尸食③。乃盛俎臑(노)、臂、肫(순)、脡脊、橫脊、短脅、代脅, 皆牢④。魚七⑤。腊辯(반)⑥, 無髀。卒盛, 乃擧牢肩⑦。尸受, 振祭, 嚌之。佐食受, 加于肵。佐食取一俎于堂下以入, 奠于羊俎東⑧。乃撫于魚、腊俎, 俎釋三个⑨, 其餘皆取之, 實于一俎以出。祝、主人之魚、腊取于是⑩。尸不飯, 告飽。主人拜侑, 不言。尸又三飯⑪。佐食受牢擧, 如儐⑫。

儐尸(시동을 賓으로 대접함)하지 않을 경우 시동이 7飯을 든 뒤 祝이 시동에게 더 먹기를 권하는데, 이때에도 빈시하는 상대부의 正祭 때 시동이 7반을 든 뒤와 같이 한다. 시동이 또 밥을 먹는다.【8飯】

이어 肵俎(기조. 시동의 집에 보낼 俎)에 右胖의 臑(노)·臂(비)·肫(순)·脡脊·橫脊·短脅·代脅 각 1體를 담는데, 모두 牢(羊牲·豕牲)의 牲體를 담는다. 물고기 7마리를 기조에 담는다. 腊(말린 사슴고기)은 기조에 우반을 담는데 髀는 담지 않는다.

기조에 다 담으면 이어 佐食이 시동에게 牢의 右肩을 들어서 준다. 시동이 받아서 振祭(祭物을 털어서 고수레함)하고 맛보고 좌식에게 준다. 좌식이 이를 받아서 기조 위에 올려놓는다.

좌식이 당 아래에서 빈 俎 하나를 들고 당에 올라와 室로 들어가서 羊俎의 동쪽(즉 魚俎의 동쪽)에 놓는다. 이어 魚俎와 腊俎의 음식을 빈 조에 모아 담는데, 각각의 조에 물고기 3마리와 腊 3骨(代脅, 正脅, 短脅)을 남겨놓고 나머지(물고기 4마리와 腊의 좌반 5體)는 모두 취하여, 들고 갔던 1개의 빈 조에 담아서 실을 나간다.

祝과 주인(주부 포함)의 俎에 담는 물고기와 腊은 좌식이 室에서 가지
고 나온 조에서 취한다. (축·주인·주부의 俎에 물고기를 각 1마리씩 담는데, 축에
게는 腊의 骼(격)을, 주인에게는 腊의 臂를, 주부에게는 腊의 臑를 더 담는다.)
시동이 밥을 먹지 않고 배부르다고 고한다. 주인이 절하여 더 드시기
를 청하는데 말은 하지 않는다. 시동이 또 3번 밥을 먹는다.【11飯】
좌식이 韭菹豆 위에 올려두었던 牢의 擧(離肺와 正脊)를 시동에게서
받아 기조 위에 놓는데 儐尸하는 상대부의 예와 같이 한다.

① 不賓尸

阮元의 교감본에 "賓은 唐石經에 儐으로 되어 있다. 《石經考文提要》에
'이 이하의 주소에는 儐과 賓이 섞여 나오지만 경문에는 儐이 13번 보이는
데 모두 儐으로 되어있으니, 여기에만 賓으로 써서는 안 될 것이다.'라고 하
였다.〔'賓', 唐石經作'儐'.《石經考文提要》云: 此以下注疏中儐、賓雜出, 然
經文'儐'凡十三見, 皆作儐, 不應此獨作'賓'.〕"라고 하였다. '儐'과 '賓' 두 글
자는 서로 가차할 수 있는데(朱駿聲의《說文通訓定聲》중 이 두 글자의 주에 보인다.)
漢簡本에는 '儐'이 모두 '賓'으로 되어 있으니 즉 가차자를 쓴 것이다. 여기
의 '賓'도 그러하다. 정현의 주에 따르면 不賓尸(儐尸禮를 거행하지 않음)는 하대
부의 예를 가리키니, 하대부의 예는 상대부의 예보다 줄이기 때문에 빈시
례를 구비할 수 없음을 이른다. 여기에서 앞에 기록한 빈시례는 상대부의
예라는 것을 알 수 있다.

【按】정현의 주에 따르면 하대부의 禮는 상대부의 예와 비교했을 때 단지 그 禮를 구비
하지 않을 뿐 이때 사용하는 희생과 음식은 동일하다.[762]

② 祝侑, 亦如之

'祝侑'는 정현의 주에 따르면 "시동이 7飯을 들었을 때를 이른다.〔謂尸七飯
時.〕"〈소뢰궤식례〉9에서는 시동이 7반을 들고 배부르다고 고할 때 祝이
단독으로 시동에게 더 먹기를 권하여 "황시께서는 아직 배부르지 않을 것
이니 더 드십시오.〔皇尸未實, 侑.〕"라고 한다고 기록하고 있다. '亦如之'는
胡培翬에 따르면 "儐尸를 하지 않는 하대부의 경우 祝이 시동에게 권하기
전까지는 모두 상대부가 儐尸하는 것과 같기 때문에 '亦如之'라고 한 것이
다. 다음에 바로 이어지는 경문 '시동이 밥을 먹는다' 이후는 바로 다른 점
을 말한 것이다.〔下大夫之不儐尸者, 自祝侑以前, 皆與上大夫儐尸者同, 故

762) 鄭玄注: "不賓尸, 謂下大
夫也. 其牲物則同, 不得備其
禮耳."

云亦如之也. 下經尸食以下, 乃言其異者.〕” 즉 儐尸를 하지 않을 경우에는 시동이 7반을 끝내고 난 이후부터 비로소 儐尸하는 경우의 예와 다른 점이 있다는 것을 말한다.

【按】 儐尸를 하지 않을 경우 儐尸할 때의 예와 다른 점은 아래 주⑫ 참조.

③ 尸食

정현의 주에 따르면 “시동이 8번째 밥을 먹는 것이다.〔八飯.〕”

④ 乃盛……皆牢

‘盛’은 정현의 주에 따르면 肵俎(기조)에 담는 것을 이른다.[763] ‘皆牢’는 기조에 담는 것으로 羊牲과 豕牲이 모두 그 안에 포함된다는 말이다. 羊俎와 豕俎 2개의 俎에 담았던 牲體는 각각 11體인데, 여기에서는 기조에 담는 양생과 시생의 7체를 열거하였다. 幹(正脅)과 骼(격) 2체는 주인이 시동에게 헌주할 때 시동이 이것으로 祭(고수레)하고 맛본 뒤 이미 먼저 肵俎 위에 올려놓았으니(〈소뢰궤식례〉 9) 지금 7체를 더하면 이때 기조 위에는 이미 양생과 시생의 9체가 담겨져 있게 된다. 또한 正脊도 있는데 좌식이 가장 먼저 들어서 시동에게 준 것으로, 시동이 “離肺와 正脊을 먹은〔食舉〕” 뒤에 菹豆 위에 올려놓았다.(〈소뢰궤식례〉 9, 아래 주⑫) 또 肩體 하나가 있는데 아직 들어서 시동에게 주지 않았기 때문에 그대로 각각 羊俎와 豕俎 위에 있는 것으로, 시동이 8飯하기를 기다린 뒤에 들어서 시동에게 준다. 기조에 담는 이유는 장차 시동의 집으로 보내려는 것이다.

⑤ 魚七

물고기는 모두 15마리이니, 그 중 1마리는 佐食이 이미 들어서 시동에게 주어 시동이 祭하고 맛본 뒤 이미 肵俎 위에 올려놓았지만(〈소뢰궤식례〉 9) 또 14마리가 있기 때문에 정현의 주에서 “절반을 담는다.〔盛半也.〕”라고 한 것이다. 즉 14마리 중 절반을 기조에 담는 것이다.

⑥ 腊辯

정현의 주에 따르면 “물고기와 마찬가지로 절반을 담는 것이다. 이때 담는 것은 牲體의 右胖이다.〔亦盛半也. 所盛者, 右體也.〕” 王引之는 《經義述聞》에서 “辯은 胖(반)으로 읽어야 한다. 《설문해자》에서 ‘胖은 생체의 반쪽이다.’라고 하였기 때문에 정현의 주에서 ‘盛半’으로 해석한 것이다.〔辯當讀爲胖. 《說文解字》曰: ‘胖, 半體肉也.’ 故鄭以盛半解之.〕”라고 하였다. 잘라놓은 麋鹿腊(미록석. 말린 사슴고기)은 좌반과 우반을 합쳐서 하나의 俎에

763] 鄭玄注: “盛者, 盛於肵俎也.”

담아 두었다가(《소뢰궤식례》 6 주⑱) 지금 그 중의 우반을 취하여 胏俎에 담는 것이다.

⑦ 擧牢肩

尸俎에는 右胖의 牲體를 담았으니 이때 주는 것은 右肩이 되어야 한다.

⑧ 佐食取……俎東

胡培翬에 따르면 "佐食이 또 당을 내려가 다른 빈 俎 하나를 가지고 室로 들어가는 것이다.〔佐食又別取堂下一虛俎以入室也.〕" 羊俎의 동쪽에는 이미 魚俎가 있으니 좌식이 가지고 온 빈 俎는 실제로는 어조의 동쪽에 놓는 것이다. 그런데 어조의 동쪽이라고 하지 않고 양조의 동쪽이라고 한 것은, 정현의 주에 따르면 양조가 높기 때문에 높은 俎를 위주로 하여 말한 것이다.[764]

⑨ 乃撫……三个

魚俎에는 또 물고기 7마리가 있으니 3마리를 남겨둔다는 것은 그 중에 4마리를 취하여 방금 가지고 온 빈 俎에 담는 것이다. 腊俎의 牲體는 右胖을 이미 胏俎(기조)에 담아서 기조에는 11體가 담겨있으며 남아있는 것은 左胖의 8체 뿐이다.(《소뢰궤식례》 6 주⑱) 그런데 이제 3체를 남겨둔다는 것은 이 8체 중에 5체를 취하여 방금 가지고 온 빈 조에 담는 것이다.

【按】정현의 주에 따르면 좌식은 물고기 4마리와 腊 5體를 취하여 들고 간 빈 俎에 담기 때문에 본래의 魚俎와 腊俎에는 각각 물고기 3마리와 腊의 短脅·正脅·代脅 3체만 남게 된다.[765] 胡培翬는 이에 대해 腊의 右脅과 脊은 모두 胏俎에 담았기 때문에 지금 남아 있는 것은 左脅 3체 뿐이라고 하였다. 또한 호배휘에 따르면 여기에서 '牲俎'라고 말하지 않은 이유는, 牲體는 이미 모두 기조에 담았고 남은 것은 陽厭을 위해 남겨두어 취할 만한 생체가 없기 때문이다.[766] 희생의 骨體는 좌반과 우반을 합쳐서 모두 21體이다. 자세한 것은 〈특생궤식례〉 8 주⑮ 참조.

⑩ 祝、主人之魚、腊取于是

정현의 주에 따르면 "祝·주인·주부의 俎에 담는 魚와 腊을 여기에서 취하는 것이다.〔祝、主人、主婦俎之魚、腊取於此.〕" 경문에서 주부를 말하지 않은 것에 대해 가공언의 소에서는 "혹 전사하는 과정에서 빠진 듯하다.〔或傳寫者脫.〕"라고 하였다. 漢簡本에도 '主婦' 두 글자가 없는데, 주인을 말함으로써 주부까지 통섭하여 글을 생략한 듯하다. 정현의 주에 따르면 물고기는 축·주인·주부가 각각 한 마리씩 취하며, 腊은 주인이 臂를 취하

764) 鄭玄注: "不言魚俎東, 主於尊."

765) 鄭玄注: "魚撫四枚, 腊撫五枚. 其所釋者, 腊則短脅、正脅、代脅, 魚三枚而已."

766) 《儀禮正義》卷40: "今腊右脅及脊, 俱盛于胏俎, 故所釋唯左脅三也. 不言牲俎者, 牲體已俱盛于胏俎, 所存以備陽厭, 無可撫也."

고 주부는 臑(노)를 취하고 축은 骼(격)을 취하는 듯하다.[767] 胡培翬는 "〈특생궤식례〉에는 축과 주인의 조에 모두 魚俎와 腊俎가 없다. 그런데 〈소뢰궤식례〉 正祭 때에는 祝俎에 腊과 魚가 있으며 儐尸 때에는 5鼎을 3정으로 줄여서 腊鼎이 없지만 주인의 조에도 魚俎가 있다. 儐尸하지 않은 경우에는 축과 주인에게 올리는 魚와 腊을 胏俎에 담고 남은 것에서 취하는 것이니, 이것은 士의 禮인 〈특생궤식례〉에 비하면 성대하지만 상대부의 예인 儐尸禮에 비하면 줄인 것이다.〔《特牲》祝、主人俎皆無魚腊.《少牢》正祭則祝俎有腊與魚. 儐尸, 減五鼎爲三鼎, 無腊鼎, 主人俎亦有魚. 不儐尸, 則祝、主人之魚、腊取於神俎之餘, 是其較《特牲》爲隆, 而較儐尸爲殺者矣.〕"라고 하였다.

⑪ 又三飯

정현의 주에 따르면 "모두 11반이다.〔凡十一飯.〕" 앞에서 이미 8반을 했는데 여기에서 또 3반을 하니 이것은 11반 하는 것이다. 나머지는 〈소뢰궤식례〉9 주㉙에 보인다.

【按】 주소에 따르면 士는 9飯, 대부는 11반, 제후는 13반, 천자는 15반을 한다.[768]

⑫ 佐食受牢擧, 如儐

'牢擧'는 정현의 주에 따르면 "羊牲과 豕牲의 肺와 脊이다.〔肺, 脊.〕" '肺'는 離肺를 이르며 '脊'은 正脊을 이른다. 이것은 佐食이 가장 먼저 시동에게 준 것으로, 시동이 '이폐와 정척을 먹은〔食擧〕' 뒤 菹豆 위에 올려놓았다가 이때 시동이 들어서 좌식에게 주는 것이다. '如儐'은 儐尸하는 상대부의 예처럼 한다는 말이다. 즉 〈소뢰궤식례〉에서 이른바 "上佐食이 시동에게서 羊牲과 豕牲의 이폐와 정척을 받아서 기조 위에 올려놓는다.〔上佐食受尸牢肺, 正脊, 加于胏.〕"라는 것을 이때에도 그처럼 하는 것이다.〈소뢰궤식례〉 9 주㉚ 胡培翬는 "7飯까지는 儐尸하지 않는 하대부의 예와 儐尸하는 상대부의 예가 모두 같다. 그러나 8飯부터는 같은 점도 있고 다른 점도 있다. 같은 것은 경문에서 '如儐'이라고 밝혔으니 다음에 '如儐'이라고 말한 것은 모두 뜻이 이와 같다.〔七飯以前, 下大夫不儐尸之禮, 與上大夫儐尸者皆同. 七飯以後, 有同有異. 同者, 經則以如儐明之, 後凡言如儐者放此.〕"라고 하였다. 시동이 7반을 한 뒤에는 儐尸를 하지 않는 경우, 儐尸하는 경우와 다른 점이 주로 두 가지이다. 즉 胏俎(기조)에 담는 것이 첫 번째 다른 점이고, 魚俎와 腊俎에서 모아 빈 俎에 담는 것이 두 번째 다른 점이다.

767) 鄭玄注: "三者各取一魚. 其腊, 主人臂, 主婦臑, 祝則骼也與?"

768) 鄭玄注: "士九飯, 大夫十一飯, 其餘有十三飯、十五飯."
賈公彦疏: "上篇士禮九飯,《少牢》上、下大夫同十一飯. 士、大夫旣不分命數爲尊卑, 則五等諸侯同十三飯, 天子十五飯可知."

29. 不儐尸禮에서 주인이 시동·축·좌식에게 헌주함(主人初獻)

主人洗, 酌, 醋(인)尸。賓羞肝, 皆如儐禮①。卒爵, 主人拜。
祝受尸爵。尸答拜。祝酌, 授尸, 尸以醋(작)主人, 亦如儐②。
其綏(타)祭, 其嘏, 亦如儐。其獻祝與二佐食, 其位, 其薦、肴,
皆如儐③。

주인이 당 아래 南洗에서 술잔을 씻어 당에 올라가 술을 따라 室로
들어가 시동에게 입가심하도록 헌주한다. 賓(賓長)이 肝俎(羊牲과 豕牲
의 구운 간)를 올리는데 모두 儐尸(시동을 빈으로 대접함)하는 상대부의 예
와 같이 한다.
시동이 잔의 술을 다 마시면 주인이 서향하고 절한다. 祝이 시동에
게서 빈 잔을 받는다. 시동이 답배한다.
축이 당에서 술을 따라 室로 들어가 시동에게 건네주면 시동이 이
술로 주인에게 醋酒(답잔)를 올리는데 이때에도 빈시하는 상대부의
예와 같이 한다.
上佐食이 주인의 綏祭(타제, 祭할 음식을 내려놓아 고수레함)를 돕는 예와
축이 주인에게 嘏辭(복을 빌어주는 말)하는 의절 역시 빈시하는 상대부
의 예와 같이 한다.
주인이 축과 2명의 좌식(상좌식과 하좌식)에게 헌주하는 예와 그들의 위
치와 薦(葵菹와 蠃醢)과 肴(牲俎)를 올리는 예는 모두 빈시하는 상대부
의 예와 같이 한다.

① 主人……如儐禮

　이것은 시동이 11飯을 한 뒤에 주인이 초헌하는 예를 儐尸하는 상대부의
예처럼 하는 것을 말한다. '醋尸'(인시)는 시동에게 헌주하는 것이다. '賓'은
賓長을 이른다. '肝'은 정현의 주에 따르면 "牢(羊牲과 豕牲)의 간이다.〔牢肝
也.〕" 주인이 시동에게 술을 입가심하도록 올리고 賓長이 간을 따라서 올
리는 예는 〈소뢰궤식례〉 10에 자세히 보인다.

② 祝酌……亦如儐

〈소뢰궤식례〉 11 참조.

③ 其獻……皆如儐

〈소뢰궤식례〉 12, 13 참조.

30. 不儐尸禮에서 주부가 시동·축·좌식에게 헌주함(主婦亞獻)

主婦其洗獻于尸, 亦如儐①。主婦反取籩于房中, 執棗、糗 (ㄱ), 坐設之, 棗在稷南②, 糗在棗南。婦贊者執栗、脯。主婦 不興, 受設之, 栗在糗東, 脯在棗東③。主婦興, 反位④。尸 左執爵, 取棗、糗。祝取栗、脯以授尸。尸兼祭于豆祭⑤, 祭 酒, 啐(쵀)酒。次賓羞牢燔⑥, 用俎, 鹽在右。尸兼取燔搜(연) 于鹽, 振祭⑦, 嚌之。祝受, 加于肵⑧。卒爵。主婦拜。祝受 尸爵。尸答拜。

祝易爵洗, 酌, 授尸。尸以醋主婦。主婦主人之北拜受爵。尸 答拜。主婦反位, 又拜⑨。上佐食綏(타)祭, 如儐⑩。卒爵拜。 尸答拜。

主婦齎獻祝, 其酌, 如儐⑪。拜, 坐受爵。主婦主人之北答拜。 宰夫薦棗、糗, 坐設棗于菹西⑫, 糗在棗南。祝左執爵, 取棗、 糗祭于豆祭⑬, 祭酒, 啐酒。次賓羞燔, 如尸禮⑭。卒爵。

主婦受爵⑮, 酌, 獻二佐食, 亦如儐⑯。主婦受爵以入于房⑰。

〈주부가 시동에게 헌주〉

주부가 (有司贊者가 당 아래에서 가져온 술잔을 主婦贊者에게서 건네받아) 東房 안의 北洗에서 씻어 시동에게 헌주하는 것 역시 儐尸(시동을 賓으로 대접함)하는 상대부의 예와 같이 한다.

주부가 돌아가 동방 안에서 籩을 취하여 棗籩(조변. 골라서 찐 대추)과 糗餌籩(구이변. 콩고물을 입힌 쌀기장떡)을 들고 室로 가서 시동의 자리 앞에 앉아 진설하는데, 조변을 稷敦(직대)의 남쪽에 놓고 구이변을 조변의 남쪽에 놓는다. 主婦贊者가 栗籩과 脯籩을 들고 가서 주부에게 준다. 주부가 일어나지 않고 받아서 진설하는데, 율변을 구이변의 동쪽에 놓고 포변을 조변의 동쪽에 놓는다. 주부가 일어나 주인의 북쪽에서 서향하여 拜送禮를 행하던 자리로 돌아간다.

시동이 왼손으로 잔을 잡고 오른손으로 대추와 糗餌를 취한다. 祝이 밤과 포를 취하여 시동에게 준다. 시동이 이를 받아 앞에서 祭(고수레)했던 豆 사이에 함께 祭하고 술을 祭하고 술을 맛본다.

次賓(衆賓長)이 牢(羊牲과 豕牲)의 燔(고기구이)을 올리는데 俎를 사용하고 소금을 조의 오른쪽에 놓는다. 시동이 두 가지 번을 함께 취하여 소금에 찍어 振祭(祭物을 털어서 고수레함)하고 맛본다. 축이 시동에게서 번을 받아 肵俎(기조. 시동의 조) 위에 올려놓는다.

시동이 잔의 술을 다 마신다. 주부가 절한다. 축이 시동에게서 빈 잔을 받는다. 시동이 답배한다.

〈시동이 주부에게 酢酒〉

축이 당을 내려가 下篚에서 다른 잔으로 바꾸어 당 아래 南洗에서 씻어 들고 당에 올라가 술을 따라 시동에게 준다. 시동이 이 술로 주부에게 酢酒(답잔)를 준다.

주부가 주인의 북쪽에서 서향하여 절하고 시동의 자리로 나아가 잔을 받는다.(拜受禮) 시동이 답배한다.(拜送禮) 주부가 주인의 북쪽 자리로 돌아가서 또 절한다.(俠拜)

上佐食이 주부의 綏祭(타제. 祭할 음식을 내려놓아 고수레함)를 돕는데 儐尸하는 상대부의 예와 같이 한다.

주부가 잔의 술을 다 마신 뒤에 절한다.(旣爵拜) 시동이 답배한다.

〈주부가 祝에게 헌주〉

주부가 축에게 헌주하는데, 잔을 씻어 술을 따라 올리는 예를 儐尸하는 상대부의 예와 같이 한다. 축이 절하고 앉아서 잔을 받는다. 주부가 주인의 북쪽에서 서향하고 답배한다.

宰夫가 棗籩(조변. 골라서 찐 대추)과 糗餌籩(구이변)을 올리는데, 축의

자리 앞에 앉아서 조변을 葵菹豆(규저두. 아욱 초절임)의 서쪽에 놓고
구이변을 조변의 남쪽에 놓는다.

축이 왼손으로 잔을 잡고 오른손으로 대추와 구이를 취하여 앞에
서 祭했던 豆 사이에 함께 祭하고 술을 祭하고 술을 맛본다.

次賓이 燔俎를 올리는데 주부가 시동에게 헌주할 때의 예와 같이
한다.

축이 잔의 술을 다 마신다.

〈주부가 2명의 좌식에게 헌주〉

　주부가 축에게서 빈 잔을 받아 술을 따라 2명의 좌식에게 헌주하는
데, 이때에도 儐尸하는 상대부의 예와 같이 한다. 주부가 하좌식에
게서 빈 잔을 받아 들고 東房으로 들어간다. (이 빈 잔을 內篚에 넣는다.)

① 亦如儐

　敖繼公에 따르면 "여기의 如儐은 잔을 보내고 절하는 동작 이전의 예를
이른다.〔此如儐, 謂拜送爵以上之禮.〕" 즉 〈소뢰궤식례〉 14의 "주부가 잔
을 보내고 주인의 북쪽에서 서향하여 절한다.〔主婦主人之北, 西面拜送
爵.〕"의 이전과 같은 예를 이른다.

② 棗在稷南

　시동의 자리 앞에 있는 稷敦의 남쪽에 놓는 것을 이른다.

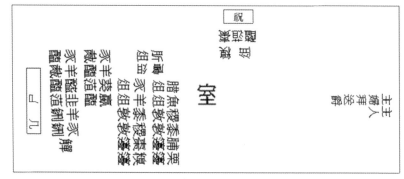

〈不儐尸亞獻羞邊〉

③ 栗在糗東, 脯在棗東

　【按】 주소에 따르면 棗는 饋食之籩, 糗(규)는 羞籩之實, 栗과 脯는 加籩
之實이다. 여기
에서 궤식지변과 수변지실을 섞어 사용한 것은 儐尸하는 상대부의 예보다 낮춘 것이다.

상대부의 儐尸禮에서는 주부가 시동에게 헌주할 때 糗餌(구이)의 羞籩과 腶脩(단수)의 加
籩만을 사용하여 뒤섞지 않았기 때문이다.[769] 〈소뢰궤식례〉 7 주⑤, 〈유사철〉 7 참조.

④ 反位

정현의 주에 따르면 "주인의 북쪽에서 잔을 보내고 절하던 자리로 돌아가
는 것이다.[反主人之北拜送爵位.]"

【按】〈소뢰궤식례〉 14 참조.

⑤ 兼祭于豆祭

시동이 밥을 먹기 전에 이미 차례로 韭菹(구저)·切肺·黍飯 등을 醯醢(담해)
와 蠃醢(라해)를 담은 두 豆 사이에 祭하였는데〈소뢰궤식례〉 9) 지금 또 棗·糗
餌(구이)·栗·脯 등을 豆 사이에 앞에서 祭했던 祭物과 함께 놓아서 祭하기
때문에 '兼祭于豆祭'라고 한 것이다.

⑥ 次賓

衆賓長을 이른다.

⑦ 振祭

【按】〈특생궤식례〉 8 주⑧ 참조.

⑧ 祝受, 加于肵

정현의 주에 따르면 "主婦反取籩에서부터 祝受加于肵까지는 儐尸하는
상대부의 예와 다른 것이다.[自主婦反取籩至祝受加于肵, 此異于儐.]"

【按】가공언의 소에 따르면 〈소뢰궤식례〉에서는 주부가 시동에게 아헌할 때 籩이나 燔
을 따라 올리는 일이 없었고, 〈유사철〉의 儐尸禮에서는 주부가 시동에게 아헌할 때 비록
籩을 올리지만 그 내용물이 다르기 때문에 儐尸하는 상대부의 예와 다르다고 한 것이
다.[770] 〈소뢰궤식례〉 14, 〈유사철〉 7 참조.

⑨ 主婦反位, 又拜

이것은 俠拜이다.

【按】주소에 따르면 주부가 이때 협배를 하는 이유는, 하대부는 儐尸禮를 행하지 않기
때문에 士禮를 따라 마찬가지로 협배를 하지 않아야 하지만, 빈시례를 행하지 않은 것도
이미 시동을 공경하는 예를 낮춘 것이기 때문에 주부의 아헌에는 상대부의 예를 따라
협배를 한 것이다.[771] '俠拜'는 〈소뢰궤식례〉 14 주④ 참조.

⑩ 上佐食綏祭, 如儐

〈소뢰궤식례〉 15 참조.

【按】'綏祭'는 〈특생궤식례〉 8 주⑧, 〈소뢰궤식례〉 11 주④ 참조.

769) 鄭玄注: "棗, 饋食之籩;
糗, 羞籩之實. 雜用之, 下賓尸
也. 栗, 脯, 加籩之實也."
賈公彦疏: 《周禮·籩人職》
云: '饋食之籩, 棗, 桌, 桃, 乾橑
, 榛實. 羞籩之實, 糗餌, 粉餈;
又加籩之實, 菱, 芡, 桌, 脯.' 是
鄭據《籩人職》而言也. 云雜用
之, 下賓尸也者, 案上賓尸者,
醴, 蒼, 白, 黑, 糗餌之等, 朝事
之籩. 羞籩之實, 各用之而不
雜也."

770) 賈公彦疏: "上篇主婦但
有獻而已, 無籩, 燔從之事. 此
篇首儐尸, 主婦亞獻尸, 乃有籩
餌之事, 其物又異, 唯糗同耳,
故云此異于儐也."

771) 鄭玄注: "主婦夾爵拜,
爲不賓尸降崇敬."
賈公彦疏: 《特牲》主婦獻尸,
不夾爵拜; 上篇上大夫賓尸,
主婦獻尸, 夾爵拜; 此下大夫
旣不賓尸, 主婦宜與士妻同,
今夾爵拜者, 爲不賓尸, 降崇
敬, 故夾爵拜, 與上大夫同. 言
降, 謂降賓尸之禮也."

⑪ 其酢, 如儐

〈소뢰궤식례〉16 참조.

⑫ 菹

葵菹(규저. 아욱 초절임)이다. 〈소뢰궤식례〉12 주② 참조.

⑬ 祭于豆祭

주인이 祝에게 헌주할 때 축이 이미 葵菹를 자리 앞의 葵菹豆(규저두)와 蠃醢豆(라해두) 사이에 祭(고수레)하였는데(〈소뢰궤식례〉12), 지금 또 棗와 糗餌(구이)를 취하여 이것을 豆 사이에 祭했던 祭物과 함께 놓아서 先人(이 음식을 처음 만든 사람)에게 祭하는 것이다.

⑭ 次賓羞燔, 如尸禮

정현의 주에 따르면 "宰夫薦에서부터 賓羞燔까지 이 부분도 儐尸와 다르다.〔自宰夫薦, 至賓羞燔, 亦異於儐.〕" 儐尸禮가 있는 경우 주부가 축에게 헌주할 때는 宰夫가 棗籩과 糗餌籩(구이변)을 올리는 예와 차빈이 燔을 올리는 예가 없기 때문에 "儐尸하는 상대부의 예와 다르다."라고 한 것이다. 〈소뢰궤식례〉16 참조.

⑮ 主婦

원문에는 '主人'으로 잘못되어 있는데 阮元의 교감본에 근거하여 수정하였다.

⑯ 亦如儐

儐尸禮가 있는 경우 주부가 2명의 좌식에게 헌주하는 예는 〈소뢰궤식례〉17 참조.

⑰ 主婦受爵以入于房

【按】이때 주부는 爵을 들고 東房으로 가서 內篚에 넣어둔다. 〈소뢰궤식례〉17 주④ 참조.

31. 不儐尸禮에서 賓長이 시동·축·좌식에게 헌주, 주인과 주부가 서로 致酒, 빈장이 주인·주부에게 致酒, 시동이 빈장에게 酢酒, 주인과 주부가 빈장에게 酢酒함(賓三獻)

賓長洗爵①, 獻于尸。尸拜受。賓戶西北面答拜②。爵止。
主婦洗于房中, 酌, 致于主人。主人拜受。主婦戶西北面拜送

爵。司宮設席[3]。主婦薦韭菹、醢，坐設于席前，菹在北方。婦贊者執棗、糗(ㄱ)以從。主婦不興受，設棗于菹北，糗在棗西。佐食設俎：臂[4]、脊、脅、肺[5]，皆牢，膚三，魚一，腊臂[6]。主人左執爵，右取菹擩(연)于醢，祭于豆間，遂祭籩[7]，奠爵，興取牢肺，坐絕祭，嚌之，興加于俎，坐挩(세)手，祭酒，執爵以興，坐卒爵拜[8]。

主婦答拜，受爵，酌以醋[9]，戶內北面拜。主人答拜。卒爵拜[10]。主人答拜。主婦以爵入于房。

尸作止爵[11]，祭酒，卒爵。賓拜。祝受爵。尸答拜。祝酌，授尸。賓拜受爵[12]。尸拜送。坐祭，遂飲，卒爵拜。尸答拜。

獻祝及二佐食[13]。

洗，致爵于主人。主人席上拜受爵。賓北面答拜。坐祭，遂飲，卒爵拜。賓答拜，受爵。

酌[14]，致爵于主婦。主婦北堂[15]。司宮設席，東面[16]。主婦席北，東面拜受爵[17]。賓西面答拜。婦贊者薦韭菹、醢，菹在南方。婦人贊者執棗、糗[18]，授婦贊者。婦贊者不興受，設棗于菹南，糗在棗東。佐食設俎于豆東[19]，羊臑(ㄴ)，豕折[20]，羊脊、脅，肺一[21]，膚一，魚一，腊臑[22]。主婦升筵，坐，左執爵，右取菹擩于醢，祭之，祭籩，奠爵，興取肺，坐絕祭，嚌之，興加于俎，坐挩手，祭酒，執爵興，筵北東面立卒爵拜[23]。賓答拜。

賓受爵，易爵于篚[24]，洗，酌，醋于主人[25]，戶西北面拜。主人答拜。卒爵拜。主人答拜。賓以爵降，奠于篚[26]。

乃羞：宰夫羞房中之羞，司士羞庶羞[27]，于尸、祝、主人、主婦。內羞在右[28]，庶羞在左。

〈賓長이 시동에게 헌주〉

賓長(上賓)이 당 아래 南洗에서 술잔을 씻어들고 당에 올라가 술을 따라 室로 들어가 시동에게 헌주한다. 시동이 절하고 잔을 받는다.(拜受禮) 빈장이 室戶 안 서쪽에서 북향하고 답배한다.(拜送禮) 시동이 잔을 내려놓는다.

〈주부가 주인에게 致酒〉

주부가 東房 안 北洗에서 잔을 씻어 당 위에서 술을 따라 室로 들어가 주인에게 보낸다. 주인이 서향하여 절하고 잔을 받는다. 주부가 室戶 안 서쪽에서 잔을 보내고 북향하여 절한다.

司宮이 주인을 위하여 돗자리를 주인이 서 있는 곳 남쪽에 서향으로 편다.

주부가 韭菹豆(구저두. 부추 초절임)와 醓醢豆(담해두. 육장)를 올리는데, 앉아서 주인의 자리 앞에 구저두를 담해두의 북쪽에 진설한다.

主婦贊者가 棗籩(조변. 골라서 찐 대추)과 糗餌籩(구이변. 콩고물을 입힌 쌀기장떡)을 들고 주부를 따라 室로 들어가 주부에게 건네준다. 주부가 일어나지 않고 받아서 조변을 구저두의 북쪽에, 구이변을 조변의 서쪽에 진설한다.

佐食이 俎를 진설한다. 이 俎에는 左臂 1體, 脊과 左脅 각 1骨, 離肺 1조각을 담는데, 모두 牢(羊牲과 豕牲)를 담고, 豕牲의 膚 3덩이, 물고기 1마리, 腊(말린 사슴고기)의 左臂를 담는다.

주인이 왼손으로 잔을 잡고 오른손으로 구저를 취하여 담해에 찍어 豆 사이에 祭(고수레)하고 이어 籩(대추와 糗餌)을 祭한다. 잔을 내려놓고 일어나 牢의 폐를 취하여 앉아서 絶祭(끝부분을 손으로 잘라서 祭함)하고 맛보고 일어나 俎 위에 올려놓고 앉아서 손을 닦는다. 술을 祭한 뒤에 잔을 들고 일어났다가 다시 앉아서 잔의 술을 다 마신 뒤에 절한다.(旣爵拜)

〈주부가 주인을 대신하여 스스로에게 酢酒〉

주부가 답배하고 주인에게서 빈 잔을 받아 스스로 술을 따라 주인을 대신하여 酢酒(답잔)를 자신에게 주고 室戶 안에서 북향하고 절한다.(拜受禮) 주인이 답배한다.(拜送禮) (주부가 앉아서 술을 祭하고 서서 마신다.) 주부가 잔의 술을 다 마신 뒤에 절한다.(旣爵拜) 주인이 답배한다. 주부가 잔을 가지고 동방으로 들어간다.

〈시동이 賓長에게 酢酒〉

시동이 빈장에게서 받아 놓아두었던 잔을 들어 술을 祭하고 잔의 술을 다 마신다. 빈장이 절한다. 祝이 시동에게서 빈 잔을 받는다. 시동이 답배한다.

축이 당으로 가서 술을 따라 室로 들어가 시동에게 건네준다. 빈장이 절하고 시동에게서 잔을 받는다.(拜受禮) 시동이 잔을 보내고 절한다.(拜送禮) 빈장이 앉아서 술을 祭하고 이어 마신다. 빈장이 잔의 술을 다 마신 뒤에 절한다. 시동이 답배한다.

〈賓長이 축, 좌식에게 헌주〉

빈장이 축과 2명의 佐食에게 헌주한다.

(빈장이 축에게는 북향하고, 2명의 좌식에게는 서향하고 절을 한 뒤에 헌주한다.)

〈賓長이 주인에게 致酒〉

빈장이 당 아래 南洗에서 잔을 씻어 당에 올라가 술을 따라 주인에게 잔을 보낸다.

주인이 자리 위에서 절하고 잔을 받는다. 빈장이 북향하고 답배한다. 주인이 앉아서 술을 祭하고 이어 마신다. 잔의 술을 다 마신 뒤에 절한다. 빈장이 답배한다. 빈장이 주인에게서 빈 잔을 받는다.

〈賓長이 주부에게 致酒〉

빈장이 잔을 바꾸어 술을 따라 주부에게 잔을 보낸다. 이때 주부가 있는 곳은 北堂(東房 안의 북쪽)이다.

司宮이 주부를 위하여 돗자리를 동향으로 편다.

주부가 돗자리의 북쪽에서 동향하여 절하고 잔을 받는다.(拜受禮) 빈장이 서향하고 답배한다.(拜送禮)

主婦贊者가 구저두와 담해두를 올리는데 구저두를 담해두의 남쪽에 진설한다. 婦人贊者(주부찬자를 돕는 나이 어린 족친의 부인)가 조변과 구이변을 들어 주부찬자에게 건네준다. 주부찬자가 일어나지 않고 받아서 조변을 구저두의 남쪽에, 구이변을 조변의 동쪽에 진설한다.

좌식이 俎를 豆의 동쪽에 진설한다. 이 조에는 羊左臑 1體, 豕折 1조각, 羊脊과 羊脅 각 1骨, 肺(羊牲의 離肺) 1조각, 豕牲의 膚 1덩이, 물고기 1마리, 腊의 左臑 1체를 담는다.

주부가 돗자리에 올라가 앉아서 왼손으로 잔을 잡고 오른손으로 구저를 취하여 담해에 찍어 祭하고 籩(대추와 糗餌)을 祭한다. 잔을 내려놓고 일어나 폐를 취하여 앉아서 絶祭하고 맛본다. 일어나 폐를 俎 위에 올려놓고 앉아서 손을 닦는다. 술을 祭하고 잔을 들고 일어나 돗자리의 북쪽에서 동향하고 서서 잔의 술을 다 마신 뒤에 절한다.(旣爵拜) 빈장이 답배한다.

〈賓長이 주인을 대신하여 스스로에게 酢酒〉
　빈장이 주부에게서 빈 잔을 받아 당을 내려가 下篚에서 다른 잔으로 바꾸어 당 아래 南洗에서 씻어 당에 올라가 스스로 술을 따라 주인을 대신하여 酢酒를 자신에게 주고, 室戶 안 서쪽에서 북향하고 절한다. 주인이 답배한다.
　빈장이 잔의 술을 다 마신 뒤에 절한다. 주인이 답배한다.
　빈장이 빈 잔을 가지고 당을 내려가 下篚에 담는다.

〈內羞, 庶羞를 올림〉
　이어 內羞와 庶羞를 올린다.
　宰夫가 房中之羞(內羞. 동방 안에 진열해둔 곡물로 만든 음식)를 올리고 司士가 서수(조에 담은 것 이외의 육류와 물고기)를 올리는데, 시동·祝·주인·주부에게 올린다. 내수(방중지수)는 그들 각각의 자리 오른쪽에 놓고, 서수는 왼쪽에 놓는다.

① 賓長
　上賓을 이른다.

② 賓戶西北面答拜
　【按】가공언의 소에 따르면 〈소뢰궤식례〉 18에서 賓長이 삼헌할 때와 〈유사철〉 11 儐尸禮에서 上賓이 헌주할 때 모두 '拜送'이라고 하였는데 여기에서만 '答拜'라고 한 것은 하대부의 예이기 때문이다. '배송'이라고 한 것은 예가 중하고 '답배'라고 한 것은 예가 가볍다.[772]

③ 司宮設席
　【按】이때 주인을 위하여 펴는 자리의 위치는 敖繼公에 따르면 주인이 서 있는 곳의 남쪽이다.[773] 주소에 따르면 여기에서 주부가 주인에게 잔을 보내고 拜送禮를 행한 뒤에

772) 賈公彦疏: "上《少牢》正祭賓獻與此篇首賓長獻, 皆云拜送, 此特言答拜者, 下大夫故也. 言拜送者, 禮重; 云答拜者, 禮輕."
773) 《儀禮集說》卷17: "設席亦於主人立處之南也."

야 司宮이 주인의 자리를 편 것은 《주례》〈春官司几筵〉에서 王后나 신하들의 자리를 잔을 보낸 뒤에야 자리를 폈던 것과 동일한 것이다. 이것은 士禮인 〈특생궤식례〉 11에서 주부가 주인에게 잔을 보내기 전에 이미 자리를 펴놓았던 것과 다른 것으로, 士禮의 주인은 지위가 낮아서 왕의 자리를 펴는 것과 같은 예를 사용해도 혐의가 없기 때문이다.[774]

④ 臂

정현의 주에 따르면 "牲體의 左臂이다.〔左臂也.〕" 牲體의 右臂는 이미 시동에게 사용하였다. 다음에 나오는 脅과 腊臂도 左胖을 사용하는 것이다.

⑤ 肺

敖繼公에 따르면 "離肺이다.〔離肺也.〕"

⑥ 魚一, 腊臂

이것은 佐食이 모아담은 것이다. 〈유사철〉 28 주⑨⑩ 참조.

⑦ 祭邊

'邊'은 대추와 糗餌(구이)를 이른다.

⑧ 坐卒爵拜

【按】주소에 따르면 주인이 주부가 보낸 술을 마신 뒤에 從獻이 없는 것은 士禮와 다른 것이다. 〈특생궤식례〉 11에서는 從獻으로 肝俎와 燔俎가 있었다.[775]

⑨ 酌以醋

이것은 주부가 스스로 술을 따라 주인을 대신하여 자신에게 답잔을 주는 것이다.

【按】주소에 따르면 여기에서 주부가 주인을 대신하여 자신에게 스스로 답잔을 따를 뿐 아니라 술잔도 바꾸지 않는데, 이것은 시동이 주부에게 답잔을 줄 때〈유사철〉30) 祝이 잔을 바꾸어 씻어서 술을 따라 시동에게 주면 시동이 이 술을 주부에게 주었던 것과 비교하여 모두 예를 줄인 것이다.[776] 다만 吳廷華는 이때 작을 바꾼다고 보았다.[777] 또한 여기에서 주인이 직접 주부에게 잔을 보내지 않은 것은 士禮와 달리한 것이다.[778] 〈특생궤식례〉 11 참조.

⑩ 卒爵拜

【按】敖繼公에 따르면 경문에는 생략되어 있으나 이때 주부는 앉아서 술을 祭(고수레)하고 서서 마신다.[779] 〈유사철〉 10 참조.

⑪ 尸作止爵

앞에서 賓長(上賓)이 시동에게 올린 술을 시동이 잔을 내려놓고 마시지 않았는데, 이때 비로소 이 잔을 들어서 祭하고 마시는 것이다.

【按】주소에 따르면 시동이 빈장에게서 받아 놓아둔 술잔을 들어 이때에야 비로소 祭(고

774) 鄭玄注: "拜受乃設席, 變於士也."
賈公彥疏: "《特牲》禮未致爵, 已設席, 故云異於士. 其上大夫正祭, 未致爵, 至賓尸, 尸酢主人, 設席, 以賓尸, 故設席在前也. 案《周禮·司几筵》云 '祀先王昨席亦如之', 鄭注云: '謂祭祀及王受酢之席.' 彼受酢時已設席, 與大夫禮異也. 鄭注《周禮·司几筵》又云 '后、諸臣, 致爵乃設席', 與此禮同者, 士卑, 不嫌多與君同故也."

775) 鄭玄注: "無從者, 變於士也."
賈公彥疏: "《特牲》主婦致爵於主人, 肝燔立從, 此無肝、燔從, 故云變於士也."

776) 鄭玄注: "自酢, 不更爵, 殺."
賈公彥疏: "此決上主婦受酢時, 祝易爵洗酌, 授尸, 尸以酢主婦. 今自酢, 又不更爵, 故云殺也."

777) 《儀禮章句》卷17 "酌以醋": "更爵."

778) 《儀禮集說》卷17: "李寶之曰: 主人不致爵於主婦, 異於士."

779) 《儀禮集說》卷17: "主婦亦坐祭, 立飮而卒爵, 此文略也."

수레)하는 것은 士禮《특생궤식례》11 주②)에서 술을 祭한 뒤에 술잔을 내려놓았던 것과 다른 것이다.[780]

⑫ 賓拜受爵

이것은 賓長(上賓)이 절하고 시동이 주는 답잔을 받는 것이다.

⑬ 獻祝及二佐食

【按】敖繼公에 따르면 賓長이 祝에게 헌주할 때는 북향하여 절하고 좌식에게 헌주할 때는 서향하고 절한다.[781] 秦蕙田에 따르면 여기 하대부의 예가 상대부의 예와 다른 것은 두 가지이다. 하나는 상대부의 예에서 祝이 술을 祭하고 술을 조금 맛본 뒤에 술잔을 내려놓았던 것《소뢰궤식례》20)과 달리 여기에서는 술잔을 내려놓지 않은 것이고, 다른 하나는 상대부의 예에서 좌식에게는 헌주하지 않았는데《소뢰궤식례》20 주①) 여기에서는 좌식에게도 헌주한다는 것이다. 또 士의 禮와 다른 것 역시 두 가지이다. 하나는 사의 예에서 축에게 헌주할 때 따라 올리는 燔俎가 있었던 것《특생궤식례》11)과 달리 여기에서는 없다는 것이고, 다른 하나는 사의 예에서 좌식은 한 사람이었는데《특생궤식례》11) 여기에서는 한 사람이 더 많다는 것이다.[782]

⑭ 酌

【按】胡培翬에 따르면 賓長은 이때 東房 안에서 주부에게 爵을 보낸다. 호배휘는 또 吳廷華의 설을 인용하여 이때 빈장은 작을 바꾸어서 주부에게 작을 보낸다고 하였다.[783]

⑮ 主婦北堂

정현의 주에 따르면 "北堂은 방의 중간 북쪽이다.〔北堂, 中房以北.〕" 즉 주부가 동방의 절반 북쪽에 서는 것을 이른다.

⑯ 司宮設席, 東面

【按】주소에 따르면 빈이 주부에게 잔을 보낼 때 여기 하대부의 예에서 주부의 자리를 동향으로 편 것은 주부의 자리를 남향으로 폈던 士禮《특생궤식례》11)와 다르게 한 것이다. 宗婦(족친의 부인)는 주부에게 통섭되기 때문에 주부에 따라서 변동된다. 즉 종부는 士禮에서 북쪽을 상위로 하여 동향했던 것과 달리 여기 下大夫의 禮에서는 서쪽을 상위로 하여 남향한다. 주부와 종부는 사의 禮와 하대부의 예에서 위치와 방향을 서로 바꾸는 것이다.[784] 儐尸하는 상대부의 예에서는 주부의 자리를 남향으로 편다.《유사철》10)

⑰ 主婦席北, 東面拜受爵

【按】정현의 주에 따르면 주부가 자리의 북쪽에서 동향하여 절한 것은 북쪽을 하위로 본 것이다.[785] 《예기》〈曲禮〉에 "자리를 남향이나 북향으로 펼 경우에는 서쪽을 상위로 하고, 동향이나 서향으로 펼 경우에는 남쪽을 상위로 한다."라는 내용이 보인다.[786]

780) 鄭玄注: "作止爵乃祭酒, 亦變於士."
賈公彦疏: 《特牲》賓三獻如初, 燔從如初, 爵止, 無祭酒之文, 至三獻作止爵, 尸卒爵, 亦無祭酒之文. 知《特牲》祭酒訖乃止爵者, 以經云'燔從如初', 乃云'爵止', 鄭注云'初, 亞獻也', 亞獻時祭酒訖, 乃始燔從, 則三獻燔從如初, 始云'爵止', 明是祭酒旣訖, 乃始止爵. 今大夫作止爵乃祭酒, 故云變於士."

781) 《儀禮集說》卷17: "賓獻祝, 亦北面拜. 獻佐食, 亦西面拜."

782) 《五禮通考》卷112 吉禮: "此賓長獻祝, 佐食, 與儐禮異者二事. 祝不奠爵, 一也. 佐食亦得獻, 二也. 與《特牲禮》異者二事. 獻祝無燔從, 一也. 多一佐食, 二也."

783) 《儀禮正義》卷40: "此賓致爵主婦, 亦於房中也.…… 吳氏《章句》云: '致爵主婦, 亦易爵.'"

784) 鄭玄注: "內子東面, 則宗婦南面西上也."
賈公彦疏: 《特牲·記》宗婦北堂, 東面北上, 注云: '宗婦宜統於主婦, 主婦南面.' 此東面, 故云變於士妻. 云內子東面則宗婦南面西上者, 此無正文, 鄭以意解之. 何者? 宗婦位繼於主婦, 今主婦准《特牲》在宗婦位易處, 則宗婦位亦易處在主婦位, 南面西上可."

785) 鄭玄注: "席北東面者, 北爲下."

786) 《禮記》〈曲禮上〉: "席南鄕北鄕, 以西方爲上; 東鄕西鄕, 以南方爲上."

⑱ 婦人贊者

【按】정현의 주에 따르면 宗婦(족친의 부인)의 弟婦이다.[787] 즉 종부 중의 나이 어린 사람
이다. 〈유사철〉 10 주④ 참조.

⑲ 佐食設俎

俎에 담는 牲體도 羊牲과 豕牲의 左胖에서 취하는 것이다.

⑳ 豕折

정현의 주에 따르면 "豕折은 豕의 骨體를 자른 것이다. 자른 부위를 말하
지 않은 것은 생략한 것이다.〔豕折, 折豕骨也. 不言所折, 略之.〕" 이미 생략
했다고 하면 어떤 골체를 자른 것인지 지금은 알 수 없다.

㉑ 肺

원문에는 '肺' 앞에 '祭'가 더 있다. 阮元의 교감본에 "唐石經에는 '祭'자가 없
다. 敖繼公은 '여기의 肺는 嚌羊肺(즉 離肺)이니, 祭라고 한 것은 잘못 더 들어
간 것이다.'라고 하였다.〔祭字, 唐石經無. 敖氏曰: 此肺, 嚌羊肺(卽離肺)也, 曰
祭者, 誤衍爾.〕"라고 하였다. 漢簡本에도 '祭'가 없으니 오계공의 말이 옳다.

【按】여기의 폐는 羊牲의 嚌肺(식용 폐)이다. 〈유사철〉 4 주㉚ 참조.

㉒ 魚一, 腊臑

이것도 佐食이 모아담은 것이다. 〈유사철〉 28 주⑨⑩ 참조.

㉓ 立卒爵拜

【按】정현의 주에 따르면 주부가 서서 마시고 다 마신 뒤에 절하는 것은 대부인 주인의
예와 달리한 것이다.[788] 일설에는 정현의 주에서 말한 '大夫'가 一本에 '丈夫'로 되어 있
다는 것을 근거로 하여, 이것은 주인, 시동, 賓 등 장부의 예와 다른 것을 말한 것으로 보
기도 한다.[789] 그러나 盛世佐는 여기에서 말한 '대부'는 주인을 가리키는 것이며, 비록
잔의 술을 다 마시고 절을 한다는 점에서는 주부와 같으나, 주인은 앉아서 마시고 주부
는 서서 마시기 때문에 바로 이 점에서 다르다고 보았다.[790] 胡培翬는 各本에 '大夫'로
되어 있다는 것을 근거로 성세좌의 설을 옳다고 보았다.[791]

㉔ 易爵于篚

【按】敖繼公에 따르면 '篚'는 당 아래 洗 옆에 둔 下篚이다.[792]

㉕ 醋于主人

앞에서 賓長(上賓)이 주인에게 술을 올렸기 때문에 이때 빈장이 스스로 술
을 따라 주인을 대신하여 자기에게 답잔을 주는 것이다.

【按】가공언의 소에 따르면 이 절에서는 모두 10잔의 술이 오간다. 즉 (1)빈장이 시동에

787) 鄭玄注: "婦人贊者, 宗
婦之弟婦也."

788) 鄭玄注: "立飲拜旣爵者,
變於大夫."

789)《儀禮注疏》卷50 校勘
記: "大夫, 周學健云: '一本作
丈夫, 此謂主婦, 故對丈夫而
言, 丈夫則兼尸, 賓, 非專指大
夫也.'"

790)《儀禮集編》卷40: "註云
'變于大夫者, 大夫謂主人也.
主人受賓致爵, 坐祭, 遂飲, 卒
爵拜. 此雖亦拜旣爵, 而立飲,
是其異者."

791)《儀禮正義》卷40: "今案
各本皆作大夫, 據盛說似作大
夫爲是."

792)《儀禮集說》卷17: "易爵
於篚, 亦下篚也."

게 獻, (2)주부가 주인에게 致, (3)주부가 주인을 대신하여 스스로에게 酢, (4)시동이 내려놓았던 잔을 들어 다 마신 뒤에 빈장에게 酢, (5)빈장이 祝에게 獻, (6)빈장이 上佐食에게 獻, (7)빈장이 下佐食에게 獻, (8)빈장이 주인에게 致, (9)빈장이 주부에게 致, (10)빈장이 주인을 대신하여 스스로에게 酢하는 것이다.[793]

㉖ 賓以爵降, 奠于篚

정현의 주에 따르면 "賓이 2명의 佐食에게까지 헌주하는 의절부터 여기까지는 마찬가지로 儐尸禮와는 다르다.〔自賓獻及二佐食至此, 亦異於賓.〕"

【按】가공언의 소에 따르면 〈소뢰궤식례〉에서 賓長이 祝에게까지만 헌주하고 좌식에게는 헌주하지 않는 점과 다르다는 말이다.[794]

㉗ 宰夫羞房中之羞, 司士羞庶羞

〈유사철〉 13 주②④ 참조.

㉘ 內羞

즉 房中之羞(동방 안에 진열했던 음식)이다.

32. 不儐尸禮에서 주인이 衆賓·형제·私人과 東房 안의 內賓에게 두루 헌주함(賓三獻)

主人降, 拜衆賓①, 洗, 獻衆賓。其薦、肴(증), 其位, 其酬, 醋, 皆如儐禮②。
主人洗, 獻兄弟與內賓與私人③, 皆如儐禮。其位, 其薦、肴, 皆如儐禮。卒, 乃羞于賓、兄弟、內賓及私人, 辯(편)④。

주인이 당을 내려가 衆賓에게 절하고 당 아래 南洗에서 술잔을 씻어 당에 올라가 술을 따라 서쪽 계단 윗쪽에서 중빈에게 헌주한다. 중빈에게 올리는 薦(脯와 醢)과 肴(증. 牲俎), 중빈의 위치(서쪽 계단 서남쪽에서 동향하는 자리), 주인이 長賓에게 酬酒하는 예, 주인이 장빈을 대신하여 스스로에게 답잔을 주는 예는 모두 儐尸하는 상대부의 예와 같이 한다. 주인이 잔을 씻어 동쪽 계단 윗쪽에서 형제에게 헌주하고, 東房 안에서 內賓(고모·자매·族人의 부인)에게 헌주하고, 동쪽 계단 윗쪽에서 私人에게

793] 賈公彦疏: "此一節之內, 凡有十爵: 獻尸, 一也; 主婦致爵於主人, 二也; 主人酢主婦, 三也; 尸作止爵, 飮訖酢賓長, 四也; 賓獻祝, 五也; 又獻上佐食, 六也; 又獻下佐食, 七也; 賓致爵于主人, 八也; 又致爵于主婦, 九也; 賓受主人酢, 十也."

794] 賈公彦疏: "異者, 謂賓獻及二佐食以下, 至此奠于篚, 異於《少牢》賓長獻直及祝, 不及佐食, 故鄭彼注云 '不獻佐食, 將儐尸, 禮殺' 是也."

헌주하는데, 모두 빈시하는 상대부의 예와 같이 한다. 그들 각각의 위치와 그들에게 올리는 천과 증은 모두 빈시하는 상대부의 예와 같이 한다. (형제는 洗의 동쪽에서 서향, 사인은 형제의 남쪽에서 서향, 내빈은 동방 안에 위치한다.) 주인이 헌주를 다 마치고 나면 (주인은 室戶 안의 서향하는 자리로 돌아간다.) 이어 빈·형제·내빈과 사인에게까지 두루 庶羞를 올린다.

① 衆賓

張爾岐에 따르면 여기에서는 上賓에서부터 이하 모든 賓을 포함한다.[795] 다음에 나오는 '衆賓'도 같다.

② 皆如儐禮

儐尸禮에서 주인이 衆賓에게 헌주하고(《유사철》 14, 15), 주인이 長賓에게 酬酒를 올리고(《유사철》 17), 주인이 장빈을 대신하여 스스로 酢酒를 따라 마시는(《유사철》 16) 등의 예를 빈시례를 하지 않는 이 경우에도 모두 그와 같이 하는 것을 이른다.

③ 獻兄弟與内賓與私人

儐尸禮에서 주인이 兄弟, 内賓, 私人에게 헌주하는 것은 각각 〈유사철〉 18, 19, 20에 보인다.

【按】 '内賓'은 〈유사철〉 19 주② 참조.

④ 卒……私人, 辯

儐尸하는 상대부의 예에서는 주인이 헌주를 마치면 두 사람이 觶(치)를 들어 旅酬禮를 행하기를 기다렸다가 庶羞를 올렸는데(《유사철》 22) 여기에서는 헌주를 마치고 나면 바로 서수를 올리니, 이 부분이 빈시를 하는 상대부의 예와 다른 점이다.

33. 不儐尸禮에서 衆賓長이 시동에게 加爵함

賓長獻于尸①, 尸醋。獻祝。致, 醋②。賓以爵降③, 實于篚。

賓長(衆賓長)이 술잔에 술을 따라 시동에게 헌주한다. 시동이 빈장에

795] 《儀禮鄭注句讀》 卷17:
"衆賓, 謂自上賓而下."

게 酢酒를 준다.

빈장이 祝에게 헌주한다.

빈장이 주인·주부에게 잔에 술을 따라 보내고, 술을 따라 주인을 대신하여 스스로에게 酢酒를 준다.

빈장이 빈 잔을 들고 당을 내려가 下篚(당 아래의 篚)에 담는다.

① 賓長獻于尸

'賓長'은 여기에서는 衆賓長을 이른다. '獻于尸'는 胡培翬에 따르면 시동에게 加爵(三獻 외에 더 올리는 술잔)을 올리는 것이다.

【按】胡培翬에 따르면 이때 모두 6번의 잔이 오간다. 즉 (1)賓長이 시동에게 헌주, (2)시동이 빈장에게 酢酒, (3)빈장이 祝에게 헌주, (4)빈장이 주인에게 致酒, (5)빈장이 주부에게 致酒, (6)빈장이 주인을 대신하여 스스로에게 酢酒하는 것이다.[796]

② 致, 醋

胡培翬에 따르면 "잔을 주인에게 보내고, 잔을 주부에게 보내고, 또 주인을 대신하여 스스로에게 답잔을 주는 것이다.〔致爵于主人, 致爵于主婦. 又酢于主人.〕"

【按】정현의 주에 따르면 여기에서 '如初'라고 말하지 않은 이유는 빈장이 시동에게 삼헌할 때〈유사철〉31)와 다르기 때문이다. 즉 시동은 중빈장이 올린 술잔을 내려놓지 않고 바로 마시며, 중빈장은 좌식에게까지 술잔을 올리지 않는다.[797]

③ 賓以爵降

【按】이때 사용하는 술잔에 대해서는 〈유사철〉 24 주① 참조.

34. 不儐尸禮에서 賓들과 형제들이 서로 酬酒함(무산 작례)

賓、兄弟交錯其酬, 無筭爵①。

賓들과 형제들이 두 개의 술잔(觶)을 가지고 酬酒를 서로 주고받아 無算爵禮(술잔의 수를 세지 않음)를 행한다.

796)《儀禮正義》卷40: "賓長獻尸, 尸醋賓長, 賓長獻祝, 又致爵于主人, 致爵于主婦, 又酢于主人, 凡六爵."

797) 鄭玄注: "不言如初者, 爵不止, 又不及佐食."

① 無筭爵

【按】주소에 따르면 이것은 당 아래의 빈과 형제들이 무산작을 행하는 일을 기록한 것이다. 즉 士禮에서는 여수례와 무산작례가 모두 있었던 것과 달리, 하대부는 여수례 없이 곧바로 무산작례를 행한다고 보았다.[798] 그러나 胡培翬는 '賓·兄弟交錯其酬'는 두 번의 여수례를 말한 것이며 '無筭爵'은 무산작례를 말하는 것으로 보았다. 호배휘에 따르면 이 때 사용하는 술잔은 觶(치)이다. 호배휘는 賓長이 주인에게 酬酒를 올릴 때 주었던 치로 長兄弟에게 수주를 올리고, 장형제는 형제 중의 나이 어린 사람이 들어 올렸던 치로 빈장에게 수주를 올려서 치 2개가 차례로 오가면서 두 번의 旅酬禮가 행해지며, 이어 빈장과 장형제가 각각 賓弟子와 兄弟弟子가 올린 치를 각각 들어 2개의 치가 동시에 오가는 무산작례가 행해지는데, 다만 여기에서는 글을 모두 갖추지 않은 것 뿐이라고 보았다.[799] 여기에서는 우선 다수설을 따라 주소의 설을 취하기로 한다.

35. 不儐尸禮에서 上佐食이 시동에게 加爵하고 祝에게 헌주함

利洗爵, 獻于尸①, 尸酢。獻祝, 祝受, 祭酒, 啐(쵀)酒, 奠之②。

利(上佐食)가 당 아래 南洗에서 술잔을 씻어 당에 올라가 술을 따라서 室 안으로 들어가 시동에게 헌주한다. 시동이 利에게 酢酒(답잔)를 준다. 利가 祝에게 헌주한다. 축이 이를 받아 술을 祭(고수레)하고 술을 조금 맛보고 잔을 내려놓는다.

① 利洗爵, 獻于尸

'利'는 盛世佐에 따르면 "상좌식을 이른다.〔謂上佐食.〕" 利가 시동에게 헌주하는 것은 胡培翬에 따르면 좌식이 시동에게 加爵을 올리는 것이다. 정현의 주에 "이것도 儐尸禮와 다른 점이다.〔此亦異於賓.〕"라고 하였다. 儐尸禮에는 좌식이 加爵을 올리는 禮가 없기 때문에 '異於賓'이라고 한 것이다.
【按】'爵'은 觚일 듯하다. 〈유사철〉 24 주① 참조.

798) 鄭玄注: "此亦與儐同者, 在此篇."
賈公彦疏: "此堂下兄弟及賓行無算爵, 似下大夫無旅酬, 故鄭云 '此亦與儐同者, 在此篇'. 若此經兼有旅酬, 鄭不得言與儐同."

799) 《儀禮正義》卷40: "此經云'賓·兄弟交錯其酬', 是亦謂賓取主人酬觶以酬長兄弟, 長兄弟取弟子所舉觶以酬賓, 二觶先後迭舉, 而爲二番旅酬也. 云'無算爵', 則謂賓長·兄弟長各取其弟子所舉之觶以相酬, 而二觶並行也. 特是賓長獻于尸之上, 亦當有兄弟弟子舉觶於其長一條, 無算爵之上, 亦當有賓弟子·兄弟弟子各舉觶於其長一條, 而文皆不具, 故啓後人不旅酬之議耳."

② 啐酒, 奠之

【按】盛世佐에 따르면 이때 〈특생궤식례〉와 다른 점은 祝이 잔의 술을 다 마시지 않는다는 것이다.[800]

36. 不儐尸禮에서 利成을 고하고(告利成), 시동이 廟門을 나가고, 시동의 집으로 尸俎를 보내고, 薦俎를 거둠

主人出, 立于阼階上, 西面。祝出, 立于西階上, 東面。祝告于主人曰: "利成①。"祝入。主人降, 立于阼階東, 西面。尸謖(속)。祝前, 尸從, 遂出于廟門。祝反, 復位于室中②。祝命佐食徹尸俎。佐食乃出尸俎于廟門外, 有司受, 歸之。徹阼薦、俎③。

주인이 室을 나가 당의 동쪽 계단 윗쪽에서 서향하고 선다.
祝이 실을 나가 당의 서쪽 계단 윗쪽에서 동향하고 선다.
축이 주인에게 "利成(시동을 공양하는 예가 이루어졌습니다.)"이라고 고한다.
축이 실 안으로 들어간다.
주인이 당을 내려가 동쪽 계단 동쪽에서 서향하고 선다.
시동이 일어나 실을 나간다.
축이 앞장서 인도하고 시동이 따라 나가 마침내 廟門을 나간다.
축이 묘문 밖에서 시동을 전송하고 되돌아와 실 안의 북쪽 벽을 등지고 남향하던 자리로 돌아간다. (주인도 실로 들어가 서향하던 자리로 돌아간다.) 축이 좌식에게 尸俎를 거두라고 명한다.
좌식이 이어 尸俎의 음식을 거두어 묘문 밖으로 나가면 有司가 이를 받아 시동의 집으로 보낸다.
좌식이 주인의 薦(籩·豆)과 俎를 거둔다.

① 利成

【按】〈특생궤식례〉 19 주② 참조.

② 祝反, 復位于室中

【按】이때 주인 역시 室 안의 서향하던 자리로 돌아간다. 〈소뢰궤식례〉 22 주② 참조.

③ 徹阼薦、俎

즉 주인의 薦·俎를 거두는 것이다. '薦'은 주인의 자리 앞에 올렸던 籩·豆를 이른다.(〈유사철〉 31) 주소에 따르면 이때 거둔 것은 東序의 앞에 놓는다.

【按】주소에 따르면 餕禮 전에 주인의 薦과 牲俎를 먼저 거두는 것은 士禮인 〈특생궤식례〉와 다르게 한 것이다.[801] 〈특생궤식례〉 20, 21 참조.

37. 不儐尸禮에서 2명의 佐食과 2명의 賓長이 대궁을 먹음(餕禮)

乃養(준), 如儐①。

이어 上佐食·下佐食·賓長(上賓)·衆賓長 4명이 대궁(시동이 남긴 음식)을 먹는데 儐尸(시동을 賓으로 대접함)하는 상대부의 예와 같이 한다.

① 如儐

정현의 주에 따르면 상편의 '司宮이 對席(尸席의 맞은편 자리)을 편다.〔司宮設對席〕'에서부터 이후로 기록된 네 사람이 대궁을 먹는 예와 같이 하는 것을 이른다.[802] 〈소뢰궤식례〉 22 참조.

38. 不儐尸禮에서 음식을 室의 서북쪽 모퉁이에 옮겨 진설하고(陽厭), 利成을 고하고(告利成), 衆賓이 廟門을 나가고, 祭物을 거둠

卒養(준), 有司官徹饋①, 饌于室中西北隅, 南面, 如饋之設。右几。厞(비)用席②。納一尊(준)于室中③。司宮掃祭④。

801) 鄭玄注: "先餕徹主人薦、俎者, 變于士。《特牲饋食禮》曰: '徹阼俎豆籩, 設于東序下.'"
賈公彦疏: "引《特牲》者, 證徹阼薦、俎所置之處也."

802) 鄭玄注: "謂上篇自司宮設對席至上餕興出也."

主人出, 立于阼階上, 西面。祝執其俎以出, 立于西階上, 東面。司宮闔牖(유)戶。祝告利成⑤, 乃執俎以出于廟門外。有司受, 歸之。

衆賓出, 主人拜送于廟門外⑥, 乃反⑦。婦人乃徹⑧, 徹室中之饌⑨。

餕禮(준례. 대궁을 먹는 예)를 마친 뒤에 有司官(司馬·司士·宰夫 등)이 饋(俎·敦·豆)를 거두어 室 안의 서북쪽 모퉁이(屋漏)에 남향으로 진설하는데, 陰厭의 제물을 진설할 때와 같은 예로 한다. 几를 자리 위의 오른쪽(서쪽)에 놓고 席으로 진설한 제물과 궤를 빙 둘러 가린다.

당 위의 玄酒尊과 酒尊 중 주준을 室 안으로 옮겨 진설한다.

司宮이 시동의 祭(豆 사이에 고수레했던 음식)를 거둔다.

주인이 실을 나와 동쪽 계단 윗쪽에 서서 서향한다.

祝이 자기의 俎를 들고 실에서 나와 서쪽 계단 윗쪽에 서서 동향한다.

사궁이 실의 창문과 室戶를 닫는다.

축이 주인에게 "利成(신을 섬기는 예가 이루어졌습니다.)"이라고 고하고, 이어 자기의 俎를 들고 廟門 밖으로 나간다.

有司가 축에게서 俎의 음식을 받아 축의 집으로 보낸다.

衆賓이 묘문을 나가면 주인이 묘문 밖에서 절하여(한꺼번에 한 번 절함) 보내고, 이어 침으로 되돌아간다.

부인들(主婦贊者와 婦人贊者)이 이어 室 안 축의 籩·豆와 동방 안 주부의 변·두·조를 거두고, 실 안의 陽厭으로 진설했던 제물을 거둔다.

① 有司官徹饋

'有司官'은 즉 有司이기도 하며 관리이기도 하다. 유사는 모두 관리이기 때문에 '유사관'이라고 칭한 것이다. '徹饋'는 정현의 주에 따르면 "司馬와 司士가 俎를 들고 宰夫가 敦(대)와 豆를 취하는 것이다.(司馬, 司士擧俎, 宰夫取敦及豆.)" 음식을 거두는 목적은 陽厭을 다시 진설하기 위해서이니, 이것도 儐尸하는 상대부의 예와 다른 점이다. 郝敬에 따르면 "儐尸하는 상대부의 경우에는 예가 구비되어 신이 배불리 먹기 때문에 다시 진설하지 않아도 되지만, 빈시하지 않는 하대부의 경우에는 이때 음식을 옮겨서 진설하는 예가 있다.〔儐尸則禮備而神厭足, 可無改設. 不儐尸於是有改設之禮.〕"

② 胏用席

【按】〈특생궤식례〉 21 주⑥ 참조

③ 納一尊于室中

정현의 주에 따르면 "陽厭은 陰厭보다 禮를 줄여 玄酒가 없다.〔陽厭殺, 無玄酒.〕"〈특생궤식례〉 21 주⑦ 참조.

④ 掃祭

정현의 주에 따르면 豆 사이에 祭했던 음식물을 깨끗하게 치우는 것이다. 정현은 또 舊說을 인용하여 음식물을 거둔 뒤에 서쪽 계단의 동쪽에 묻는다고 하였다.[803]

⑤ 祝告利成

吳廷華에 따르면 祝은 '利成'을 두 차례 고한다. 첫 번째는 시동을 봉양하는 예가 이루어져서 고한 것이고, 두 번째는 陽厭을 다시 진설하는 것이 끝남으로 인해 "시동이 室로 들어오기 전에 신을 흠향시키는 것을 마쳤다는 뜻이다.〔終尸未入饗神之意.〕" 시동이 실에 들어가기 전에 陰厭을 진설하여 신을 흠향시켰는데 이때 옮겨 양염을 진설하는 것은 사실 앞에서 신을 흠향시키는 뜻을 이어서 마친 것이다. 즉 양염을 다시 진설한 것은 신을 흠향시키는 예가 이루어진 것이다. 신을 흠향시키는 것이 바로 신을 봉양하는 것이기 때문에 재차 '利成'을 고하는 것이다.

【按】吳廷華에 따르면 '利成'을 두 번 고하는 것은, 첫 번째는 시동을 섬기는 禮가 끝나서 시동을 세우는 것을 마쳤다는 뜻으로 고하는 것이고, 두 번째는 室 안에 다시 음식을 옮겨 놓아 시동이 들어오기 전에 신을 흠향시키는 예를 마쳤다는 뜻으로 고하는 것이다. 또 첫 번째 고하는 것은 주인에게 당을 내려가 동쪽 계단 아래 서서 시동을 전송하는 의절을 고하는 것이고, 두 번째 고하는 것은 주인에게 賓을 전송하는 의절을 고하는 것이기도 하다.[804]

⑥ 主人拜送于廟門外

胡培翬에 따르면 "衆賓이 廟門을 나갈 때 한꺼번에 한번만 절하여 전송한다.〔於衆賓之出, 總一拜送而已.〕"

⑦ 乃反

【按】〈유사철〉 27 주⑤ 에 근거하면 이때 주인은 寢으로 되돌아간다.

803) 鄭玄注: "埽豆間之祭. 舊說云: '埋之西階東.'"
804) 《儀禮章句》卷17: "兩告利成者, 先爲事尸禮畢, 告之以終立尸之意, 後則改饌室中, 告之以終尸未入祝饗之意也. 又先告以爲主人降立之節, 再告以爲主人送賓之節."

⑧ 婦人乃徹

　'婦人'은 胡培翬에 따르면 "婦贊者 등속이다.〔婦贊者之屬.〕" 즉 主婦贊者
와 婦人贊者를 이른다. 정현의 주에 따르면 "祝의 籩·豆와 방안에 있는 籩
·豆·俎를 거두는 것이다.〔徹祝之薦及房中薦、俎.〕" 축이 직접 자기의 俎를
들고 室을 나갔지만 실 안의 축의 자리 앞에 올렸던 변·두와 庶羞는 여전
히 남아 있기 때문에 부인이 거두는 것이다.

　'房中薦、俎'는 주부의 자리 앞에 올렸던 변·두·조·서수 등을 가리킨다.

　【按】주소에 따르면 앞에서 餕禮(준례. 대궁을 먹는 예)가 끝나고 陽厭을 행하기 위해 有司官
이 室의 서남쪽 모퉁이(奧)에 진설했던 祭物을 실의 서북쪽 모퉁이(屋漏)로 옮겨 진설했는
데, 이때 와서 부인이 거두도록 한 것은 유사관과 부인이 함께 같은 일을 겸하도록 한 것
으로, 예를 줄인 것이다.[805] 敖繼公은 앞의 '婦人乃徹'은 부인이 거두는 일을 한다고 말
한 것으로 보았다. 즉 바로 다음에 옮겨 다시 진설한 室 안의 제물을 거두는 것이 바로
그 일이라는 것이다.[806] 그러나 胡培翬는 '婦人乃徹'에 대해, 정현의 주에서 이미 '祝의
籩·豆와 방안에 있는 籩·豆·俎를 거두는 것이다.'라고 하였다면 이것은 방 안의 제물만
을 가리킨 것이 아니라 正祭 때 사용한 제물 중 아직 거두지 않은 것을 모두 부인이 거
둔다는 의미로 보았다. 그리고 다음에 다시 '徹室中之饌'이라고 한 것은 옮겨 진설한 제
물은 부인이 거두지 않는다고 오해할까 두려워 함께 말한 것 뿐이라고 하여 오계공의 설
을 오류로 단정하였다.[807]

⑨ 徹室中之饌

　정현의 주에 따르면 "有司가 차리고 부인이 거둔다.〔有司饌之, 婦人徹之.〕"
유사가 옮겨 진설했던 陽厭을 지금 또 부인들이 거둔다는 말이다. 앞에서
祝이 "利成(공양하는 예를 마치다)"이라고 고한 것은 신을 흠향시키는 예가 이미
끝났다는 것이기 때문에 이때 거두는 것이다.

805) 鄭玄注: "有司饌之, 婦
人徹之, 外內相兼, 禮殺."
賈公彥疏: "此徹室中之饌者,
於上經'有司徹饋, 饌於室中
西北隅'者, 今使婦人徹之, 故
云外內相兼. 外者, 謂有司官
改饌西北隅; 內者, 謂今婦人
徹饋, 故云相兼也."

806)《儀禮集說》卷17: "(婦
人乃徹)言婦人乃爲徹事也,
其事在下. 室中之饌, 卽改設
者也."

807)《儀禮正義》卷40: "今
案上注兼云'徹祝之薦', 則鄭
意不以婦人乃徹句, 爲專指房
中言矣. 蓋經上言'婦人乃徹'
者, 謂正祭之薦、俎凡未徹者,
皆婦人徹之; 下復言'徹室中
之饌'者, 恐人疑改設之饌, 不
使婦人徹, 故并言之. 敖說, 褚
說俱非《特牲》陽厭改設之饌,
當亦婦人徹之, 經不言者, 以
已見於此也."

• 참고문헌

국내

未詳(朝鮮), 《全韻玉篇》, 1819(순조19).

宣祖 命編(朝鮮), 《孟子諺解》목판본, 국립중앙도서관 소장(古朝09-라2), 미상.

세종대왕기념사업회, 《世宗實錄》, 서울:세종대왕기념사업회, 1987-94.

세종대왕기념사업회, 《肅宗實錄》, 서울:세종대왕기념사업회, 1987-94.

柳長源(朝鮮), 《常變通攷》影印本, 韓國禮學叢書54-57, 부산:경성대학교, 2008.

李圭景(朝鮮), 《五洲衍文長箋散稿》필사본, 국립중앙도서관 소장(古031-3), 미상.

丁若鏞(朝鮮), 《春秋考徵》, 京城: 新朝鮮社, 1936.

正祖(朝鮮), 《全韻玉篇》, 影印本, 大田:學民文化社, 1998.

池錫永(朝鮮), 《(增補)字典釋要》(1909年 滙東書館本 影印), 서울:아세아문화사, 1975.

국외

甘肅省博物館·中國科學院考古硏究所, 《武威漢簡》, 北京:文物出版社, 1964.

江永(淸), 《儀禮釋宮增注》, (文淵閣)四庫全書 109, 臺北:商務印書館, 民國72(1983).

姜兆錫(淸), 《儀禮經傳(內編·外編)》, 續修四庫全書87, 上海:上海古籍出版社, 1995.

高宗(淸), 《欽定儀禮義疏》, (文淵閣)四庫全書 106-107, 臺北:商務印書館, 民國72(1983)

凌廷堪(淸), 《禮經釋例》, 北京:北京大學出版社, 2012.

段玉裁(淸), 《說文解字注》, 續修四庫全書 205-208, 上海:上海古籍出版社, 1995.

劉沅(淸), 《儀禮恒解》, 續修四庫全書 91, 上海:上海古籍出版社, 1995.

劉熙(東漢), 《釋名》, (文淵閣)四庫全書 221, 臺北:商務印書館, 民國72(1983)

陸德明(唐), 《經典釋文》, (文淵閣)四庫全書 182, 臺北:商務印書館, 民國72(1983)

方苞(淸), 《儀禮析疑》, (文淵閣)四庫全書 109, 臺北:商務印書館, 民國72(1983)

聶崇義(宋), 《三禮圖集注》, (文淵閣)四庫全書 129, 臺北:商務印書館, 民國72(1983)

盛世佐(淸), 《儀禮集編》, (文淵閣)四庫全書 111, 臺北:商務印書館, 民國72(1983)

十三經注疏整理委員會, 《毛詩正義》, 毛亨(漢)傳, 鄭玄(漢)箋, 孔穎達(唐)正義, 北京:北京大學出版社, 2000.

十三經注疏整理委員會, 《禮記正義》, 鄭玄(漢)注, 孔穎達(唐)正義, 北京:北京大學出版社, 2000.

十三經注疏整理委員會,《儀禮注疏》, 鄭玄(漢)注, 賈公彦(唐)疏, 北京:北京大學出版社, 2000.

十三經注疏整理委員會,《爾雅注疏》, 郭璞(晉)注, 邢昺(宋)疏, 北京:北京大學出版社, 2000.

十三經注疏整理委員會,《周禮注疏》, 鄭玄(漢)注, 賈公彦(唐)疏, 北京:北京大學出版社, 2000.

楊復(南宋),《儀禮圖》, (文淵閣)四庫全書 104, 臺北:商務印書館, 民國72(1983)

楊復(南宋),《儀禮旁通圖》, (文淵閣)四庫全書 104, 臺北:商務印書館, 民國72(1983)

楊天宇(中國),《鄭玄三禮注研究》, 天津:天津人民出版社, 2007.

敖繼公(元),《儀禮集說》, (文淵閣)四庫全書 105, 臺北:商務印書館, 民國72(1983)

吳廷華(清),《儀禮章句》, (文淵閣)四庫全書 109, 臺北:商務印書館, 民國72(1983).

吳浩(清),《十三經義疑》, (文淵閣)四庫全書 191, 臺北 :臺灣商務印書館, 未詳.

王力(中國),《王力古漢語字典》, 北京: 中華書局, 2005.

王士讓(清),《儀禮糾解》, 續修四庫全書 88, 上海:上海古籍出版社, 1995.

王引之(清),《經義述聞》, 續修四庫全書 175, 上海:上海古籍出版社, 1995.

姚際恒(清),《儀禮通論》, 續修四庫全書 86, 上海:上海古籍出版社, 1995.

容庚(中國),《商周彝器通考》, 上海:上海人民出版社, 2008.

熊朋來(元),《五經說》, (文淵閣)四庫全書 184, 臺北:商務印書館, 民國72(1983).

俞樾(清),《群經平議》, 續修四庫全書 178, 上海: 上海古籍出版社, 1995.

李如圭(南宋),《儀禮釋宮》, (文淵閣)四庫全書 103, 臺北:商務印書館, 民國72(1983)

李如圭(南宋),《儀禮集釋》, (文淵閣)四庫全書 103, 臺北:商務印書館, 民國72(1983)

張淳(南宋),《儀禮識誤》, (文淵閣)四庫全書 103, 臺北:商務印書館, 民國72(1983)

張爾岐(清),《儀禮鄭注句讀》, (文淵閣)四庫全書 108, 臺北:商務印書館, 民國72(1983)

張惠言(清),《儀禮圖》, 續修四庫全書 91, 上海:上海古籍出版社, 1995.

褚寅亮(清),《儀禮管見》, 北京:中華書局, 1985.

錢玄(中國),《三禮通論》, 南京:南京師範大學出版社, 1996.

程瑤田(清),《儀禮喪服文足徵記》, 上海:上海書店, 1994.

周祈(清),《名義考》, (文淵閣)四庫全書 856, 臺北:臺灣商務印書館, 未詳.

朱熹(南宋),《儀禮經傳通解》,《朱子全書》2-5, 上海:上海古籍出版社·安徽教育出版社, 2002.

池田末利(日本),《儀禮》Ⅰ-Ⅴ, 東京:東海大學出版會, 昭和52(1977).

陳祥道(北宋),《禮書》, (文淵閣)四庫全書 130, 臺北:商務印書館, 民國72(1983)

蔡德晉(淸),《禮經本義》, (文淵閣)四庫全書 109, 臺北:商務印書館, 民國72(1983).

夏炘(淸),《學禮管釋》, 續修四庫全書 93, 上海:上海古籍出版社, 1995.

郝敬(明),《儀禮節解》, 續修四庫全書 85, 上海:上海古籍出版社, 1995.

許愼(東漢) 原著, 湯可敬(中國) 撰,《說文解字今釋》, 長沙: 岳麓書社, 2002.

惠士奇(淸),《禮說》, (文淵閣)四庫全書 101, 臺北 :商務印書館, 民國72(1983).

胡匡衷(淸),《儀禮釋官》, 續修四庫全書 89, 上海:上海古籍出版社, 1995.

胡培翬(淸),《儀禮正義》, 續修四庫全書 92, 上海:上海古籍出版社, 1995.

黃幹(南宋),《儀禮經傳通解續》, (文淵閣)四庫全書 131-32, 臺北:商務印書館, 民國72(1983)

黃以周(淸),《禮書通故》, 續修四庫全書 112, 上海:上海古籍出版社, 1995.

惠棟(淸),《九經古義》, (文淵閣)四庫全書 191, 臺北:商務印書館, 民國72(1983)

胡廣等(明),《禮記大全》, (文淵閣)四庫全書 122, 臺北:商務印書館, 民國72(1983)

胡匡衷(淸),《儀禮釋官》, 續修四庫全書 89, 上海:上海古籍出版社, 1995.

胡培翬(淸),《儀禮正義》, 續修四庫全書 92, 上海:上海古籍出版社, 1995.

黃幹(南宋),《儀禮經傳通解續》, (文淵閣)四庫全書 131-32, 臺北:商務印書館, 民國72(1983)

黃以周(淸),《禮書通故》, 續修四庫全書 112, 上海:上海古籍出版社, 1995.

표 1 〈특생궤식례〉

날짜	과정	시간	장소	음식 및 제기
	筮日		묘문 밖 闑의 서쪽, 閾의 바깥쪽	
3일전	筮尸	아침	묘문 밖 闑의 서쪽, 閾의 바깥쪽	
2일전	宿尸		시동의 집 대문 밖	
	宿賓		賓의 집 대문 밖	
1일전	視濯 視牲	저녁	〈묘문 안〉 □ 阼階 동남쪽: 洗 □ 東序 앞: 壺2, 枑禁 □ 東房 안: 豆, 籩, 鉶 □ 西堂: 几, 席, 敦 〈묘문 밖〉 鼎, 牲(豕), 腊(兔), 枑	
	爲期	저녁	묘문 밖	
祭日	陳設 設位	아침	묘문 안팎	3鼎(豕·魚·腊), 2敦(黍飯·稷飯), 2壺(玄酒·酒) 篚(2爵, 2觚, 4觶, 1角, 1散) 槃, 匜水, 簞, 巾
	陰厭 (祝祝)		묘의 室 안 서남쪽	2豆(葵菹, 蝸醢) 3俎(豕, 魚, 腊) 2敦(黍飯, 稷飯) 2鉶(芼羹, 芼羹) 1觶(酒)
	迎尸		묘문 밖: 축이 주인을 대신 하여 맞이함 묘문 안: 주인이 동쪽 계단 동쪽에서 맞이함	
	尸九飯		묘의 室 ※시동의 9飯 뒤, 宗婦는 饎爨에 祭, 烹者는 雍爨에 祭	□ 食前祭 尸按祭(葵菹, 蝸醢, 黍飯, 稷飯, 祭肺) □ 九飯 祭·啐·告旨(酒) 祭·嘗·告旨(鉶羹), 太羹湆 振祭·嚌·食(飯, 離肺, 正脊): (離肺·正脊을 葵菹豆 위에 올려놓음) 肵俎(豕心·豕舌) 3飯, 告飽 侑, 振祭·嚌(豕長脅, 兔腊長脅, 魚1): (肵俎 위에 올려놓음) 庶羞4豆(膮炙·臷·醢) 3飯, 告飽 侑, 振祭·嚌(豕骼, 兔腊骼, 魚1): (肵俎 위에 올려놓음) 3飯, 告飽 侑, 振祭·嚌(豕肩, 兔腊肩, 魚1): (葵菹豆 위의 離肺·正脊과 함께 肵俎 위에 올려놓음)

祭日				
	初獻 (主人) 嘏辭 (祝)		묘의 室	□ 主人獻尸 祭·啐(酒) 振祭·嚌(肝, 鹽) 卒角(酒) □ 尸酢主人 授祭(黍飯·稷飯·祭肺) 祭·啐(酒) 嘏辭(黍團子) 振祭·嚌(黍團子) 卒角(酒) 嚌(黍團子) □ 主人嚌祝 擩祭(葵菹·蝸醢) 絕祭·嚌(離肺) 祭·啐(酒) 振祭·嚌(肝, 鹽) 卒角(酒) □ 主人獻佐食 祭·卒角(酒)
	亞獻 (主婦)		묘의 室	□ 主婦獻尸 授祭(黍棗·黍栗) 祭·啐(酒) 振祭·嚌(燔肉, 鹽): (肵俎 위에 올려놓음) 卒爵(酒) □ 尸酢主婦 撫祭·授祭(黍飯·稷飯·祭肺) 祭·啐·卒爵(酒) □ 主婦獻祝 爵酒, 2籩(黍棗·黍栗), 燔俎(豕肉·鹽) □ 主婦獻佐食 祭·卒爵
	三獻 (賓長)		묘의 室 (묘의 東房: 주인이 주부에 게 致爵)	□ 賓獻尸 爵酒, 燔俎(豕肉·鹽) □ 主婦致主人 爵酒(內篚), 2豆(葵菹·蝸醢), 2籩(黍棗·黍栗), 豕俎 (離肺), 肝俎(鹽), 燔俎(豕肉·鹽) □ 主婦自酢 爵酒 □ 主人致主婦 爵酒(下篚), 2豆(葵菹·蝸醢), 2籩(黍棗·黍栗), 豕俎, 肝俎, 燔俎 □ 主人自酢 爵酒 □ 尸酢賓 爵酒 □ 賓獻祝 爵酒, 燔俎 □ 賓獻佐食 爵酒 □ 賓致主人·主婦 爵酒, 燔俎 □ 賓自酢 爵酒

祭日			묘의 당	□ 主人獻賓 爵酒, 豆(醢), 籩(脯), 折俎 □ 主人自酢 爵酒 □ 主人獻衆賓 爵酒, 豆(醢), 籩(脯), 折俎 □ 主人酬賓 觶酒 □ 主人獻長兄弟 爵酒, 豆(醢) 籩(脯), 折俎 □ 主人獻衆兄弟 爵酒, 豆(醢) 籩(脯), 折俎
			묘의 東房	□ 主人獻內兄弟 爵酒, 豆(醢), 籩(脯), 折俎 □ 主人自酢 爵酒
	加爵 (長兄弟 衆賓長)		묘의 室	□ 長兄弟獻尸 觚酒 □ 尸酢長兄弟 觚酒 □ 長兄弟獻祝 觚酒 □ 長兄弟致主人·主婦 觚酒 □ 主人酢長兄弟 觚酒 □ 衆賓長獻尸(尸爵止) 觚酒
	獻尸 (嗣子)		묘의 室	□ 嗣子擧奠 觶酒(陰厭 때의 觶), 肝(鹽) □ 嗣子獻尸(尸爵止) 觶酒
	旅酬		묘의 동쪽 계단 아래: 장형제, 중형제, 佐食 묘의 서쪽 계단 아래: 장빈, 중빈, 宗人 묘의 東房: 주부, 내빈, 宗婦 묘문 안 西塾 앞: 公有司 묘문 안 東塾 앞: 私臣	〈여수례의 발단〉 □ 兄弟弟子擧觶于長兄弟 觶酒 □ 宗人告祭脀, 羞 祭(脯·醢·離肺), 羞(截·醢)
			묘의 당 아래: 丈夫 (묘의 東房: 주부, 내빈, 宗婦)	〈1차 여수례〉 □ 長賓酬長兄弟 觶酒 □ 長兄弟酬衆賓長 觶酒 □ 衆賓及衆兄弟相酬 觶酒

부록 1. 제례 내용 분석표 ❋ 367

		묘의 室	〈尸作止爵(衆賓長)〉 觚酒
		묘의 당 아래	〈2차 여수례〉 □ 長兄弟酬長賓 觶酒 □ 長賓酬衆兄弟 觶酒 □ 衆賓及衆兄弟相酬 觶酒
	無算爵	묘의 당 아래: 丈夫 (묘의 東房: 주부, 내빈, 宗婦)	□ 賓弟子及兄弟弟子擧觶其長, 卒觶 觶酒 □ 賓弟子及兄弟弟子相酬 觶酒
	獻尸 (利)	묘의 室	□ 利獻尸 散酒 □ 尸酢利 散酒 □ 利獻祝 散酒
	告利成 (祝)	묘의 당 위	
	送尸 (祝) 歸尸俎 (有司) 徹庶羞 (利)	送尸: 묘문 밖 徹庶羞: 西序 아래에 진열 (餕에 사용)	□ 歸俎 阼俎: 豕心, 豕舌, 豕牲·兎腊의 正脊2, 橫脊1, 長脅2, 短脅1, 右骼, 右肩, 右臂, 右肫, 豕牲의 離肺, 魚12 □ 徹庶羞 膮, 炙, 胾, 醢
	餕 (嗣子) (長兄弟)	묘의 室	□ 嗣子及長兄弟餕 黍飯, 鉶羹, 豕膚 □ 主人酳嗣子及長兄弟 爵酒 □ 嗣子酢主人 爵酒
	陽厭	묘의 室 안 서북쪽	葵菹, 蝸醢, 豕牲(正脊·長脅·臑), 魚3, 兎腊(正脊·長 脅·臑), 稷飯, 壺酒(酒), 豕膚1
	告利成 (祝)	묘의 당 위	
	告事畢 (宗人)	묘의 당 아래	
	送賓 (主人) 徹阼俎 (佐食) 歸賓俎 (有司) 出廟 (衆賓 衆兄弟)	묘문 밖	長賓俎: 有司가 歸俎 衆賓俎, 衆兄弟俎: 각각 직접 가지고 감

각 俎에 담는 牲體	尸俎: 牲俎(右胖의 肩·臂·臑·肫·胳, 正脊2, 橫脊1, 長脅2, 短脅1, 膚3, 離肺1, 刌肺3), 魚俎(15마리), 腊俎(牲俎와 동일. 다만 膚와 폐 없음) 祝俎: 右胖의 髀1, 脡脊2, 脅2, 膚1, 離肺1 胙俎: 左胖의 臂1, 正脊2, 橫脊1, 長脅2, 短脅1, 膚1, 離肺1 主婦俎: 右胖의 觳折1, 正脊2, 橫脊1, 長脅2, 短脅1, 膚1, 離肺1 佐食俎: 右胖의 觳折1, 脊1, 脅1, 膚1, 離肺1 賓俎: 左胖의 骼1, 脊1, 脅1, 膚1, 離肺1 長兄弟俎, 宗人俎: 각각 左胖의 觳折1, 脊1, 脅1, 膚1, 離肺1 衆賓俎, 衆兄弟俎, 內賓俎, 宗婦俎, 公有司俎, 私臣俎: 殽, 膚1, 離肺1
참여자의 복장	□ 祭日前 시동, 賓, 주인, 子姓, 형제, 有司, 執事者: 玄冠, 玄端, 緇帶, 緇韠, 黑屨 □ 祭日 주인: 玄冠, 玄端, 緇帶, 緇韠, 黑屨 주부: 纚, 筓, 宵衣 시동, 축, 좌식: 玄冠, 玄端(또는 朝服), 裳(玄·黃·雜), 緇帶, 爵韠, 黑屨 빈, 중빈, 형제, 자성: 玄冠, 朝服(緇衣·素裳), 緇帶, 緇韠, 白屨

東房 안에도 北洗를 설치하고 2호를 진설함
賓長과 長兄弟의 籩·豆는 東房에서 가져오고 나머지 사람들의 籩·豆는 東堂에서 가져옴

표 2 〈소뢰궤식례〉

날짜	과정	시간	장소	음식 및 제기
10일전	筮日		묘문 밖	
2일전	宿戒尸			
1일전	宿諸官			
	筮尸	아침	묘문 밖	
	宿尸		시동의 집 대문 밖	
	爲期	저녁	묘문 밖	
祭日	視牲 (告備) 視殺 濯漑	아침	〈묘문 밖〉 視牲, 視殺: 牢(羊,豕) 濯漑: 鼎, 鼎匕, 俎, 甑, 甗, 黍稷匕, 敦 〈묘문 안〉 濯漑: 豆, 籩, 勺, 爵, 觚, 觶, 几, 洗, 篚	
	陳列 載俎	아침	묘문 안	5鼎(羊, 豕, 魚, 腊, 膚) 2甒(玄酒, 酒) 肵俎(牢心, 牢舌) 羊俎(右肩, 右臂, 右臑, 右膊, 右骼, 正脊, 脡脊, 橫脊, 短脅, 正脅, 代脅, 腸3, 胃3, 擧肺, 祭肺3) 豕俎(右肩, 右臂, 右臑, 右膊, 右骼, 正脊, 脡脊, 橫脊, 短脅, 正脅, 代脅, 擧肺, 祭肺3)

				魚俎(鮒15) 腊俎(麋 左右胖) 膚俎(倫膚9)
			西室 안	筵, 几
			東房 안	豆, 籩, 鉶, 敦(菹, 醢 등)
	陰厭		묘의 室	4豆(韭菹, 醓醢, 葵菹, 蠃醢) 5俎(羊, 豕, 魚, 腊, 膚) 4金敦(黍飯2, 稷飯2) 1觶酒
	迎尸		묘문 밖 (축이 주인을 대신하 여 맞이함)	
	沃尸盥		묘문 안	槃, 匜水, 簞 巾
祭日	尸十一飯		묘의 室	□ 7飯 墮祭(韭菹, 醓醢, 蠃醢, 黍飯, 稷飯, 牢切肺1) 振祭・嚌(牢離肺, 牢正脊) 羞胏俎(牢心, 牢舌) 羞兩鉶(羊, 豕) 祭・嘗(牢鉶羹) 食(牢離肺・牢正脊): 韭菹豆 위에 올려놓음 3飯(黍飯) 振祭・嚌(牢正脅): (胏俎 위에 올려놓음) 羞四瓦豆(羊胾, 豕胾, 羊肉醢, 豕肉醢) 1飯(黍飯) 食(羊胾, 豕胾, 羊肉醢, 豕肉醢) 振祭・嚌(魚1): (胏俎 위에 올려놓음) 1飯(黍飯) 振祭・嚌(麋腊肩): (胏俎 위에 올려놓음) 1飯(黍飯) 振祭・嚌(牢骼): (胏俎 위에 올려놓음) 1飯(黍飯) *胏俎: 牢心, 牢舌, 牢正脅, 魚1, 麋腊肩, 牢骼 □ 尸告飽 □ 侑食(8飯 이후, 상대부) 祝侑 1飯(黍飯) 振祭・嚌(牢肩): (胏俎 위에 올려놓음) 尸告飽 主人侑 3飯(黍飯) *胏俎: 牢肩, 牢離肺, 牢正脊
				□ 主人獻尸 爵酒, 牢肝俎(鹽) 振祭, 嚌: (韭菹豆 위에 올려놓음) 卒爵 □ 尸酢主人 爵酒 綏祭(黍飯, 稷飯, 牢切肺) 祭酒, 啐酒

祭日	初獻 (祝嘏辭)		묘의 室	□ 祝嘏辭 振祭·嚌(黍團子) 卒爵 □ 主人獻祝 爵酒 2豆(葵菹, 蠃醢) 1俎(牢右髀, 橫脊, 短脅, 羊腸, 羊胃, 豕倫膚3, 魚1, 腊左右髀) 牢肝俎(鹽) □ 主人獻上佐食 爵酒 1俎(牢折, 豕倫膚1) □ 主人獻下佐食 爵酒 1俎(牢折, 豕倫膚1)
	亞獻		묘의 室	□ 主婦獻尸 爵酒 □ 尸酢主婦 爵酒 綏祭(黍飯, 稷飯, 牢切肺) □ 主婦獻祝 爵酒 □ 主婦獻二佐食 爵酒
	三獻		묘의 室	□ 賓長獻尸 爵酒 □ 尸酢賓長 爵酒 □ 賓長獻祝 爵酒
	告利成 (祝)		묘의 당	
	尸出俟次		묘문 밖 次	
	餕 (上餕嘏辭)		묘의 室	□ 佐食徹肵俎 □ 四餕者餕 上佐食: 黍飯, 豕倫膚, 羊鉶羹 下佐食: 黍飯, 豕倫膚, 豕鉶羹 上賓: 黍飯, 豕倫膚, 羊湆 衆賓長: 黍飯, 豕倫膚, 豕湆 □ 主人授四餕者 爵酒 □ 上餕酢主人(主人自酢) 爵酒 □ 上餕嘏辭 黍團子
참여자의 복장			□ 祭日前 主人, 史(筮人), 祝, 宗人: 朝服 □ 祭日 주인, 축: 朝服 주부, 주부찬자: 被錫, 宵衣移袂	

표 3 〈유사철〉

날짜	과정	장소	음식 및 제기
儐尸禮(상대부례)			
祭日 (正祭後)	徹饋俎 (有司)	묘의 室, 堂下	
	攝酒 (司宮)	묘의 당	甒酒
	爨俎升鼎	묘문 밖	尸俎 이하 各俎 및 左胖 牲肉
	設筵	당 위 室戶西: 尸 당 위 西序 앞: 侑	筵2
	迎尸侑	묘문 밖 次	
	陳列	묘문 안	鼎3(羊鼎, 豕鼎, 魚鼎) *倫膚는 豕鼎에 담고 腊은 庶羞로 올림 鼎匕3(羊匕, 豕匕, 魚匕) 俎6(尸羊俎, 侑羊俎, 主人羊俎, 主婦羊俎, 羊湆俎, 豕湆俎) 疏匕2(羊湆匕, 豕湆匕)
	初獻	묘의 당	□ 主人授尸几 □ 主人獻尸 爵酒, 4豆(韭菹·醓醢·昌菹·麋臐醢), 4籩(糗·蕡·白·黑) □ 載俎: 尸俎4 羊俎(右肩, 右臂, 右肫, 右骼, 右臑, 正脊, 脡脊, 橫脊, 短脅, 正脅, 代脅, 腸, 胃, 祭肺)→正俎 羊肉湆俎(右臑折, 正脊, 正脅, 腸, 胃, 嚌肺)→加俎 豕俎(右肩, 右臂, 右肫, 右骼, 右臑, 正脊, 脡脊, 橫脊, 短脅, 正脅, 代脅, 膚5, 嚌肺)→加俎 魚俎(魚5, 膴祭) □ 載俎: 侑俎3 羊俎(左肩, 左肫, 正脊, 脅, 腸, 胃, 切肺)→正俎 豕俎(左肩折, 正脊, 脅, 膚3, 切肺)→加俎 魚俎(魚1, 膴祭) □ 載俎: 阼俎4 羊俎(羊肺, 祭肺)→正俎 羊肉湆俎(左臂, 脊, 左脅, 腸, 胃, 嚌肺)→加俎 豕俎(左臂, 脊, 脅, 膚3, 嚌肺)→加俎 魚俎(魚1, 膴祭) □ 載俎: 主婦俎1 羊俎(羊左臑, 脊, 左脅, 腸, 胃, 豕膚1, 嚌羊肺)→正俎 □ 主人獻尸 設四俎: 羊俎, 羊匕湆俎, 羊肉湆俎, 羊燔俎(鹽) 墮祭(韭菹, 醓醢, 麋臐醢, 糗, 蕡, 白, 黑, 羊祭肺) 祭酒 墮祭·嚌(羊匕湆) 啐酒告旨 絕祭·嚌(羊嚌肺) 振祭·嚌(羊燔) 卒爵 □ 主人獻侑 爵酒, 2豆(韭菹·醓醢), 2籩(糗·蕡), 羊俎, 羊燔俎(鹽)

祭日 (正祭後)			□ 尸酢主人 爵酒, 2豆(韭菹·醓醢), 2籩(麷·蕡), 羊俎, 羊匕湆俎, 羊肉湆俎, 羊燔俎(鹽)
	亞獻	묘의 당	□ 主婦獻尸 爵酒, 2鉶(羊鉶羹·豕鉶羹), 2籩(糗餌·腵脩), 豕匕湆俎, 豕俎, 豕燔俎(鹽) □ 主婦獻侑 爵酒, 2籩(糗餌·腵脩), 豕俎, 豕燔俎(鹽) □ 主婦致主人 爵酒, 2鉶(羊鉶羹·豕鉶羹), 2籩(糗餌·腵脩), 豕匕湆俎, 豕俎, 豕燔俎(鹽) □ 尸酢主婦 爵酒, 2豆(韭菹·醓醢), 2籩(麷·蕡), 羊俎, 羊燔俎(鹽)
	三獻	묘의 당	□ 上賓獻尸(尸爵止) 爵酒
		묘의 당 (묘의 東房: 內賓)	□ 主人酬尸 觶酒 □ 羞尸·侑·主人·主婦 房中之羞(內羞): 2籩(糗餌·粉餈), 2豆(酏食·糝食) 庶羞: 4豆(羊臐, 豕膮, 牢炙, 牢醢) □ 主人獻上賓 爵酒, 1豆(醓), 1籩(脯), 1俎(羊左骼·腸·胃·切肺·豕膚1) □ 主人獻衆賓 爵酒, 1豆(醓), 1籩(脯), 1俎(남은 牲體) □ 上賓酢主人(主人自酢) 爵酒 □ 主人酬上賓 觶酒 □ 主人獻長兄弟 爵酒, 1豆(醓), 1籩(脯), 1俎(豕左肩折·脅·豕膚1) □ 主人獻衆兄弟·內賓·私人 爵酒, 1豆(醓), 1籩(脯), 1俎(남은 牲體) □ 尸作上賓爵 爵酒, 湆魚俎(魚5, 膴祭) □ 上賓獻侑 爵酒, 湆魚俎(魚1, 膴祭) □ 上賓致主人 爵酒, 湆魚俎(魚1, 膴祭) □ 尸酢上賓 爵酒
	旅酬 (1차)	묘의 당	□ 有司贊者二人酬尸·侑 觶酒 □ 尸酬主人 觶酒 □ 主人酬侑 觶酒 □ 侑酬上賓·衆賓 觶酒 □ 上賓酬長兄弟·衆兄弟 觶酒

			□ 長兄弟酬私人 觶酒 □ 羞賓·兄弟·內賓·私人 庶羞
	無算爵發端	묘의 당 아래	□ 兄弟弟子擧觶其長(長兄弟爵止) 觶酒
	加爵	묘의 당	□ 衆賓長獻尸 觚酒
	旅酬 (2차)	묘의 당 (묘의 東房: 內賓)	□ 賓一人(次賓長)酬尸 觶酒 □ 相酬尸·侑·主人·賓·兄弟·私人 觶酒
	無算爵	묘의 뜰 (묘의 東房: 內賓)	□ 賓及兄弟交錯其酬 觶酒
	送尸歸俎 侑·賓出	묘문 밖	□ 歸俎 尸·侑·上賓: 司士가 보냄 衆賓 이하: 각각 자기 俎를 가지고 감
不儐尸禮(하대부례 – 8飯부터 다름)			
祭日 (正祭)	尸十一飯	묘의 室	□ 7飯 墮祭(韭菹, 醓醢, 蠃醢, 黍飯, 稷飯, 牢切肺1) 振祭·嚌(牢離肺, 牢正脊) *牢離肺, 牢正脊: 韭菹豆 위에 올려둠 羞肵俎(牢心, 牢舌) 羞兩鉶(羊, 豕) 祭·嘗(牢鉶羹) 食(牢離肺, 牢正脊): 韭菹豆 위에 올려놓음 3飯(黍飯, 稷飯) 振祭·嚌(牢幹) 羞四瓦豆(羊胾, 豕胾, 羊肉醢, 豕肉醢) 1飯(黍飯, 稷飯) 食(羊胾, 豕胾, 羊肉醢, 豕肉醢) 振祭·嚌(魚1) 1飯(黍飯, 稷飯) 振祭·嚌(麋腊肩) 1飯(黍飯, 稷飯) 振祭·嚌(牢骼) 1飯(黍飯, 稷飯) *肵俎: 牢心, 牢舌, 牢幹, 魚1, 麋腊肩, 牢骼 □ 尸告飽 □ 侑食(8飯부터) 祝侑 1飯(黍飯) 盛肵俎(牢右臑, 牢右臂, 牢右肫, 牢脡脊, 牢橫脊, 牢短脅, 牢代脅, 魚7, 腊右胖, 無髀) 振祭·嚌(牢右肩) 尸不飯告飽

			主人侑 3飯(黍飯) *肵俎: 牢右肩, 牢離肺, 牢正脊
祭日 (正祭)	初獻 (祝嘏辭)	묘의 室	□ 主人獻尸 爵酒, 牢肝俎(鹽) □ 尸酢主人 爵酒 綏祭(黍飯, 稷飯, 牢切肺) □ 祝嘏辭 振祭·嚌(黍團子) □ 主人獻祝 爵酒, 2豆(葵菹·臝醢), 1俎(牢右髀·橫脊·短脅·羊腸·羊胃·豕倫膚3·魚1·腊左右髀), 牢肝俎(鹽) □ 主人獻二佐食 爵酒, 牲俎(牢折·豕倫膚1)
	亞獻	묘의 室	□ 主婦獻尸 爵酒, 4籩(糅棗·糗餌·糅栗·脯), 牢燔俎(鹽) □ 尸酢主婦 爵酒 綏祭(黍飯·稷飯·牢切肺) □ 主婦獻祝 爵酒, 2籩(糅棗·糗餌), 牢燔俎(鹽) □ 主婦獻二佐食 爵酒
	三獻	묘의 室: 시동, 주인, 주부, 빈장 묘의 당 위: 중빈, 중형제, 장형제, 私人 묘의 東房: 内賓	□ 賓長獻尸(尸爵止) 爵酒 □ 主婦致主人 爵酒, 2豆(韭菹·醓醢), 2籩(糅棗·糗餌), 1俎(牢左臂·脊·脅·離肺, 豕倫膚3, 魚1, 腊左臂) □ 主人酢主婦(主婦自酢) 爵酒 □ 尸酢賓長 爵酒 □ 賓長獻祝及二佐食 爵酒 □ 賓長致主人 爵酒 □ 賓長致主婦 爵酒, 2豆(韭菹·醓醢), 2籩(糅棗·糗餌), 1俎(羊左臑·豕折·羊脊·羊脅·羊離肺·豕倫膚1·魚1·腊左臑) □ 主人酢賓長(賓長自酢) 爵酒 □ 羞尸·祝·主人·主婦 房中之羞(内羞) 庶羞 □ 主人獻衆賓 爵酒, 1豆(醢), 1籩(脯), 1俎 □ 主人獻兄弟·内賓·私人 爵酒, 1豆(醢), 1籩(脯), 1俎 □ 羞賓·兄弟·内賓·私人 庶羞

祭日 (正祭)	加爵 (衆賓長)	묘의 室	□ 衆賓長獻尸 爵酒 □ 尸酢衆賓長 爵酒 □ 衆賓長獻祝 爵酒 □ 衆賓長致主人·主婦 爵酒 □ 主人(主婦)酢衆賓長(衆賓長自酢) 爵酒
	無算爵	묘의 당 아래 (묘의 東房: 内賓)	□ 賓·兄弟交錯其酬 觶酒
	加爵 (利)	묘의 室	□ 利獻尸 爵酒 □ 尸酢利 爵酒 □ 利獻祝 爵酒
	告利成(1차) (祝)	묘의 당	
	徹俎 送尸歸俎	묘문 밖	□ 徹俎 肵俎, 主人俎: 좌식이 거둠 □ 歸俎 肵俎: 有司가 시동의 집에 보냄
	餕 (上餕嘏辭)	묘의 室	□ 四餕者餕 上佐食: 黍飯, 豕倫膚, 羊鉶羹 下佐食: 黍飯, 豕倫膚, 豕鉶羹 上賓: 黍飯, 豕倫膚, 羊湆 衆賓長: 黍飯, 豕倫膚, 豕湆 □ 主人授四餕者 爵酒 □ 上餕酢主人(主人自酢) 爵酒 □ 上餕嘏辭 黍團子
	陽厭	묘의 室 안 서북쪽	俎, 敦, 豆, 甒酒
	闔牖戶 告利成(2차) (祝)	묘의 당	
	送祝歸俎 送賓衆	묘문 밖	□ 歸俎 祝俎: 유사가 보냄 衆賓俎: 각각 직접 가지고 감
	徹籩豆	묘의 室과 東房	室: 祝의 籩·豆, 陽厭 東房: 주부의 籩·豆·俎

特牲饋食之禮

1. 凡孝子養親曰饋養.[1]

　일반적으로 효자가 부모를 공양하는 것을 饋養이라고 한다.

2. 凡宿必先戒.[2]

　일반적으로 宿을 할 때는 반드시 먼저 戒를 한다.

3. 凡洗濯, 當告絜, 不洗者, 告具而已.[3]

　일반적으로 祭具는, 씻는 것은 정결함을 고해야 하지만 씻지 않는 것은 갖추어짐만을 고한다.

4. 凡婦人助祭者同服也.[4]

　일반적으로 제사를 돕는 부인은 주부와 같은 옷을 입는다.

5. 凡鄉內, 以入爲左右; 鄉外, 以出爲左右.[5]

　일반적으로 안을 향할 때에는 들어가는 것으로 좌우를 삼고, 밖을 향할 때에는 나가는 것으로 좌우를 삼는다.

6. 凡尸未入室之前, 設饌于奧, 謂之陰厭.[6]

　일반적으로 시동이 아직 室에 들어가기 전에 室의 奧(서남쪽 모퉁이)에 음식을 진설하는 것을 陰厭이라고 한다.

7. 凡吉事, 除鼏于外; 兇事, 除鼏于內. 除鼏亦右人.[7]

　일반적으로 吉事에는 鼎의 鼏(덮개)을 묘문 밖에서 벗기고, 흉사에는 정의 멱을 묘문 안에서 벗긴다. 멱을 벗기는 사람은 또한 右人(정의 오른쪽에서 정을 드는 사람)이다.

8. 凡饗祝之辭, 雖或言於尸之前, 實主爲神也.[8]

　일반적으로 흠향하시라고 고하는 말은 비록 시동의 앞에서 말하기도 하지만 실은 주인이 신을

---

1) 〈특생궤식례〉 1. 주① 萬斯大.
2) 〈특생궤식례〉 3. 주① 胡培翬.
3) 〈특생궤식례〉 5. 주⑮ 賈公彦.
4) 〈특생궤식례〉 6. 주① 鄭玄.
5) 〈특생궤식례〉 6. 주⑫ 鄭玄.
6) 〈특생궤식례〉 7. 주① 淩廷堪.
7) 〈특생궤식례〉 7. 주⑧ 敖繼公.
8) 〈특생궤식례〉 8. 주⑥ 敖繼公.

위해서 하는 것이다.

9. 凡獻酒, 禮盛者則啐酒告旨.[9]

일반적으로 술을 올릴 때, 예를 성대히 할 경우에는 술을 조금 맛보고 맛있다고 고한다.

10. 凡觴, 一升曰爵, 二升曰觚, 三升曰觶, 四升曰角, 五升曰散.[10]

일반적으로 술잔은 1升 들어가는 잔을 爵, 2승 들어가는 잔을 觚, 3승 들어가는 잔을 觶, 4승 들어가는 잔을 角, 5승 들어가는 잔을 散이라고 한다.

11. 凡拜必奠爵.[11]

일반적으로 절할 때에는 반드시 술잔을 내려놓는다.

12. 凡從獻之肝、燔, 必興而取, 坐而祭.[12]

일반적으로 헌주할 때 따라 올리는 肝이나 燔은 반드시 일어나서 취하고 앉아서 祭(고수레)한다.

13. 凡婦人之拜, 以左掌據地.[13]

일반적으로 부인의 절은 왼쪽 손바닥으로 바닥을 짚고 한다.

14. 凡獻佐食, 皆無從.[14]

일반적으로 佐食에게 헌주할 때는 모두 따라 올리는 음식이 없다.

15. 凡節解者, 皆曰折俎.[15]

일반적으로 牲體의 뼈마디를 따라 잘라서 俎에 담은 것을 모두 折俎라고 한다.

16. 凡祭於脯、醢之豆間.[16]

일반적으로 祭는 脯籩과 醢豆 사이에 한다.

17. 凡祭于豆間, 乃當其間之前耳.[17]

일반적으로 '豆 사이에 祭한다'는 말은 豆 사이의 앞에 祭하는 것이다.

18. 凡非主人, 升降自西階.[18]

일반적으로 주인이 아니면 서쪽 계단으로 오르내린다.

---

9) 〈특생궤식례〉 8. 주⑫ 淩廷堪.

10) 〈특생궤식례〉 9. 주① 鄭玄.

11) 〈특생궤식례〉 9. 주⑭ 盛世佐.

12) 〈특생궤식례〉 11. 주⑫ 褚寅亮.

13) 〈특생궤식례〉 11. 주⑮ 敖繼公.

14) 〈특생궤식례〉 11. 주㉓ 鄭玄.

15) 〈특생궤식례〉 12. 주⑤ 鄭玄.

16) 〈특생궤식례〉 12. 주⑥ 鄭玄.

17) 〈특생궤식례〉 12. 주⑥ 王士讓.

18) 〈특생궤식례〉 15. 주⑧ 鄭玄.

19. 凡一人擧觶爲旅酬始.[19]

일반적으로 한 사람이 치를 들어 술을 권하는 것이 여수례의 시작이 된다.

20. 凡酬酒, 先自飮, 復酌, 奠而不授.[20]

일반적으로 酬酒禮는 먼저 자신이 술을 따라 마시고 다시 술을 따라서 상대방의 자리에 잔을
놓아두고 직접 주지는 않는다.

21. 凡二人擧觶爲無筭爵始.[21]

일반적으로 두 사람이 치를 들어 술을 권하는 것이 무산작의 시작이 된다.

22. 凡堂下拜, 亦皆北面.[22]

일반적으로 당 아래에서 하는 절은 당 위에서와 마찬가지로 모두 북향하고 한다.

23. 凡餕者, 尸餕鬼神之餘, 祭者餕尸之餘.[23]

일반적으로 준례에 시동은 신이 남긴 음식을 먹고, 제사에 참여한 자들은 시동이 남긴 음식을
먹는다.

24. 凡言'厭'者, 謂無尸直厭飫神.[24]

일반적으로 厭이라는 것은 시동 없이 곧바로 신에게 배불리 흠향하게 하는 것을 이른다.

25. 凡去者不答拜.[25]

일반적으로 떠나는 자는 답배하지 않는다.

26. 凡籩豆, 實具設, 皆巾之.[26]

일반적으로 籩과 豆는 음식을 담아 짝지어 진설하고 모두 布巾으로 덮어 놓는다.

27. 凡祝呼, 佐食許諾.[27]

일반적으로 축이 명하면 좌식이 응낙한다.

28. 凡吉祭神俎, 牲用右胖.[28]

일반적으로 길제 때 신을 위한 俎는 牲體일 경우 우반을 사용한다.

------

19) 〈특생궤식례〉 16. 주③ 淩廷堪.
20) 〈특생궤식례〉 16. 주④ 淩廷堪.
21) 〈특생궤식례〉 17. 주④ 淩廷堪.
22) 〈특생궤식례〉 17. 주⑥ 鄭玄.
23) 〈특생궤식례〉 19. 주⑧ 賈公彦.
24) 〈특생궤식례〉 21. 주⑥ 賈公彦.
25) 〈특생궤식례〉 21. 주⑪ 鄭玄.
26) 〈특생궤식례〉 23. 주⑤ 〈旣夕禮記〉.
27) 〈특생궤식례〉 25. 경문.
28) 〈특생궤식례〉 29. 주① 胡培翬.

29. 凡俎實之數奇.[29]

   일반적으로 俎에 담는 생체의 수는 홀수를 사용한다.

30. 凡骨有肉者曰殽.[30]

   일반적으로 뼈에 살코기가 붙어있는 것을 殽라고 한다.

少牢饋食禮

1. 凡卜筮, 大夫以上, 命龜有三, 命筮有二.[31]

   일반적으로 거북점이나 시초점을 칠 때 대부 이상은 거북점일 경우 3번, 시초점일 경우 2번 명한다.

2. 凡可爲尸者, 皆宿戒之爲將筮也.[32]

   일반적으로 시동이 될 만한 사람들에게는 모두 앞으로 시초점을 쳐서 시동을 정할 것임을 미리 알린다.

3. 凡爲人尸者, 父皆死矣.[33]

   일반적으로 남의 시동이 된 사람은 모두 아버지가 죽은 사람이다.

4. 凡鼎鼏, 蓋以茅爲之.[34]

   일반적으로 정을 덮는 덮개는 대체로 띠풀로 만든다.

5. 凡官之長皆曰正.[35]

   일반적으로 한 관직의 장을 모두 正이라고 한다.

6. 凡廟祭皆主人親匕.[36]

   일반적으로 종묘의 제사는 모두 주인이 직접 鼎에서 牲體를 꺼낸다.

29] 〈특생궤식례〉 29. 주④ 鄭玄.
30] 〈특생궤식례〉 29. 주⑱ 鄭玄.
31] 〈소뢰궤식례〉 1. 주⑫ 孔穎達.
32] 〈소뢰궤식례〉 2. 주② 敖繼公.
33] 〈소뢰궤식례〉 2. 주③ 賈公彦.
34] 〈소뢰궤식례〉 6. 주② 李如圭.
35] 〈소뢰궤식례〉 6. 주⑧ 胡匡衷.
36] 〈소뢰궤식례〉 6. 주⑫ 黃以周.

7. 凡牲一爲特, 二爲牢.[37]

　　일반적으로 희생이 한 종류면 特, 두 종류면 牢라고 한다.

8. 凡載魚, 爲生人, 首皆向右, 進鰭.[38]

　　일반적으로 물고기를 俎에 담을 때 산 사람에게 올릴 때는 머리가 모두 오른쪽으로 가도록 하고 등이 먹는 사람 앞으로 가도록 한다.

9. 凡祭宗廟之禮……豕曰剛鬣.[39]

　　일반적으로 종묘에 제사하는 예에 …… 큰 돼지는 강렵이라고 한다.

10. 凡士祭尸九飯, 大夫祭尸十一飯.[40]

　　일반적으로 士의 제사에는 시동이 9반 하고, 대부의 제사에는 시동이 11반 한다.

11. 凡尸所食之肺, 脊, 必先奠于菹豆, 尸卒食, 佐食始受之, 加于肵俎.[41]

　　일반적으로 시동이 먹고 남은 희생의 폐와 正脊은 반드시 먼저 菹豆 위에 올려놓았다가 시동이 밥을 다 먹고 나면 좌식이 비로소 시동에게서 받아 기조 위에 올려놓는다.

12. 凡主人·主婦事尸, 皆西面.[42]

　　일반적으로 주인과 주부가 시동을 섬길 때에는 모두 서향한다.

13. 凡主人·主婦·賓長獻, 皆有從.[43]

　　일반적으로 주인·주부·빈장이 헌주할 때에는 모두 따라서 올리는 음식이 있다.

14. 凡膚皆不嚌.[44]

　　일반적으로 豕牲의 膚는 모두 맛을 보지 않는다.

15. 凡室中北面拜者, 皆在戶牖間.[45]

　　일반적으로 室 안에서 북향하고 절하는 경우에는 모두 室의 戶와 牖 사이에서 한다.

16. 凡事有專主之者, 謂之有司.[46]

　　일반적으로 일은 그 일을 전적으로 주관하는 사람이 있는데, 이 사람을 有司라고 한다.

---

37) 〈소뢰궤식례〉 6. 주⑬ 胡培翬.
38) 〈소뢰궤식례〉 6. 주㉗ 賈公彦.
39) 〈소뢰궤식례〉 7. 주⑯ 《예기》〈曲禮下〉.
40) 〈소뢰궤식례〉 9. 주㉙ 淩廷堪.
41) 〈소뢰궤식례〉 9. 주㉚ 淩廷堪.
42) 〈소뢰궤식례〉 10. 주③ 王引之.
43) 〈소뢰궤식례〉 10. 주④ 胡培翬.
44) 〈소뢰궤식례〉 12. 주⑧ 賈公彦.
45) 〈소뢰궤식례〉 13. 주① 敖繼公.
46) 〈소뢰궤식례〉 14. 주① 胡匡衷.

17. 凡婦人於丈夫, 皆俠拜.[47]

일반적으로 부인은 장부에 대해 모두 협배한다.

18. 凡尸酢不洗.[48]

일반적으로 시동이 답잔을 줄 때에는 잔을 씻지 않는다.

19. 凡籑, 士禮二人, 大夫禮四人.[49]

일반적으로 준례에 士禮는 2명이 대궁을 먹고 대부례는 4명이 대궁을 먹는다.

20. 凡大夫·士之禮, 其答卒爵拜者, 皆一拜也.[50]

일반적으로 대부와 士의 예에 잔의 술을 다 마신 뒤에 하는 절에 대한 답배는 모두 一拜를 한다.

有司徹

1. 凡正祭于室, 儐尸則于堂.[51]

일반적으로 正祭는 室 안에서 행하고 儐尸禮는 당 위에서 행한다.

2. 凡入門, 賓入自左, 主人入自右, 皆主人先入.[52]

일반적으로 문에 들어갈 때 빈은 왼쪽(서쪽)으로 들어가고 주인은 오른쪽(동쪽)으로 들어가는데, 모두 주인이 먼저 들어간다.

3. 凡獻酒, 禮盛者則啐酒告旨.[53]

일반적으로 술을 올릴 때 예를 성대히 할 경우에는 술을 조금 맛보고 맛이 좋다고 고한다.

4. 凡正俎皆橫執, 餘俎皆縮執.[54]

일반적으로 正俎는 모두 가로로 들고 나머지 俎는 모두 세로로 든다.

---

47) 〈소뢰궤식례〉 14. 주④ 淩廷堪.

48) 〈소뢰궤식례〉 15. 주① 敖繼公.

49) 〈소뢰궤식례〉 22. 주⑥ 淩廷堪.

50) 〈소뢰궤식례〉 22. 주⑲ 敖繼公.

51) 〈유사철〉 1. 주① 淩廷堪.

52) 〈유사철〉 2. 주③ 淩廷堪.

53) 〈유사철〉 4. 주㊺ 淩廷堪.

54) 〈유사철〉 4. 주㊼ 姚際恒.

5. 凡儐尸, 主人獻, 其從獻皆用羊; 主婦獻, 其從獻皆用豕; 上賓獻, 其從獻皆用魚.[55]

일반적으로 빈시례에 주인이 헌주할 때에는 따라 올리는 음식을 모두 羊牲을 쓰고, 주부가 헌주할 때에는 따라 올리는 음식을 모두 豕牲을 쓰고, 상빈이 헌주할 때에는 따라 올리는 음식을 모두 물고기를 쓴다.

6. 凡爵行, 爵從尊者來向卑者, 俱獻間無事, 則不洗爵; 從卑者來向尊, 雖獻間無事, 亦洗.[56]

일반적으로 술잔이 오갈 때 잔이 尊者로부터 와서 卑者에게 향할 경우에는 모두 헌주와 헌주 사이에 일이 없으면 잔을 씻지 않고, 비자로부터 와서 존자에게 향할 경우에는 비록 헌주와 헌주 사이에 일이 없더라도 또한 잔을 씻는다.

7. 凡設菹, 常在右, 便其揳.[57]

일반적으로 菹를 진설할 때에는 항상 醢의 오른쪽에 두어서 해를 찍기에 편리하도록 한다.

8. 凡執籩、豆之法, 皆兩雙執之.[58]

일반적으로 변과 두를 드는 법은 모두 두 손으로 든다.

9. 凡主人進賓之酒, 謂之獻.[59]

일반적으로 주인이 빈에게 올리는 술을 獻이라고 한다.

10. 凡賓報主人之酒, 謂之酢.[60]

일반적으로 빈이 주인에게 보답하는 술을 酢이라고 한다.

11. 凡主人先飮, 以勸賓之酒, 謂之酬.[61]

일반적으로 주인이 먼저 마심으로써 빈에게 권하는 술을 酬라고 한다.

12. 凡飮皆有酬酢, 醴無酬酢.[62]

일반적으로 술을 마실 때에는 수작이 있으나 예주를 마실 때에는 수작이 없다.

13. 凡陳于庭者, 皆三分庭, 繼堂言之者, 皆庭一在北; 繼門言之者, 皆一在南.[63]

일반적으로 뜰에 진열할 경우에는 모두, 뜰을 3등분 했을 때 당을 이어서 말한 것은 모두 뜰의 3분의 1이 북쪽에 있는 것이고, 문을 이어서 말한 것은 모두 뜰의 3분의 1이 남쪽에 있는 것이다.

---

55) 〈유사철〉 4. 주(53) 淩廷堪.
56) 〈유사철〉 5. 주① 賈公彥.
57) 〈유사철〉 5. 주④ 賈公彥.
58) 〈유사철〉 5. 주⑥ 賈公彥.
59) 〈유사철〉 12 주① 淩廷堪.
60) 〈유사철〉 12 주① 淩廷堪.
61) 〈유사철〉 12 주① 淩廷堪.
62) 〈유사철〉 12 주① 夏炘.
63) 〈유사철〉 14 주① 李如圭.

14. 凡旅酬之法, 皆執觶酒以酬前人, 前人領受其意, 乃始自飮.[64]

일반적으로 여수하는 법은 모두, 치주를 들어 앞사람에게 권하거든 치를 받을 앞사람이 그 권한 사람의 뜻을 받으면 권한 사람이 비로소 스스로 술을 마신다.

15. 凡獻酬之法, 主人常左人.[65]

일반적으로 수주를 올리는 법은 주인이 항상 다른 사람을 왼쪽에 오도록 한다.

---

64) 〈유사철〉 22. 주⑱ 賈公彦.
65) 〈유사철〉 23. 주② 賈公彦.

通例 上

1. 凡迎賓, 主人敵者于大門外, 主人尊者于大門內.

   일반적으로 빈을 맞이할 때, 주인이 빈과 지위가 대등할 경우에는 대문 밖에서 맞이하고, 주인이 빈보다 지위가 높을 경우에는 대문 안에서 맞이한다.

2. 凡君與臣行禮, 皆不迎.

   일반적으로 군주가 본국의 신하와 예를 행할 때는 모두 군주가 맞이하지 않는다.

3. 凡入門, 賓入自左, 主人入自右, 皆主人先入.

   일반적으로 문을 들어갈 때, 빈은 문의 왼쪽으로 들어가고 주인은 문의 오른쪽으로 들어가는데, 모두 주인이 먼저 들어간다.

4. 凡以臣禮見者, 則入門右.

   일반적으로 신하의 예로 알현할 경우에는 문의 오른쪽으로 들어간다.

5. 凡入門, 將右曲, 揖; 北面曲, 揖; 當碑, 揖: 謂之三揖.

   일반적으로 문을 들어가서 오른쪽으로 꺾어지려고 할 때 읍하고, 북쪽으로 꺾었을 때 읍하고, 碑와 일직선상에 당도했을 때 읍하는데, 이것을 三揖이라고 한다.

6. 凡升階皆讓, 賓、主敵者俱升, 不敵者不俱升.

   일반적으로 계단을 올라갈 때 모두 양보를 하는데, 빈과 주인이 지위가 대등할 경우에는 함께 올라가고, 대등하지 않을 경우에는 함께 올라가지 않는다.

7. 凡升階皆連步,[1] 唯公所辭則栗階.[2]

   일반적으로 계단을 올라갈 때에는 모두 連步로 올라가고, 오직 신하가 계단 아래에서 절하는 것을 군주가 사양할 경우에만 栗階로 올라간다.

---

[1] 連步: 한 발을 들어 한 계단을 오른 뒤 다른 발을 들어 나란히 모았다가 다시 올라가는 것으로, 계단을 오르는 방법 중 가장 느린 步法이다. 계단을 올라가는 법에는 모두 4가지가 있다. 첫째는 連步이고, 두 번째는 栗階, 세 번째는 歷階, 네 번째는 越階이다. 歷階는 처음부터 끝까지 連步없이 한 계단에 한 발씩만 딛고 올라가는 것이고, 越階는 세 계단을 뛰어넘어 가는 것이다. 그러나 越階에 대해서는 설이 분분한데, 淩廷堪은 越階를 歷階와 같은 것으로 보았다.

[2] 栗階: 散等이라고도 한다. 처음에는 連步로 올라갔다가 두 번째 계단부터는 좌우 발을 각각 한 계단씩 올라가는 步法으로, 급히 가는 것을 표시한다. 일반적으로 신하가 계단 아래에서 절하는 것을 군주가 사양할 경우에만 이 방법으로 계단을 올라가지만, 또 두 계단을 한꺼번에 올라가지는 못한다.

8. 凡門外之拜皆東、西面, 堂上之拜皆北面.

일반적으로 문 밖에서 하는 절은 모두 동향이나 서향하여 절하고, 당 위에서 하는 절은 모두 북향하여 절한다.

9. 凡室中、房中拜以西面爲敬, 堂下拜以北面爲敬.

일반적으로 室 안과 방 안에서의 절은 서향을 공경으로 삼고, 당 아래에서의 절은 북향을 공경으로 삼는다.

10. 凡臣與君行禮, 皆堂下再拜稽首, 異國之君亦如之.

일반적으로 신하가 군주와 예를 행할 때에는 모두 당 아래에서 재배계수하고, 다른 나라의 군주에게도 마찬가지로 한다.

11. 凡君待以客禮, 下拜則辭之, 然後升成拜.[3]

일반적으로 군주가 빈객의 예로 대할 경우에는 신하가 당 아래에서 절하면 군주가 사양하고, 그런 뒤에 신하가 당 위에 올라가 다시 재배계수한다.

12. 凡爲人使者不答拜.

일반적으로 남의 使者가 된 사람은 답배하지 않는다.

13. 凡拜送之禮, 送者拜, 去者不答拜.

일반적으로 절하여 전송하는 예는, 전송하는 사람은 절하고 떠나는 사람은 답배하지 않는다.

14. 凡丈夫之拜坐, 婦人之拜興; 丈夫之拜奠爵, 婦人之拜執爵.

일반적으로 장부의 절은 앉아서 하고 부인의 절은 일어나서 하며, 장부의 절은 술잔을 내려놓고 하고 부인의 절은 술잔을 들고 한다.

15. 凡婦人于丈夫皆俠拜.[4]

일반적으로 부인은 장부에 대해 모두 협배한다.

16. 凡婦人重拜則扱地.[5]

일반적으로 부인이 중한 절을 할 때에는 扱地한다.

17. 凡推手曰揖, 引手曰厭.

일반적으로 拱手하고 손을 밖으로 미는 것을 揖이라고 하고, 공수하고 손을 안으로 당기는 것을 厭이라고 한다.

---

3) 升成拜: 신하가 당 아래에서 절한 뒤에 군주의 사양을 받으면 당 위에 올라가 다시 절하는 것을 이른다.

4) 俠拜: 부인이 절하고, 장부가 절하고, 부인이 또 절하는 것을 이른다.

5) 扱地: 손을 바닥에 닿게 하고 절하는 것으로, 다만 머리는 바닥에 닿지 않도록 한다. 부인의 절은 肅拜를 正拜로 삼아 모두 서서 하는데, 이 扱地만은 앉아서 한다. 남자의 稽首처럼 중한 부인의 절이다.

18. 凡送賓, 主人敵者于大門外, 主人尊者于大門內.

　　일반적으로 빈을 전송할 때, 주인이 빈과 지위가 대등할 경우에는 대문 밖에서 전송하고, 주인
이 빈보다 지위가 높을 경우에는 대문 안에서 전송한다.

19. 凡君與臣行禮, 皆不送.

　　일반적으로 군주가 본국의 신하와 예를 행할 때에는 모두 전송하지 않는다.

通例 下

1. 凡授受之禮, 同面者謂之竝授受.

　　일반적으로 주고받는 예에, 두 사람이 같은 방향을 향하고서 주고받는 것을 竝授受라고 한다.

2. 凡授受之禮, 相鄉者謂之訝授受.

　　일반적으로 주고받는 예에, 두 사람이 마주보고 주고받는 것을 訝授受라고 한다.

3. 凡授受之禮, 敵者于楹間, 不敵者不于楹間.

　　일반적으로 주고받는 예에, 지위가 대등할 경우에는 당 위의 두 기둥 사이에서 주고받으며, 지
위가 대등하지 않을 경우에는 두 기둥 사이에서 주고받지 않는다.

4. 凡相禮者之授受皆訝授受.

　　일반적으로 예를 돕는 사람이 주고받을 때에는 모두 訝授受로 주고받는다.

5. 凡卑者於尊者, 皆奠而不授; 若尊者辭, 乃授.

　　일반적으로 지위가 낮은 사람이 지위가 높은 사람에게는 모두 물건을 바닥에 놓아두고 직접 주
지 않는데, 만약 높은 사람이 사양을 하면 이에 직접 준다.

6. 凡佐禮者, 在主人曰擯, 在客曰介.

　　일반적으로 예를 돕는 사람은, 주인 쪽에 있는 사람은 擯이라 하고 손님 쪽에 있는 사람은 介
라고 한다.

7. 凡賓,主人禮, 盛者專階, 不盛者不專階.

　　일반적으로 빈과 주인의 예는, 성대할 경우에는 계단을 단독으로 차지하고, 성대하지 않을 경
우에는 계단을 단독으로 차지하지 않는다.

8. 凡戒賓,宿賓, 宿者必先戒, 禮殺者則不宿.

　　일반적으로 戒賓(빈에게 알림)과 宿賓(빈에게 재차 알림)할 때, 숙빈을 하는 경우에는 반드시 먼저 계
빈을 하고, 예를 줄일 경우에는 숙빈을 하지 않는다.

9. 凡賓升席自西方, 主人升席自北方.

　　일반적으로 빈은 자리에 오를 때 서쪽으로 오르고, 주인은 자리에 오를 때 북쪽으로 오른다.

10. 凡禮盛者必先盥.

　　일반적으로 예를 성대히 할 경우에는 반드시 먼저 손을 씻는다.

11. 凡降洗、降盥, 皆壹揖、壹讓升.

　　일반적으로 술잔을 씻으려고 당을 내려올 때와 손을 씻으려고 당을 내려올 때에는 모두 한 번 읍하고 한 번 사양을 한 뒤에 당에 올라간다.

12. 凡賓、主人敵者, 降則皆降.

　　일반적으로 빈과 주인이 지위가 대등할 경우, 당을 내려가야 할 경우에는 양쪽 모두 내려간다.

13. 凡一辭而許曰禮辭, 再辭而許曰固辭, 三辭不許曰終辭.

　　일반적으로 한번 사양하고 허락하는 것을 禮辭라 하고, 두 번째 사양하고 허락하는 것을 固辭라 하고, 세 번째 사양하고 허락하지 않는 것을 終辭라고 한다.

14. 凡庭洗設于阼階東南, 南北以堂深, 天子、諸侯當東霤, 卿、大夫、士當東榮, 水在洗東.

　　일반적으로 뜰에 놓아두는 南洗는 동쪽 계단의 동남쪽에 설치한다. 남북의 거리는 당의 깊이만큼 떨어지게 놓으며, 동서의 위치는 천자와 제후는 東霤와 일직선이 되는 곳에 놓고 경과 대부와 士는 東榮과 일직선이 되는 곳에 놓으며, 물은 세의 동쪽에 놓는다.

15. 凡內洗設于北堂上, 南北直室東隅, 東西直房戶與隅間.

　　일반적으로 內洗(北洗)는 北堂(東房의 북쪽) 위에 설치하는데, 남북으로는 室의 동쪽 모퉁이와 일직선상에 놓고, 동서로는 房戶와 모퉁이 사이 일직선상에 놓는다.

16. 凡設尊, 賓、主人敵者于房戶之間, 君臣則於東楹之西, 並兩壺, 有玄酒, 有禁.

　　일반적으로 술 단지를 진설할 때, 빈과 주인이 지위가 대등한 경우에는 東房과 室戶 사이에 놓고 군신 간이라면 당위 동쪽 기둥의 서쪽에 놓는다. 두 개의 술 단지를 나란히 놓는데, 그 중 하나에는 현주를 담으며, 禁(술 단지 받침대)을 둔다.

17. 凡醴尊皆設于房中, 側尊, 無玄酒.

　　일반적으로 예주를 담은 술 단지는 모두 東房 안에 진설하는데, 술 단지를 단독으로 놓고 현주는 없다.

18. 凡堂上之篚, 在尊南, 東肆.

　　일반적으로 당 위에 놓는 篚(대광주리)는 술 단지의 남쪽에 놓는데, 서쪽에서 동쪽으로 놓는다.

19. 凡堂下之篚, 在洗西, 南肆.

　　일반적으로 당 아래에 놓는 篚는 洗의 서쪽에 놓는데, 북쪽에서 남쪽으로 놓는다.

20. 凡陳鼎, 大夫、士, 門外北面, 北上; 諸侯, 門外南面, 西上. 反吉, 則西面.

일반적으로 鼎을 진열할 때, 대부와 士는 문 밖에 북향으로 북쪽을 상위로 하여 놓고, 제후는 문 밖에 남향으로 서쪽을 상위로 하여 놓는다. 길례와 반대로 할 경우(흉례)에는 서향으로 진설한다.

21. 凡設席, 南鄕、北鄕, 于神則西上, 于人則東上; 東鄕、西鄕, 于神則南上, 于人則北上.

일반적으로 자리를 펼 때, 남향이나 북향으로 펼 때에는 신의 자리에 있어서는 서쪽을 상위로 하고 사람의 자리에 있어서는 동쪽을 상위로 하며, 동향이나 서향으로 펼 때에는 신의 자리에 있어서는 남쪽을 상위로 하고 사람의 자리에 있어서는 북쪽을 상위로 한다.

飮食之禮 上

1. 凡主人進賓之酒, 謂之獻.

일반적으로 주인이 빈에게 올리는 술을 獻이라고 이른다.

2. 凡賓報主人之酒, 謂之酢.

일반적으로 빈이 주인에게 보답하는 술을 酢이라고 이른다.

3. 凡主人先飮, 以勸賓之酒, 謂之酬.

일반적으로 주인이 먼저 마심으로써 빈에게 권하는 술을 酬라고 이른다.

4. 凡正獻旣畢之酒, 謂之旅酬.

일반적으로 正獻을 마친 뒤의 술을 旅酬라고 이른다.

5. 凡旅酬旣畢之酒, 謂之無算爵.

일반적으로 여수례를 마친 뒤의 술을 無算爵이라고 이른다.

6. 凡獻酒皆有薦, 禮盛者則設俎.

일반적으로 술을 올릴 때에는 모두 薦(포와 젓갈)이 있는데, 예를 성대히 할 경우에는 俎를 더 진설한다.

7. 凡薦脯、醢在升席先, 設俎在升席後.

일반적으로 포와 젓갈을 올리는 것은 자리에 올라가기 전에 있고, 俎를 진설하는 것은 자리에 올라간 뒤에 있다.

8. 凡獻酒, 禮盛者受爵于席前, 拜與卒爵于階上.

일반적으로 헌주례에, 예를 성대히 할 경우에는 자리 앞에서 술잔을 받고, 절하는 것과 잔의 술을 다 마시는 것은 당 위 동쪽 계단 윗쪽에서 한다.

9. 凡獻酒, 禮盛者則啐酒, 告旨.

일반적으로 헌주례에, 예를 성대히 할 경우에는 술을 조금 맛보고 맛이 좋다고 고한다.

10. 凡啐酒于席末, 告旨則降席拜.

일반적으로 술을 조금 맛보는 것은 자리 끝에서 하고, 맛이 좋다고 고하는 것은 자리에서 내려와 절하고 한다.

11. 凡獻酒, 禮盛者受爵、告旨、卒爵皆拜, 酢主人; 禮殺者不拜告旨; 又殺者, 不酢主人.

일반적으로 헌주례에, 예를 성대히 할 경우에는 술잔을 받을 때와, 맛이 좋다고 고할 때와, 잔의 술을 다 마셨을 때에 모두 절하고 주인에게 보답하는 술잔을 올린다. 예를 줄일 경우에는 절하고 맛이 좋다고 고하는 예를 행하지 않고, 또 예를 더욱 줄일 경우에는 주인에게 보답하는 술잔을 주지 않는다.

12. 凡酢, 如獻禮, 崇酒, 不告旨; 禮殺者, 則以虛爵授之.

일반적으로 보답하는 술을 올리는 것은 헌주할 때의 예와 같이 하지만, 맛없는 술을 소중하게 여겨준 데 대해 감사의 뜻을 표하고, 맛이 좋다고 고하지는 않는다. 예를 줄일 경우에는 빈 술잔을 주고 스스로 술을 따라주지 않는다.

13. 凡賓告旨在卒爵前, 于席西拜. 主人崇酒在卒爵後, 于階上拜.

일반적으로 빈이 맛이 좋다고 고하는 것은 술을 다 마시기 전에 자리의 서쪽에서 절한 뒤에 행하고, 주인이 맛없는 술을 소중하게 여겨준 데 대해 감사의 뜻을 표하는 것은 술을 다 마신 뒤에 당위 계단 윗쪽에서 절을 하고 행한다.

14. 凡禮盛者坐卒爵, 禮殺者立卒爵.

일반적으로 예를 성대히 할 경우에는 앉아서 잔의 술을 다 마시고, 예를 줄일 경우에는 서서 잔의 술을 다 마신다.

15. 凡酬酒, 先自飲, 復酌, 奠而不授. 舉觶、媵爵亦如之.

일반적으로 수주는 먼저 자신이 스스로 술을 따라서 마시고 다시 술잔에 술을 따라서 놓아둘 뿐 직접 주지는 않는다. 잔을 들어 술을 권하거나 헌주례가 끝난 뒤 다시 헌주하여 술을 권할 때에도 이와 같이 한다.

16. 凡酬酒, 奠而不舉, 禮殺者則用爲旅酬、無算爵始.

일반적으로 수주는 술잔을 내려놓고 들어서 마시지는 않는다. 예를 줄일 경우에는 이 잔으로 여수례와 무산작례의 시작을 행한다.

17. 凡酬酒, 不拜洗.

일반적으로 수주례에는 잔을 씻는 것에 대해 절하지 않는다.

18. 凡獻工與笙, 于階上; 獻獲者與釋獲者, 于堂下; 獻祝與佐食, 于室中.

일반적으로 악공과 생황 연주자에게 술을 올리는 것은 당 위 계단 윗쪽에서 하고, 획자(과녁에 적중했는지를 알려주는 사람)와 석획자(점수를 기록하는 사람)에게는 당 아래에서, 축과 좌식에게는 室 안에서 술을 올린다.

飮食之禮 中

1. 凡一人舉觶爲旅酬始, 二人舉觶爲無算爵始.

일반적으로 한 사람이 觶를 들어 술을 권하는 것이 여수례의 시작이 되고, 두 사람이 치를 들어 술을 권하는 것이 무산작례의 시작이 된다.

2. 凡旅酬, 皆以尊酬卑, 謂之旅酬下爲上.[6]

일반적으로 여수례에는 모두 尊者가 낮은 사람에게 酬酒를 주니, 이를 일러 여수례는 아랫사람이 위가 된다고 한다.

3. 凡旅酬, 不及獻酒者不與.

일반적으로 여수례에는 正獻 때 술잔을 받지 못한 사람은 여수례에 참여하지 못한다.

4. 凡旅酬, 皆拜, 不祭, 立飮.

일반적으로 여수례에는 모두 절하고, 고수레는 하지 않으며, 서서 마신다.

5. 凡旅酬, 不洗, 不拜旣爵.

일반적으로 여수례에는 잔을 씻지 않고 술을 채우며, 잔의 술을 다 마시고 난 뒤의 절을 하지 않는다.

6. 凡無算爵, 必先徹俎, 降階.

일반적으로 무산작례는 반드시 먼저 俎를 거두고 계단을 내려온 뒤에 한다.

---

6) 《儀禮》〈鄕射禮〉鄭玄注: "旅酬下爲上, 尊之也." 賈公彦疏: "云'旅酬下爲上, 尊之也'者, 以旅酬者少長以齒, 逮下之道, 前人雖卑, 其司正命之飮酒, 呼之稱謂尊於酬者, 故受酬者爲某子, 酬他爲某也.……何休云'爵最尊也', 鄭引之者, 證旅酬下爲上之義."
《輿猶堂全書》〈中庸講義補〉: "今按旅酬之法, 自君而賓, 次卿、次大夫、次士、次庶子、次小臣, 明明由尊而及卑, 自上而達下. 今乃曰'旅酬下爲上', 此千古疑按, 必不可解者. 天子、諸侯之祭禮, 今無存者, 然祭以象燕, 燕可以推祭也. 今按燕禮, 宰夫爲主人, 宰夫者大夫也. 以大夫之尊, 自降自洗, 以獻爵于樂工, 獻爵于諸士, 獻爵于庶子, 獻爵于小臣. 夫自上惠下曰賜, 自下供上曰獻, 而今乃以大夫之尊, 獻于工士, 獻于庶子, 以貴下賤, 孰有然者? 旅酬之下爲上, 其謂是矣. 其禮之以下爲上, 若是明著, 而古今諸家都無明解, 蕭山之說, 乃欲訓爲作被, 不亦迂矣."

7. 凡無算爵, 皆說屨升坐乃羞.

　　일반적으로 무산작례는 모두 신을 벗고 당에 올라가 앉으면 이어서 음식을 내온다.

8. 凡無算爵, 不拜, 唯受爵於君者拜.

　　일반적으로 무산작례에는 절하지 않으며, 오직 군주에게서 잔을 받을 경우에만 절한다.

9. 凡無算爵, 堂上·堂下執事者皆與.

　　일반적으로 무산작례에는 당 위와 당 아래의 집사자가 모두 참여한다.

10. 凡奠爵, 將擧者于右, 不擧者于左.

　　일반적으로 잔을 내려놓을 때 장차 들어서 마실 잔은 오른쪽에 놓고, 들어서 마시지 않을 잔은
　　왼쪽에 놓는다.

11. 凡君之酒曰膳, 臣之酒曰散.

　　일반적으로 군주의 술을 膳酒라 하고, 신하의 술을 散酒라 한다.

12. 凡食禮, 初食三飯, 卒食九飯.

　　일반적으로 식례 때 初食(正饌)에는 3번 밥을 먹고, 卒食(加饌)에는 9번 밥을 먹는다.

13. 凡設饌以豆爲本.[7]

　　일반적으로 음식을 진설하는 것은 豆를 근본으로 삼는다.

14. 凡正饌先設, 用黍·稷·俎·豆; 加饌後設, 用稻·粱·庶羞.

　　일반적으로 정찬은 먼저 진설하며 서·직·조·두를 쓰고, 가찬은 뒤에 진설하며 도·량·서수를
　　쓴다.

15. 凡初食加饌之稻·粱, 則用正饌之俎·豆; 卒食正饌之黍·稷, 則用加饌之庶羞.

　　일반적으로 初食에 가찬의 도·량을 썼으면 侑食에 정찬의 조·두를 쓰고, 卒食에 정찬의 서·직
　　을 썼으면 侑食에 가찬의 서수를 쓴다.

16. 凡正饌醢醬·大羹湆, 加饌簠粱, 皆公親設.

　　일반적으로 정찬에는 혜장과 태갱읍을 쓰고 가찬에는 보에 담은 량을 쓰는데, 모두 공이 직접
　　진설한다.

17. 凡公親設之饌, 必坐遷之. 公親臨食, 必辭之.

　　일반적으로 공이 직접 진설한 음식은 빈이 반드시 앉아서 이 음식을 조금 옮긴다. 공이 食禮에
　　직접 참여하면 빈은 반드시 사양한다.

---

7) 두 가지 의미가 있다. 하나는 豆의 개수에 따라 다른 음식, 즉 籩·鉶·壺 등의 숫자도 豆를 기준으로 결정된다는
　것이다. 예를 들어 豆가 8개면 籩은 8개, 鉶은 6개, 簋는 2개, 壺는 8개가 되며, 豆가 6개면 籩은 6개, 鉶은 4개,
　簋는 2개, 壺는 6개가 된다. 다른 하나는 음식을 진설할 때 豆를 가장 먼저 진설한 뒤에 다른 음식들을 진설한다
　는 뜻이다.

18. 凡食禮有豆無籩, 飮酒之禮豆, 籩皆有.

일반적으로 食禮에는 豆는 있고 籩이 없으며, 음주례에는 두와 변이 모두 있다.

19. 凡食賓以幣曰侑幣, 飮賓以幣曰酬幣.

일반적으로 빈에게 음식을 대접할 때 올리는 예물을 侑幣, 빈에게 술을 대접할 때 올리는 예물을 酬幣라고 한다.

20. 凡燕禮使宰夫爲主人, 食禮公自爲主人.

일반적으로 연례에는 재부에게 주인이 되도록 하고, 食禮에는 공이 스스로 주인이 된다.

飮食之例 下

1. 凡醴皆設柶, 用籩·豆.

일반적으로 예주를 쓸 때에는 모두 柶(숟가락)를 놓고 籩·豆의 음식을 진설한다.

2. 凡醴皆用觶, 不卒爵

일반적으로 예주를 쓸 때에는 모두 치를 사용하고 치 안의 술을 다 마시지 않는다.

3. 凡祭醴, 始扱一祭, 又扱再祭, 謂之祭醴三.

일반적으로 예주로 先人에게 祭(고수레)할 때에는 처음 술을 떠서 한 번 祭하고, 다시 술을 떠서 두 번에 나누어 제한다. 이것을 祭醴三이라고 한다.

4. 凡酌而無酬·酢曰醮.

일반적으로 따라주기만 하고 酬酒와 酢酒가 없는 것을 醮라고 한다.

5. 凡執爵皆左手, 祭薦皆右手.

일반적으로 祭할 때 잔을 잡는 것은 모두 왼손으로 하고, 薦(脯·醢 또는 菹·醢)을 祭하는 것은 모두 오른손으로 한다.

6. 凡祭薦者坐, 祭俎者興. 祭薦者執爵, 祭俎者奠爵.

일반적으로 薦을 祭할 경우에는 앉아서 하고, 俎의 음식을 祭할 경우에는 일어서서 한다. 천을 祭할 경우에는 잔을 잡고 하고, 俎의 음식을 祭할 경우에는 잔을 내려놓고 한다.

7. 凡祭薦不挩手, 祭俎則挩手.

일반적으로 천을 祭했을 때에는 손을 닦지 않고, 俎의 음식을 祭했을 때에는 손을 닦는다.

8. 凡祭酒, 禮盛者啐酒, 不盛者不啐酒; 祭肺, 禮盛者嚌肺, 不盛者不嚌肺.

일반적으로 술을 祭할 때, 예가 성대할 경우에는 술을 맛보고, 성대하지 않을 경우에는 술을 맛보지 않는다. 폐를 祭할 때, 예가 성대할 경우에는 폐를 맛보고, 성대하지 않을 경우에는 폐를 맛보지 않는다.

9. 凡祭皆于籩、豆之間,[8] 或上豆[9]之間.

일반적으로 祭는 모두 籩과 豆 사이에 하거나 上豆 사이에 한다.

10. 凡餕者亦祭.

일반적으로 대궁을 먹을 경우에도 祭한다.

11. 凡飲酒, 君臣不相襲爵, 男女不相襲爵.

일반적으로 음주례에 군신 사이에는 상대방이 쓰던 술잔을 그대로 쓰지 않고, 남녀 간에는 상대방이 쓰던 술잔을 그대로 쓰지 않는다.

12. 凡脯、醢謂之薦, 出自東房.

일반적으로 포와 해를 薦이라고 이르니, 薦은 東房에서 내온다.

13. 凡牲皆用右胖, 唯變禮反吉用左胖.

일반적으로 희생은 모두 우반을 쓰고 변례와 흉례에만 좌반을 쓴다.

14. 凡牲二十一體, 謂之體解.

일반적으로 희생을 21체로 나누는 것을 體解라고 한다.

15. 凡牲七體, 謂之豚解.

일반적으로 희생을 7체로 나누는 것을 豚解라고 한다.

16. 凡肺皆有二, 一擧肺, 一祭肺.

일반적으로 폐는 모두 2종류가 있다. 하나는 擧肺(식용 폐)이고 다른 하나는 祭肺(고수레용 폐)이다.

17. 凡牲, 殺曰饔(옹), 生曰餼(희). 饔之屬皆陳于堂上下, 餼之屬皆陳于門內外.

일반적으로 희생은 죽인 것을 饔이라 하고, 살아 있는 것을 餼라고 한다. 죽인 희생들은 모두 당 위나 당 아래에 진열하고, 살아있는 희생들은 모두 문 안이나 밖에 진열한다.

18. 凡食于廟, 燕于寢, 鄕飮酒于庠.

일반적으로 食禮는 廟에서 행하고, 연례는 寢에서 행하고, 향음주례는 庠에서 행한다.

---

8) 祭皆于籩、豆之間: 脯·醢·骰·羞·食·羹·酒·醴의 祭를 모두 포함한다.

9) 上豆: 韭菹(부추 초절임), 醓醢(육즙장), 昌本(창포 뿌리), 麋臡(고라니고기 젓갈), 菁菹(순무 초절임), 鹿臡(사슴고기 젓갈)의 正饌 6豆를 이른다. 《儀禮公食大夫禮》

賓客之例

1. 凡賓至, 則使人郊勞.

　　일반적으로 빈이 도착하면 군주가 使者를 근교에 보내 위로한다.

2. 凡郊勞畢皆致館.

　　일반적으로 근교에서 위로하는 예가 끝나면 모두 빈에게 머물 숙소를 잡아 준다.

3. 凡賓至廟門, 皆設几、筵.

　　일반적으로 빈이 廟의 문에 도착하면 모두 신을 위한 几와 筵을 진설한다.

4. 凡賓、主人相見, 皆行受摯之禮.

　　일반적으로 빈과 주인이 만날 때에는 모두 예물을 받는 예를 행한다.

5. 凡賓、主人受摯畢, 禮盛者則行享禮**10)**.

　　일반적으로 빈과 주인이 예물을 받는 예가 끝난 뒤 예가 성대할 경우에는 享禮를 행한다.

6. 凡賓、主人行禮畢, 主人待賓, 用醴則謂之醴, 不用醴則謂之儐.

　　일반적으로 빈과 주인이 예를 마치면 주인이 빈을 대접하는데, 이때 醴酒를 쓰면 醴라 하고 예
　　주를 쓰지 않으면 儐이라고 한다.

7. 凡爲人使者, 正禮畢, 則行私覿或私面之禮.

　　일반적으로 사신으로 간 사람은 正禮가 끝나면 그 나라의 군주를 만나는 私覿이나 그 나라의
　　경대부를 만나는 私面의 예를 행한다.

8. 凡賓、主人禮畢, 皆還其摯.

　　일반적으로 빈과 주인은 예가 끝나면 모두 받은 예물을 되돌려준다.

9. 凡庭實之皮, 皆攝之, 內文. 入設于庭, 賓致命于堂, 則張皮于庭. 主人受幣, 則受皮者受之.

　　일반적으로 庭實로 바치는 가죽은 모두 접어서 털 무늬가 안쪽으로 가게 한다. 문을 들어가 뜰
　　에 진열하는데, 빈이 당 위에서 명을 전하면 뜰에서는 무늬가 보이도록 가죽을 펼친다. 주인이
　　당 위에서 폐백을 받으면 가죽을 받는 사람이 뜰에서 가죽을 받는다.

10. 凡庭實之馬, 右牽之, 入設于庭, 賓授幣于堂, 則受馬者受馬于庭, 主人授其屬幣, 則馬出.

　　일반적으로 庭實로 바치는 말은 오른손으로 끌고 들어가 뜰에 늘어세운다. 빈이 당 위에서 주
　　인에게 폐백을 주면 말을 받는 사람이 말을 뜰에서 받고, 주인이 그 屬吏에게 폐백을 주면 뜰에
　　서는 말을 끌고 나간다.

---

10) 享禮: 사신이 조빙한 나라의 군주에게 예물을 올리는 禮를 이른다.

11. 凡聘·覲禮[11]畢, 主人皆親勞賓.

일반적으로 빙례와 근례가 끝나면 주인이 모두 직접 빈을 위로한다.

12. 凡禮畢勞賓後, 則使人致禮于賓.

일반적으로 예가 끝나고 빈을 위로한 뒤에는 사람을 보내 빈에게 예를 베푼다.

13. 凡會同之禮, 四傳擯, 皆如覲禮.

일반적으로 會同의 예는 4명의 擯을 써서 명을 전하는데, 모두 근례 때처럼 한다.

14. 凡會同·巡守之禮, 皆祀方明[12].

일반적으로 회동할 때와 순수할 때의 예는 모두 方明에 제사한다.

15. 凡天子於諸侯則傳擯, 諸侯於聘賓則旅擯.

일반적으로 천자가 제후에 대해서는 擯에게 명을 전하고, 제후가 빙문 온 賓에 대해서는 擯을 늘어세우기만 한다.

16. 凡相大禮皆上擯之事.

일반적으로 大禮를 돕는 것은 모두 上擯의 일이다.

17. 凡諸侯使人于諸侯謂之聘, 使人于大夫謂之問, 小聘亦謂之問.

일반적으로 제후가 제후에게 사람을 보내는 것을 聘이라고 한다. 제후가 대부에게 사람을 보내는 것을 問이라고 하며, 小聘도 問이라고 한다.

18. 凡聘·問·覲皆于廟, 會同于壇, 士相見于寢.

일반적으로 빙·문·근은 모두 廟에서 하고, 회동은 壇에서 하고, 士끼리 만날 때에는 寢에서 한다.

射例

1. 凡射皆三次, 初射, 三耦射, 不釋獲; 再射, 三耦與衆耦皆射; 三射, 以樂節射, 皆釋獲, 飮不勝者.

일반적으로 射禮는 모두 세 차례 쏜다. 初射 때는 三耦(2인 3조)가 쏘는데, 맞힌 수를 계산하지 않는다. 再射 때는 삼우와 衆耦가 모두 쏜다. 三射 때는 음악의 박자에 맞추어 쏘고 모두 맞힌 수를 계산하며 이기지 못한 사람에게 술을 먹인다.

---

11) 聘·覲禮: '聘禮'는 제후국들 간에 서로 사자를 보내 우호를 다지는 예를 이르며, '覲禮'는 제후가 가을에 천자를 조현하는 예를 이른다.

12) 方明: 上下四方의 神明을 형상한 것이다. 사방 4尺의 나무로 만들었으며, 6면의 각 면마다 그 방위에 맞는 색을 칠하고 옥을 박아 넣는다. 제후가 천자를 조현하거나 會盟할 때 또는 천자가 제사할 때 설치한다.

2. 凡再射·三射, 皆先升射, 次取矢加福(복), 次數獲, 次飮不勝者, 次拾取矢, 唯初射不數獲, 不飮.

일반적으로 再射와 三射 때에는 모두 먼저 당에 올라가 쏜다. 다음에는 화살을 가져와서 福(화살을 꽂아두는 나무틀)에 올려놓고, 다음에는 맞힌 수를 계산하고, 다음에는 이기지 못한 사람에게 술을 먹이고, 다음에는 쏠 화살을 직접 교대로 가져온다. 初射 때만 맞힌 수를 계산하지 않고 술도 먹이지 않는다.

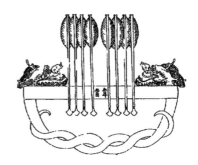

福 (欽定儀禮義疏)

3. 凡射, 未升堂之前三揖, 曰耦進揖, 曰當階北面揖, 曰及階揖.

일반적으로 射禮에서 당에 오르기 전에 3번 읍한다. 짝과 나란히 동쪽으로 나아가려고 할 때 읍하고, 동쪽으로 나아오다가 서쪽 계단과 일직선상에 왔을 때 북향하여 읍하고, 북쪽으로 나아가다가 계단 앞에 이르렀을 때 읍한다.

4. 凡射, 旣升堂之後三揖, 曰升堂揖, 曰當物北面揖, 曰及物揖.

일반적으로 射禮에서 당에 올라간 뒤에 3번 읍한다. 당에 올랐을 때 읍하고, 동쪽으로 나아가다가 物(활 쏘는 자리)과 일직선상에 왔을 때 북향하여 읍하고, 북쪽으로 나아가다가 物 앞에 이르렀을 때 읍한다.

5. 凡射後二揖 , 曰卒射揖, 曰降階與升射者相左交于階前揖.

일반적으로 활을 쏜 뒤에 2번 읍한다. 활을 다 쏘고 나서 읍하고, 계단을 내려오는 사람과 활을 쏘려고 올라가는 사람이 서쪽 계단 앞에서 서로 왼쪽 어깨가 교차할 때 읍한다.

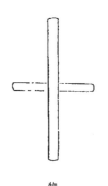

物
(欽定儀禮義疏)

6. 凡拾取矢前四揖, 曰耦進揖, 曰當福北面揖, 曰及福揖, 曰上射進坐揖.

일반적으로 화살을 교대로 가져오기 전에 4번 읍한다. 짝과 나란히 나아가려할 때 읍하고, 동쪽으로 나아가다가 福과 일직선상에 왔을 때 북향하여 읍하고, 북쪽으로 나아가다가 복에 이르렀을 때 읍하고, 上射가 나아가 복 앞에 앉으려 할 때 읍한다.

7. 凡拾取矢, 上射·下射各四揖. 若兼取矢, 則上射·下射各一揖.

일반적으로 화살을 교대로 가져올 때 상사와 하사가 각각 4번씩 읍한다. 만약 4개의 화살을 한꺼번에 가져오게 되면 상사와 하사가 각각 1번씩 읍한다.

8. 凡拾取矢後四揖, 曰旣拾取矢揖, 曰左還揖, 曰北面搢三挾一个揖, 曰旣退與進者相左揖.

일반적으로 화살을 교대로 가져온 뒤 4번 읍한다. 화살을 교대로 가져온 뒤에 읍하고, 왼쪽으로 돌아서 읍하고, 남쪽으로 나아오다가 북향하고 화살 3개는 허리에 꽂고 남은 1개는 손가락에 끼우고서 읍하고, 물러나오는 짝과 나아가는 다음 짝이 서로 왼쪽 어깨가 교차할 때 읍한다.

9. 凡飮不勝者, 未升堂之前三揖, 曰耦進揖, 曰當階北面揖, 曰及階揖.

일반적으로 이기지 못한 사람에게 술을 먹일 때 당에 올라가기 전에 3번 읍한다. 짝과 나란히 나아가려 할 때 읍하고, 서쪽 계단과 일직선상에 왔을 때 북향하여 읍하고, 서쪽 계단에 이르렀을 때 읍한다.

10. 凡飮不勝者, 旣飮之後二揖, 曰卒觶揖, 曰降階與升飮者相左交于階前揖.

일반적으로 이기지 못한 사람에게 술을 먹일 때, 술을 다 마신 뒤에 2번 읍한다. 觶(술잔)의 술을 다 마신 뒤에 읍하고, 계단을 내려오는 사람과 술을 마시려고 올라가는 사람이 서쪽 계단 앞에서 서로 왼쪽 어깨가 교차할 때 읍한다.

11. 凡設楅于中庭, 南當洗, 東肆.

일반적으로 楅을 동서로는 뜰의 중앙에, 남북으로는 洗와 일직선이 되는 곳에 설치하는데, 楅을 서쪽에서 동쪽으로 가도록 놓는다.

12. 凡設中, 南當楅, 西當西序, 東面.

일반적으로 中(산대를 담아두는 통)을 설치하는데, 남북으로는 楅과 일직선이 되고 동서로는 西序와 일직선이 되는 곳에 동향하도록 놓는다.

鹿中
(欽定儀禮義疏)

13. 凡有事于射則袒, 無事于射則襲.

일반적으로 활을 쏠 때 일이 있으면 袒(겉옷 왼쪽 소매를 벗음)을 하고 활을 쏠 때 일이 없으면 왼쪽 소매를 다시 껴입는다.

14. 凡飮不勝者, 尊者不勝則卑者不升, 卑者不勝則升堂特飮.

일반적으로 이기지 못한 사람에게 술을 먹일 때, 尊者가 이기지 못하면 卑者는 당에 올라가지 않으며 卑者가 이기지 못하면 당에 올라가 혼자 마신다.

15. 凡公射, 小射正贊決拾, 小臣正贊袒, 大射正授弓, 小臣師授矢; 卒射, 小臣正贊襲.

일반적으로 군주가 射禮에 참여하면 小射正이 군주의 決과 拾을 돕고 小臣正이 군주의 袒을 도우며 大射正이 군주에게 활을 주고 小臣師가 화살을 준다. 활을 다 쏘고 나면 소신정이 군주의 襲을 돕는다.

16. 凡公不勝飮公, 則侍射者飮夾爵.[13]

일반적으로 군주가 이기지 못하여 군주에게 술을 먹일 경우에는 모시고 쏜 사람이 夾爵을 마신다.

13] 夾爵: 군주에게 벌주를 마시게 할 때는 賓이 먼저 한 잔을 마시고 군주가 술을 다 마시기를 기다렸다가 다시 한 잔을 마시는 것을 이른다.

17. 凡大射, 三耦拾取矢, 則司射命之; 諸公卿大夫拾取矢, 則小射正作之.

　　일반적으로 대사례에 三耦가 화살을 교대로 가져올 때는 司射가 명하고, 여러 공·경·대부가 화살을 교대로 가져올 때는 小射正이 명한다.

18. 凡射者之事及釋獲者之事, 皆司射統之.

　　일반적으로 射者의 일과 석획자의 일은 모두 사사가 통솔한다.

19. 凡獲者之事, 皆司馬統之.

　　일반적으로 획자의 일은 모두 사마가 통솔한다.

20. 凡鄉射于序, 大射于澤宮.

　　일반적으로 향사례는 序에서 하고 대사례는 澤宮에서 한다.

變例

1. 凡始卒于室, 小斂後則奉尸于堂.

　　일반적으로 始卒은 정침의 適室에서 하고, 소렴 후에는 시신을 당으로 모신다.

2. 凡大斂于阼階上, 旣殯則于西階上.

　　일반적으로 대렴은 당 위의 동쪽 계단 윗쪽에서 하고, 殯을 마치는 것은 당 위의 서쪽 계단 윗쪽에서 한다.

3. 凡尸柩皆南首, 唯朝祖及葬始北首.

　　일반적으로 시신을 넣은 널은 모두 머리를 남쪽으로 두는데, 조묘에 알현할 때와 매장을 시작할 때만은 머리를 북쪽으로 둔다.

4. 凡楔齒、綴足爲奉體魄之始, 奠脯、醢爲事精神之始.

　　일반적으로 楔齒와 綴足은 시신의 체백을 받드는 시작이고, 脯와 醢를 올리는 것은 死者의 정신을 섬기는 시작이다.

5. 凡始卒、小斂、大斂、朝夕哭、朔月薦新、遷柩朝廟、祖、大遣, 皆奠.

　　일반적으로 始卒 때, 소렴 때, 대렴 때, 조석곡 때, 매달 초하루와 천신을 올릴 때, 널을 옮겨 조묘에 알현할 때, 묘지로 길을 떠나기 시작할 때, 발인할 때 모두 전을 올린다.

6. 凡奠, 小斂以前皆在尸東, 大斂以後皆在室中, 遷祖以後皆在柩西, 旣還車則在柩東.

　　일반적으로 奠은 소렴을 행하기 전에는 모두 시신의 동쪽에 올리고, 대렴을 행한 후에는 모두 室 안에 올리며, 널을 옮겨 조묘에 알현한 후에는 모두 널의 서쪽에 올리고, 廟에서 떠나려고

수레의 방향을 돌린 뒤에는 널의 동쪽에 올린다.

7. 凡奠席皆東面設之, 無席之奠則統于尸.

일반적으로 席에 奠을 올릴 때에는 모두 동향으로 진설하고, 席 없이 전을 올릴 때에는 시신을 기준으로 올린다.

8. 凡奠于殯宮, 皆饋于下室, 唯朔月及薦新不饋.

일반적으로 殯宮(정침)에 올리는 奠은 모두 下室(내당)에서 서직을 올리는데, 삭월전과 천신은 이미 殷奠이기 때문에 서직을 올리지 않는다.

9. 凡朝廟奠、祖奠、大遣奠, 皆薦車馬.

일반적으로 조묘전·조전·대견전에는 모두 거마를 늘어세운다.

10. 凡將奠, 皆先饌於東方, 徹則設于西方.

일반적으로 奠을 올리려 할 때에는 모두 먼저 東方에 진열하고, 거둔 것은 西方에 진열한다.

11. 凡奠于堂室者, 陳、徹皆升自阼階, 降自西階. 奠于庭者, 陳由重北而西, 徹由重南而東.

일반적으로 당이나 室에 奠을 올릴 경우, 진설하거나 거둘 때 모두 동쪽 계단으로 당에 오르고 서쪽 계단으로 당을 내려온다. 뜰에 奠을 올릴 경우, 진설할 때는 重의 북쪽을 돌아 서향하여 진설하고, 거둘 때에는 重의 남쪽을 돌아 동향하여 거둔다.

12. 凡奠, 升自阼階, 丈夫踊; 降自西階, 婦人踊; 奠者由重南東, 丈夫踊; 謂之要節而踊.

일반적으로 奠을 올릴 때, 전을 올리는 사람이 동쪽 계단으로 당에 올라갈 때 장부가 踊을 하고, 전을 올리고 서쪽 계단으로 당을 내려올 때 부인이 踊을 하며, 전을 올린 사람이 重의 남쪽으로 돌아 동쪽 자리로 돌아갈 때 장부가 踊을 한다. 이것을 踊을 할 순서가 되면 踊을 한다고 이른다.

13. 凡柩朝祖如大斂奠, 朝禰如小斂奠.

일반적으로 널을 조묘에 알현시킬 때 올리는 奠은 대렴전과 같이하고, 녜묘에 알현시킬 때는 소렴전과 같이 올린다.

14. 凡重置于中庭, 三分庭一在南.

일반적으로 重을 中庭에 둘 때에는 뜰을 3등분하여 남쪽으로 3분의 1되는 지점에 둔다.

15. 凡凶事無洗, 或設盥于堂下, 或設盥于門外.

일반적으로 흉사에는 洗가 없고 당 아래에 盥을 두거나 문 밖에 盥을 둔다.

16. 凡君使人弔、襚、賵, 主人皆拜稽顙成踊, 非君之弔、襚、賵則拜而不踊.

일반적으로 군주가 사람을 보내 조문하거나, 襚衣를 보내거나, 賵物(車馬)을 보내면 주인은 모두 배수계상하고 成踊(세 번씩 세 차례 踊하는 것)을 한다. 군주의 조·수·봉이 아니면 절은 하지만 踊은 하지 않는다.

17. 凡君臨大斂, 則主人拜稽顙成踊.

일반적으로 군주가 직접 대렴을 보러 오면 주인은 배수계상하고 成踊한다.

18. 凡弔、襚、賵、贈、奠, 於死者皆不拜.

일반적으로 조·수·봉·증(死者에게 보내는 부장물)·奠을 올릴 경우에 死者에게는 모두 절하지 않는다.

19. 凡主人之位, 小斂前在尸東, 小斂後在阼階下, 謂之內位; 旣殯在門外, 謂之外位.

일반적으로 주인의 자리는 소렴하기 전에는 시신의 동쪽에 서고 소렴한 후에는 동쪽 계단 아래에 서는데, 이것을 內位라고 한다. 殯을 마치고 나면 묘문 밖에 서는데, 이것을 外位라고 한다.

20. 凡婦人之位, 小斂前在尸西, 小斂後至旣殯皆在阼階上, 柩將行, 始降在階間.

일반적으로 부인의 자리는 소렴하기 전에는 시신의 서쪽에 있고, 소렴한 후부터 殯을 마칠 때까지는 모두 당의 동쪽 계단 윗쪽에 있으며, 널이 출행하려고 할 때 비로소 당을 내려와 계단 사이에 선다.

21. 凡凶事交相右, 吉事交相左.

일반적으로 흉사에는 당을 오르내릴 때 올라가는 사람과 내려오는 사람이 서로 오른쪽 어깨가 교차되도록 하고, 길사에는 왼쪽 어깨가 교차되도록 한다.

祭例 上

1. 凡士祭, 尸九飯. 大夫祭, 尸十一飯.

일반적으로 士의 제사에는 시동이 9반 하고, 대부의 제사에는 시동이 11반 한다.

2. 凡尸飯, 擧脊爲食之始, 擧肩爲食之終.

일반적으로 시동이 밥을 먹을 때 희생의 脊을 먹는 것이 食禮의 시작이 되고, 肩을 먹는 것이 食禮의 마지막이 된다.

3. 凡尸所食, 皆加于肵俎, 若虞祭, 則以篚代之.

일반적으로 시동이 먹던 음식은 모두 肵俎 위에 올려놓는데, 우제 때는 篚로 대신한다.

4. 凡肵俎皆載心、舌, 尸未入, 先設于阼階西.

일반적으로 肵俎에는 모두 희생의 염통과 혀를 담아서 시동이 室로 들어가기 전에 먼저 동쪽 계단의 서쪽에 진열한다.

5. 凡尸所食之肺、脊, 必先奠于菹豆, 尸卒食, 佐食始受之, 加于肵俎.

일반적으로 시동이 먹고 남은 희생의 폐와 正脊은 반드시 먼저 菹豆 위에 올려놓았다가 시동이 밥을 다 먹고 난 뒤에야 좌식이 시동에게서 받아 肵俎 위에 올려놓는다.

6. 凡尸未食前之祭, 謂之墮祭, 又謂之挼祭.

　　일반적으로 시동이 음식을 먹기 전에 하는 祭(이 음식을 최초로 만든 先人에게 고수레하는 것)를 墮祭라고
하고 또 挼祭라고 한다.

7. 凡主人受尸嘏挼祭, 尸酢主婦亦挼祭.

　　일반적으로 주인이 시동에게서 嘏辭를 받을 때 挼祭하며, 시동이 주부에게 답잔을 줄 때에도
타제한다.

8. 凡尸未入室之前, 設饌于奧, 謂之陰厭.

　　일반적으로 시동이 아직 室에 들어가기 전에 실의 奧(서남쪽 모퉁이)에 음식을 진설하는 것을 '음
염'이라고 한다.

9. 凡尸旣出室之後, 改饌于西北隅, 謂之陽厭.

　　일반적으로 시동이 室을 나간 뒤에 실의 서북쪽 모퉁이(屋漏)에 다시 진설하는 것을 陽厭이라고
한다.

10. 凡卒食酳尸, 皆主人初獻, 主婦亞獻, 賓長三獻.

　　일반적으로 시동이 음식을 다 먹고 나면 시동에게 입가심하도록 술을 올리는데, 모두 주인이
초헌하고 주부가 아헌하고 빈장이 삼헌한다.

11. 凡獻尸畢, 皆獻祝及佐食.

　　일반적으로 시동에게 헌주한 뒤에 모두 祝과 佐食에게 헌주한다.

12. 凡主人初獻, 從俎皆以肝; 主婦亞獻, 賓長三獻, 從俎皆以燔; 主人·主婦獻祝亦如之.

　　일반적으로 주인이 초헌할 때 따라 올리는 俎는 모두 肝俎를 올리고, 주부가 아헌할 때와 빈장
이 삼헌할 때 따라 올리는 俎는 모두 燔俎를 올린다. 주인과 주부가 축에게 술을 올릴 때도 마
찬가지로 한다.

13. 凡饔, 士禮二人, 大夫禮四人, 饔畢亦有獻酢.

　　일반적으로 준례에 士禮는 2명이 대궁을 먹고 대부례는 4명이 대궁을 먹는다. 준례가 끝나면
마찬가지로 헌주와 酢酒의 예가 있다.

14. 凡祭, 尸不就洗, 別設槃匜待之.

　　일반적으로 제사 때 시동은 洗가 있는 곳으로 나아가지 않으며 시동을 위해 별도로 槃匜를 진
설해 놓고 기다린다.

祭例 下

1. 凡儐尸之禮, 唯尸‧侑及主人備三獻, 自主婦以下皆一獻禮成.

   일반적으로 빈시례(시동을 빈객으로 대접하는 예)는 시동‧유‧주인에게만 三獻을 갖추고 주부 이하의 사람에게는 모두 一獻으로 예가 이루어진다.

2. 凡儐尸, 主人獻, 其從獻皆用羊; 主婦獻, 其從獻皆用豕; 上賓獻, 其從獻皆用魚.

   일반적으로 빈시례에 주인이 헌주할 때 따라 올리는 음식은 모두 羊牲을 사용하고, 주부가 헌주할 때 따라 올리는 음식은 모두 豕牲을 사용하며, 상빈이 헌주할 때 따라 올리는 음식은 모두 물고기를 사용한다.

3. 凡儐尸, 羊俎爲正俎, 其餘皆以二俎益送之.

   일반적으로 빈시례에 羊俎가 正俎가 되며, 나머지 俎는 모두 2개씩의 조를 더 보태서 올린 것이다.

4. 凡士祭, 正獻後加爵三; 下大夫祭, 正獻後加爵二; 儐尸, 則正獻後加爵一.

   일반적으로 士의 제사는 正獻 뒤에 加爵이 3번이고, 하대부의 제사는 정헌 뒤에 가작이 2번이며, 빈시례는 정헌 뒤에 가작이 1번이다.

5. 凡致爵, 皆在賓三獻之間, 加爵亦致. 若儐尸, 則於堂上獻尸‧侑時行之.

   일반적으로 주인과 주부가 서로에게 술잔을 보내는 것은 모두 빈장이 시동에게 삼헌을 올리는 사이에 있으며, 중빈장과 장형제가 加爵할 때에도 주인과 주부에게 술잔을 보낸다. 儐尸 때에는 당 위에서 시동과 侑에게 헌주할 때 주인과 주부에게 술잔을 보낸다.

6. 凡不儐尸之祭, 賓三獻爵止, 則均神惠于室; 加爵者爵止, 則均神惠于庭.

   일반적으로 儐尸하지 않는 제사(하대부의 제사) 때 빈장이 三獻하면 시동이 마시지 않고 술잔을 내려놓는 것은 신의 은혜를 室 안에 있는 사람들과 고루 나누기 위해서이고, 加爵했을 때 마시지 않고 술잔을 내려놓는 것은 신의 은혜를 뜰에 있는 사람들과 고루 나누기 위해서이다.

7. 凡祭, 陰厭則薦豆設俎, 尸飯則加豆, 亞獻則薦籩. 若將儐尸, 則正獻不薦.

   일반적으로 제례에 음염 때는 豆를 올리고 俎를 진설하며, 시동이 밥을 먹을 때는 두를 더 올리고, 아헌 때는 籩을 올린다. 儐尸를 행하려면 正獻 때는 변을 올리지 않는다.

8. 凡始虞之祭謂之祫事, 再虞之祭謂之虞事, 三虞卒哭之祭謂之成事.

   일반적으로 초우의 제사를 祫事, 재우의 제사를 虞事, 삼우졸곡의 제사를 成事라고 한다.

9. 凡卒哭明日祔廟之祭謂之祔.

   일반적으로 졸곡제를 지낸 다음날 조묘에 합부하는 제사를 부제라고 한다.

10. 凡朞而祭謂之小祥, 又朞而祭謂之大祥, 大祥間一月之祭謂之禫.

일반적으로 죽은 지 일주년이 되었을 때 지내는 제사를 소상제라 하고, 다시 일주년이 되었을 때 지내는 제사를 대상제라 하며, 대상제를 지낸 뒤 한 달을 걸러 지내는 제사를 담제라고 한다.

11. 凡虞祭, 無尸俎, 不致爵, 不加爵. 獻尸畢, 不獻賓, 不旅酬, 不嘏.

일반적으로 우제에는 시동을 위한 尸俎가 없으며, 주인과 주부가 서로에게 술잔을 보내는 예를 행하지 않으며 加爵도 하지 않는다. 또한 시동에게 삼헌한 뒤에 빈에게 헌주하지 않고, 여수례를 하지 않으며, 준례(대궁하는 예)도 하지 않는다.

12. 凡卒哭祭畢, 餞尸于廟門外, 亦三獻.

일반적으로 졸곡제가 끝난 뒤 묘문 밖에서 시동을 전별하는 예를 행하는데, 이때에도 삼헌을 한다.

13. 凡士祭, 加爵後, 嗣子入擧奠. 大夫祭, 則不擧奠.

일반적으로 士의 제사에는 加爵한 뒤에 嗣子가 室로 들어가 음염 때 축이 올렸던 술을 마신다. 대부의 제사에는 嗣子가 擧奠을 하지 않는다.

14. 凡正祭于室, 儐尸則于堂.

일반적으로 正祭는 室 안에서 행하고 儐尸는 당 위에서 행한다.

15. 凡尸在室中皆東面, 在堂上則南面.

일반적으로 시동은 室 안에서는 모두 동향하고 당 위에서는 남향한다.

16. 凡祭畢告利成, 士禮則祝, 主人立于戶外, 大夫禮則祝, 主人立于階上.

일반적으로 제사가 끝나면 주인에게 "신을 공양하는 예가 이루어졌습니다."라고 고하는데, 士의 제사에는 祝과 주인이 室戶 밖에 서서 행하고, 대부의 제사에는 축과 주인이 당 위 계단 위쪽에 서서 행한다.

器服之例 上

1. 凡所以馮者曰几, 所以藉者曰席.

일반적으로 기대는 기물을 几라 하고, 바닥에 까는 기물을 席이라고 한다.

2. 凡盛水之器曰罍, 斟水之器曰枓, 棄水之器曰洗.

일반적으로 물을 담아놓는 기물을 罍(뢰)라 하고, 물을 뜨는 기물을 枓(주)라 하며, 물을 버리는 기물을 洗라고 한다.

3. 凡盛酒之器曰尊, 斟酒之器曰勺.

일반적으로 술을 담아놓는 기물을 尊(준)이라 하고, 술을 뜨는 기물을 勺이라고 한다.

4. 凡酌酒而飮之器曰爵.

일반적으로 술을 따라 마시는 기물을 爵이라고 한다.

5. 凡亨牲體之器曰鑊.

일반적으로 생체를 익히는 기물을 鑊이라고 한다.

6. 凡升牲體之器曰鼎, 出牲體之器曰朼.

일반적으로 생체를 담아놓는 기물을 鼎이라 하고, 생체를 정에서 꺼내는 기물을 朼라고 한다.

7. 凡載牲體之器曰俎.

일반적으로 생체를 담는 기물을 俎라고 한다.

8. 凡盛濡物之器曰甕, 實濡物之器曰豆.

일반적으로 젖은 음식을 담아놓는 기물을 甕(옹)이라 하고, 젖은 음식을 담는 기물을 豆라고 한다.

9. 凡實乾物之器曰籩.

일반적으로 마른 음식을 담는 기물을 籩이라고 한다.

10. 凡盛黍、稷之器曰簋、曰敦, 盛稻、粱之器曰簠.

일반적으로 黍와 稷을 담아놓는 기물을 簋(궤) 또는 敦(대)라 하고, 稻와 粱을 담아놓는 기물을 簠(보)라고 한다.

11. 凡實羹之器曰鉶, 實大羹之器曰鐙.

일반적으로 갱(육수에 채소를 넣은 국)을 담는 기물을 鉶(형)이라 하고, 태갱(육수에 조미하지 않은 국)을 담는 기물을 鐙(등)이라 한다.

12. 凡扱醴、扱羹之器皆曰柶.

일반적으로 예주를 뜨거나 갱을 뜨는 기물을 모두 柶라고 한다.

13. 凡相見, 君則以玉爲摯, 臣則以禽、幣爲摯.

일반적으로 상견례에 군주는 옥을 예물로 쓰고, 신하는 금수와 束帛을 예물로 쓴다.

14. 凡相見, 婦人則以棗、栗、腶脩爲摯.

일반적으로 상견례에 신부는 대추·밤·腶脩(생강과 계피를 첨가한 육포)를 예물로 쓴다.

15. 凡藉玉之器曰繅.

일반적으로 옥을 받치는 기물을 繅(조)라고 한다.

16. 凡盛婦摯之器曰笲, 夫人則曰竹簠方.

일반적으로 신부의 예물을 담는 기물을 笲(변)이라 하고, 부인의 예물을 담는 기물을 竹簠方이라고 한다.

17. 凡射者之器曰弓、曰矢、曰決、曰拾.

일반적으로 활 쏘는 사람의 기물을 弓·矢·決(손가락에 끼는 깍지)·拾(팔 토시)이라고 한다.

18. 凡獲者之器曰旌、曰乏、曰侯.

일반적으로 獲者(적중 여부를 알려주는 사람)의 기물을 旌(깃발)·乏(화살을 막는 보호장구)·侯(과녁)라고 한다.

19. 凡釋獲者之器曰中、曰籌.

일반적으로 釋獲者(점수를 기록하는 사람)의 기물을 中(산가지를 담는 통)·籌(주. 산가지)라고 한다.

20. 凡取矢之器曰楅, 飮不勝者之器曰豐.

일반적으로 화살을 가져다가 꽂아놓는 기물을 楅(복)이라 하고, 이기지 못한 사람에게 술을 마시게 할 때 사용하는 기물을 豐(굽이 달린 잔대)이라고 한다.

器服之例 下

1. 凡衣與冠同色, 裳與韠同色, 屨與裳同色.

일반적으로 상의와 冠은 같은 색으로 하고, 下裳과 韠(필. 폐슬)은 같은 색으로 하며, 신발과 下裳은 같은 색으로 한다.

2. 凡士冠禮, 賓、主人、兄弟、擯者、贊者及冠者初加, 見君與卿大夫、鄉先生, 皆用玄端.

일반적으로 士의 관례에 빈·주인·형제·擯者·贊者 및 冠者가 始加할 때, 관자가 관례를 마치고 군주·경대부·향선생을 알현할 때 모두 현단복을 입는다.

3. 凡士昏禮, 使者、主人、壻從者, 皆用玄端.

일반적으로 士의 혼례에 신랑의 使者·주인·신랑을 따라온 有司는 모두 현단복을 입는다.

4. 凡鄉飮酒、鄉射之禮, 息司正, 皆用玄端.

일반적으로 향음주례와 향사례에 의식을 마치고 司正을 위로할 때 모두 현단복을 입는다.

5. 凡士祭禮, 筮日、筮尸、宿尸、宿賓、視濯、視殺, 正祭, 尸主人、祝、佐食, 皆用玄端.

일반적으로 士의 제례에 筮日(제사지낼 날을 시초점으로 정함), 筮尸(시동을 시초점으로 정함), 宿尸(시동에게 하루 전에 재차 알림), 宿賓(빈에게 하루 전에 재차 알림), 視濯(제기가 정갈한지 살핌), 視殺(희생 잡는 것을 살핌) 때와 正祭 때 시동·주인·축·좌식이 모두 현단복을 입는다.

6. 凡士冠禮, 筮日、筮賓、宿賓、爲期, 皆用朝服.

일반적으로 士의 관례에 筮日·筮賓·宿賓·爲期(행례의 시간을 정함) 때 모두 朝服을 입는다.

7. 凡飲、射、燕、食之禮, 皆用朝服.

일반적으로 음주례·사례·연례·食禮를 행할 때 주인과 빈은 모두 朝服을 입는다.

8. 凡聘禮, 君授使者幣, 使者受命及釋幣于禰, 肄儀, 聘畢歸反命, 皆用朝服.

일반적으로 빙례에 군주가 使者에게 예물을 줄 때, 使者가 군주에게서 명을 받을 때와 녜묘에 예물을 올릴 때, 빙례의 위의를 익힐 때, 빙례를 마치고 돌아와 복명 할 때, 모두 朝服을 입는다.

9. 凡聘禮, 賓至所聘之國, 展幣、辭饔、飧, 問卿, 上介問下大夫, 士介受饎, 皆用朝服.

일반적으로 빙례에 빈이 빙문할 나라의 국경에 이르러 예물을 늘어놓고 점검할 때, 主國의 군주가 보낸 죽은 희생과 살아있는 희생을 사양할 때, 경을 사적으로 만날 때, 上介가 하대부를 사적으로 만날 때, 사개가 희를 받을 때, 모두 朝服을 입는다.

10. 凡聘禮, 主國之君使卿郊勞, 宰夫設飧, 致士介饎, 卿接聘賓, 君不親食使大夫致侑幣, 皆用朝服.

일반적으로 빙례에 主國의 군주가 경을 근교에 보내 위로할 때, 主國의 宰夫가 飧(손. 희생의 날 것 과 익힌 것만 있고 살아있는 희생은 없는 것)을 객관에 진설할 때, 군주가 士介에게 살아있는 희생을 보낼 때, 경이 빙문 온 빈을 접대할 때, 군주가 직접 함께 식사하지 않을 경우 대부를 시켜 侑幣(더하여 보내는 예물)를 보낼 때, 모두 朝服을 입는다.

11. 凡士祭禮正祭, 賓及兄弟、助祭者, 皆用朝服.

일반적으로 士의 제례 중 正祭 때 빈·형제·제사를 돕는 사람은 모두 朝服을 입는다.

12. 凡大夫祭禮, 皆用朝服.

일반적으로 대부의 제례에는 모두 朝服을 입는다.

13. 凡士冠禮再加, 聘禮行聘、還玉, 賓受饔、飧, 覿禮郊勞, 士喪禮襲, 既夕禮乘車所載, 皆用皮弁服.

일반적으로 士의 관례 중 再加 때, 빙례 중 빙례를 행할 때, 빙례 중 군주가 빈에게 옥을 돌려줄 때, 빙례 중 빈이 죽은 희생과 살아있는 희생을 받을 때, 근례 중 교외에서 빈을 위로 할 때, 士의 상례 중 襲禮 때, 士의 기석례 중 수레를 늘어세우고 여기에 부장물을 실을 때, 모두 피변복을 입는다.

14. 凡士冠禮三加, 士昏禮親迎, 士復, 士襲, 皆用爵弁服.

일반적으로 士의 관례 중 三加 때, 士의 혼례 중 친영 때, 士의 상례 중 復(死者의 혼을 부르는 것)할 때, 士의 상례 중 습례 때, 모두 작변복을 입는다.

15. 凡聘禮, 君使卿歸賓饔、飧, 下大夫歸上介饔、飧, 夫人使下大夫歸禮, 上介受饔、飧, 皆用韋弁服.

일반적으로 빙례 중 군주가 경을 시켜 빈에게 죽은 희생과 살아있는 희생을 보낼 때, 하대부가 上介에게 죽은 희생과 살아있는 희생을 보낼 때, 夫人이 하대부를 시켜 예물을 보낼 때, 상개가 죽은 희생과 살아있는 희생을 받을 때, 모두 위변복을 입는다.

16. 凡覲禮, 天子用袞冕, 侯氏用裨冕.

일반적으로 근례에 천자는 곤면복을 입고, 제후는 비면복을 입는다.

17. 凡大夫之妻被錫、衣侈袂, 士之妻纚、笄、宵衣.

일반적으로 대부의 처는 머리에 가체를 쓰고 소매가 넓은 宵衣(초의. 검은색 비단으로 만든 祭服)를 입으며, 士의 처는 머리를 비단 끈으로 묶고 비녀를 꽂고 초의를 입는다.

18. 凡袒、裼皆左, 在衣謂之袒, 在裘謂之裼.

일반적으로 袒(단)과 裼(석)은 모두 왼쪽 소매를 벗는데, 상의의 겉옷 소매를 벗는 것을 袒이라 하고, 갖옷 소매를 벗는 것을 裼이라고 한다.

19. 凡執玉, 有藉者裼, 無藉者襲.

일반적으로 옥을 잡을 때 束帛의 받침이 있을 때에는 裼을 하고, 束帛의 받침이 없을 때에는 襲을 한다.

20. 凡縚髮謂之纚, 安髮及固冠皆謂之笄.

일반적으로 머리카락을 묶는 비단을 纚(사)라 하고, 머리카락을 고정시키는 것과 冠을 고정시키는 것을 모두 笄(계. 비녀)라고 한다.

雜例

1. 凡鄕飮、鄕射明日息司正, 略如飮酒之禮.

일반적으로 향음주례나 향사례를 행하고 난 다음날 司正을 위로하는데 대체로 음주례와 같이 한다.

2. 凡燕四方之賓客, 略如燕其臣之禮.

일반적으로 사방의 빈객에게 연향을 베풀 때 대체로 신하에게 연향을 베풀 때의 예와 같이 한다.

3. 凡昏禮婦至設饌, 及婦饋舅姑, 略如食禮.

일반적으로 혼례 때 신부가 도착하면 음식을 진설하는 것과 신부가 시부모에게 음식을 대접하는 것은 대체로 食禮와 같이 한다.

4. 凡舅姑饗婦、饗從者, 略如饗賓客之禮.

일반적으로 시부모가 신부에게 음식을 대접하는 것과 신부를 호종해서 따라온 종자들에게 음식을 대접할 때 대체로 빈객을 대접할 때의 예와 같이 한다.

5. 凡冠醴子, 昏醴婦, 略如禮賓之禮.

일반적으로 관례 중 冠者에게 예주를 줄 때, 혼례 중 신부에게 예주를 줄 때 대체로 빈을 대접하는 예와 같이 한다.

6. 凡女父見壻, 略如見賓客之禮.

일반적으로 신부의 아버지가 신랑을 만날 때 대체로 빈객을 만날 때의 예와 같이 한다.

7. 凡婦見舅姑, 略如臣見君之禮.

일반적으로 신부가 시부모를 알현할 때 대체로 신하가 군주를 알현할 때의 예와 같이 한다.

8. 凡聘賓私獻于主君, 略如士介覿之禮.

일반적으로 빙문 온 빈이 사적으로 主國의 군주에게 예물을 올릴 때에는 대체로 士介가 사적으로 만나는 예와 같이 한다.

9. 凡大射飲公, 略如賓媵爵于公之禮.

일반적으로 대사례 중 군주에게 술을 마시게 할 때 대체로 빈이 군주에게 媵爵하는 예와 같이 한다.

10. 凡昏禮婦奠菜, 聘禮賓介將行, 及使還有事于禰廟, 略如祭禮.

일반적으로 혼례 중 며느리가 廟에 奠菜할 때, 빙례 중 賓介가 떠나려고 할 때, 빙례 중 사신이 돌아와 녜묘에 제사를 지낼 때, 대체로 제례와 같이 한다.

11. 凡燕禮命賓, 聘禮命使者, 皆于燕朝; 聘禮授幣及反命, 皆于治朝; 聘賓初至及將聘, 皆于外朝.

일반적으로 연례 때 빈에게 명하는 것과 빙례 때 使者에게 명하는 것은 모두 燕朝에서 하고, 빙례 때 폐백을 주는 것과 복명하는 것은 모두 治朝에서 하고, 빙문 온 빈이 처음 도착했을 때와 장차 빙문가려고 할 때는 모두 外朝에서 예를 행한다.

12. 凡卜、筮皆于廟門, 唯將葬則于兆南.

일반적으로 거북점과 시초점은 모두 묘문에서 하고, 매장하려고 할 때에만 묏자리로 선정한 묘역 남쪽에서 한다.

13. 凡筮, 士坐筮, 卿大夫立筮.

일반적으로 시초점을 칠 때 士는 앉아서 점치고, 경대부는 서서 점친다.

14. 凡樂, 瑟在堂上, 笙、管、鐘、磬、鼓、鼙之屬在堂下.

일반적으로 음악 연주는 슬은 당 위에서 연주하고, 생·관·종·경·고·비 등은 당 아래에서 연주한다.

15. 凡樂皆四節, 初謂之升歌, 次謂之笙奏, 三謂之間歌, 四謂之合樂.

일반적으로 음악은 모두 4단계가 있다. 첫 번째 연주하는 단계를 升歌(당 위에서 瑟에 맞추어 노래하는 것)라 하고, 두 번째는 笙奏(당 아래에서 생황을 연주하는 것), 세 번째는 間歌(당 위의 노래와 당 아래의 생황 연주를 번갈아 하는 것), 네 번째는 合樂(당 위와 당아래의 음악을 함께 연주하는 것)이라고 한다.

16. 凡士禮, 冠·昏·喪·祭皆攝盛.

일반적으로 士禮는 관례·혼례·상례·제례 때 모두 자신의 신분보다 높은 등급의 예를 쓴다.

17. 凡適子冠于阼, 庶子冠于房外.

일반적으로 적자는 당 위의 동쪽 계단 윗쪽에서 관례를 행하고, 서자는 東房 밖에서 관례를 행한다.

18. 凡適婦酌之以醴, 庶婦醮之以酒.

일반적으로 적부에게는 예주를 따라 주고 서부에게는 청주를 따라 준다.

19. 凡冠禮, 或醴或醮, 皆三加.

일반적으로 관례 중 관자에게 술을 따라줄 때 예주나 청주를 사용하는데, 청주를 사용할 때에는 冠을 씌워줄 때마다 세 번 모두 따라 준다.

20. 凡昏禮, 使者行禮皆用昕, 唯壻用昏.

일반적으로 혼례에 使者가 예를 행하는 것(납채·문명·납길·청기·납징)은 모두 새벽에 하고, 신랑이 행하는 것(친영)만 저녁에 한다.

21. 凡冠于禰廟, 昏于寢.

일반적으로 관례는 녜묘에서 행하고, 혼례는 침에서 한다.

〈鄭氏大夫士堂室圖〉

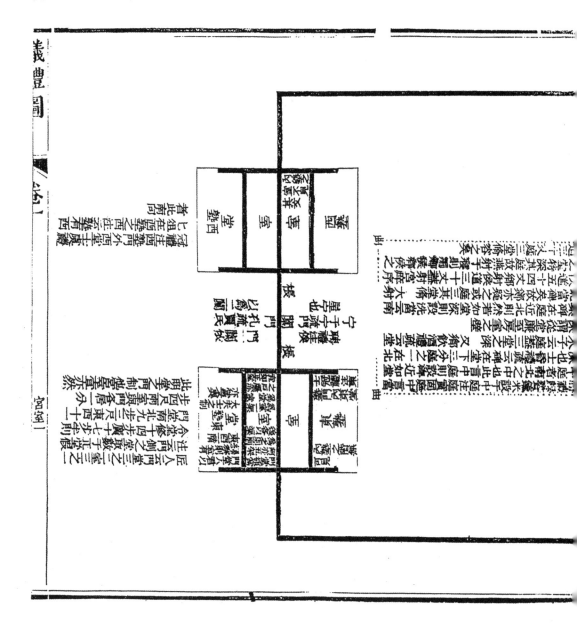

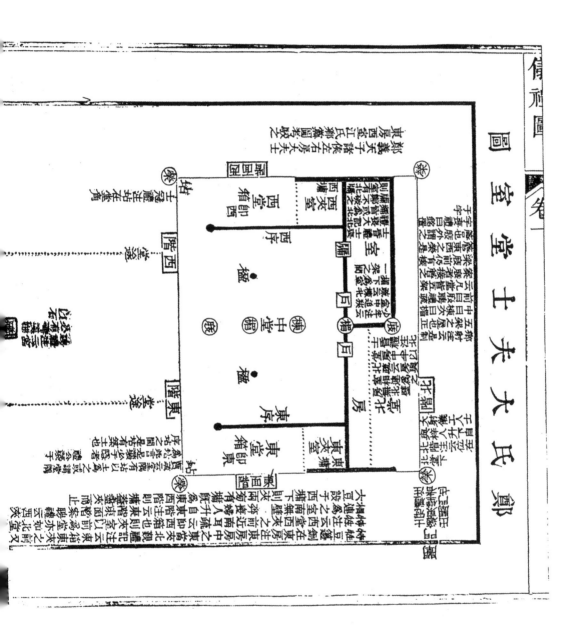

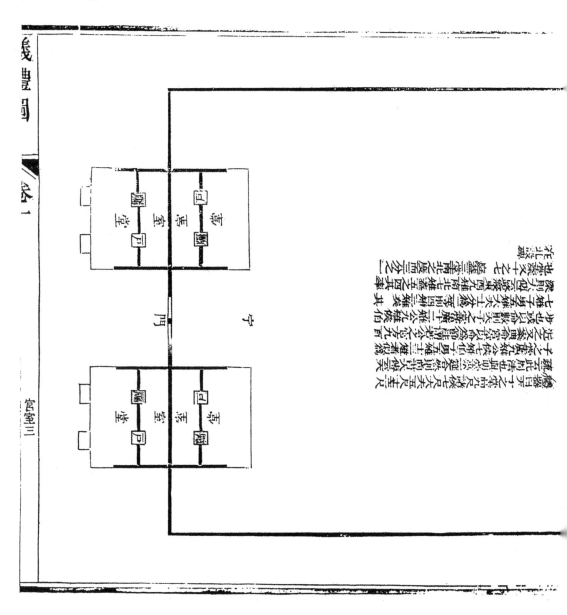

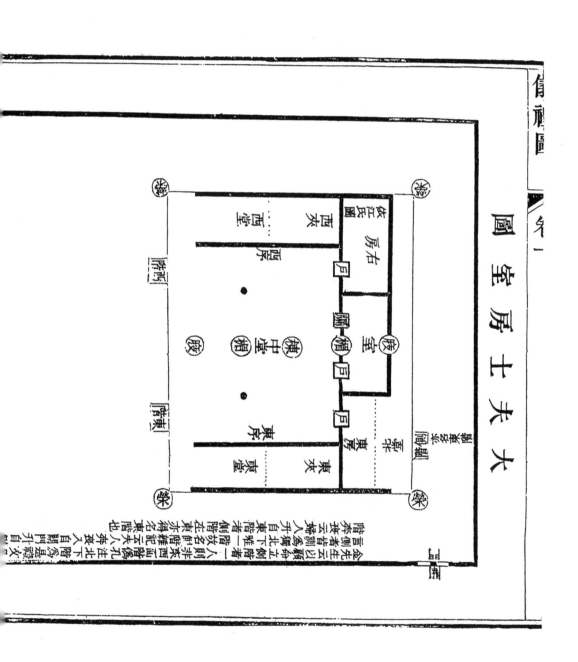

〈天子諸侯左右房圖〉

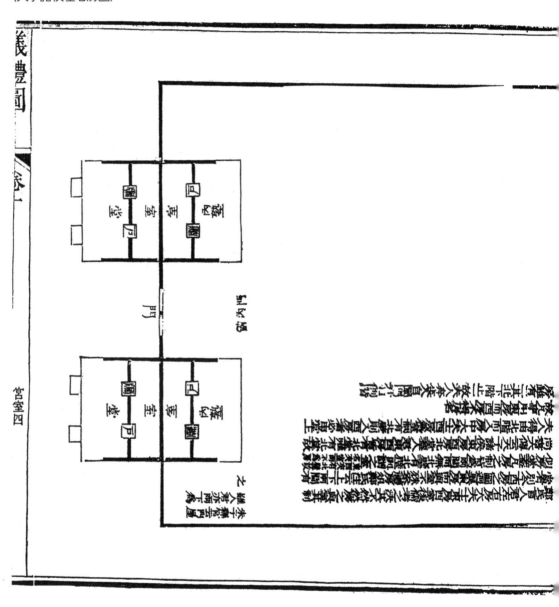

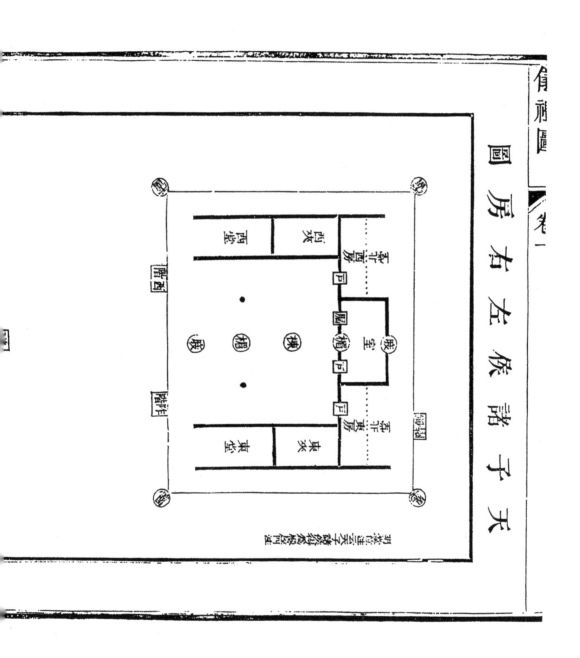

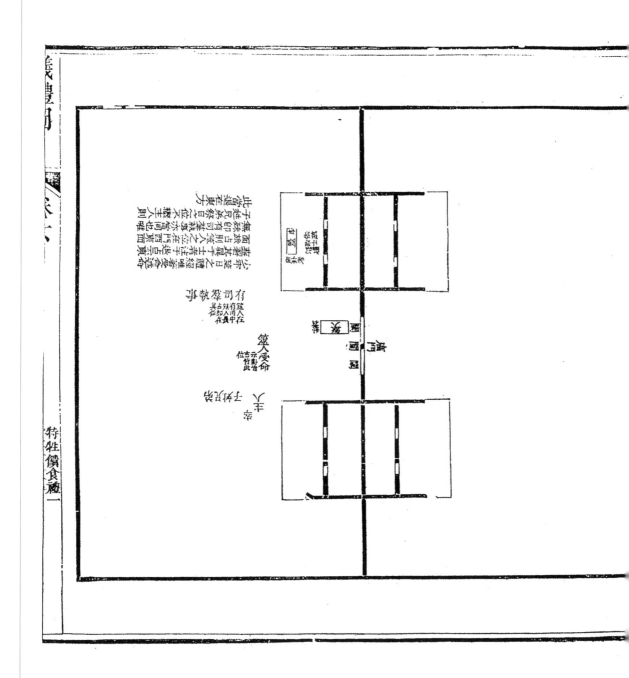

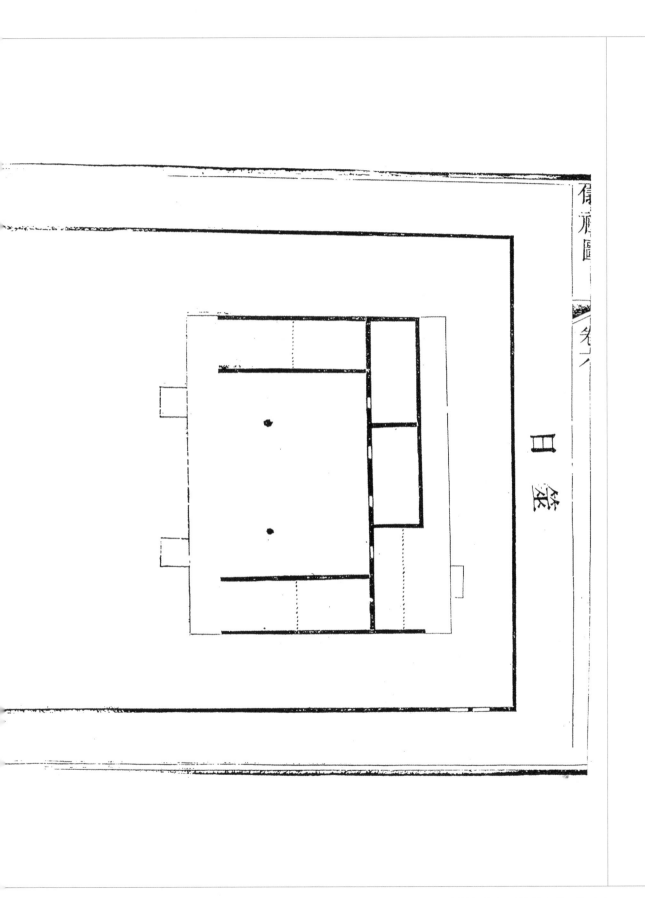

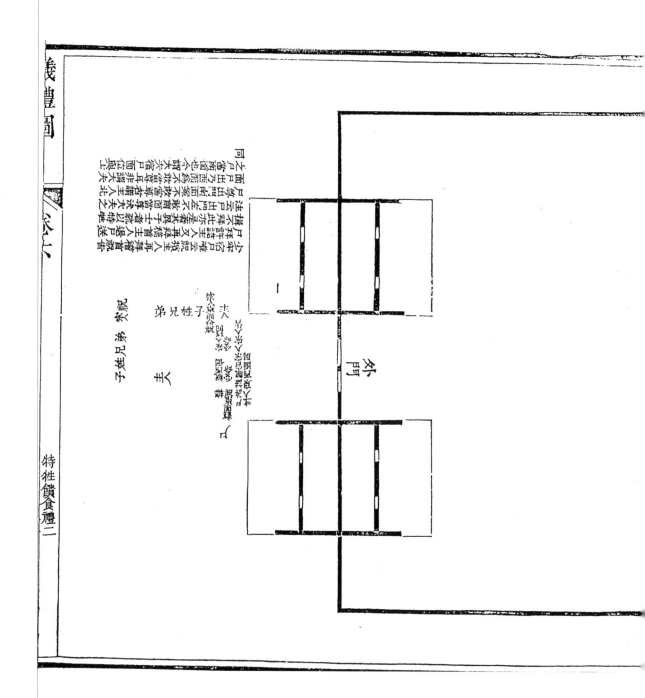

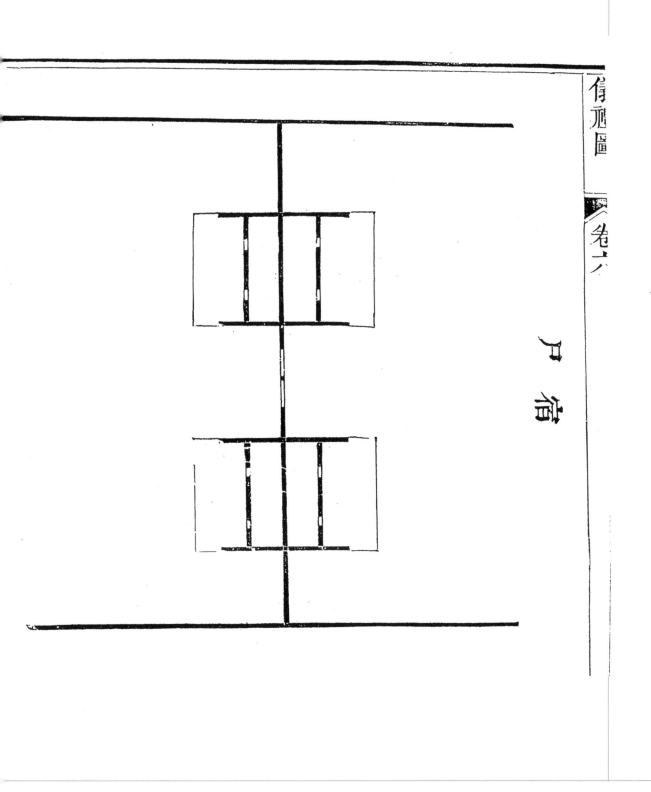

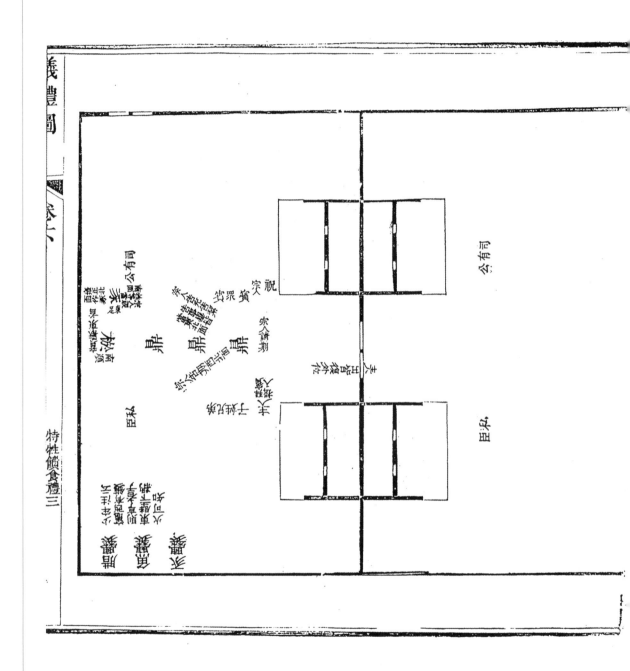

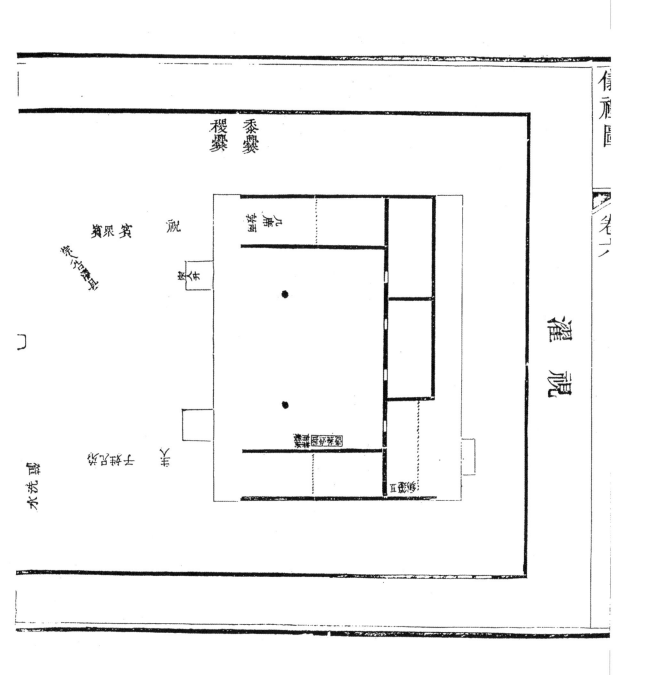

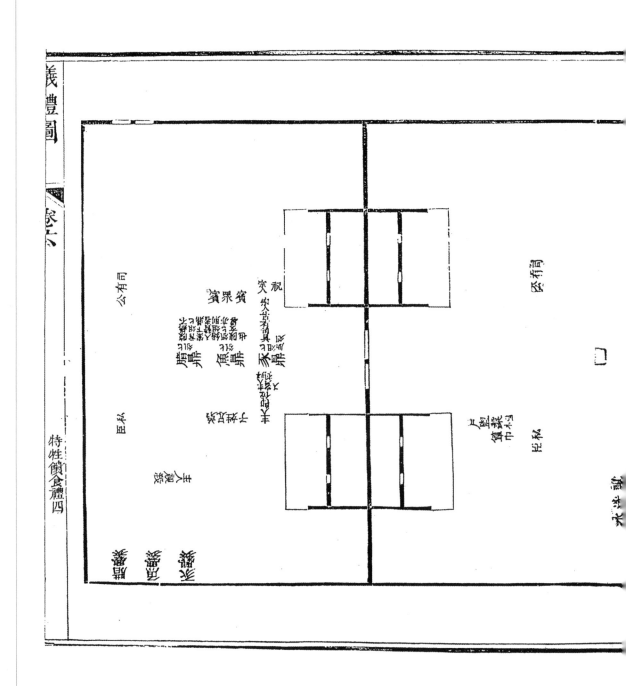

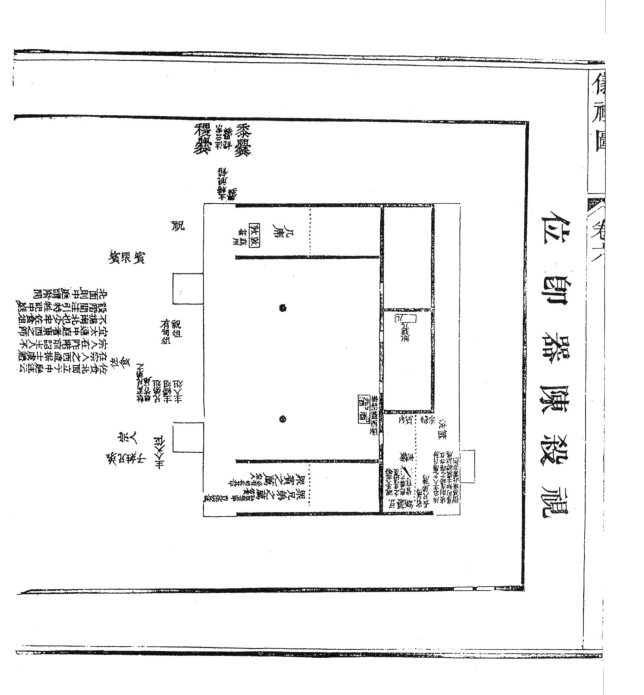

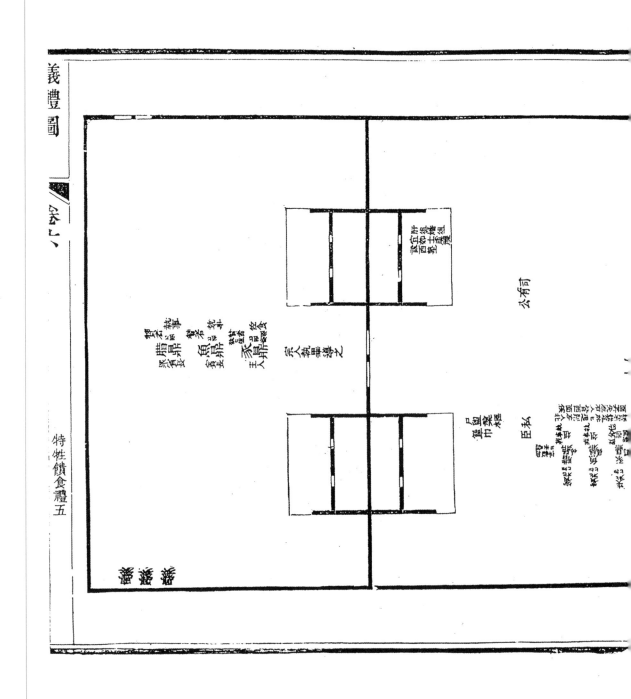

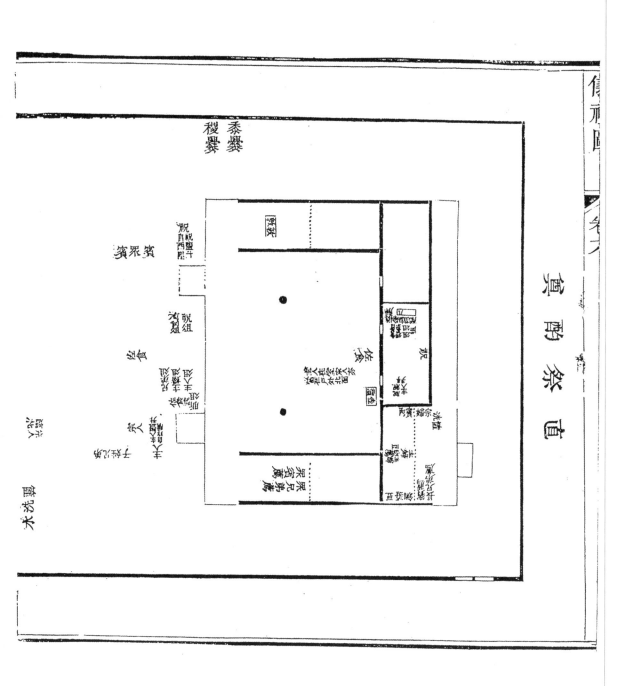

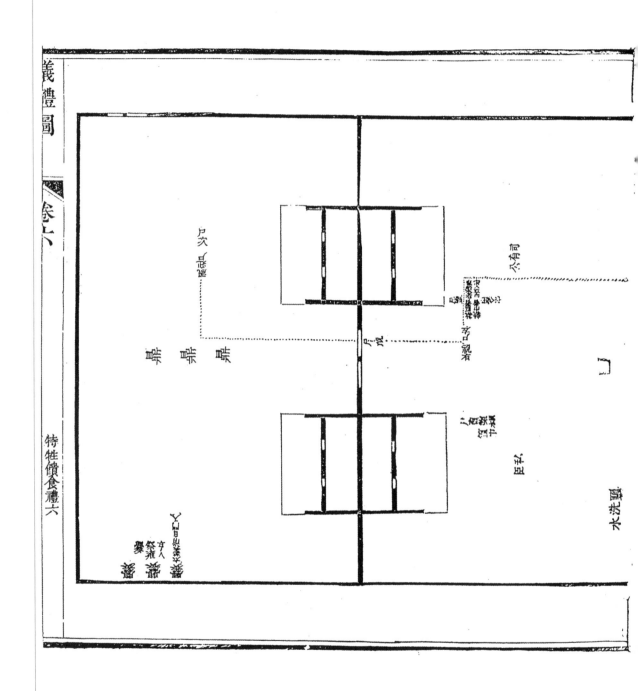

特牲饋食禮六

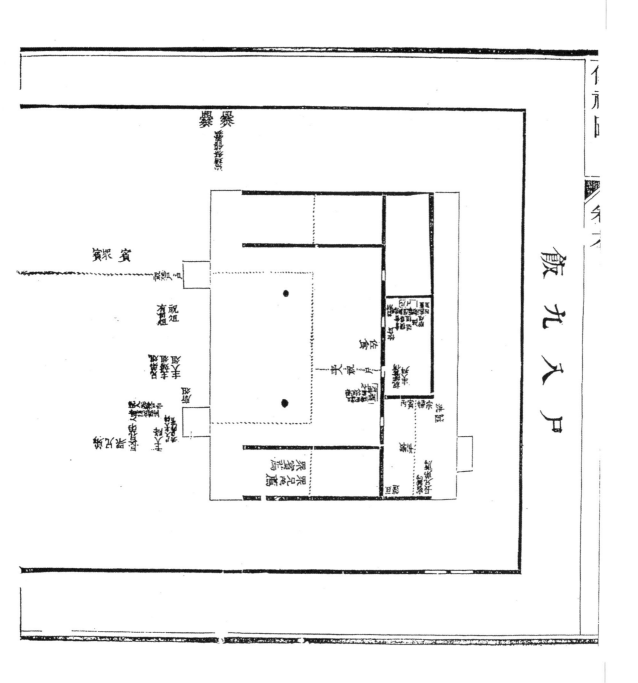

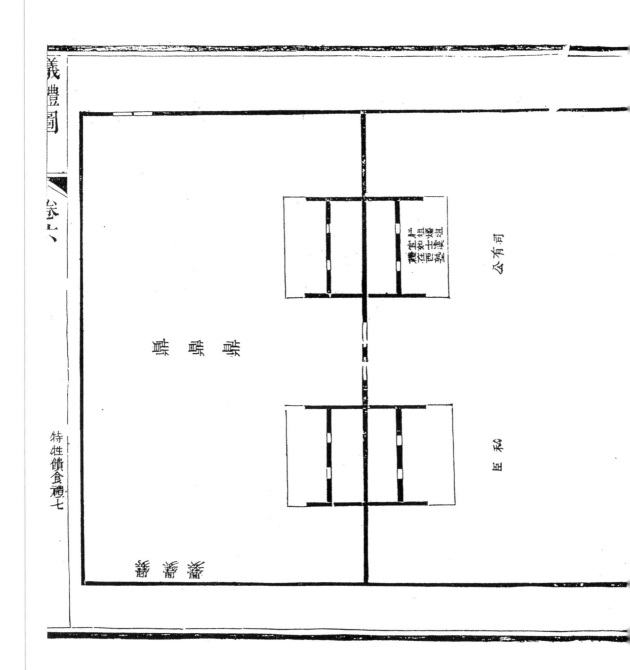

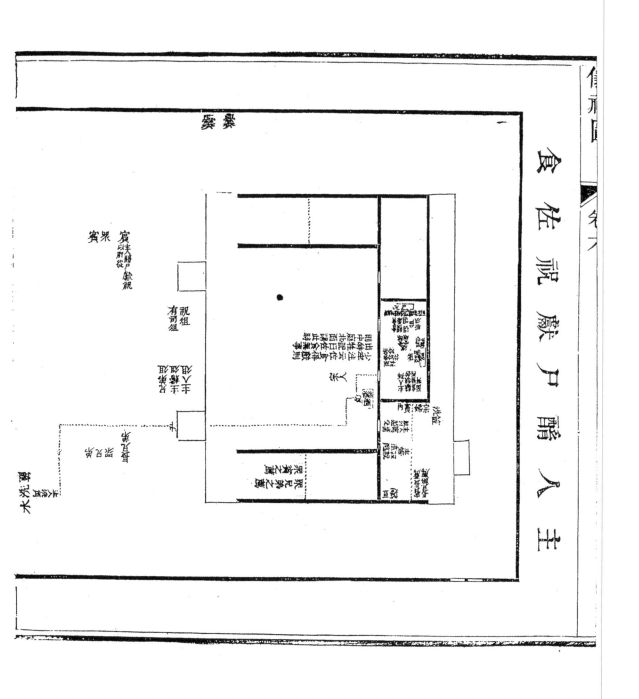

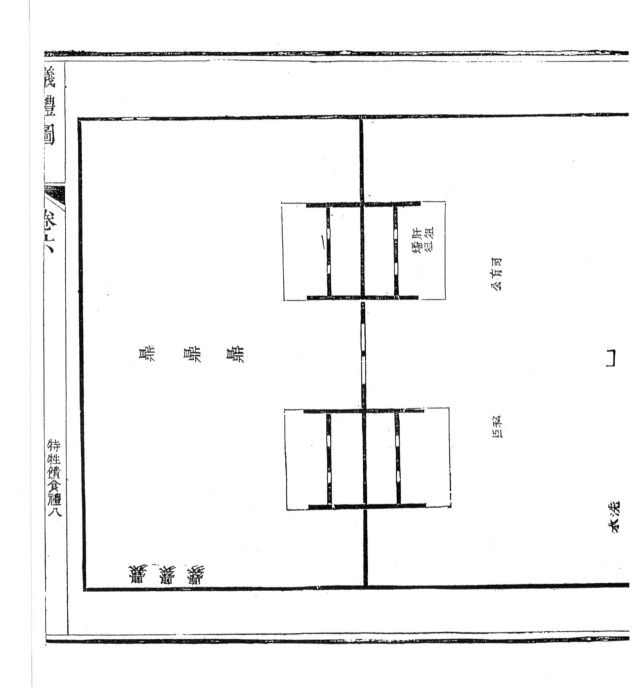

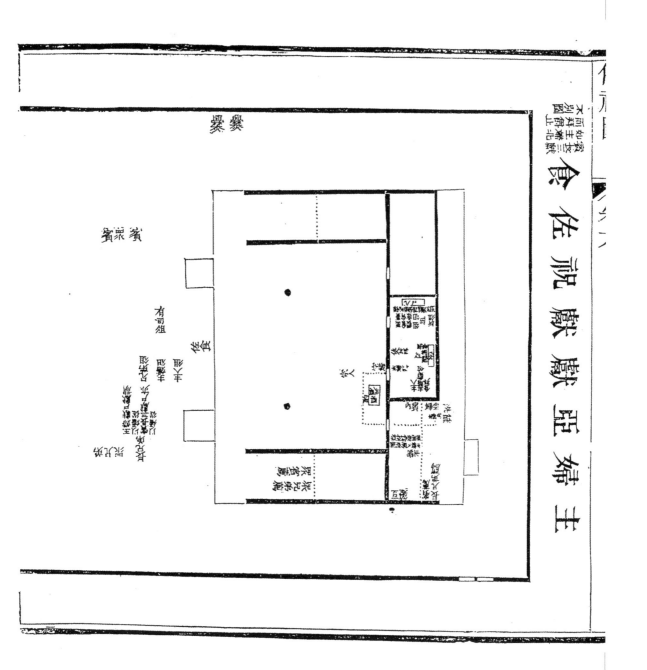

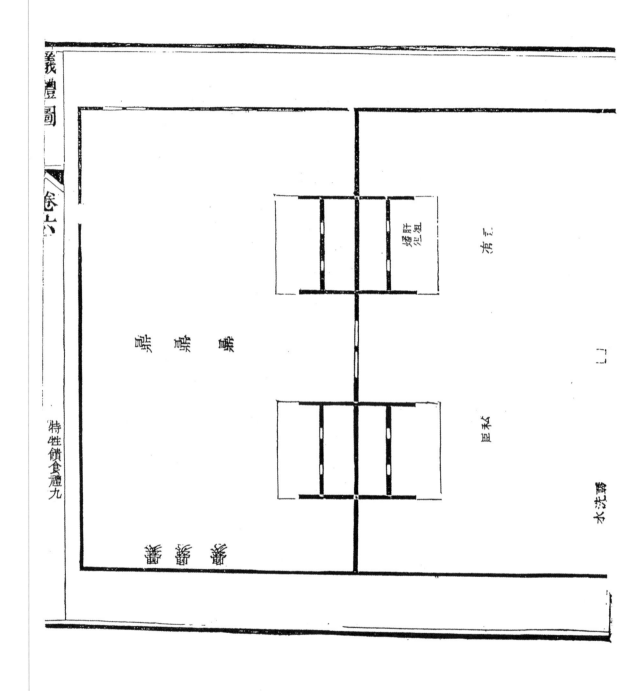

特牲饋食禮九

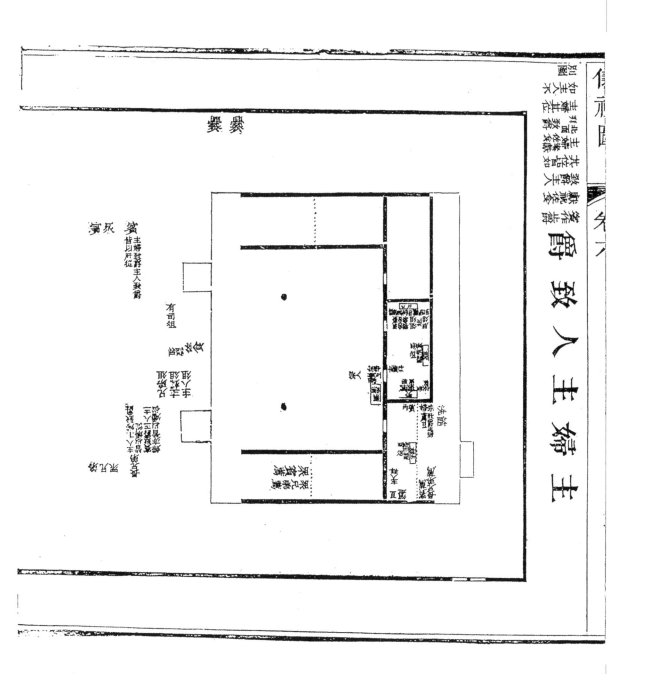

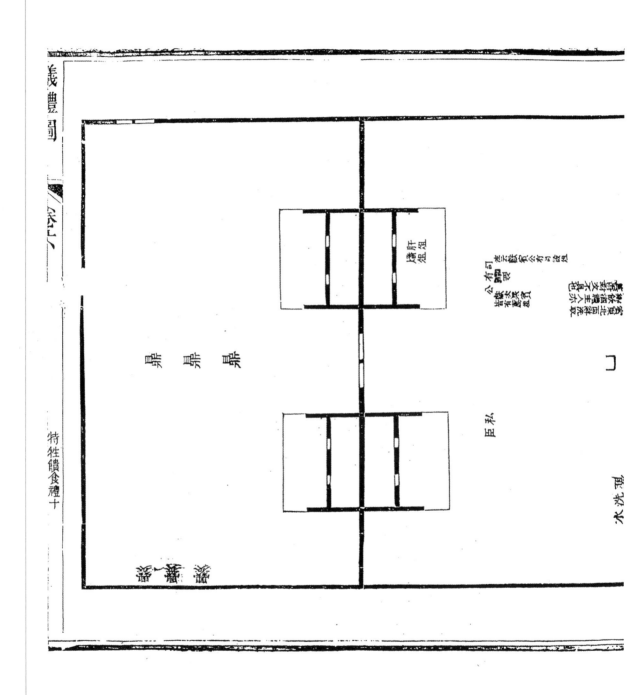

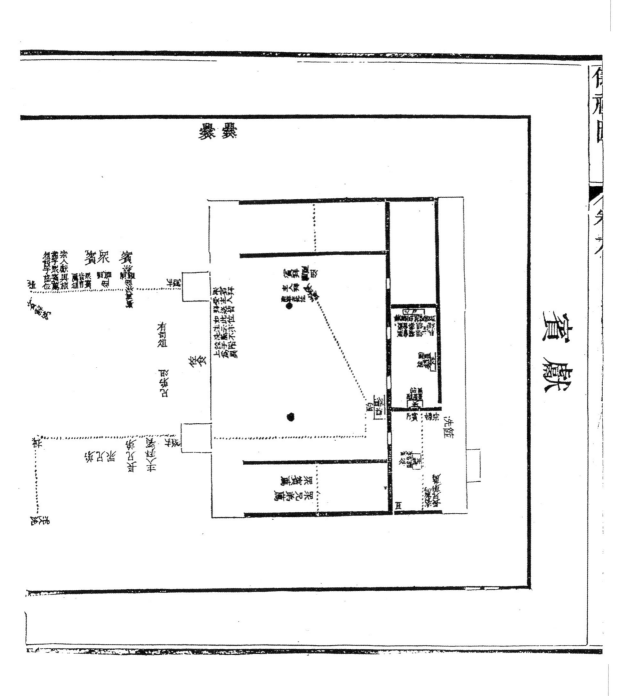

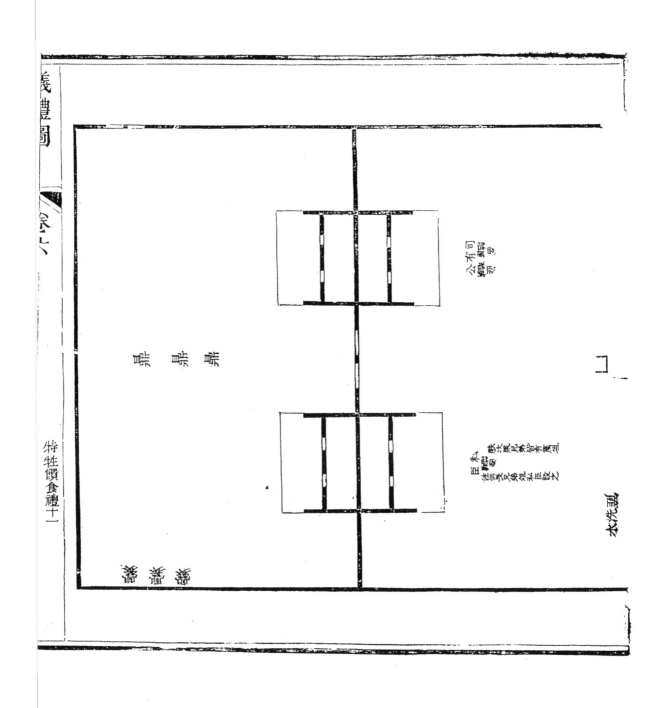

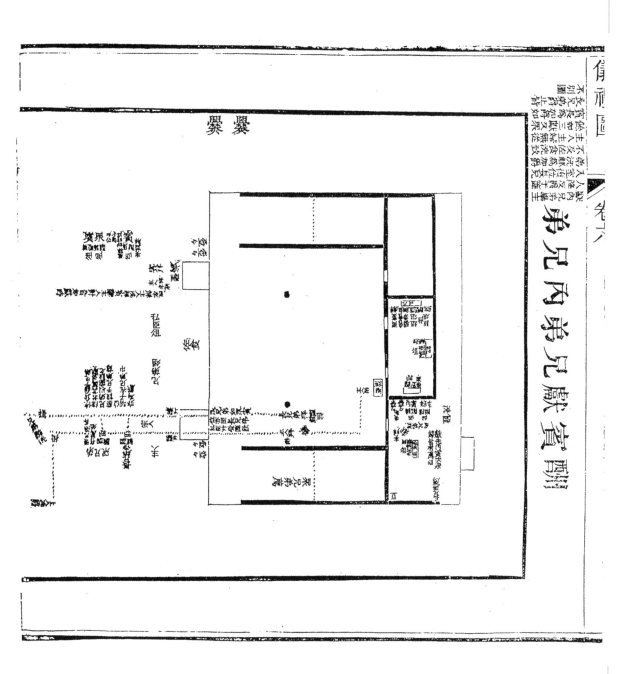

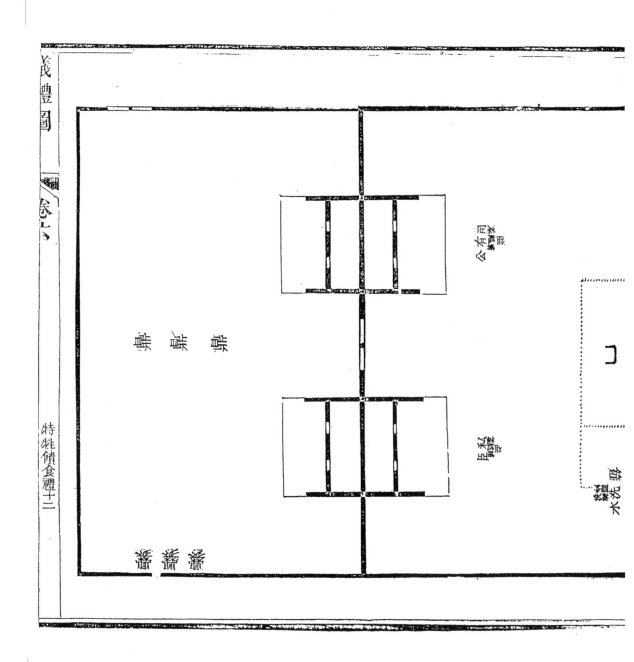

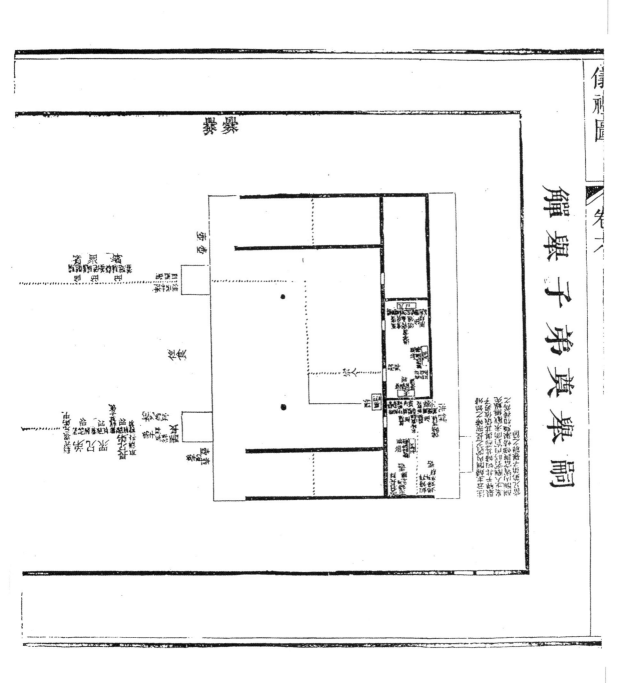

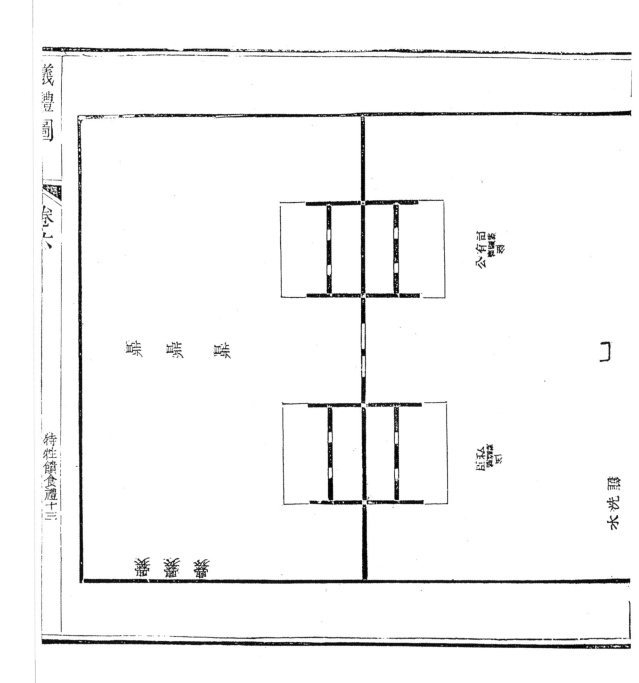

特牲饋食禮十三

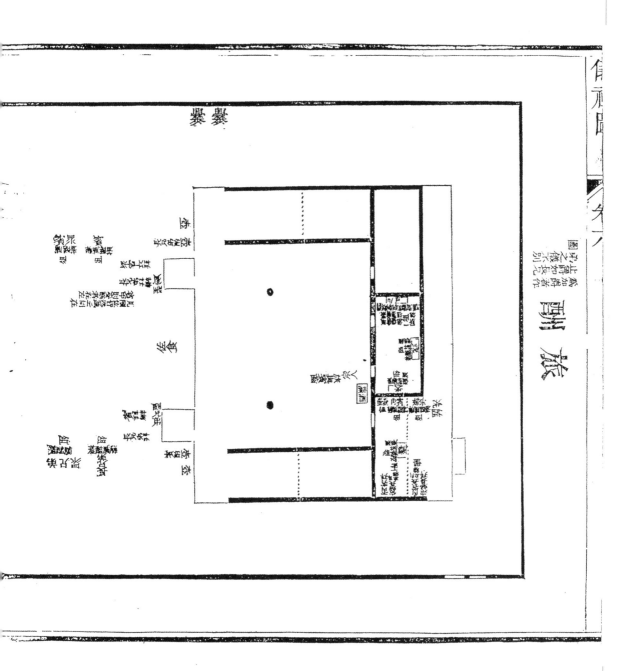

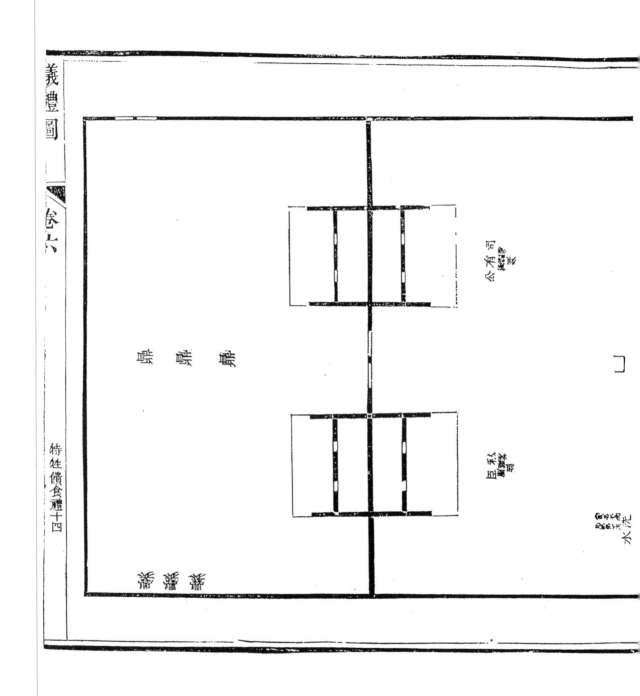

義禮圖

卷六

特牲饋食禮十四

鼎 鼎 鼎

公有司

私臣

水沈

蕭 蕭 蕭

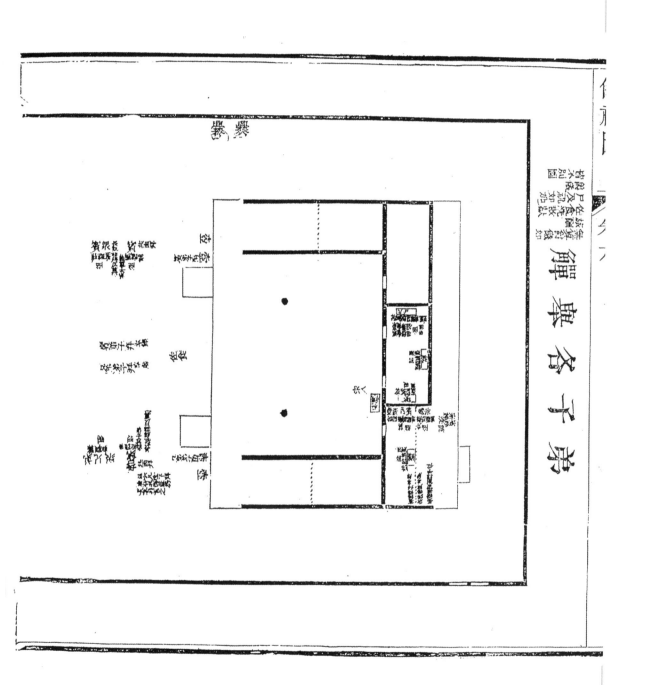

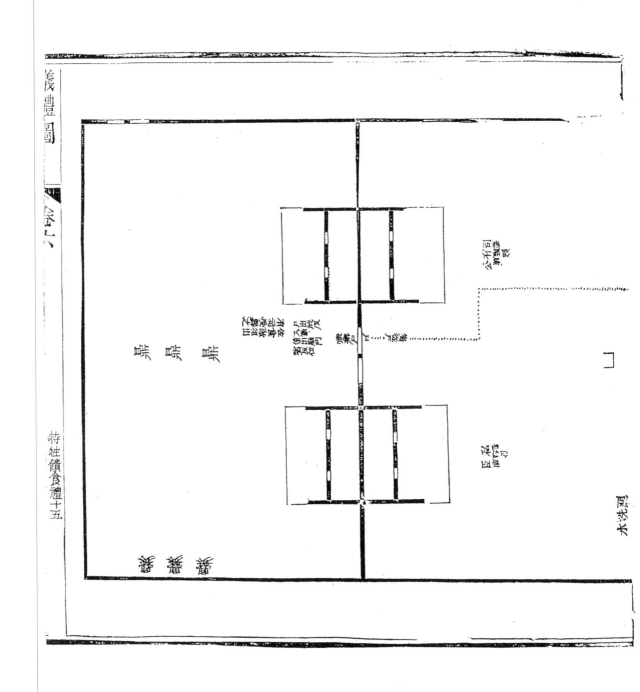

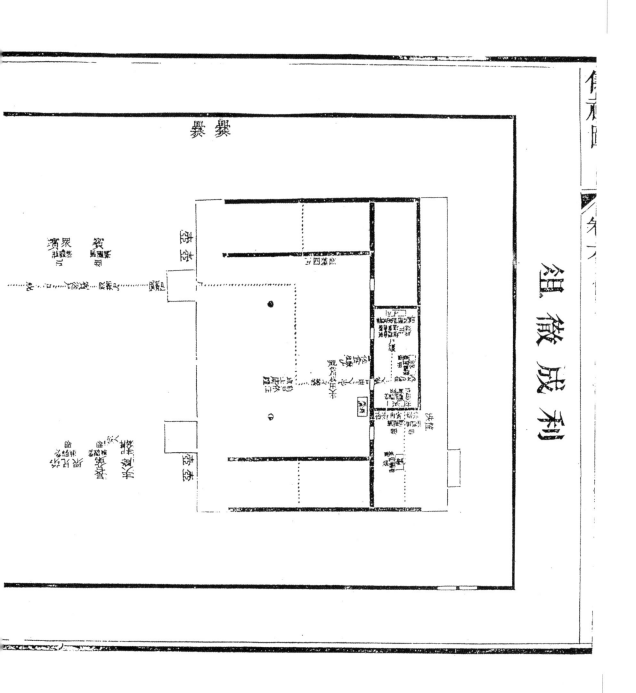

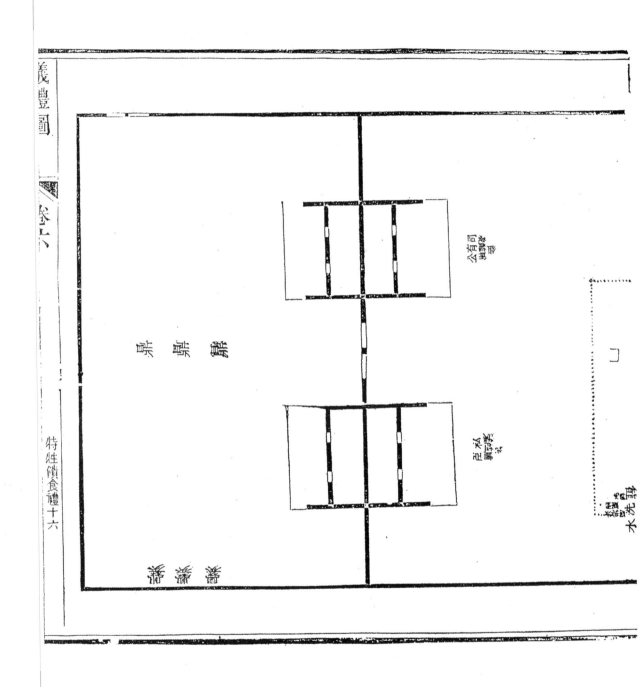

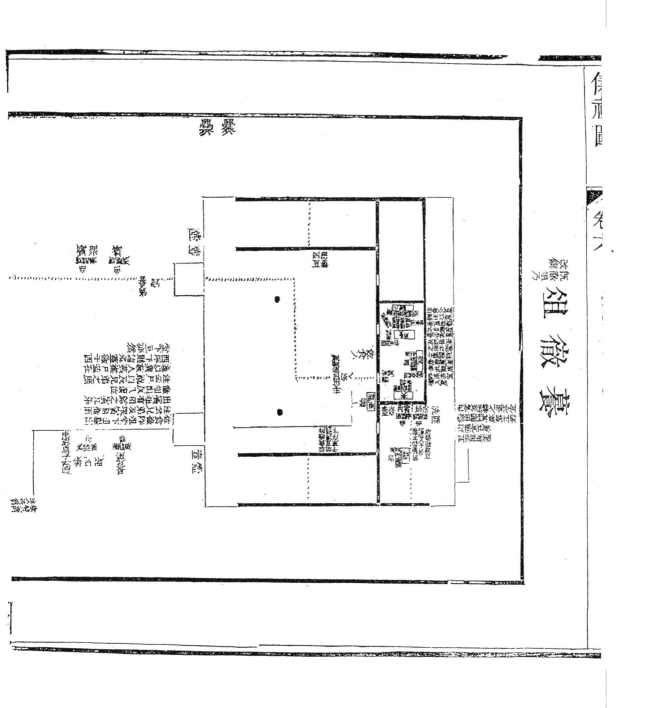

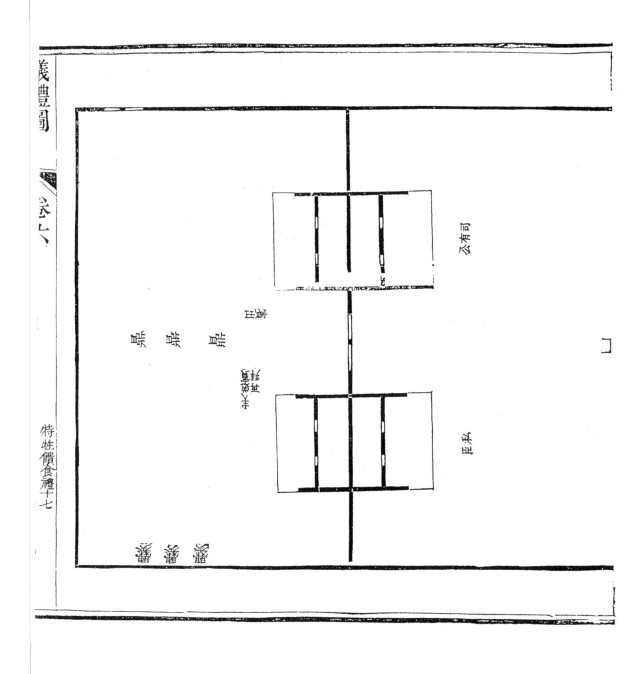

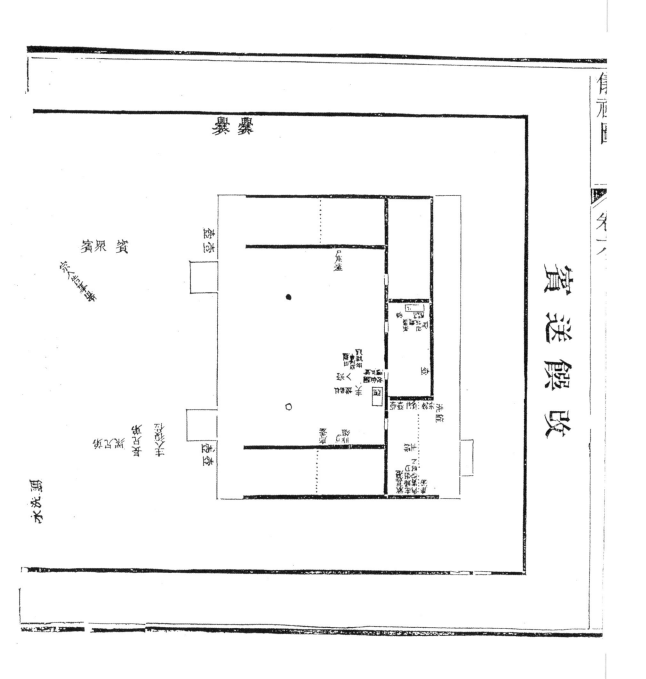

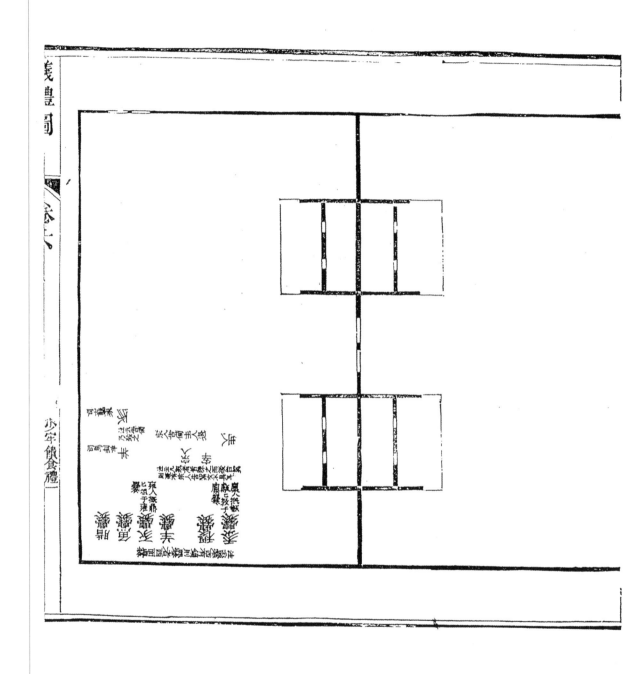

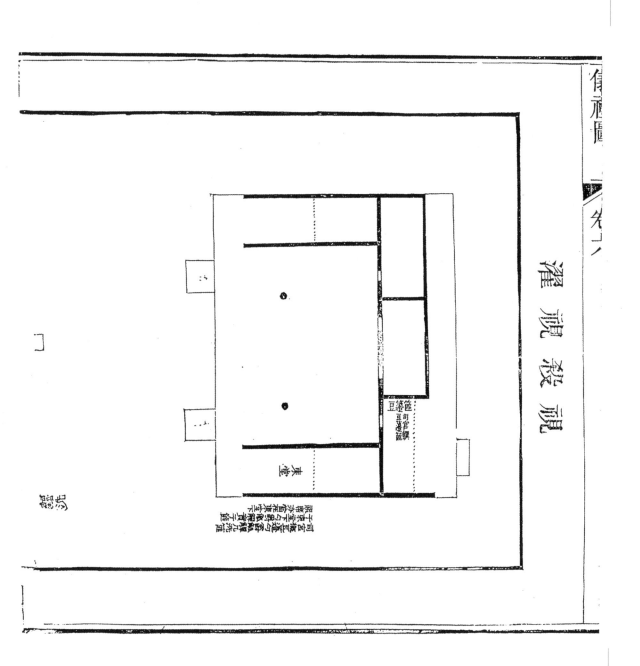

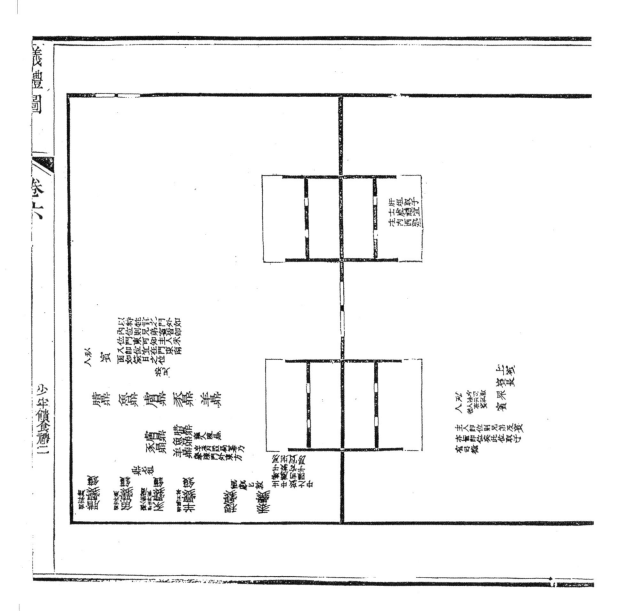

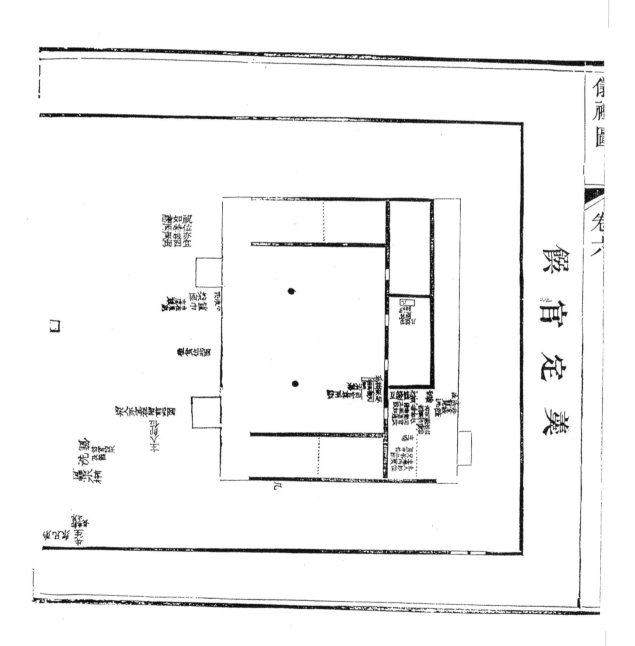

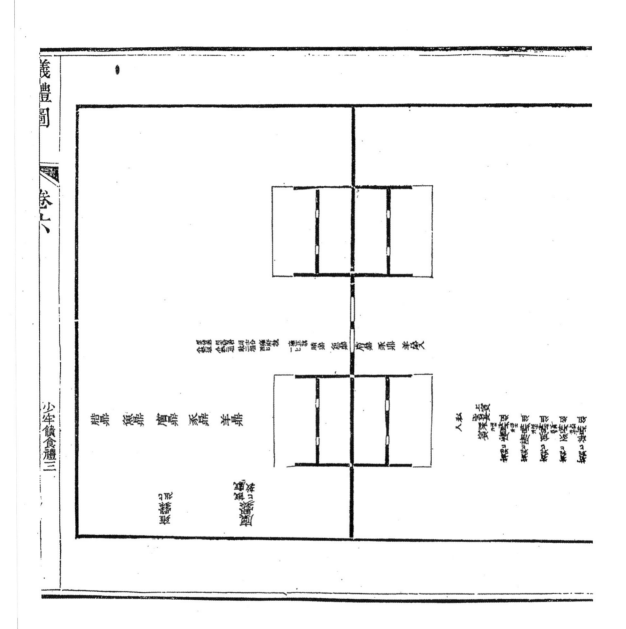

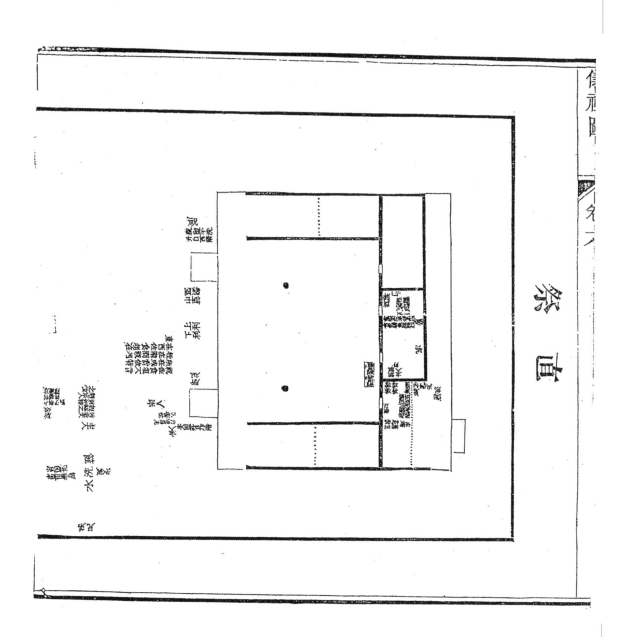

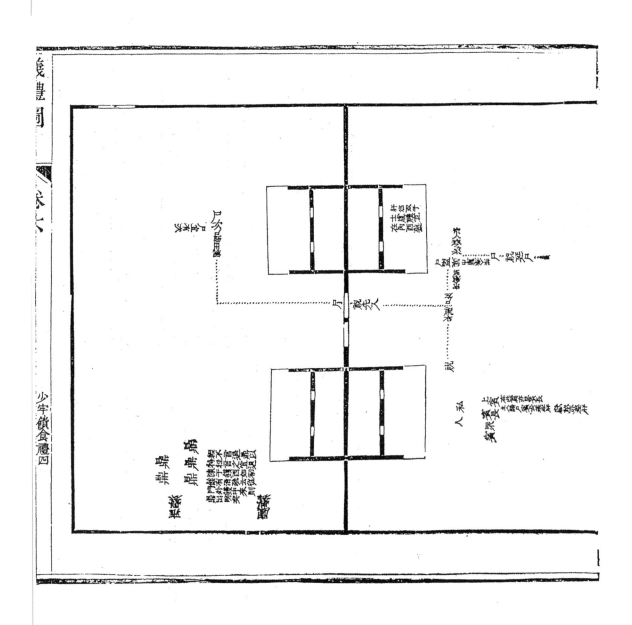

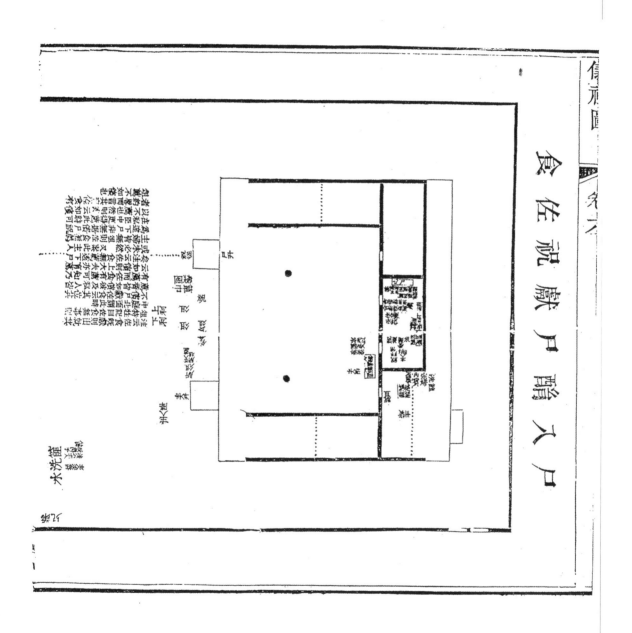

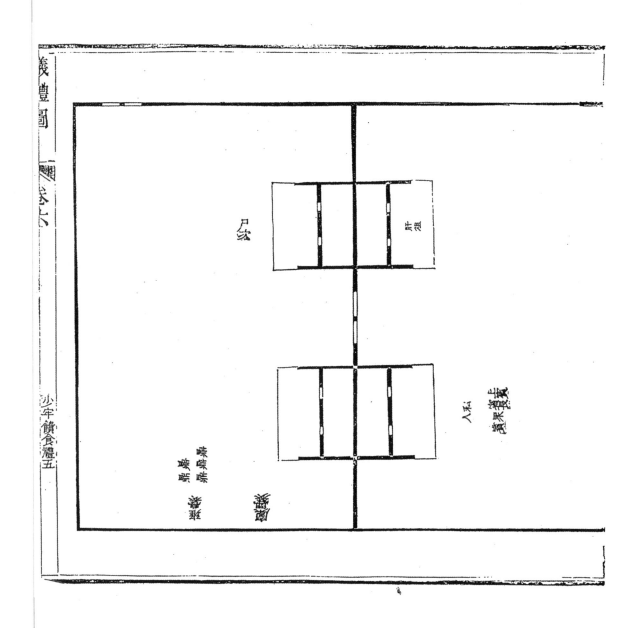

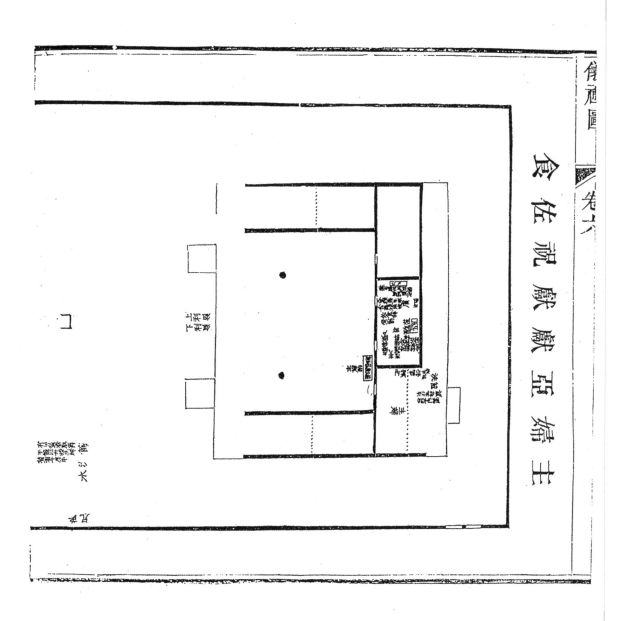

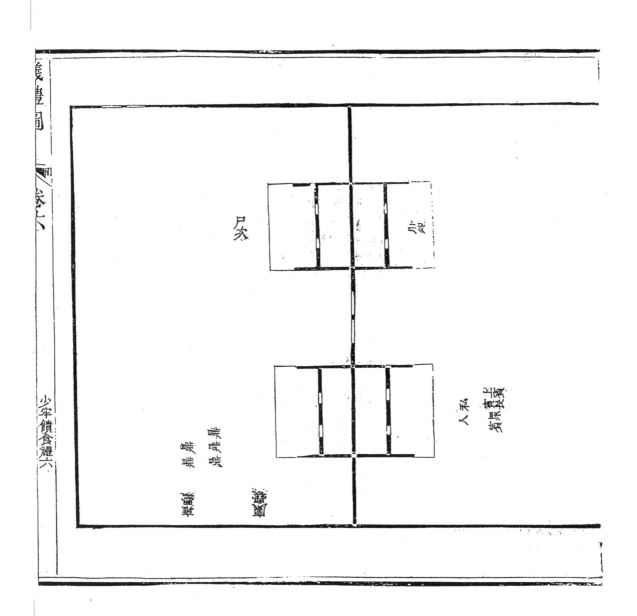

尸

羊鉶

鼎鼎
鼎鼎鼎

羊鼎

豕鉶

醬豆

入私
賓長及衆賓

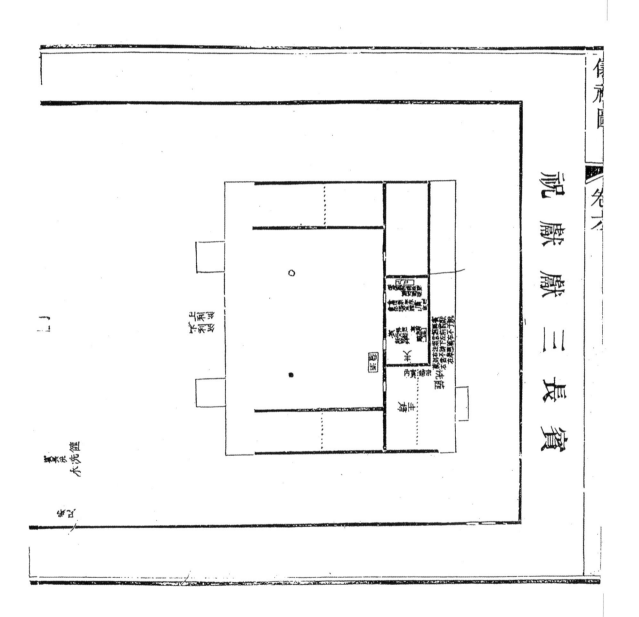

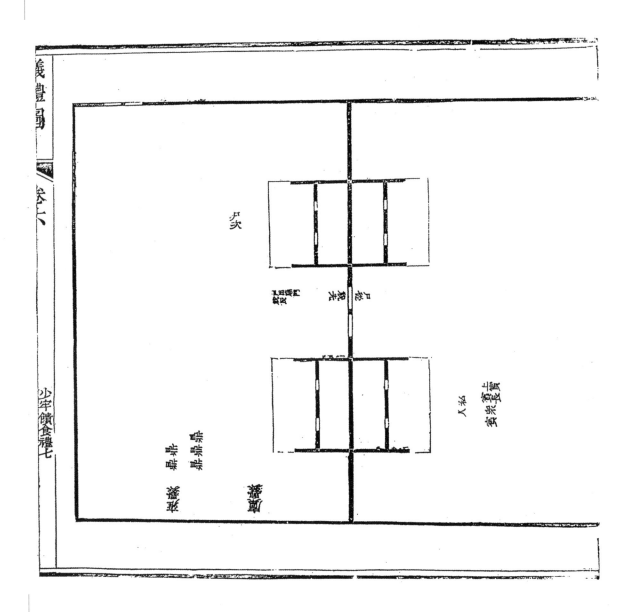

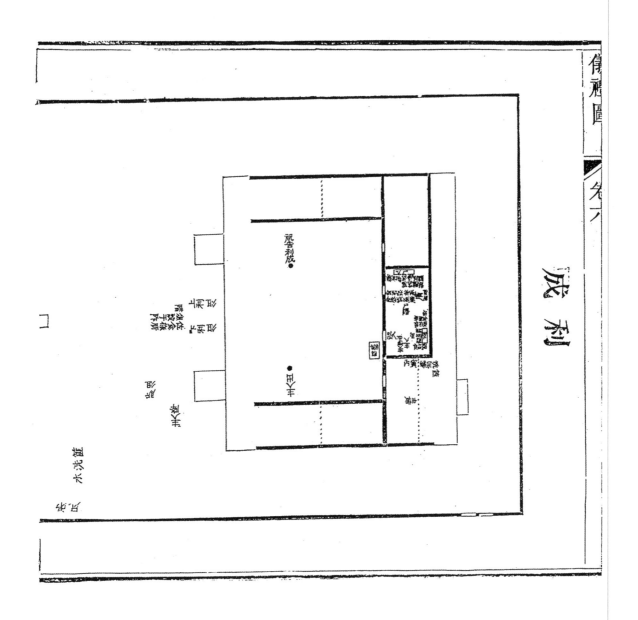

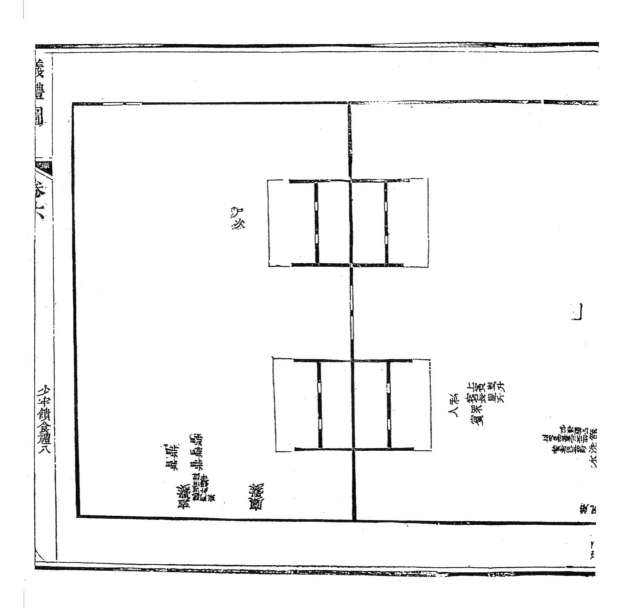

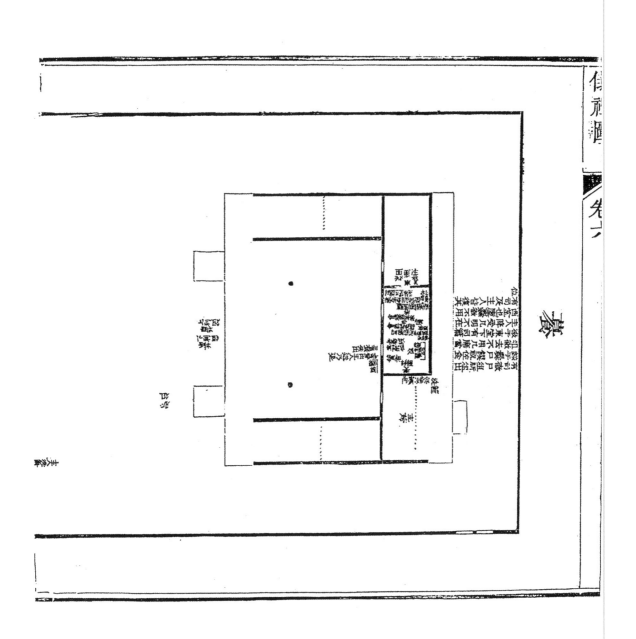

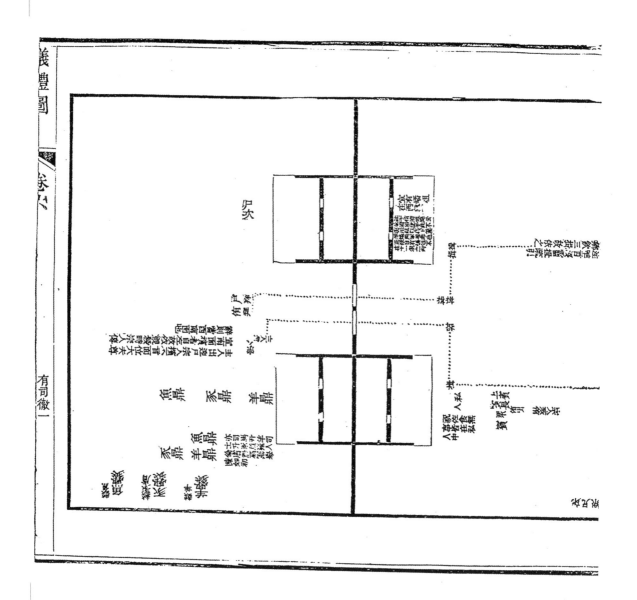

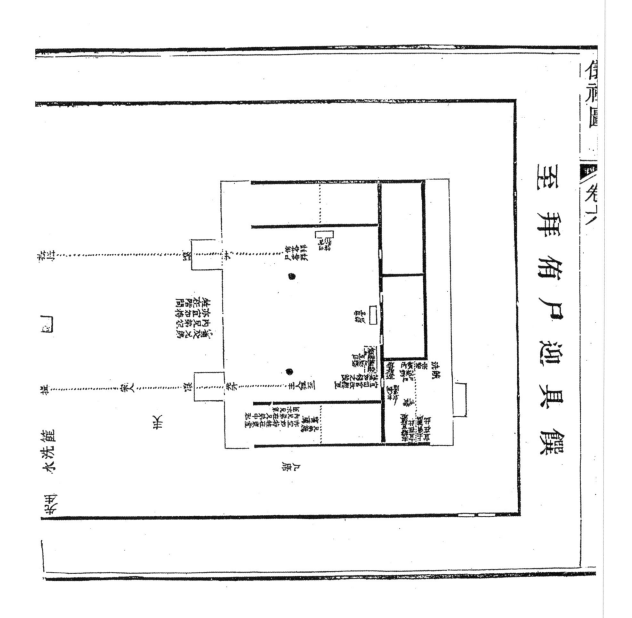

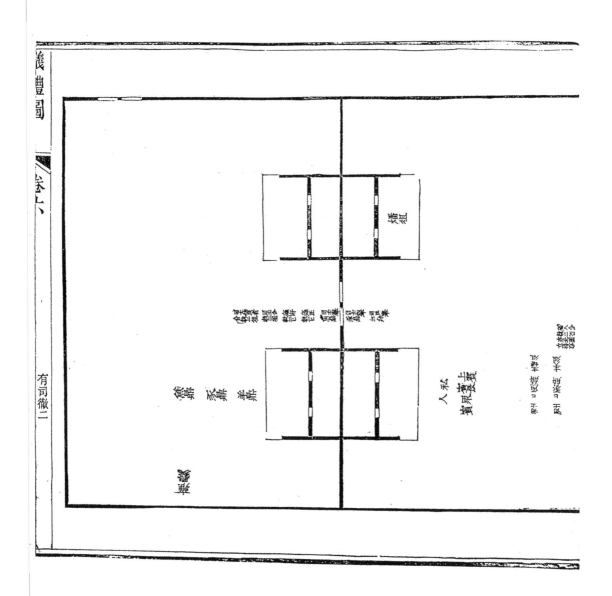

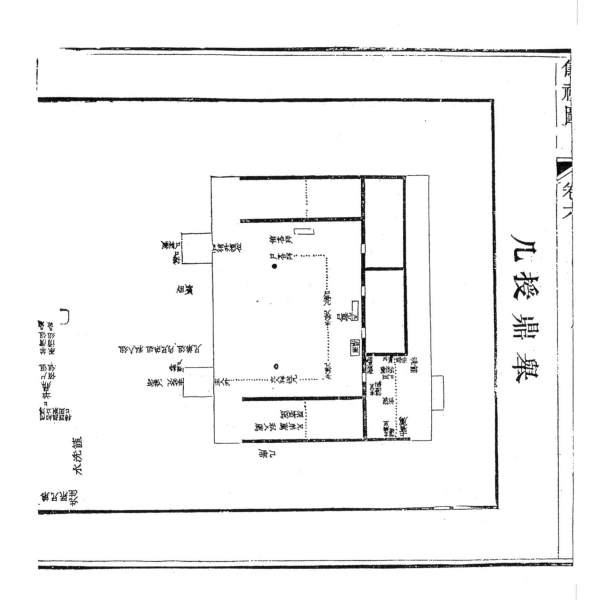

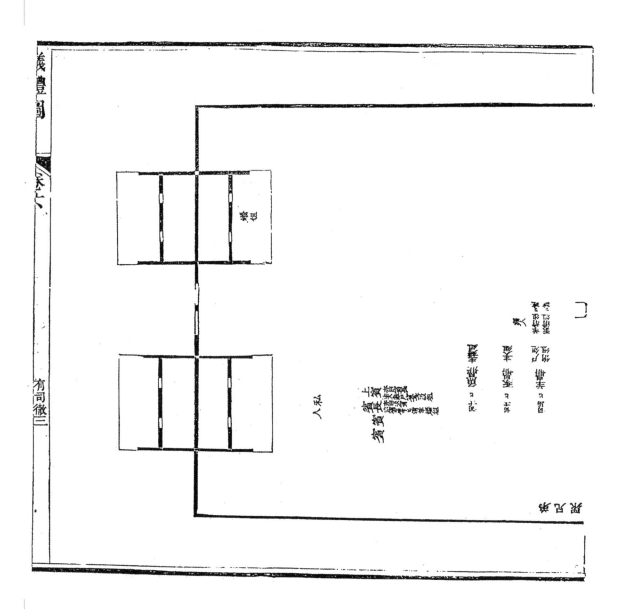

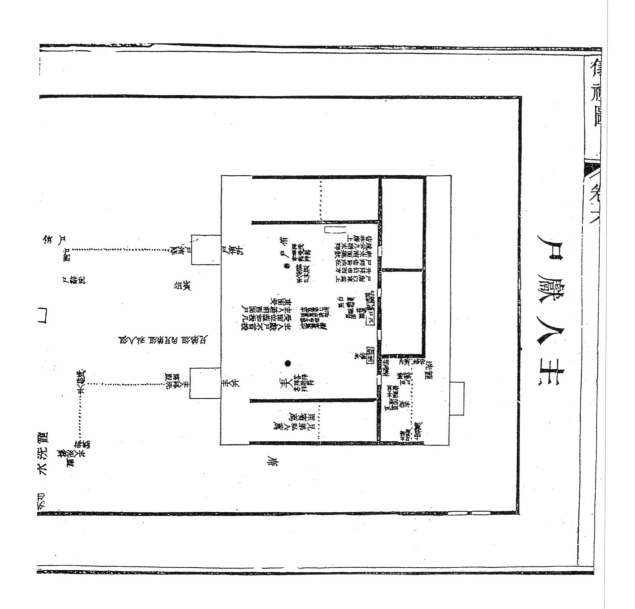

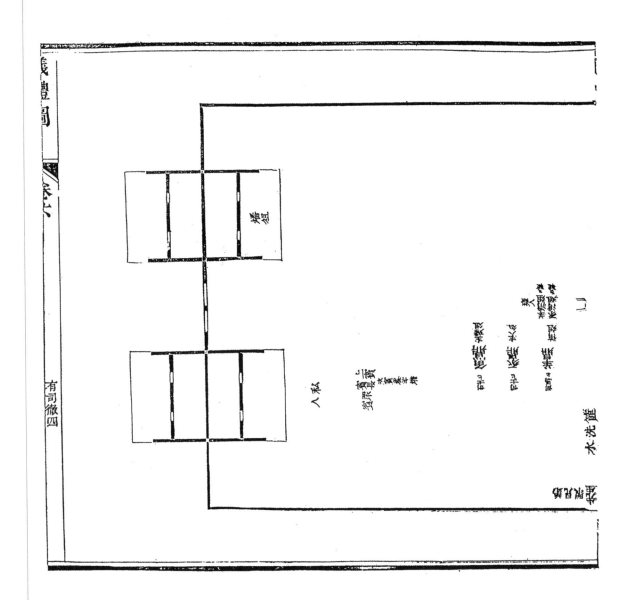

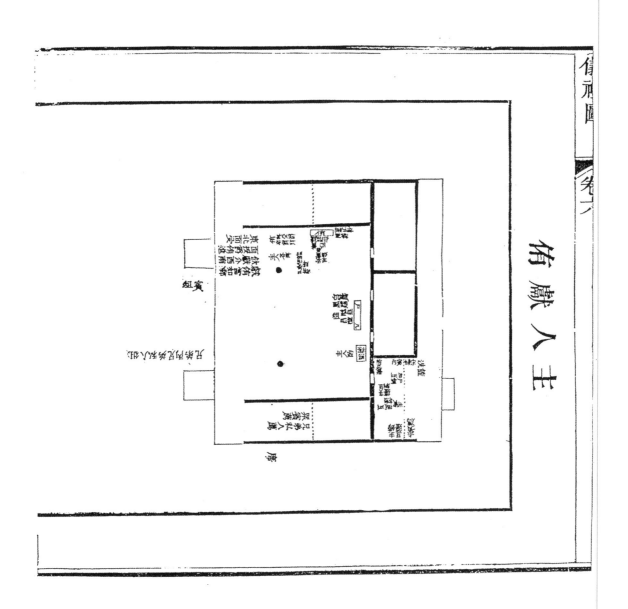

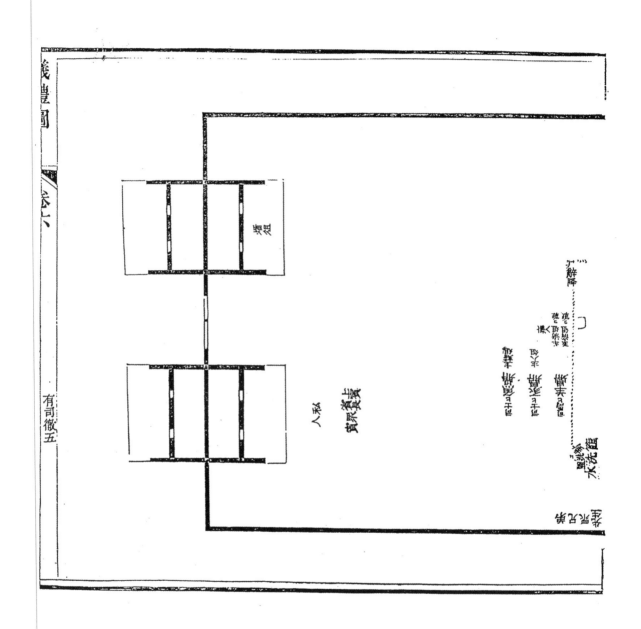

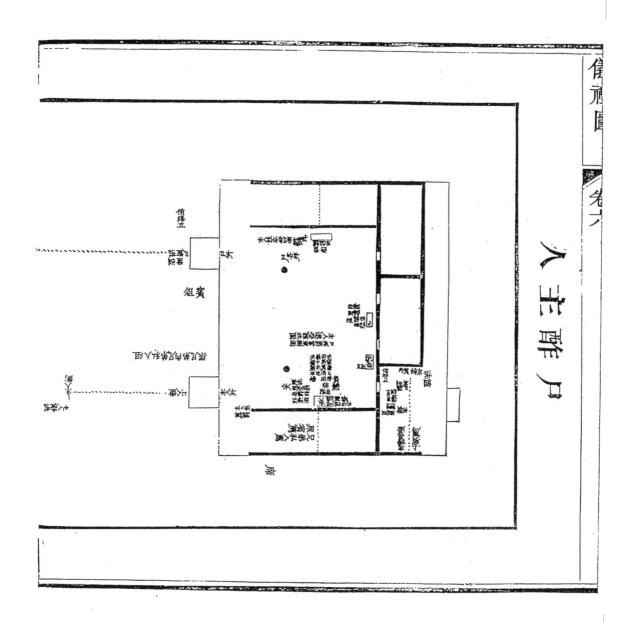

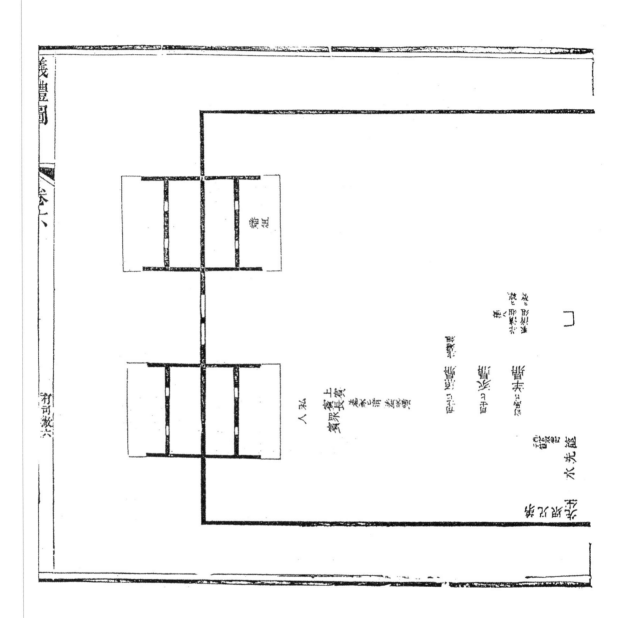

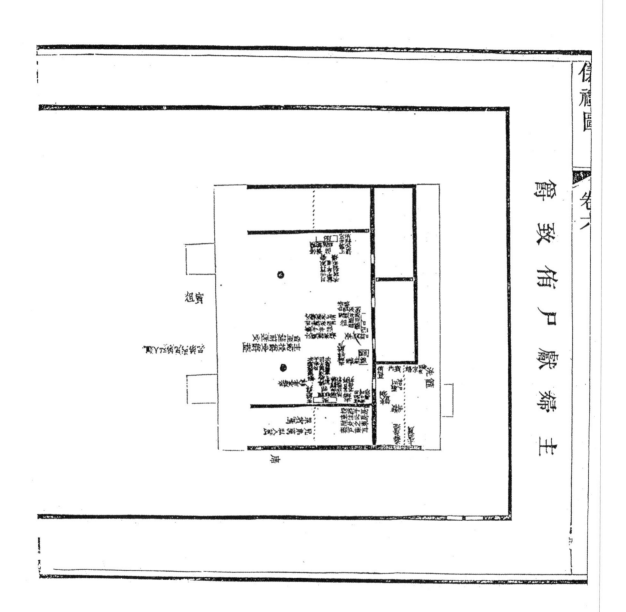

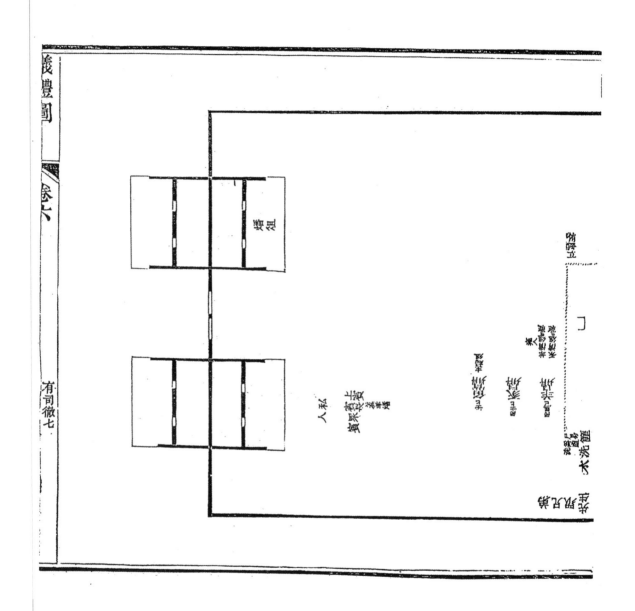

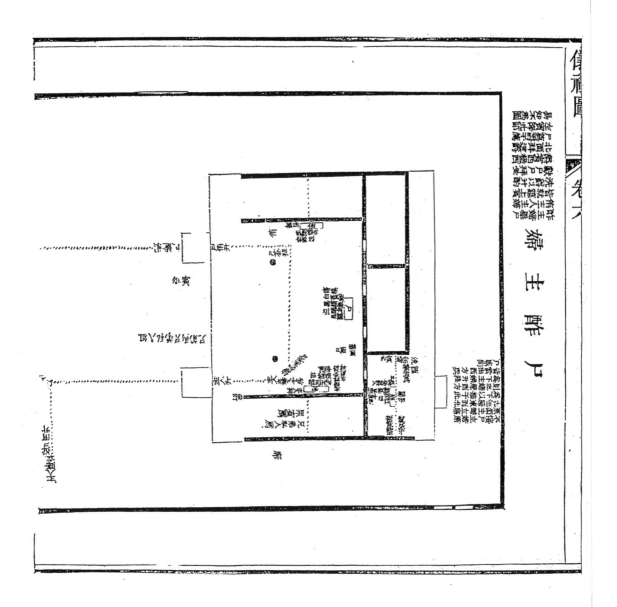

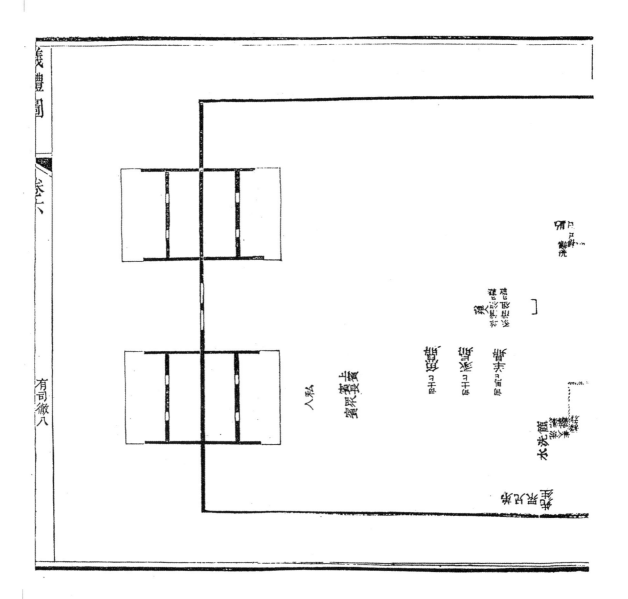

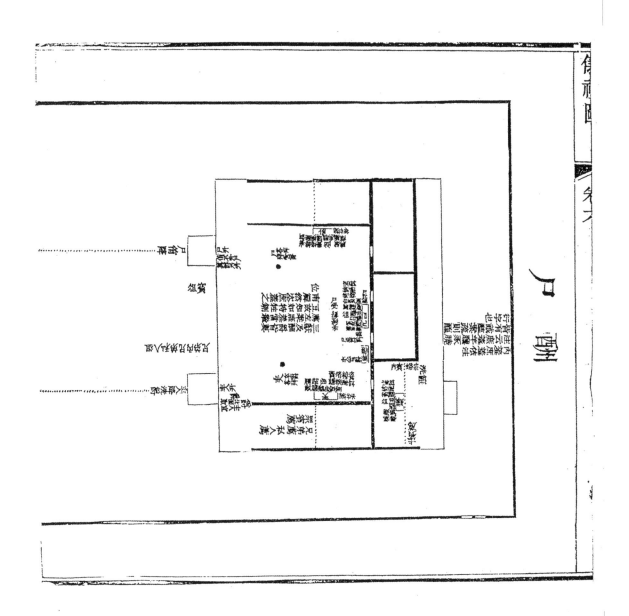

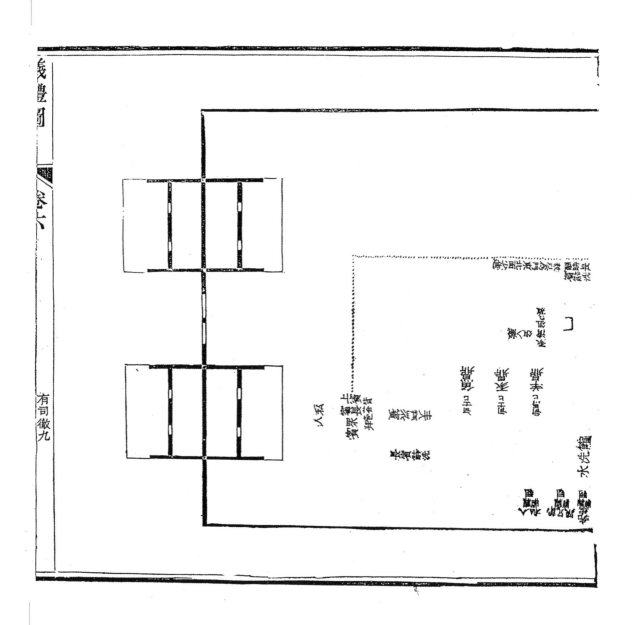

有司徹九

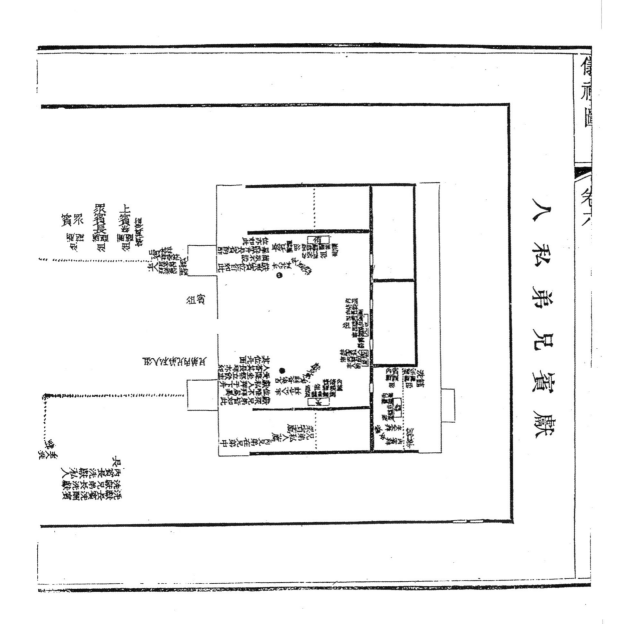

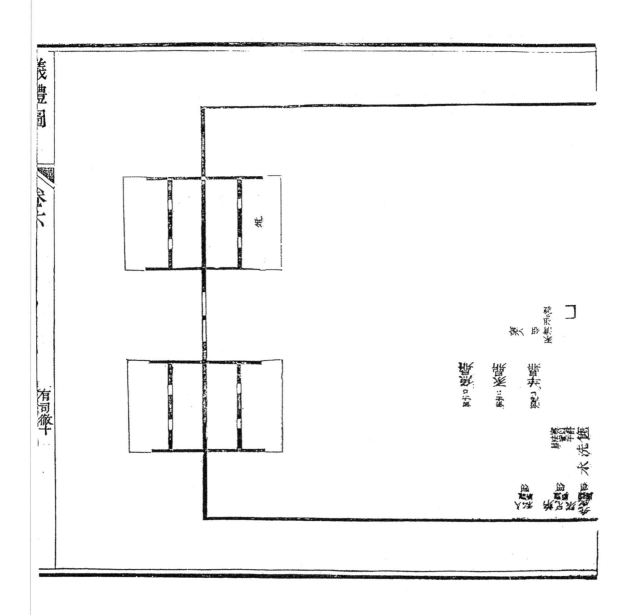

有司徹十

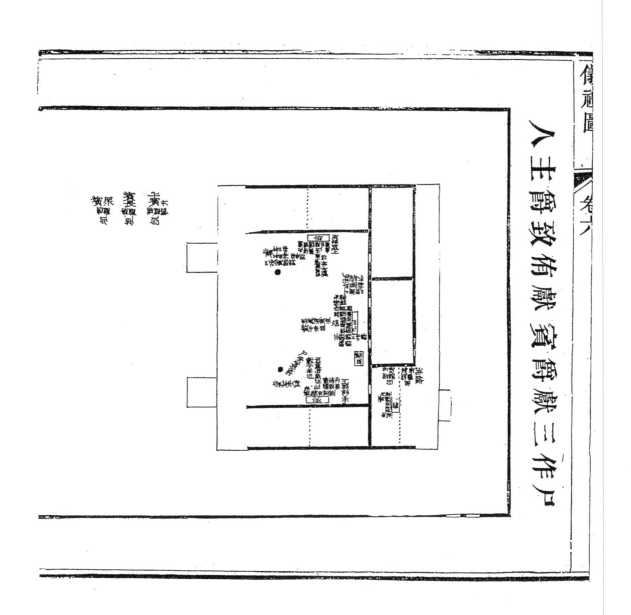

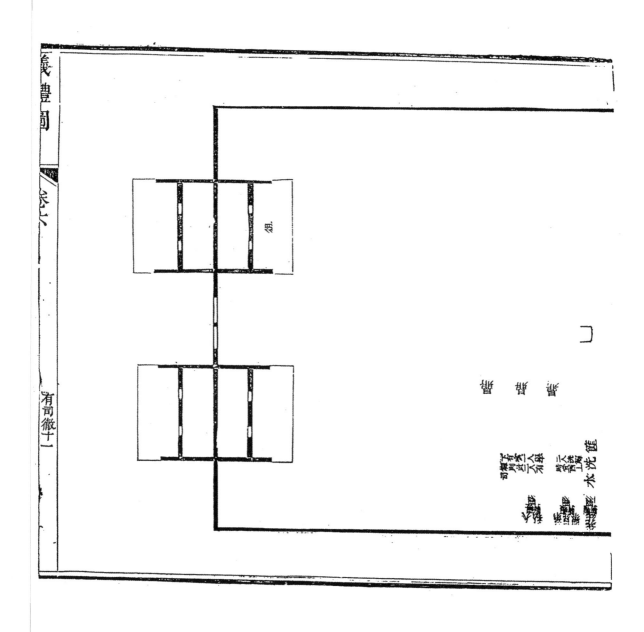

有司徹十一

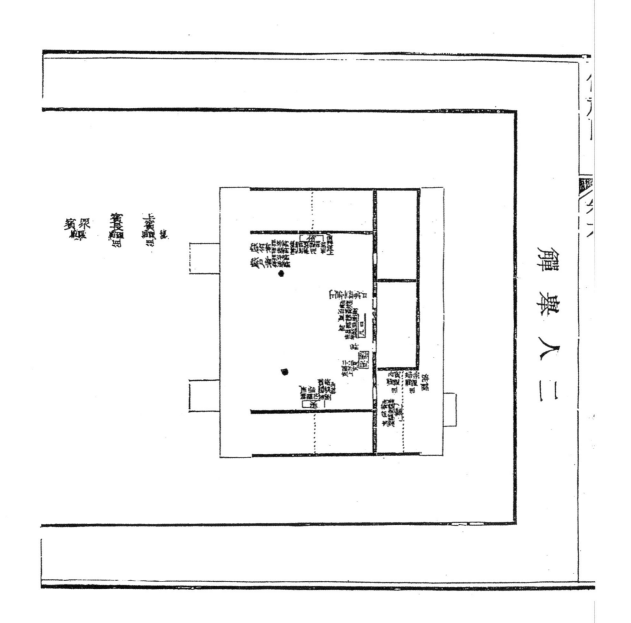

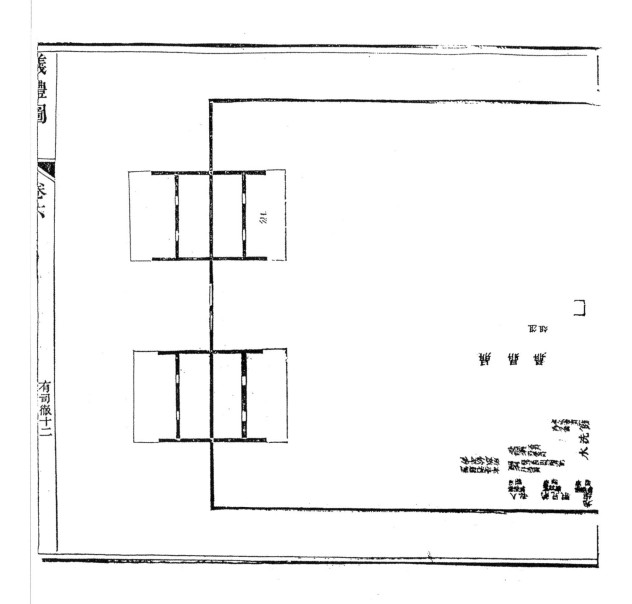

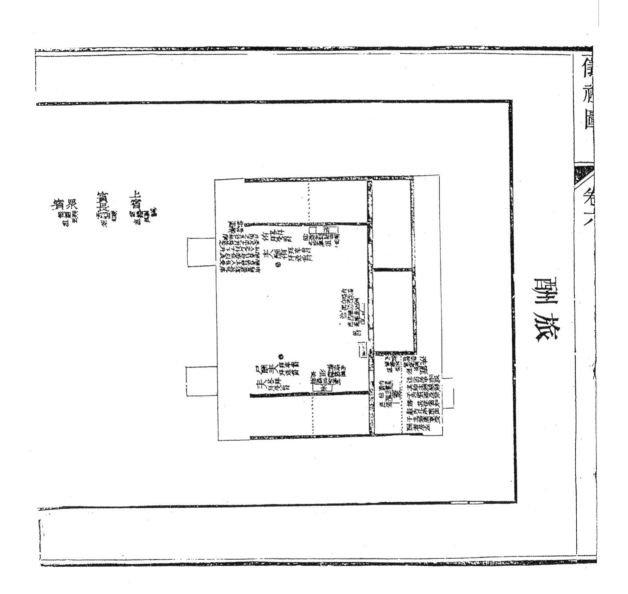

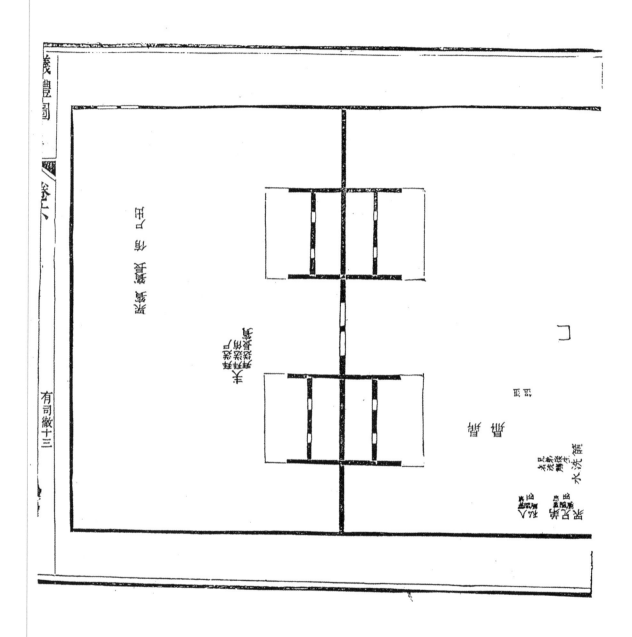

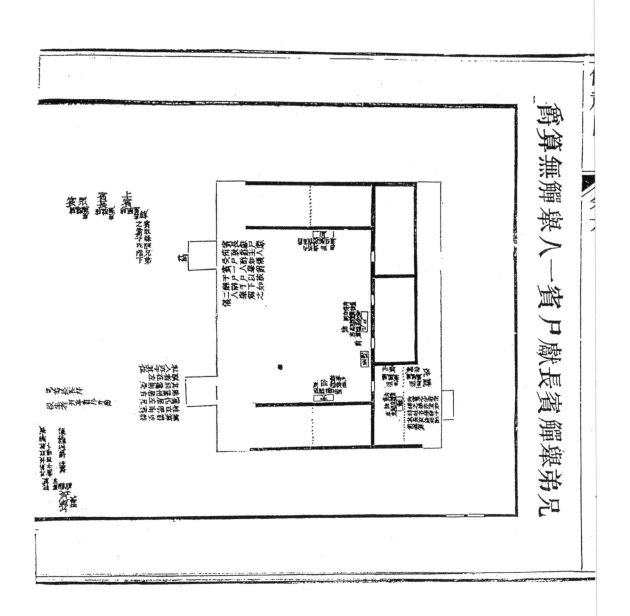

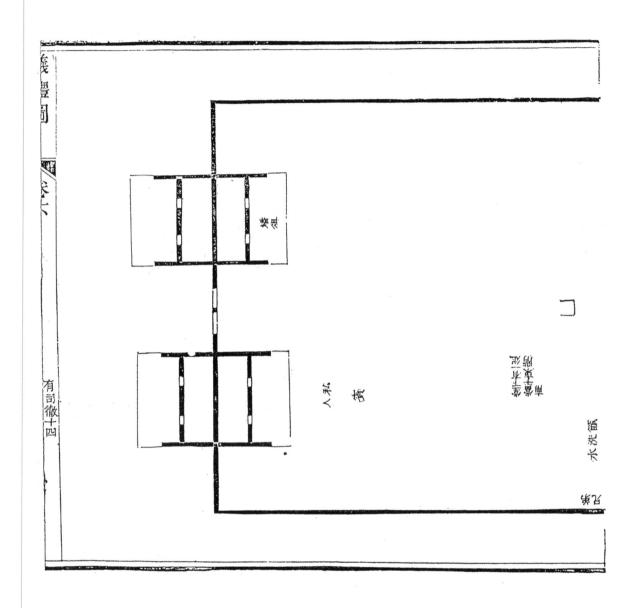

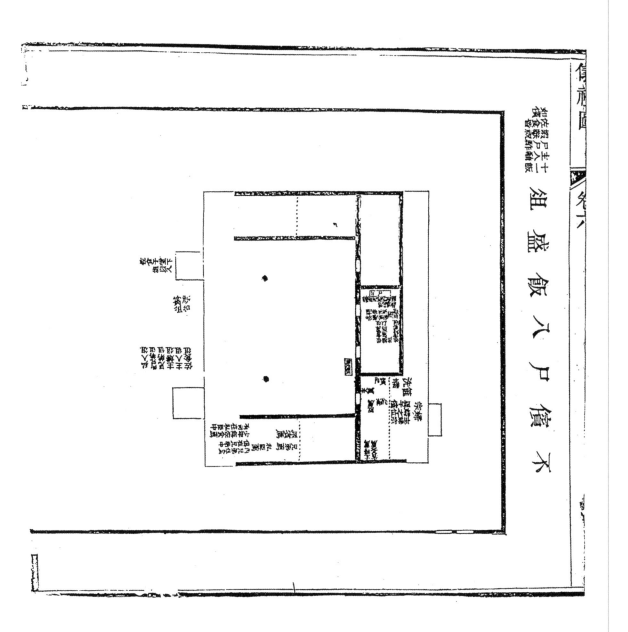

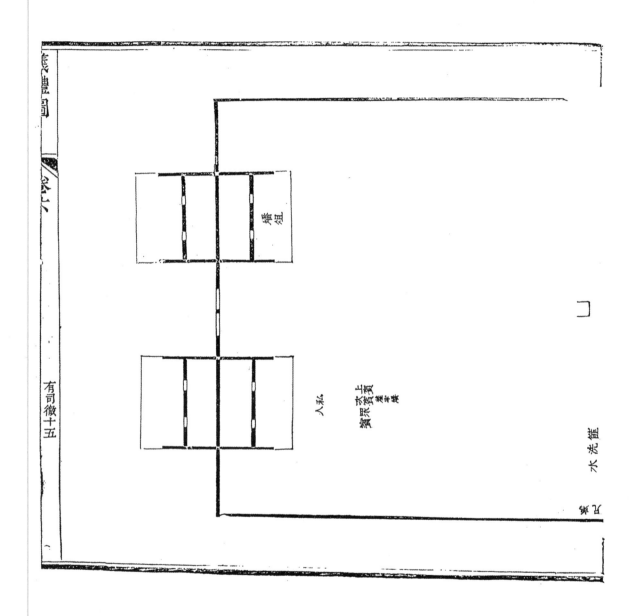

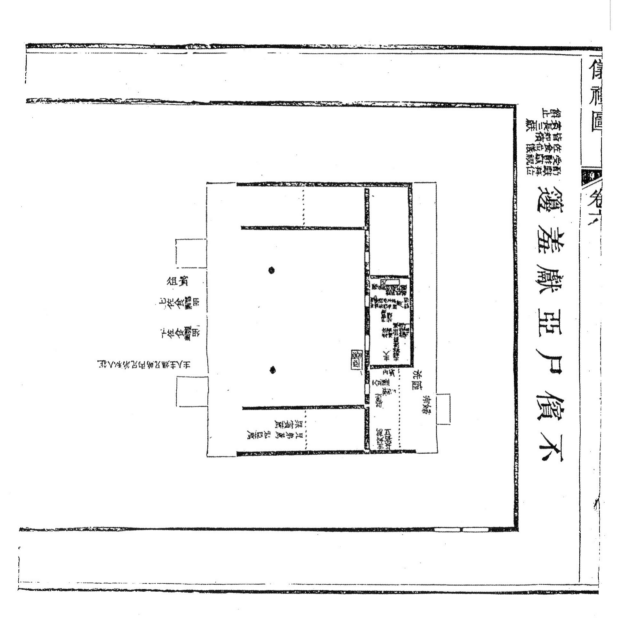

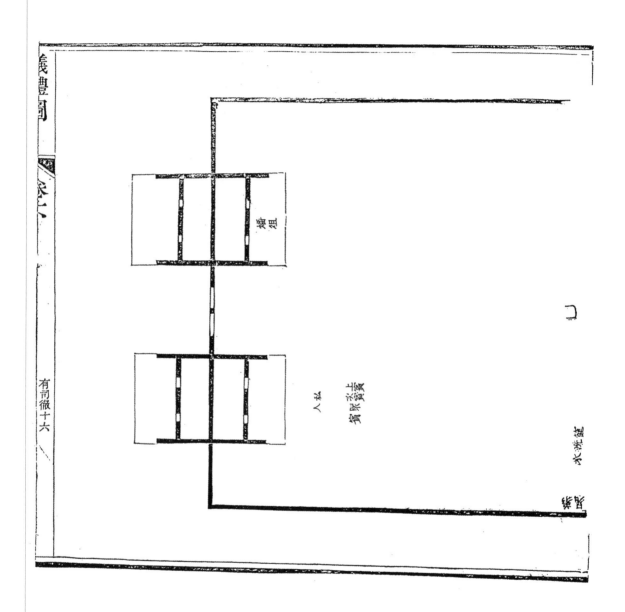

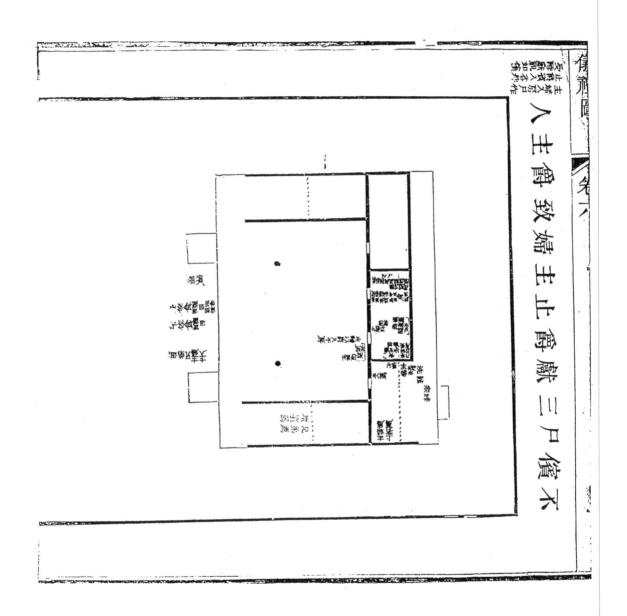

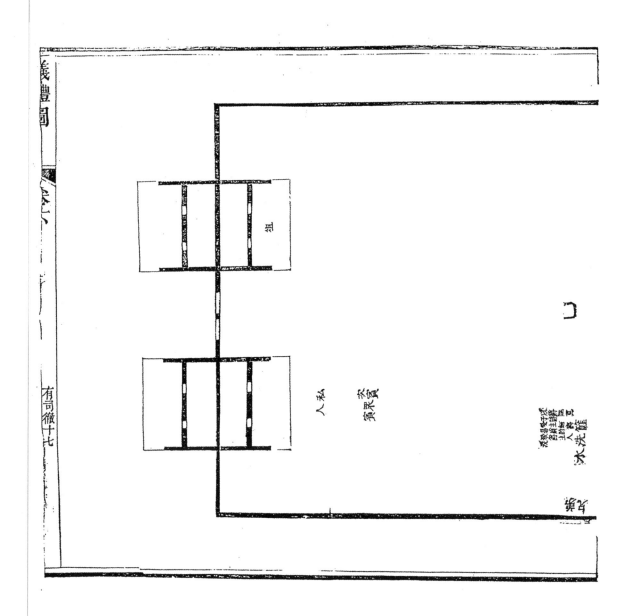

有司徹十七

不儐尸三獻賓獻佐食致爵主人主婦酌酢

乃羞內羞庶羞于尸祝主人主婦（又羞尸[illegible]）主人拜賓洗獻衆賓獻兄弟及內兄弟及私人其位其薦脀其酬酢皆如儐 卒乃羞于賓兄弟內賓及私人 賓長獻于尸尸酢獻祝致酢賓以爵降實于篚 賓兄弟交錯其酬無算爵（注云與儐同疏云然則兄弟後生者舉觶于其長遂行無算爵也） 利洗散獻于尸尸酢獻祝祝受祭酒啐酒奠之

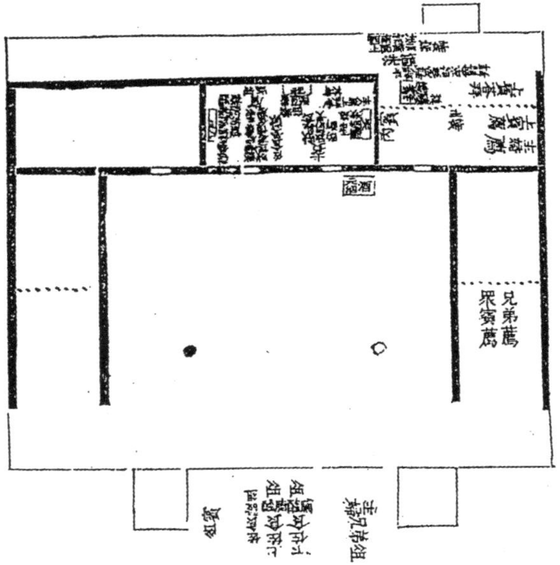

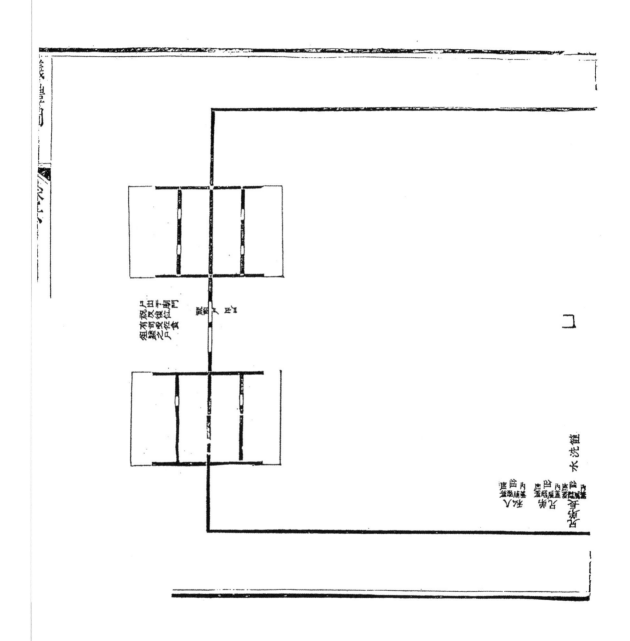

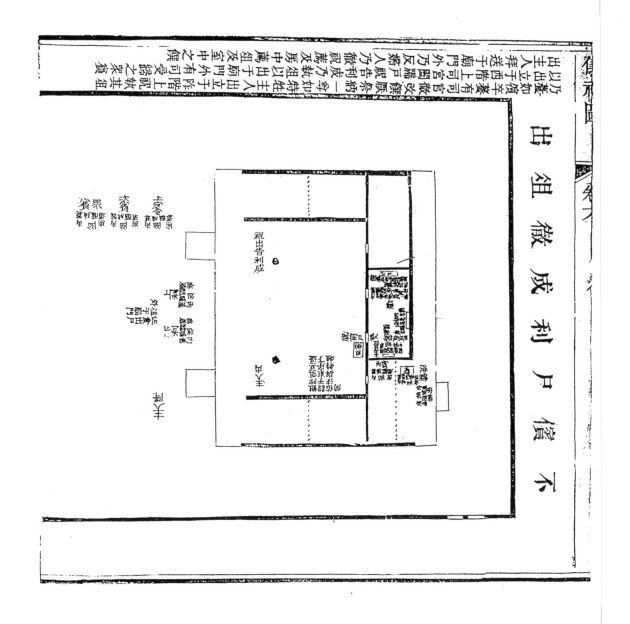

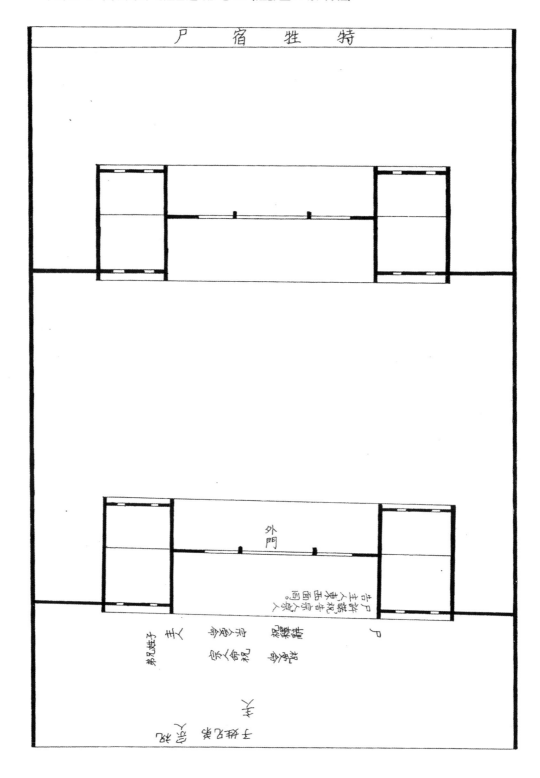

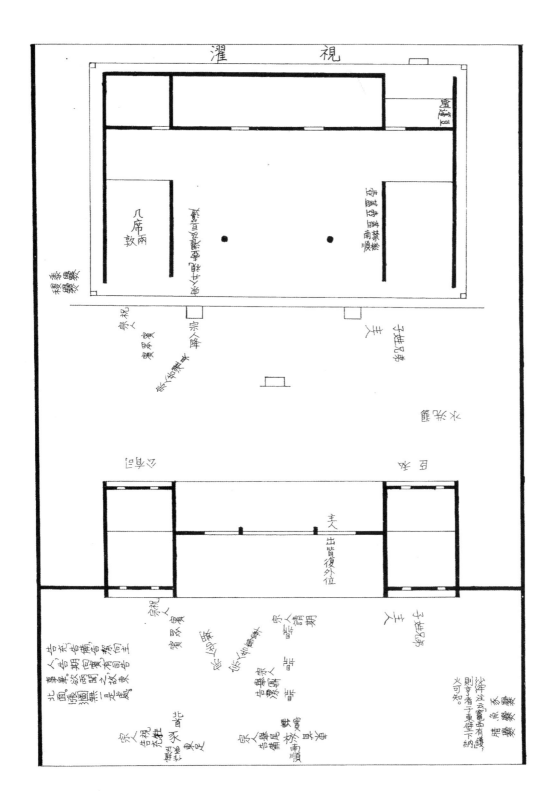

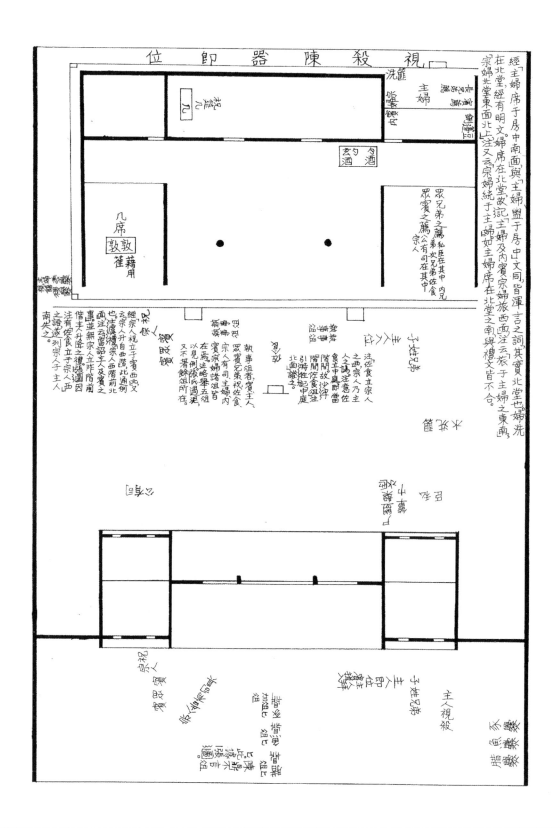

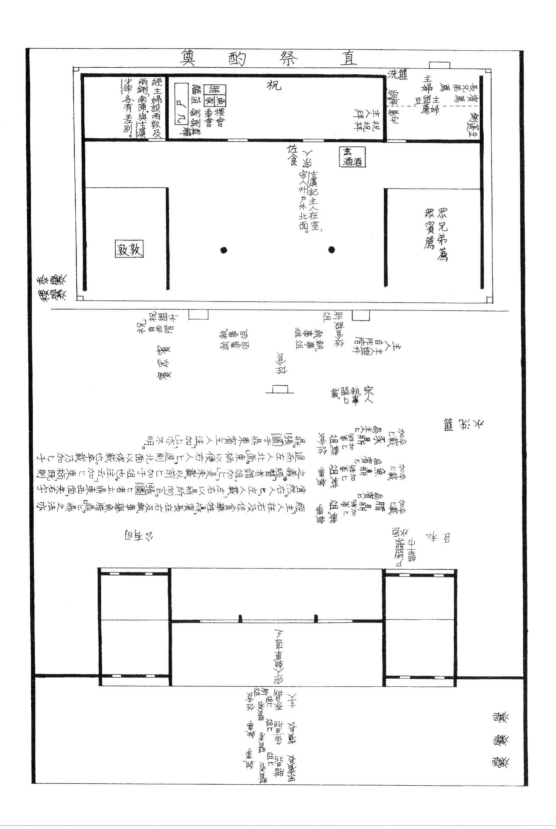

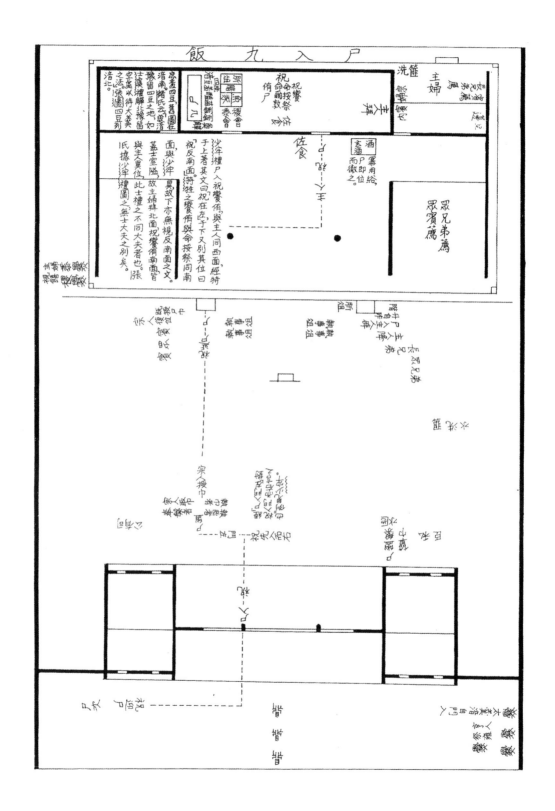

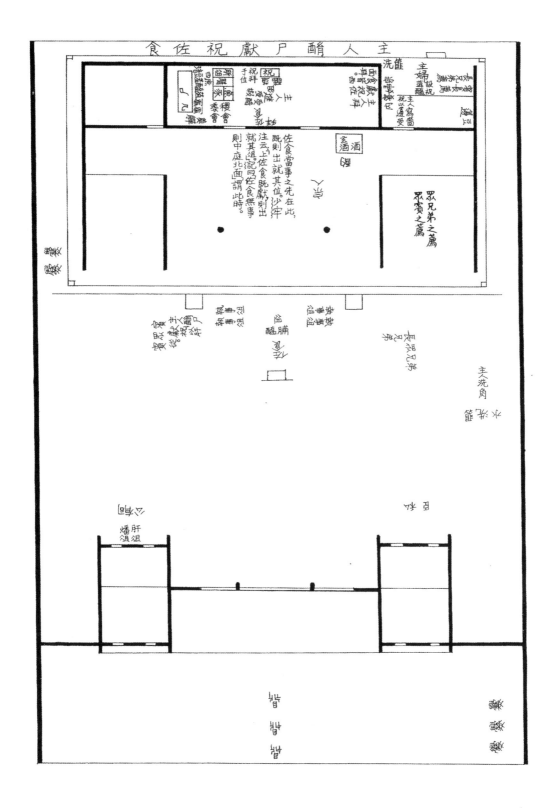

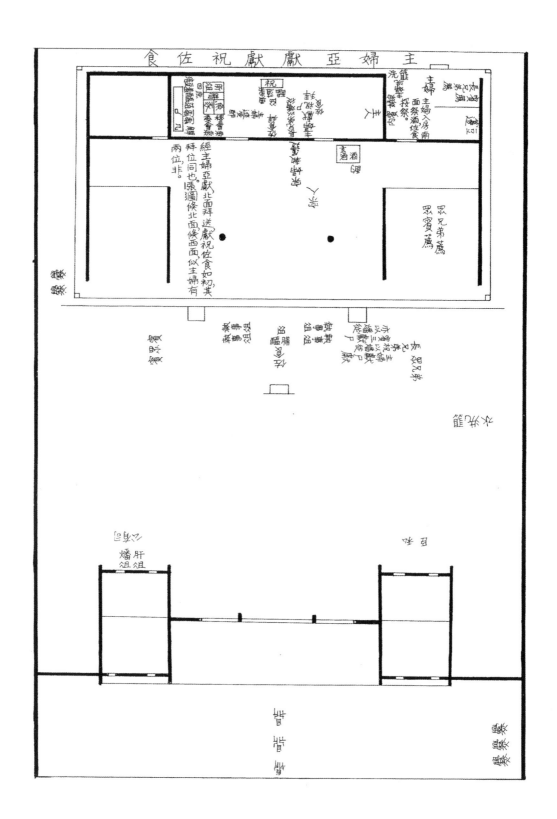

主婦亞獻獻祝佐食

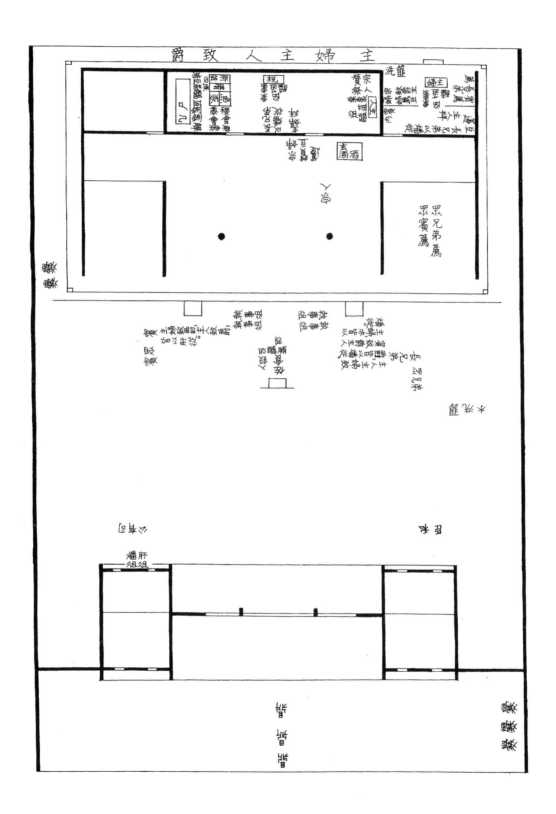

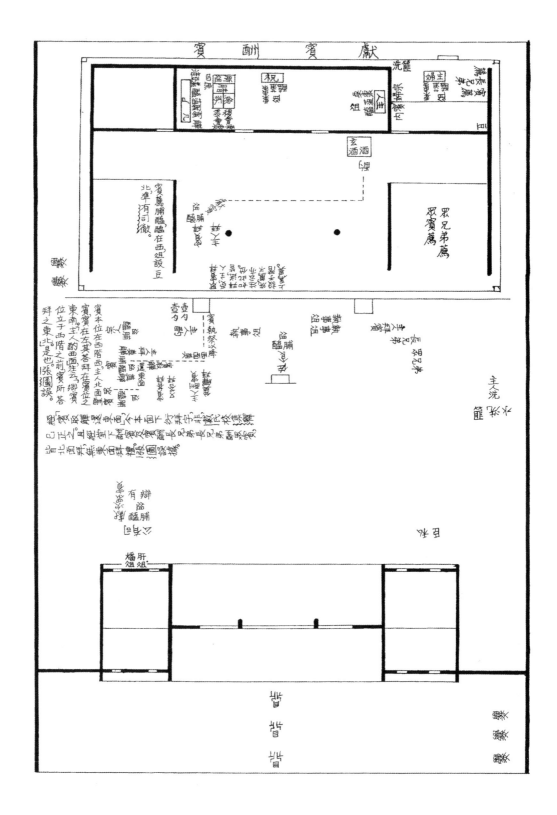

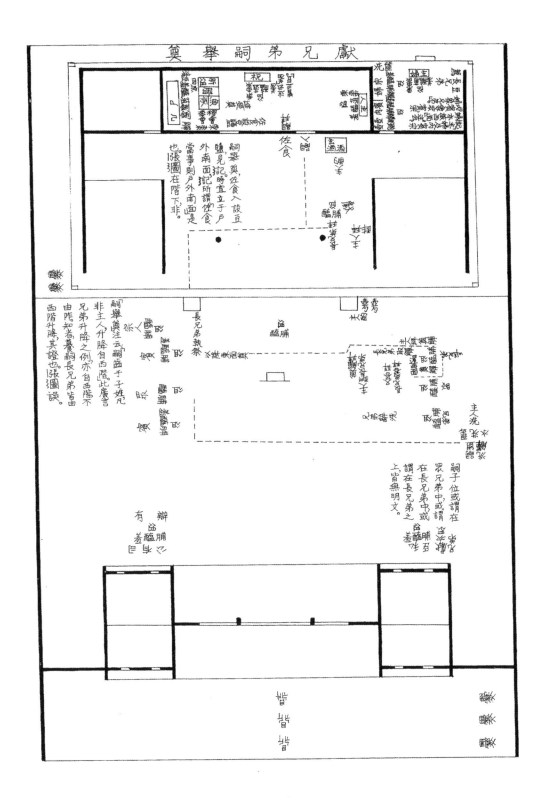

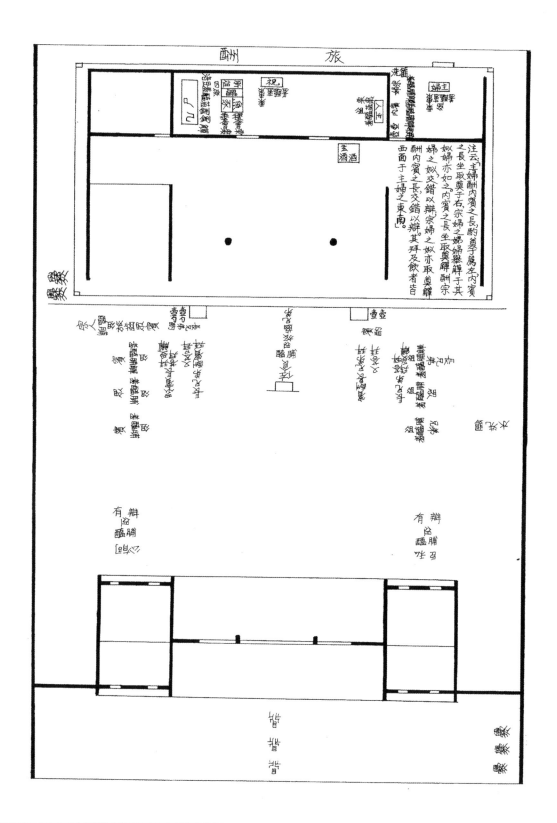

注云「主婦酬內賓之長酌奠于薦左內賓之長坐取奠子右宗婦之婦皆奠爵于其奠子右宗婦之婦亦如之內賓之長坐取奠爵宗婦之妐亦取奠爵內賓之長交錯以辯宗婦之妐交錯以辯其拜及飲者告西面于主婦之東南」

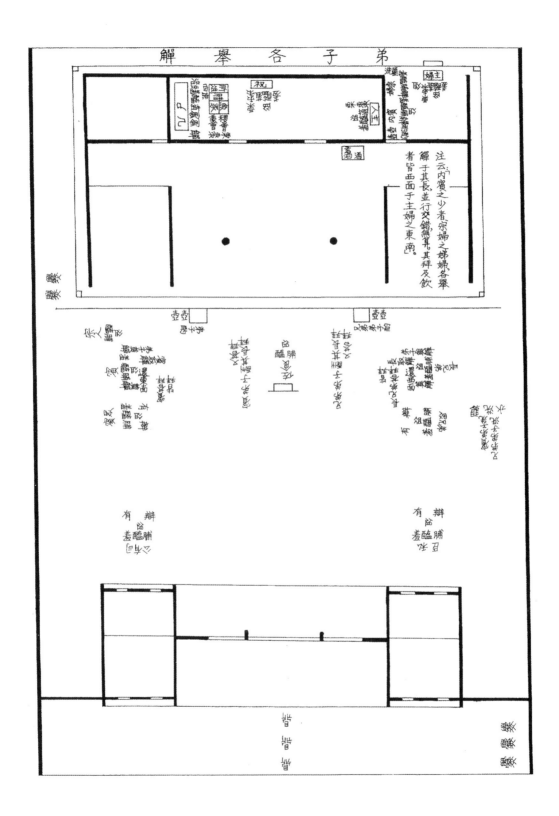

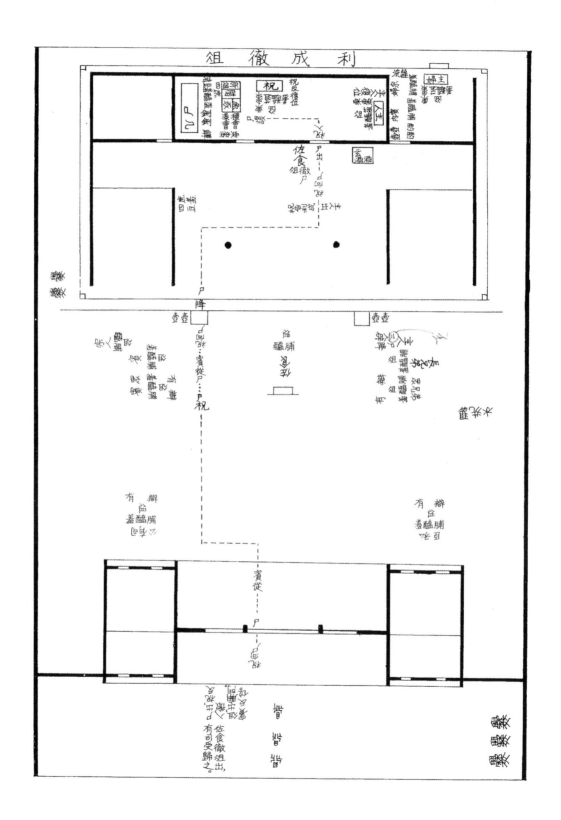

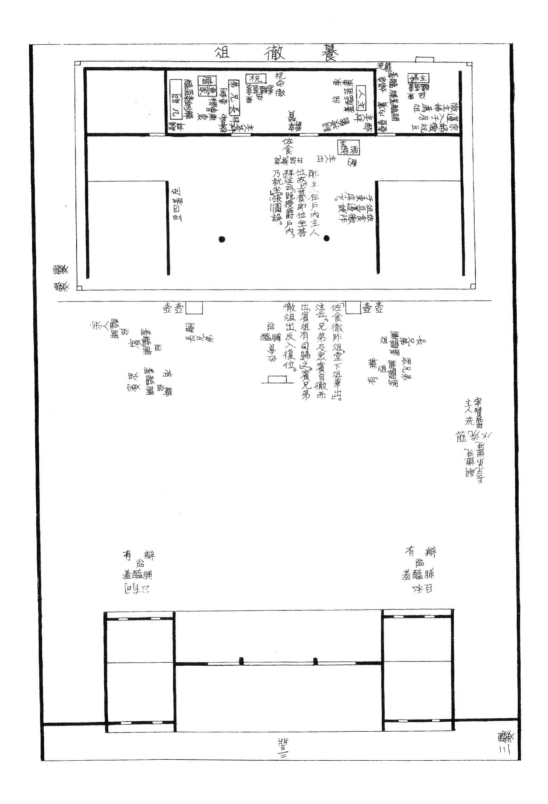

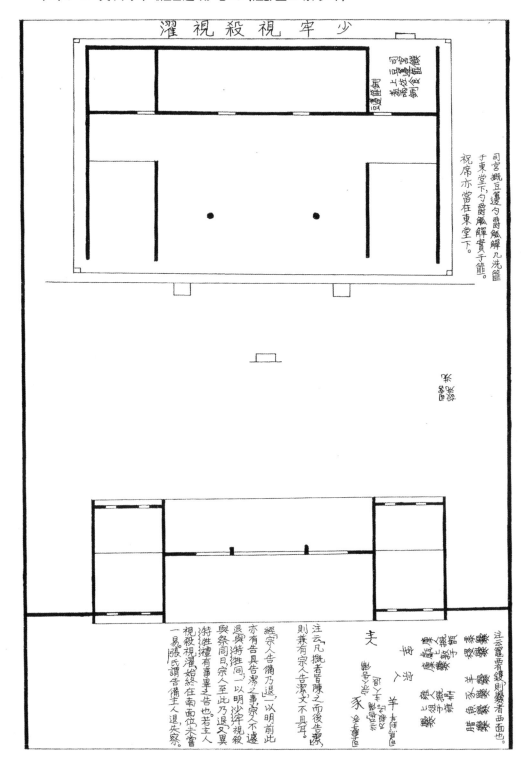

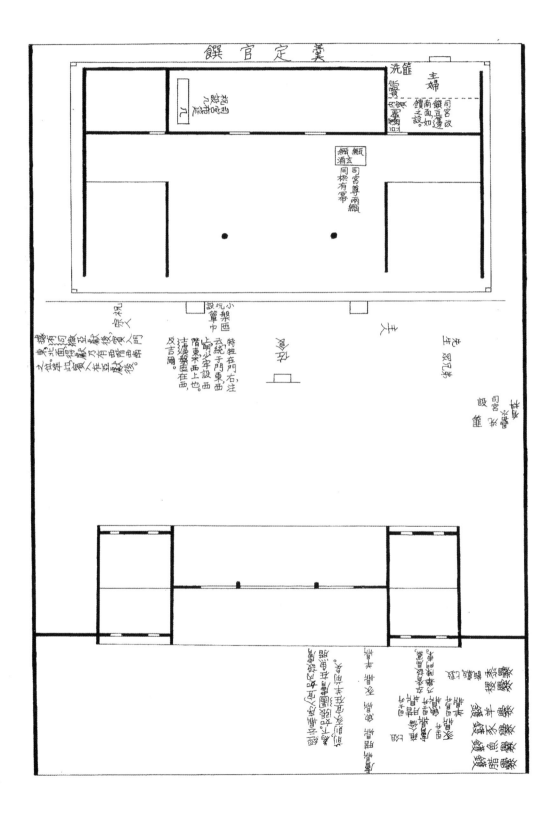

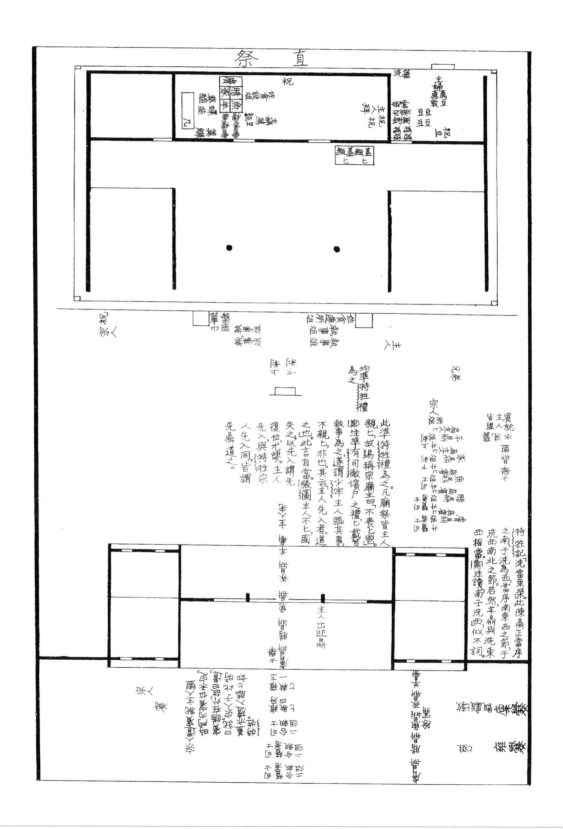

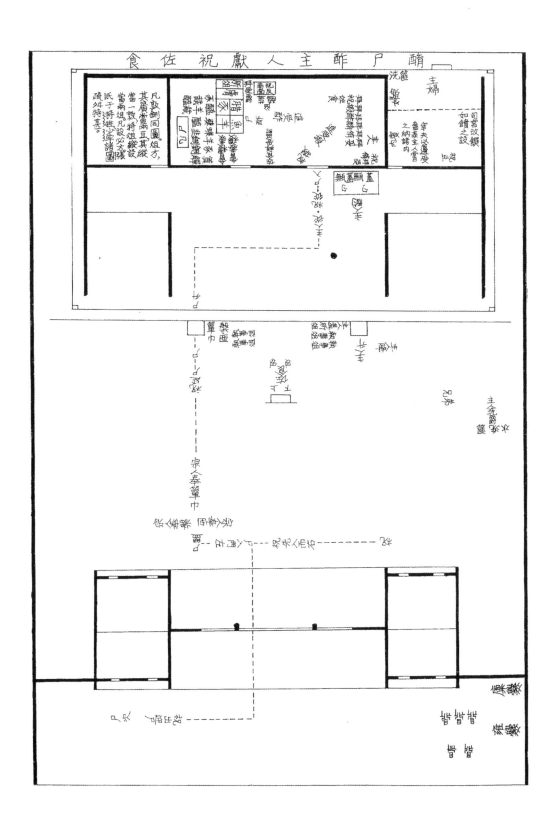

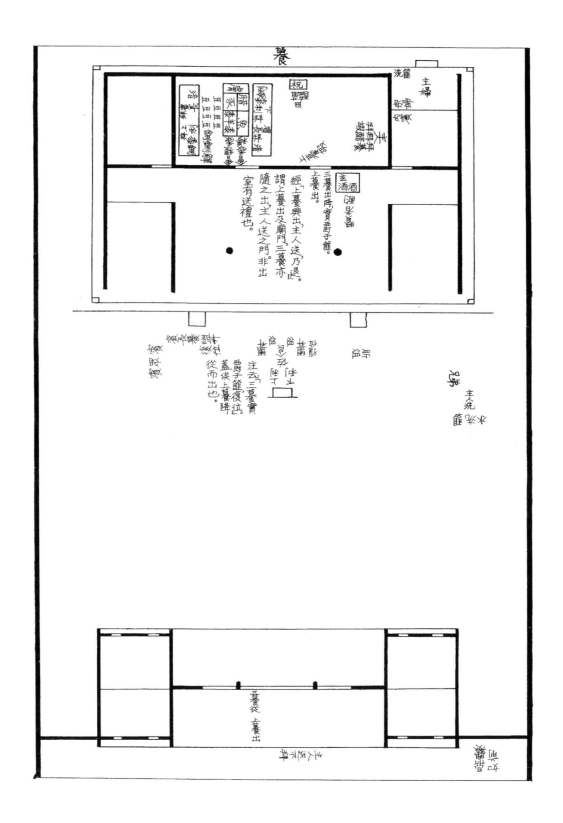

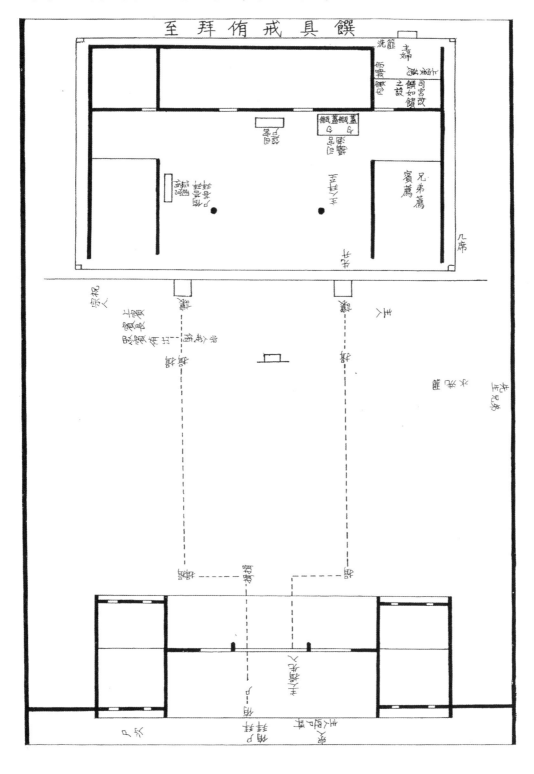

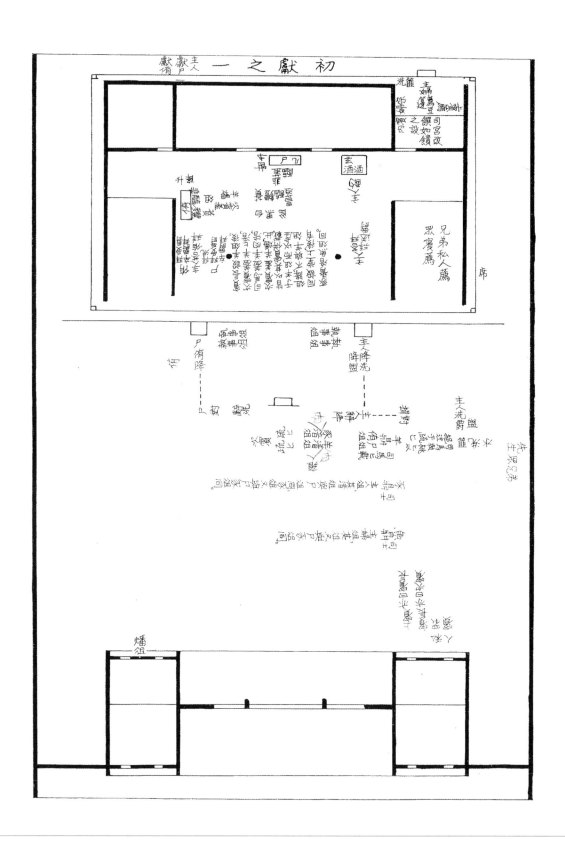

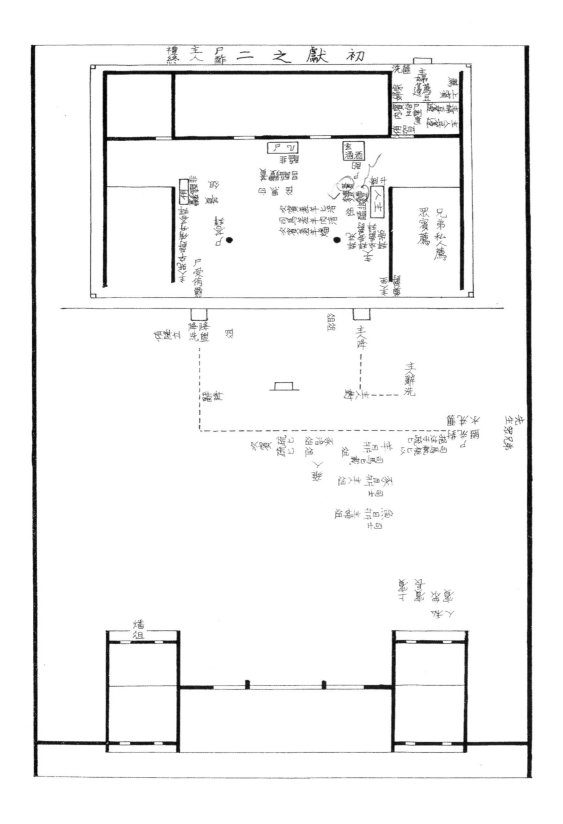

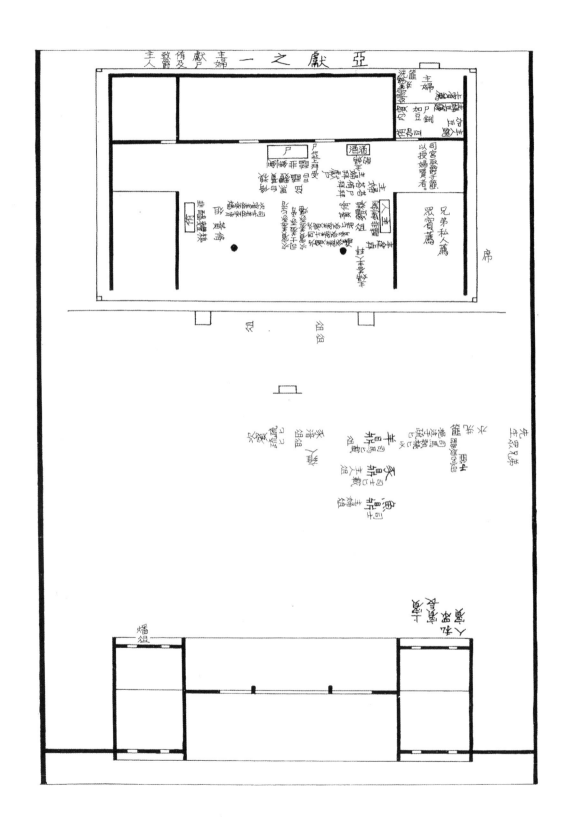

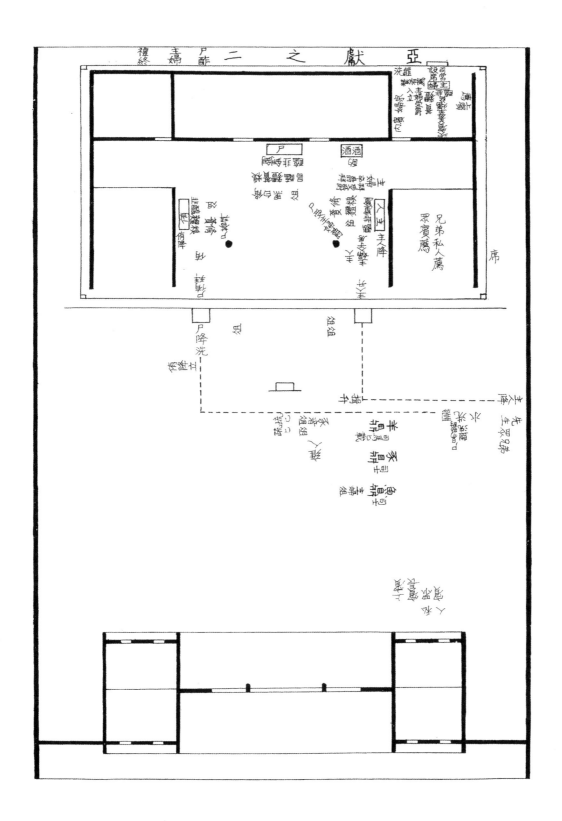

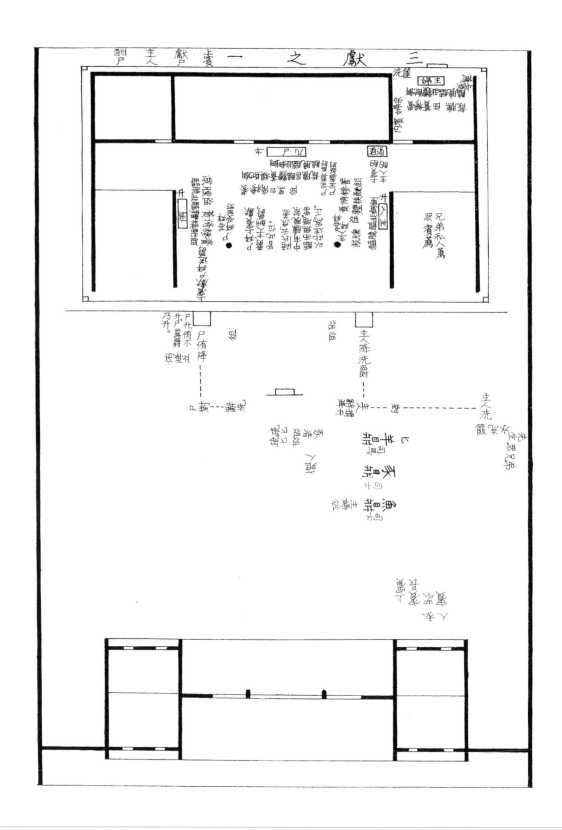

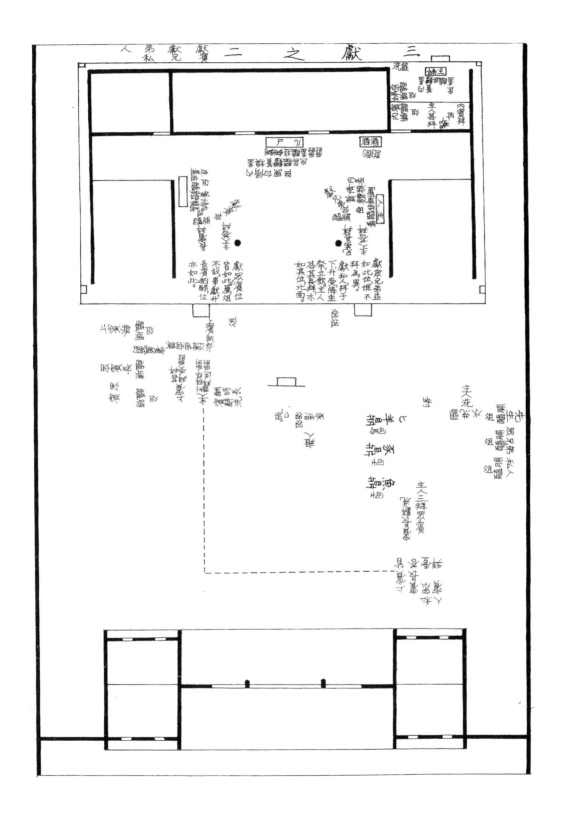

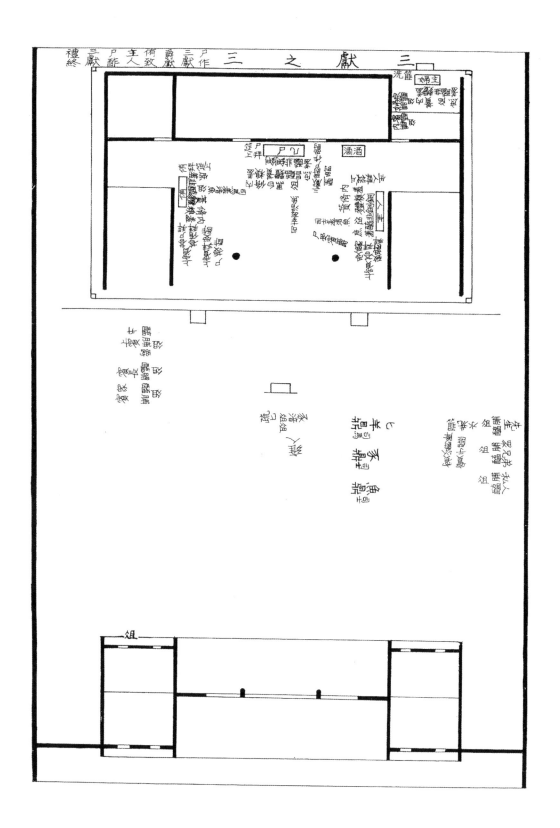

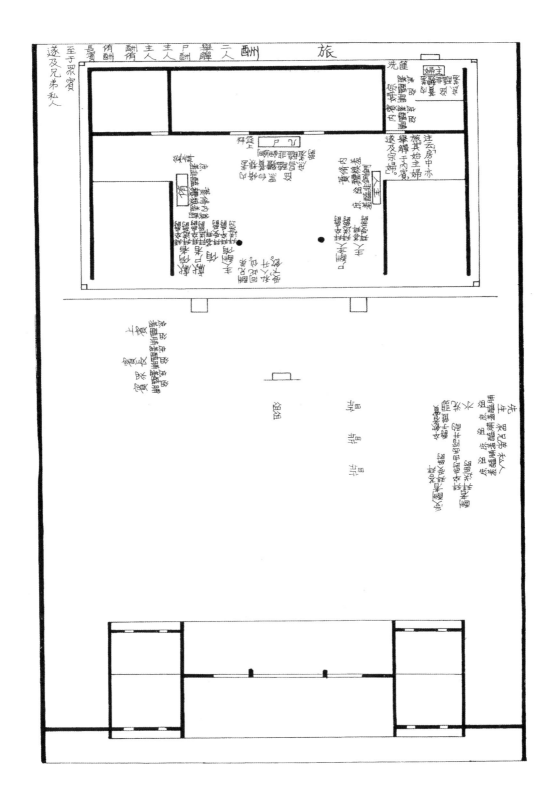

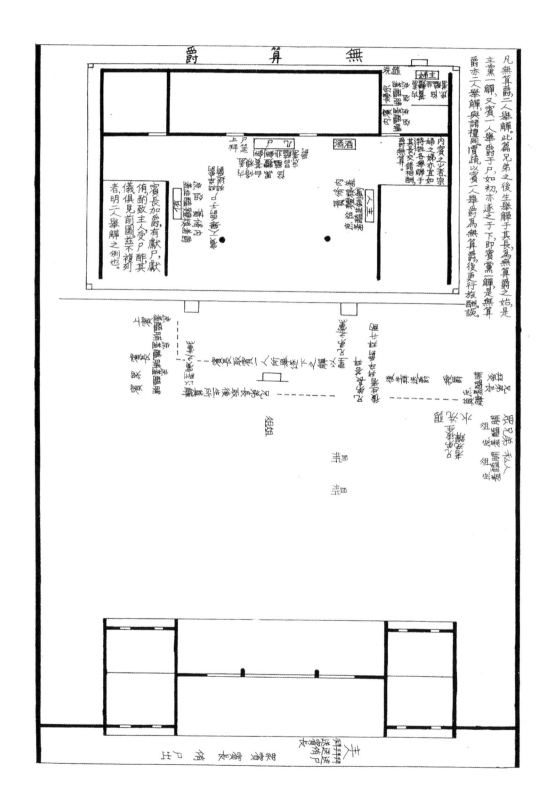

無算爵

凡無算爵,二人舉觶。此篇兄弟之後生舉觶于其長,為無算爵之始,是主黨一觶,又賓一人舉觶于尸,如初,亦遂之于下,即賓黨一觶,是無算爵亦二人舉觶,與諸禮同,賈疏以賓一人舉觶為無算爵後更行旅酬誤。

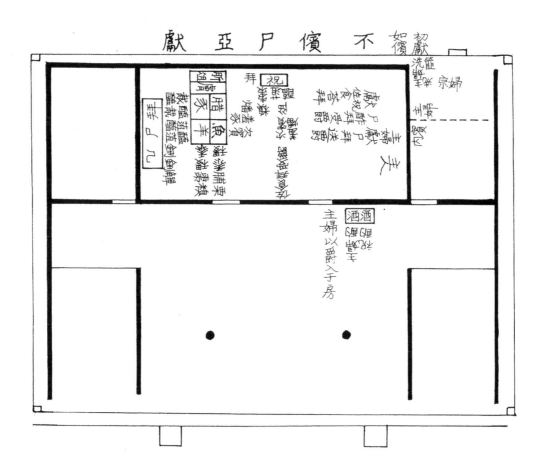

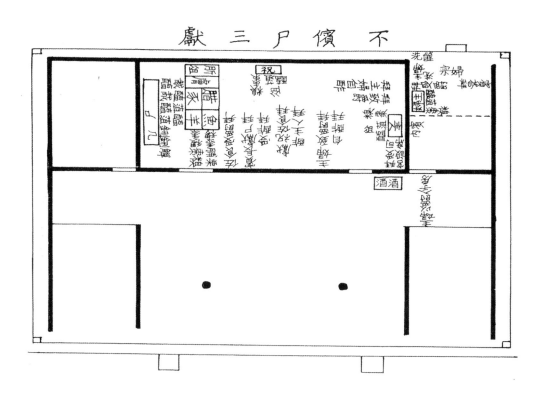

・부록 7 ・ 漢簡本對校表

()의 글자 : 마모되어 보이지 않는 글자
〔〕의 글자 : 죽편이 결락되어 없는 글자
□ : 저본이나 한간본에 없는 글자의 공란을 표시
비고 : 古文은 정현의 주에 근거함

〈특생궤식례〉

장절	죽편	저본	무위한간본	비고
1	1	特牲饋食之禮不諏日及筮日主人冠端玄卽位于門外西面子姓兄弟如主人之服立于主人之南西面北上有司群執事如兄弟服東面北上席于門中闃	特牲餽食之禮不詛日及筮日主人冠端玄卽位于門外西面子姓兄弟如主人□服立于主人之南西面北上有司羣執事如兄弟服東面北上席于門中梘	詛: 고문 諏
	2	西國外筮人取筮于西塾執之東面受命于主人宰自主人之左贊命命曰孝孫某筮來日某諏此某事適其皇祖某子尙饗筮者許諾還卽席西面坐卦者于左	西棫外筮人取筮于西執執□東面受命于主人宰自主人□左贊命命曰孝孫某筮來日某詛此某事適其皇祖某子尙饗筮者許若還卽席西面坐卦者在南	執: 오자 詛: 고문 諏 適: 오자 其: 오자
	3	卒筮寫卦筮者執以示主人主人受視反之筮者還東面長占卒告于主人占曰吉若不吉則筮遠日如初儀宗人告事畢	卒筮寫卦筮者執以示主人主人受視反之筮者還東面長占卒告于主人占曰吉若不吉則筮遠日如初義宗人告事畢	
2	3	前期三日之朝筮尸如求日之儀	●前期三日之朝筮尸如求日之義	
	4	命筮曰孝孫某諏此某事適其皇祖某子筮某之某爲尸尙饗	命筮曰孝孫某詛此某事適其皇祖某子筮某之某爲尸尙饗	詛: 고문 諏
3	4	乃宿尸主人立于尸外門外子姓兄弟立于主人之後北面東上尸如主人服出門左西面主人	●乃宿尸主人立于尸外門外子姓兄弟立于主人之後北面東上尸如主人服出門左西面主人	
	5	辟皆東面北上主人再拜尸答拜宗人擯辭如初卒曰筮子爲某尸占曰吉敢宿祝許諾致命尸許諾主人再拜稽首尸入主人退	辟皆東面北上主人再拜尸合拜宗人擯辤如初卒曰筮子爲□尸占曰吉□宿祝許若致命尸許若主人再拜稽首尸入主人退	
4	5	宿賓賓如主人服出門左西面	○宿賓□如主人服出門左西面	
	6	再拜主人東面答再拜宗人擯曰某薦歲事吾子將涖之敢宿賓曰某敢不敬從主人再拜賓答拜主人退賓拜送	再拜主人東面合□拜宗人擯曰某薦歲事吾子將涖之敢宿賓曰某敢不敬□主人再拜賓合拜主人退賓拜送	
5	6	厥明□夕陳鼎于門外北面北上有鼏椃	●厥明日夕陳鼎于少外北面北上有密桼	鼏: 고문 密

	7	在其南南順實獸于其上東首牲在其西北首東足設洗于阼階東南壺禁在東序豆籩鉶在東房南上几席兩敦在西堂主人及子姓兄弟即位于門東如	在其南南順實獸于其上東首牲在其西北首東足●執洗于作階東南壺禁在東序豆籩刑在東房南上延兩敦在西堂●主人及子姓兄弟即位子門東如	
	8	初賓及衆賓即位于門西東面北上宗人祝立于賓西北東面南上主人再拜答再拜三拜衆賓衆賓答再拜主人揖入兄弟從賓及衆賓從即位于堂下如外位	初賓及衆賓即位于(門西東面)北上宗人祝立于賓西北□□南上主人再拜賓合□拜三拜[衆賓衆賓合]再拜主人揖入兄弟從賓及衆賓從即位于堂下如外位	
	9	宗人升自西階視壺濯及豆籩反降東北面告濯具賓出主人出皆復外位宗人視牲告充雍正作豕宗人舉獸尾告備舉鼎鼏告絜請期曰羹飪告事畢	宗人升自西階視壺濯及豆籩反降東北面告濯具賓出主人出皆復外位宗人視牲告統雍正作豕宗人舉獸尾告備舉鼎密告絜●請期曰羹念告事畢	
	10	賓出主人拜送	賓出主人拜送	
6	10	凤興主人服如初立于門外東方南面視側殺主婦視饎爨于西堂下亨于門外東方西面北上羹飪實鼎陳于門外如初尊于戶東玄酒在	●冠興主人服如初立于門外東方南面視則殺主婦視飽爨子西堂下亨于門外東方西面北上●羹念實鼎陳于門外如初尊子戶東玄酒在	冠: 오자 饎: 고문 糦 飽는 饎의 생략형
	11	西實豆籩鉶陳于房中如初執事之俎陳于階間二列北上盛兩敦陳于西堂藉用萑几席陳于西堂如初尸盥匜水實于槃中簟巾在門內之右祝筵几于室	西賓豆籩刑陳于房中如初●執事之祖陳于階閒二列北上盛兩敦陳子西堂藉用萑几席陳于西堂如初尸浣匜水實于般中匷巾在門內之右●祝延几于室	賓: 오자
	12	中東面主婦纚笄宵衣立于房中南面主人及賓兄弟群執事即位于門外如初宗人告有司具主人拜賓如初揖入即位如初佐食北面立于中庭	中東面●主婦䊶枅宵衣立于房中南面主人及賓兄弟羣執事即位于門外如初●宗人告有司具主人拜賓如初揖入即位如初●佐食北面□于中庭	
7	12	主人及祝升祝	主人及祝升祝	
	13	先入主人從西面于戶內主婦盥于房中薦兩豆葵菹蝸醓醢在北宗人遣佐食及執事盥出主人降及賓盥出主人在右及佐食舉牲鼎賓長在右及執事	先人主人從西面于戶內●主婦浣于房中薦南豆葵菹贏盉盉在北宗人遣佐食及執事浣出●主人降及賓浣出主人在右及佐食舉牲鼎賓長在右及執事	蝸: 고문 贏
	14	舉魚腊鼎除鼏宗人執畢先入當阼階南面鼎西面錯右人抽局委于鼎北贊者錯俎加匕乃杙佐食升肵俎鼏之設于阼階西卒載加匕于鼎主人升入復位	舉魚腊鼎除密宗人執椑先入當作階南面鼎西面措右人陶局委于鼎北贊者措相加枇乃比佐食升甄□密之執于作階西卒載加枇于鼎主人升入復位	

	15	俎入設于豆東魚次腊**特**于**俎**北主婦設兩敦黍稷于**俎**南**西**上及兩**釧**□毛設于豆南南陳祝洗酌**奠奠**于**釧**南邃命佐食**啓會**佐食**啓會**卻于敦南出立于戶西	**俎**入**執**于豆東魚次腊**直**于**俎**北主婦**執而**敦黍稷于**俎**南北上反兩**刑刑**毛**執**于豆南南陳祝洗酌**鄭**于刑南邃命佐食□□佐食**啟福卻**于敦南出立于戶西	而: 오자 反: 오자
	16	南面主人再拜稽首祝在左卒祝主人再拜稽首	南面主人再拜稽首祝在左卒祝主人再拜稽首	
8	16	祝迎尸于門外主人降立于**阼**階東尸入門左北面**盥**宗人授巾尸至于階延尸升入祝**先**主人從尸卽	●祝迎尸于門外主人降立于**作**階東尸入門左北面**浣**宗人授巾尸至于階延尸升入祝□主人從尸卽	
	17	**席**坐主人拜**安**尸尸**答**拜執**奠**祝**饗**主人拜如初命**挼**祭尸左執**觶**右取菹**挼**于醢祭于豆**間**佐食取黍稷肺祭授尸尸祭之祭酒啐酒告旨主人拜尸**奠觶**	**延**坐主人拜**綏**尸尸**合**拜執**鄭**祝**鄕**主人拜如初祝**繻**祭尸左執**爵**右取菹**擩**□醢祭于豆**開**佐食取黍稷肺祭授尸尸祭之祭酒啐酒告**指**主人拜尸**鄭觚**	席: 고문 筵 鄕: 고문 饗 挼: 고문 綏
	18	**答**拜祭**釧嘗**之告旨主人拜尸**答**拜祝命爾敦佐食爾黍稷于席上設大羹涪于醢北舉肺脊以授尸尸受振祭嚌之左執之乃食食舉主人羞**胏**俎于腊北尸三飯	[**荅**拜祭**釧嘗**之告旨主人拜尸**荅**拜祝命爾敦佐食爾黍稷于席上設大羹涪于醢北舉肺脊以授尸尸受振祭嚌之左執之乃食食舉主人羞**胏**俎于腊北尸三飯]	缺
	19	告飽祝**侑**主人拜佐食舉**幹**尸受振祭嚌之佐食受加于**胏俎舉**獸**幹**魚一亦如之尸實**舉**于菹豆佐食羞庶羞四豆**設**于左南上有**醢**尸**又**三飯告飽祝侑**之**如初	告飽祝**洡**主人拜佐食**舉乾**尸受振祭嚌之佐食受加于**甄**□**舉**獸**乾**魚一亦如之尸實**舉**于菹豆佐食羞庶羞四豆□于左南上有**醬**尸**有**三飯告飽祝侑□如初	洡: 오자
	20	**舉**骼及獸魚如初尸**又**三飯告飽祝侑之如初舉肩及獸魚如初佐食盛**胏**俎俎釋三个舉肺脊加于**胏**俎反黍稷于其所	[**舉**骼及獸魚如初尸又三飯告飽祝侑之如初舉肩及獸魚如初佐食盛**胏**俎俎釋三個舉肺脊加于**胏**俎反黍稷于其所]	缺
9	20	主人洗角升酌酳尸尸拜受主人拜	[主人洗角升酌酳尸尸拜受主人拜]	缺
	21	送尸**祭**酒啐酒**賓**長以肝從尸左執角右取肝**挼**于鹽振祭嚌之加于菹豆辛角祝受尸角曰送爵皇尸卒爵主人拜尸**答**拜祝酌授尸尸以醋主人主人拜受角	[送尸祭酒啐酒賓長以肝從尸左執角右取肝擩于鹽振祭嚌之加于菹豆辛角祝受尸角曰送爵皇尸卒爵主人拜尸**荅**拜祝酌授尸尸以醋主人主人拜受角]	缺
	22	**尸**拜送主人退佐食授**挼**祭主人坐左執角受祭祭之祭酒啐酒進聽**嘏**佐食**搏**黍□授祝祝授尸尸受以菹豆執以親**嘏**主人主人左執角再拜稽首受復位**詩**	[尸拜送主人退佐食授**挼**祭主人坐左執角受祭祭之祭酒啐酒進聽**嘏**佐食**搏**黍稷授祝祝授尸尸受以菹豆執以親**嘏**主人主人左執角再拜稽首□復位**詩**]	缺
	23	**懷**之**實**于左**袂挂**于季指卒角拜尸**答**拜主人**出**寫嗇于房祝以**邊**受**筵**祝南面主人酌獻祝祝拜受角主人拜送**設**菹醢**俎**祝左執角祭豆興取肺坐祭嚌之興加	**襃**□□于左**袂卦**于季指卒角拜尸**合**拜主人□寫嗇于房祝以**邊**受●**延**祝南面主人酌獻祝祝拜受角主人拜送**執**菹醢**俎**祝左執角祭豆興取肺坐祭嚌之興加	挂: 고문 卦

	24	于俎坐祭酒啐酒以肝從祝左執角右取肝擩于鹽振祭嚌之加于俎卒角拜主人答拜受角酳獻佐食佐食北面拜受角主人拜送佐食坐祭卒角拜主人答拜受角	于柤坐祭酒啐酒□肝從祝左執角□取肝擩于監振祭嚌之加于柤卒角拜主人合拜受角●酳獻佐食□□北面拜受角主人拜送佐食坐祭卒角拜主人合拜受角	
	25	降反于篚升入復位	降反于匪升□復位	
10	25	主婦洗爵于房酳亞獻尸尸拜受主婦北面拜送宗婦執兩籩戶外坐主婦受設于敦南祝贊籩祭尸受祭之祭酒啐酒兄弟長以燔從尸	●主婦洗爵于房酳惡獻尸尸拜受主婦北面拜送宗婦執兩邊戶外坐主婦受執于敦南祝贊邊祭尸受祭之祭酒啐酒兄弟長以燔從尸	
	26	受振祭嚌之反之羞燔者受加于肵出尸卒爵祝受爵命送如初酢如主人儀主婦適房南面佐食授祭主婦□左執爵右撫祭祭酒啐酒入卒爵如主人儀	受振祭嚌□反之羞燔者受加于甄出尸卒爵祝受爵命送如初酢如主人義主婦適房南面佐食繻祭主婦坐左執爵右撫祭祭酒啐酒入卒爵如主人義	
	27	獻祝籩燔從如初儀及佐食如初卒以爵入于房	●獻祝邊燔從如初義及佐食如初卒以爵入于房	
11	27	賓三獻如初燔從如初爵止席于戶內主婦洗爵酳致爵于主人主人拜受爵主婦拜送爵宗婦贊豆如初主婦	●賓三獻如初燔從如初爵止●延于戶內主婦洗□酳致爵于主人主人拜受爵主婦拜送爵宗婦贊豆如初主婦	
	28	受設兩豆兩籩俎入設主人左執爵祭薦宗人贊祭奠爵興取肺坐絕祭嚌之興加于俎坐挽手祭酒啐酒肝從左執爵取肝擩于鹽坐振祭嚌之宗人受加于俎	受執兩豆□邊俎入執主人左執爵祭薦宗人贊祭鄭爵興取肺坐絕祭嚌之興加于俎坐挽手祭酒啐酒肝從左執爵取肝擩□監坐振祭嚌之宗人受加于俎	挩: 고문 說
	29	燔亦如之興席末坐卒爵拜主婦答拜受爵酳醋左執爵拜主人答拜坐祭立飲卒爵拜主婦答拜主婦出反于房主人降洗酳致爵于主婦席于房中南面主婦	燔亦如之□延末坐卒爵拜主婦合拜●受爵酳酢左執爵拜主人合拜坐祭立□卒爵拜主人合拜主婦出反于房●主人降洗酳致爵于主婦延于房中南面主婦	
	30	拜受爵主人西面答拜宗婦薦豆俎從獻皆如主人主人更爵酳醋卒爵降實爵于篚入復位三獻作止爵尸卒爵酢酳獻祝及佐食洗爵酳致于主人主婦燔從皆如初	拜受爵主人西面合拜宗婦薦豆俎從獻皆如主人主人受爵□詐卒□降實爵于匪入復位●三獻作止爵尸卒爵詐□獻祝及佐食洗□□致于主人主婦燔從皆如初	更: 고문 受
	31	更爵酢于主人卒復位	受爵詐于主人卒復位	更: 고문 受
12	31	主人降阼階西面拜賓如初洗賓辭洗卒洗揖讓升酳西階上獻賓賓北面受爵主人在右答拜薦脯醢設折俎賓左執爵祭豆奠爵興	○主人降作階西面拜賓如初洗賓聲□卒洗揖讓升酳西階上獻賓賓北面受爵主人在右合拜薦脯醢盉執折俎賓左執爵祭豆鄭爵興	

	32	取肺坐**絕**祭嚌之興加于**俎**坐捝手祭酒卒爵拜主人**答**拜受爵酳酢**奠**爵拜賓**答**拜主人坐祭卒爵拜賓**答**拜揖祭以降西面**奠**于**其位**位如初薦**俎**從設眾賓	取肺坐□祭嚌之興加于**俎**坐捝手祭酒卒爵拜主人**合**拜受爵酳酢**鄭**爵拜賓**合**拜主人坐祭卒爵拜賓**合**拜揖執祭以降西面**鄭**于□□位如初薦**俎**從**執**●眾賓	
	33	升拜受**爵**坐祭立飲薦**俎設**于其位**辯**主人備**答**拜焉降**實**爵于**筐**尊兩壺于**阼**階東加勺南**枋**西方亦如之主人洗**觶**酳于西方之尊西階前北面**酬**賓賓在左	升拜受□坐祭立飲薦**俎執**于其位**辨**主人備**合**拜焉降**實**爵于**匪**尊兩壺于**作**階東加勺南**柄**西方亦如之主人洗**觚**酳于西方之尊西階前北面**州**賓賓在左	柄: 고문 枋
	34	主人**奠觶**拜賓**答**拜主人坐祭卒**觶**拜**答**拜主人洗**觶**賓**辭**主人對卒洗酳西面賓北面拜主人**奠觶**于薦北賓坐取**觶還**東面**拜**主人**答**拜賓**奠觶**于薦南揖復	●主人**鄭觚**拜賓**合**拜主人坐祭卒**觚**拜賓**合**拜主人洗□賓**辯**主人對卒洗酳西面賓北面拜主人**鄭觚**于薦北賓坐取**觚還**東面□主人**合**拜賓**鄭**□于薦南揖復	
	35	位主人洗爵獻長兄弟于**阼**階上如賓**儀**洗獻眾兄弟如眾賓**儀**洗獻內兄弟于房中如**獻**眾兄弟**之儀**主人西面**答**拜更**爵**酢卒爵降**實**爵于**筐**入復位	位●主人洗爵獻長兄弟于**作**階上如賓**義**●洗獻眾兄弟如眾賓**義**●洗獻內兄弟于房中如□眾兄弟□**義**主人西面**合**拜更爵酢卒□降**實**爵于**匪**入復位	
13	35	長兄弟洗	●長兄弟洗	
	36	**觚**爲加爵如初**儀**不及佐食洗致□□□如初無從	**觚**爲加爵如初**義**不及佐食洗致**主人主婦**如初無從	
14	36	眾賓長爲加爵如初爵止	眾賓長爲加爵如初爵止	
15	36	嗣**舉奠觶**入北面再拜稽首尸執**奠**進受復位祭酒啐酒尸**舉肝舉奠**左執	●嗣**舉鄭觚**入北面再拜稽首尸執**鄭**進受復位祭酒啐酒尸**舉肝舉鄭**左執	
	37	**觶**再拜稽首進受肝復位坐食肝卒**觶**拜尸備**答**拜焉**舉奠**洗酳入尸拜受**舉奠答**拜尸祭酒啐酒**奠**之**舉奠**出復位	**觚**再拜稽首進受肝復位坐食肝卒**觚**拜尸備**合**拜焉**舉鄭**洗酳入尸拜受**舉鄭合**拜尸祭酒啐酒**鄭**之**舉鄭**出復位	備: 고문 復
16	37	兄弟弟子洗酳于東方之尊**阼**階前北	●兄弟弟子洗酳于東方之尊**作**階前北	
	38	面**舉觶**于長兄弟如主人**酬**賓**儀**宗人告祭**嚌**乃羞賓坐**取觶阼**階前北面**酬**長兄弟兄弟在右賓**奠觶**拜兄弟**答**拜賓立卒**觶**酳于其尊東面立長兄	面**舉觚**于長兄弟如主人**州**賓**義**宗人告祭**升**乃羞賓坐**舉觚作**階前北面**州**長兄弟長兄弟在右賓**鄭觚**拜兄弟**合**拜賓立卒**觚**酳于其尊東面立長兄	
	39	弟拜受**觶**賓北面**答**拜揖復位長兄弟西階前北面眾賓長自左受旅如初長兄弟卒**觶**酳于其尊西面立受旅者拜受長兄弟北面**答**拜揖復位眾賓及**眾**兄	弟拜受**觚**賓北面**合**拜揖復位長兄弟西階前北面眾賓長自左受旅如初長兄弟卒**觚**酳于其尊西面立受旅者拜受●長兄弟北面**合**拜揖復位眾賓及□兄	

	40	弟交錯以辯皆如初儀爲加爵者作止爵如長兄弟之儀長兄弟酬賓如酬兄弟之儀以辯卒受者實觶于篚	弟文錯以辨皆如初義●爲駕爵者作止爵如長兄弟之義長兄弟州賓如賓州兄弟之義以辨卒受者實觚于匜	
17	41	賓弟子及兄弟弟子洗各酌于其尊中庭北面西上舉觶于其長奠觶拜長皆答拜舉觶者祭卒觶拜長皆答拜舉觶者洗各酌于其尊復初位長皆拜舉觶者皆奠觶于薦右長皆執以興舉觶者皆復位答拜長皆奠觶于	●賓弟子及兄弟弟子洗各酌于其尊中庭北面西上舉觚于其長鄭觚拜長皆合拜舉觚者祭卒觚拜長皆合拜舉觚者洗各酌于其尊復初位長皆拜舉觚者皆鄭□于薦右長皆執以興舉觚者皆復位合拜長皆鄭觚于	
	42	其所皆揖其弟子弟子皆復其位爵皆無筭	其所皆揖其弟子弟子皆復其位爵□毋筭	
18	42	利洗散獻于尸酢及祝如初儀降實散于篚	●利洗散獻□尸作及祝如初義降實散于匜	匜: 오자
19	42	主人出立于戶外西面祝東面告利成尸謖祝前主人降祝反及主人入復位命佐食徹尸俎俎出于廟門徹庶羞設于西序下	●主人出立于戶外西面祝東面告利成尸休祝前主人降祝反及主人入復位命佐食徹尸相_出于廟門徹庶羞□于西序下	謖: 고문 休
20	42	筵對	●延對	
	43	席佐食分簋鉶宗人遣舉奠及長兄弟盥立于西階下東面北上祝命嘗食者舉奠許諾升入東面長兄弟對之皆坐佐食授舉各一膚主人西面再拜祝曰饎有以也兩簋奠舉于俎許諾皆答拜若是者三皆	席佐食分軌刑宗人遣舉鄭及長兄弟浣立于西階下東面北上祝命當食選者舉鄭許若升入東面長兄弟對之皆坐佐食授舉各一膚主人西面再拜祝曰選有以也兩選鄭舉于俎許若□合拜如是者三皆	饎: 고문 餕
	44	取舉祭食祭舉乃食祭鉶食舉卒食主人降洗爵宰贊一爵主人升酳上饎上饎拜受爵主人答拜酳下饎亦如之主人拜祝曰酳有與也如初儀兩饎執爵拜祭酒卒爵拜主人答拜兩饎皆降實爵于篚上饎洗爵	取舉祭食祭舉乃食祭刑舉卒食●主人降洗爵宰贊一爵主人升酳上選□選拜受爵主人合拜酳下選亦如之主人拜祝曰酳有與也如初義兩選執爵□祭酒卒爵拜主人合拜兩選皆降實爵于匜上選洗爵	
	45	升酳酢主人主人拜受爵上饎卽位坐答拜主人坐祭卒爵拜上饎答拜受爵降實于篚主人出立于戶外西面	升酳詐主_人_拜受爵上選卽□坐合拜主人坐祭卒爵拜上選合拜受爵降實于匜●主人□立于戶外西面	
21	45	祝命徹阼俎豆籩設于東序下祝執其俎以出東面于戶西宗婦徹祝籩豆入于房徹主婦薦俎佐食徹尸薦俎敦設于西北	祝命徹相邊豆執于東序下祝執其相□出東面于戶西宗婦徹祝邊豆入于房徹主婦薦相佐食徹尸薦相敦執于西北	

	46	隅几**在南厓**用**筵納**一尊佐食闔牖戶降祝告利成降卽位主人降卽位宗人告事畢賓出主人送于門外再拜佐食徹**阼俎**堂下**俎**畢出	隅几□□菲用**延入**一尊佐食闔牖戶降祝告利成降卽位主人降卽位宗人告事畢●賓出主人送于門外再拜佐食徹**作俎**堂下**相**畢出	
22	47	**記**特牲**饋**食其服皆朝服玄冠緇帶**緇韠**唯尸祝佐食玄端玄**裳**黃**裳**雜**裳**可也皆**爵韠**	●□特牲**餽**食其服皆朝服玄冠緇帶□**韠**唯尸祝佐食玄端玄**常**黃**常**雜**常**可也皆爵**韠**	
23	47	**設**洗南**北**以堂深東**西當**東榮水在洗**篚**在洗西南順實二爵**二觚**四**觶**一角一散壺**棜**禁**饌**于東序南順覆兩壺焉蓋在南	●**㙯**洗南□以堂深東□**直**東榮水在洗東匪在洗西南順實二爵□**柧**四**觚**一角一散壺**於**禁**選**于東序南順覆兩壺焉蓋在南	
	48	明日卒**奠**冪用**綌**卽位而徹之加勺**簞**巾**以綌**也**纁**裹棗烝擇**釗**芛用**苦**若**薇**皆有滑夏葵**冬葘**棘心**匕**刻牲**爨**在**廟**門外東南魚腊**爨**在其南皆西面**饎爨**在西**壁**聅**俎**心舌皆去本末午**割**之實	●明日卒奠**暮**用**郄**卽位而徹之加勺**邊**巾□**郄**也熏裹棗烝栗擇**刑**芛用**枯**若**微**皆有滑夏葵**各亘**棘心**朼**刻●**牲與**在廟門外東南魚腊**與**在其南皆西面**飽與**在西畔□**甄**□心舌皆去本末午**創**之實	熏: 고문 纁 苦: 고문 枯 飽: 飤의 誤字. 飤는 饎의 생략형
	49	于牲鼎載心立舌**縮俎**賓與長兄弟之薦**自東**房其餘在東堂	于牲鼎載心立舌**摵相**賓與長兄弟之薦自□房其餘在東堂	
24	49	沃尸**盥**者一人奉**槃**者東面執**匜**者西面淳沃執巾者在**匜**北宗人東面取巾振之三南面授尸卒執巾者受尸主人及賓皆辟位出亦如之	●沃尸**浣**者一人奉**般**□東面執**鉈**者西面淳沃執巾者在**鉈**北宗人東面取巾振之三南面授尸卒執巾者受●尸主人及賓皆辟位出亦如之	激: 고문 淳
25	49	嗣**擧奠**佐食設	●嗣**擧鄭**佐食**执**	
	50	豆鹽佐食當事則戶外南面無事則中庭北面凡祝**呼**佐食許**諾**宗人獻與旅齒於衆賓佐食於旅齒於兄弟	豆鹽●佐食當事則戶外南面無事則中庭北面●凡祝**嘑**佐食許**若**宗人獻與旅齒於衆賓佐食於旅齒於兄弟	
26	50	尊兩壺于房中**西墉**下南上內賓立于其北東面南上宗婦北堂東面北上主婦及內	●尊兩壺于房中西**庸**下南上內賓立于其北東面南上●宗婦北堂東面北上主婦及內	
	51	賓宗婦亦旅西面宗婦贊薦者執以坐于戶外授主婦	賓宗婦亦旅西面●宗婦贊薦者執以坐于戶外授主婦	
27	51	尸卒食而祭**饎爨**雍**爨**	●尸卒食而祭**飽與**雍**與**	飽: 飤의 誤字. 飤는 饎의 생략형
28	51	賓從尸**俎**出廟門乃反位	賓從尸**相**出廟門乃反位	

29	51	尸**俎**右肩臂臑肫胳正脊二骨**橫**脊長脅二骨短脅膚三離肺一刌肺三魚十有五腊如牲骨祝**俎髀**脡脊	●尸**俎**右肩臂臑肫胳正脊二骨**衡**脊長脅二骨短脅膚三離肺一刌肺三魚十有五腊如牲骨●祝**俎**脾脛脊	切: 고문 刊
	52	二骨脅二骨膚一離肺一**阼俎**臂正脊二骨**橫**脊長脅二骨短脅膚一離肺一主婦**俎榖**折其餘如**阼俎**佐食**俎榖**折脊脅膚一離肺一賓**胳**長兄弟及宗人折其餘如佐食**俎**衆賓及衆兄弟	二骨脅二骨膚一離肺[一]●**作俎**臂正脊二骨**衡**脊長脅二□短脅膚一離肺一主婦**俎榖**折其餘如作俎●佐食俎榖折脊脅膚一離肺一●賓**胳**長兄弟及宗人折其餘如佐食**俎**●衆賓及衆兄弟	榖: 고문 穀 胳: 고문 胳
	53	內賓宗婦若有公有司私臣皆殽**脊**膚一離肺一	內賓宗婦若有公有司私臣皆殽**升**膚一離肺一	
30	53	公有司門西北面東上獻次衆賓私臣門東北面西上獻次□兄弟升受降飲	公有司門西北面東上獻次衆賓私臣門東北面西上獻次**衆**兄弟升受降飲	

〈소뢰궤식례〉

장절	죽편	저본	무위한간본	비고
1	1	少牢饋食之禮日用丁己筮旬有一日筮于廟門之外主人朝服西面于門東史朝服左執筮右抽上韇兼與筮執之東面受命于主人主人曰孝孫某來日丁亥用薦歲事于	少牢饑食之禮日用丁己筮旬有一日筮于廟門之外主人朝服西面于門東史朝服左執筮右繇上犢兼與筮執之東面受命于主人主人曰孝孫某來□丁亥用薦歲事于	
	2	皇祖伯某以某妃配某氏尚饗史曰諾西面于門西抽下韇左執筮右兼執韇以擊筮遂述命曰假爾大筮有常孝孫某來日丁亥用薦歲事于皇祖伯某	皇祖伯某以其肥肥某是尚薦史曰若西面于門西繇下犢左執筮右兼執犢以擊筮遂術□曰假女大筮有常孝孫某來□丁亥用薦歲事于皇祖伯某	是: 고문 氏 述: 고문 術
	3	以某妃配某氏尚饗乃釋韇立筮卦者在左坐卦以木卒筮乃書卦于木示主人乃退占曰吉則史韇筮史兼執筮與卦以告于主人占曰從乃官戒宗人命滌宰命爲酒	以其肥肥某是尚薦乃舍犢立筮刲者在左坐刲以木卒筮乃書卦于木示主人乃退占曰從●乃官戒宗人命濯宰命爲酒	釋: 고문 舍
	4	乃退若不吉則及遠日又筮日如初	乃退若不吉則及遠日有筮日如初	
2	4	宿前宿一日宿戒尸明日朝筮尸如筮日之禮命曰孝孫某來日丁亥用薦歲事于皇祖伯某以某妃配某氏以某之某爲尸尚饗筮	〔宿前宿一日宿戒〕尸●明日朝筮尸如筮日之禮命曰孝〔孫〕某來□丁亥用薦〔歲事于皇祖伯某以其肥〕肥某是以某之某爲尸尚薦筮	
	5	卦占如初吉則乃遂宿尸祝擯主人再拜稽首祝告曰孝孫某來日丁亥用薦歲事于皇祖伯某以某妃配某氏敢宿尸拜許諾主人又再拜稽首主人退尸送揖不拜若不吉則遂改	刲占如初吉則乃遂宿尸祝擯主人再拜稽首祝告曰孝孫某來□丁亥用薦歲事于〔皇祖伯某以其肥〕肥某是□宿尸拜許□主人有再拜稽首主人退尸送揖不拜若不吉〔則遂改〕	宿: 고문 羞
	6	筮尸	筮尸	
3	6	既宿尸反爲期于廟門之外主人門東南面宗人朝服北面曰請祭期主人曰比於子宗人曰旦明行事主人曰諾乃退	●既宿尸反爲期于廟門之外主人門東南面宗人朝服北面曰請祭期主人曰比於子宗人曰旦明行事主人曰若乃退	
4	6	明日主人朝服卽位于廟門之外東方南面宰宗人	●明日主人朝服卽位于廟門□外東方南面宰宗人	

	7	西面北上牲北首東上司馬刲羊司士擊豕宗人告備乃退雍人摡鼎匕俎于雍爨雍爨在門東北上廪人摡甑甗匕與敦于廪爨廪爨在雍爨之北司宮摡豆	西面北上牲北首東上司馬刔羊司士擊豕宗人告備乃退●雍人溉鼎朼俎于雍熿雍熿在門東南北上廪人溉甑饎朼與敦于廪熿廪熿在雍熿之北司宮溉豆	刲: 오자 甑: 고문 烝·儀, 獻: 고음통가
	8	邊勺爵觚觶几洗篚于□東堂下勺爵觚觶實于篚卒摡饌豆邊與篚于房中放于西方設洗于阼階東南當東榮	邊勺爵柧觝几洗匪于房東堂下勺爵柧觝實于匪卒溉選豆邊與匪于房中枋于西方●設洗于作階東南當東榮	
5	8	羹定雍人陳鼎五三鼎在羊鑊之西二鼎	●熿鄭雍人陳鼎□三鼎在羊灌之西二鼎	濩: 고문 灌
	9	在豕鑊之西司馬升羊右胖髀不升肩臂臑膊骼正脊一脡脊一橫脊一短脅一正臄一代脅一皆二骨以竝腸三胃三舉肺一祭肺三實于一鼎司士升豕	在豕灌之西司馬升羊右辨脾不升肩臂臑肫胳正脊一脡脊一衡脊一短脅一正脊一伐脅一皆二骨以竮腸三胃三舉肺一祭肺三實于一鼎●司士升豕	胖: 고문 辯 髀: 고문 脾 併: 고문 竝
	10	右胖髀不升肩臂臑膊骼正脊一脡脊一橫脊一短脅一正臄一代脅一皆二骨以竝舉肺一祭肺三實于一鼎雍人倫膚九實于一鼎司士又升魚腊魚十有五而	右辨脾不升肩臂臑肫胳正脊一脡脊一衡脊一短脅一正脊一伐脅一皆二骨以竮舉肺一祭肺三實于一鼎●雍人論膚九實于一鼎●司士有升魚腊魚十有五而	論: 고문 倫
	11	鼎腊一純而鼎腊用麋卒香皆設扃鼏乃舉陳鼎于廟門之外東方北面北上司宮尊兩甒于房戶之間同棜皆有冪甒有玄酒司宮設罍水于洗東有枓	鼎腊一肫而鼎腊用麋卒香皆設扃密乃舉陳鼎于廟門之外東方北面北上●司宮尊兩廡于房戶之閒同棜皆有幕廡有玄酒●司宮設罍水于洗東有枓	鼏: 고문 密 甒: 고문 廡 冪: 고문 幕
	12	設篚于洗西南肆改饌豆邊于房中南面如饋之設實豆邊之實小祝設槃匜與簞巾于西階東	執匪于洗西南肆●改選豆邊于房中南面如餽之設實豆邊□實小祝設般鈀與匡巾于西階東	
6	12	主人朝服卽位于阼階東西面司宮筵于奧祝設几	●主人朝服卽位于作階東西面司宮延于匲祝設几	
	13	于筵上右之主人出迎鼎除鼏士盥舉鼎主人先入司宮取二勺于篚洗之兼執以升乃啓二尊之蓋冪奠于棜上加二勺于二尊覆之南柄鼎序入雍正執	于延上右之●主人出迎鼎除密士浣舉鼎主人先入●司宮取二勺于匪洗之兼□以升乃刱二尊之蓋幕鄭于棜上加二勺于二尊覆之南柄鼎徐入雍正執	柄: 고문 枋 開: 고문 啓
	14	一匕以從雍府執四匕以從司士合執二俎以從司士贊者二人皆合執二俎以相從入陳鼎于東方當序南于洗西皆西面北上膚爲下匕皆加于鼎東枋俎皆設于鼎	一朼以從雍府執四朼以從司士合執二俎以相從入陳鼎于東方當序南于洗西皆西面北上膚爲下朼皆加于鼎東柄俎皆執于鼎	朼: 고문 匕 柄: 고문 枋

	15	西西肆肵俎在羊俎之北亦西肆宗人遣賓就主人皆盥于洗長枕佐食上利升牢心舌載于肵俎心皆安下切上午割勿沒其載于肵俎末在上舌皆切本末亦午割	西西肂甄俎在羊俎之北亦西肂●宗人遣賓就主人皆浣于洗長出佐食上私升牢心舌載于甄俎心皆安下刉上午割勿沒□載于甄□末在上舌皆刉本末亦午割	出: 匕의 오자 私: 오자 刉: 고문 切
	16	勿沒其載于肵橫之皆如初爲之于霥也佐食遷肵俎于阼階西西縮乃反佐食二人上利升羊載右胖髀不升肩臂臑膞骼正脊一脡脊一橫脊一短脅一正	勿沒其載于甄衡之皆□初爲之于熨□佐食遷甄俎于作階西西撇乃反●佐食二人上利升羊□右辨脾不升肩臂臑肶胳正脊一脡脊一衡脊一短脅一正	
	17	脅一代脅一皆二骨以竝腸三胃三長皆及俎拒舉肺一長終肺祭肺三皆切肩臂臑膞骼在兩端脊脅肺肩在上下利升豕其載如羊無腸胃體其載于俎皆進下司士三人升魚腊膚魚	脅一伐脅一皆二骨以弁腸三胃三長皆及相椐舉肺一長終肺祭肺三皆刉□臂臑肶胳在兩端脊脅肺肩在上●下利升豕其載如羊無腸胃體其在于俎皆進下司士三人升魚腊膚魚	
	18	用鮒十有五而俎縮載右首進腴腊一純而俎亦進下肩在上膚九而俎亦橫載革順	用鮒十有五而相撇載右首進腴腊一肶而相亦進下肩在上膚九而相亦衡載革順	
7	18	卒香祝盥于洗升自西階主人盥升自阼祝先入南面主人從戶內西面	卒香●祝浣于洗升自西階主人浣升自作●階祝先入南面主人從戶內西面	
	19	主婦被錫衣移袂薦自東房韭菹醓醢坐奠于筵前主婦贊者一人亦被錫衣移袂執葵菹蠃醢以授主婦主婦不興遂受陪設于東韭菹在南葵菹在北主婦興入于房佐食上利執	●主婦被錫衣移袂薦自東房韭菹湛醢坐鄭于延前□婦贊者一人亦被錫衣移袂執葵菹□醢以受主婦主婦不興遂受伓設于東韭菹在南葵菹在北主婦興入于房佐食上利執	蝸: 고문 蠃 緆: 고문 錫·沈, 湛: 고음 통용
	20	羊俎下利執豕俎司士三人執魚腊膚俎序升自西階相從入設俎羊在豆東豕亞其北魚在羊東腊在豕東特膚當俎北端主婦自東房執一金敦黍有蓋坐設于羊俎之	羊俎下利執豕俎司士三人執魚腊膚相徐升自西階相從入設俎羊在豆東豕惡其北魚在羊東腊在豕東直膚當俎北端●主婦自東房執一金敦黍有蓋坐設于羊俎之	
	21	南婦贊者執敦稷以授主婦主婦興受坐設于魚俎南又興受贊者敦黍坐設于稷南又興受贊者敦坐設于黍南敦皆南首主婦興入于房祝酌奠遂命佐食	南婦贊者執敦稷以授主婦主婦興受坐設于魚俎南有興受贊者敦黍坐設于稷南有興受贊者□稷坐設于黍南敦皆南首主婦□入于房●祝酌鄭遂命佐食	
	22	啓會佐食啓會蓋二以重設于敦南主人西面祝在左主人再拜稽首祝祝曰孝孫某敢用柔毛剛鬣嘉薦普淖用薦歲事于皇祖伯某以某妃配某氏尚饗主人又再拜	刱會佐食刱會□二以重設于敦南主人西面祝在左主人再拜稽首祝■祝祝曰孝孫某敢用柔毛剛腸嘉薦薄淖用薦歲事于皇祖伯某以其肥肥某是尚饔主人有再拜	腸: 臘

	23	稽首	稽首	
8	23	祝出迎尸于廟門之外主人降立于阼階東西面祝先入門右尸入門左宗人奉槃東面于庭南一宗人奉匜水西面于槃東一宗人奉簞巾南面于槃北乃	●祝出迎尸于廟門之外主人降立于作階東西面祝先入門右尸入門左宗人奉般東面于庭南一宗人奉鉇水西面于般東一宗人奉匰巾南面于般北乃	
	24	沃尸盥于槃上卒盥坐奠簞取巾興振之三以授尸坐取簞興以受尸巾祝延尸尸升自西階入祝從主人升自阼階祝先入主人從尸升筵祝主人西面立于戶內祝在左祝主人皆拜妥尸尸不言	[沃尸盥于槃上卒盥坐奠簞取巾振之三以授尸坐取簞興以受尸巾祝延尸尸升自西階入祝從主人升自阼階祝先入主人從尸升筵祝主人西面立于戶內祝在左祝主人皆拜妥尸尸不言]	缺
	25	尸荅拜遂坐祝反□南面	尸合拜遂坐祝反一南面	
9	25	尸取韭菹辯擩于三豆祭于豆間上佐食取黍稷于四敦下佐食取牢一切肺于俎以授上佐食上佐食兼與黍以授尸尸受同祭于豆祭上佐食舉尸牢肺正	尸取韭菹辨擩于三豆祭于豆閒上佐食取黍稷于四敦下佐食取牢一刌肺于柤以授上佐食上佐食兼與黍以授尸尸受同祭于豆祭上佐食舉尸牢肺正	徧: 고문 辯
	26	脊以授尸上佐食爾上敦黍于筵上右之主人羞肵俎升自阼階置于膚北上佐食羞兩鉶取一羊鉶于房中坐設于韭菹之南下佐食又取一豕鉶于房中以從上佐食受坐設于羊鉶之南皆芼皆	脊以授尸□佐食壐上敦黍于延上右之●主人羞甄□升自作階置于膚北●上佐食羞兩刑取一羊刑于房中坐設于韭菹之南●下佐食有取一豕刑于房中以從上佐食受坐執于羊刑之南皆芼皆	
	27	有柶尸扱以柶祭羊鉶遂以祭豕鉶嘗羊鉶食舉三飯上佐食舉尸牢幹尸受振祭嚌之佐食受加于肵上佐食羞胾兩瓦豆有醢亦用瓦豆設于薦豆之北尸又食食胾上	有柶尸投以柶祭羊刑遂以祭豕刑嘗羊刑食舉三飯上佐食舉尸牢乾尸受振祭嚌之佐食受加于甄上佐食羞胾兩瓦豆有醬亦用瓦豆設于薦豆之北尸有食食胾上	投: 오자 幹: 고문 肝
	28	佐食舉尸一魚尸受振祭嚌之佐食受加于肵橫之又食上佐食舉尸腊肩尸受振祭嚌之上佐食加于肵又食上佐食舉尸牢骼如初又食尸告飽祝西面于主人之南獨侑不拜	佐食舉尸一魚尸受振祭嚌之佐食受加于甄衡之有食上佐食舉尸腊肩尸受振祭嚌之□□受加于甄有食上佐食舉尸牢胳如初有食尸告飽祝西面于主人□南屬侑不拜	
	29	侑曰皇尸未實侑尸又食上佐食舉尸牢肩尸受振祭嚌之佐食受加于肵尸不飯告飽祝西面于主人之南主人不言拜侑尸又三飯上佐食受尸牢肺正脊加于肵	侑曰皇尸未實或尸有食上佐食舉尸牢肩尸受振祭嚌之佐食受加于甄尸不飯告飽祝西面于主人之南主人不言拜侑尸□三飯上佐食受尸牢肺□脊加于甄	
10	30	主人降洗爵升北面酌酒乃酳尸尸拜受主人拜送尸祭酒啐酒賓長羞牢肝用俎縮執俎肝亦縮進末鹽在右尸左執爵右兼取肝擩于俎鹽振祭嚌之	●主人降洗爵升北面酌酒乃酳尸尸拜受主人拜送尸祭酒啐酒賓長羞牢肝用柤摵執柤肝亦摵進末鹽在右尸左執爵右兼取肝擩于柤鹽振祭嚌之	酳: 고문 酌 縮: 고문 蹙

	31	加于菹豆卒爵主人拜祝受尸爵尸**答**拜	加于菹豆卒爵主人拜祝受尸爵尸**合**拜	
11	31	祝酌授尸**尸醋主人**主人拜受爵尸**答**拜主人西面**奠**爵**又**拜上佐食取四敦黍稷下佐食取牢一**切**肺以授上佐食上	祝酌授尸□□□□主人拜受爵尸合拜主人西面**鄭**爵**有**拜上佐食取四敦黍稷下佐食取牢一**刉**肺以授上佐食上	
	32	佐食□□□以**綏**祭主人左執爵右受佐食坐祭之**又**祭酒不興遂啐酒祝與二食皆出**盟**于洗二佐食各取黍于一敦上佐食兼受搏之以授尸尸執以命祝卒命祝祝受以東北面于戶	佐食**上佐食**以**纁**祭主人左執爵右受佐食坐祭之**有**祭酒不興遂啐酒祝與二食皆出**浣**于洗二佐食各取黍于一敦上佐食兼受搏之以授尸尸執以命祝卒命祝祝受以東北面于戶	上佐食: 誤重
	33	西以**嘏**于主人曰皇尸命工祝承致多福無**疆**于女孝孫來女孝孫使女受祿于天宜稼于田**眉**壽萬年勿**替**引之主人坐**奠**爵興再拜稽首興受黍坐振祭嚌之詩**懷**之實于	西以**假**于主人曰皇尸命工祝承致多福無**疆**于女孝孫來女孝孫使女受祿于天宜稼于田**生**壽萬年勿**瑟**引之主人坐**鄭**爵興再拜稽首興受黍坐振祭嚌之詩**壞**之實于	**嘏**: 고문 格**眉**: 고문 微, **藥**
	34	左袂**挂**于季指執爵以興坐卒爵執**爵**以興坐**奠**爵拜尸**答**拜執爵以興出宰夫以**邊**受嗇黍主人嘗之納諸內	左袂**卦**于季指執爵以興坐卒爵執□以興坐**鄭**爵拜尸**合**拜執爵以興出宰夫以**邊**受嗇黍主人嘗之納諸內	**挂**: 고문 卦
12	34	主人獻祝設席南面祝**拜**于席上坐受主人西面**答**拜	●主人獻祝設席南面祝**再**于席上坐受主人西面**合**拜	**再**: 오자
	35	薦兩豆菹醢佐食設俎牢**髀**橫脊一短脅一腸一胃一膚三魚**一橫**之腊兩**髀**屬于尻祝取菹**擩**于醢祭于豆**間**祝祭俎祭酒啐酒肝牢從祝**取肝擩**于鹽振祭嚌之不興加于俎卒爵	薦兩豆菹醢佐食設俎牢□**衡**脊□短脅□腸一胃一膚三魚一**衡**之腊**兩脾**屬于尻祝取菹**擩**于醢祭于**豆閒**祝祭俎祭酒啐酒牢從祝**受**□**擩**于鹽振祭嚌之不興加于俎卒爵	
	36	興	興	
13	36	主人酌獻**上佐食上佐食**戶內牖東北面坐受爵主人西面**答**拜佐食祭酒卒爵**拜**坐授爵興俎設于兩階**之間**其俎折一膚主人**又**獻下佐食亦如之其脊亦設于階**間**西上亦折	●主人酌獻□佐食□佐食戶內牖東北面拜坐受爵主人西面**合**拜佐食祭酒卒爵□坐授爵興俎設于兩階**之閒**其俎折一膚主人**有**獻下佐食亦如之其脊亦設于階**閒**西上亦折	
	37	一膚	一膚	
14	37	有司贊者取爵于**筐**以升□授**主**婦贊者于房戶婦贊者受以授主婦主婦洗于房中出酌入戶西面拜獻尸尸拜受主婦主人之北西面拜送爵尸祭酒卒爵主婦拜祝受尸	●有司贊者取爵于**匡**以升**以**授□婦贊者于房戶婦贊者受以授主婦主婦洗于房中出酌入戶西面拜獻尸尸拜受主婦主人之北西面拜送爵尸祭酒卒爵主婦拜祝受尸	

	38	爵尸答拜	爵尸合拜	
15	38	易爵洗酌授尸主婦拜受爵尸**答**拜上佐食**綏**祭主婦西面于主人之北受祭祭之其**綏**祭如主人之禮不**嘏**卒爵拜尸**答**拜	●易爵洗酌授尸●主婦拜受爵尸**合**拜上佐食**繚**祭主婦西面于主人之北受祭祭之其**繚**祭如主人之禮不**假**卒爵拜尸**合**拜	綏: 授의 오자
16	38	主婦以爵出贊者受易爵于**篚**以授主婦于	主婦以爵出贊者受易爵于**匪**以授主婦于	
	39	房中主婦洗酌獻祝祝拜坐受**爵**主婦**答**拜于主人之北卒爵不興坐授主婦	房中●主婦洗酌獻祝祝拜坐受□主婦**合**拜于主人之北卒爵不興坐授主婦	
17	39	主婦受酌獻上佐食于戶內佐食北面拜坐受爵主婦西面**答**拜祭酒卒爵坐授主婦主婦獻下佐食亦如	主婦受酌獻上佐食于戶內佐食北面拜坐受爵主婦西面**合**拜祭酒卒爵坐授主婦主婦獻下佐食亦如	
	40	之主婦受爵以入于房	之主婦受爵以入于房	
18	40	賓長洗爵獻于尸尸拜受爵賓戶西北面拜送爵尸祭酒卒爵拜祝受尸爵尸尸**答**拜	●賓長洗爵獻于尸尸拜受爵賓戶西北面拜送爵尸祭酒卒爵拜祝受尸爵尸尸**合**拜	
19	40	祝酌授尸賓拜受尸尸送爵賓坐**奠**爵	祝酌授尸賓拜受尸尸送爵賓坐**鄭**爵	
	41	遂拜執爵以興坐祭遂飲卒爵執爵以興坐**奠**爵拜尸**答**拜	遂拜執爵以興坐祭遂飲卒爵執爵以興坐**鄭**爵拜尸**合**拜	
20	41	賓酌獻祝祝拜坐受爵賓北面**答**拜祝祭酒啐酒**奠**爵于其**篚**前	●賓酌獻祝祝拜坐受爵賓北面**合**拜祝祭酒啐酒**鄭**爵于其**延**前	
21	42	主人出立于**阼**階上西面祝出立于西階上東面祝告曰利成祝入尸**謖**主人降立于**阼**階東西面祝先尸從遂出**于廟**門	●主人出立于**作**階上西面祝出立于西階上東面祝告曰利成祝入尸**休**●主人降立于**作**階東西面祝先尸從遂出□**廟**門	謖: 고문 休
22	42	●祝反復位于室中主人亦入于室復位祝命佐食	●祝反復位于室中主人亦入于室復位祝命佐食	
	43	徹**肵**俎降設于堂下**阼**階南司宮設對席乃四**人蓑**上佐食**盥**升下佐食對之賓長二人備司**士**進一敦黍于上佐食**又**進一敦黍于下佐食皆右之于席	徹**甄**俎降**執**于堂下**作**階南●司宮設對席乃四□**饌**上佐食**浣**升下佐食對之賓長二人備司**士**進一敦黍于上佐食**有**進一敦黍于下佐食皆右之于席	

44	上資黍于羊俎兩端兩下是鼕司士乃辯舉鼕者皆祭黍祭舉主人西面三拜鼕者鼕者奠舉于俎皆答拜皆反取舉司士進一鉶于上鼕又進一鉶于次鼕又	上資黍于羊俎兩端兩下是飯司士乃辨舉饌者皆祭黍祭舉主人西面三拜饌者饌者鄭舉于俎皆合拜皆反取舉司士進下刑于上饌有進一刑于次饌有	齋: 고문 資
45	進二豆濟于兩下乃皆食食舉卒食主人洗一爵升酳以授上鼕贊者洗三爵酳主人受于戶內以授次鼕若是以辯皆不拜受主人西面三拜鼕	進二豆汁于兩下乃皆食食舉卒食●主人洗一爵升酳以授上饌贊者洗三爵酳主人受于戶內以授次饌若是以辨皆不拜受爵主人西面三拜饌	
46	者鼕者奠爵皆答拜皆祭酒卒爵奠爵皆拜主人答壹拜鼕者三人興出上鼕止主人受上鼕爵酳以醋于戶內西面坐奠爵拜上鼕答拜坐祭酒啐酒上鼕親嘏	[者饌者奠爵皆荅拜皆祭酒卒爵奠爵皆拜主人荅壹拜饌者三人興出上止主人受上饌爵酳以酢于戶內西面坐奠爵拜上饌荅拜坐祭酒啐酒上饌親嘏]	缺
47	日主人受祭之福胡壽保建家室主人興坐奠爵拜執爵以興坐卒爵拜上鼕答拜上餕興出主人送乃退	日主人受祭之福胡壽葆建家室主人興坐鄭爵拜執爵以興坐卒爵拜上饌合拜上饋興出主人送乃退	

()의 글자 : 마모되어 보이지 않는 글자
[]의 글자 : 죽편이 결락되어 없는 글자
□ : 저본이나 한간본에 없는 글자의 공란을 표시
비고 : 古文은 정현의 주에 근거함

〈유사철〉

장절	죽편	저본	무위한간본	비고
1	1	有司徹**埽**堂司宮**攝**酒乃**焌**尸俎卒**焌**乃升羊豕魚三鼎無腊與膚乃設扃**鼏**陳鼎于門外如初乃**議侑**于賓以異姓宗人戒**侑侑**出**俟**于**廟**門之外	有司徹**搔**堂司宮**轟**酒乃**深**尸俎卒**深**乃升羊豕魚三鼎無腊與膚乃設扃**密**陳鼎于門外如初乃**義或**于賓以異姓宗人戒**或**[**或出俟**]于廟門之外	轟: 고문 攝 焌: 고문 尋 鼏: 고문 密 侑: 고문 宥
2	1	司宮**筵**	司宮**延**	
	2	于戶西南面**又筵**于西序東面尸與**侑**北面于廟門之外西上主人出迎宗**人**擯主人拜尸**答**拜主人又拜**侑侑**答拜主人揖先入門右尸入**門**左**侑**從亦	于戶西南面**以延**于西序東面尸與**或**北面于廟門之外西上主人出迎尸宗[**人**]擯主人拜**莟**拜主人又拜**或或莟**拜主人揖先入門右尸入[**門**]左**或**從[**亦**]	
	3	左揖乃**讓**主人先升自阼階尸**侑**升自西階西楹西北面東上主人東楹東北面拜至尸**答**拜主人又拜**侑侑**答拜	左揖乃**攘**主人先升自阼階尸**或**升自西階西楹西北面東上主人東楹東北面拜至尸**莟**拜主人又拜**或或莟**拜	
3	3	乃**舉**司馬**舉**羊鼎司士**舉**豕鼎**舉**魚鼎以入	乃**舉**司馬**舉**羊鼎司士**舉**豕鼎□魚鼎以入	
	4	陳鼎如初**雍**正執一匕以從**雍**府執二匕以從司士合執二俎以從司士贊者亦合執二俎以從匕皆加于鼎東枋二俎設于羊鼎西西**縮**二俎皆設于二鼎	陳鼎如初**廱**正執一匕以從**廱**府執二匕以從司士合執二俎以從司士贊者亦合執二俎以從匕皆加于鼎東枋二俎設于羊鼎西西**宿**二俎皆設于二鼎	雍: 廱 縮: 고문 蹙
	5	西亦西**縮雍**人合執二俎陳于羊俎西**竝**皆西**縮**覆二**疏**匕于其上皆**縮**組西枋	西亦西**宿廱**人合執二俎陳于羊俎西**并**皆西**宿**覆二**疏**匕于其上皆**宿**組西枋	竝: 고문 倂
4	5	主人降受宰几**侑**降主人**辭**尸對宰授几主人受二手**橫**執几揖尸主人	主人降受宰几**或**降主人**辤**尸對宰授几主人受二手**衡**執几揖尸主人	
	6	升尸**侑**升復**位**主人西面左手執几**縮**之以右袂推拂几三二手**橫**執几進授尸于**筵**前尸進二手受**于**手**閒**主人退還几**縮**之右手執外廉北面**奠**于**筵**上	升尸**或**升復位主人西面左手執**凡宿**之以右袂推拂几三二手**衡**執几進授尸于**延**前尸進二手受□手**閒**主人退尸**償**几**宿**之右手執外廉北面**壞**于**延**上	凡: 오자

7	左之南**縮**不坐主人**東**楹東北面拜尸復位**尸**與**侑**皆北面**答**拜主人降洗尸**侑**降尸**辭**洗主人對卒洗揖主人升尸**侑**升西楹西北面拜洗主人東**楹東**北面	左之南**宿**不坐主人□楹東北面拜尸復位□與**或**皆北面**苔**拜主人降洗尸**或**降尸**辤**洗主人對卒洗揖主人升尸**或**升尸西楹西北面拜洗主人東[**楹東**]北面	
8	**奠**爵**答**拜降**盥**尸**侑**降主人**辭**尸對卒**盥**主人揖升**侑**升主人坐取爵酌獻尸尸北面拜受爵主人東**楹**東北面拜送爵主婦自東房**薦**韭菹**醓**坐**奠**于**筵**	**鄭**爵**苔**拜降**涫**尸**或**降主人**竷**尸對卒**涫**主人揖升**或**升主人坐取爵酌獻尸尸北面拜受爵主人東**楹**東北面拜送爵主婦自東房**薦**韭菹**醓**坐**壇**于**筵**	
9	前**菹**在西方婦贊者執昌菹**醓**以授主婦主婦不興受**陪**設于南昌在東方興取**籩**于房**糗**賁坐設于豆西當外列**糗**在東方婦贊者執白黑以授主婦主婦	前**菹**在西方婦贊者執昌菹**醓**以授主婦主婦不興受**伓**設于南昌在東方興取**邊**于房**糗**賁坐設于豆西當外列**糗**在東方婦贊者執白黑以授主婦主婦	
10	不興受設于初**籩**之南白**在**西方興退乃升司馬**朴**羊**亦**司馬載載右**體**肩**臂**肫**骼臑**正**脊**一脡**脊**一橫脊一短**脅**一正**脅**一**代脅**一腸一胃一祭肺一**載于一俎**羊肉**渧**臑	不興受設于初**邊**之南白□西方興退●乃升司馬**匕**羊[**亦司**]馬載載右**體**肩**辟**肫**骼臑**正**脂一脡**脂**一衡**脂**一短**脇**一正**脇**一**伐脇**一腸一胃一祭肺一[**載于一俎**]羊肉**汁**臑	汁: 고문 淯
11	折正**脊**一正**脅**一腸一胃一**嚌**肺一載于南俎司**土枇**豕**亦**司土載**亦**右**體**肩**臂**肫**骼臑**正脊一脡**脊**一橫脊一短**脅**一正**脅**一**代脅**一膚五**嚌**肺一載于一俎	折正**脂**一正**脇**一腸一胃一**嚌**肺一載于南俎司**土匕**豕**亦**司**土**載**亦**右**體**肩**辟**肫**骼臑**正脊一脡**脂**一衡**脂**一短**脇**一正**脇**一**代脇**一膚五**嚌**肺一載于一俎	
12	**侑**俎羊**左**肩左肫正**脊一脅**一腸一胃一切肺一載于一俎**侑俎**豕**左**肩折正**脊一脅**一膚三切肺一載于一俎阼俎羊肺一祭肺一載于一俎羊肉**渧臂一脊**	●**或**俎羊**在**肩左肫正**脂一脇**一腸一胃一切肺一載于一俎**或**豕俎**左**肩折正**脂**一**脇**一膚三**嚌**肺一載于一俎阼俎羊肺一祭肺一載于一俎羊肉**汁辟**□**膊**	
13	一**脅**一腸一胃一**嚌**肺一載于一俎豕**脊臂一脊一脅**一膚三**嚌**肺一載于一俎主婦俎羊左臑**脊一脅**一腸一胃一膚一**嚌**羊肺一載于一俎司**土**□**枇**魚**亦**	一**脇**一腸一胃一**嚌**肺一載于一俎豕**升辟一脂一脇**一膚三**嚌**肺一載于一俎●主婦俎羊左臑**脂一脇**一腸一胃一膚一**嚌**羊肺一載于一俎司**土一匕**魚**亦**	
14	司**土**載尸俎五魚**橫**載**之侑**主人皆一魚**亦橫**載**之**皆加**膴**祭于其上卒升賓長設羊俎于豆南賓降尸升**筵**自西方坐左執爵右取韭**菹揳**于三豆祭于豆	司**土**載尸俎五魚**衡**載**之或**主人皆一魚亦**衡**載**之**皆加**膴**祭于其上卒升●賓長設羊俎于豆南賓降尸升**延**自西方坐左執爵右取韭**俎擩**于三豆祭于豆	

15	間尸取韲菹宰夫贊者取白黑以授尸尸受兼祭于豆祭雍人授次賓疏匕與俎受于鼎西左手執俎左廉縮之卻右手執匕枋縮于俎上以東面受于羊鼎之	間尸取韲菹宰夫贊者取白黑以授尸尸受兼祭于豆祭●雍人授次賓疎匕與俎受于鼎西左手執俎左廉宿□卻右手執匕枋宿于俎上以東面受于羊鼎之	
16	西司馬在羊鼎之東二手執桃匕枋以挹渣注于疏若是者三尸興左執爵右取肺坐祭之祭酒興左執縮執匕俎以升若是以授尸尸卻手受匕枋坐祭嚌	西司馬在羊鼎之東二手執桃匕枋□扱汁注于疎杕荅是□三尸興左執爵□取肺坐祭之祭酒興左執爵次賓宿□杕俎以升如是以授尸尸却手受杕枋坐祭嚌	答: 오자
17	之興覆手以授賓賓亦覆手以受縮匕于俎上以降尸席末坐啐酒興坐奠爵拜告旨執爵以興主人北面于東楹東答拜司馬羞羊肉渣縮執俎尸坐奠爵	之興復手以授賓賓亦復手以受宿杕于俎上以降尸席來坐啐酒興坐壜爵拜告指執爵以興主人北面于東楹東荅拜●司馬羞羊肉汁宿執俎尸坐壜爵	
18	興取肺坐絶祭嚌之興反加于俎司馬縮奠俎于羊渣俎南乃載于羊俎卒載俎縮執俎以降尸坐執爵以興次賓羞羊燔縮執俎縮一燔于俎上鹽在右尸左執爵	興取肺坐絶祭嚌之興反□于俎司馬宿壜俎于羊□俎南乃載于羊俎卒載□宿執俎以降尸坐執爵以興次賓羞羊燔宿執俎宿一燔于俎上鹽在右尸左執爵	
19	受燔挼于鹽坐振祭嚌之興加于羊俎賓縮執俎以降尸降筵北面于西楹西坐卒爵執爵以興坐奠爵拜執爵以興主人北面于東楹東答拜主人受爵尸	受燔擩于鹽坐振祭嚌之興加于羊俎賓宿執俎以降尸降延北面于西楹西坐卒爵執爵以興坐壜爵拜執爵以興主人北面于東楹東荅拜主人受爵尸	
20	升筵立于筵末□	升延立于延末几	
5	20	主人酌獻侑侑西楹西北面拜受爵主人在其右北面答拜主婦薦韭菹醓坐奠于筵前醓在南方婦贊者執二籩韲賈以授主婦主婦不興受之奠韲	主人酌獻或或西楹西北面拜受爵主人在其右北面答拜主婦薦韭菹醓坐□于延前醓在南方婦贊者執二邊韲賈□□□□主婦不興受之壜韲	
	21	于醓南韲在韲東主婦入于房侑升筵自北方司馬橫執羊俎以升設于豆東侑坐左執爵右取菹挼于醓祭于豆間又韲賈同祭于豆祭興左執爵右取肺	于醓南韲在韲東主婦入于房或升延自北方司馬衡執羊俎以升設于豆東或坐左執爵右取菹擩于醓祭于豆間又韲賈同祭于豆祭興左執爵□取肺	
	22	坐祭之祭酒興左執爵次賓羞羊燔如尸禮侑降筵自北方北面于西楹西坐卒爵執爵以興坐奠爵拜主人答拜	坐祭之祭酒興左執爵次賓羞羊燔如尸禮或降延自北方北面于西楹西坐卒爵執爵以興坐壜爵拜主人合拜	

6	22	尸受**侑**爵降洗**侑**降立于西階西東面	尸受**或**爵降洗**或**降立于西階西東面	
	23	主人降自**阼**階**辭**洗尸**坐奠**爵于**篚**興對卒洗主人升**尸升自西階主人**拜洗尸北面于西楹西坐**奠**爵**答**拜降**盥**主人降**辭**主人對卒**盥**主人升尸升坐取	主人降自**作**階**辥**洗尸**□壎**爵于**匪**興對卒洗主人升**[尸升自西階主人]**拜洗尸北面于西楹西坐**壎**爵**荅**拜降**浣**主人降尸**辥**主人對卒**湢**主人升尸升坐取	
	24	爵酳司宮設席于東序西面主人東楹東北面拜受爵尸西楹西北面**答**拜主婦薦韭菹**醢**坐**奠**于**筵**前菹在北方婦贊者執**二籩醴賷**主婦不興受設**醴**于菹西	爵酳司宮設席于東序西面主人東楹東北面拜受爵尸西楹西北面**荅**拜主婦薦韭菹**酳**坐**奠**于**延**前菹在北方婦贊者執**□醴賷**主婦不興受設**醴**于菹西	
	25	北**賷**在**醴**西主人升**筵**自北方主婦入于房長賓設羊俎于豆西主人坐左執爵祭豆**籩**如**侑**之祭興左執爵**右**取肺坐祭之祭酒興次賓羞**匕湆**如尸禮席末	北**賷**在**醴**西主人升**延**自北方主婦入于房長賓設羊俎于豆西主人坐左執爵祭豆**邊**如**或**之祭興左執爵**□**取肺坐祭之祭酒興次賓羞**匕汁**如尸禮席末	
	26	坐啐酒執爵以興司馬羞羊肉**湆縮**執俎主人坐**奠**爵于左興受肺坐祭嚌之興反加于**湆**俎司馬**縮奠湆**俎于**羊**俎西乃載之卒載**縮**執虛俎以降主人坐	坐啐酒執爵以興司馬羞羊肉**汁宿**執俎主人坐**壎**爵于左興受肺坐祭嚌之興反加于**汁**俎司馬**宿壎汁**俎于**□**俎西乃載之卒載**宿**執虛俎以降主人坐	
	27	取爵**以**興次賓羞燔主人受如尸禮主人降**筵**自**北方**北面于**阼**階上坐卒爵執爵**以**興尸西楹西**答**拜主人坐**奠**爵于東序南**侑**升尸**侑**皆北面	取爵**□**興次賓羞燔主人受如尸禮主人降**延**自**□□**北面于**□**階上坐卒爵執爵以興坐**壎**爵拜執爵以興尸西楹西**荅**拜主人坐**壎**爵于東序南**或**升尸**或**皆北面	
	28	于西楹西主人北面于東楹**東**再拜崇酒尸**侑**皆**答**再拜主人及尸**侑**皆**升**就**筵**	于西楹西主人北面于東楹**[東]**再拜崇酒尸**或**皆**荅**再拜主人及尸**或**皆就**延**	
7	28	司宮取爵于**篚**以授婦贊者于**房東以授主婦**主婦洗于房中出實爵**尊南西**	司宮取爵于**匪**以授婦贊者于**[房東以授主婦]**主婦洗于**房中出實爵[尊南西]**	
	29	面拜獻尸尸拜于**筵**上受主婦西面于主人**之**席北拜送爵入于房取一羊**鉶**坐**奠**于韭菹西**主**婦贊者執豕**鉶**以從主婦不興受設于羊**鉶**之西興入于房取**糗**	面拜獻尸尸拜于**延**上受主婦西面于主人**□**席北拜送爵入于房取一羊**刑**坐**鄭**于韭菹西**□**婦贊者執豕**刑**以從主婦不興受設于羊**刑**之西興入于房取**臬**	

	30	與骰脩執以出坐設之糦在豑西脩在白西興立于主人席北西面尸坐左執爵祭糦脩同祭于豆祭以羊鉶之柄挹羊鉶遂以挹豕鉶祭于豆祭祭酒次賓	與段脩執以出坐設之稾在豑西脩在白西興立于主人席北西面尸坐左執爵祭稾脩同祭于豆祭以羊刑之柄扱羊刑遂以扱豕[刑祭于豆祭]酒次賓	斷: 고문 殷
	31	羞豕匕渞如羊匕渞之禮尸坐啐酒左執爵嘗上鉶執爵以興坐奠爵拜主婦荅拜執爵以興司士羞豕膮尸坐奠爵興受如羊肉渞之禮坐取爵興次賓羞豕膮尸	羞豕□汁如羊□汁之禮□坐啐酒左執爵嘗上刑執爵以興坐壙爵拜主婦荅拜執爵以興司士羞豕升尸坐壙爵興受如羊肉汁之禮坐取爵興次賓羞豕膮尸	
	32	左執爵受膮如羊膮之禮坐卒爵拜主婦荅拜	左執爵受膮如羊□禮坐卒爵拜主婦荅拜	
8	32	受酌獻侑侑拜受爵主婦主人之北西面荅拜主婦羞糦脩坐奠糦于韲南脩在豑南侑坐左執爵取糦脩兼祭于豆祭司士縮執豕膮	受酌爵□□□□□主婦主人之□□□荅拜主婦羞稾脩坐壙稾于禮南脩在豑南或坐左執爵取稾脩兼祭于豆祭司士宿□豕升	
	33	以升侑興取肺坐祭之司士縮奠豕膮于羊俎之東載於羊俎卒□乃縮執俎以降侑興次賓羞豕膮侑受如尸禮坐卒爵拜主婦荅拜	以升或興取肺坐祭之司士宿壙豕升于羊俎之東載于羊俎卒載乃宿執俎以降或興次賓羞豕膮或受如尸禮坐卒爵拜主婦荅拜	
9	33	受爵酌以致于主人主	受爵酌以致□主人主	
	34	人筵上拜受爵主婦北面于阼階上荅拜主婦設二鉶與糦脩如尸禮主人其祭糦脩祭鉶祭酒受豕匕渞啐酒皆如尸禮嘗鉶不拜其受豕膮受豕膮亦如	人延上拜受爵主婦北面于阼階上荅拜主婦設二刑與稾脩如尸禮主人其祭稾脩祭刑祭酒受豕匕汁啐酒皆如尸禮嘗刑不拜其受豕升受豕膮亦如	
	35	尸禮坐卒爵拜主婦北面荅拜受爵	尸禮坐卒爵拜主婦北面荅拜受爵	
10	35	尸降筵受主婦爵以降主人降侑降主婦入于房主人立于洗東北西面侑東面于西階西南尸易爵于筐盥洗爵主人	尸降延受主婦爵以降主人降或降主婦入于房主人立于洗東北□面或東面于西階西南尸易爵于匪涫洗爵主人	
	36	揖尸侑主人升尸升自西階侑從主人北面立于東楹東侑西楹西北面立尸酌主婦出于房西面拜受爵尸北面于侑東荅拜主婦入于房司宮設席于房	揖或主人升尸升自西階或從主人北面立于東楹東或西楹西北面立尸酌主婦出于房西面拜受爵尸北面于或東荅拜主婦入于房●司宮設席于房	
	37	中南面主婦立于席西婦贊者薦韭菹醓坐奠于筵前菹在西方婦人贊者執醴賣以授婦贊者婦贊者不興受設醴于菹西賣在醓南主婦升筵司馬設羊俎于豆南主婦	中南面□□□于席西婦贊者薦韭菹醓坐設于延前菹在西方婦人贊者執醴賣以授□□□婦贊者不興受設醴于菹西賣在醴南主婦升延司馬設羊俎于豆南主婦	

	38	坐左執爵右取菹**挼**于**醢**祭于豆**間又**取**韲菹**兼祭于豆祭主婦**奠**爵興取肺坐絶祭嚌之興加于俎坐挩手祭酒啐酒次賓羞羊燔主婦興受燔如主人之	坐左執爵右取菹**擩**于**酭**祭于豆**閒以**取**醴菹**兼祭于豆祭主婦**壇**爵興取肺坐絶祭嚌之興加于俎坐挩手祭酒啐酒次賓羞羊燔主婦興受燔如主人之	悅: 고문 說
	39	禮主婦執爵以出于房西面于主人席北立卒爵執爵拜尸西楹西北面**答**拜主婦入**立**于房尸主人及**侑**皆就**筵**	禮主婦執爵以出于房西面于主人席北立卒爵執爵拜尸西楹西北面**荅**拜主婦入□于尸主人及**或**皆就**延**	
11	39	上賓洗爵以升酌獻尸尸拜受爵賓西楹西	上賓洗爵以升酌獻尸尸拜受爵賓西楹西	
	40	北面拜送爵尸**奠**爵于**薦**左賓降	北面拜送爵尸**壇**爵于□左賓降	
12	40	主人**降**洗**觶**尸**侑**降主人**奠**爵于**篚辭**尸對卒洗揖尸升**侑**不升主人**實觶酬**尸東楹東北面坐**奠**爵拜尸西楹西**北面答**拜坐祭遂	●主人□洗**觚**尸**或**降主人**壇觚**于**匪辟**尸對卒洗揖尸升**或**不升主人**實觶州**尸東楹東北面坐**壇**爵拜尸西楹西□□**荅**拜坐祭遂	
	41	飲卒爵拜尸**答**拜降洗尸降**辭**主人**奠爵**于**篚**對卒洗主人升尸主人**實觶**尸拜受爵主人反位**答**拜尸北面坐**奠**爵于**薦**左	飲卒爵拜尸**荅**拜降洗尸降**辟**主人**壇觶**于**匪**對卒洗主人升尸主人**實觚**尸拜受爵主人反位**荅**拜尸北面坐**壇**爵于□左	
13	41	尸**侑**主人皆升**筵**乃羞宰夫羞	尸**或**主人皆升**延**乃羞宰夫羞	
	42	房中之羞于尸**侑**主人主婦皆右之司**土**羞庶羞**于侑**主人主婦皆左之	房中之羞于尸**或**主人主婦皆右之司**土**羞庶羞□尸**或**主人主婦皆左之	
14	42	主人降南面拜眾賓于門東三**拜**眾賓門東北面皆**答壹**拜主人洗爵長賓**辭**主人**奠**	●主人降南面拜眾賓于門東三□眾賓門東北面皆**荅壹**拜主人洗爵長賓**辟**主人**壇**	壹: 고문 一
	43	爵于**篚興**對卒洗升酌獻賓于西階上長賓升拜受爵主人在其右北面**答**拜宰夫自東房薦脯**醢醢**在西司士設俎于豆北羊**胳**一腸一胃一切肺一膚一賓	爵于**匪**□對卒洗升酌獻賓于西階上長賓升拜受爵主人在其右北面**荅**拜宰夫自東房薦脯**酭酭**在西司士設俎于豆北羊**胳**□腸一胃一切肺一膚一賓	胳: 고문 胳
	44	坐左執爵**右**取脯**挼**于**醢**祭之□執爵興取肺坐祭之祭酒遂飲卒爵執爵以興坐**奠**爵拜執爵以興主人**答**拜受爵賓坐取祭以降西面坐委于西階西南宰	坐左執爵□取脯**擩**于**酭**祭之**左**執爵興取肺坐祭之祭酒遂飲卒爵執爵以興坐**壇**爵拜執爵以興主人**荅**拜受爵賓坐取祭以降西面坐委于西階西南宰	
	45	**夫執薦以從設于祭東司士執俎以從設于薦東**	[**夫執薦以從設于祭東司士執俎以從設于薦東**]	缺

15	45	衆賓長升拜受爵主人荅拜坐祭飲卒爵不拜既爵宰夫贊主人酳若是以辯辯受爵其薦脯醢與脊設	[衆賓長升拜受爵主人荅拜坐祭飲卒爵不拜既爵]宰夫贊主人酳[若是以辯辯]受爵其薦脯醢與升設	
	46	于其位其位繼上賓而南皆東面其脊體儀也	[于其位其位繼上賓而南皆東面其脊體儀也]	
16	46	乃升長賓主人酌酢于長賓西階上北面賓在左主人坐奠爵拜執爵以興賓荅拜坐祭遂飲卒爵執爵以興	[乃升長賓主人酌酢于長賓西階上北面賓在左主人坐奠爵拜執爵以興賓荅拜坐祭遂飲卒爵執爵以興]	缺
	47	坐奠爵拜賓荅拜降	坐壿爵拜賓荅拜降	
17	47	宰夫洗觶以升主人受酳酬長賓于西階南北面賓在左主人坐奠爵拜賓荅拜坐祭遂飲卒爵拜賓荅拜主人洗賓辭主人坐奠	宰夫洗觚以升主人受酳降州長賓于西階南北面賓在左主人坐壿爵拜賓荅拜坐祭遂飲卒爵拜賓荅拜主人洗賓辤主人坐壿	爵: 고문 酌
	48	爵于篚口對卒洗升酳降復位賓拜受爵主人拜送爵賓西面坐奠爵于薦左	爵于匪興對卒洗升酳降復位賓拜受爵主人拜送爵賓西面坐壿爵于薦左	
18	48	主人洗升酳獻兄弟于阼階上兄弟之長升拜受爵主人在其右荅拜坐祭立	●主人洗升酳獻兄弟于阼階上兄弟之長升拜受爵主人在其右荅拜坐祭立	
	49	飲不拜既爵皆若是以辯辯受爵其位在洗東□西面北上升受爵其薦脊設于其位其先生之脊折脊一膚一其衆儀也	飲不拜既爵皆如是以辨辨受爵其位在洗東南西面北上升受爵其薦升設于其位其先生之升折脇一膚一其衆儀也	
19	49	主人洗獻內賓于房中南面拜受	主人洗獻內賓于房中南面拜受	
	50	爵主人南面于其右荅拜坐祭立飲不拜既爵若是以辯亦有薦脊	爵主人南面于其右荅拜坐祭立飲不拜既爵如是以辨亦有薦升	
20	50	主人降洗升獻私人于阼階上拜于下升受主人荅其長拜乃降坐祭立飲不拜既爵若	●主人降洗升獻私人于阼階上拜于下升受主人合其長拜乃降坐祭立飲不拜既爵如	
	51	是以辯宰夫贊主人酳主人于其群私人不答拜其位繼兄弟之南亦北上亦有薦脊主人就筵	[是以辯宰夫贊主人酳主人於其羣私人不荅拜其位繼兄弟之南亦北上亦有薦脊主人就筵]	缺
21	51	尸作三獻之爵司士羞湆魚縮執	[尸作三獻之爵司士羞湆魚縮執]	缺
	52	俎以升尸取膴祭祭之祭酒卒爵司士縮奠俎于羊俎南橫載于羊俎卒乃縮執俎以降尸奠爵拜三獻北面荅拜受爵酳獻侑侑拜受三獻北面荅拜司士	俎以升尸取膴祭祭之祭酒卒爵司士撮鄭俎于羊俎南衡載于羊俎卒乃撮執俎以降尸鄭爵拜三獻北面合拜受爵酳獻或或拜受三獻北面合拜司士	

	53	羞湆魚一如尸禮卒爵拜三獻答拜受爵酌致主人主人拜受爵三獻東楹東北面答拜司士羞一湆魚如尸禮卒爵拜三獻答拜受爵尸降筵受三獻爵酌以	羞汁魚一如尸禮卒爵拜三獻合拜受□酌致主人主人拜受□三獻東楹東北面合拜司士羞一汁魚如尸禮卒爵拜三獻合拜受爵尸降延受三獻爵酌以	
	54	酢之三獻西楹西北面拜受爵尸在其右以授之尸升筵南面答拜坐祭遂飲卒爵拜尸答拜執爵以降實于篚	昨之三獻西楹西北面拜受爵尸在其右以□□升延南面合拜坐祭遂飲卒爵拜尸合拜執爵以降實于匪	
22	54	二人洗觶升實爵西楹西北面東上坐奠爵拜	●二人洗觚升實爵西楹西北面東上坐鄭爵拜	
	55	執爵以興尸侑答拜坐祭遂飲卒爵執爵以興坐奠爵拜尸侑答拜皆降洗升酌反位尸侑皆拜受爵舉觶者皆拜送侑奠觶于右尸遂執觶以興北面于阼階上酬	執爵以興尸或合拜坐祭遂飲卒爵執□以興坐鄭爵拜尸或合拜皆降洗升酌反位尸或皆拜受爵舉觚者皆拜送或鄭觚于右●尸遂執觚以□北面于作階上州	
	56	主人主人在右坐奠爵拜主人答拜不祭立飲卒爵不拜既爵酌就于阼階上酬主人主人拜受爵尸拜送尸就筵主人以酬侑于西楹西侑在左坐奠爵拜	主人主人在右坐鄭爵拜主人合拜不祭立飲卒爵不拜既爵酌鄭于作階上州主人主人拜受□尸拜送尸就延●主人以州或于西楹西或在左坐鄭爵拜	
	57	執爵興侑答拜不祭立飲卒爵不拜既爵酌復位拜受主人拜送主人復筵乃升長賓侑酬之如主人之禮至于衆賓遂及兄弟亦如之皆飲于上遂及私	執爵興或合拜不祭立飲卒爵不拜既爵酌復位或受主人拜送主人復延乃升長賓或州之如主人之禮至于衆賓遂及兄弟亦如之皆飲于上遂及私	
	58	人拜受者升受下飲卒爵升酌以之其位相酬辯卒飲者實爵于篚乃羞庶羞于賓兄弟內賓及私人	人拜受者升受下飲卒爵升酌以之其位相州辨卒飲者實觚于匪乃羞庶羞于賓兄弟內賓及私人	
23	58	兄弟之後生者舉觶于其長洗升酌降北面立于阼階南	●兄弟之後生者舉爵于其長洗升酌降北面□于作階南	觶：고문 爵
	59	長在左坐奠爵拜執爵以興長答拜坐祭遂飲卒爵執爵以興坐奠爵拜執爵以興長答拜洗升酌降長拜受于其位舉爵者東面答拜爵止	長在左坐鄭爵拜執爵以興長合拜坐祭遂飲卒爵執爵以興坐鄭爵拜執爵以興長合拜洗升酌降拜受于其位舉爵者東面合拜爵止	
24	59	賓長獻于尸如	●賓長獻于尸如	
	60	初無湆爵不止	初無汁爵不止	
25	60	賓一人舉爵于尸如初亦遂之于下	●賓一人舉爵于尸如初亦遂之于下	
26	60	賓及兄弟交錯其酬皆遂及私人爵無筭	賓及兄弟交錯其州皆遂及私人爵無筭	

27	60	尸出侑從主人送于廟門之外拜尸不顧拜侑與長賓亦如之	●尸出或從主人送于廟門之外拜尸不顧拜或與長賓亦如之	
	61	衆賓從司士歸尸侑之俎主人退有司徹	衆賓從司士歸尸或之俎主人退有司徹	
28	61	若不賓尸則祝侑亦如之尸食乃盛俎臑臂肺脡脊橫脊短脅代脅皆牢魚七腊辯無髀卒盛乃擧牢肩尸受振	●若不賓尸則祝侑亦如之尸食乃盛俎臑臂肺脡脊衡脊短脅伐脅皆牢魚七腊辨無脾盛乃擧牢肩尸受振	髀: 고문 牌
	62	祭嚌之佐食受加于肵佐食取一俎于堂下以入奠于羊俎東乃擩于魚腊俎俎釋三个其餘皆取之實于一俎以出祝主人之魚腊取于是尸不飯告飽	祭齍之佐食受加于肵佐食取一俎于堂下以入鄭于羊俎東乃摭于魚腊俎俎舍三个其餘取之實于一俎以出祝主人之魚腊取于是尸不飯告飽	
	63	主人拜侑不言尸又三飯佐食受牢擧如儐	[主人拜侑不言尸又三飯佐食受牢擧如儐]	缺
29	63	主人洗酌酳尸賓羞肝皆如儐禮卒爵主人拜祝受尸爵尸答拜酌授尸以醋主人亦如儐其綏祭其嘏亦如儐其獻	[主人洗酌酳尸賓羞肝皆如儐禮卒爵主人拜祝受尸爵尸答拜酌授尸尸以醋主人亦如儐其綏祭其嘏亦如儐其獻]	缺
	64	祝與二佐食其位其薦脀皆如儐	祝與二佐食其位其薦脀皆如賓	
30	64	主婦其洗獻于尸亦如儐主婦反取籩于房中執棗糗坐設之棗在稷南糗在棗南婦贊者執栗脯主婦不興受設之栗在糗東脯在	●主婦其洗獻于尸亦如賓主婦販□籩于房中執棗糗坐執之棗在稷南糗在棗南婦贊者執栗脯主婦不興受執之栗在□□□□	
	65	棗東主婦興反位尸左執爵取棗糗祝取脯以授尸尸兼祭于豆祭酒啐酒次賓羞牢燔用俎鹽在右尸兼取燔擩于鹽振祭嚌之祝受加于肵卒爵主婦	棗東主婦興反位尸左執爵取棗糗祝取栗脯以授尸尸兼祭于豆祭酒啐酒次賓羞牢燔用俎監左右□兼取燔擩于監振祭齍之祝授加于肵卒爵主婦	
	66	拜祝受尸爵尸答拜祝易爵洗酌授尸以醋主婦主人之北□拜受爵尸答拜主婦反位又拜上佐食綏祭如儐卒爵拜尸答拜主婦獻祝其酌如儐拜坐受爵主婦主人	拜祝受尸爵□合拜祝易爵洗酌受尸□□□□●主婦主人□北面拜受爵尸合拜主婦反位侑拜上佐食繻祭如賓卒爵拜尸合拜主婦獻祝其酌如賓拜坐受爵主婦主人	酳: 고문 酢
	67	之北答拜宰夫薦棗糗坐設棗于菹西糗在棗南祝左執爵取棗糗祭于豆祭祭酒啐酒次賓羞燔如尸禮卒爵主婦受爵酌獻二佐食亦如儐主婦受爵以入于房	[之北荅拜宰夫薦棗糗坐設棗于菹西糗在棗南祝左執爵取棗糗祭于豆祭祭酒啐酒次賓羞燔如尸禮卒爵主人受爵酌獻二佐食亦如儐主婦受爵以入于房]	缺
31	68	賓長洗爵獻于尸尸拜受賓戶西面答拜爵止主婦洗于房中酌致于主人主人拜主婦戶西北面拜送爵司宮設席主婦薦韭菹醢坐設于席前菹在北方婦贊者	賓長洗爵獻□尸尸拜受賓戶西北面合拜爵止●主婦洗于房□酌致□主人主人拜受主婦戶西北面拜送爵司宮執席主婦薦韭菹醢坐執于席前菹在北方婦贊者	

	69	執棗糗以從主婦不興受設棗于菹北糗在棗西佐食設俎臂脊脅肺皆牢膚三魚一腊臂主人左執爵右取菹挩于醢祭于豆間遂祭籩奠爵興取牢肺坐絶	執棗糧以從主婦不興受執棗于菹北糧在棗西佐食執相臂脊脅肺皆牢膚三魚一腊臂主人□執爵右取菹擩于豆閒遂祭邊鄭興取牢肺坐絶	
	70	祭嚌之興加于俎坐挩手祭酒執爵以興坐卒爵拜主婦答拜受爵酌以醋戶內北面拜主人答拜卒爵拜主人答拜主婦以爵入于房尸作止爵祭酒卒爵	祭齋之興加于相坐挩手祭酒執爵以興坐卒爵拜主婦合拜受爵酌以作戶內北面拜主人合拜卒爵拜主人合拜主婦以爵入于房●尸作止爵祭酒卒爵	
	71	賓拜祝受爵尸答拜祝酌授尸賓拜受爵尸拜送坐祭遂飲卒爵拜尸答拜祝及二佐食洗致爵于主人主人席上拜受爵賓北面答拜坐祭遂飲卒爵拜賓	賓拜祝受爵尸合拜祝酌授尸賓拜受□尸拜送坐祭遂飲卒爵拜尸合拜●獻祝及二佐食洗致爵□主人主人席上拜受爵賓北面合拜坐祭遂飲卒爵拜賓	
	72	答拜受爵酌致爵于主婦主婦北堂司宮設席東面主婦席北東面拜受爵賓西面答拜婦贊者薦韭菹醢菹在南方婦人贊者執棗糗授婦贊者婦贊者不興受設棗于菹	合拜受爵酌致□于主婦主婦北堂司宮執席東面主婦席北東面拜受爵賓西面合拜婦贊者薦韭菹醢□在南方婦人贊者執棗糧□□□□婦贊者不興受執棗于菹	
	73	南糗在棗東佐食設俎于豆東羊臑豕折羊脊脅肺一膚一魚一腊臑主婦升筵坐左執爵右取菹挩于醢祭之祭籩奠爵興取肺坐絶祭嚌之興加于俎坐	南糧在棗東■佐食執相于豆東羊擩豕折羊脊脅肺一膚□魚一腊臑主婦升延坐左執爵右取菹擩于醢祭之祭邊鄭興取肺坐絶祭嚌之興加于相坐	
	74	挩手祭酒執爵興筵北東面立卒爵拜賓答拜賓受爵易爵于篚洗酌醋于主人戶西北面拜主人答拜卒爵拜主人答拜賓以爵降奠于篚乃羞宰夫羞房中	挩手祭酒執□興延北東面立卒爵拜賓荅拜賓受爵易爵于匪洗酌作于主人戶西北□拜主人荅拜卒爵拜主人荅拜賓以爵降實于匪乃羞宰夫羞房中	
	75	之羞司士羞庶羞于尸祝主人主婦內羞在右庶羞在左	之羞司士羞庶羞于尸祝主人主婦內羞在右庶羞在左	
32	75	主人降□拜衆賓洗獻衆賓其薦脀其位其酬醋皆如儐禮主人洗獻兄弟與內賓與私人皆如儐	●主人降興拜衆賓洗獻□賓其薦脀其位其作州皆如實體●主人洗獻兄弟與內賓與私人皆如實	
	76	禮其位其薦脀皆如儐禮卒乃羞于賓兄弟內賓及私人辯	體[其位其薦脀皆如儐禮]卒乃羞于賓兄弟內賓□私人辨	
33	76	賓長獻于尸尸醋獻祝致醋□賓以爵降實于篚	賓長義于尸□昨獻祝致作□賓以爵降壿于匪	

34	76	賓兄弟交錯**其酬**無筭爵	賓兄弟交錯**與州**無筭爵	
35	76	利**洗爵**獻于**尸尸酢**獻祝祝受祭酒啐酒**奠**之	利□□獻于□□**昨**獻祝祝受祭酒啐酒**鄭**之	
36	76	主人出立于	主人出立于	
	77	**阼**階上西面祝出立于西階上東面祝告于主人曰利成祝入主人降立于**阼**階東西面尸**謖**祝**前**尸從遂出于廟門祝反復位于室**中**祝命佐食**徹**尸俎佐食乃	**作**階上西面祝出立于西階上東面祝告于主人曰利成祝入主人降立于□階東西面●尸**休**祝**洗**尸從遂出于廟門祝反復位于室□祝命佐食**衛**尸俎佐食乃	
	78	<u>出尸俎于廟門外有司受歸之徹阼薦俎</u>	[出尸俎于廟門外有司受歸之徹阼薦俎]	缺
37	78	<u>乃養如儐</u>	[乃養如儐]	缺
38	78	卒**養**有司官徹饋饌于室中西北隅南面如饋之設右几厞用席納一尊于室中司宮掃祭主人出立于阼階	[卒**養**有司官**衛**饋饌于室中西北隅南面如饋之設右几厞用席納一尊于室中司宮**埽**祭主人出立于阼階]	缺
	79	上西面祝**執**其**俎**以出立于西階上東面司宮闔牖戶祝告利成乃**執俎**以出于廟門外有司受歸之衆賓出主人**拜**送于廟門外乃反**婦人**乃徹徹室中之**饌**	上西面祝**執**其**相**以出立于西階上東面司宮闔牖戶祝告利成乃**執相**以出于廟門外有司受歸之●衆賓出主人□送于廟門外乃反**歸入**乃**衛衛**牢中之**送**	

• 부록 8 • 용어색인

'特'은 〈특생궤식례〉, '少'는 〈소뢰궤식례〉, '有'는 〈유사철〉, '經'은 경문을 뜻한다. 편명 뒤의 숫자는 절, 원부호의
숫자는 주석번호이다. 예컨대 特18①은 〈특생궤식례〉 제18절 주①이라는 의미이다.

ㄱ

斝(가) : 特18①
稼(가) : 少11⑰
加豆(가두) : 少7⑤ · 9⑯
加籩(가변) : 少7⑤
加籩之實(가변지실) : 有30③
加匕(가비) : 特7⑫
家司馬(가사마) : 少4③
假爾大筮有常(가이태서유상) : 少1⑫
加二勺于二尊(가이작우이준) : 少6⑦
加勺(가작) : 特12經
加爵(가작) : 特13① , 有24①
加勺南枋(가작남병) : 特12經
加俎(가조) : 有4⑲㉑㊶
嘉薦(가천) : 少7⑯
嘉薦菹醢(가천저해) : 少7⑯
角(각) : 特18①
胳(격) : 特8⑮ · 29②
卻于敦南(각우대남) : 特7經
各酌于其尊(각작우기준) : 特17②
幹(간) : 特8㉑ , 少5⑦
肝牢(간뢰) : 少12⑨
肝牢從(간뢰종) : 少12經
肝捘于鹽(간연우염) : 特9經
肝宜鹽(간의염) : 特25②
肝從(간종) : 特9③
紺(감) : 特22①
剛鬣(강렵) : 少7⑯
降飲(강음) : 特30經
剛日(강일) : 少1②
摡(개) : 少4⑦
蓋(개) : 特23經
改筮尸(개서시) : 少2⑥
蓋二以重(개이이중) : 少7經
改饌(개찬) : 少5⑲

羹(갱) : 少5①
羹飪(갱임) : 特5㉒ , 少5①
羹定(갱정) : 少5①
拒(거) : 少5⑨
擧(거) : 特8⑰ · 20⑧ , 少9⑫
擧幹(거간) : 特8經
擧獸尾(거수미) : 特5⑲
去者不顧(거자불고) : 有27②
擧者不盥(거자불관) : 有3①
擧奠(거전) : 特15⑤
擧鼎(거정) : 少6經
擧觶(거치) : 特16③
擧觶于其長(거치우기장) : 特17④
擧觶者(거치자) : 有22經
擧肺(거폐) : 特8⑪
擧肺一(거폐일) : 少5⑨
擧肺脊(거폐척) : 特8⑮
綌(격) : 特23⑤
骼(격) : 特8⑮
擊筮(격서) : 少1⑪
擊豕(격시) : 少4經
肩(견) : 特8⑮
遣賓(견빈) : 少6⑪
肩在上(견재상) : 少6㉕
兼與筮執之(겸여서집지) : 少1⑥
兼祭(겸제) : 特8⑧
兼執(겸집) : 少1⑱
扃(경) : 特7經
更爵(경작) : 特12㉗
戒(계) : 特3①
繼堂(계당) : 有14①
繼門(계문) : 有14①
稽首(계수) : 特3⑪
戒侑(계유) : 有1⑦

啓會(계회) : 特20②
苦(고) : 特7⑱
觚(고) : 特18①
告潔(고결) : 特5⑮
告具(고구) : 特5⑮
告利成(고리성) : 特19② · 21⑧ , 有
　　38⑤
考廟(고묘) : 少1④
告備(고비) : 少4⑤
告事畢(고사필) : 特1經
苦若薇(고약미) : 特23經
告有司具(고유사구) : 特6經
告祭香(고제향) : 特16⑤
告旨(고지) : 特8⑫
告充(고충) : 特5⑰
告濯具(고탁구) : 特5⑮
告飽(고포) : 特8⑲
告絜(고결) : 特5⑮
殼(곡) : 特8⑮
殼折(곡절) : 特29⑪
骨之末(골지말) : 少6㉖
骨之本(골지본) : 少6㉖
公士(공사) : 有20①
公有司(공유사) : 特29⑰
共祭(공제) : 特8⑧
工祝(공축) : 少11⑭
藿(곽) : 特7⑱
官戒(관계) : 少1⑲
冠圈(관권) : 特1③
冠端玄(관단현) : 特1③
冠梁(관량) : 特1③
灌鬯(관창) : 特1①
廣敬(광경) : 有1⑥
挂于季指(괘우계지) : 特9⑯

卦以木(괘이목)：少1⑭
卦者(괘자)：特1經
交錯(교착)：特16⑮, 有26①
交錯其酬(교착기수)：有26經・34①
交錯以辯(교착이변)：特16經
交錯以酬(교착이수)：特17④
糗(구)：有7⑤
糗餌(구이)：有7⑤
韭菹(구저)：少7⑤
九祭(구제)：特8⑧
君祖(군조)：特1⑪
君尊瓦甒(군준와무)：特18①
群執事(군집사)：特6⑯
橛(궐)：特1⑥
厥明夕(궐명석)：特5①
簋(궤)：特20②, 少7⑩
跪(궤)：少12①
饋食(궤식)：特1①, 少1①
饋食之豆(궤식지두)：少7⑤
饋食之籩(궤식지변)：有30③
饋養(궤양)：特1①
饋獻(궤헌)：特1①, 少7⑤
歸尸俎之俎(귀시유지조)：有27④
貴者獻以爵(귀자헌이작)：特18①
刲(규)：少4③
葵(규)：特7⑱
刲羊(규양)：少4③
葵菹(규저)：少9⑰
棘心匕(극심비)：特23⑨
棘心匕刻(극심비각)：特23⑨
菫(근)：特23⑧
近日(근일)：特1⑮
禁(금)：特23④
金敦(금대)：少7⑩
扱(삽)：少9⑪
扱領于帶(삽령우대)：少9⑪
及遠日(급원일)：少1⑳
錡(기)：少5③
奇拜(기배)：少22⑲
己日(기일)：少1②
肵俎(기조)：特7⑭・8⑱

ㄴ

涅(날)：特22①
男女不相襲(남녀불상습)：特12㉗
南枋(남병)：特12經
南柄(남병)：少6經
南北以堂深(남북이당심)：特23經
南肆(남사)：有3⑦
南上(남상)：特26①
南洗(남세)：特7④
南順(남순)：有3⑦
南俎(남조)：有4㉑
南陳(남진)：有3⑦
納一尊(납일준)：特21⑦
內廉(내렴)：有4⑦
內篚(내비)：特10①
內賓(내빈)：特12㉔・26②, 有19②
內事(내사)：少1②
內事用柔日(내사용유일)：少1②
內洗(내세)：特7④
內羞(내수)：有13③
乃有黍稷(내유서직)：少7⑯
內子(내자)：特10③
內尊(내준)：特26①
內兄弟(내형제)：特12㉔
禰尸(녜시)：特3⑧
臑(노)：特8⑮
捼(타)：少11④
捼祭(타제)：特8⑧
淖(뇨)：少7⑯
觺(니)：有4⑫

ㄷ

摶(단)：特9⑫
簞巾(단건)：特6經
旦明(단명)：少3④
旦明行事(단명행사)：少3經
摶黍(단서)：特9⑫
殷脩(단수)：有7⑤
旦日(단일)：少3④

短脅(단협)：特8⑮
醓(담)：少7⑤
醓醢(담해)：少7⑤
當事(당사)：特25③
堂室之白(당실지백)：特21⑥
大羹涪(태갱읍)：特8⑭
大夫祭尸十一飯(대부제시십일반)：
    少9㉙
大籩(태서)：少1⑫
大籩有常(태서유상)：少1⑫
對席(대석)：特20①, 少22③
代脅(대협)：特8⑮, 少5⑦
德能大和(덕능대화)：少7⑯
桃匕(도비)：有4㉕
獨侑(독유)：少9㉔
敦(대)：特20②, 少7⑩
東房(동방)：特5⑧
東方之尊(동방지준)：特16②
東枋(동병)：少6經
東西當東榮(동서당동영)：特23經
同梬(동어)：少5經
東榮(동영)：特23①
東楹東(동영동)：有4㊻
多苴(동환)：特23經
枓(주)：少5⑱
豆祭(두제)：少9⑤

ㄹ

蠃醢(라해)：少9⑰
來(뢰)：少11⑯
來女孝孫(뢰여효손)：少11經
來日丁亥(래일정해)：少2經
兩下(량하)：少22⑧
兩鐏(량준)：特20⑪
兩下是鐏(량하시준)：少22⑧
兩鉶(량형)：特7⑱, 少9經
旅拜(려배)：少22⑩
旅酬(려수)：特16③
旅酬禮(려수례)：有26①
旅酬始(려수시)：特16③
旅占(려점)：特1⑭
鬲(력)：少4⑧

醴齊(례제) : 特6⑦
牢(뢰) : 少1①, 6⑬
罍(뢰) : 特6⑪
牢擧(뢰거) : 有28⑫
罍水(뢰수) : 少5經
牢肺(뢰폐) : 少9⑥
繚祭(료제) : 特8⑧
龍勺(룡작) : 特12⑮
流(류) : 特6⑪
六牲(륙생) : 少1①
六體二骨(륙체이골) : 少5⑧
倫膚(륜부) : 少5⑩
倫膚九(륜부구) : 少5經
栗擇(률택) : 特23⑦
廩人(름인) : 少4⑧
廩爨(름찬) : 少4⑧
利(리) : 特19②, 少6⑬
涖卜(리복) : 少1⑫
利成(리성) : 特19①, 有38⑤
利洗散(리세산) : 特18經
離肺(리폐) : 特8⑪
離肺一(리폐일) : 特29⑥
立筮(립서) : 少1⑬
立飲(립음) : 特12⑪ , 有18①
立卒爵(립졸작) : 有10⑨

ㅁ

冪(멱) : 特6⑥
鼏(멱) : 少5經, 少6②
冪用綌(멱용격) : 特23經
明夕(명석) : 少5①
命送(명송) : 特10⑪
明水(명수) : 特6⑦
命爲酒(명위주) : 少1經
明日卒奠(명일졸전) : 特23④
命祭(명제) : 特8⑧
命滌(명척) : 少1經
命祝(명축) : 少11⑩
明火(명화) : 特6⑦
芼(모) : 特7⑱
某甫(모보) : 少1⑨
某父(모보) : 少1⑨

某妃(모비) : 少1⑩
某妻(모처) : 少1⑩
某薦歲事(모천세사) : 特4③
木(목) : 少1⑭
木豆(목두) : 少9⑯
牧人(목인) : 少1①
武(무) : 特1③
甒(무) : 少5⑮
膴(호) : 有4㉜
無筭爵(무산작) : 特17④, 有34①
無筭爵發端(무산작발단) : 特17④
無筭爵始(무산작시) : 特17④
撫祭(무제) : 特10⑭, 少15②
膴祭(호제) : 有4㉜
無從(무종) : 特13⑤
門內(문내) : 特6⑫
門內之右(문내지우) : 特6⑫
門內壺(문내호) : 特18①
門外缶(문외부) : 特18①
勿没(물몰) : 特23⑪
勿替引之(물체인지) : 少11⑲
薇(미) : 特7⑱
糜(미) : 有4⑫
糜臡醢(미니해) : 有4⑫
眉壽(미수) : 少11⑱
眉壽萬年(미수만년) : 少11經
未實(미실) : 少9經

ㅂ

胉(박) : 少5⑦
槃(반) : 特6⑪
飯(반) : 少9⑱
房東(방동) : 有7①
房中之羞(방중지수) : 特16⑥, 少7⑤, 有13②④
房中薦俎(방중천조) : 有38⑧
房戶之間(방호지간) : 少5⑮
拜送禮(배송례) : 特11⑮, 有15①
拜送爵(배송작) : 特11經
拜受禮(배수례) : 特11⑮
拜受者(배수자) : 有22⑮
拜受爵(배수작) : 特11經

拜侑(배유) : 少9㉘
白(백) : 有4⑭
白屨(백구) : 特22①
伯某(백모) : 少1⑨
伯某甫(백모보) : 少1⑨
白黑(백흑) : 有4⑭
燔(번) : 特10⑦
燔俎(번조) : 特10⑦
燔從(번종) : 特10⑦
泛齊(범제) : 特6⑦
籩(변) : 特12經
籩擧(변거) : 少22⑨
邊巾以綌(변건이격) : 特23⑤
籩豆之間(변두지간) : 特12⑥
籩旅(변려) : 特17④
變於食生(변어사생) : 少6㉖
辯擩于三豆(변연우삼두) : 少9①
籩祭(변제) : 特10⑤
辯獻(변헌) : 有18②
別嫌(별혐) : 特8①
普(보) : 少7⑯
保建家室(보건가실) : 少22㉔
普淖(보뇨) : 少7⑯
普淖黍稷(보뇨서직) : 少7⑯
卜(복) : 少1⑫
卜史(복사) : 少1⑫
奉槃者(봉반자) : 特24經
府(부) : 少6⑧
父(보) : 少1⑨
膚(부) : 少5⑩
釜(부) : 少5③
府史(부사) : 少3⑤
膚三(부삼) : 特29⑤
婦洗(부세) : 少14③
夫遂(부수) : 特6⑦
膚爲下(부위하) : 少6經
婦人(부인) : 有38⑧
婦人贊者(부인찬자) : 有31⑱
婦贊者(부찬자) : 少7⑪
北堂(북당) : 特26④
北洗(북세) : 特7④
北俎(북조) : 有4㉑
蕡(분) : 有4⑬
分簋(분궤) : 特20②
分簋鉶(분궤형) : 特20②

粉養(분자)：有13②
不賓尸(불빈시)：有28①
不述命(불술명)：少1⑫
不卒爵(불졸작)：少20①
不諏日(불추일)：特1②
不嘏(불하)：少15⑤
備(비)：特5⑲, 少4⑤
匕(비)：少4⑧
朏(비)：特21⑥
杜(비)：特7⑬, 少6⑫
篚(비)：特23②
臂(비)：特8⑮
髀(비)：特8⑮
備答拜(비답배)：特12⑬
髀不升(비불승)：少5⑤
髀屬于尻(비촉우고)：少12⑦
比於子(비어자)：少3③
朏用筵(비용연)：特21⑥
匕湆(비읍)：有3⑪ · 6⑦
卑者舉角(비자거각)：特18①
篚在洗西(비재세서)：特23經
比次早晏(비차조안)：少3③
賓黨(빈당)：有26①
擯辭(빈사)：特3⑥
儐尸(빈시)：有1①
賓一人舉爵(빈일인거작)：有25①
賓長(빈장)：特7⑦, 有11①
賓長二人(빈장이인)：少22⑥
賓長二人備(빈장이인비)：少22⑥
賓弟子(빈제자)：特17①
賓從尸(빈종시)：特28①

入

史(사)：少1⑤
士(사)：少6③
寫(사)：特9⑰
柶(사)：有7⑦
祠(사)：特4③
纚(사)：特6⑭
肆(사)：有3⑦
辭(사)：特12②
嗣舉奠(사거전)：特15①

寫卦(사괘)：特1⑬
司宮(사궁)：少4⑩
斯禁(사금)：特5③ · 23④
史讀筮(사독서)：少1經
司馬(사마)：少4③
司馬刲羊(사마규양)：少4③
姒婦(사부)：特16⑧
四匕以從(사비이종)：少6經
司士(사사)：少4④
司士擊豕(사사격시)：少4經
司士贊者(사사찬자)：少6⑨
寫嗇(사색)：特9⑰
寫嗇于房(사색우방)：特9⑰
辭洗(사세)：特12②, 有6②
侯于庿門之外(사우묘문지외)：有1⑧
思有所與(사유소여)：特20⑯
私人(사인)：有20①
四人養(사인준)：少22經
嗣子(사자)：特15①
士祭不諏日(사제불추일)：少1②
士祭尸九飯(사제시구반)：少9㉙
事酒(사주)：特6⑦
士妻之正服(사처지정복)：特7③
散(산)：特18①
散齊(산재)：少1③
三廟二壇(삼묘이단)：少1④
三飯(삼반)：特8⑲, 少9⑬
三拜養者(삼배준자)：少22⑩
三分益一(삼분익일)：少7③
糝食(삼식)：有13②
三讓(삼양)：有2④
三揖(삼읍)：有2④
三鼎(삼정)：少5③
三酒(삼주)：特6⑦
三獻(삼헌)：特11⑲, 有21①
三獻禮(삼헌례)：有22①
三獻作止爵(삼헌작지작)：特11⑲
三獻之禮(삼헌지례)：有11①
三獻之爵(삼헌지작)：有21①
嘗(상)：特4③
相(상)：特5⑨
上韇(상독)：少1⑥
上敦(상대)：少9⑦
上敦黍(상대서)：少9⑦
上利(상리)：少6⑬

上賓(상빈)：有11①
上水(상수)：特6⑦
上養(상준)：特20①
尙饗(상향)：特1經
上鉶(상형)：有7⑩
嗇(색)：特9⑰
嗇黍(색서)：少11㉔
牲北首(생북수)：少4②
牲用右胖(생용우반)：特29①
牲鼎(생정)：特7⑥
牲爨(생찬)：特23經
筮(서)：少1⑫
黍(서)：特9⑫
書卦于木(서패우목)：少1⑮
黍團子(서단자)：特9⑫⑰
西堂(서당)：特5⑨
筮來日某(서래일모)：特1⑩
筮某之某爲尸(서모지모위시)：特2①
黍飯(서반)：特9①
西枋(서병)：有3經
西方之尊(서방지준)：特12經
西壁(서벽)：特23⑩
筮史(서사)：少1⑤
西肆(서사)：少6⑩
西相(서상)：特5⑨
庶羞(서수)：特16⑥, 有13③④
庶羞四豆(서수사두)：特16⑥
筮旬有一日(서순유일일)：少1③
筮尸(서시)：特2經, 少2經
西楹西(서영서)：有4㊻
筮于庿門(서우묘문)：少1④
書于版(서우판)：少1⑭
筮遠日(서원일)：特1⑮
黍以授尸(서이수시)：少9④
筮人(서인)：特1經, 少1⑤
筮日(서일)：特1經
筮者(서자)：特1經
黍稷匕(서직비)：少4⑧
黍爨(서찬)：特6③
西縮(서축)：有3⑦
釋韇(석독)：少1經
席末坐(석말좌)：特11⑬
腊辯(석변)：有28⑥
釋三个(석삼개)：特8㉙
腊用麋(석용미)：少5⑫

席于戶內(석우호내) : 特11③
腊一純(석일순) : 少5⑪
腊一純而俎(석일순이조) : 少6㉘
腊俎(석조) : 特29⑧
昔酒(석주) : 特6⑦
腊爨(석찬) : 特23經
腊特(석특) : 特7經
先生(선생) : 有18③
設扃鼏(설경멱) : 少5經
設對席(설대석) : 少22③
設豆鹽(설두염) : 特25②
設洗(설세) : 特5經 · 23①
設薦脀(설천증) : 有18②
舌縮(설축) : 特23經
舌縮俎(설축조) : 特23經
燅(섬) : 有1③
攝酒(섭주) : 有1②
盛胏俎(성기조) : 特8㉙
洗(세) : 特6⑪, 23①
歲事(세사) : 特4③, 少1⑨
洗三爵(세삼작) : 少22⑰
挩手(세수) : 特12經
挩水(세수) : 特6⑦
洗于房中(세우방중) : 少14③
洗爵(세작) : 特11㉒
洗觶(세치) : 有12①
疏(소) : 有3⑪
少牢(소뢰) : 少1①
少牢饋食之禮(소뢰궤식지례) : 少1經
少牢祭日(소뢰제일) : 少1⑧
疏屏(소병) : 有3⑪
疏匕(소비) : 有3⑪
宵衣(초의) : 特6⑭, 少7③
疏勺(소작) : 特12⑮
掃祭(소제) : 有38④
小祝(소축) : 少5㉑
素鞞(소필) : 特22①
送尸(송시) : 特28①
羞(수) : 特16⑥
脩(수) : 有7⑥
酬(수) : 有12①
手間(수간) : 有4⑤
授擧(수거) : 特20經
羞胏俎(수기조) : 特8⑱
羞豆(수두) : 少7⑤

受旅(수려) : 特16經
受旅者(수려자) : 特16經
羞牢肝(수뢰간) : 少10④
羞牢燔(수뢰번) : 有30經
羞邊(수변) : 少7⑤
羞邊之實(수변지실) : 有30③
羞庶羞(수서수) : 有13經
獸楬(수어) : 特5③
受于手間(수우수간) : 有4⑤
水在洗東(수재세동) : 特23經
受祭(수제) : 少15③
授祭(수제) : 特8⑧
綏祭(타제) : 少11④
羞俎(수조) : 有4㊿
醋酒(수주) : 特16④
遂之于下(수지우하) : 有25②
壽徵(수징) : 少11⑱
宿(숙) : 特3①, 少2①
宿戒(숙계) : 少2①
宿戒尸(숙계시) : 少2經
肅拜(숙배) : 特11⑮
宿賓(숙빈) : 特4①
宿尸(숙시) : 特3經, 少2④
淳(순) : 特24②
純(순) : 少5⑪
肫(순) : 特8⑮
順(순) : 有3⑦
淳沃(순옥) : 特24②
旬有一日(순유일일) : 少1③
述命(술명) : 少1⑫
崇(숭) : 有6⑭
崇酒(숭주) : 有6⑭
升(승) : 少6⑬⑳
承(승) : 少11⑮
升降不由阼階(승강불유조계) : 特15⑧
升胏俎(승기조) : 特7⑭
升成拜(승성배) : 特3⑪
尸(시) : 特2①, 少2③
蓍(시) : 少1⑫⑬
尸降主人辟(시강주인피) : 特19③
尸盥(시관) : 特6⑪ · 24①
尸九飯(시구반) : 特8, 少9㉙
始扱一祭又扱再祭(시삽일제우삽재제)
  : 少9⑪
豕燔(시번) : 有7經

豕匕湆(시비읍) : 有7⑧
視牲(시생) : 特5
尸謖(시속) : 特19③
臬實(시실) : 有4⑬
尸十一飯(시십일반) : 少9㉙
豕曰剛鬣(시왈강렵) : 少7⑯
豕用薇(시용미) : 少9⑨
尸入門左(시입문좌) : 少8②
尸作止爵(시작지작) : 有31⑪
蓍長五尺(시장오척) : 少1⑬
豕折(시절) : 有31⑳
尸俎(시조) : 特29經
豕脀(시증) : 有7⑪
視側殺(시측살) : 特6②
視濯(시탁) : 特5
豕鉶(시형) : 有7經
視壺濯(시호탁) : 特5經
詩懷之(시회지) : 特9⑮
豕胖(시효) : 有13④
食(식) : 少9⑱
食擧(식거) : 特8⑰ · 20⑬, 少9⑫
新水(신수) : 特6⑦
神俎(신조) : 特18⑲ · 29①
實(실) : 少9㉖
實擧(실거) : 特8經
實擧于蓮豆(실거우저두) : 特8經
實于左袂(실우좌몌) : 少11經
實鼎(실정) : 特6經
實鼎曰升(실정왈승) : 少6⑳
實俎曰載(실조왈재) : 少6⑳
心立(심립) : 特23經
心立舌縮(심립설축) : 特23經
心舌皆去本末(심설개거본말) : 特23經
十九體(십구체) : 少6㉘
十一飯(십일반) : 少9㉙
十一體(십일체) : 少5⑧ · 6㉘

◯

安下(안하) : 少6⑭
盎齊(앙제) : 特6⑦
禴(약) : 特4③
若是以辯(약시이편) : 少22⑱

讓(양)：特12②　沃(옥)：特24②　擩祭(유제)：特8⑧

羊燔(양번)：有4㊼　玉敦(옥대)：少7⑩　肉物(육물)：有3④

陽遂(양수)：特6⑦　屋漏(옥루)：特21⑤　肉湆(육읍)：有3⑪ ·4⑲

陽厭(양염)：特21⑥　沃尸(옥시)：特24①　肉醬(육장)：少7⑤

陽厭殺(양염쇄)：有38③　沃尸盥(옥시관)：特24①　六爻備(육효비)：少1⑭

羊日柔毛(양왈유모)：少7⑯　沃尸盥者(옥시관자)：特24經　酳(인)：特9②, 少10②

羊用苦(양용고)：少9⑨　屋翼(옥익)：特23①　酳尸(인시)：特9經, 少10經

羊肉湆(양육읍)：有4⑲　雍府(옹부)：有3⑧　酳有與也(인유여야)：特20⑯

羊鉶(양형)：有7經　雍人(옹인)：特5⑱, 有3⑧　陰厭(음염)：特7① ·21⑥

羊膴(양훈)：有13④　雍正(옹정)：特5⑱, 有3④　湆(읍)：少22⑮

棜(어)：特5③ ·23④　雍爨(옹찬)：特27①, 少4⑦　湆魚(읍어)：有21②

棜禁(어금)：特23④　瓦豆(와두)：少9⑯　依(의)：少13③

魚十有五(어십유오)：特29⑦　蝸醢(와해)：特7經　儀(의)：有15⑤

魚用鮒(어용부)：少6經　王考廟(왕고묘)：少1④　宜稼於田(의가우전)：少11經

魚一橫之(어일횡지)：少12⑥　外廉(외렴)：有4⑦　疑於君(의어군)：特8①

甗(언)：少4⑧　外門(외문)：特5㉔　疑於臣(의어신)：特8①

闑(얼)：特1⑥　外事(외사)：少1②　議侑(의유)：有1⑥

闑西闑外(얼서역외)：特1⑥　突(요)：特21⑤　衣移袂(의치메)：少7③

閾(역)：特1⑥　用薦歲事(용천세사)：少1⑲　匜(이)：特6⑪

易爵洗(역작세)：少15①　用薦歲事于皇祖伯某(용천세사우황조백모)：少1⑲　宧(이)：特21⑤

延(연)：特8③　右撫祭(우무제)：特10⑭　餌(이)：有7⑤

挻(연)：特8⑩　右首(우수)：少6㉗　以肝從(이간종)：特9③

筵(연)：特20①　右人(우인)：特7⑤　二骨以並(이골이병)：少5⑧

筵對席(연대석)：特20①　右抽上韇(우추상독)：少1⑥　二犢擊筮(이독격서)：少1⑪

延尸(연시)：特8③　遠日(원일)：特1⑮, 少1⑳　爾敦(이대)：特8經

筵前(연전)：少20②　爲加爵者(위가작자)：特16⑯　二豆湆(이두읍)：少22⑮

挻祭(연제)：特8⑧　爲期(위기)：少3①　以禮相與(이례상여)：特20⑯

衍祭(연제)：特8⑧　胃三(위삼)：少5⑨　移袂(치메)：少7③

宴坐(연좌)：少12①　胃宿(위수)：少1⑧　以某妃配某氏(이모비배모씨)：少1⑩

筵祝(연축)：特9⑲　爲尸(위시)：特2①, 少2③　以某之某爲尸(이모지모위시)：少2③

厭(염)：特21⑥　危坐(위좌)：少12①　以備爲貴(이비위귀)：少4⑤

鹽在右(염재우)：少10⑤　爲酒(위주)：少1經　爾上敦黍(이상대서)：少9⑦

榮(영)：特23①　侑(유)：特8⑳, 有1⑥　爾黍稷(이서직)：特8經

纓(영)：特1③　擩(유)：特8⑩　以小爲貴(이소위귀)：特18①

迎尸(영시)：特8①　腴(유)：少6㉗　匜水(이수)：特6⑪

迎鼎(영정)：少6經　牖東(유동)：少13①　匜水實于槃中(이수실우반중)：特6⑪

豫戒(예계)：少2②　柔毛(유모)：少7⑯　酏食(이식)：有13②

午(오)：特23⑪　侑不升(유불승)：有12④　二十一體(이십일체)：特8⑮

奥(오)：特21⑤　有司(유사)：少14①, 有1①　二列(이열)：特6⑨

熬(오)：有4⑬　有司官(유사관)：有38①　二人擧觶(이인거치)：特17④

晤長(오장)：少4③　有司贊者(유사찬자)：少14①　二人洗觶(이인세치)：有22①

五齊(오제)：特6⑦　有司徹(유사철)：有1① ·27⑥　二俎以相(이조이상)：少6經

午割(오할)：特6④ ·23⑪　有常(유상)：少1⑫　二俎以從(이조이종)：少6經

午割勿沒(오할물몰)：少6經　柔日(유일)：少1②　二觶交錯(이치교착)：有26①

五獻之尊(오헌지준)：特18①　　二觶並行(이치병행)：特17④

膉(익) : 少6㉖
壹拜(일배) : 少22⑲
一匕以從(일비이종) : 少6經
日用丁己(일용정기) : 少1②
一人擧觶(일인거치) : 特16③
一獻之禮(일헌지례) : 有12①
媵爵(잉작) : 特16④

ㅈ

炙(자) : 特8㉓
菹(자) : 特8㉓, 少9⑯
菹兩瓦豆(자량와두) : 少9⑯
糍巴(자파) : 有13②
資黍(자서) : 少22⑦
子姓(자성) : 特1⑤
藉用萑(자용환) : 特6經
勺(작) : 特6⑪·12⑮
爵(작) : 特18①·22③
醋(작) : 少11②
爵皆無筭(작개무산) : 特17⑩
爵無筭(작무산) : 有26①
爵不止(작불지) : 有24②
作三獻之爵(작삼헌지작) : 有21①
作豕(작시) : 特5⑱
酌以醋(작이작) : 有31⑨
酌醋(작초) : 特11⑭
爵止(작지) : 特11②
作止爵(작지작) : 特11⑲, 有31⑪
酌酢(작초) : 特12⑦
爵韡(작필) : 特22③
爵行無數(작행무수) : 特17④
雜裳(잡상) : 特1③·22①②
長朼(장비) : 少6⑫
長賓(장빈) : 特7⑦, 有11①
腸三(장삼) : 少5⑨
長占(장점) : 特1⑭
長終肺(장종폐) : 少6㉓
長脅(장협) : 特8⑮
長脅二骨(장협이골) : 特29經
宰(재) : 特1經, 少4①
載(재) : 少6⑳
再拜稽首(재배계수) : 特3⑪

宰夫(재부) : 少11㉔
宰夫贊者(재부찬자) : 有4㊲
載右胖(재우반) : 少6⑳
赤(적) : 特22①
線(전) : 特22①
膞(순) : 特8⑮
前宿一日(전숙일일) : 少2經
全於君(전어군) : 特8①
全於臣(전어신) : 特8①
全於子(전어자) : 特8①
奠而不擧(전이불거) : 有12①
奠而不授(전이불수) : 特16④
傳重(전중) : 特15①
奠觶(전치) : 特17⑤
前玄後黃(전현후황) : 特1③·22②
折(절) : 特29⑮, 少13⑤
絶(절) : 特29①
切本末(절본말) : 少6經
絶祭(절제) : 特8⑧·11⑨
折俎(절조) : 特12⑤
切肺(절폐) : 特8⑪
節解(절해) : 特12⑤
占曰從(점왈종) : 少1經
定(정) : 少5①
正(정) : 少6⑧
楨(정) : 特22①
鼎(정) : 特5經
庭南(정남) : 少8③
庭碑(정비) : 有2④
鼎匕(정비) : 特7⑫, 少4⑧
鼎序入(정서입) : 少6經
鼎五(정오) : 少5②
鼎五俎六(정오조육) : 少6⑨
丁日(정일) : 少1②
庭長(정장) : 特24③
正俎(정조) : 有4⑲㉑㊼
正脊(정척) : 特8⑮
脡脊(정척) : 特8⑮
正脊二骨(정척이골) : 特29③
脡脊二骨(정척이골) : 特29經
正體(정체) : 少13⑤
丁亥(정해) : 少1⑧
正脅(정협) : 特8⑮
嚌(제) : 少11⑧
祭(제) : 特12⑥, 少1①

祭擧(제거) : 特20⑬
祭豆(제두) : 特9㉒·12⑥
祭醴(제례) : 少9⑪
除鼏(제멱) : 特7⑧
娣婦(제부) : 特16⑧
祭食(제식) : 特20⑬
嚌羊肺(제양폐) : 有4㉚
祭于豆間(제우두간) : 少9經
祭而不嚌(제이불제) : 特8⑪
嚌而必祭(제이필제) : 特8⑪
弟子(제자) : 特16①
緹齊(제제) : 特6⑦
祭胥(제중) : 特16⑤
祭薦(제천) : 特11⑧
嚌肺(제폐) : 特8⑪
祭肺(제폐) : 特8⑪
祭肺三(제폐삼) : 少5⑨
祭脯醢(제포해) : 特12⑥
祭鉶(제형) : 特8⑬·20⑬
諸侯以禮相與(제후이례상여) : 特20⑯
條(조) : 特29①
俎拒(조거) : 少5⑨
詔拜(조배) : 特9⑥
朝服(조복) : 特22①
朝事(조사) : 少7⑤
朝事之豆(조사지두) : 少7⑤
朝事之籩(조사지변) : 少7⑤
俎釋三个(조석삼개) : 特8㉙
祖尸(조시) : 特3⑧
俎實(조실) : 特16⑤
阼俎(조조) : 特21①·29經
棗烝(조증) : 特23⑦
棗烝栗擇(조증률택) : 特23⑦
朝踐(조천) : 特1①, 少7⑤
俎出(조출) : 特28②
俎出廟門(조출묘문) : 特28經
尊(준) : 特6⑥
尊繼體(존계체) : 特20④
尊兩壺(준량호) : 特26①
尊兩壺于阼階東(준량호우조계동) :
　　　特12⑭
尊者擧觶(존자거치) : 特18①
卒受者(졸수자) : 特16㉑
卒升(졸승) : 有4㉝
卒飲者(졸음자) : 有22⑱

卒載(졸재)：特7經
卒奠(졸증)：少5經
宗伯(종백)：特1⑯
宗婦(종부)：特10④ · 26④
宗婦贊薦者(종부찬천자)：特26⑥
宗人(종인)：特1⑯
宗人告備(종인고비)：少4⑤
宗人擯辭(종인빈사)：特3⑥
從獻(종헌)：特9⑤
左廉(좌렴)：有4㊴
佐食(좌식)：特6經
佐食上利(좌식상리)：少6⑬
佐食俎(좌식조)：特29經
左人(좌인)：特7⑤
朕(주)：少6㉖
主婦俎(주부조)：特29經
主婦贊者(주부찬자)：少7⑥
主人先入(주인선입)：少6④
周祭(주제)：特8⑧
養(준)：少22⑥
餕禮(준례)：特20
養有以也(준유이야)：特20⑩
養者(준자)：特20⑥
養者三人(준자삼인)：少22經
重(중)：特15①
衆賓(중빈)：有32①
衆賓長(중빈장)：特7⑦
衆儀(중의)：有18④
中庭(중정)：特6⑲
烝(증)：特4③
甑(증)：少4⑧
脀(증)：特16⑤, 少5⑬
脀體(증체)：有15⑤
脀體儀(증체의)：有15⑤
地道(지도)：少6㉗
止爵(지작)：特11⑲
稷(직)：特9⑫
稷飯(직반)：特1①
直室東隅(직실동우)：少14③
稷饡(직찬)：特6③
進末(진말)：少10經
進腴(진유)：少6㉗
振祭(진제)：特8⑧⑯
進朕(진주)：少6㉖
進下(진하)：少6㉖

質明(질명)：特5㉒
執巾者(집건자)：特24經
執事(집사)：特6⑨
執事之俎(집사지조)：特6⑨
執筮(집서)：少1⑥
執匜者(집이자)：特24經
執爵拜(집작배)：有10⑨
執奠(집전)：特8⑤
執祭(집제)：特12經

ㅊ

次(차)：少7② · 21②, 有1⑧
次賓(차빈)：有4㊳ · 11①
次養(차준)：少22⑭
次衆賓(차중빈)：特30經
次兄弟(차형제)：特30經
錯俎(조조)：特7經
贊豆(찬두)：特11⑥
贊命(찬명)：特1⑧
贊籩祭(찬변제)：特10⑤
贊祭(찬제)：特11⑧
昌蒩(창저)：有4⑫
脊(척)：特8⑮
薦(천)：少1①
薦南(천남)：特12經
薦豆(천두)：少9⑰
薦北(천북)：特12經
薦歲事(천세사)：特4③, 少1⑨
賤者獻以散(천자헌이산)：特18①
薦俎從設(천조종설)：特12經
薦左(천좌)：有11③ · 12⑨
天倉星(천창성)：少1⑧
徹饋(철궤)：有38①
徹庶羞(철서수)：特19⑦
徹室中之饌(철실중지찬)：有38⑧⑨
請期(청기)：特5經
請祭期(청제기)：少3經
清酒(청주)：特6⑦
聽嘏(청하)：特9⑪
鬄(체)：少7②
體名(체명)：有3④
綃(초)：少7③

酢(작)：有12①
綃衣(초의)：特6⑭, 少7③
刌肺(촌폐)：特8⑪
刌肺三(촌폐삼)：特29⑥
啐(쇄)：少11⑧
啐酒(쇄주)：特8⑫, 少11⑧
啐酒告旨(쇄주고지)：特8⑫
緅(추)：特22①
萑(환)：特6⑩
諏(추)：特1②
抽扃(추경)：特7經
推拂(퇴불)：有4④
推拂几三(퇴불궤삼)：有4經
諏日(추일)：特1②, 少1②
諏此某事(추차모사)：特1⑩
抽下韇(추하독)：少1⑪
祝擯(축빈)：少2⑤
祝先入門右(축선입문우)：少8②
祝筵几(축연궤)：特6⑬
祝延尸(축연시)：少8⑤
祝侑(축유)：特8經, 有28②
祝俎(축조)：特29經
縮俎(축조)：有3經
祝出迎尸(축출영시)：少8①
祝饗(축향)：特8⑥
祝呼(축호)：特25④
充(충)：特5⑰
充人(충인)：少1①
側(측)：特6②
側殺(측살)：特6②
側尊(측준)：特23④
緇(치)：特22①
觶(치)：特18①
齒(치)：特25⑤
緇帶(치대)：特22經
致命(치명)：特3⑨
緇纚(치사)：特6⑭
齒於衆賓(치어중빈)：特25經
齒於兄弟(치어형제)：特25經
致于主人(치우주인)：有9①
緇衣素裳(치의소상)：特22①
致爵(치작)：特11④
致齊(치재)：少1③
緇韠(치필)：特22①
親相致爵(친상치작)：有9①

親嘏(친하)：少22㉓
親嘏主人(친하주인)：特9⑬
七體(칠체)：特6②
沈齊(침제)：特6⑦

ㅌ

妥尸(타시)：特8④
墮祭(타제)：特8⑧，少11④
濯具(탁구)：特5⑮
泰龜(태구)：少1⑫
泰龜有常(태구유상)：少1⑫
太牢(태뢰)：少1①
泰筮(태서)：少1⑫
泰筮有常(태서유상)：少1⑫
兎腊(토석)：特5⑲
退占(퇴점)：少1⑰
特(특)：特6②
特膚(특부)：少7經
特牲饋食之禮(특생궤식지례)：特1經

ㅍ

片(편)：特29①
肺(폐)：特8⑮
廢敦(폐대)：少7⑩
肺祭(폐제)：特8⑪
肺脊(폐척)：特8⑮
蒲勺(포작)：特12⑮
炮祭(포제)：特8⑧
䵞(풍)：有4⑬
髮(피)：少7②
被錫(피체)：少7②
髮鬄(피체)：少7②
畢(필)：特7⑨，少6④
韠(필)：特22①
必有以也(필유이야)：特20⑩

ㅎ

嘏(하)：特9⑪，少11⑬
夏葵(하규)：特23經
夏葵冬葅(하규동환)：特23經
下牘(하독)：少1⑥
下利(하리)：少6⑬
下篚(하비)：特12㉗，少14①
下尸(하시)：特16⑥
下飮(하음)：有22⑯
下祭曰墮(하제왈타)：少11④
下佐食對之(하좌식대지)：少22⑤
下簨(하준)：特20①
臛(학)：有13④
割牲(할생)：少4④
割亨(할팽)：少4⑦
闔牖戶(합유호)：特21經
合執二俎(합집이조)：少6⑨
醢(해)：特8㉓
亥日(해일)：少1⑧
膷(향)：有13④
饗祝之辭(향축지사)：特8⑥
虛俎(허조)：有6⑪
獻(헌)：有12①
獻內賓(헌내빈)：有19②
獻與旅(헌여려)：特25經
革(혁)：少6㉚
革順(혁순)：少6㉚
玄(현)：特22①
玄冠(현관)：特1③·22①
玄端(현단)：特1③
玄裳(현상)：特22①②
玄酒(현주)：特6⑦
俠拜(협배)：少14④
夾拜(협배)：特10②
脅二骨(협이골)：特29⑨
亨(팽)：特6④
鉶羹(형갱)：有13④
鉶芼(형모)：特7⑱·23經
兄弟(형제)：特1⑤
兄弟黨(형제당)：有26①
兄弟弟子(형제제자)：特16經
戶內牖東(호내유동)：少13①
戶東(호동)：特6⑥

豪眉(호미)：少11⑱
戶西(호서)：少13①
胡壽(호수)：少22㉔
胡壽保建家室(호수보건가실)：少22㉔
戶外(호외)：特20㉑
或春或抗(혹용혹유)：有4㊶
鑊(확)：少4⑦·5③
萑(환)：特23⑧
還几縮之(선궤축지)：有4⑥
滑(활)：特7⑱·23經
皇考廟(황고묘)：少1④
黃裳(황상)：特22①②
皇尸(황시)：特9⑥
皇尸未實(황시미실)：少9經
皇祖(황조)：特1①，少1⑨
皇祖某子(황조모자)：特1⑪
皇祖伯某(황조백모)：少1⑨
會(회)：特20②
橫執几(횡집궤)：有4②
橫脊(횡척)：特8⑮
殽(효)：特29⑱
膮(효)：特8㉓，有13④
孝孫(효손)：特1⑨
骰香(효증)：特29⑱
纁(훈)：特22①
膗(훈)：有13④
纁裏(훈리)：特23⑥
萱(훤)：特7⑱
黑(흑)：有4⑭
黑屨(흑구)：特22①
饎(치)：特6③
饎爨(치찬)：特6③，少4⑧

후기 –《국역의례》祭禮篇 출간을 앞두고

　　우여곡절 끝에 喪禮篇 출간 이후 6년 만에 제례편 출간을 눈앞에 두니 상례편을 출간할 때보다 감회가 더욱 깊다. 제례편은 본래 상례편에 이어서 바로 출간할 수 있을 것이라 예상했었다. 상례편을 출간했을 당시 제례편의 초고가 이미 완성된 상태였을 뿐 아니라 상례편의 출간 경험이 있었기 때문이다. 그러나 조금만 더 보자, 조금만 더 보완하자 하다 보니 어느덧 5년의 시간이 훌쩍 지나고 말았다.

　　처음 禮를 공부하기 시작했을 때 주위에서는 모두 상례가 가장 어렵다고들 하였다. 그 어렵다는《의례》의 상례 부분을 이미 보았으니 제례는 상례보다는 수월할 것이라 예상했다. 더구나 제례는 상례보다 분량도 적었다. 그러나 시간이 지날수록 늪에 빠져 들어가는 느낌을 지울 수 없었다. 물론 이런 어려움의 가장 큰 원인은 부족한 학식에서 연유한 것임을 안다. 그러나 이외에도 제례가 유독 어렵게 느껴졌던 것은 다음과 같은 이유도 있었다.
　　우선은 제례의 범위가 상례에 비해 그 폭이 넓다는 것이다. 상례는 通禮인 喪服을 제외하면 범위가 제후의 士로 한정되기 때문에 變禮로 들어가지 않는 한 혼동될 여지가 적었다. 그러나 제례는 인물의 위치와 방향, 行禮의 선후, 기물의 장식, 복식의 차이 등등에서 上大夫와 下大夫, 上士와 中士·下士의 신분에 따라 매우 미묘하게 달라져서 종종 엉키곤 하였다. 둘째, 喪祭와 吉祭의 차이에서 오는 어려움이었다. 의절에 따라, 신분에 따라 상반된 것도 있고 동일한 것도 있어서 무엇이 범례인지 특례인지 구분하는 것이 쉽지 않았다. 셋째,《의례》의 문체 특성에서 오는 어려움이다. 생략이 많고 주어가 수시로 바뀌는 경문은, 비슷한 의절을 준용해야 할지 아니면 비슷한 의절과의 차이로 보아야 할지 판단이 쉽지 않았다. 예컨대 대부의 제사에서 일부 의절이 통째로 생략될 경우 士禮를 준용할 것인지, 아니면 대부와의 차이를 말하는 것으로 보아 경문 그대로 생략되는 것으로 이해해야 할 지 등등에 관한 것이다. 다양한 설이 엇갈리는 속에서 취사선택하는 것이 매우 어려웠다.

이밖에 본적도 없는 몇 천 년 전의 음식과 복식, 의절들을 상상을 통해 이해할 수밖에 없다는 점이다. 예컨대 지금은 흔적조차 남지 않은 음식일 경우 의견이 분분한 주석가들의 주석을 통해 이 음식을 상상하고 다시 조리하는 방법과 담는 방법까지 상상해서 번역해야 한다는 것도 큰 어려움의 하나였다.

　머리에 이러한 내용들이 정리되지 않으니 확연해질 때까지 좀 더 공부하자는 생각이 들었다. 이렇게 원고를 몇 년 동안 한쪽으로 제쳐두고 관련 공부를 하다 보니 일부 확연해진 부분도 물론 있었지만 예상치 않은 일이 생겼다. 오히려 잊어버린 것이 더 많아졌다는 것, 그리고 역자 각 개인의 상황에 변화가 생기면서 서로 시간을 맞추어 윤독하는 것도 쉽지 않게 된 것이다. 옛사람은 교정 작업을 깨끗이 쓸어내도 다시 떨어지는 낙엽에 비유하였다. 또 모르는 것은 모르는 대로 빼놓고 기록하는 것이 좋다고도 하였다. 번역 역시 이와 같은 것이 아닐까 스스로를 위로하며 부족하지만 뒤늦게나마 출간을 결심하게 되었다. 이 책이 이어지는 후속 연구에 미력하나마 보탬이 되기를 바랄 뿐이다. 아울러 본 역서의 오류를 잡아주고 불확실한 것을 명확히 밝혀주기를 기대한다.

　이 책이 나오기까지 긴 시간 동안 내내 인내하고 식지 않은 열정으로 함께 해주신 박상금·최진 선생님께 가장 먼저 감사를 표하고 싶다. 때로는 동학으로, 때로는 인생의 후배로, 가까이서 많은 것을 보고 배울 수 있도록 감사한 시간을 선물해주셨다. 그리고 未學의 서툰 걸음을 한결같이 격려해주시고 응원해주신 寒松 선생님께는 어떤 말로 감사를 드릴 수 있을지 모르겠다. 그저 부단히 노력하겠다는 다짐을 할 뿐이다.

2021. 4. 남산이 보이는 대동문화연구원 사무실에서

이상아

이 책을 번역하고 엮은이

이상아

공주사범대학 중국어교육과를 졸업하고 성균관대학교 한문고전번역협동과정 석사 및 박사과정을 졸업하였다. 민족문화추진회(현 한국고전번역원) 부설 국역연수원 연수부 및 상임연구부에서 한문을 수학하였다. 한국고전번역원 번역전문위원을 역임하고, 현재 성균관대학교 대동문화연구원에 책임연구원으로 재직하고 있다. 석사 논문은 〈다산 정약용의 『가례작의』 역주〉, 박사 논문은 〈다산 정약용의 『제례고정』 역주〉이다. 공역서로 《국역 기언》, 《일성록》, 《교감학개론》, 《주석학개론》, 《사고전서 이해의 첫걸음》, 《역주 대학연의》, 《무명자집》, 《삼산재집》, 《국역의례(상례편)》, 《국역의례(관례혼례편)》 등이 있다.

박상금

민족문화추진회(현 한국고전번역원) 부설 국역연수원 연수부 및 일반연구부를 졸업하였다. 時習學舍에서 一愚 李忠九 선생님께 수학하고, 해동경사연구소에서 寒松 成百曉 선생님께 수학하고 있다. 현재 해동경사연구소 연구위원이다. 공역서로 《국역의례(상례편)》, 《국역의례(관례혼례편)》이 있다.

최진

민족문화추진회(현 한국고전번역원) 부설 국역연수원 연수부를 졸업하고 時習學舍에서 一愚 李忠九 선생님께 수학하였다. 현재 해동경사연구소 연구위원이다. 공역서로 《국역의례(상례편)》, 《국역의례(관례혼례편)》이 있다.

감수 성백효

충남忠南 예산禮山에서 태어났다. 가정에서 부친 월산공月山公으로부터 한문을 수학했고, 월곡 月谷 황경연黃璟淵, 서암瑞巖 김희진金熙鎭 선생으로부터 사사했다.
민족문화추진회 부설 국역연수원 연수부 수료, 고려대학교 교육대학원 한문교육과를 수료하였고, 현재 한국고전번역원 명예교수, 전통문화연구회 부회장을 역임하고 있으며, 사단법인 해동경사연구소 소장을 역임 중이다.
번역서로 《사서집주四書集註》, 《시경집전 詩經集傳》, 《서경집전 書經集傳》, 《주역전의周易傳義》, 《고문진보古文眞寶》, 《근사록집해近思錄集解》, 《심경부주心經附註》, 《통감절요通鑑節要》, 《당송팔대가문초 唐宋八大家文抄 소식蘇軾》, 《고봉집 高峰集》, 《독곡집 獨谷集》, 《다산시문집 茶山詩文集》, 《송자대전宋子大全》, 《약천집 藥泉集》, 《양천세고 陽川世稿》, 《여헌집 旅軒集》, 《율곡전서 栗谷全書》, 《잠암선생일고 潛庵先生逸稿》, 《존재집 存齋集》, 《퇴계전서 退溪全書》, 《현토신역 부 안설 논어집주懸吐新譯 附 按說 論語集註》, 《현토신역 부 안설 맹자집주懸吐新譯 附 按說 孟子集註》, 《현토신역 부 안설 대학중용집주懸吐新譯 附 按說 大學中庸集註》, 《최신판 논어집주 論語集註》, 《최신판 맹자집주孟子集註》, 《최신판 대학중용집주大學中庸集註》 등이 있다.

국역의례 國譯儀禮-제례편 祭禮篇

1판 1쇄 인쇄 | 2021년 5월 11일
1판 1쇄 발행 | 2021년 5월 27일

엮은이 | 이상아, 박상금, 최진
감수 | 성백효

디자인 | 씨오디
지류 | 상산페이퍼
인쇄 | 다다프린팅

발행처 | 한국인문고전연구소
발행인 | 조옥임
출판등록 2012년 2월 1일(제 406-251002012000027호)
주소 | 경기 파주시 가람로 70, 402-402
전화 | 02-323-3635
팩스 | 02-6442-3634
이메일 | books@huclassic.com

ISBN | 978-89-97970-73-5 94380
       978-89-97970-00-1 (set)